Private Equity: Investment & Management

私募股权投资管理

欧阳良宜 著

北京大学出版社

图书在版编目(CIP)数据

私募股权投资管理/欧阳良宜著. —北京:北京大学出版社,2013.9
ISBN 978-7-301-23063-3

Ⅰ.①私… Ⅱ.①欧… Ⅲ.①股权-投资基金-研究-中国 Ⅳ.①F832.51

中国版本图书馆 CIP 数据核字(2013)第 198827 号

书　　　名：私募股权投资管理
著作责任者：欧阳良宜　著
责 任 编 辑：郝小楠　朱　鸿
标 准 书 号：ISBN 978-7-301-23063-3/F·3725
出 版 发 行：北京大学出版社
地　　　址：北京市海淀区成府路205号　100871
网　　　址：http://www.pup.cn
电 子 信 箱：em@pup.cn　　QQ:552063295
新 浪 微 博：@北京大学出版社　@北京大学出版社经管图书
电　　　话：邮购部 62752015　发行部 62750672　编辑部 62752926　出版部 62754962
印　刷　者：三河市博文印刷有限公司
经　销　者：新华书店
　　　　　　787毫米×1092毫米　16开本　27.25印张　624千字
　　　　　　2013年9月第1版　2021年12月第8次印刷
定　　　价：52.00元

未经许可,不得以任何方式复制或抄袭本书之部分或全部内容。
版权所有,侵权必究
举报电话:010-62752024　电子信箱:fd@pup.pku.edu.cn

前言

在过去几年时间中,中国私募股权经历了史无前例的爆发式增长。2005年年初这个行业大概只有200多家基金。但到了2013年,这个数字已经膨胀到10 000家以上。过去这个行业的领导者是高盛、摩根士丹利、凯雷、华平、红杉和IDG等外资金融机构。而现在我们在财经媒体上更常听说的是鼎晖、弘毅、赛富和九鼎等本土品牌。

私募股权行业的急剧扩大带来了很多新问题,而这些问题我们往往很难在国际同行那边找到答案。以融资为例,国际私募股权业的主流投资者为机构投资者,而中国超过50%的投资者为高净值个人(即散户)。在此背景下,中国私募股权基金的募集更多地是借助私人银行、第三方理财顾问和信托等渠道,而不像国际同行那样去逐个拜访大机构投资者。又比如投资,中国私募股权的主流策略为以少数股权投资为特征的成长投资,而国际私募股权业的主流则是杠杆收购基金和地产基金。因此,中国基金管理人更加强调关系营销,而国际同行则更强调财务、税务和法律方面的技能。

大量新晋基金管理人和投资者走进北京大学的课堂,冀望能在这里找到私募股权投资的精髓要义。从2007年以来,仅北京大学汇丰商学院便已经为超过7 000名企业家、专业投资人、政府官员及各界人士提供了私募股权方面的课程培训。2007年年末站在私募股权第1期培训班讲台上时,我是诚惶诚恐的。因为除了传统理论介绍和欧美案例之外,中国案例几乎是一片空白。时间来到2013年7月,当我面对第106期同学时,我的烦恼是如何在12个学时内将如此众多的中国经典案例和经验分享给听众。

我写这本书的初衷便是将我在课堂上所无法完整覆盖的内容记录下来,与投资界同仁探讨。与学术书籍不同,这本书致力于讨论中国私募股权投资的实践,尚未升华到理论层面。这种写作思路是有很大风险的,因为实践总是在不断进步,从而导致书的内容会逐渐过时。事实上,在我写作这本书的3年间,中国私募股权的重心已经由开始时的成长资本逐步向杠杆收购和地产转移。因此我竭力扩大本书的覆盖内容,因时间所限,仍有很多题目未能列入其中。希望读者在阅读本书时,能够宽容这一缺点。

这本书是写给谁看的?

本书的目标读者是从事私募股权投资的专业人士,寻求私募股权投资的企业管理人员/创业者以及从事相关监管工作的政府工作人员。我希望读者具备一定的财务和法律基础知识,这样在阅读一些技术章节(如投资条款书和企业估值)时会相对轻松。

这本书都写了什么内容？

本书的前三章试图为读者描绘私募股权业的基本框架。第 1 章介绍了私募股权的商业模式、投资理念和生命周期等内容。私募股权的外延非常广泛，我们在第 1 章介绍了九种不同的策略，但真正在中国大行其道的不过三四种而已。第 2 章篇幅较长，主要介绍私募股权业的发展历史和现状，重点讨论中国市场。第 3 章则探讨了中国仍然在改革中的私募股权监管体系。

私募股权的生命周期大致可以分为募集、投资、投后管理和退出等四大阶段。但基金管理人在这四个阶段投入的精力并不平均。募集和投资占用了基金管理人大部分的精力，因而占据了本书的大部分篇幅。本书的第 4 至第 6 章主要讨论基金的募集操作、架构设计和基金条款等内容。和前面一样，我们重点讨论中国的实践操作，也介绍部分国际市场公认的最佳实践。

本书的第 7 至第 9 章分别介绍了创业投资、成长资本和并购等三大中国市场主流策略。除了探讨投资理念和逻辑之外，我们也用相当的篇幅介绍了这三大策略在中国市场与国际市场操作的异同。中国已经成为与美国、欧洲三足鼎立的主要私募股权市场，但中国市场的发展阶段、市场制度和监管环境都有别于欧美市场。读者在阅读这三章时，会发现中国特色贯穿其始终。

本书的第 10 至第 14 章属于技术章节。虽然这四个章节探讨的话题技术性较强，但读者在阅读时可能不会感到枯燥，因为中国近年的市场实践为我们提供了许多生动的案例。套句俗话，真相有时比小说还要戏剧化。

第 10 章介绍了投资评估的主要流程组成和项目渠道问题。第 11 章则从业务、财务和法律等三个角度介绍了尽职调查的实务操作。我们不仅探讨标准操作流程，也在其中讨论了中国市场的一些特色问题。第 12 章结合案例和标准文本探讨创投和成长资本常见的投资条款设置。而第 13 章则介绍了目前市场上几种主流的企业估值方法，包括相对估值乘数和折现现金流法。

投后管理是世界性的难题，即便是 KKR 创始人亨利·克拉维斯也承认不懂企业管理。中国私募股权业迄今为止还没有为我们提供值得大书特书的投后管理案例，反倒是不少基金被企业家公开指责服务差。本书第 14 章介绍了投后管理的基本操作，并分析了导致投资失败的一些因素。

本书的最后一章介绍了私募股权生命周期的最后一步——退出操作。本章首先探讨了退出操作的逻辑和选择问题。与国际市场主流的出售退出不同，中国市场高度依赖 IPO 退出策略。因此本章重点介绍了境内 A 股上市和境外上市的运作流程，并探讨其中的一些技术细节。此外，本章还结合案例介绍了出售退出的操作流程。

这本书有何优缺点?

这本书的优点和缺点一样明显。由于主要采用案例分析的写作方法,本书阅读的难度可能会比其他技术性书籍略低。由此导致的缺点是,在一些技术细节方面的讨论不够深入。譬如,后10号文时代的红筹结构搭建方法至少有八种以上,而本书只介绍了其中最常见的几种。A股上市操作是一个庞大的系统工程,涉及诸多无聊的技术细节,本书也都省略了。

此外,本书的写作理念为"高大全",力图覆盖中国私募股权市场的多数话题。读者可以在本书中找到多数问题的答案。但这种写作方法的直接代价是篇幅过长,最后成书时我被书的厚度吓了一跳。另外一个毛病则是不同章节的成文时间跨度长达三年,有些内容可能会逐渐过时。譬如,2010年写作第2章时,我在文中判断中国Pre-IPO策略将会盛极而衰。而到本书成书时,Pre-IPO投资的退潮已经成为现实,该探讨的话题不是会不会退潮,而是如何应对退潮。出于对历史和对我懒惰传统的尊重,书中能不改的部分就不改了。

私募股权的实践操作横跨业务、财务和法律三大领域。我们很难找到三个方面都完全精通的专业人士。我个人主要的专业训练来自财务方面。因此书中关于业务和法律甚至部分财务话题的讨论都属一家之言。书中部分内容可能不够准确甚至存在错误,恳请发现错误的读者邮件通知作者(ouyangly@ pku. edu. cn),我们将在后续的勘误或再版中修正。

目 录

1 什么是私募股权 (1)
  1.1 商业模式 (6)
  1.2 投资理念 (11)
  1.3 投资周期 (14)
  1.4 基金管理公司 (15)
  1.5 投资收益 (24)

2 发展历程 (31)
  2.1 早期的私募股权 (33)
  2.2 风起云涌的1980年代 (37)
  2.3 烈火烹油的1990年代 (41)
  2.4 21世纪的私募股权 (47)
  2.5 私募股权行业现状 (50)
  2.6 中国的私募股权 (56)

3 监管体系 (63)
  3.1 美国的私募股权监管体系 (65)
  3.2 中国私募股权监管探讨 (71)

4 基金募集 (77)
  4.1 筹资对象 (80)
  4.2 筹资渠道 (89)
  4.3 募资要点 (93)

5 基金架构设计 (101)
  5.1 有限合伙基金 (103)
  5.2 公司制基金 (107)
  5.3 信托制基金 (108)
  5.4 收益分配 (112)
  5.5 税收的处理 (114)
  5.6 中国基金注册事项 (118)
    附录5.1 英国基金的设立操作 (122)

6 基金条款 ......(125)
6.1 注册和组织事项 ......(127)
6.2 资本事项 ......(130)
6.3 分配事项 ......(135)
6.4 权力架构 ......(141)
6.5 投资运作 ......(146)
6.6 清算、解散及终止 ......(148)
6.7 其他事项 ......(150)

7 创业投资 ......(153)
7.1 天使投资 ......(155)
7.2 项目来源 ......(156)
7.3 投资理念 ......(162)
7.4 中国案例分析 ......(171)

8 成长资本策略 ......(179)
8.1 投资理念 ......(182)
8.2 中国 Pre-IPO 策略的发展 ......(187)

9 并购基金 ......(205)
9.1 投资逻辑 ......(207)
9.2 中国的并购策略 ......(215)
9.3 经典案例：RJR-Nabisco ......(226)
9.4 中国式收购：中国玻璃 ......(233)

10 投资评估 ......(239)
10.1 概述 ......(241)
10.2 投资评估流程 ......(243)
10.3 项目渠道 ......(249)

11 尽职调查 ......(255)
11.1 概述 ......(257)
11.2 业务尽调 ......(262)
11.3 财务尽职调查 ......(272)
11.4 法律尽职调查 ......(283)
11.5 项目筛选报告/投资报告书 ......(287)

12 投资条款书 ......(289)
12.1 概述 ......(291)
12.2 财务条款 ......(293)

  12.3 控制权条款 …………………………………………… (313)
  12.4 其他条款 ……………………………………………… (328)

13 企业估值 ……………………………………………………… (331)
  13.1 概述 …………………………………………………… (333)
  13.2 相对估值 ……………………………………………… (335)
  13.3 折现现金流法 ………………………………………… (348)
  13.4 估值指引 ……………………………………………… (358)

14 投后管理 ……………………………………………………… (363)
  14.1 信息收集渠道 ………………………………………… (366)
  14.2 监控指标 ……………………………………………… (367)
  14.3 增值服务 ……………………………………………… (369)
  14.4 基金投资失败的原因分析 …………………………… (371)

15 退出策略 ……………………………………………………… (375)
  15.1 概述 …………………………………………………… (377)
  15.2 IPO 退出策略 ………………………………………… (386)
  15.3 出售退出 ……………………………………………… (415)

参考书目 ………………………………………………………………… (424)

后记 ……………………………………………………………………… (426)

1 什么是私募股权

所谓私募股权(Private Equity),通常指的是主要采用私募方式募集资金,并对企业进行股权或准股权投资的集合投资方式。之所以被称为私募股权,是因为该类基金一般通过私募方式筹集,并且投资方向主要为私募的非上市股权。私募股权基金在我国也称股权投资基金或产业投资基金。我国官方文件中所称的"股权投资企业"或"创业投资企业"指的也是私募股权基金或创业投资基金。

需要注意的是,私募股权只是一种习惯的称谓,并没有严格的法律定义。在实践中也存在通过公募方式筹资的基金。譬如,英国最大的私募股权基金3i事实上是一家上市基金。而著名的私募股权基金管理公司黑石集团(Black Stone Group)和科尔伯格·克拉维斯·罗伯茨(Kohlberg Kravis Roberts,KKR)则本身也是上市公司。[①] 私募股权基金的投资方向也不限于非上市公司,不少私募股权基金也投资于上市公司的非流通股权(Private Investment in Public Equity,PIPE)。譬如,厚朴基金的投资组合便曾经包括上市公司中国建设银行和蒙牛乳业的股份,而弘毅资本则是苏宁电器的股东之一。

事实上,私募股权指的是一种商业模式。基金管理人通过向养老基金、保险公司、银行、慈善基金及富人等投资者筹集资金,将之投资于企业的股权或债权,并寻求在一定期限内将投资变现,将资金返还给投资者。采用这一商业模式的集合投资实体,不管其名称中是否有"基金",通常都被称为私募股权基金。在实践操作中,作为法律实体的私募股权基金极少在名称上冠以"基金"的名号。

从资产类别来看,私募股权通常被归于另类投资(Alternative Investments),区别于股票和债券等主流投资。其他的另类投资还包括对冲基金、房地产、大宗商品以及古董艺术品等。与股票和债券等主流投资不同,另类投资通常来说平均收益率更高,流动性更差,风险也更高。

机构投资者通常将资产分散投资于各项资产,以降低资产组合的总体风险。譬如,全国社保基金理事会虽然主要投资于债券和股票市场,但根据人力资源和社会保障部以及财政部授权,可以将私募股权投资比例提高至10%。世界上最大的机构投资者之一加州公务员养老基金会(CalPERS)对私募股权的投资配比也是10%。这些主流投资者的资产配置模式也成为众多机构投资者的标杆。

在国际市场上,机构投资者是私募股权基金的主要资金来源。但在中国市场上,由于可进入另类投资市场的国内机构投资者相对较少,因此外资机构投资者和境内个人投资者是中国私募股权基金的主要资金来源。随着政府对国有投资机构管制的逐步放松,境内机构投资者在中国私募股权业的重要性将会逐步提高。

私募股权广泛投资于各类企业的股权、债权以及介于两者之间的"夹层"权益。按投资领域的不同,私募股权基金可以分为:

• 创业投资基金,也称风险投资基金(Venture Capital);

---

① 严格意义上来说,黑石集团并不是一家上市"公司",而是一家上市"合伙企业",其组织形式为有限合伙企业。

- 成长资本(Growth Capital);
- 并购基金,也称杠杆收购基金(Buyouts);
- 房地产基金(Real Estate);
- 夹层基金(Mezzanine);
- 母基金(Fund of Funds);
- 破产投资基金(Distressed Private Equity);
- 二级市场基金(Secondary Market);
- 产业投资基金(Specialist Fund)。

创业投资的主要投资对象为初创阶段的高成长型企业。虽然这类企业失败的风险很高,但是其预期收益率也很高。针对1987—2000年间的案例研究发现,创业投资案例的算术平均收益率近700%,但标准差却超过了3 000%。创业投资领域的一条经验法则是:50%的投资会血本无归;5%的"极成功"投资产生的收益占基金的近80%;其余的"成功"投资产生的收益占基金的20%左右。

在中国,创业投资基金投资的典型行业包括新能源、新材料、互联网和生物科技等。我国在纳斯达克等海外市场上市的互联网企业,如新浪、网易、搜狐和百度等,在发展的早期都得到了创业投资基金的支持。

成长资本主要投资于处于高速扩张期的企业,在国外有时也称扩张资本(Expansion Capital),所占比例并不高。与国际市场不同,成长资本是中国私募股权业当前的主流投资模式。具体来说,中国成长资本基金重点投资于临近上市阶段的成长企业的少数股权,并在企业上市股票解禁之后迅速出售股票套现。创业板和中小企业板是近年来中国私募股权基金的主要套现市场。根据清科创投的统计,2009年私募股权支持的中国上市企业从接受投资到上市之间的时间间隔平均为2年左右。但随着IPO节奏的放缓,投资周期正在不断延长。

并购基金主要投资于成熟行业,通常寻求目标公司的控制权。并购基金投资的典型行业有金融、房地产、食品和制造业等。这类基金通常会以被投资企业的资产为抵押大规模举债,这种收购方式也称杠杆收购(Leveraged Buyouts,LBO)。由于欧美发达国家经济总体增速较低,多数行业处于成熟阶段,因此并购基金是欧美私募股权业的主流投资方式。中国市场的法律和融资环境对杠杆收购并不友好,因此私募股权基金整体或控股收购境内中国企业的案例并不多。

房地产基金[①]在中国和国外的运作模式有一定的差别。在美国市场上,私募房地产基金的投资对象主要是房地产的产权,其收益来自房产产生的租金或出售房产得到的现金。而在中国,房地产基金则主要投资于房地产开发项目的股权、债权或者两者的混合。在我国,房地产基金一般会与开发商合作,共同开发特定房地产项目。在合作开发的模式下,房地产基金一般会要求开发商甚至开发商的实际控制人对其债权投资提供各种形式的担保。在房价高企和房地产开发企业融资渠道收窄的背景下,私募房地产基金得到了相当的发展。

---

① 需要注意的是,私募股权中的房地产基金与房地产投资信托基金(REIT)是不同的两类基金。后者一般面向公众投资者筹资,投资于商业或住宅地产的所有权,并将房产产生的租金或出售房产获得的现金派发给投资者。

夹层基金主要投资于企业的可转换债券或可转换优先股等"夹层"工具。与中国高度受管制的债券市场不同,国际债券市场的发行者信用等级从最低的垃圾级(Speculative Grade),到养老基金可以接受的投资级(Investment Grade),乃至主权信用都有。夹层债券一般属于低投资级甚至垃圾级的债券,其高利率水平弥补了高风险的缺憾。夹层债券是杠杆收购中重要的债权资本来源。我国一些企业在海外上市前有时也会进行可转换债权投资。这些案例中投资者的收益颇为可观。

母基金也被直译为"基金中的基金"。母基金向机构和个人投资者募集资金,并分散化投资于私募股权、对冲基金和共同基金等。母基金一方面降低了投资者进入私募股权的门槛[①],另一方面还帮助投资者实现了不同基金之间的风险分散化。但母基金本身收取的费用也构成了相当的成本,这也是大型机构投资者较少投资母基金的主要原因。

破产投资基金主要投资于处于困境中的企业。由于这类企业的特殊处境,它们的定价通常非常低。破产投资基金通过帮助企业脱离困境,来实现投资的增值。由于破产重组属于专业性非常强的领域,一般只有少量基金管理人会涉足这一领域。

二级市场基金的投资对象为其他私募股权基金出售的企业股权。这类基金的存在需要有相对活跃的企业非上市股权交易市场。目前,欧洲创投协会(EVCA)和英国创投协会(BVCA)都致力于推进私募股权二级市场的建设,因此二级市场基金在这些市场上有了长足的发展。企业股份在基金之间的二手交易已经成为欧美私募股权的重要退出渠道。此外,也有一些二级市场基金交易的是私募股权基金的权益,而不是基金出售的企业股权。我国已经出现一些二级市场基金,主要收购对象为基金权益。

产业投资基金是我国近年来出现的官办私募股权投资基金的特殊称谓,一般指经国务院批准,向国有企业或金融机构募资并投资于特定产业或特定地区的基金。这类基金通常由地方政府或中央部委发起,募集规模一般在100亿元以上。遗憾的是,虽然获得批准的产业投资基金超过了10家,但运作并不成功,多数基金处于募集不足状态。目前市场上活跃的产业基金主体已经不再是政府特批的基金,而是民间募集的。医疗产业和文化产业是产业基金的主要投资方向。

在国际市场上,并购基金和房地产基金为行业的主流。但在中国市场上,私募股权基金主要包括创业投资、成长资本、并购基金、夹层基金以及房地产基金。以2008年为例,当年新设的可投资于中国的私募股权基金中,11%为创业投资基金,55%为成长资本基金,24%为并购基金,2%为夹层基金,8%为房地产基金(见图1-1)。[②]

需要注意的是,与本书不同,有些分类方法将创业投资单列为一类,而将其他基金统称为私募股权(狭义)。如无特别注明,本书所称私募股权指包括创业投资在内的各类基金。

---

① 大多数私募股权基金对单个投资者的最低投资额有一定要求。我国一般为500万元或1 000万元。
② 清科创投(www.zero2ipo.com.cn)。

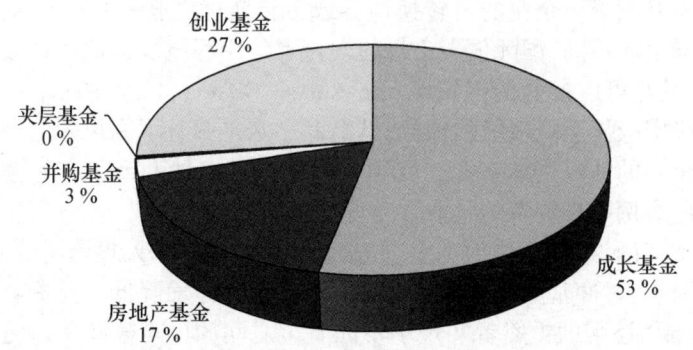

图 1-1　2012 年中国新募基金策略分布

注:2012 年中国私募股权及创投新募基金数额为 346 亿美元。
资料来源:清科创投。

1.1　商业模式

私募股权商业模式的核心为基金管理人。基金管理人独立或通过银行等中介机构发起设立基金。在基金设立后,基金管理人负有寻找项目、项目谈判与交易构造,监控被投资企业并实现投资退出等职责。基金的主要资本来自养老基金(社保基金)、银行、保险公司、捐赠基金、慈善基金与个人投资者。由于绝大多数私募股权基金的组织形式为有限合伙企业,因此承担管理职责的基金管理人通常也被称为普通合伙人(GP)[①],而投资者通常被称为有限合伙人(LP)。

1.1.1　利益分配方式

基金投资的收益来自初始投资与项目退出时的套现价值之间的差额。与共同基金(开放式或封闭式基金)不同,私募股权基金通常收取较高的年管理费,比例通常是承诺资本的 1.25%—3%。此外,基金管理人还收取投资利润的 15%—25% 作为管理分红(Carry Interest)。也就是说,有限合伙人提供了将近 100% 的资本,但只享有 75%—85% 的受益权。这一商业模式与对冲基金及我国常见的私募证券投资基金类似。

为了使基金管理人与投资者的利益一致,基金管理人只有在投资者收回全部本金,并且实现一定的保底收益之后,才能在利润的增量部分分享 15%—25%。而 1.25%—3% 的固定管理费则是为了弥补基金管理人的日常开支,通常包括员工工资、寻找项目的费用以及投资过程中支付给中介机构的费用(见图 1-2)。

投资者通常对证券投资基金(共同基金)按管理资产数额收取 1% 的年管理费能够

[①]　在实际操作中,基金管理人一般不直接担任有限合伙基金的普通合伙人,但习惯上仍称之为 GP。

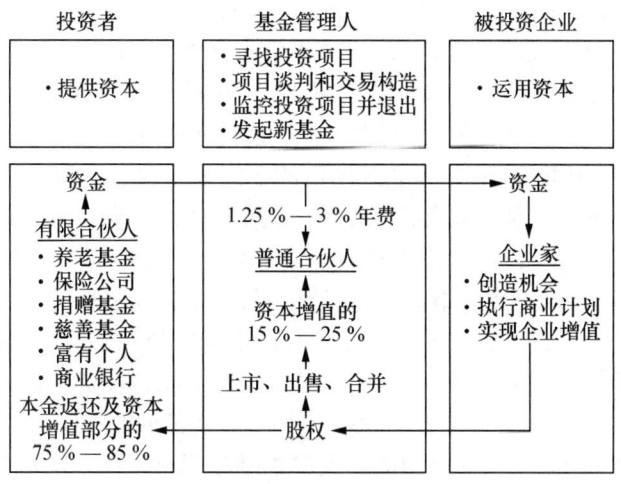

图 1-2 私募股权的商业模式

接受,而对私募股权和对冲基金收取高额的年管理费以及更高的管理分红难以接受。理论上来说,私募股权和对冲基金的业绩表现高度依赖于基金管理人的能力,高收费水平可以理解为"经济租金"。从实证数据来看,投资者从私募股权基金获得的扣除费用后收益要高于共同基金的扣除费用后收益。这在一定程度上说明了私募股权高收费水平的合理性。①

学术研究表明,基金业绩与基金管理人的能力存在一定联系。譬如,关系网络较广的基金管理人参加共同投资的机会较多,其业绩也更高。此外,同一基金管理人先后发起的不同期基金的业绩之间也存在显著的正相关关系。或者说,表现良好的基金管理人发起的新基金业绩要显著好于过去表现差劲的基金管理人同期发起的新基金。这从另一个角度说明了基金管理人的重要性。但有趣的是,表现优秀和表现差劲的基金管理人所收取的费用比例并没有显著差别。

1.1.2 生命周期

投资基金作为一种集合投资方式,通常会存续相当长的时间。第一只现代意义上的共同基金是马萨诸塞投资信托(MIT)。它是哈佛大学的几位教授在 1924 年共同发起的,到现在仍然存在。对冲基金也通常是长寿的。著名的量子基金前身是 1969 年索罗斯和罗杰斯共同创立的双鹰基金,目前仍然是对冲基金界的重要力量。

长存续期限使得基金管理人有更高的风险容忍度,有助于提高基金收益。但这并不一定是好事情,长期限也使得基金管理人有更大的造假空间。著名的麦道夫(Madoff)基金便是一例。麦道夫基金设立于 1960 年,其管理人伯纳德·麦道夫在基金破产前曾担任美国第二大股票市场纳斯达克(NASDAQ)的主席。麦道夫基金声称能够为投资者提

---

① 这一结论本身是有争议的。由于并非全部私募股权基金都会披露业绩,最好和最差的基金通常都不愿意将业绩公开,因此我们只能就主动披露的数据进行讨论。有不少研究表明,对冲基金的业绩和其收费水平并不匹配。

供稳定的收益(如每月1%),而事实上基金并未实现这一业绩。基金通过程序捏造虚假交易,并将新投资者投入的资本金转移给老投资者作为利润。次贷危机爆发后,后续注入资金的减少使得麦道夫基金的骗局终于曝光。根据美国证交会的调查结果,麦道夫基金的投资者总共投入了360亿美元,其中有180亿美元血本无归。

2009年5月,号称规模超过10亿人民币的上海汇乐集团负责人黄浩被公安机关刑事拘留。根据上海证监局和公安部门2011年披露的公开信息,黄浩等人自2006年起先后成立汇乐投资、汇仁投资、汇义投资和汇乐宏宇等公司(统称为"汇乐集团")。通过创设上线发展下线和层层持股的"滚雪球"经营模式,汇乐集团将所筹集的资金投资于医疗器械、网络游戏、房地产、典当、农林等众多领域的十余家公司,而这些投资绝大部分归于失败。但借助不断扩大的融资规模,汇乐集团仍然可以以新投资者投入的资金向老投资者提供每年10%的固定回报及本金108%—110%的超额回购。

2008年,汇乐集团设立了上海德浩和天津德厚等两家有限合伙基金。这两家基金向投资者承诺每月固定提供0.9%的收益,并宣称所筹资金将主要用于产业投资,但实际上主要都被用于炒股。事实上,汇乐集团在2006—2009年间向总共800名投资者筹集了1.9亿元的资金。2011年7月,黄浩被判处无期徒刑,并处没收财产1 000万元。而投资者的1.9亿元则大部分打了水漂。

汇乐集团的操作与麦道夫如出一辙,只不过一个披着私募股权的外衣,而另一个自称是对冲基金而已。类似汇乐集团的案例在私募股权界并不多见,主要原因在于私募股权独特的生命周期模式。与其他投资基金不同,私募股权基金的存续时间是有限的。私募股权基金的一般存续期限为10年,而中国近期新募集的基金存续期也有短至5年的。一般来说,私募股权基金产生的收益除了支付基金费用之外,必须以现金方式分配给投资者,不得用于滚动投资。由于这一点,私募股权基金管理人造假的空间大大缩小。更为重要的是,基金管理人在当期基金投资大部分完成时,将需要发起新的基金来维持运作,而新基金的募集往往依赖于旧基金投资者的口碑。

在10年的存续期中,私募股权基金要完成募集资金、部署投资、监控项目以及项目退出四个阶段。私募股权筹资一般要花6—9个月,长的甚至能达到18个月。从筹资截止日开始,基金管理人开始部署投资项目。这个阶段也称投资期,一般持续3—6年。当一个项目投资完成之后,基金管理人会持续关注被投资企业的经营状况,并视情况给企业以财务、战略或销售渠道等各种支持。在第4—10年的收获期,基金管理人会通过上市和出售等方式来实现资本增值和项目退出,并将资金返还给投资者(见图1-3)。

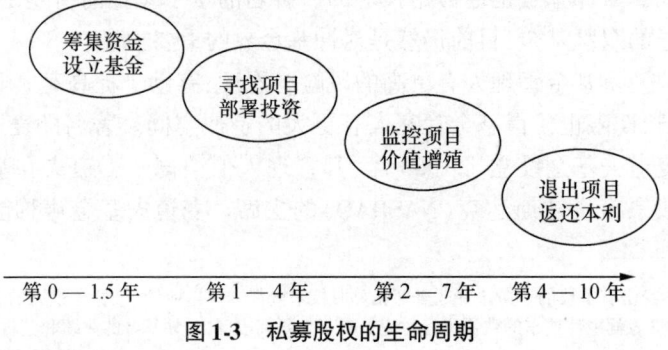

图1-3 私募股权的生命周期

1.1.3 现金流模式

私募股权的资金流动方式不同于传统的共同基金或对冲基金。投资基金在设立时一般要求投资者足额缴付资本。而私募股权基金则采用承诺资本制(Commitment)。基金管理人在筹资阶段只要求投资者缴付20%—50%的资本。这部分资本主要投资于基金管理人之前的项目储备,也有部分资本用于支付初期的开办成本。在基金规定的3—5年投资期内,基金管理人会根据项目谈判的进度要求投资者缴付其余的资本。在投资期结束以后,基金管理人将不能再要求投资者继续缴付资本。习惯上我们将投资者已经承诺但管理人尚未部署的资本额称为未投资资本(Dry Powder)。截至2012年年末,国际私募股权界的已承诺未投资资本额接近5 000亿美元。

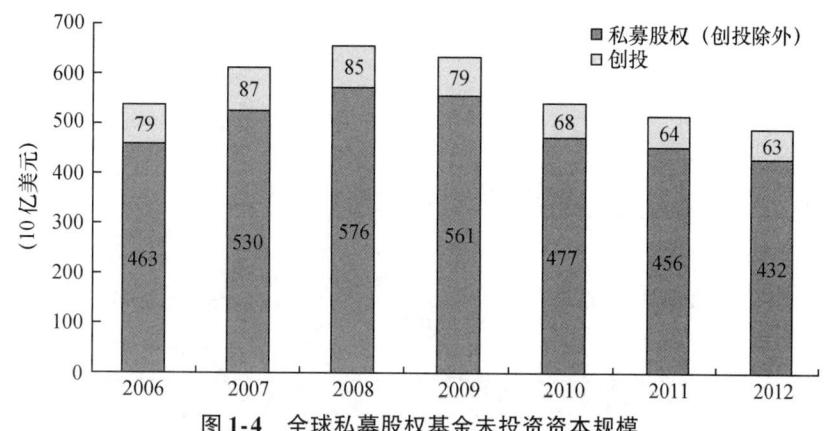

图1-4 全球私募股权基金未投资资本规模

资料来源:Pitchbook。

承诺资本制的采用根源于私募股权的管理分红机制。基金管理人获得20%管理分红的前提是基金年内部收益率(Internal Rate Return)超过一定门槛,一般为8%。考虑到基金每年还需要支出2%的固定管理费,基金管理人实际上需要每年至少为投资者赚取10%的收益,才能分享利润。而另一方面,基金管理人寻找项目需要一定过程。为分散化风险,一些基金管理人会在3—5年的投资期内每年都投出一定数额。如果基金在募集设立时,所有投资者都出资到位,那么多数资金可能只能存在银行账上,从而拉低基金的内部收益率。基于这个原因,私募股权基金一般都采用承诺资本制。

2007年6月修订后的《合伙企业法》生效,使得有限合伙制基金成为合法组织形式。在此之前,不少私募股权基金采用的是信托形式。信托制基金的弊病之一就是资金使用的低效率。信托制基金一般在募集时全额出资到位,而如前所述,基金管理人一般无法在短时间内将资本全部投放出去。渤海产业投资基金是国务院特批设立的第一只产业投资基金。2007年年初基金设立时,投资者便将60.8亿元的资本出资到位。而在之后的3年内,基金管理人只参与了3个投资项目,总额约30亿元。即便3个投资项目能获得高收益,由于半数资本的收益只能是银行存款利息,基金整体收益率也会被降低到项目平均收益的一半左右。我国新设立的私募股权基金越来越多地采用有限合伙形式,而非信托形式,其中部分原因就在于资金使用效率。

私募股权基金部署投资和项目退出是连续的过程。可能在全部资本尚未缴付完毕前,便已经有项目本金和利润返还。但总体来说,在投资期内投资者为净现金流出,而在收获期则主要为净现金流入。因此私募股权的累积现金流和内部收益率一般是一个先负后正的变化过程,形状很像一个倾斜的字母"J",也称"J曲线"(见图1-5、图1-6)。

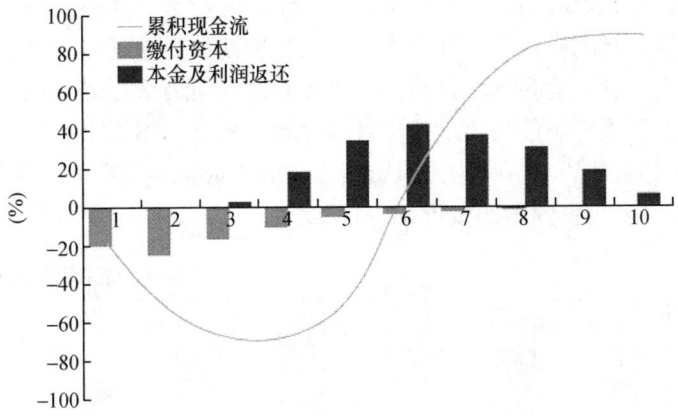

图1-5 私募股权的现金流模式

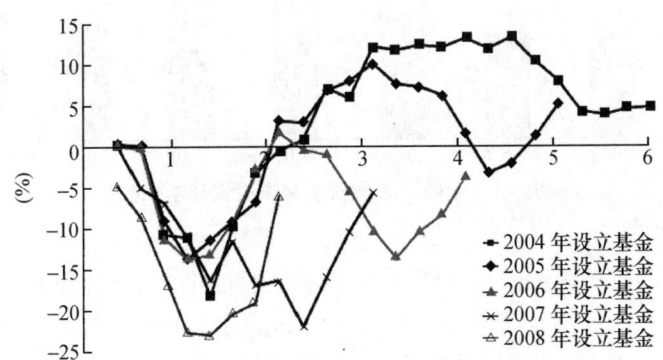

图1-6 2004—2008年间设立的私募股权基金平均内部收益率变化趋势
资料来源:Preqin。

私募股权基金的这种现金流模式可能会使得普通投资者望而却步。相比较收益即时可见的共同基金,私募股权基金的投资周期更长,风险更高。在当前的宏观经济背景下,中国市场私募股权基金的投资周期要显著低于国际市场的平均水平。因此中国私募股权投资者并没有过多地感受到私募股权现金流模式对投资风险的影响。但可以肯定的是,随着中国宏观经济增速的逐步放缓,J曲线的影响会日渐显著。

1.2 投资理念

某种意义上说,私募股权为企业提供了从摇篮到坟墓的服务。在企业成长的各个阶段,都会有类别不同的私募股权基金提供资本及商业支持。中国市场上诸多新经济的领先企业背后都有私募股权基金的支持。在帮助企业成长的同时,私募股权基金也获得了高额的收益。可以说,私募股权与中小企业之间是典型的双赢合作。

我们通常把一个行业发展的阶段分为初创、成长、成熟和衰退四大阶段。由于各个阶段企业的风险收益特征有显著不同,私募股权投资的方式和理念也差别很大(见表1-1)。

表1-1 私募股权基金对企业各阶段的贡献

阶段	基金类型	私募股权的贡献
初创阶段	天使投资,创业投资	• 在企业尚未创立之前,为初始创业想法的研究、开发和评估提供资助; • 为产品研发和起步阶段的营销提供资金支持,此时企业可能尚未开始商业化运作,因此可能没有盈利。
成长阶段	创业投资,成长资本	• 为已经达到盈亏平衡或正在盈利的企业的扩张提供资金支持。此时资金可能被用于提高产能,产品或市场开发,或者增加流动资金。
成熟阶段	PIPE,二级市场	• 从其他投资者处购入股份或者通过增发来降低企业的杠杆比率。
衰退阶段	并购基金,破产投资	• 以较高杠杆率买断企业,对经理层进行更换或重组,目的是未来将企业以更高的价格出售。

1.2.1 初创阶段

在行业发展的早期,成功的商业模式尚未确立,企业夭折的可能性也很大。创业者最早的资金通常来自家人和朋友,业界通常将这种资金来源戏称为"FFF"(Friends, Family & Fools)。往往在达到创业投资基金的投资标准之前,企业很可能就已经耗光了创业资金。**天使投资者**(Angel Investors)的存在填补了这一空白。天使投资者通常是富有的个人投资者。[①] 他们对企业的投资标准要比创业投资基金更低,并且通常对企业的技术或市场前景没有太深入的了解。由于他们对企业的投资十分大方,有点像天上掉下的馅饼,因此他们也被戏称为"天使"。

不少著名的网络企业起步时都仰仗于天使投资。譬如,谷歌(Google)第一笔资金来

---

① 过去业界普遍认为,天使投资仅来自富有的个人投资者。美国市场最新的数据表明,天使投资者的平均财富水平和普通家庭并没有太大差别。

自太阳微系统(Sun Microsystem)创始人安迪·贝托尔斯海姆。在这笔10万美元天使投资发生时,谷歌公司甚至还未注册成立。搜狐的创始人张朝阳回国创业时的第一笔投资则来自其在麻省理工学院读书时的老师们。不少IT界的成功创业者都乐于为创业者提供天使投资,譬如江民软件的创始人王江民便曾为联众游戏的创立提供帮助,而3721和360安全卫士的创始人周鸿祎则为迅雷的创立提供了资金支持。

需要说明的是,多数天使投资都以失败告终,这是由于初创期企业高夭折率导致的。但是成功的天使投资案例所提供的收益倍数也是惊人的。举个例子,百度在2000年时进行首轮天使融资时其公司估值仅为240万美元,而至2011年百度的市值曾超过500亿美元,其回报倍数不言而喻。

从数据上来看,天使投资的平均收益率可能要高于普通投资。但这背后是少量极成功的投资案例和大量的失败案例。假设我们投资了100个企业,其中只有1个企业获得成功,为我们提供了1 000倍的收益,而其他99个企业都失败了,所有投资血本无归。总体来看,我们投入了100块钱,获得了1 000块钱的退出收益,平均收益倍数为10。但如果我们不幸恰恰没有投资这个极成功的案例,那么我们的收益倍数有可能为0。我们以为,在早期创投领域,严格执行分散化投资和投资上限控制的投资纪律是基金管理人长期获得稳定收益的保证。

创业投资基金也致力于投资初创期的企业,但它们往往更倾向于选择"初创晚期"的企业。或者说,创业投资选择的企业风险水平要低于天使投资。这部分是因为创业投资基金的投资规模相比天使投资要大。我国2010年新设立的人民币创投基金平均规模为3亿元左右。假设每只基金平均投资20个项目,那么平均每个项目投资金额为1 500万元。而能接受1 500万元投资的企业一般都已经进入初创晚期甚至成长期了。

从我国创业投资的实践来看,销售收入在1 000万元以上的服务型企业或税后利润在500万元以上的制造型企业便可以考虑进行首轮创业融资(Round "A" Financing,也称A轮融资)了。随着企业的成长,企业可能会进行后续融资(B轮、C轮等),而创业投资基金一般是各个轮次的主要参与者。

创业投资基金除了为企业提供融资之外,还会为企业提供战略指导、团队建设、财务规划甚至业务发展方面的帮助。一般来说,成功的基金管理人拥有丰富的投资经验和深厚的人脉关系,能够对被投资企业提供普通投资者所不能及的帮助。但遗憾的是,我国的创业投资行业仍集中于"初创晚期",仅有少数基金管理人能够为企业提供融资以外的帮助。这也是我国私募股权业与国际同行之间的重要差距。

1.2.2 成长阶段

企业在成长阶段一般已经跨越了盈亏平衡点,销售收入和利润处于快速成长区间。我国市场上的部分创投基金和成长资本基金专注于投资处于扩张期后段或临近上市阶段的企业,寻求快速套现。由于中国宏观经济处于高速增长阶段,每年都有大量企业在境内外股票市场上市,因而有大量的私募股权资本集中于这一领域。譬如,在2009年10

月中国创业板第一批上市的28家企业中,有23家企业得到了总共46家私募股权基金的投资。根据清科创投的统计,2010年中国上市公司为私募股权基金提供的账面回报倍数平均超过10倍。这也成为游资大量涌入私募股权领域的重要原因。

中国内地股票市场的市盈率,尤其是创业板和中小企业板,显著超过美国、中国香港特别行政区和亚洲其他主要股票市场。这部分是因为中国宏观经济的高成长性,但更多地还是因为国内资本市场结构的失衡。中国大部分资本市场都属于受管制状态,经济成长累积的国民财富除了银行存款之外,只能投向房地产和股票等少数几个市场,造成了巨大的资产价格泡沫。而在泡沫背景下上市的企业定价水平明显偏高,从而促成了近年来私募股权市场的超高回报率。在资本市场结构失衡的问题解决之前,私募股权仍然有机会获得高于其他投资的回报水平。

成长投资的策略某种意义上是一种套利策略。基金以相对低价买入企业上市前流动性很差的股票,在企业上市后再在公开市场上套现获利。因此,基金获利的关键在于企业上市的成功与否,而非企业在投资期间本身的成长性。从2009—2010年的数据来看,中国成长投资策略的平均投资期限约为2年,投资金额平均约为4 000万元。较短的投资期限和较低的投资金额使得基金的投资很难对企业成长产生实质性的影响。

从美国的实证数据来看,创投与成长资本支持的企业在上市前后都体现了高于普通企业的利润成长性和会计信息质量。但从中国近几年针对中小板和创业板的研究来看,中国创投与成长投资基金支持的企业上市前盈利水平更低,上市后的业绩增长也低于其他企业。譬如,2010年创业板上市企业的利润增幅甚至不如主板企业,而前者有相当比例为创投与成长资本支持的企业。这种反差一定程度上反映了中国成长投资策略的不足。基金更关心企业上市的操作过程,而非企业本身的成长性。随着资本市场的成熟,这种急功近利的套利投资模式显然会逐渐失去盈利空间。

1.2.3 成熟及衰退阶段

虽然不少企业的商业计划都声称它们将会维持长期的高速增长,但实际上没有一个行业能够维持长期高增长。客观地说,一切企业最终都会消亡。1896年道·琼斯公司将纽约股票交易所最大的30只股票价格进行算术平均,建立了道·琼斯工业平均指数,也即公众日常听到的"道指"。100年之后,只有爱迪生电灯公司(现在的通用电气)仍然还是道指的成分股,其他企业均已破产或被收购。而通用电气也已今非昔比,成为一家主营业务为金融的多元化公司。

企业在度过高速成长期之后的下一站便是成熟期。在这一阶段,企业的商业模式已经成熟,行业门槛降低,价格战开始出现,从而导致销售收入和盈利增速开始下降。中国的家电和计算机制造是典型的例子。这两个行业在历史上都曾经有过辉煌的高成长时期,但现在都进入了利润偏低且竞争激烈的成熟期。更为极端的例子是微软(Microsoft),这家计算机操作系统的垄断服务提供商1986年上市时是耀眼的明星企业,2000年市值甚至超过5 000亿美元,成为世界第一大企业。然而到2010年时,微软的利润成长率只有10%左右,市盈率也降至传统企业常见的10倍。

首次公开发行并上市是企业进入成熟期的典型标志。从实证数据来看,企业上市前的财务业绩一般要显著优于已上市的企业,上市之后则业绩开始出现下滑,3—5年之后与之前已上市的企业没有明显的差别。

当企业步入成熟甚至衰退阶段时,私募股权基金也会参与投资。但由于此阶段的企业成长前景不高,因此私募股权基金通常会通过大规模举债的方式来提高收益,也即杠杆收购(LBO)。一般来说,杠杆收购中的股权和债权资本的比例在1∶3到1∶4之间。债权资本主要来自银行、保险公司、养老基金、夹层基金以及共同基金等机构投资者。由于中国当前的政策环境并不支持金融机构提供这类贷款,因此杠杆收购在我国案例并不多。典型的有2004年新桥基金对深圳发展银行控股权的收购及2006年鼎晖与高盛对双汇集团的收购。在多数杠杆收购中,私募股权基金会寻求与企业管理团队合作共同收购,因此这类收购也称管理层收购(MBO)。

值得一提的是,一些行业在发达国家被视为"成熟行业",但在中国仍然可能处于高成长阶段,譬如食品、服装、银行和铁路等传统行业。中国私募股权基金整体收购的对象并不局限于成熟企业,高成长型企业有时也在其中。譬如,弘毅资本2004年收购中国玻璃,太平洋联合集团(PAG)(现称太盟(PAG))2006年收购童车制造商好孩子,红杉资本2008年收购网络零售商麦考林。这些被收购的企业后来业绩都出现了显著的成长,并最终成功上市。

1.3 投资周期

虽然从长期数据来看,私募股权作为一种投资的收益与股票市场相关系数并不大,但私募股权的投资周期与股票市场密切相关。创业投资基金对股票市场的依赖程度显著高于其他类别的基金,因为它的退出渠道主要是企业上市。在私募股权业发展的历史上,创业投资基金与并购基金交替成为行业的主导。

1980年代是并购基金的黄金时代。1979—1989年间,金额在2.5亿美元以上的杠杆收购超过2 000宗。涉及的行业非常广泛,主要为现金流稳定的传统产业,包括食品、医疗、零售、汽车和房地产等。虽然这些并购案中屡有失败者,但其平均收益仍然超过了标准普尔500指数的3倍,使得投资者趋之若鹜。其中的奥秘在于这一时期的杠杆率非常高,10倍以上的案例屡见不鲜。

在整个1980年代乃至1990年代早期,创投基金都生存在并购基金的阴影之下。1980年代创业投资支持的不少IT公司在1990年代逐渐成长起来。其中包括苹果、微软、英特尔和思科等世界顶级公司。在此背景下,创业投资也开始重新受到了投资界的注意,而硅谷也成为大量资金的目的地。从1995年到2000年,大量网络公司得到了风险投资,但是大部分以倒闭收场,只有少数幸运儿存活了下来。2000年3月之后,纳斯达克指数从5 000多点开始掉头向下,至2002年10月跌至1 100点左右的低点。大量没来得及在泡沫破裂之前上市的网络公司先后倒闭。创业投资进入较长时间的低谷。

2003—2007年是私募股权业又一个黄金时期。一方面,规模在10亿美元以上的巨型基金不断涌现。全球私募股权业的筹资额在2002年仅有约860亿欧元,至2007年已增长至3170亿欧元(约4630亿美元)。另一方面,这一时期的巨型并购尤其之多,并购纪录不断被打破。但次贷危机的爆发使私募股权业再次陷入低潮。2007年上半年高歌猛进的私募股权并购在下半年突然杳无声息。而在2006—2007年高价位完成的杠杆收购也由于宏观经济环境的恶化而遭遇困境。

从投资周期角度来看,当前的私募股权业处于又一次的危机后恢复阶段。由于不少机构投资者的股票和债券投资在次贷危机中遭遇了巨额亏损,因而反而提高了私募股权等另类投资的比重。譬如,世界上最大的机构投资者加州公务员退休养老基金便将另类投资的权重由原来的5%提高到10%,而规模达230亿美元的耶鲁基金则一直将私募股权配置比例维持在20%以上。应该说,私募股权面临着比以往更好的发展时机(见图1-7)。

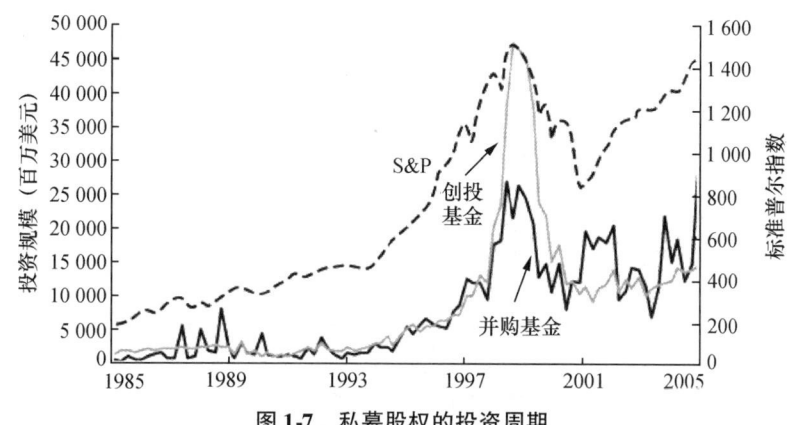

图1-7 私募股权的投资周期

资料来源:季度数据,*Private Equity: History, Governance and Operations*, by Cendrowski et al., Wiley Finance, 2012。

1.4 基金管理公司

1.4.1 组织结构

私募股权商业模式的核心是基金管理公司。与共同基金一样,私募股权管理也分为前台(Front Office)和后台(Back Office)。前者负责募集基金、寻找项目、考察企业、商业谈判和执行交易,而后者则负责监控所投资的企业(一般称为"投后管理")和会计等后勤支持。从职责划分就可以看出,基金管理的重心会落在前台部分,目前中国多数基金管理公司便是如此。前台部门一般是由高级管理人员和投资团队组成。

但是随着基金管理资产规模的膨胀,投后管理的重要性日渐显现。事实上,路透社

2006年对基金经理的问卷调查表明,投资失败案例有一半以上要归因于投后管理。较小型的基金管理公司一般会让投资团队负责所投资企业的后续管理。而大型基金管理人,如美国的 KKR 和中国的鼎晖,则成立了专门的投后管理部门,负责对被投资企业的监控和业务指导。此外,一些具体职能也开始细化,由专人来负责执行,譬如基金募集和寻找项目。

具体来说,私募股权基金管理公司职能组成部分如图1-8所示:
- 首席执行官/董事总经理/高级合伙人;
- 顾问委员会(Advisory Board);
- 投资团队(Deal Team);
- 业务拓展部门(Business Development);
- 后台支持(Back Office)。

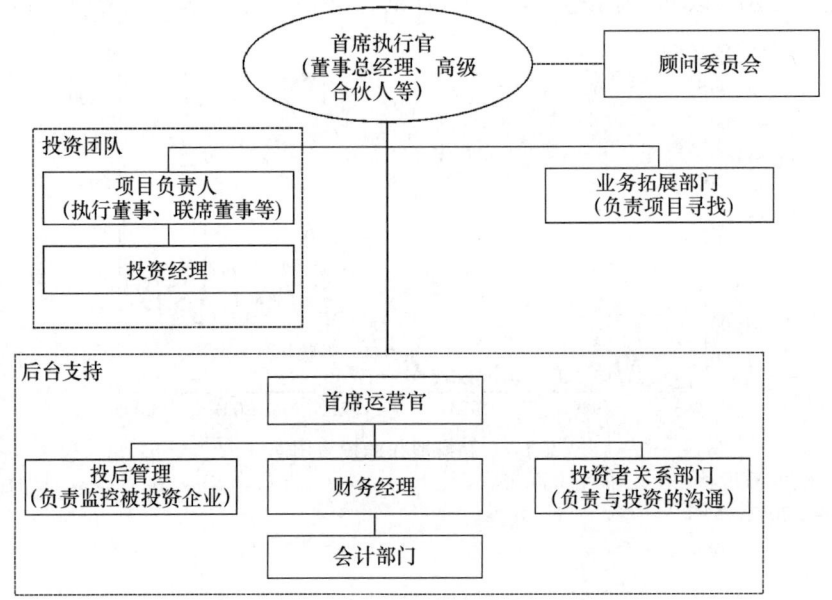

图1-8 典型私募股权基金管理公司组织结构

视组织形式的不同,私募股权基金管理公司的最高负责人的称呼可能会是首席执行官或高级合伙人。如果基金管理人是银行或投资银行的直接投资部或资产管理部,则负责人可能会是一位董事总经理。他们负责基金的总体运作,从筹资、项目寻找、投资评估、谈判到最后退出都会或多或少地参与。同时他们也必定是所管理基金的投资委员会的成员。基金管理公司有时也会聘请退休的政府官员或知名企业高管担任非执行的主席职位,但主要决策人员仍然会是首席执行官或高级合伙人。

媒体经常提及的私募股权普通合伙人(GP)一般指的是分享管理分红的基金管理公司高管,但实际上这是一种不准确的说法。从法律角度来看,自然人不适合作为基金或基金管理人的普通合伙人。因为普通合伙人需要对有限合伙企业的债务承担无限连带责任,同时中国的税收制度也不利于普通合伙人。在实践中,有限合伙基金的普通合伙人往往会是一家有限责任公司或有限合伙企业。

大型基金管理公司还可能邀请政府退休高官和企业知名高管组成顾问委员会。借助顾问的影响力和商业智慧,这些基金完成了不少普通基金所无法企及的交易。譬如,凯雷集团的顾问团队曾经包括美国前总统老布什和英国前首相梅杰,美国前财长彼得森和斯诺则分别担任过黑石集团和瑟布拉斯(Cerberus)的主席。黑石第51个合伙人则是香港前财政司长梁锦松,后者为黑石在中国的发展起到了积极的推动作用。而 IBM 前 CEO 郭士纳(Louis V. Gerstner)和通用电气(General Electric,GE)前董事长杰克·韦尔奇退休后则分别在 TPG 和 CDR(Clayton Dubilier Rice)任职过。

投资团队负责人的职位名称各异,可能是项目经理、执行董事、联席董事或投资董事。首席执行官或高级合伙人负责基金的总体管理,而投资项目的具体操作则是由投资团队来执行。在没有投后管理部门的情况下,投资团队要对其所投资的项目负责到底,直到完成整体退出。一般来说,投资团队的经理会作为被投资企业的外部董事在董事会中代表基金的利益,同时也为被投资企业的融资、战略、并购或上市提供专业建议。在基金管理层面,他们有可能也会参与投资委员会的决策。

大型基金管理公司一般会设首席运营官来负责基金管理公司的内部行政事务。如果基金有专设的投后管理部门,一般也会向首席运营官汇报工作。首席运营官下设财务经理,一般具有较好的会计背景,负责基金的财务管理、税务合规和给投资者的业绩报告,有可能还负责被投资企业的财务监控及估值事宜。小型基金管理公司可能只设财务经理,而不设首席运营官。

小型基金管理公司经常会将一些管理职能外包。人力资源、IT 设备维护、财务会计都可以通过外聘第三方机构来完成。事实上,这也是基金管理业的共同特点,对冲基金和共同基金也经常将后台职能外包给商业银行。此外,基金在募集过程中也可能雇用代理机构来寻找投资者。我国私募股权基金也经常通过融资代理来帮助集资。信托投资公司和专业的理财顾问公司是常见的融资渠道。

拓展阅读 金融中介机构的职级

银行等中介机构的职位阶级不同于一般的公司。同一个职位名称在不同公司可能级别差别非常大。举例来说,副总裁在一般公司中的地位仅次于总裁/首席执行官,而高盛的副总裁数量就有数千名,仅是中层经理而已。公司制的商业银行和投资银行的职位阶级大概如下:

- 首席执行官、首席财务官(CFO,也称财务总监)等首席××官;
- 董事总经理(Managing Director,MD);
- 执行董事(Executive Director,ED);
- 副总裁(Vice President 或 Senior/Assistant Vice President);
- 经理(Associate 或 Senior Associate);
- 助理(Analyst)。

董事会成员一般由内部董事和独立董事构成。内部董事一般是公司的高级经理,包括首席执行官和首席财务官等,而独立董事则是非公司经理的外部人士。董事会主席可能是内部董事(即首席执行官),也可能是外部董事。不管在何种情况下,首席执行官都负责公司的整体运作。某些公司由于业务部门庞杂,可能还会在各个部门设立总裁(President)职位。在总裁和首席执行官并存的情况下,一般是总裁向首席执行官汇报工作。中国有的证券公司并无首席执行官,只设总裁。

董事总经理的称呼有相当大的误导性。董事总经理可能既非董事会成员,也非公司的总经理。董事总经理的职位相当于原先合伙制投资银行的合伙人,地位仅次于最高层的管理人员,但可能数量非常庞大。譬如,2010年11月高盛从35 400名员工中提拔了321名新董事总经理。这一名称的中文翻译起自中国香港和新加坡。因为董事总经理经常代表银行和企业进行谈判,以董事总经理之名可以方便地与企业最高层交流。在大型银行中,董事总经理内部还可能会有一定的等级差异。

类似地,执行董事也并非董事会成员,只是银行的高级经理。而经理(Associate)则是中层职位,虽然经常被错误地翻译成为助理。真正的助理(Analyst)却经常被翻译成为分析师。一般来说,刚毕业的大学生进入公司可能作为助理,而MBA可能直接被录用为经理。

会计师事务所和律师事务所等合伙制中介机构的职级稍微简单些,一般有高级合伙人(Senior Partner,或首席合伙人,Lead Partner)/二级合伙人(Junior Partner)/经理/助理四大级别。高级合伙人为机构的最高级管理人员,数量不多,拥有机构的主要合伙权益。而二级合伙人一般只能领取高工资/奖金,部分二级合伙人可能能够分享部门的利润。

需要注意的是,著名的四大会计师事务所(Big Four)虽然在世界主要经济体都有业务,但每一家会计师事务所都只是各地区合伙企业或公司(成员企业)的松散网络。每个网络都设立了一家实体来持有公司品牌,并协调各成员企业的合作,但本身并不开展会计业务。毕马威(KPMG)注册于瑞士,其他三家则注册于英国。举例来说,中国的毕马威华振会计师事务所和美国毕马威实际上是两个不同的法人实体。两者并无股权关系,也非同一控股公司旗下的关联企业,但共享同一品牌。

在中国,私募股权基金管理公司的头衔有严重通货膨胀的倾向。微博上曾经流传着这样一个笑话:

> PE来访,人头攒动,接过一张名片:合伙人。顿生敬意:这是老板呀!又接过一张名片:管理合伙人。嗯?管老板的?又接过一张名片:创始合伙人。这才是真正老板啊。这时过来一花白头,递过一名片:首席合伙人。企业家顿时"内牛满面":爷爷们,到底谁是老大呀?

上面笑话中的管理合伙人(Managing Partner)可能是基金管理公司处于决策地位的高级合伙人,也可能是专职做投后管理的合伙人(Entrepreneur in Residence)。创始合伙人(Founding Partner)则是基金管理公司的创始成员。真正的大老板当然是首席合伙人。而只标"合伙人"的则可能对应会计师事务所的二级合伙人。为方便和企业家及政府打交道,原先称"副总裁"的中级管理人员现在也有叫"投资总监"的,而助理(Analyst)也有叫"副经理"的。相信未来还会有更好听的职级被中国私募股权界创造出来。

1.4.2 行业格局

次贷危机之前,私募股权基金管理几乎没有行业准入门槛。2010年美国国会通过了《多德-弗兰克法案》(Dodd-Frank Act),要求资产规模在1.5亿美元以上的基金都向美国证交会进行备案。欧洲议会2010年年底也通过了《另类投资基金管理人指令》(Alternative Investment Fund Managers Directive)。该法案除了对私募股权基金的投资行为和信息披露进行规范之外,还要求所有向欧盟机构投资者筹资的基金管理人在筹资之前需获得通行证许可。而在中国,虽然私募股权基金监管权限究竟归属证监会还是国家发展改革委员会尚无定论,但依据《创业投资企业管理暂行办法》,已经有超过600家创投基金在国家发改委备案。此外,从2011年开始,国家发改委要求北京、天津、上海、江苏、浙江和湖北等试点地区规模在5亿元以上的独立股权投资基金①向发改委备案。

以上这些监管措施并没有对私募股权管理人的资质进行准入性限制,而只是要求基金管理人或基金向监管机构申报信息,仍属于备案制监管模式。与共同基金及对冲基金一样,新的基金管理人不断加入这一行业,同时也不断地有业绩糟糕的基金管理人退出市场。根据Preqin的统计,至2010年年底,全球市场上共有约4 100家基金管理人,其中有450家左右是2010年新加入市场的。

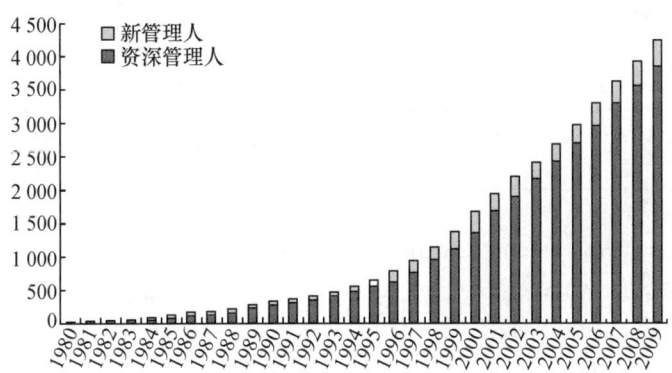

图1-9　私募股权基金管理公司数量变化

资料来源:Preqin。

美国私募股权基金管理人大部分出身于投资银行或其他中介机构。杠杆收购的鼻祖KKR公司前身为贝尔斯登(Bear Stern)②的直接投资部,后来由于投资理念与贝尔斯登冲突而独立。CVC资本前身是花旗集团的风险投资部,1993年才从花旗集团独立出来。国内知名度甚高的黑石集团两位创始人则出身雷曼兄弟公司(Lehman Brothers)③。

---

① 由单一机构设立或同一集团旗下的关联机构合资设立的股权投资机构不在备案要求之列,譬如证券公司属下的全资直接投资子公司。
② 贝尔斯登曾是美国五大投资银行之一,2008年为摩根大通银行所收购。
③ 雷曼兄弟曾是美国五大投资银行之一,2008年9月破产。

Apollo的创始人布莱克(Leon Black)出身著名投行德崇证券(Drexel Burnham Lambert)①,TPG的创始人邦德尔曼(David Bonderman)是一位律师,贝恩资本的创始人则是著名管理咨询顾问贝恩公司的一群合伙人。

基金管理公司成功的因素之一便是管理人的关系网。大型收购交易近一半来自投资银行等中介机构,完成收购交易的过程还需要投资银行、律师和会计师的通力协助。因此私募股权基金管理人大部分出身中介机构也就不足为怪了。学术研究表明,经常参加俱乐部交易(Club Deal),也即关系网较广的基金管理人历史业绩也比较好。

有意思的是,英语语境下的商业关系网(Networking)指的是一群具有相似想法的商业人士共同发现、创造或执行商业机会的社会经济活动。② 同学会、大学俱乐部或行业团体便是常见的关系网络。北大PE投资联盟和北京市股权投资基金协会等都是符合这一定义的关系网。而在中国语境下,"关系"有着独特的含义,通常带有非正式和私相授受的含义。也正因如此,中国的"关系"在英文中有个独特的译法——Guanxi。事实上,近年来在中国市场表现更佳的基金管理人都是中国人,因为他们显然有着更加广阔和有效的关系网。

优胜劣汰的达尔文法则在基金管理业体现得淋漓尽致。少数大型私募股权基金管理公司管理着大多数资金,而多数基金管理公司管理的基金虽然数量众多,但规模很小。根据Preqin的统计,2003—2007年间,全球最大的50家基金管理公司筹资总额达到8 100亿美元,约占同期全行业筹资总额的65%,其中最大的10家基金管理公司如表1-2所示。

表1-2 2003—2007年全球最大的10家基金管理公司

排名	英文名称	中文名称	2003—2007年筹资额(亿美元)
1	The Carlyle Group	凯雷集团	520
2	Goldman Sachs Principal Investment Area	高盛直接投资	491
3	Texas Pacific Group(TPG)	得州太平洋集团(新桥③)	488
4	Kohlberg Kravis Roberts(KKR)	科尔伯格·克拉维斯·罗伯茨	397
5	CVC Capital Partners	CVC资本	368
6	Apollo Management	阿波罗管理公司	328
7	Bain Capital	贝恩资本	317
8	Permira	—	254
9	Apax Partners	安佰深	252
10	The Blackstone Group	黑石集团(百仕通)	233

资料来源:Private Equity International。

---

① 德崇证券曾是美国最大的垃圾债券交易商,1980年代盛极一时,1989年破产。
② 本段来自维基百科关于Business Networking词条的解释,参见http://en.wikipedia.org/wiki/Business_networking。
③ 新桥基金(Newbridge Fund)是得州太平洋集团和大西洋投资公司(General Altantic)的亚洲合资公司,在中国和韩国市场非常活跃,曾经收购过深圳发展银行和韩国第一银行。

这一现象并非没有原因。实证数据表明,基金管理人的业绩有显著的持续性。或者说,之前业绩表现良好的基金管理人后续设立的基金一般也会较好。这一经验法则是私募股权基金特有的。对冲基金是"花无百日红"的典型例证,连续几年表现良好的基金有很大的概率会突然栽个大跟头。1990年代叱咤风云的老虎基金和量子基金都在2000年的网络泡沫中先后折戟。著名共同基金管理人彼得·林奇(Peter Lynch)管理的麦哲伦基金在其退休后便"泯然众人",表现甚至不如标准普尔500指数。但是,1980年代和1990年代表现优异的私募股权基金管理人现在大部分仍然是行业的领导者。

有经验的投资者会尽力维持与优秀基金管理人的长期关系。因此后续基金的主要投资者通常是"回头客"。新基金管理人要获得投资者的认可则比较难,通常筹集基金所需要的时间也较长。根据Preqin 2011年的问卷调查,约40%的机构投资者直言不投资新基金管理人。这虽然是后危机时代的保守态度,但也反映了行业的潜规则。资深管理人的声誉和关系网优势在投资中也有体现。企业更愿意与有着良好履历的基金管理人进行合作。此外,资深基金管理人借助其资金优势,往往可以完成小基金管理人所不能企及的大型交易,其利润也较为丰厚。两方面的因素相结合,私募股权基金管理业的两极分化格局自然而然便形成了(见图1-10)。

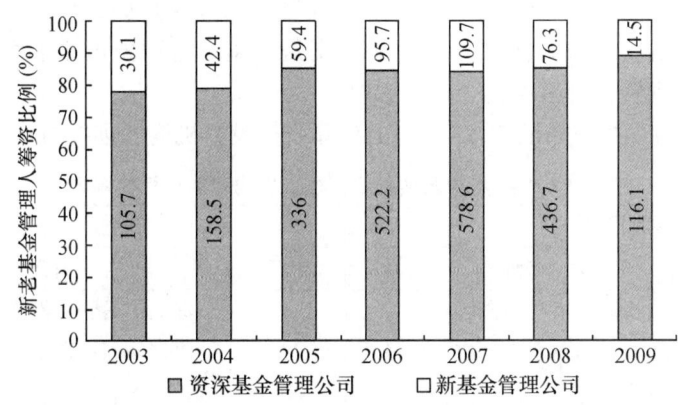

图1-10　新老基金管理人筹资比例(单位:10亿美元)

资料来源:Preqin。

1.4.3　中国管理人

私募股权是一种舶来品。因此我国的私募股权业在发展早期以外资基金为主,本土基金在规模上很难与之抗衡。根据清科创投的统计,2008年外资基金占可投资中国基金规模的80%左右,而内资基金①则只占18%左右。但时过境迁,次贷危机后全球私募股权的筹资额屡创新低,而中国市场由于创业板市场的推出而逐步升温。在此背景下,中

---

①　内资基金往往指的就是人民币基金,但也有例外。凯雷、黑石和得州太平洋先后在上海和北京设立了规模达50亿元的人民币基金。

国市场上内资和外资管理人的管理资产规模对比发生了逆转。2009年和2010年中国市场上人民币基金的占比分别为64%和80%。①

外资基金为中国私募股权市场的发展做出了巨大的贡献。风险投资、成长资本和杠杆收购的概念都是外资基金管理人引入中国的。中国诸多著名的企业,尤其是民营企业,背后都有外资基金的支持。国内著名的基金管理人,如鼎晖创投和深圳创新投,都是在与外资基金共同投资的过程中成长起来的。此外,外资基金也培养了不少优秀的基金管理人才,而这些人离开外资基金也成为人民币基金管理人的重要来源。

2009年至今是一个特殊的时期。创业板高达69.99倍的平均发行市盈率以及中小板并不逊色的表现为中国私募股权业创造了惊人的回报。根据清科创投的统计,2009年和2010年中国A股市场私募股权支持的上市企业为基金分别带来了6.24倍和11.13倍的回报,年化内部收益率(IRR)平均超过100%。而同期全球私募股权业则在盈亏平衡点上挣扎,2007年和2008年设立的新基金的内部收益率大部分为负。

中国私募股权基金管理人近两年的优异表现显然不能完全归因于基金管理才能,而主要是市场范围内的估值倍数变化。但毋庸置疑的是,这两年的业绩为中国新基金管理人提供了很好的缓冲,并推动了大量新基金管理公司的设立,也即"全民PE"现象。根据全国人大财经委2012年的调研数据,中国私募股权投资机构数量超过5 100家。这显然是一个口径极宽的统计数据,因为同期全球私募股权基金管理公司才不过4 500家,而中国私募股权的管理资产规模不到全球的10%。

表1-3为清科创投发布的2012年中国私募股权投资机构和创投机构排名情况。②

表1-3 2012年中国私募股权投资机构和创投机构排名

私募股权投资机构		创业投资机构	
排名	基金名称	排名	基金名称
1	昆吾九鼎投资管理有限公司	1	深圳达晨创业投资有限公司
2	中信产业投资基金管理有限公司	2	深圳创新投资集团有限公司
3	复星资产管理集团	3	IDG资本
4	金石投资有限公司	4	深圳中科招商创投管理有限公司
5	弘毅投资(北京)有限公司	5	红杉资本中国基金
6	建银国际(控股)有限公司	6	江苏华睿投资管理有限公司
7	中信资本控股有限公司	7	纪源资本
8	凯雷投资集团	8	上海永宣创业投资管理有限公司
9	Kohlberg Kravis Roberts (KKR)	9	深圳同创伟业创业投资有限公司
10	广发信德投资管理有限公司	10	深圳基石创业投资管理有限公司

资料来源:清科创投。

表1-3的统计显然具有相当的主观性。事实上,20家排名最高的基金管理公司中只有4家为纯外资管理人:凯雷集团,KKR,红杉资本,IDG资本和纪源资本。如果从大型筹

---

① 资料来源:*Asia Private Equity Review*。2010年数据为1—11月统计数据。
② 清科创投将创投基金单列,而将其他类别的私募股权类基金统称为私募股权基金。

资和退出案例的统计数据来看,外资管理人仍然占据了较大的优势。可以肯定的是,随着全球私募股权市场的回暖和欧美经济的衰退,进入中国市场的外资基金管理人会越来越多。外资管理人在顶级排名中出现的次数也会重新多起来。

从地域分布来看,私募股权基金管理人大致集中在四个城市:北京、上海、深圳和香港(见图1-11)。香港是外资基金重要的桥头堡,从1990年代以来便一直是外资基金办公室的集中地。长期以来中国绝大部分私募股权投资案例都出现于北京、长三角和珠三角。此外,北京是中国金融监管机构和大型金融机构总部的所在地,上海和深圳则是主板、中小板和创业板市场的所在地。因此,它们集中了大多数私募股权基金管理公司是理所应当的。

图1-11　2011年中国私募股权四大聚集地

近年来,天津、重庆和宁波等二线城市也加入了私募股权基金注册地的争夺。各大城市都推出了各自版本的优惠政策。其中尤以天津起步最早,滨海新区借助中央政府的政策支持吸引了大量股权投资基金前往注册。此外,江苏、浙江和广东历来都是民营资本集中的地区。虽然地方政府的支持政策并不明确,苏州、温州、东莞和佛山等城市也相继出现了许多私募股权基金。总的来看,东部沿海发达地区在可预见的未来仍然会是私募股权的主要活跃区域。

1.5 投资收益

1.5.1 总体收益概览

虽然媒体宣扬的私募股权为高收益投资,但实际上只有少数优秀的基金管理公司能够维持超过30%的年收益率,多数基金管理公司的收益率并不如想象的高。首先,私募股权投资收益数据存在明显的幸存者误差(Survival Bias),即存续的基金通常业绩较好,较差的基金会逐渐消亡。其次,这些数据通常为私募股权基金主动提供的,因此并不一定反映真实情况。某些业绩很好或很差的基金都不愿意向外界披露财务信息。

表1-4 美国各类私募股权基金收益率情况 （单位:%）

基金类型	1年期收益	3年平均	5年平均	10年平均	20年平均
初创型风险投资基金	8.3	3.1	-10.9	41.5	20.4
平衡型风险投资基金	24.3	11.7	-3.5	18.9	14.6
成熟期风险投资基金	6.9	8.6	-4.1	11.3	13.5
风险投资基金总体	**15.6**	**7.5**	**-6.8**	**23.7**	**16.5**
小型并购基金	11.5	7.8	2.1	7.9	25.4
中型并购基金	33.8	10.0	2.9	10.9	16.5
大型并购基金	18.2	16.0	4.0	10.2	12.7
超大型并购基金	35.7	17.8	6.0	8.8	11.4
并购基金总体	**31.3**	**16.3**	**5.2**	**9.2**	**13.3**
夹层投资基金	12.2	4.8	2.2	6.4	8.9
私募股权基金总体	**22.6**	**13.1**	**1.5**	**12.3**	**14.2**
纳斯达克指数	5.2	14.2	-2.2	7.7	12.4
标准普尔500指数	6.3	10.1	-1.1	7.3	11.0

资料来源:Thomson Financial/美国创业投资协会,数据截至2005年年底。

表1-4为截至2005年的美国各类型私募股权基金投资收益率汇总。我们可以发现,私募股权的20年平均收益率超过代表大盘股的标准普尔500指数3.2%,超过代表科技股的纳斯达克指数1.8%。如果初始投资额为1元,那么投资私募股权20年之后平均大约能得到14.2元,而投资纳斯达克指数只得到10.3元,投资标准普尔500指数只能得到8.1元。这对于以长期收益为目标的机构投资者是巨大的差别。

2007—2010年的次贷危机对全球经济造成了巨大的冲击,私募股权也不能幸免。如果将表1-4中的数据截止日期更改为2010年年底,情况可能会有很大不同。图1-12是全行业占比最高的美国并购基金5年滚动收益率相对同期标准普尔500指数收益的溢价走势。从图中我们可以看出,美国并购基金在1997—2010年间所获得的风险溢价还是

3%左右。但需要注意的是,在此期间,作为基准指数的标准普尔500指数的年平均回报率只有区区2.14%。即便如此,作为一种另类投资,私募股权的长期收益率还是显著超过了股票和债券等主流投资。也正因如此,私募股权才得到了全球主要机构投资者的青睐。

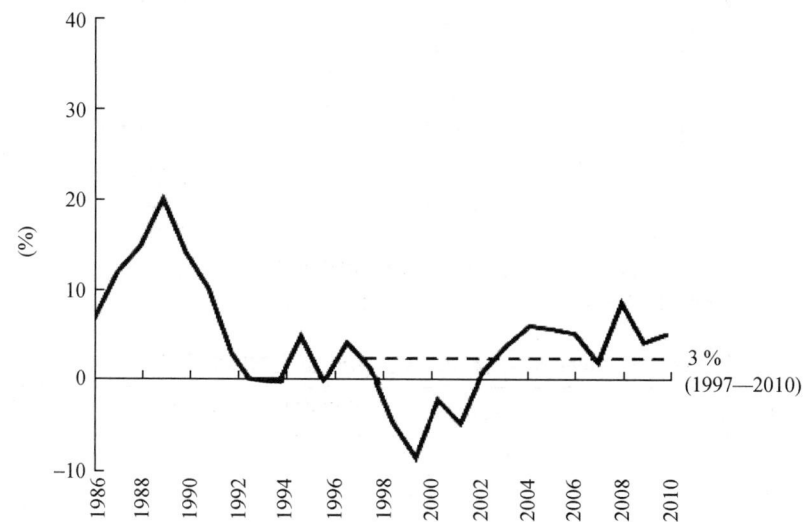

图1-12　北美并购基金5年滚动收益率减去标准普尔500指数同期收益率
资料来源:贝恩公司。

从风险角度来看,私募股权收益的波动率也显著超过股票市场。譬如,2000年创业投资基金的平均收益率曾高达190%,但这只是昙花一现,之后甚至有年收益率-40%的巨亏出现。某种意义上来说,私募股权只适合投资期限极长的机构投资者和高净值个人。根据欧洲创投协会的统计,私募股权收益率与股票指数相关系数只有0.5左右,与债券指数相关系数接近0。因此,将私募股权加入投资组合能够在提高平均收益率的同时,降低总体风险,达到良好的分散化效应。这也是机构投资者长期资产配置中私募股权比例能够占到近10%的重要原因。

由于数据的缺乏,我国私募股权业的总体收益率并无准确的估计。中华创业投资协会(CVCA)对1994—2005年间在中国运营的62只美元及人民币创投基金进行了问卷调查。其中年平均回报率高于40%的有7只,介于20%到40%的有17只,介于10%到20%的有19只,低于10%的有19只(见图1-13)。在表现最差的19只基金中,有17只为人民币基金。从这些数据来看,我国私募股权业的平均回报率要略高于全球水平。

2009年以后随着创业板的推出,我国私募股权业的平均收益率显著超过了国际同行。表1-5为2009年中国私募股权基金投资案例按上市发行价格计算的平均收益率。需要注意的是,该表统计的是私募股权投资中最成功的一类,只有将那些失败的案例包括在内才能得出中国私募股权业的平均收益率。但遗憾的是,失败案例一般属于非公开信息。

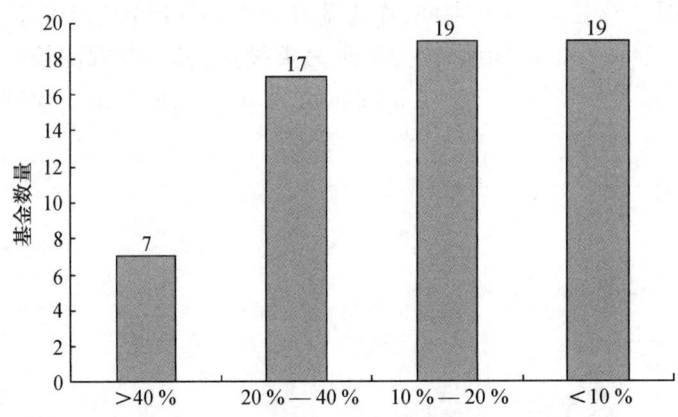

图1-13 1994—2005年间中国创投基金回报率分布

资料来源：中华创投协会问卷调查，截至2005年11月。

表1-5 2009年中国私募股权支持企业上市收益率情况

上市地点		创业投资基金	私募股权基金（创投除外）	合计
境内	深圳创业板	135%	524%	182%
	深圳中小板	99%	79%	91%
	平均	114%	223%	127%
境外	香港主板	95%	53%	58%
	新加坡主板	—	40%	40%
	纽约证券交易所	39%	39%	39%
	法兰克福	—	31%	31%
	纳斯达克	31%	14%	30%
	平均	78%	52%	56%
平均		247%	66%	64%

资料来源：清科创投。

1.5.2 决定收益的因素

耶鲁大学基金的管理人戴维·斯文森（David Swensen）曾经指出，私募股权基金的高回报率主要源自高杠杆率，而不一定是基金管理人本身的才能。他发现，如果将标准普尔500指数按照并购基金的杠杆率进行调整，所得到的模拟收益率甚至要高于那些向耶鲁大学基金募资的基金管理人。但斯文森的这个论断本身也有一定的局限性，因为他做研究的时间为2000年，为美国的上一个大牛市顶峰。

我们经常将基金的收益部分分解为被动收益率，Beta收益率和Alpha超额收益率。其中被动收益率为同期的市场收益率，如标准普尔500指数的收益率或同行业企业的平均收益率。被动收益率是普通投资者执行买入并持有的简单策略就能获得的收益率。Beta收益率指的是由于基金运用了杠杆，承担了比市场平均水平更高的风险而应得的收益率。Beta 收益率并不能代表基金管理人才能的高低,普通投资者进行类似的举债投资也能获得这样的收益率。Alpha 超额收益率才是基金管理人才能的体现,这也是被动收益率和风险溢价所不能解释的收益。

共同基金、对冲基金和私募股权基金是否存在 Alpha？这是学术界多年以来反复争论的问题。一般的意见认为,共同基金的 Alpha 接近于 0 甚至为负,对冲基金总体的 Alpha 也不显著。换句话说,共同基金管理人和对冲基金管理人所得的高工资并没有任何依据。过去由于缺乏公开披露的数据,私募股权是否存在显著的 Alpha 并无定论。随着私募股权行业透明度的提高,一些学术研究为我们提供了初步的答案。

哥特夏尔格等(Gottschalg et al.)针对英国并购案例的研究[①]发现,在 19.61% 的基金净内部收益率中,杠杆率贡献了 7.71%,而基金管理人才能的贡献部分仅为 4.47%(见图 1-14)。其他收益则来自正常的买入并持有策略收益(Buy and Hold Return),也即买入一家和私募股权投资案例相当的企业在同期所获得的股票收益率。

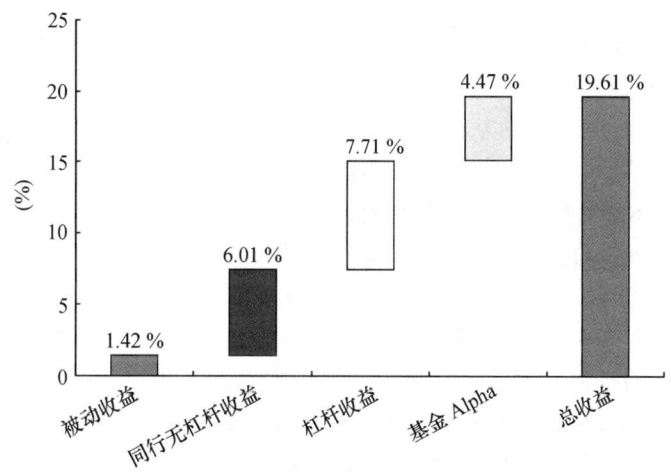

图 1-14　英国并购基金的业绩归因分析

资料来源:Gottschalg 等(2010)。

如果以上研究的结果正确的话,那么我们可以认为:(1) 并购基金的商业模式本身就能创造价值;(2) 基金管理人的贡献只占基金业绩的一部分,其获得的 20% 管理分红和业绩贡献大致相当。事实上,这一结论在中国市场也可能成立。大部分基金的业绩可能归因于 2007—2011 年间中国市场显著的估值倍数变化。基金管理人只是幸运地在这一期间进行了投资布局。

私募股权业界有句名言:"只有四分之一的基金是值得投资的。"这句话并非没有根据,不同的基金管理人业绩差异是显著的。我们反复强调过,历史较长的资深管理人业绩要显著优于行业平均水平。从图 1-15 可以看出,以设立年份进行分组的并购基金内部收益率差距甚大。譬如 2001 年设立的并购基金中,最好的四分之一基金中最低收益水

[①] Oliver Gottschalg, Eli Talmor & Florin Vasvari. Private Equity Fund Level Return Attribution: Evidence from U. K. Based Buyout Funds. London Business School Working Paper, June, 2010.

平为40%,而最差的四分之一基金中的最高收益水平仅略高于10%。

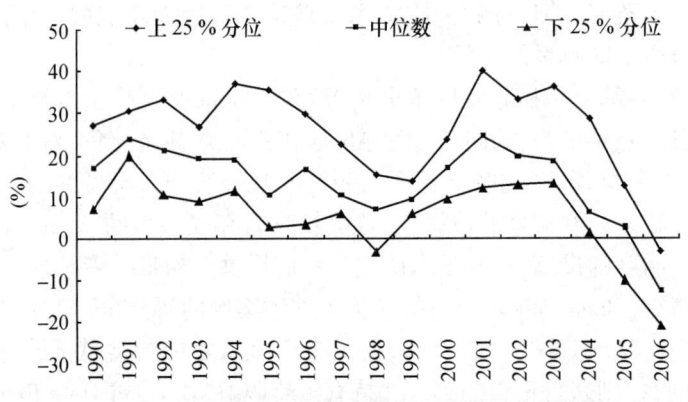

图1-15 各年份设立的并购基金业绩25%分位数据

资料来源:Preqin。

从图1-15中我们还可以看出,私募股权整体收益有明显的周期性。我们注意到,在牛市阶段设立的基金业绩普遍不佳,如1999—2000年网络泡沫时期和2005—2006年设立的基金。而熊市阶段设立的基金则业绩较好,如2001—2002年泡沫破裂后设立的基金。这部分是由于私募股权的商业模式,部分是由于股票市场的周期性。私募股权收购企业和出售企业的估值水平一般会参照同期上市公司的定价。当股票市场处于繁荣阶段时,私募股权套现的收益率会惊人地高。高收益率会吸引更多的投资者将资金注入私募股权。而在牛市阶段新设立的基金收购企业股权的定价水平又显著高于历史水平,当过了3—5年基金需要套现时,市场的定价已经回落,从而造成基金的低收益。与之相反,熊市阶段设立的基金所对应的估值变化循环则反而有利。

统计数据还表明,私募股权基金管理人的业绩具有持续性。同一基金管理人所管辖的前后期基金业绩之间有明显的相关性。举例来说,如果一个基金管理人上期基金的业绩排名行业前25%,则其管理的下一期基金仍然排名行业前25%的概率为39%。而如果一个基金管理人上期业绩排名行业后25%,则下一期基金有38%的概率仍排名行业后25%(见图1-16)。基于这一原因,机构投资者乐于继续投资之前表现良好的私募股权基金管理人,并且愿意和基金管理人维持长期合作关系。

需要注意的是,私募股权基金生命周期较长,且投资流动性较差,因此实际收益需要进行长期判断。仅以基金设立之后的一两年时间来评判整体收益,可能会出现偏颇。举例来说,同一年设立的并购基金中,前4年业绩名列前25%的基金在第10年的历史业绩排名中仅有50%的概率仍然排进前25%。而前4年业绩所在25%分位区间与前10年总业绩排名相同的仅有46%(见图1-17)。

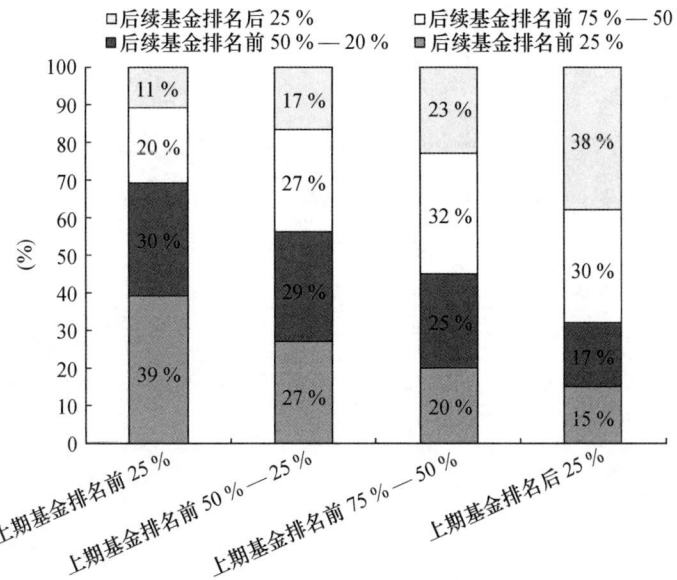

图 1-16　私募股权基金业绩的连续性

资料来源：Preqin(2009)。

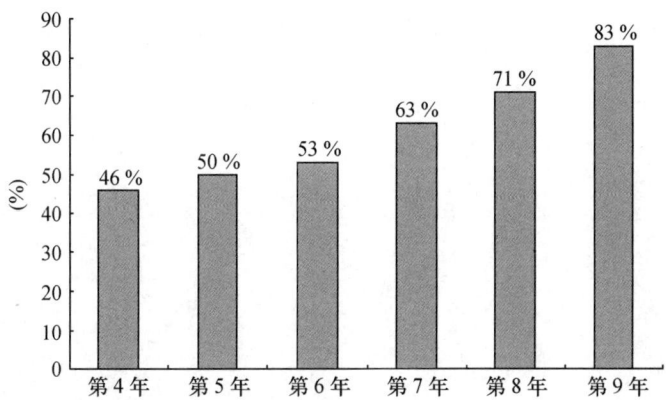

图 1-17　并购基金业绩的连续性，第 n 年业绩与第 10 年业绩在同一 25% 分位区间的概率

资料来源：Preqin(2010)。

2 发展历程

私募投资自商业社会以来便已存在,但以集合投资载体(或者说基金)形式进行私募股权投资的历史并不长。1945年,阿尔弗雷德·琼斯(Alfred W. Jones)设立了第一只对冲基金。这只基金奠定了现代私募股权和对冲基金的商业模式,即有限合伙人投入货币资本,基金管理人投入智力资本,超额收益以80∶20的比例进行分配。

经过60多年的发展和完善,私募股权基金的法律结构更加合理,税收和杠杆的优势得到了充分的发挥。投资理念也不断拓展,从早期的创业投资和杠杆收购发展到现代的二级市场、破产投资、房地产、夹层基金以及中国盛行的成长资本。基金管理公司也由三五好友组成的小型私人合伙企业变身成为规模庞大的现代化公司,部分公司甚至已经成为上市公司。做个不恰当的比喻,私募股权已经从原先少数人从事的作坊型产业成长为流水线式的工业化公司。本章将回顾这一变化过程,并分析现代私募股权业的行业特点。

有一点请读者在阅读本章时需要特别注意:私募股权基金管理人倾向于不披露或少披露信息。由于调查样本和统计口径不同,不同调查机构对中国市场乃至国际市场的统计数据可能会出现较大的偏差。Pitchbook、Preqin、Thomson Reuters、Dealogic、清科以及投中集团对中国市场的年筹资、投资和退出统计数据都不相同。因此,所有列举的数据都仅供参考。

2.1 早期的私募股权

2.1.1 创业投资

虽然金融业的商业模式通常是由商人所创造的,但基金管理业却是例外。为了进行集合投资,哈佛大学的几位教授在1924年设立了历史上第一只共同基金——马萨诸塞投资信托(MIT)。目前这支长寿基金仍在运作。对冲基金业也活跃着不少大学教授,譬如1997年诺贝尔经济学奖得主迈农·斯科尔斯(Myron Scholes)和罗伯特·默顿(Robert Merton)都曾是长期资本管理公司(LTCM)的合伙人。[①] 有"创业投资之父"之称的乔治·多里奥特(Georges Doriot)曾是哈佛商学院的院长及欧洲著名商学院INSEAD的创始人。而他的合伙人中有前麻省理工学院的校长卡尔·康普顿(Karl Compton)。

现代私募股权始自创业投资,而创业投资则是在二战以后才兴起的。多里奥特于1946年创立的美国研究发展公司(ADRC)是公认最早的创投基金。它主要向富人筹资,

---

[①] 长期资本管理公司曾是世界上最大的对冲基金,资产规模最高峰时达1 200亿美元。1998年长期资本管理公司濒临破产,几乎引发美国金融危机。

并投资于退伍士兵创立的企业。ADRC 最著名的投资案例为培育了数字设备公司(DEC),并在 11 年内获得 527.5 倍的收益。1957 年 ADRC 向 DEC 投资了 7 万美元,当后者于 1968 年上市时,这笔投资价值 3.55 亿美元,年化收益率达 101%。在 1972 年多里奥特退休之前,ADRC 一共投资了 150 多家创业企业。

1953 年美国国会通过了《小企业法》(Small Business Act of 1953)。根据该法案,美国政府设立了小企业管理局(Small Business Bureau),以解决中小企业长期融资难的问题。该机构负责向小企业提供贷款融资担保。《小企业法》允许私人发起小企业投资公司(SBIC)或少数股权小企业投资公司(MESBIC)。这类机构可以获得美国政府资金支持,并以股权、债权或其他产权形式投资于小企业。SBIC 和 MESBIC 可以算是有美国特色的官督民办型创投基金。由于私人支持的创投基金后来成为主流,美国小企业管理局在 2005 年以后大规模削减了对 SBIC 项目的支持。但在早期私募股权资金来源匮乏的情况下,SBIC 和 MESBIC 为美国私募股权的发展做出了不可磨灭的贡献。

从 1960 年代开始,私募股权基金借鉴了对冲基金的商业架构,并不断在实践中完善。在这一时期,由基金管理公司发起设立有限合伙企业(即基金),投资者作为有限合伙人参与投资的模式逐渐成为主流的私募股权基金结构。从对冲基金业借鉴来的管理费(Management Fee)加管理分红(Carry Interest,也称业绩报酬)的利润分配模式也得到了投资者的认可。

从 1960 年代开始,创投基金被冠以高科技投资的概念。这是因为这一时期创投基金主要投资于电子、生物和 IT 业的创业企业,譬如我们现在所熟知的苹果电脑、英特尔和电子艺界等公司。实际上创投基金关注的是企业的成长性,并不局限于高科技概念。联邦快递公司也是这一时期创业投资的成功案例。

1970 年代的创业投资伴随着硅谷的兴起而开始引人注目。加州门罗公园的沙丘路(Sand Hill Road)是著名的私募股权基金管理公司聚集地。包括科尔伯格·克拉维斯·罗伯茨公司(KKR)[①]、黑石集团、红杉资本[②]和银湖投资[③]在内的多家基金都驻扎在这里。1973 年,著名的美国创投协会(NVCA)[④]也在这里成立。在这一时期,硅谷的创投基金支持了大量半导体及计算机公司,以苹果电脑的高调上市达到高潮。1980 年 12 月,苹果电脑首次向公众以 22 美元一股的价格发行 460 万股,并在几分钟内被认购一空。苹果电脑高达 13 亿美元的估值为创投基金带来了丰厚的回报。2011—2012 年间,苹果公司一度成为全球市值最高的公司,估值超过 6 000 亿美元。

拓展阅读　硅谷传奇

硅谷(Silicon Valley)指的是加州旧金山湾南端的一个名叫圣克拉拉山谷(Santa Clara Valley)的区域。这里聚集了大量创业投资基金和高科技公司。从 20 世纪初开始,硅谷

---

① 全称 Kohlberg Kravis Roberts,美国杠杆收购基金的领导者,以三位创始人的名字命名,2007 年成为上市公司。
② 红杉资本(Sequoia Capital),美国著名创业投资基金管理公司,在中国也非常活跃,曾培育了雅虎(Yahoo.Com)。
③ 银湖资本(Silver Lake Partners),美国著名私募股权基金管理公司。
④ 美国创业投资基金的行业协会(National Venture Capital Association)。

便是美国电子工业的重镇。同时这一地区还聚集着许多大学,其中最著名的便是斯坦福大学和加州大学伯克利分校。

1951年,斯坦福大学在工程学院院长弗雷德里克·特尔曼(Frederick Terman)的建议下开辟了斯坦福工业园,为毕业生创业提供办公用地。特尔曼本人也为初创的公司提供天使投资,惠普公司便是其中之一。这种工业园的模式后来在中国大行其道,譬如中关村科技园、北大科技园和清华科技园等。

1956年,晶体管的发明人威廉·肖克利(William Shockley)因为与同事不合而离开了贝尔实验室,回到加州创业。这从此改变了美国微电子业以东部为核心的格局。肖克利糟糕的脾气使得他属下的8位工程师于1957年辞职,并成立了费尔柴尔德半导体公司(Fairchild)。后来这8位工程师又离开费尔柴尔德,分别成立了英特尔(Intel)和超微半导体(AMD)。硅谷的名字也来自晶体管(Silicon Transistor,直译为硅转换器)。搞笑的是,一开始美国人并不太明白硅的用途,但对隆胸用的硅胶却是耳熟能详。大概有十几年时间,硅谷一直被媒体误称为硅胶谷。

硅谷蓬勃发展的微电子工业吸引了创业投资基金。1972年,凯鹏华盈①和红杉资本先后进驻硅谷的沙丘路。到目前为止,硅谷地区的私募股权基金管理公司已经有400家左右。硅谷在创业投资界的地位可以媲美证券领域的华尔街。2000年中,当网络泡沫达到顶峰时,沙丘路每平方米的年租金高达1550美元,超过了华尔街所在的曼哈顿地区和伦敦金融区。

目前硅谷拥有超过10 000家电子公司,所生产的集成电路和计算机约占美国的1/3和1/6。② 1980年代以后,硅谷的研究领域不再局限于半导体。软件、半导体、通信、能源和材料科学的研究机构开始出现在硅谷。其中,施乐公司发明的ARPANET成为现代互联网的雏形。而这家公司所发明的计算机图形界面也构成了后来占据统治地位的微软Windows和苹果Macintosh操作系统的基础。硅谷所培育的著名公司除了英特尔和AMD外,思科和苹果公司也是其中的翘楚。前者在互联网泡沫顶峰时一度成为世界市值最高的公司,而后者则即将成为世界市值第一的公司③。

硅谷的人口不到美国的1%,但创造的GDP却占到美国的5%,人均GDP也高居全美第一。硅谷模式成为现代高科技产业发展的典范,成为中国效仿的对象。但遗憾的是,中国借鉴了硅谷的房地产开发模式,设立了数量众多的科技园区,但却忽视了硅谷成功背后的知识产权保护和资本支持体系。时至今日,中国的高科技产业除了航天等少数领域外,其他的仍然逃脱不了"山寨"模式。

---

① 凯鹏华盈(Kleiner, Perkins, Caufield & Byers),美国资深创业投资基金管理人,在中国上海也有办公室。
② 资料来源:百度百科。
③ 在本书写作的2011年7月,苹果市值仅次于埃克森美孚石油公司。

2.1.2 杠杆收购

最早的杠杆收购可能是"集装箱之父"马尔孔·麦克利恩(Malcom Purcell McLean)[①]对泛大西洋汽船公司和沃特曼汽船公司的收购。麦克利恩设立了一家控股公司并运用杠杆来构建他的运输王国。1955年5月,麦克利恩以4 900万美元的价格收购了沃特曼汽船公司,其中的4 200万美元为借贷所得。收购完成之后,麦克利恩通过出售沃特曼汽船公司的部分资产偿还了2 000万美元的债务,并且以发放红利的方式收回2 500万美元。这样,麦克利恩仅投入了700万美元,便在交易完成后得到了2 500万美元的现金回报,外加沃特曼公司的100%股权。需要注意的是,麦克利恩收购沃特曼公司的最终目的是构建起企业帝国,这和现代私募股权基金的操作理念是不同的。

杠杆收购的商业模式1970年代开始在金融界崭露头角。KKR是这一领域最为著名的公司。其前身为贝尔斯登证券公司直接投资业务部,后来独立成为一家专业基金管理公司,目前仍然是世界上最大的私募股权基金管理公司之一。该公司向养老基金等机构投资者筹集资金作为股本资金,并以被投资企业为载体向银行和机构投资者大规模举债,用于向企业股东收购全部股权。KKR公司精通企业收购的税务处理,创造了许多避税的技术。虽然这些技术随着美国税法的改革而相继失效,但KKR的投资方式成为后来杠杆收购的标准手法。

杠杆收购的优势在于债务利息可以在税前扣除,因而成本低于股权资本。杠杆收购的主要融资工具为银行贷款和高收益债券(俗称"垃圾债券",信用评级一般在BBB或Baa以下)。高收益债券在偿债顺序上仅优先于股权投资者,因此违约风险很高,但其高利息率弥补了这一缺点。在德崇证券的推广下,高收益债券进入了不少机构投资者的视野,成为资产配置的重要组成部分。德崇证券的迈克·米尔肯(Michael Milken)[②]成为垃圾债券市场最大的做市商,被称为"垃圾债券之王"。

1970年代恰好是大量美国二战后的创业者退休的时代。这些创业者由于后继乏人,往往向私人投资公司出售其企业。值得一提的是,巴菲特也买过不少这类企业。只不过巴菲特是以上市公司为融资载体,而KKR是以被投资企业为载体举债。这一时期涌现了私募股权界的许多著名管理公司,如Forstman Little & Co.、Thomas H. Lee以及Clayton Dubilier & Rice等。

杠杆收购中的管理层收购(Management Buyouts)也出现于1970年代。这种收购的典型操作方法是,企业的管理团队通过和外部投资者(主要是私募股权基金)合作,以杠杆收购的方式向母公司或股东买断企业,经营一段时间后以上市或出售方式套现。哈雷摩托(Harley-Davidson)是管理层收购的经典案例,但最后以失败告终。

[①] 麦克利恩在二战后大规模应用集装箱运输,因而得到"集装箱之父"的称号。

[②] 米尔肯缔造了垃圾债券市场,对杠杆收购的发展起到了关键的推动作用。但后来米尔肯由于内幕交易被捕入狱,他所在的德崇证券也随之破产。有关米尔肯及垃圾债券内幕,读者可以参见《贼巢》(Den of Thieves)一书。

1970年代中期,私募股权的发展遭到了多方面的冲击。首先是《美国雇员退休收入保障法案》(ERISA)通过以后,养老基金不能再参与私募股权这种"高风险"的投资。1974年的美国股市崩盘也导致不少机构投资者对风险投资心存疑虑。同一时期美国政府还提高了资本增值税率,最高一档甚至达到49%,使得收益主要来自资本增值的私募股权业遭受重创。

1978年,美国劳工部放宽了对养老基金投资的限制,允许它们采用"谨慎投资者原则"(Prudent Investor Rule)自行甄别投资。之前美国养老基金采用的是"谨慎人投资原则"(Prudent Man Rule)。该原则要求基金受托人需主要考虑本金的安全,因而导致养老基金不可参与私募股权和对冲基金的高风险投资。谨慎人投资原则将基金投资范围限定在低风险资产内,理论上保护了本金的安全,但事实上造成了养老基金收益大幅下降,难以为继。

谨慎投资者原则要求受托人主要考虑基金的长期增值,放开了对养老基金参与私募股权投资的限制。这使得私募股权筹资总额暴增至5.7亿美元,而一年之前这个数字还不到0.4亿美元。另一方面,里根1981年当选总统后推出的减税法案将美国的资本增值税率下调至20%,使得私募股权基金管理人的实际税负大幅下降。监管和税收方面的这些变化,造就了私募股权随后而来的辉煌时代。

2.2 风起云涌的1980年代

杠杆收购在1980年代达到了前所未有的高度。1980年,私募股权业的筹资总额只有24亿美元。而到了1989年,这一数字膨胀至219亿美元。考虑到当时的基金杠杆率可高达10倍,私募股权基金几乎可以买下美国的任何一家公司。1960年代美国风行一时的公司多元化模式被证明是低效率的代名词。通用电气是为数不多的多元化成功案例。1981年杰克·韦尔奇担任通用电气的总裁之后,将公司的350个经营单位裁并为13个主要业务部门。即便如此,韦尔奇还是卖掉了价值100亿美元的边缘业务,其中一部分为私募股权基金所收购。不少多元化公司在1980年代土崩瓦解,为私募股权的茁壮成长提供了肥沃的土壤。

1982年1月,以美国前财长威廉·西蒙为首的投资者以8000万美元的价格收购了吉布森贺卡公司①,而其中投资者投入的股本仅为100万美元。16个月后,吉布森公司上市,按发行价计算的市值为2.9亿美元。西蒙个人从中获得了6600万美元的利润。吉布森收购案的曝光吸引了不少投资者进入这一领域。私募股权业的著名管理公司贝恩资本(1984)、黑石集团(1985)以及凯雷集团(1987)都成立于1980年代中期。

1980年代是私募股权业的黄金年代。1979—1989年间,金额在2.5亿美元以上的杠杆收购超过2000宗。涉及的行业非常广泛,主要为现金流稳定的传统产业,包括食品、

---

① Gibson Greetings Card,美国最大的贺卡制造商之一。

医疗、零售、汽车和房地产等。虽然这些并购案中屡有失败者，但其平均收益仍然超过了标准普尔500指数的3倍，使得投资者趋之若鹜。其中的奥秘在于这一时期的杠杆率非常高，10倍以上的案例屡见不鲜。高杠杆率是一把双刃剑，一方面提升了股权收益率，另一方面则放大了财务风险。这也为后来一系列失败案例埋下了伏笔。

这一时代还催生了一批著名的"企业袭击者"。他们借助垃圾债券融资收购企业股份，获得企业控制权后采取裁员或出售资产方式提升企业收益。其中比较著名的有艾卡恩(C. Icahn)对TWA航空公司的收购和皮肯斯(T. Pickens)对优尼科石油公司的收购。由于有利可图，不少对冲基金也参与到这种收购中来。德崇证券提供的垃圾债券融资是这些企业袭击者所依赖的弹药。

杠杆收购时代在1988年的RJR-Nabisco收购案达到顶峰。这家公司由雷诺烟草公司(RJR)和国民饼干公司(Nabisco)合并而成，是当时美国第19大工业公司。RJR-Nabisco的著名产品有国人熟知的骆驼和云斯顿香烟，以及奥里奥饼干(现属于卡夫公司)。但烟草和食品业务并没有互补关系，公司股价长期处于低迷状态。RJR-Nabisco的CEO罗斯·约翰逊(Ross Johnson)联合雷曼兄弟公司①对公司发起管理层收购。随后华尔街的主要投行纷纷卷入对RJR-Nabisco的争夺。经过四轮竞价，收购价格由最初的每股75美元被抬高到每股109美元。

在德崇证券和美林证券的支持下，KKR最终以311亿美元的代价买下RJR-Nabisco，创下了杠杆收购金额的历史最高纪录，直到2007年这一纪录才被打破。② 这场战役也是典型的华尔街盛宴。德崇证券等4家投资银行共获得3.8亿美元的承销及顾问费，而花旗等200家银行组成的银团也收取了超过3亿美元的融资费。但是，沉重的债务负担在后来几乎拖垮了RJR-Nabisco。事实上，KKR分别出售RJR和Nabisco后得到的实际收益为-7亿美元。这一并购案也是杠杆收购盛极而衰的标志。以该案例为题材的《门口的野蛮人》一书也成为金融人士必读的畅销书，后来还被拍成电影。

1989年垃圾债券之王迈克·米尔肯因内幕交易被判入狱。1990年2月，德崇证券在美国财政部、证监会和纽约股票交易所的要求下，宣布申请破产保护。德崇证券的陨落标志着垃圾债券市场进入低潮。而更为重要的是，美国国会1989年通过的《金融机构复兴法案》禁止储贷协会等存款机构投资垃圾债券。没有了垃圾债券的支撑，杠杆收购的黄金时代在顶峰戛然而止。

拓展阅读　KKR

KKR & Company是杰罗姆·科尔伯格(Jerome Kohlberg)、亨利·克拉维斯(Henry Kravis)和乔治·罗伯茨(George Roberts)三人姓氏的缩写。他们在1976年离开贝尔斯登的直接投资部，开设了这家后来称雄世界的基金管理公司。一开始，科尔伯格是公司的

---

① 美国著名投资银行，当时为美国运通公司的子公司，称Shearson Lehman Hutton。2008年9月，雷曼兄弟破产引发了全球金融危机。

② 以购买力计算，目前这宗交易仍是史上最大的杠杆收购。2007年得州公用事业公司(Texas Utilities，现称Energy Future Holdings)被KKR、TPG及高盛以484亿美元的价格收购，是迄今为止世界上交易金额最高的杠杆收购。

领军人物,克拉维斯和罗伯茨则是前者的学生。科尔伯格因投资理念冲突于1987年离开公司单飞后,KKR便主要由克拉维斯运营,他的表兄罗伯茨则负责西海岸业务。

KKR成立之后恰逢熊市,1973—1981年间道·琼斯指数只上涨了1点,或者说0.1%。股市的低迷状态影响了企业的估值水平,这反而方便KKR的收购行动。KKR的典型操作手法是以资产或现金流为抵押向银行借入60%的资金,再向保险公司借入无抵押的30%高息贷款,其余10%则是基金的有限合伙人投入的股权资本。高杠杆率降低了项目的资本成本,从而使得基金在企业业绩出现些微改善时便获得巨额的回报。此外,保险公司的贷款审批时间较长,往往延误收购时机。垃圾债券的出现弥补了这一缺陷,使得私募股权基金可以在短时间内迅速筹集巨额资金用于收购。

KKR一般会设立一家特殊目的公司(SPV)作为融资主体,而基金本身则不举债。这家特殊目的公司通常会在收购完成后和被收购企业合并,从而达到减税的目的。此外,KKR倾向于与管理团队合作收购企业,允许管理团队以较低的代价获得企业10%—20%的股权。如果企业经营有所改善,管理团队将获得巨额财富,基金也将获得高额收益。这种激励机制也是管理层收购(MBO)在私募股权界风行的重要原因。在RJR-Nabisco收购案中,KKR至少两次提出和管理团队合作,但罗斯·约翰逊的拒绝导致了两败俱伤的结果。

KKR的优势在于其精湛的财务技术和管理人赢得交易的坚定决心。这在RJR-Nabisco的多轮竞标中体现得淋漓尽致。在管理团队率先报出每股75美元(总价约170亿美元)高价的背景下,KKR毫不犹豫地提出每股90美元的报价,比对手足足高出约35亿美元,并最终以每股109美元的价格获胜。

相比惨胜的RJR-Nabisco收购案,金霸王电池①则是KKR的得意之作。1988年,KKR经过5个多月的竞标,最终从众多买家中胜出,以18亿美元的价格从卡夫食品②手里买下金霸王电池,而之前普遍评估的价值仅为12亿美元。KKR买下金霸王之后,允许公司的35位高管投入630万美元购买股份。此外,KKR还给管理团队的股份按1∶5的比例派送期权,使得管理团队持股达到9.85%。1989—1995年间,金霸王每年的EBITDA(税息折旧摊销前收益)以17%的速度递增,并在1991年上市。1996年9月,KKR将金霸王出售给吉列③,累计获利约42亿美元。

在30多年的投资历史中,KKR为投资者提供了每年26%的内部收益率,扣除管理分红后的净收益也达到20%(见表2-1)。这一世界级的投资业绩可以与巴菲特、索罗斯和罗伯森等投资大师媲美。

---

① Duracell,著名的电池制造商。
② Kraft Foods,美国著名的食品公司。
③ Gillette,著名刮胡刀品牌,除了收购金霸王之外,还收购了中国南孚电池。

表 2-1 KKR 历年基金收益率

	承诺资本	投资金额	实现收益	未实现收益	总收益	Gross IRR	Net IRR	收益倍数
1976 Fund	31	31	537	—	537	39.50%	35.50%	17.3
1980 Fund	357	357	1 828	—	1 828	29.00%	25.80%	5.1
1982 Fund	328	328	1 290	—	1 290	48.10%	39.20%	3.9
1984 Fund	1 000	1 000	5 963	—	5 963	34.50%	28.90%	6
1986 Fund	672	672	9 081	—	9 081	34.40%	28.90%	13.5
1987 Fund	6 130	6 130	14 746	270	15 016	12.20%	9.00%	2.5
1993 Fund	1 946	1 946	4 124	36	4 160	23.60%	16.80%	2.1
1996 Fund	6 012	6 012	10 535	1 926	12 461	18.70%	14.00%	2.1
European Fund (1999)	3 085	3 085	3 992	4 341	8 333	32.40%	24.70%	2.7
Millennium Fund (2002)	6 000	5 886	4 358	7 468	11 826	52.30%	39.80%	2
European Fund II (2005)	5 670	3 976	35	4 390	4 425	*	*	*
2006 Fund	16 625	1 578	—	1 578	1 578	*	*	*
Asian Fund(2007)	4 000	—	—	—	—	*	*	*
Total Funds	51 856	31 001	56 489	20 009	76 498	26.30%	20.30%	2.8

* 业界惯例不对成立三年以内的基金计算收益率,因为通常来完成投资部署。
资料来源:KKR 2007 年招股说明书。

截至 2010 年年底,KKR 公司总共收购了 185 家企业,总值约 4 350 亿美元,基金管理总资产规模达 610 亿美元。KKR 在全球拥有 14 个办公室,业务也从传统的杠杆收购拓展至债券、资本市场、基础设施和能源。KKR 旗下私募投资基金之一 KKR Private Equity Investor (KPE) 于 2006 年 5 月在泛欧交易所 (Euronext) 集团旗下的阿姆斯特丹交易所上市,筹得 50 亿美元。此前,KKR 管理的房地产投资信托 KKR 金融控股公司 (KFN) 也于 2005 年 6 月在纽约证券交易所上市,筹得 8.5 亿美元。2009 年 10 月,KKR 基金管理公司 (KKR & Company Limited Partnership) 以合伙企业形式在纽约证券交易所上市,筹资 22.12 亿美元。

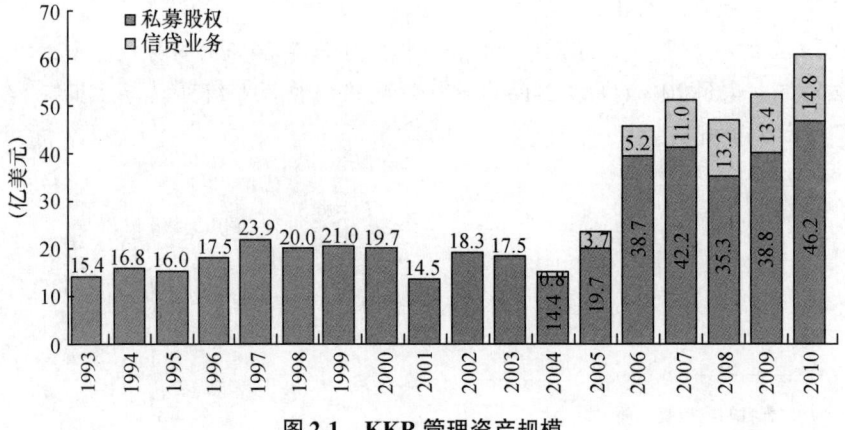

图 2-1 KKR 管理资产规模

资料来源:KKR 公司网站。

与并购基金相比,创业投资在1980年代的发展相对缓慢。虽然,十年之内基金管理公司的数量由几十家迅速增加至650家左右,但所管理的资产仅仅从280亿美元增长至310亿美元,每年筹集的金额也在30亿—40亿美元之间徘徊。低迷的股市以及1987年股灾①使得这一年代的IPO回报乏善可陈。随着日元升值,大量日本资金涌入美国,使得不少初创公司不再缺钱,这也减少了创业投资基金的投资机会。在这十年中,一些金融机构,如通用电气,纷纷出售或关闭了以创业投资为主的直接投资部门。而一些著名基金管理公司则转型为并购基金,譬如创业投资界的元老惠特尼公司②和华平投资③。

2.3 烈火烹油的1990年代

在整个1980年代乃至1990年代早期,创投基金都生存在并购基金的阴影之下。1980年代创业投资支持的不少IT公司在1990年代逐渐成长起来。其中包括苹果、微软、英特尔和思科等世界顶级公司。在此背景下,创业投资也开始重新受到了投资界的注意,而硅谷也成为大量资金的目的地。

1994年网景公司(Netscape)开发出第一个图形界面的网络浏览器,拉开了一个新时代的序幕。网景公司于1995年上市,其股价在上市首日暴涨了5倍。网景的成功吸引了大量创投基金进入网络行业。从1995年到2000年,不计其数的网络公司得到了风险投资,但是绝大多数以倒闭收场,只有少数幸运儿存活了下来。其中包括亚马逊(Amazon),美国在线(AOL),eBay和雅虎(Yahoo)等。我国网络领域的三大门户新浪、搜狐和网易也是在这一时期借助美国创投基金支持发展起来的。也就是在这个时期,"风险投资"这一概念才真正进入中国。

网络公司的典型商业逻辑在于,通过边际成本几乎为零的网络扩张乃至垄断特定的商业领域,由此创造价值。但在支付、配送和交易平台缺失的背景下,这种商业模式几乎没有实现的可能。实际上,这些新兴的公司绝大多数没有明确的盈利模型,更多地是以"眼球经济"的概念圈钱。譬如,当时我国三大门户网站的典型运作手法是,在传统媒体(报纸和电视等)打广告,以吸引客户在其网站上打广告。收入的高成长性掩盖了烧钱的本质。网络公司的估值不再倚仗现金流和利润,而是以点击率、页面浏览量和注册用户数等无法立即转化为利润的指标为标准。④ 作为多数网络公司上市目的地的纳斯达克市

---

① 1987年10月19日,道·琼斯指数毫无征兆地暴跌22.6%,史称黑色星期一,此后全球股市也随之暴跌。神奇的是,黑色星期一之前和之后都没有任何重大利空消息出现。迄今为止学术界还没有令人信服的解释。
② J. H. Whitney & Co.,约翰·惠特尼于1946年创立,主要从事创业投资。"创业投资"这一说法便是出自约翰·惠特尼。
③ Warburg Pincus,目前世界上最大的私募股权基金管理公司之一,在中国投资了哈药集团和红星美凯龙等公司。
④ 时至今日,页面浏览量及注册用户数已经成为可以货币化的资源。但在1990年代,这些指标都无法立即变现。

场行情也是水涨船高。纳斯达克指数从1995年年初的750点涨到2000年3月最高峰的5 048点(见图2-2)。上市套现成为这一时期创投业的主旋律。

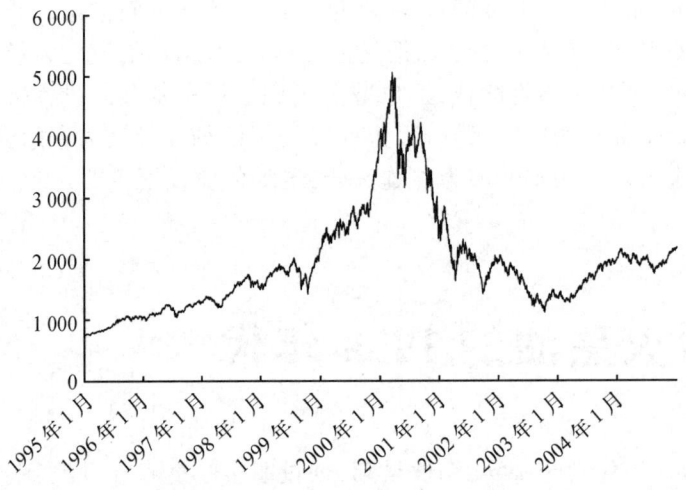

图2-2 1995—2004年纳斯达克指数

资料来源：雅虎财经。

全美国乃至全世界都被卷入这场前所未有的泡沫之中。在《福布斯》和《时代》周刊等著名媒体的推波助澜下，美国各地的城市都在计划成为下一个硅谷。大量财政资金被投入到科技会展中心和网络设施的建设中去，许多州通过了税收优惠政策吸引科技公司的落户。网络泡沫破裂之后，这些设施多数被空置。电信公司则相信网络经济必定带来巨大的带宽需求，因而大量举债来进行光纤网络建设。

投资者在这场泡沫中也失去了理性思考，典型的例子便是Palm公司。这家掌上电脑制造商原是3Com的全资子公司。2000年3月1日，3Com将Palm公司5%的股份公开发行给公众，并计划在未来出售Palm公司的其余股份。按发行股份数计算，每张3Com的股票都对应持有1.5张Palm的股票。换句话说，3Com的价格应该至少是Palm的1.5倍。但2000年3月2日Palm的收盘价为95.06美元，3Com的收盘价为81.81，或者说3Com除Palm外的业务价值为-220亿美元。对冲基金拼命想要卖空Palm的股票，但却发现根本借不到。这一定价错误持续了数月之久。2001年6月，Palm的狂热终于散去，股价跌至6.50美元。

没有盈利和现金流支持的估值终究只是一场泡沫。美联储1999—2000年间的6次加息成为泡沫破裂的导火索。2000年3月10日之后，纳斯达克指数持续暴跌，至2002年10月跌至1 100点左右的低点。网络行业鲜花着锦、烈火烹油的时代终于过去。大量没来得及在泡沫破裂之前上市的网络公司先后倒闭。而成功上市的公司也不得不依靠上市筹集的现金渡过互联网的寒冬。在泡沫顶峰时期进入网络投资的不少创投基金遭遇血本无归的悲惨境地。

从中国的角度来看，网络泡沫的正面意义要远大于负面影响。2000年前后大量资金被用于建设网络带宽，为后来中国互联网经济的发展奠定了坚实的基础。经过泡沫洗礼的中国网络公司更加注重销售收入和盈利能力。2003年上市的携程网(机票服务)，2004

年上市的腾讯(即时通信),2005年上市的百度(搜索广告)和2007年上市的阿里巴巴B2B部门(电子商务)成为中国互联网行业的新领军企业。

虽然网络泡沫造成了相当大的损失,但从长期的角度来看,这场泡沫还是增进了投资界对创投行业的认识,使得创投基金成为机构投资者必备的资产配置。这从一组数据可以看出来。1994年美国创业投资金额仅占GDP的0.058%,到了2000年这一数字暴增至1.087%。而泡沫破裂以后,2004年创投金额达到美国GDP的0.182%,相当于1994年的3倍。更为重要的是,1995—2000年的网络泡沫将风险投资的商业模式引入中国,培育了中国本土的基金管理人。2000年成立的深圳创新投资集团和2002年成立的鼎晖投资都在后泡沫时代成长起来。它们的投资在2005年以后开始出现回报,创造了中国私募股权的高收益时代。

拓展阅读　新浪传奇

新浪网(Sina.com)的前身是1993年成立的四通利方信息技术有限公司。作为中文之星的作者,王志东是1990年代著名的程序员。1993年,四通公司出资500万港元与王志东合资设立四通利方。王志东以技术入股,占20%的股份。1994年王志东写出了后来风行一时的四通利方中文平台(Richwin),提供了英文Windows环境下中文的显示和输入解决方案,市场占有率曾高达80%。这一软件后来在多年内都是四通利方主要的利润来源。

1995年,王志东受IBM和微软的邀请一年之内三次访问了硅谷。在美国旅行时,王志东曾向摩根士丹利要求帮助进行融资,但被拒绝。1996年,四通利方找到了美国旧金山的一家小投资银行罗伯森·斯蒂芬斯[1]作为融资顾问。后者在1997年为四通利方找到了华登国际[2]为首的三家创投基金作为投资者。三家基金投入650万美元,而四通利方当时的融资前估值为850万美元。

1998年9月,四通利方与美国最大的中文网华渊网(Sinanet)就合并事宜进行谈判。此时四通利方的估值为3 000万美元,而华渊网的估值为2 000万美元。华渊网以1股换0.38股的比例被四通利方吸收合并,合并后的新公司更名为新浪网(Sina)。新名字来自英文单词Sino(印度语"中国")和China。1998年科索沃战争期间中国驻南斯拉夫大使馆被美国空军误炸,新浪网论坛的流量大增,成为中国最受欢迎的门户网站。

合并后的新公司首席执行官为姜丰年,王志东则担任总裁。但为了迎合美国上市的需要,公司聘请了前网景公司工程师沙正治作为公司的新首席执行官。沙正治的管理思路与王志东团队的观念有显著差异。1999年7月,中华网(China.com)这一华人团队管理的网络公司在美国成功上市。1999年9月,王志东取代沙正治成为公司的首席执行官。

通过收购台湾的PC Home网站,新浪构建了由中国内地、香港、台湾和美国四大中文

---

[1] Robertson Stephens,一家专注于科技公司的小型投资银行。1999—2000年鼎盛时期,该公司承销了74宗IPO。但后来在大型投资银行的激烈竞争下,该公司于2002年停业。

[2] Walden International,一家美国旧金山的创业投资基金管理公司,成立于1987年,管理资产超过20亿美元。

网站组成的体系,但收入仍主要来自中国内地的Richwin中文平台软件销售。由于网络业务造成巨大亏损,新浪上市前分别又进行了2 500万美元和6 000万美元的C和D轮融资。

2000年年初,在经过艰苦游说之后,新浪终于获得信息产业部的同意以VIE结构方式海外上市。新浪的主要业务为互联网增值业务,而流量则主要来自新闻。这两项业务都属于外商禁止投资业务。新浪设立了一家由王志东和汪延代持的内资公司持有大陆网站(Sina.com.cn),并通过合同控制将内资公司产生的销售收入和成本转移给上市公司。这一结构在美国财务会计准则下是允许的,称为可变利益实体(Variable Interest Entity),同时也是中国监管机构所能容忍的模式。新浪模式后来成为中国几乎所有网络公司海外上市的法律架构(见图2-3)。

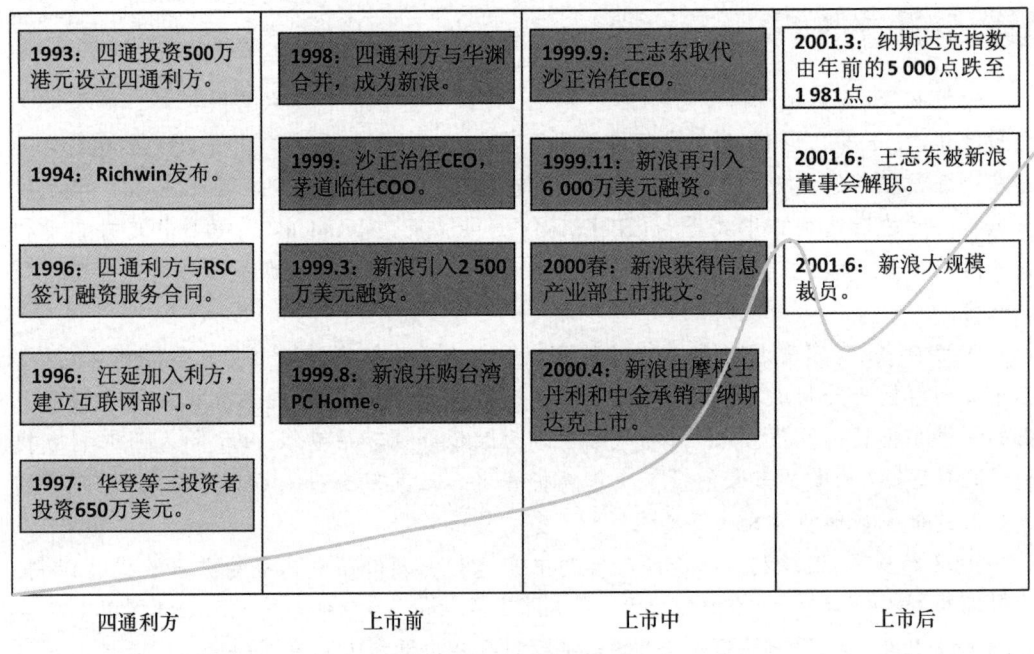

图 2-3　新浪上市历程

2000年4月,新浪以每股价格17美元进行首次公开发行,首日即涨至60美元。值得一提的是,新浪上市的那一周恰逢纳斯达克指数暴跌22%,原先计划上市的11家企业有9家推迟上市,因此新浪的市场反应要好过预期。虽然市场对新浪的中国概念看好,但只是一种非理性的狂热,多数人不了解新浪的商业模式,包括新浪的承销商摩根士丹利。当年参与新浪IPO的曾子墨有一段精彩的描述[①]:

> 摩根士丹利和新浪团队第一次正式会面,是在那年7月(注:1999年)。为了表达诚意,香港的高层领导决定亲自出马。当时,互联网远不像今天这么普及,很多高层对这些新生事物都一知半解,浏览过新浪网站的更是极少数。但是,为了表现出

---

① 曾子墨.墨迹[M].武汉:长沙文艺出版社,2007.

摩根士丹利上上下下都对高科技和互联网无比精通,领导们特意在会前10分钟找来该项目的负责人,好好恶补了一番。他们不仅记住了像"点击率"和"ICP"这样拗口的专业词汇,还终于搞清楚了新浪并非销售玩具的公司(这种错觉可能和新浪的公司标识有关),而是一家"在网上卖广告"的公司(姑且认为这是该项目负责人为方便领导理解而发明的概念)。之后,大家很有计划地分配了各自在会议中担当的角色,信心百倍、镇定自若地鱼贯入场。

领导不愧是领导,短短10分钟的培训,已经使这些投行老手们听起来、看上去俨然一副互联网专家的派头。从国际互联网的大好形势谈到中国互联网的锦绣前景,其间画龙点睛地冠以一两个专业词汇,充分体现了摩根士丹利高层在这一领域无与伦比的知识和经验。假如再多培训10分钟,恐怕连以下这个小小意外也能够避免。当新浪团队用中文提到"门户网站",进而被翻译成英文"Portal"时,我们的一位高层领导低下头,掩住嘴,悄悄地问坐在身边的项目负责人:"I thought they are in the internet business. What do they need a gate for?"(我一直认为新浪是家网络公司,他们要个门干嘛?)

新浪上市之前便亏损严重,上市之后仍然无法扭转颓势(见图2-4)。纳斯达克指数在2001年3月暴跌至谷底,从而使得新浪无法通过股票市场再融资。新浪账上储存的现金也就成为公司赖以存续的生命线。在此背景下,董事会要求王志东进行大裁员,但遭到拒绝。2001年6月,王志东在不知情的情况下被新浪董事会解职,随后新浪开始了大裁员。新浪的股价也随之跌至1.08美元的谷底,濒临摘牌。

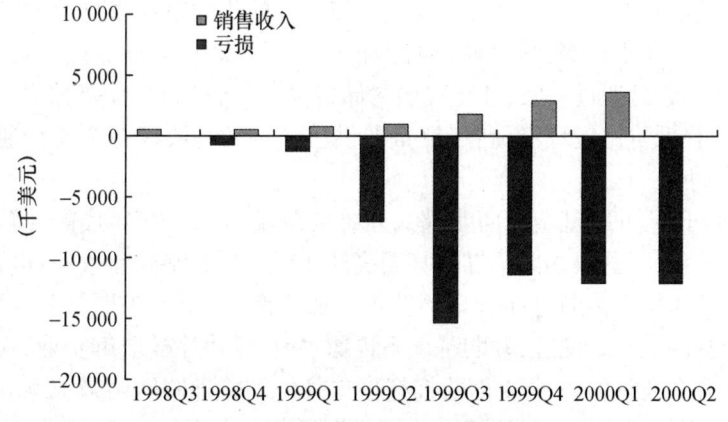

图2-4　新浪上市前后季度财务业绩

新浪一直到2003年才借助中国移动的短信业务起死回生(见图2-5)。而其主营业务网络广告则随着中国经济的强劲增长而体现了出多年前王志东们所憧憬的盈利能力。2010年新浪的广告业务收入2.9亿美元,占到新浪总收入的3/4。新浪的每股价格也回升至100美元左右,市值高达65亿美元,这时网络泡沫已经成为人们遥远的记忆了。到2012年时,新浪为中国网民所熟知的业务已经不再是门户网站,而是微博业务。

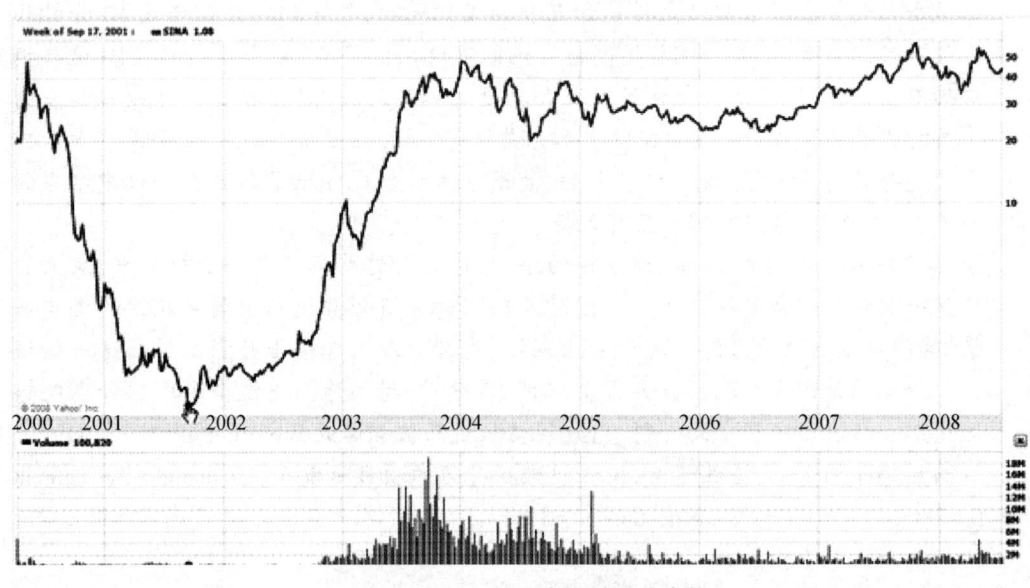

图 2-5 2000—2008 年新浪股价走势

资料来源：雅虎财经。

与创投基金相反，并购基金在 1990 年代并没有好的开头，但却有个好的结尾。德崇证券的破产导致垃圾债券发行人缺乏后续流动性支持，进而导致了垃圾债券市场的崩盘。1978—1988 年间，垃圾债券的平均违约率仅为 2.2%。扣除违约的本金后，投资者还能获得高于国债的收益。但 1990 年代初期垃圾债券的违约率暴涨至近 7%，这和垃圾债券相对国债的利差几乎相等，从而使得机构投资者开始对垃圾债券敬而远之。此外，美国国会于 1989 年 8 月通过法案，禁止美国的储贷银行①继续投资垃圾债券。储贷银行被迫在 1990 年代初低价抛售垃圾债券，巨量的供应导致私募股权基金无法通过垃圾债券进行筹资。

从 1992 年开始，并购基金的商业模式开始走向成熟。1980 年代的并购基金以敌意并购和高杠杆著称，某些收购案的杠杆甚至高达 30 倍。但 1990 年代的并购基金则以善意收购和低杠杆为特点。通过向管理团队提供股权激励，向股东提供高收购溢价，并购基金缓和了公众的敌意。此外，并购基金不再像 1980 年代那样肢解企业，而是力图通过改善管理来提升企业价值，3 至 4 倍的杠杆率也降低了管理团队削减成本和解聘冗员的压力。可以说，现代商业界所普遍接受的杠杆收购模式是在 1990 年代形成的。

---

① 储贷银行（Savings & Loans）是美国的一类存款金融机构。它们融资的主要来源为公众存款，并向社区发放房地产按揭贷款。

2.4　21世纪的私募股权

网络泡沫不仅对创投业产生了冲击,也波及了一些并购基金。在泡沫破裂前,美国大量电信公司通过垃圾债券融资来进行网络建设。网络热的退潮使得电信业面临资不抵债的尴尬境地。仅在2001年便有27家电信公司宣布破产,包括美国第二大电信公司世通公司[①]。投资于电信业的私募股权基金也损失惨重。同时,垃圾债券市场的低迷也使得私募股权业缺乏并购资金支持。

幸运的是,格林斯潘的降息政策挽救了这个行业。从2002年开始的低利率环境使得私募股权业有能力进行大规模的并购。同时,2002年美国国会通过的《萨班斯-奥克斯利法案》(Sarbanes-Oxley Act)大幅度提高了美国上市公司的信息披露和内控要求。客观地说,该法案一方面提高了上市公司的成本,另一方面也降低了运营效率。这导致私募股权基金将上市公司收购下市(Public to Private)变得有利可图。

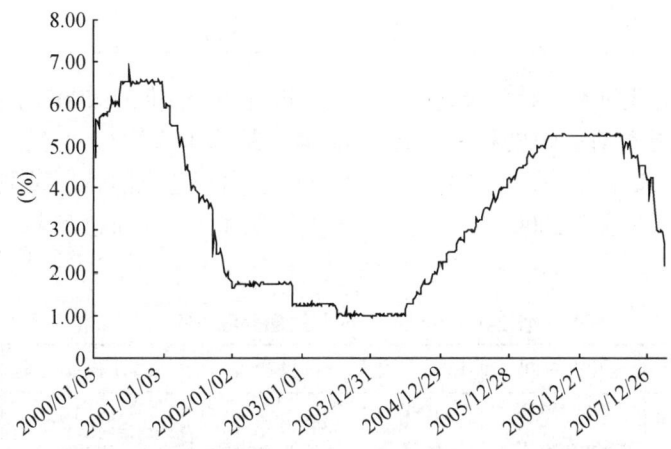

图2-6　2001—2008年美国联邦基金利率

资料来源:美联储。

2003—2007年是私募股权业又一个黄金年代。一方面,规模在10亿美元以上的巨型基金不断涌现。全球私募股权业的筹资额在2003年仅有约1 010亿美元,至2007年已增长至6 530亿美元。另一方面,这一时期的巨型并购尤其之多,并购纪录不断被打破。仅在2006年,美国私募股权基金就完成了645宗大型并购案,总金额为3 750亿美元。从单宗并购规模看,这一数字是2003年的18倍。表2-2为2006—2007年间完成的主要并购案一览。

---

① 世通公司(WorldCom)曾是美国第二大电信公司,2002年因会计造假而申请破产保护。

表 2-2　2006—2007 年间完成的主要并购案

被并购公司	所属行业	并购基金	并购金额
Texas Utilities	能源	KKR/TPG/高盛	484 亿美元
Equity Office Property	房地产	黑石集团	390 亿美元
Hospital Corporation of America	医疗服务	KKR/贝恩资本	316 亿美元
First Data	电子商务	KKR	260 亿美元
Kinder Morgan	能源	MBO	220 亿美元
Albertson's	零售	Cerberus	174 亿美元
Freescale Semiconductor	半导体	黑石集团	176 亿美元
Alliance Boots	医药销售	KKR	124 亿英镑
Harrah's Entertainment	酒店娱乐	TPG/Appollo	150 亿美元
Tele-Denmark Communications	电信	黑石/Apax/KKR	91 亿欧元
Biomet	医疗服务	黑石/TPG/KKR	109 亿美元
GMAC Financial Services	金融	Cerberus	74 亿美元
克莱斯勒(Chrysler)	汽车制造	Cerberus	74 亿美元
Sabre Holdings	旅游服务	TPG	50 亿美元
Travelport	旅游服务	黑石集团	43 亿美元

在过去，基金管理人一般是通过设立基金来进行筹资。但从 2007 年开始，不少基金管理公司开始出售管理公司的权益进行筹资，其中最为引人注目的是 2007 年黑石集团的上市。KKR 本来计划也在 2007 年上市，但是由于次贷危机的爆发及黑石股价表现不佳，上市计划被迫推迟到 2009 年。其他几家基金管理公司则通过私募方式出让权益进行融资。

表 2-3　2007—2009 年间部分融资案例

基金管理公司	筹资时间	筹资方式	投资者	出让权益比例	筹资金额
黑石集团	2007 年 6 月	IPO	公众	12.3%	41.3 亿美元
凯雷集团	2007 年 9 月	私募	阿布扎比投资局	7.5%	13.5 亿美元
阿波罗管理集团	2007 年 7 月	私募	—	—	—
银湖资本	2008 年 1 月	私募	CalPERS	9.9%	2.75 亿美元
KKR	2009 年 10 月	IPO	公众	30%	22.12 亿美元

从信息不对称的角度来分析，私募股权管理公司的大规模筹资反映出其看淡行业未来发展的态度，而后来事态的发展也验证了这一点。以黑石集团为例，2006 年利润为 22.6 亿美元，上市当年下降至 16.2 亿美元，2008 年甚至亏损 11.6 亿美元（见图 2-7、图 2-8）。中国的主权投资基金"中国投资公司"在黑石上市之前仓促出手，以 30 亿美元的价格获得近 10% 的股权。目前这笔投资的市值只是当初投资金额的 1/2 左右。可以说，中投花了近 15 亿美元的代价买了一个不大不小的教训。

次贷危机使得垃圾债券市场再次陷入低潮。2007 年上半年高歌猛进的私募股权并购在下半年突然变得杳无声息。而在 2006—2007 年高价位完成的杠杆收购也由于宏观

图 2-7 黑石股价走势

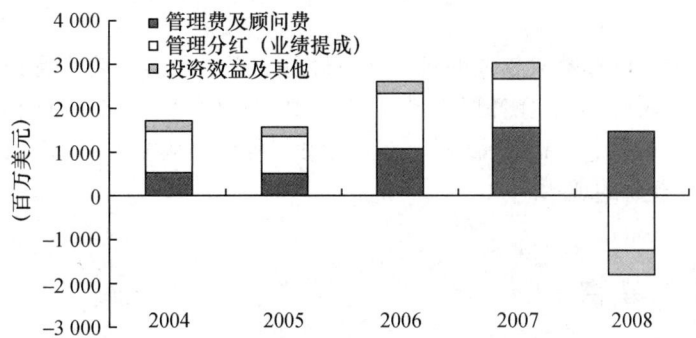

图 2-8 黑石历年销售收入构成及利润变化

资料来源:黑石集团年报。

经济环境的恶化而遭遇困境。譬如,创下私募股权史上收购金额纪录的得克萨斯公用事业公司(TXU)到 2009 年已经无力支付利息,债务总额超过了公司资产总额,股权价值几乎清零。

金融业更是成为私募股权的滑铁卢。2009 年年初,私募股权基金都认为市场已经跌至谷底,纷纷进场抄底。华平投资向美国著名的债券保险公司 MBIA 注资 8 亿美元,但次贷危机的扩大导致 MBIA 的股价由 31 美元暴跌至 2 美元。得州太平洋集团出资 13 亿美元参与救助华盛顿互助银行,最终该银行被政府接管,得州太平洋集团的股权投资人间蒸发。此外,托马斯·李(Thomas Lee)公司、高盛资本以及弗劳尔斯(J. C. Flowers)等多家基金也都在这场抄底运动中损失惨重。

从长期角度来看,2007 年以来私募股权投资遭遇的低潮和历史上的周期性反复相似,都只是这个行业漫长历史中的一朵浪花而已。需要注意的是,私募股权行业经过 50 多年的演变,在经营模式和规模方面已经有了质的飞跃。私募股权已经不是原来少数投资专家组成的小作坊,而是可以和银行业、保险业及证券业比肩的独立行业。

2.5 私募股权行业现状

次贷危机对私募股权基金的冲击是巨大的。在2003—2007年的第三波杠杆收购浪潮中,私募股权基金花了1.8万亿美元,买下了近8000家公司。私募股权基金收益的反周期规律开始发挥作用。牛市时代买下的企业定价往往高达EBITDA的10倍。虽然目前市场定价的水平已经缓缓回升,但美国和欧洲的失业率都接近10%,企业的现金流指标增长乏力。黯淡的企业盈利预期使得私募股权基金投资者在面对新基金募集时犹豫不决。基金管理人开始面临双重困境。一方面,牛市时期筹集的高达1万亿美元承诺资本找不到合适的对象;另一方面,部分基金即将到期清盘,但低迷的市场使得它们很难找到买家。

应该说,目前国际私募股权业的日子并不好过。正如我们之前所看到的历次经济周期,牛市总是在悲观中诞生,在怀疑中成长,在乐观中成熟,最终在亢奋中崩溃,如此周而复始。毫无疑问,私募股权正在酝酿下一次高潮。本节将从筹资、投资和退出三个方面分析当前私募股权业的现状。

2.5.1 基金筹资

次贷危机之后,虽然美联储大幅调低利率,甚至采取量化宽松的货币政策,但还是挽回不了美国经济的颓势。在悲观的经济预期背景下,私募股权基金的筹资额也从2008年的顶峰6660亿美元跌至2010年的2280亿美元。传统筹资比例中,并购基金和房地产基金总是占据近2/3的比例。但2010年这一情况有所改变,并购基金和房地产基金所占比例降至约50%,创业投资基金的比例有所上升(见图2-9)。

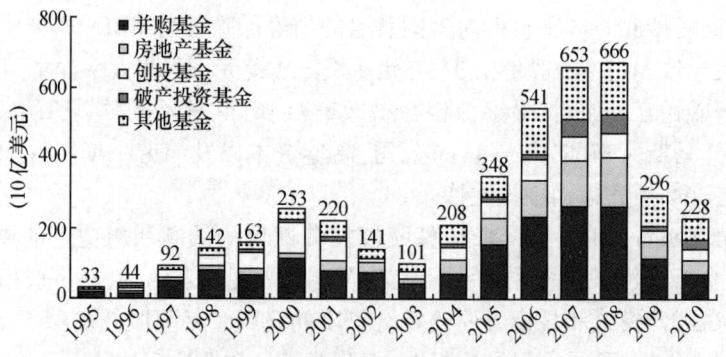

图2-9 私募股权历年筹资金额分布
资料来源:Preqin。以基金的最终截止日为准,转引自贝恩公司年度报告。

新兴市场尤其是亚洲逐渐成为私募股权重要的资产配置方向。而在新兴市场尤其是中国市场,创业投资和成长投资是主要的投资方式。相比2009年,专注亚洲的私募股权筹资金额在2010年增长了14%,专注南美和非洲的基金筹资额增长了34%,而专注欧洲和北美市场的基金筹资额则分别下降了46%和19%。但即便如此,由于庞大的历史基数,欧洲和美国市场仍然是私募股权业的主流投资方向。超过80%的资金以欧美市场为主要投向(见图2-10)。

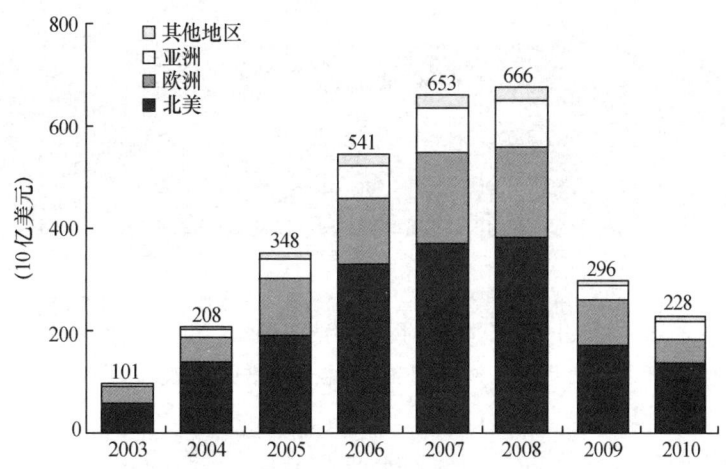

图2-10　新设私募股权基金的区域投向分布

资料来源:Preqin。以基金的最终截止日为准,转引自贝恩公司年度报告。

在2010年,规模在20亿美元以上的大型并购基金中只有1/4能够完成最终募集。市场的供需状况发生了巨大的变化。2010年,总共有约1 500只基金处于筹集阶段,目标募集规模约为6 000亿美元,虽然这个数字已经比2009年降低了1 000亿美元。根据Preqin的统计,有60%的机构投资者实际投向私募股权的资本低于目标配置比例。除了经济预期不佳之外,私募股权业在2007—2010年的筹资金额都显著超过了分配金额。这造成了部分机构投资者现金短缺,无法兑现之前的资本承诺,更遑论投资新基金了。在2007年的繁荣时代,基金平均只需要12个月就可以完成筹资,而2010年时,这个数字变成了21个月,80%以上的基金募集周期在12个月以上。

私募股权基金业的行业集中度仍然较高。在主流的并购和房地产基金中,前25大基金所拥有的承诺资本约占全行业的50%左右,而在专业化较强的破产投资和夹层基金中,这一比例更高,接近70%。创业投资基金的规模通常较小,因此行业分散化程度也较高,前25大基金管理的承诺资本只占行业的20%强(见图2-11)。

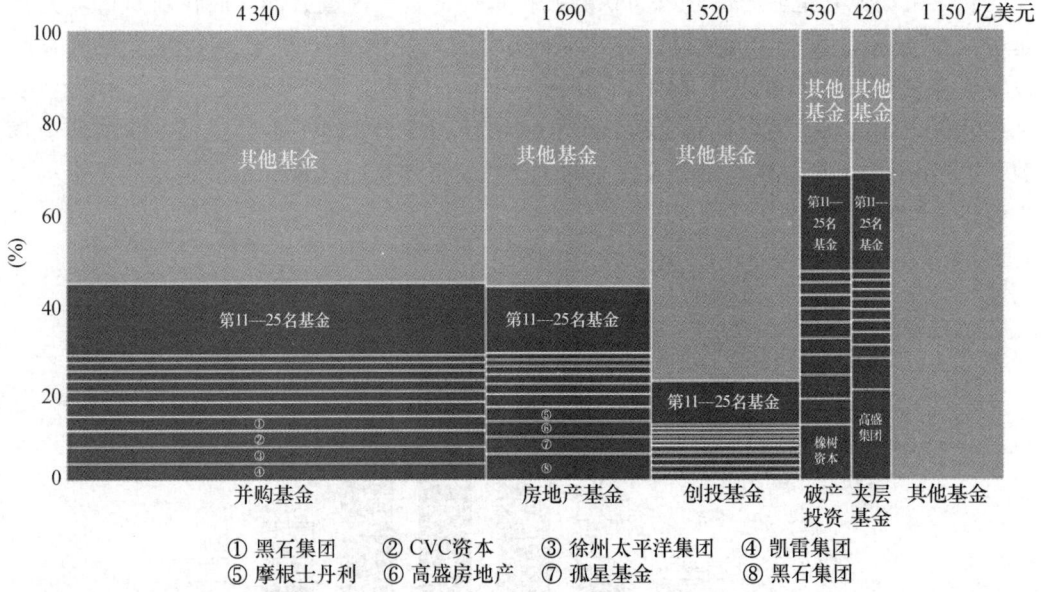

图 2-11 2010 年 12 月私募股权业承诺资本规模构成

资料来源：贝恩公司。

2.5.2 投资活动

虽然筹资金额在 2010 年创出新低，但并购基金的投资规模已经开始有所回升。2010 年全球并购基金的总收购规模达到 1 800 亿美元，虽然远不如 2006 年 6 980 亿美元和 2007 年 6 650 亿美元的规模，但已经较 2009 年谷底的 710 亿美元有了显著回升。未来几年内，私募股权基金的投资步伐还会进一步加快，这主要是因为高达 9 640 亿美元的承诺资本中有相当部分将在未来 3—4 年内到期。基金投资者们对这一现象并不满意。不少机构投资者认为管理人在经济低迷背景下进行收购只是为了获得对应的 2% 管理费。40% 的投资者认为管理人没有顾及有限合伙人的利益。

投资者的指责是有一定根据的。虽然巨型基金管理公司的管理资产规模在不断成长，但投资者所获得的收益率却在降低。这从上市的基金管理公司业绩可以看出端倪。KKR 2004 年管理的总资产大约只有 200 亿美元，当年获得的管理分红为 7.23 亿美元。根据通行的 20% 分红比例，我们可以估算出 KKR 基金的有限合伙人所获得的现金利润约为 29 亿美元。而到了 2010 年，KKR 的管理资产总规模达到 610 亿美元之巨，所产生的管理分红却只有区区 3.7 亿美元，对应的投资者现金利润仅为 14.8 亿美元（见图 2-12）。虽然这其中有后危机时代低估值水平的原因，但一定程度上也说明了大量资本涌入后私募股权收益率不断下降的事实。

次贷危机爆发前，10 亿美元以上的大型收购案例比比皆是，2006 年和 2007 年，其在所有交易中所占比例竟高达 70%—80%。后危机时代的并购规模大幅下降，10 亿美元以下的小型并购交易约占收购总规模的一半。2003—2007 年间，每年都会有至少 1 宗规

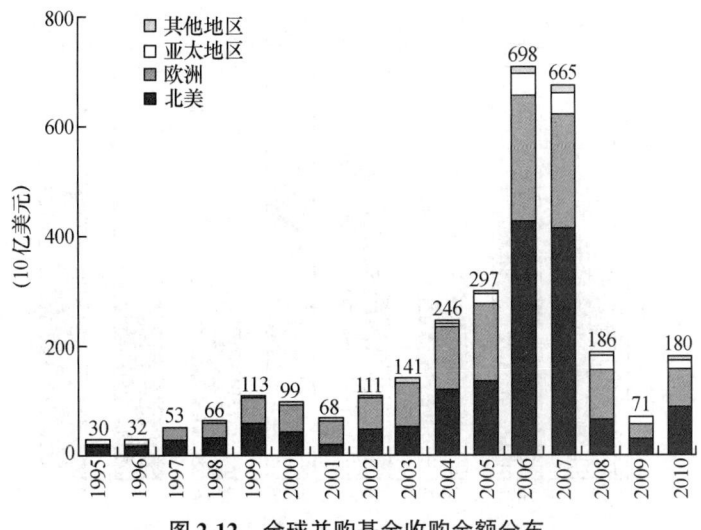

图 2-12　全球并购基金收购金额分布

资料来源：Dealogic。

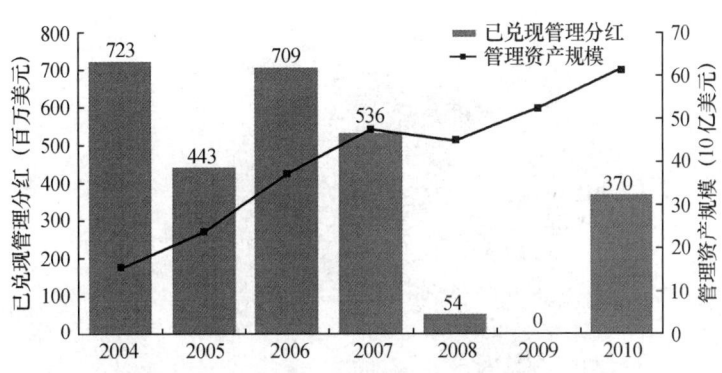

图 2-13　KKR 公司历年管理分红及管理资产规模

资料来源：KKR。

模在 100 亿美元以上的巨型杠杆收购，2008—2010 年间则一宗也没有（见图 2-14）。

从行业分布来看，全球私募股权的投向仍然以传统行业为主，电信和科技行业加起来只占到总投资金额的 16%（见图 2-15）。尽管巨型并购的浪潮已经过去，杠杆收购仍然是私募股权最主要的商业模式，拥有稳定现金流的传统制造和服务业成为主要投向也就不足为奇了。中国的情况有所不同，2010 年中国私募股权业的最大投向行业为互联网（归入高科技），其次才是传统制造业。但中国市场仍处于起步阶段，在世界私募股权投向国仅排名第 9，因而无法对全行业的投资比重造成影响。

2004 年私募股权的项目来源大致可以分为：未上市企业，其他基金转售项目（二手交易），企业剥离业务（Carve-Outs）以及上市公司收购退市业务。私募股权基金会从其他基金手中接手后者尚未退出的项目公司。这种模式在次贷危机后有双重的好处，同时解决收购方找项目和出售方退出的难题。唯一不满意的是双方的有限合伙人，他们要为此付出交易费用以及管理费，并且都没有完整享受到项目公司的全部增值。企业剥离业

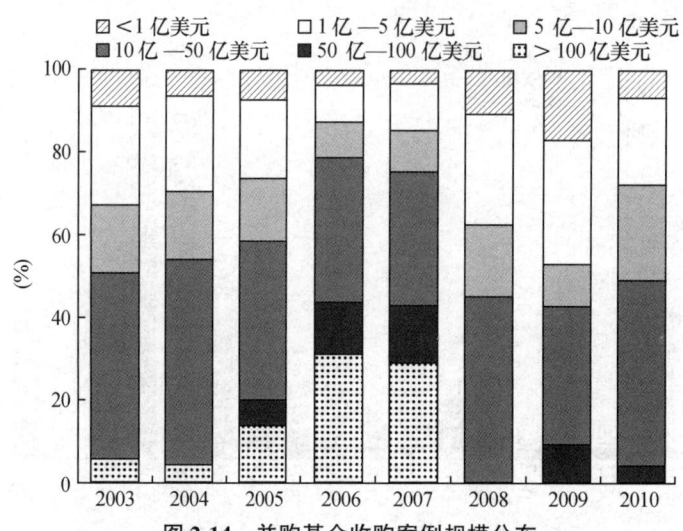

图 2-14 并购基金收购案例规模分布

资料来源：Dealogic。

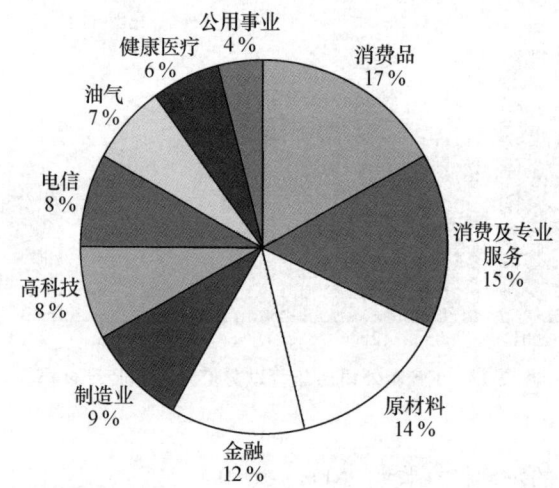

图 2-15 2010 年私募股权收购案例行业分布

资料来源：Dealogic。

务则指的是大型企业出于财务或业务原因抛售子公司。譬如，通用汽车和克莱斯勒均在次贷危机后出售了它们的汽车贷款金融公司以解决资金短缺问题。

在低利率环境下，垃圾债券的融资成本较低，成为杠杆收购的主要融资方式。此外，次贷危机前杠杆贷款证券[①]由于其高信用评级和高收益率而广受机构投资者欢迎。在资本成本低廉的背景下，并购基金以信息透明度更高的大型上市公司为收购对象也就不足为奇了。2004—2007 年间，私募股权基金收购的上市公司规模增加了 3 180 亿美元，而同

---

① 杠杆贷款证券（Collateralized Leveraged Loan Obligations，CLO）指的是银行将放出去的杠杆收购贷款打包，以特殊目的公司债券的形式销售给公众。

期其他三种项目来源则只增加了360亿美元(见图2-16)。次贷危机之后,杠杆贷款证券化市场濒临崩溃,从而使得并购基金失去了重要的资金来源。收购上市公司的浪潮已经退去,二手交易市场反而日渐活跃。

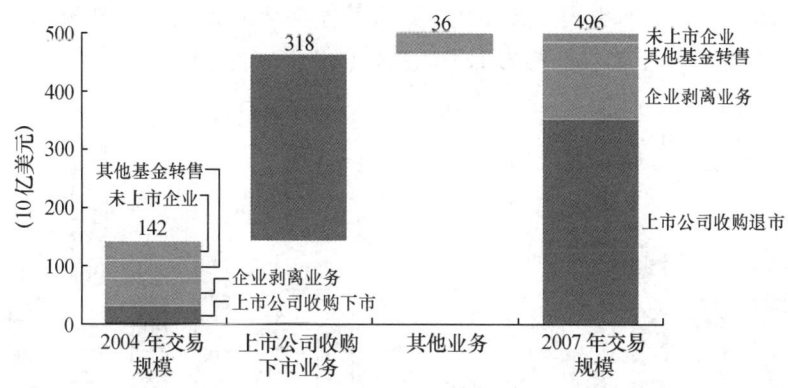

图2-16　美国并购基金项目来源分布

资料来源:贝恩公司年度报告。

2.5.3　退出渠道

2003—2007年大收购时代的后遗症是明显的。在此期间,私募股权基金囤积了大量待售的企业,总额高达1.5万亿美元,是2004年的3倍。并购基金控制的企业总值就有6 630亿美元,而其中的80%都是在2005—2008年间估值最高时买下的。随着基金即将到期,不少管理人都面临着退出的压力。

由图2-17可以看出,2005年以后设立的新基金中,超过90%以上的基金返还给投资者的现金都少于之前投资者注入的资金。全行业中大部分未实现退出的项目都是2005—2010年间设立的基金所持有的,其中大约40%低于初始投资价值,同时这些基金手里还握有大量尚未部署投资的资金承诺。

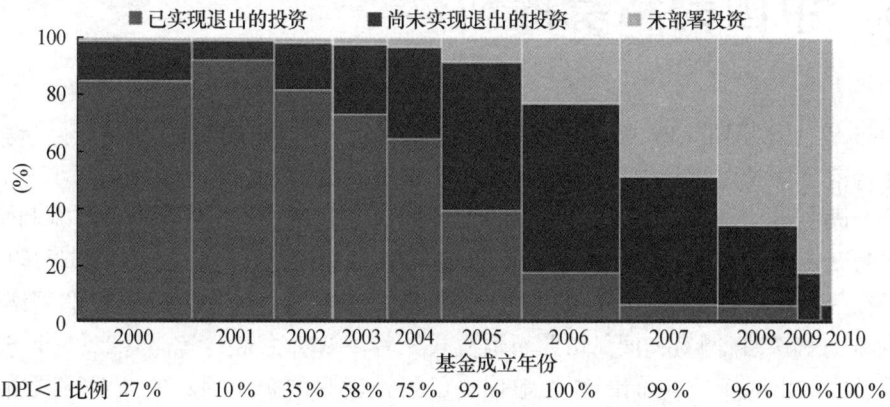

图2-17　各年份设立的私募股权基金投资构成比例分布(截至2010年第二季度)

资料来源:Preqin。转引自贝恩公司年度报告,DPI为LP回收现金和投入现金比例。

次贷危机后股票市场的低迷状态对私募股权业的套现造成了巨大的障碍。2009年第四季度后,随着股票市场的回暖,私募股权的退出案例数量大幅度增加。基金与基金之间的二手交易规模也大幅度增加。而且基金之间相互转手的平均企业规模要显著高于出售给实体企业的平均规模。2010年,卖给其他基金的企业平均规模约为3.5亿美元,而卖给实体企业的平均规模约为1.7亿美元(见图2-18)。

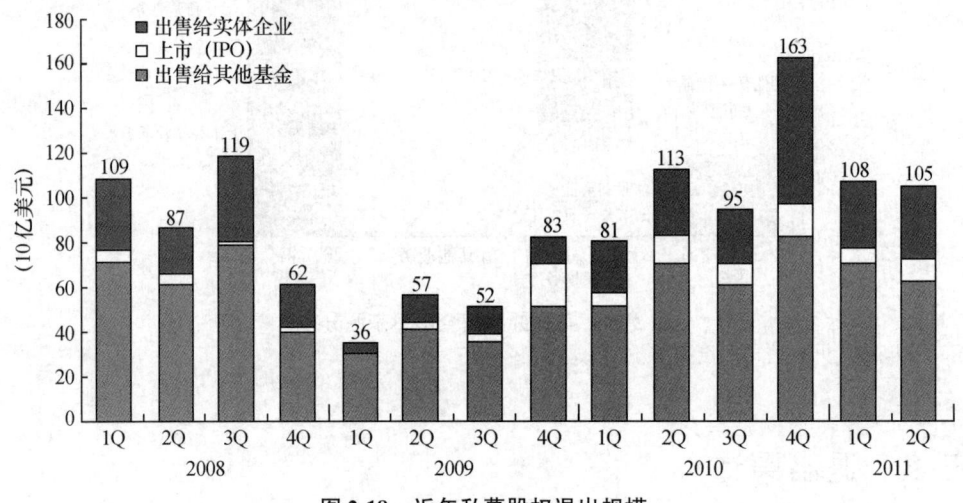

图2-18 近年私募股权退出规模

资料来源:Pitchbook。

私募股权基金退出企业的方式主要有出售给实体企业,上市套现以及出售给其他基金(二手交易),大致比例为60∶10∶30。2010年,私募股权基金以出售方式套现了904个项目,总值近2 400亿美元。此外,在155个被投资企业的IPO中,私募股权基金总共套现了350亿美元。从区域分布来看,美国企业在退出案例中占的比例为55%,欧洲企业为32%,亚太区域只占13%。

2.6 中国的私募股权

1995年,张朝阳带着麻省理工学院几位教授的22万美元投资回国,一年之后搜狐的前身爱特信公司成立。也在这一年,丁磊从宁波电信局辞职去广州创业,两年之后网易诞生了。同一年,王志东三次访问硅谷并在美国寻找投资,三年之后四通利方和华渊网合并成为新浪网。历史总是惊人地巧合,2000年4月新浪经过和信息产业部艰难的协商后终于在最后时刻获得海外上市的许可,成为第一家中国大陆在海外上市的网络企业。2000年6月和7月,网易和搜狐仿照新浪模式先后在纳斯达克上市。至2011年,这三家企业都已经走出困境,但它们的领先地位也已经被新兴的企业用新的商业模式所取代。从创业、融资、上市、挣扎到重生,这三家门户网站过去十多年的发展浓缩了创业投资在中国成长的历史。[①]

中国私募股权业的发展大致可以分为三个阶段：网络泡沫时代(1995—2001年)，后网络泡沫时代(2002—2006年)，全民PE时代(2007年至今)。1995年1月，中国电信开通了北京和上海与国际互联网的两个接口，带宽64kb/s。从这一年开始，一批又一批的创业者不断地在模仿和失败中前行。多数人倒下了，少数人幸运地成为现在所谓的IT精英，而这背后重要的推动力来自风险投资(创业投资)(见表2-4)。

表2-4　1995—2000年间风险投资支持的中国主要网络企业

企业名称	成立年份	主营业务	投资机构	退出
瀛海威	1995	互联网接入	中国兴发集团	破产
搜狐	1996	门户网站	晨兴创投、英特尔	纳斯达克上市
网易	1997	门户/游戏	新闻集团	纳斯达克上市
Chinabyte	1997	新闻网站	新闻集团、人民日报、IDG	破产
中华网	1997	门户网站	新华社、美国在线、香港新世界	纳斯达克上市
新浪	1998	门户网站	华登国际、罗伯特·斯蒂芬斯	纳斯达克上市
腾讯	1998	即时通信	IDG、电讯盈科、MIH	香港上市
3721	1998	网络广告	IDG、日本JAFCO	出售
阿里巴巴	1999	电子商务	软银、雅虎	香港上市
8848	1999	电子商务	IDG、软银、雅虎、连邦软件	破产
盛大网络	1999	网络游戏	软银	纳斯达克上市
易趣网	1999	电子商务	IDG	出售
ChinaRen	1999	网络社区	高盛	出售
携程旅行网	1999	旅游服务	凯雷、老虎基金、IDG、软银	纳斯达克上市
金山卓越	2000	电子商务	金山、联想	出售
百度	2000	网络搜索	Integrity Partners、IDG、DFJ	纳斯达克上市

资料来源：作者整理。

事实上，私募股权早在1995年之前就进入了中国。1993年IDG与上海科技投资公司各出资1 000万美元成立了最早的中外合资风险投资公司上海太平洋技术创业有限公司。但中国的风险投资真正起步却是在网络行业兴起之后。大量美国资本涌进中国的互联网行业，虽然能在网络泡沫破裂之前套现的公司屈指可数，但却成功地将风险投资的概念引入中国。1999年，国务院发布了《关于建立我国风险投资机制的若干意见》，确认了风险投资的正面意义。政府或国资背景的深圳创新投(深圳国资委)、上海联创(中科院)、中科招商(中科院)[②]和鼎晖创投(中金公司)先后成立。但这些机构大红大紫却是10年之后的事情了。创投行业有句名言，一个专业人士从入行到能独立决策需要12年时间。十年磨一剑，此言不虚。

2001年网络泡沫正式破裂之后，中国的股票市场也进入长达5年的熊市，私募股权

[①] 林军.沸腾十五年[M].北京：中信出版社，2009.有关中国互联网发展及相关的创业投资历史可参见本书。
[②] 中科招商虽然刻意造成中科院背景的印象，但实际上是一家民营企业。

投资跌入低谷。在此期间,中国市场为外资基金所垄断,投资模式为"两头在外"。这一阶段中国市场上活跃的基金多数为离岸基金,注册于海外免税天堂。虽然被投资企业在中国,但最终退出渠道一般会选择在海外上市。为数不多的几家内资基金管理人,如鼎晖创投、深圳创新投和弘毅资本,都是采用这一模式。

这个阶段私募股权所投资的行业已经由单纯的网络行业拓展至传统行业。百度、盛大网络、携程旅行网、蒙牛乳业、无锡尚德、如家酒店、小肥羊和分众传媒是其中的典型案例。由于A股市场长期低迷和三年连续盈利的不合理要求,不少优质企业不得不寻求海外上市。而这些中国企业在构建红筹结构时往往需要外资基金的支持,这也是私募股权基金受到企业欢迎的重要原因。

2006年全国人大财经委发布了修订后的《合伙企业法》,有限合伙企业成为合法的组织形式。2007年6月1日该法案生效之后,多数新私募股权基金都抛弃了传统的公司制,转向税收待遇更优的有限合伙制。但这一法案并不是中国私募股权业进入黄金时代的根本原因。2004年中国证监会推出的中小板市场为民营企业上市打开了一条通道,从而使得人民币基金有了畅通的退出渠道。而2005—2007年间上证指数由998点涨至6 214点则点燃了市场的非理性。虽然中国市场在2008—2009年经历了次贷危机的冲击,但证监会在2009年10月推出的门槛更低的创业板市场进一步拓展了私募股权的退出通道。2007—2010年间中国A股上市企业提供的近10倍回报吸引了大量资金进入这个市场。可以说,中国股票市场的发展才是私募股权黄金时代的根本原因。

根据全国人大财经委的调研资料,至2012年年底中国私募股权投资机构数量超过5 000家,管理资产规模约1.5万亿人民币。2008年清科创投估计中国市场上80%的资金来自外资,不到20%的资金来自人民币基金。在2009年,人民币基金首次和外资基金平分秋色。而到了2011年,中国市场上的人民币基金则已经占到了80%的比例。[1] 不少知名外资基金管理人,如凯雷、黑石、TPG、高盛和摩根斯坦利,都宣布将在中国筹集人民币基金。而原先主要管理外资基金的内资管理人,如鼎晖和弘毅,也都将筹资重心转向人民币基金。民间资本充裕的江浙及广东地区也冒出了一大批从实业转向私募股权投资的企业家。中国正式进入"全民PE"的狂热时代。著名经济学家巴曙松先生在微博上的描述反映了市场过热的程度,"在金融街或者国贸附近的餐厅,服务员对于Pre-IPO、PB/PE等PE行业的专业词汇耳熟能详。"

如果我们将视野拉长,2011年的中国私募股权市场只不过是未来漫长发展过程中的一个阶段顶点。全球经济尤其是美国经济的低迷预期,中国经济汹涌的通货膨胀压力和地方债务问题,都构成了私募股权投资回调的理由。网络泡沫破裂之后的大量投资失败案例可能会再次重现。但从长期角度来看,这种周期的起伏对于行业的优胜劣汰和长期竞争力有着重要的作用。私募股权的周期就像锤子一样对基金管理人进行反复的锻打,只有经过周期淬炼的优秀管理人才能在长期中胜出。

---

[1] 该数字援引自贝恩公司的私募股权年度报告,而清科的统计估计该数字为60%。

2.6.1 筹资

根据 CVSouce 的统计,截至 2010 年年底,中国市场上共有 1 024 家基金,其中有 44 家是在 2001 年前设立,767 家是在 2001—2010 年间设立,未披露成立时间的有 393 家。需要注意的是,CVSource 可能显著低估了中国市场上基金的数量。根据国家发改委 2011 年 7 月的披露,仅备案的基金就有 700 家以上。而根据我们的观察,未备案的基金占多数。以最宽的口径统计,中国目前从事私募股权投资的机构超过 5 000 家,但其中专业管理公司可能只在 1 000 家左右。

中国私募股权基金与国际同行最大的不同在于成长资本和创业投资占据绝对优势(见图 2-19)。根据清科创投的统计,80% 以上的基金规模在 1 亿美元以下。2011 年以前并购基金在中国只有几宗较大的收购案例,如深圳发展银行和双汇集团。中国的政府部门并不支持基金获得企业的控股股权,因此不少外资基金进入中国之后都不得不调整投资策略。此外,中国银监会 2008 年也发布了针对并购贷款的操作指引,明确要求商业银行不得对财务并购目的的收购行为提供贷款。而中国的房地产市场存在明显的泡沫,监管机构力图通过信贷紧缩政策来压缩这一泡沫。因此政府也不鼓励那些支持房地产开发项目的地产基金,甚至包括以长期持有物业为投资目的的房地产投资信托基金(REITS)。

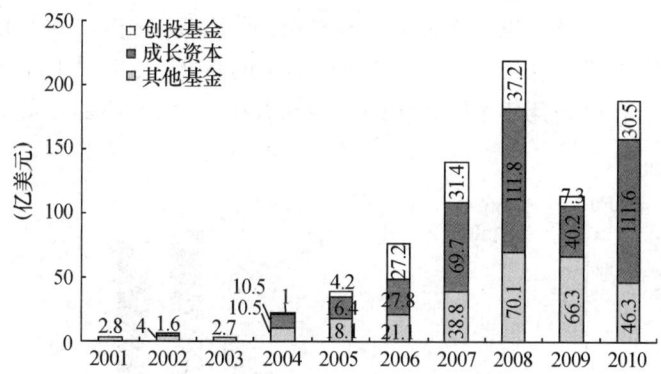

图 2-19 历年中国私募股权基金筹资金额分布

资料来源:CVSource。

从国际私募股权业的基本情况来看,新基金管理人募资规模一般只占到行业的 15% 左右,这一比例还在萎缩之中。而在中国市场上,新基金管理人募集的规模占比超过 40%。这说明不少基金管理人缺乏经验,但投资者似乎并不在意。根据中华创投协会(CVCA)对 382 个有限合伙人的问卷调查,中国私募股权业的主要投资人来自长三角、珠三角和北京等发达地区(见图 2-20)。发改委备案的基金有约 50% 的资本来自国有机构,如全国社保基金和国家开发银行。此外,25% 来自财政支持的政府引导基金,这也是中国私募股权业的特点之一。

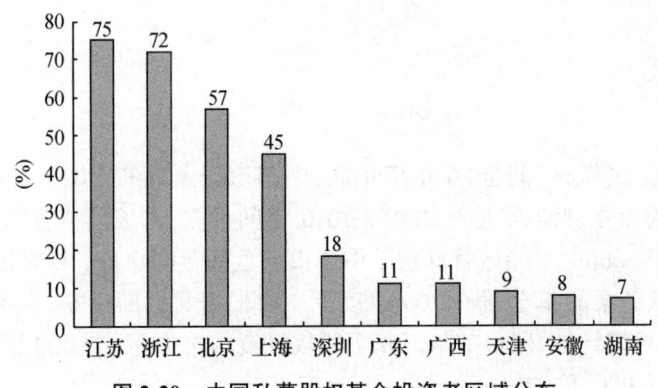

图 2-20 中国私募股权基金投资者区域分布

资料来源：CVCA。

2.6.2 投资

在 Thomson Reuters 的统计中，中国 2010 年的私募股权投资案例仅有 75 宗，总值 55 亿美元（见图 2-21）。而根据清科创投的统计，2010 年中国全年私募股权业完成的总投资额达 160 亿美元。两个数字相差如此之大的原因可能在于清科创投的统计口径更宽，甚至将实体企业之间的投资也纳入私募股权投资，而 Thomson Reuters 可能只统计了美国和欧洲基金对中国的投资规模。但不管如何，不争的事实是，中国现在已经是世界私募股权的主要市场。在过去几年不同机构的问卷调查中，中国始终名列最受关注的投资目的国。

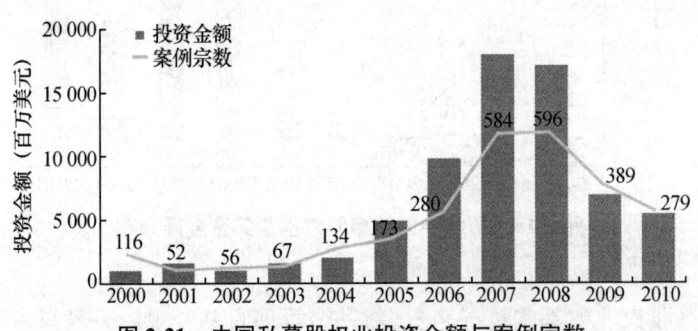

图 2-21 中国私募股权业投资金额与案例宗数

资料来源：Thomson Reuters。

虽然中国私募股权市场处于狂热状态，但私募股权年投资金额也只占到 GDP 的 0.2% 不到，这和欧美国家近 1% 的比例还是有一定差距的。如果资本市场改革能够进一步深入，中小企业的直接和间接融资渠道进一步放开，那么中国私募股权业未来二三十年内仍有相当大的发展空间。

中国私募股权投资的典型特点是小规模投资占绝对优势。根据 Thomson Reuters 的统计，投资规模在 2 000 万美元以下的案例占总投资规模的 71%，5 000 万—1 亿美元的案例占 24%,而 1 亿美元以上的案例只占 5%。其他统计机构的数字也大致相似。从投资行业来看,互联网和新能源投资占据一定优势,但传统的制造业和食品医疗也占据相当的比例(见图 2-22)。

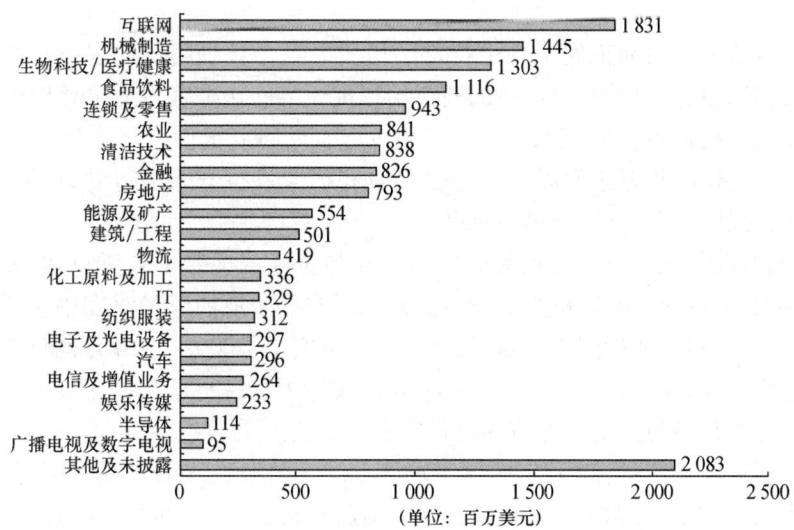

图 2-22　2010 年中国私募股权业投资行业分布

资料来源:清科创投。

从投资区域分布来看,北京、珠三角和长三角是中国私募股权投资的热点地区(见图 2-23)。这可能跟这三个地区同时也是私募股权资本的主要来源地有关。另外,在过去十年中,中国境内外上市的企业中,这三个地区所占的比例也最高。但需要注意的是,由于竞争激烈,不少基金已经开始关注北京、上海、广州和深圳等一线城市以外的二、三线城市。中国经济转型带来的制造业西移可能也将拉动私募股权对西部尤其是西南各省的投资。

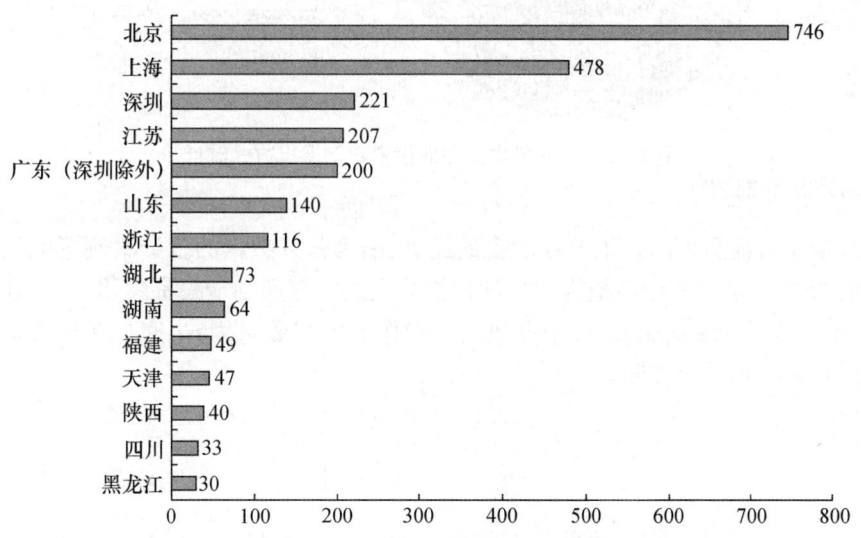

图 2-23　2001—2009 年中国私募股权投资案例数区域分布

资料来源:清科创投。

2.6.3 退出

中国私募股权业目前正处于一个特殊的历史时期。计划经济的思维仍然在监管机构萦绕不去,其直接后果是政府可控的商业银行提供的间接融资占据主导地位。2010年中国银行业直接投放的贷款规模约为7万亿元,如果加上银信合作产生的影子银行业务,间接融资规模在10万亿元以上。而以股票和债券发行方式进行的直接融资规模仅有1万亿元,虽然这已经是历史最高水平。

在直接融资匮乏的背景下,私募股权基金在与企业的谈判中处于有利的地位,通常可以以10—15倍市盈率的价格买下股份。而如果这些企业能够最终在中小板或创业板上市,退出市盈率将可能达到30—80倍市盈率。事实上,2009—2010年间创业板历史平均发行市盈率为59.99倍。由于这个原因,IPO成为中国私募股权的主要退出形式。一家基金成功与否往往与其支持上市的公司数直接相关。

根据清科创投的统计,2010年中国市场上389个公开披露的创业投资退出案例中,有331个为IPO退出,占86%(见图2-24)。创投以外的167个私募股权退出案例中,有160个为IPO,占96%。

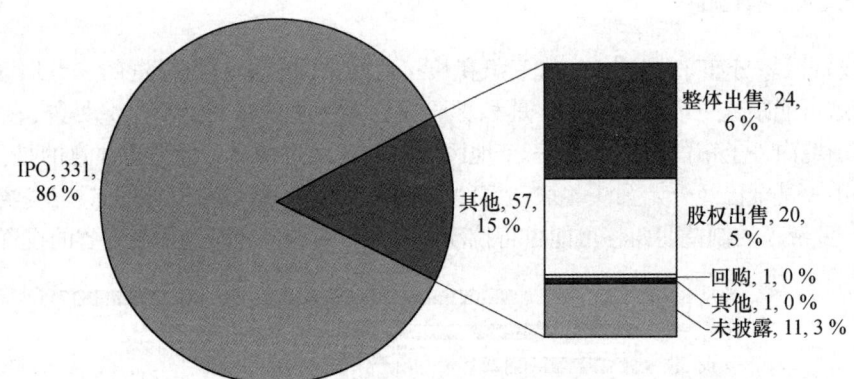

图2-24 2010年中国创业投资案例退出方式统计

资料来源:清科创投。

这些数字可能显著高估了IPO所占的比例,因为公开披露的投资案例可能只占实际案例数的25%。事实上业内最为成功的创投公司之一深圳创新投资集团从2000年创立至2011年投资了358家企业,其中完成上市操作的公司数量为67家。深圳创新投资集团的情况可能更加符合实际。

3 监管体系

从2010年开始,针对境内投资者的人民币基金在中国市场上所占的筹资比例由原来的不到20%增加到80%以上,私募股权投资机构的数量也骤增至5 000家以上。2009—2011年间中国新上市企业中有约40%在上市前接受了私募股权的投资。但是,私募股权快速增长的背后也潜藏了一系列的问题。在基金收益率普遍较高的当前阶段,各利益关系方可以容让筹资和投资活动中的法律瑕疵。当行业收益水平逐步回复正常甚至出现大范围亏损时,之前不规范的操作方式所导致的法律纠纷便会大规模爆发。

另一方面,公众投资者甚至媒体普遍缺乏对私募股权的认识,从而为不法分子提供了可乘之机。一些机构以私募股权为名进行非法集资,譬如2011年7月宣判的汇乐集团案。这些非法集资的主体却多数是合法注册的私募股权基金。这说明,目前我国的私募股权监管尚存在空白。

从实践角度来看,中国的私募股权行业监管权归属仍属于未确定状态。国家发展改革委员会(发改委)、证券监督管理委员会(证监会)、银行监督管理委员会(银监会)乃至工业与信息化部(工信部)理论上都部分拥有对私募股权业的监管权限。

本章首先将先介绍美国的私募股权监管体系,然后在此基础上探讨中国私募股权监管的现状与未来。

3.1　美国的私募股权监管体系

美国的创业投资肇始于1950年代,而占据私募股权业主流地位的杠杆收购基金则出现于1970年代末。时至今日,美国私募股权业已经历了至少三次较大的周期波动,包括1980年代的杠杆收购热潮、2000年前后的网络泡沫以及2008年全面爆发的次贷危机。在此期间,美国的私募股权监管体系较好地维持了投资者和基金管理人之间的利益平衡,同时也没有产生过度监管的弊病。

与中国条块分割的监管逻辑不同,美国的监管体系相对较为松散,甚至显得混乱。美国并没有专门针对私募股权行业的立法,与之相关的法律条文主要分布于《1933年证券法》、《1934年证券交易法》、《1940年投资公司法》、《1940年投资顾问法》及《1974年雇员退休收入安全法》。

次贷危机之后,美国国会通过了《多德-弗兰克法案》(Dodd Frank Wall Street Reform and Consumer Protection Act)加强对华尔街的监管。该法案的第四章(也称《2010年私募基金投资顾问注册法案》)改变了过去对私募基金(主要为对冲基金、货币市场共同基金和私募股权基金)豁免监管的做法,要求多数基金向美国证交会备案。

具体来说,美国法律对私募股权的监管主要包括以下几个方面:基金(投资公司),筹资活动以及基金管理公司(投资顾问)。

3.1.1 基金主体

《1940年投资公司法》的主要管辖对象为公开募集的共同基金,对应中国的证券投资基金(开放式和封闭式)。投资公司(Investment Companies)实际上是投资基金的法律名称,并不特指"公司",公司、合伙企业及信托都涵盖在内。该法案将投资公司定义为面向公众投资者发行"证券"[①],并从事以下活动的主体:

- 主营业务为投资、再投资以及交易证券;
- 通过发行分期付款型的有面值的证券筹集资金;
- 超过40%以上的资产用于投资、再投资、持有或者交易证券业务。

由于涉及公众利益,多数投资公司需要向美国证交会注册备案,并满足相应的监管要求。其中最重要的一条是,注册投资公司在首次公开发行或后续公开发行证券时必须向投资者公开披露财务及投资等方面的信息(即招股说明书)。而这恰恰是私募股权基金与对冲基金等私募基金所不愿意披露的信息。为豁免该法案的备案要求,私募基金需要满足以下条件:

- 投资者人数少于100人且不进行公开募集[②];
- 全部投资者(在投资行为发生时)均为"合格投资者"(Qualified Purchasers)[③]且不进行公开发行,不限人数[④]。

此处的合格投资者包括以下类别:

(1) 投资资产在500万美元以上的自然人;

(2) 有直系亲属关系的两个或两个以上自然人直接或间接所有的公司,或其设立或以其为受益人的基金、慈善组织或信托直接或间接所有的公司,且投资资产在500万美元以上;

(3) 第(2)项未涵盖在内且并非专为认购发行人(即投资公司)所发行之证券设立的信托,其投资者须为第(1)、(2)及(4)项包括的人士;

(4) 为自己或其他合格投资者利益投资,所持资产不少于2500万美元。

美国法律定义"合格投资者"的逻辑在于,高净值个人(即有钱人)与机构投资者有足够的资源和能力自行评判投资风险,因而不需要监管机构动用公共资源提供监管保护。而普通个人投资者(散户)则恰好相反,因而针对散户的公募基金或上市公司需要满足严格的监管要求。需要说明的是,此处所谓的"严格监管要求"仅限于信息披露层面。美国法律不允许证交会直接监督投资公司的投资活动或评判其资质的优劣。换句话说,只要真实、准确、完整地向公众披露其财务及投资信息,并且得到投资者的认可(证券被

---

① 美国法律关于证券的定义不仅限于股票和债券,有限合伙权益和信托份额都属于证券范围。
② 1940年投资公司法第3(c)(1)节。
③ 美国法律关于"合格投资者"有Qualified Purchasers、Accredited Investors及Qualified Institutional Buyers等多个版本的规定,适用于不同场景,我们在下文会进行介绍。
④ 1940年投资公司法第3(c)(7)节。

足额认购),哪怕业绩再糟糕(譬如连续3年亏损),美国证交会也没有理由阻止其募资行为或拒绝其备案。

投资银行、保险公司、商业银行及其子公司等市场中介机构的集资行为也符合投资公司的定义。由于这些金融机构有其他适用的监管法律,因此《1940年投资公司法》规定,这些金融机构和私募基金一样可以豁免该法案规定的监管要求。这些金融机构也可以从事私募股权业务,并且是私募股权业的重要组成部分。

投资银行、保险公司和商业银行都可以以自有资本设立直接投资部门(Principal Investment),进行股权投资业务。不少基金管理公司都脱胎于投资银行或商业银行。譬如,KKR前身是贝尔斯登的直接投资部,而CVC则曾是花旗银行的创投部门。高盛和摩根士丹利①的直投部门在全球私募股权业中处于领先地位。而在中国市场上,证券公司的直投子公司,如金石投资(中信)、平安财智和广发信德,以及商业银行的投行部门②,如建银国际和中银国际也处于领先地位。

3.1.2 筹资监管

如前所述,私募股权基金如果要豁免《1940年投资公司法》的监管,则不得以公开发行(简称公募)的方式募集资金。所谓公开发行,通常指的是向不特定的公众投资者或者向超过一定数量(譬如中国规定200人)的特定投资者发售证券。此处所称的证券并不限于读者所熟知的股票和债券,信托和有限合伙权益等拥有受益权属性的投资都属于证券。

美国《1933年证券法》并没有对公募提出精确定义,而是要求企业在以跨州或邮件形式公开发行证券之前必须先向证交会提交备案文件。备案文件(通常是S-1/S-8表格或F-1表格)俗称招股说明书(Prospectus)。招股说明书中需要真实、准确、完整地披露企业的相关信息,尤其是财务信息。

由于私募股权基金往往不愿意披露基金的运作信息,因而在募集资金时需要同时满足《1940年投资公司法》和《1933年证券法》的规定。美国证交会根据《1933年证券法》制定了针对私募发行的《D法规》(Regulation D)。《D法规》的第504、505和506规则提供了三种豁免备案要求的合规选择。第504和505规则限定的发行金额上限分别为100万和500万美元。私募股权基金通常会选择发行金额无上限的第506规则。

《D法规》的第506规则规定,企业发行证券达到如下条件即可豁免备案监管要求:
- 不能采用公开要约邀请(Solicitation)或广告方式来销售证券;
- 企业可以向不限数量的"合格投资者"(Accredited Investors)和不超过35个非合

---

① 虽然公众一般以为高盛和摩根士丹利为投资银行,但实际上从2008年9月份以后,两家公司为接受美联储的援助都已经转为商业银行。

② 原则上中国的金融监管体系为分业监管,商业银行不能从事证券投资业务。但工农中建四大银行都在境外(如中国香港特别行政区)设立从事投行业务的子公司,这些子公司再回国设立机构从事投行和直接投资业务,如中银国际、工银国际和建银国际。

格投资者发行证券,但非合格投资者须具备金融和商业方面充足的知识和经验;
- 企业可以在满足联邦证券法反欺诈监管要求的前提下自行决定向合格投资者提供的信息内容,但向非合格投资者提供的信息内容应与公开发行备案文件(招股说明书)大致相同,向合格投资者提供的信息也必须向非合格投资者提供;
- 企业必须回答潜在投资者提出的问题;
- 企业的财务报表需要经独立会计师审计,如果企业(有限合伙企业除外)需要超乎寻常的代价才能得到经审计的财务报表,则可以只提供经审计的资产负债表,需要超乎寻常代价才能得到审计财务报表的有限合伙企业可以依照联邦税法提供经审计的财务报表;
- 投资者所得到的证券为"受限证券",也即除非向证交会备案,投资者须至少持有证券一年之后才能转售。

其中,合格投资者包括下列范围:
- 银行,保险公司,注册投资公司(即公募基金),商业发展公司(BDC)[①],或小型商业投资公司;
- 由银行、保险公司或注册投资公司代行投资决策或资产规模在500万美元以上的养老基金;
- 资产规模在500万美元以上的慈善组织、企业或合伙企业;
- 在发行证券的企业担任董事、经理或普通合伙人的自然人;
- 合格投资者拥有的商业组织;
- 在购买证券时,除主要居住物业外,个人总资产或与配偶共同持有资产总额超过100万美元的自然人;
- 过去两年个人年收入均超过20万美元,或过去两年与配偶年收入之和均超过30万美元,且预计今年仍维持在相同水平;
- 由具备相当投资知识和经验的投资者所购买且非专为购买本次发行证券而设立的信托,资产规模在500万美元以上。

每隔五年,美国证交会有权对合格投资者的资产门槛根据通货膨胀情况进行调整。美国立法机构之所以设定如此繁琐的发行监管规定,主要是为了保证投资者(尤其是处于弱势的中小投资者)能获得充分的信息披露。而具备相当实力(以资产或收入计算)的合格投资者则可以自行决策,不需要浪费监管资源为他们提供的额外保护。读者还应该注意到,这些规定并未设定发行企业的财务资质门槛,这一点和中国的监管思路有很大不同。美国证交会不对发行人的优劣进行评价,而是将评判企业资质的权力交给市场。

根据第506规则发行的证券为受限证券,需要至少持有一年以上或向美国证交会备案才能转售。美国证交会1990年发布了《规则144A》,允许"合格机构投资者"(Qualified Institutional Buyers)在彼此之间转让受限证券(最小转让规模为50万美元),而无须向美国证交会备案。《规则144A》定义的合格机构投资者为:(1)管理超过1亿美元以上证券资产(所持有的关联企业股权不计算在内)的机构;(2)净资产超过2 500万美元的

---

① 美国法律规定的一类免税上市公司,可以投资中小企业。

银行或储贷银行(Savings and Loans,也称 Thrifts)①。

合格机构投资者在交易时需要满足下列条件:(1) 以合理措施知会买家该交易为基于《规则 144A》的交易;(2) 能证实其可以合理相信买家也是合格机构投资者;(3) 确信证券发行人一经要求便会向买家提供业务及财务方面的信息。在满足上述三个条件的情况下,该交易即可豁免备案要求。

《规则 144A》极大地提高了受限证券的流动性,成为外国发行人在美国进行私募筹资时的主要渠道。纳斯达克从 1990 年开始提供这类证券的交易平台(PORTAL),进一步提高了 144A 证券的流动性。私募股权基金面向的投资者一般都能达到合格机构投资者的要求。但由于私募股权基金采取承诺资本制,机构投资者在转让权益时需得到普通合伙人的同意方可进行。

3.1.3 基金管理人的监管

2010 年之前,私募股权基金管理公司一般能根据《1940 年投资顾问法》的规定豁免美国证交会的备案监管要求。在 2010 年修订之前,该法案第 203(b)(3)节(目前已失效)规定,投资顾问(基金管理人)如满足以下条件则可以豁免备案要求:
- 在过去 12 个月内服务的客户(即管理的基金)数量少于 15 个;
- 不以投资顾问身份向公众投资者提供服务;
- 不担任《1940 年投资公司法》定义的注册投资公司(即公募基金)或商业发展公司(BDC)的投资顾问。

次贷危机全面爆发后,大批对冲基金清盘导致美国金融市场剧烈动荡,社会舆论强烈要求加强对华尔街的监管。在此背景下,《多德-弗兰克法案》于 2010 年通过,其第四章被称为《2010 年私募基金投资顾问注册法案》(Private Fund Investment Advisers Registration Act of 2010)。该法案废除了《1940 年投资顾问法》的部分豁免条款,转而要求多数私募基金管理人向美国证交会备案。

与美国金融市场动荡关系最大的其实是对冲基金和货币市场共同基金,私募股权管理人有点"躺着中枪"的味道。由于这个原因,在征求多方意见后,美国证交会 2011 年制定的法案实施细则虽然也要求私募股权管理人进行备案,但备案要求要显著低于其他基金管理人,管理资产规模在 1.5 亿美元以下的创投管理人仍可豁免备案。

为什么要求备案?

针对私募基金的监管着眼于防范系统风险。美国证交会要求私募基金管理人申报的信息主要用于协助美国金融稳定监管委员会(Financial Stability Oversight Council)评估系统风险。

---
① 储贷银行为美国特有的银行类机构,它们主营业务为吸收社区存款并发放房屋抵押贷款。

什么样的基金管理公司需要备案？

在所有的基金类别中，对冲基金、货币市场共同基金和证券化资产基金对系统风险的影响最大，申报信息内容最多。除大型私募股权基金可能影响股票市场定价之外，多数私募股权基金与市场系统风险关系不大，因而申报内容较少。美国证交会对私募股权基金的定义非常独特：

> 私募股权基金为：除对冲基金，流动性基金（货币市场基金），房地产基金，证券化资产基金和创业投资基金之外的不允许投资者在日常运营中随时赎回的私募基金。

这个出于监管目的的定义和本书对私募股权的定义有明显的区别。业界一般会将房地产基金和创投基金归入广义的私募股权基金，而美国证交会将这两类基金单列。一方面是因为《多德-弗兰克法案》豁免了创投基金管理人的备案要求；另一方面是因为房地产基金与系统风险有重大联系，需要比其他私募股权基金更加细化的信息备案。

基金管理公司需要报告什么信息？

根据修订后的《1940年投资顾问法》第204（b）节，私募基金需要向监管机构报告如下信息：
- 管理资产总额及所使用的杠杆比率（包括表外杠杆）；
- 交易对手信用风险敞口；
- 交易头寸和投资头寸；
- 基金的资产估值原则及实施；
- 持有的资产类别；
- 基金为特定投资者的优惠权利或权限（譬如费率优惠）；
- 交易实施方法；
- 美国证交会征询金融稳定监管委员会后认为与公共利益、投资者保护以及系统风险评估有关的必要信息，美国证交会可基于类别和资产规模建立针对不同基金管理人的申报要求。

美国证交会制定的实施细则将私募股权基金管理人分为管理资产20亿美元以上的大型管理人和小型管理人。小型管理人的信息备案范围和频率都要较大型管理人宽松。根据Preqin的统计，2011年美国管理资产规模在20亿美元以上的基金管理公司共有155家，管理资产占全行业的3/4以上。

美国证交会要求私募基金管理人填报备案表格（Form PF）。该表格详细列明了需要基金申报的信息。大型私募股权基金管理人需要填写第一及第四节，而小型基金管理人只需填写第一节，内容其实非常简单。由于私募股权基金的资产流动性非常差，因此美国证交会只要求基金管理人每年申报一次信息，而对冲基金等流动性较强的基金需要每季度申报一次。

基金管理人的信息需要公开吗？

根据《1940年投资顾问法》，基金管理人提交给美国证交会的信息只用于金融稳定监管委员会的风险评估。除非涉及公众利益，这些备案信息不会被公开，尤其是以下事项：
- 基金管理人的交易策略或投资策略；
- 分析及研究方法；
- 交易数据；
- 有专属知识产权的软硬件；
- 证交会认为需要保密的其他信息。

总的来说，即便是新监管细则实施以后，美国对私募股权基金及其管理人的监管还是非常宽松的。除了需要每年向监管机构报备其资产总体信息(而非具体资产)之外，基金管理人的投融资行为非常自由，几乎不受美国证交会的干涉。而对于外国基金管理人而言，美国证交会无权要求其进行备案，更遑论干预其经营了。

3.2 中国私募股权监管探讨

自2006年以来，私募股权基金的监管权一直是国家发改委和证监会争夺的对象。这一争夺直到2013年6月中编办发文明确双方监管权责才告一段落。

2005年10月，国务院办公厅转发了国家发改委等十部委共同发布的《创业投资企业管理暂行办法》。该管理办法的发布将创业投资企业(即创业投资基金)的监管权归于国家发改委，具体由财金司负责监管。

2006年，国家发改委委托北京大学成立课题组起草《产业投资基金管理暂行办法》(后改名《股权投资基金管理暂行办法》)。笔者曾作为课题组副组长参与该管理办法的起草。《股权投资基金管理暂行办法》试图将创投基金以外的私募股权基金也纳入国家发改委的监管，但在征询部门意见时遭到了中国证监会的反对，因而迄今仍未能问世。

2009年起，全国人大财经委启动《证券投资基金法》的修订，试图将私募证券基金(可以理解为中国的对冲基金)和私募股权基金纳入基金法的监管范围。但《基金法》的修订草案也遭到了国家发改委的反对。2012年年末，该法案正式定稿，私募股权基金未能纳入《基金法》的管辖范围。

中国证监会在《证券投资基金法》草案出台后，便要求开展公募业务或证券资管规模超过1亿元的私募股权基金管理公司加入中国证券投资基金业协会(中基协)，并邀请其他未开展相关业务的基金管理公司做入会登记。2012年2月，弘毅、鼎晖、深创投及中科招商等十多家业内排名靠前的私募股权基金管理公司加入了中基协。同时，一些地方私募股权协会也加入了中基协,如天津股权投资基金协会、广东股权投资协会和无锡市创业投资协会。

2013年6月,中央编制办公室印发了《关于私募股权基金管理职责分工的通知》,明确证监会负责私募股权基金的监督管理,实行适度监管,保护投资者权益,发改委负责组织拟订促进私募股权基金发展的政策措施,会同有关部门制定政府对私募股权基金出资的标准和规范。中编办事实上剥夺了发改委对私募股权的监管权,因为政府出资参与的基金并非主流,且其出资标准之前已经有文件明确。但创投与私募股权的界限并不清晰、发改委仍可以以创投监管的名义介入私募股权监管。

3.2.1 《创业投资企业管理暂行办法》

该管理办法将创业投资企业定义如下:

> 本办法所称创业投资企业,系指在中华人民共和国境内注册设立的主要从事创业投资的企业组织。
>
> 前款所称创业投资,系指向创业企业进行股权投资,以期所投资创业企业发育成熟或相对成熟后主要通过股权转让获得资本增值收益的投资方式。
>
> 前款所称创业企业,系指在中华人民共和国境内注册设立的处于创建或重建过程中的成长性企业,但不含已经在公开市场上市的企业。

该管理办法对创业投资基金的定义较为含糊,事实上可以涵盖全部未上市企业。而除了PIPE等少数几种商业模式之外,多数私募股权基金投资范围都是"处于创建或重建过程中的成长性企业"。但管理办法并未试图将全部创投基金纳入监管,国家发改委接受备案的基金需要达到以下实质性条件:

- 实收资本不低于3 000万元人民币,或者首期实收资本不低于1 000万元人民币且全体投资者承诺在注册后的5年内补足不低于3 000万元人民币实收资本。
- 投资者不得超过200人。其中,以有限责任公司形式设立创业投资企业的,投资者人数不得超过50人。单个投资者对创业投资企业的投资不得低于100万元人民币。所有投资者应当以货币形式出资。
- 有至少3名具备2年以上创业投资或相关业务经验的高级管理人员承担投资管理责任。委托其他创业投资企业、创业投资管理顾问企业作为管理顾问机构负责其投资管理业务的,管理顾问机构必须有至少3名具备2年以上创业投资或相关业务经验的高级管理人员对其承担投资管理责任。

国家发改委在其官方网站上提供了备案要求填写的表格,包括:
(1) 创业投资企业基本情况表
(2) 创业投资管理企业基本情况表
(3) 创业投资企业高管人员情况表
(4) 创业投资管理企业高管人员情况表

(5) 创业投资企业资本来源情况表

(6) 创业投资企业资产负债情况表

(7) 创业投资企业从事创业投资情况表

(8) 创业投资企业股本退出情况表

读者需要注意的是,创业投资或私募股权并非特许行业。因此只要在不违反《公司法》、《证券法》、《信托法》和《合伙企业法》等相关法律的前提下,个人或企业以公司、信托或有限合伙等形式筹资并投资于其他企业都是合法行为。这一点和公募的证券投资基金(开放式或封闭式基金)不同,后者必须由经过中国证监会批准的基金管理公司发起设立,投资行为也要受到证监会的限制。

因此,《创业投资企业管理暂行办法》规定的备案监管行为并非强制性监管。实际操作中,不少基金管理人主动申请向国家发改委备案。国家发改委接受基金管理人备案的行为可能被投资者视为一种背书行为。这也是基金管理人主动申请备案的原因之一。一些知名的创投或成长资本基金管理人并未在国家发改委申请备案,其运作也未受到影响。

此外,虽然管理办法对创投基金及其管理人的行为提出了模糊的规范性要求,但由于备案监管很难约束基金和管理人的具体投资运作,因此这些规范并没有真正起到作用。虽然管理办法并未对市场产生实质性的影响,但其正面意义在于国家从监管层面确认创业投资的合法性,促进了这一行业的发展。

3.2.2 《关于促进股权投资企业规范发展的通知》

2011年11月,国家发改委办公厅发布了《关于促进股权投资企业规范发展的通知》(以下简称《通知》),要求各省市和自治区将股权投资基金也纳入和创投基金相似的备案监管范围。《创业投资企业管理暂行办法》为国务院办公厅发布,且为国家发改委会同证监会等十部委共同签署,而《通知》则没有达到相似的规格。其背后的原因在于,证监会等部委在股权投资基金的监管权属方面与国家发改委存在分歧。值得一提的是,没有任何一部上位法赋予国家发改委关于股权投资基金的监管权力,因此《通知》的法律约束力也颇受市场质疑。

《通知》从基金募集、风险控制、管理人监管、信息披露及备案管理等方面对股权投资基金提出了多项规范要求。《通知》的多数要求还是有利于股权投资业的规范发展的,但《通知》约束力的先天不足制约了其效力。《通知》要求规模在5亿元以下的股权投资基金向地方发改委备案,而规模5亿元以上的基金则应该向国家发改委备案。对于那些不依照《通知》接受备案监管的基金或管理人,国家发改委也只能采取如下措施:

> 备案管理部门发现股权投资企业及其受托管理机构未备案的,应当督促其在20个工作日内向管理部门申请办理备案手续;逾期没有备案的,应当将其作为"规避备案监管股权投资企业"、"规避备案监管受托管理机构",通过备案管理部门门户网站向社会公告。

由于约束机制的不足,实际在国家发改委备案的股权投资基金数量并不多。依照人大财经委的调研结果,2012年中国私募股权机构已超过5000家,但以股权投资基金名义在国家发改委备案的不过48家(截至2012年8月底)。即便加上已经以创投基金备案的基金,接受备案监管的私募股权投资机构也不到实际数量的1/4。

3.2.3 未来监管的思考

在讨论私募股权监管发展方向之前,我们首先需要明确一个问题:为什么我们需要对私募股权进行监管?

为什么需要监管?

美国私募股权业一直豁免于政府监管。即便是现在,美国的监管也仅限于信息备案。这背后的原因很简单,私募股权属于少数有较强风险承受能力的"合格投资者"参与的小众行业。在投资者能自行保护自身利益的情况下,强加监管既浪费政府资源也影响市场机制发挥作用。目前美国政府对私募股权的备案监管主要是着眼于防范大型杠杆收购可能导致的市场系统风险。

和美国一样,中国私募股权业也是少数富有个人和机构投资者参与的市场。根据清科创投的统计,中国实际参与私募股权投资的投资者约7000家,其中半数为高净值个人[①]。依照和美国相同的逻辑,我们认为这些投资者具备足够的资源去维护自身权益,因而没有必要对私募股权市场过度干预。中国私募股权的运作模式主要是创业投资和成长资本,杠杆收购交易也主要发生在美国和香港市场,因此暂时也没有系统风险的防范需求。

事实上,在我们参与《股权投资管理暂行办法》的早期起草工作时,参与讨论的各机构更关心的是以立法方式确认私募股权的合法性,从而放开政府对银行、保险公司和证券公司参与私募股权的限制。而至目前为止,除银监会尚未放开商业银行直接投资私募股权的限制之外,保监会和证监会已经分别发布部门规章,允许保险公司和证券公司进行直接投资。

我们认为,在《公司法》、《证券法》、《信托法》和《合伙企业法》等上位法为私募股权基金提供了充足的法律依据的前提下,《投资基金法》的修订或后续出现的监管法规的意义应为确认私募股权的合法性。

私募股权需要什么样的监管?

国家发改委发布的《关于促进股权投资企业规范发展的通知》体现了中国金融监管

[①] 多数私人银行将高净值个人定义为除房产以外可投资金融资产在1000万元以上的个人或家庭。

的一贯思路,即对被监管对象的行为进行全方位规范。《通知》涉及了关于基金募集、投资运作及信息披露等多方面的具体规定。据媒体报道,国家发改委 2012 年曾计划将股权投资基金投资者的最低投资金额限定为 1 000 万元。这一规定明显脱离了市场实际,即便发布也很难得到市场的尊重施行。

我们已经在第 2 章介绍过,从 1950 年代开始,美国私募股权在 60 年的发展过程中经历了多次巨大的变革。宽松的监管环境对美国私募股权业发展具有重要的贡献。学界和业界关于金融监管的共识是,金融监管总是落后于实践的步伐。过度具体的监管规定将限制行业的自由发展,这是显而易见的事实。

我们认为,中国私募股权的监管应是基于原则的监管,应借鉴美国关于投资者保护、公众利益保护和系统风险防范的原则性监管。具体监管措施也仍沿用备案监管的思路,不可采用证券投资基金的审批式监管。事实上,私募股权基金的募集和投资者权利已经有《公司法》、《信托法》、《合伙企业法》及《证券法》规范,具体运作已经有《合同法》和《民法通则》及各实施细则规范。

适度的原则性监管和保护市场机制作用的发挥,应是未来中国私募股权监管的主要思路。

4 基金募集

对于刚转入私募股权行业的基金管理人来说,基金募集是所有运作的起点。而对于成熟的基金管理人来说,基金募集也是每隔几年必须做的例行公事。因为每当一期基金投资完成或接近完成时,基金管理人就需要募集新的基金。基金管理人首先需要设计好新基金的投资策略以及规模,并据此写作基金募集说明书。基金管理人或者通过中介机构的帮助,或者通过自身的关系网络,向潜在投资者推介基金,并冀望获得投资者的出资承诺。

万事开头难,募资对于新基金管理人来说是一个非常痛苦的过程。黑石集团的两位创始人彼得·彼得森(Peter Peterson)和史蒂夫·施瓦茨曼(Steve Schwartzman)可谓履历辉煌。前者曾担任尼克松政府的财政部长和雷曼兄弟公司的董事长,后者则是雷曼兄弟著名的并购专家,亲自操盘了将雷曼出售给希尔森的交易。设立基金时两人写了两页纸长的募资规划,发给近200家机构,无一回应。施瓦茨曼回忆道:"我和彼得森都在幻想会有成批的生意送上门来,但是除了'恭喜,信写得不错'之外其他都没有收到。"①后来彼得森通过关系网拉来了保诚集团的1亿美元投资,这才吸引了后续的投资者。

新设立的基金管理人由于没有历史业绩,往往受到各种质疑,甚至有相当比例的投资者明确表示不投资新基金管理人。在中国,超过90%的基金管理人都是在近5年内设立的。某种意义上说,中国多数基金管理人和多数投资者都缺乏私募股权运作的经验。在这种背景下,投资者与基金管理人的博弈形成了很多有中国特色的操作实践。

但与基金管理人的历史长度相反,中国和美国市场的基金募集活动遭遇冰火两重天。由于次贷危机的影响,美国市场筹集一家基金所需的时间逐渐拉长。2010年美国私募股权基金平均募集期长达21个月,超过60%的基金募集期在18个月以上(见图4-1)。2011年之前中国市场上筹集一只数亿甚至数十亿元的基金所需时间只要数月。但市场参与者也明显感觉到,从2011年第四季度开始,筹资难度开始增大。甚至一些承诺出资的有限合伙人会出现违约现象。

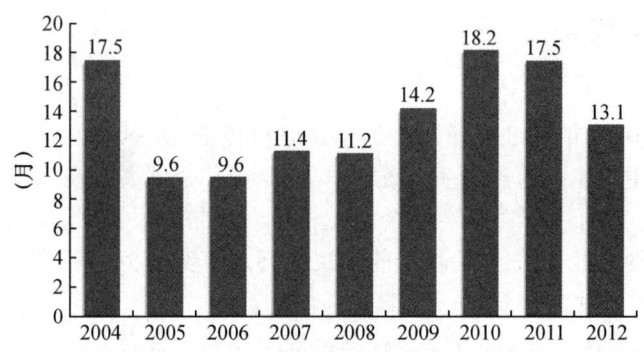

图4-1 私募股权基金筹资所需时间

资料来源:贝恩咨询。

---

① 戴维·凯里,约翰·莫里斯著.巴曙松,陈剑等译.资本之王[M].北京:中国人民大学出版社出版,2011,46.

在本章中,我们将从筹资对象,募集操作以及结构设计等几个方面来介绍外资及人民币基金募集的实践操作。

4.1 筹资对象

在欧美市场上,私募股权主要向养老基金、保险公司、捐赠基金、慈善基金、政府投资机构、商业银行、母基金(Fund of Funds,也称组合基金)等机构投资者募集资金(见图4-2)。中国市场与国际市场显著不同的一点是,个人投资者在基金投资中占据重要地位。

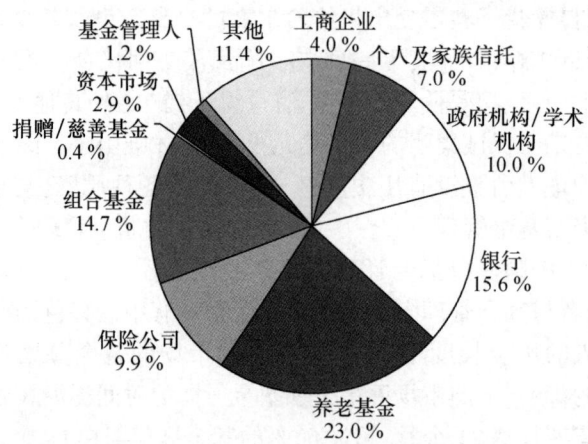

图4-2 2003—2007年间欧洲私募股权资金来源分布

资料来源:EVCA。

4.1.1 养老基金

养老基金从1970年代以后开始涉足私募股权投资,并逐渐占据主流地位。养老金计划参与者与雇主每年都向养老基金缴纳本金,养老基金则需要在参与者退休之后向其定期派发养老金。由于从缴款到养老金派发有相当长的期限,因此养老基金的投资期限是所有投资者类别中最长的,风险承受能力也最高。事实上,私募股权、房地产和对冲基金这类高风险资产的主要投资者一般都是养老基金。

在欧美市场上,养老基金是私募股权基金最主要的投资者。在著名的私募股权投资者协会(Institutional Limited Partners Association,ILPA)的会员中,将近50%为养老基金。2007年以前,养老基金一般会将投资资产的5%—7%配置给私募股权。但次贷危机之后,由于股票、债券、房地产及对冲基金等资产价值大幅度缩水,而私募股权投资价值变化不大,因此私募股权的资产配置比例显著提高。美国著名的加州公务员退休系统(CalPERS)便是养老基金参与私募股权投资的标杆企业,其2 230亿美元左右的资产中有

16%左右投向了私募股权。而在次贷危机之前,CalPERS对私募股权的配置比例仅为8%左右(见图4-3)。

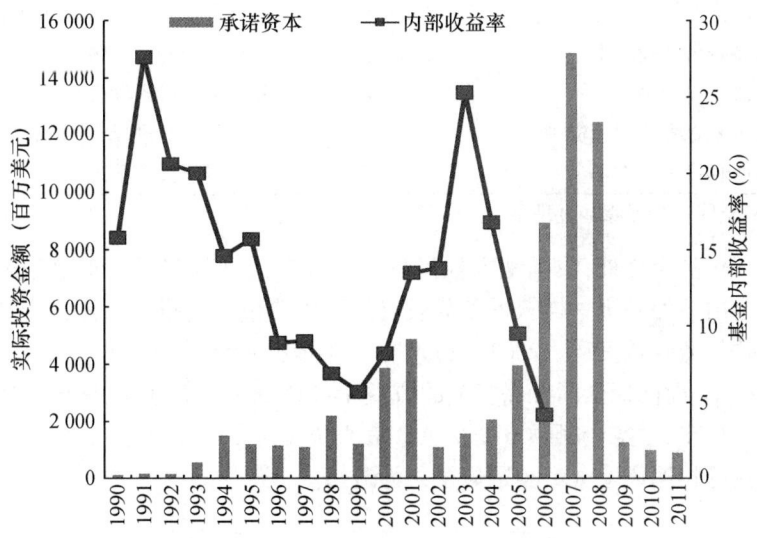

图4-3 CalPERS另类投资各年份设立基金的实际投资金额与内部收益率

注:另类投资项目(Alternative Investment Program)包括私募股权与对冲基金投资,2007年以后新投资的基金由于时限较短,按惯例暂不计算内部收益率。

资料来源:CalPERS。

截至2011年6月30日,CalPERS的另类投资项目(包括私募股权和对冲基金)总额达495亿美元,累计带来188亿美元的利润。在过去21年中,CalPERS投资了286只私募股权基金,算术平均内部收益率为11.34%,回报倍数为1.40倍,而美国过去20年平均股票指数收益率约为6%。考虑到2007年以后设立的基金仍处于投资期,将这类基金的收益率计算在内没有太大意义。如果扣除2007年后设立的基金,CalPERS投资的179只基金平均内部收益率为14.40%,回报倍数达1.73倍。

全国社会保障基金理事会("全国社保基金")则是中国最大的养老基金。根据财政部和人社部2008年的授权,全国社保可以将总资产①的10%(以成本计)投向私募股权。至2011年3月底,全国社保基金共投资于7家境内基金管理人设立的9只基金,承诺资本总额约156亿元(见表4-1)。

表4-1 全国社保基金投资的私募股权基金一览(截至2011年3月31日)

基金名称	设立时间	管理机构
中国—比利时直接股权投资基金	2004年	海富产业投资基金管理有限公司
渤海产业投资基金	2006年	渤海产业投资基金管理有限公司
天津弘毅投资产业一期基金	2008年	弘毅投资管理(天津)(有限合伙)
天津鼎晖股权投资一期基金	2008年	鼎晖股权投资管理(天津)有限公司

---

① 根据全国社保基金的2010年年报,其在2010年年底的总资产约8 500亿元。

(续表)

基金名称	设立时间	管理机构
绵阳科技城产业投资基金	2009年	中信产业投资基金管理有限公司
北京君联睿智创业投资中心	2009年	联想投资顾问有限公司
北京和谐成长投资中心	2010年	和谐爱奇投资管理(北京)有限公司
北京弘毅贰零壹零股权投资中心	2010年	弘毅投资管理(天津)(有限合伙)
天津鼎晖股权投资二期基金	2011年	鼎晖股权投资管理(天津)有限公司

资料来源：全国社会保障基金理事会。

除全国社保基金之外，中国地方社保基金规模超过2万亿元。但是很遗憾，地方社保并没有像全国社保基金一样获得私募股权甚至股票市场的投资权限，而只能投资于债券和银行存款等低收益资产。2002—2008年中国地方社保的投资收益率不足2%，甚至低于通货膨胀率，而同期全国社保基金的收益率高达9%。2010年，中国有15个省份的社保基金收不抵支，亏空金额达679亿元。在此背景下，开放地方社保基金投资股票市场和私募股权等长期风险资产类别显得尤为迫切。

4.1.2 捐赠及慈善基金

捐赠基金(Endowment)一般指为维持公益事业机构而专门设立的非营利基金。参与私募股权投资的捐赠基金一般为大学基金会，如哈佛基金、耶鲁基金以及中国的北大、清华和复旦大学教育基金会等。捐赠基金的存在对于大学独立性具有重要意义。只有财政上独立，大学才能免受行政力量的干预。实证研究表明，大学捐赠基金的规模与大学排名有着显著的统计关系。2004年美国排名前三的哈佛大学、普林斯顿大学和耶鲁大学的捐赠基金平均规模为150亿美元。

为维持非营利基金的免税地位，捐赠基金需每年至少将资产的5%用于机构开支。由于短期现金需求并不高，捐赠基金可以有灵活甚至激进的投资策略。著名的耶鲁大学捐赠基金管理人大卫·史文森(David Swensen)便是一个例子，他将私募股权基金的投资配置提高至17%左右。在过去20年中，耶鲁大学基金的规模从26亿美元增长至194亿美元。图4-4为2006年耶鲁大学、哈佛大学、斯坦福大学及普林斯顿大学资产配置的比例分布。根据耶鲁大学投资办公室最新的报告，2012年耶鲁大学的私募股权配置比例高达34%。

慈善基金(Charitable Foundations)的运作机制类似于捐赠基金，每年也需要将资产的一定比例用于慈善开支。比尔及梅琳达·盖茨基金便是一个典型的例子。该基金规模高达374亿美元，自设立以来累计捐赠金额超过260亿美元。捐赠资金的来源主要是比尔·盖茨夫妇每年的捐献，以及基金的投资收益。譬如，该基金2009年及2010年的投资收益分别为6.69亿和9.28亿美元，而私募股权则属于其资产配置中的一个大类。

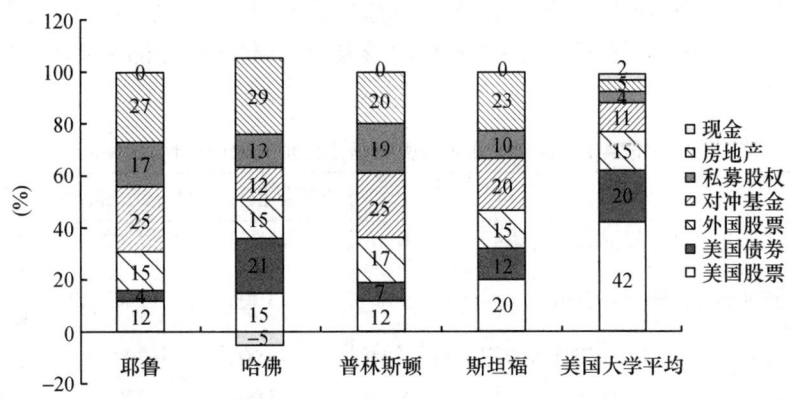

图 4-4 2006年美国大学捐赠基金资产配置比例分布
资料来源：Yale University Investments Office。

4.1.3 政府投资机构

主权财富基金等政府机构也是私募股权重要的资金来源。其中最著名的莫过于中国投资有限责任公司（中投）和淡马锡（Temasek）了。中投是中国政府为缓解外汇大量流入造成的流动性过剩而设立的主权财富基金。中投首期2 000亿美元资金是由财政部发行1.55万亿元特别国债筹资并向人民银行兑换外汇得到的。由于外汇储备增长过快，中国可能需要每年都设立一家与中投规模相当的主权财富基金。中投的第一笔投资便是在2007年5月以30亿美元的价格购买了黑石集团9.9%的股份，迄今为止仍然处于浮亏阶段。此外，中投还投资了安佰深（Apax）和弗劳尔斯（J. C. Flowers）等著名基金管理人设立的私募股权基金。

淡马锡公司成立于1974年，是由新加坡财政部负责监管的一家控股公司。淡马锡参与了多家中国企业的投资，包括建设银行、民生银行和中国银行等。除了直接投资之外，它也是中国不少美元私募股权基金的重要投资者。譬如，淡马锡2007年投资10亿美元，成为厚朴基金的有限合伙人。

在中国市场上，政府设立的引导基金也是重要的资金来源。引导基金是由政府财政出资设立的基金，通过投资于创业投资基金，引导其投资企业。引导基金本身并不直接投资于企业。2008年国务院办公厅转发发改委等三部委《关于创业投资引导基金规范设立与运作的指导意见》，鼓励地方政府动用财政资金设立政府引导基金。从2009年开始，财政部、各省级、地级甚至县级政府都纷纷设立名目不一的政府引导基金。

引导基金参股的主要目的是拉动当地经济发展，因此往往对所投资基金的投资范围有所限制。引导基金往往要求对投资项目具有一票否决权以保证其利益。引导基金本身规模不大，本身还需要进行分散化投资，因而对单一基金所能承诺的资本额较为有限。实际操作中，不少著名基金管理人并不愿意接受政府引导基金的投资。苏州工业园区引导基金是为数不多的成功范例。该基金由中新创投和国家开发银行于2006年合资设立,规模为10亿元,存续期13年。苏州引导基金并不限制被投资基金的投资方向或范围,而只是要求基金注册于苏州。至2009年,该基金10亿元已经部署完毕,投资于16家不同基金(见表4-2)。

表4-2 苏州工业园区引导基金投资对象(部分)

机构名称	基金名称	币种	协议规模(万元)	成立时间	组织形式
盛泉创投	江苏盛泉创业投资有限公司	RMB	21 920	2007.06	公司制
和利资本	同利创业投资有限公司	USD	3 700	2007.12	境内公司制、境外有限合伙
智基创投	智龙(苏州)创业投资管理有限公司	RMB	12 000	2008.02	非法人制
软银中国	软库博晨创业投资企业	RMB	25 000	2008.03	非法人制
德同资本	长三角创业投资企业	RMB	25 253	2008.07	非法人制
华穗创投	华穗食品创业投资企业	RMB	61 650	2009	非法人制
JAIC苏州	JAIC苏州创业投资基金	RMB	10 000	2009	非法人制
日亚投资	日亚创业投资企业	RMB	20 000	2009	公司制
金沙江	金沙江创业投资基金	USD	38 000	2009.01	—
北极光	北极光创业投资企业	RMB	15 000	2009.04	非法人制
北极光	极地晨光创业投资管理(苏州)有限公司	RMB	143	2009.04	公司制
松禾资本	松禾成长创业投资基金	RMB	50 000	2009	有限合伙制
钟鼎创投	钟鼎创业投资基金	RMB	—	2009	有限合伙制

资料来源:清科创投。

4.1.4 保险公司

寿险公司也具有超长的投资期限,因此也是私募股权和对冲基金等高风险资产的主要投资者。在美国市场上,保险公司除了作为私募股权基金的投资者之外,还可以提供贷款支持私募股权基金发起的杠杆收购。此外,保险公司也是杠杆收购企业发行的高收益债券的主要认购者。

在中国市场,保险公司参与私募股权投资则是近几年的事情。与养老基金一样,保险公司过去只能投资债券和银行存款等固定收益资产。这造成保险资产收益低下,甚至威胁到高利率时期签发保单的偿付能力。中国保监会逐步放宽保险公司参与风险资产的投资,包括股票、商业地产和私募股权。2010年,中国保监会发布了《保险资金股权投资暂行办法》,允许符合条件的保险公司将总资产的4%投资于股权投资基金。保监会同时也允许保险公司直接投资于非上市企业股权和基金管理公司。

中国人寿是保险公司参与私募股权的标杆企业。2007年中国人寿以特批方式投资了渤海产业投资基金。2012年,弘毅资本宣布第二期人民币基金100亿元筹集完毕,中国人寿在其中认购了16亿元。考虑到中国保险行业巨大的资产规模,保险资金未来将会是私募股权基金重要的筹资对象,虽然目前尚处于起步阶段。

4.1.5 证券公司

证券公司(Securities Firms)及投资银行(Investment Banks)都是通俗的叫法,一般指从事证券发行(主要是股票)和经纪业务的金融机构,中国习惯上也称之为"券商"。随着1999年美国分业经营法案的废除,商业银行与投资银行的业务隔离被取消,投资银行这一名词已经成为历史。事实上,原先著名的投资银行高盛和摩根士丹利现在已经注册为商业银行,而美国四大商业银行中的花旗银行、摩根大通银行及美国银行都拥有强大的投行部门,可以为企业上市提供承销服务。

传统意义上的证券公司或者投资银行属于卖方中介机构,但它们也是私募股权这种买方业务的积极参与者。不少基金管理人都是出身于投资银行。譬如,KKR的三个创始人出自贝尔斯登,黑石集团的两位创始人则曾是雷曼兄弟的高管,鼎晖创投则源自中金公司。投资银行参与私募股权投资的目的除了获利之外,也有与其承销业务和咨询业务配合的考虑。

一方面,并购基金在收购企业时通常需要投资银行提供财务顾问服务。此外,通过为杠杆收购企业发行高收益债券或安排并购贷款也是利润丰厚的业务。譬如,1988年著名的 RJR-Nabisco 并购案中,德崇证券、美林证券、摩根士丹利及沃赛斯坦·佩雷拉等四家投资银行向 KKR 基金收取超过3亿美元的顾问及承销费。因此,投资银行会乐于参与著名私募股权基金的募资,并象征性地进行部分投资以维持业务关系。

另一方面,投资银行可以以私募股权基金的方式投资于优质企业,帮助其实现出售或上市等退出操作,并从中获利。摩根士丹利、高盛和美林都是中国市场上活跃的股权投资者,它们曾先后投资了多家中国企业并作为主承销商帮助其上市。蒙牛乳业、中国动向和尚德电力都是其中的经典案例。国内证券公司也开始流行"保荐加直投"的操作模式,即证券公司的直投子公司参股拟上市企业并由母公司将之承销上市。中信金石、平安财智和国信弘盛都是较为活跃的券商直投公司。

虽然国际投资银行参与私募股权属于日常业务,但中国证券公司直到2007年才获得证监会授权,开始直接投资试点。中国证监会相继在2007年、2008年及2011年发布并修改了《证券公司直接投资业务监管指引》,逐步放开证券公司从事直接投资的限制,并对业务操作进行规范。截至2011年6月,中国共有33家证券公司设立了直接投资子公司,总注册资本达216亿元(见表4-3)。随着直接投资资格的进一步放开,未来可能还有更多证券公司加入这一行列。

表4-3 证券公司直接投资子公司前十名(截至2011年6月)

排名	证券公司	直接投资子公司	注册资本(亿元)
1	中信证券	金石投资有限公司	46.00
2	海通证券	海通开元投资有限公司	30.00
3	光大证券	光大资本投资有限公司	20.00
4	广发证券	广发信德投资管理有限公司	13.00
5	国信证券	国信弘盛投资有限公司	10.00
6	银河证券	银河创新资本管理有限公司	10.00
7	平安证券	平安财智投资管理有限公司	6.00
8	齐鲁证券	鲁证投资管理有限公司	6.00
9	华泰证券	华泰紫金投资有限责任公司	5.00
10	国元证券	国元股权投资有限公司	5.00

资料来源:清科创投。

4.1.6 商业银行

私募股权运作中需要商业银行多方面的帮助。首先,商业银行是私募股权基金重要的筹资渠道。私人银行部门和资产管理部门可以为基金管理人接洽投资者提供协助并收取费用。商业银行还可以为基金提供托管服务,并收取费用。其次,经过一定结构安排,商业银行本身也可以充当基金管理人。建银国际、中银国际及工银国际都是市场上知名的基金管理人。最后,商业银行本身也可以以自有资金直接投资于私募股权基金。事实上,国务院特批的渤海产业投资基金的投资者中便有三家银行,分别是中国银行、中国邮政储蓄银行及国家开发银行。

虽然商业银行深度介入私募股权的运营,但是中国商业银行直接投资私募股权仍然存在法律障碍。银监会迄今为止并未放开银行直接投资的限制,因而工商银行、农业银行、中国银行及建设银行等四大银行只能通过设立在境外的子公司进行返程投资或从事基金管理业务。而国家开发银行则通过设立的全资的国开金融公司进行私募股权投资,但国开行属于政策性银行,具有一定特殊性。在目前的监管环境下,中国的商业银行,尤其是股份制或中小银行,仍无法全面参与私募股权业务。

4.1.7 母基金

所谓母基金(Fund of Funds),也称多管理人投资(Multi-Manager Investment),指的是以公募或私募形式向投资者筹集基金,分散化投资于私募股权基金、对冲基金以及共同基金的集合投资形式。一般来说,同一母基金只会选择在私募股权、对冲基金以及共同基金中选择一类进行投资。

从国际市场的实践来看,母基金可以帮助投资者进行分散化投资,并投资于一些较难进入的市场,因而母基金得到了规模较小或缺乏投资经验的投资者的欢迎。近年来母基金发展较为迅速,在私募股权融资所占的比例约为10%左右。从实证数据来看,母基金的投资业绩甚至优于其他类别的投资者。

我国目前尚没有真正意义上的母基金,但银行、证券公司、信托投资公司发起的以投资私募证券投资信托、私募股权投资信托和共同基金为目的的信托产品可以归入母基金。这种信托也称 Trust of Trust(TOT)。TOT 在 2009 年之后陆续出现,目前规模还比较小。

平安信托在帮助春华资本募集第一期 30 亿元的人民币基金时,便将基金份额分为 300 万元的小单位。200 个小投资者组成一个信托,信托再作为有限合伙人投资于主基金。这种募资方式有违规的嫌疑,因为实际投资者超过了 200 个的私募上限。2011 年 11 月,国家发改委发布了《关于促进股权投资企业规范发展的通知》,要求在计算股权投资基金投资者数量时打通计算,否定了上述募资模式。2011 年 12 月,平安信托发布公告,称此前募集的"平安财富·秋 1—7 期集合资金信托计划"等七个信托将由平安创新资本自主管理,而平安创新资本将以自有资金 30 亿元投资于春华基金。平安信托案例的曲折表明,以 TOT 之类的母基金作为融资方式存在明显的政策风险。

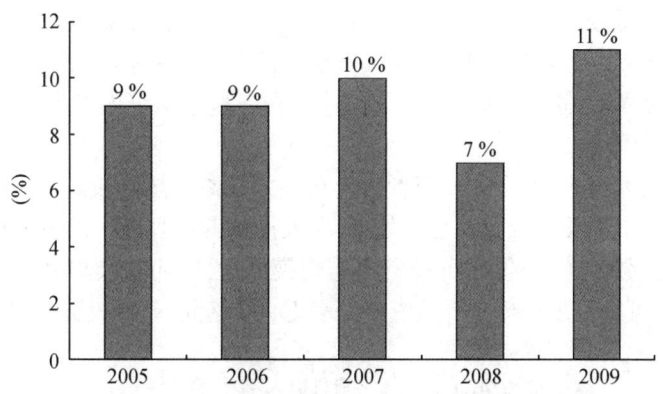

图 4-5 私募股权母基金占私募股权直接融资比例

资料来源:Preqin。

4.1.8 机构投资者 vs. 个人投资者

国际私募股权基金的资金来源主要是机构投资者,这是由私募股权的投资方式和特点决定的。私募股权的投资对象通常是非上市股权,单一项目从投资到退出一般需要 3—7 年,基金整体清盘一般需要 7—12 年,因此要求投资者的投资期限必须较长。养老基金、保险公司、捐赠基金和慈善基金都是具有高风险容忍度的长期投资者,因此它们是基金管理人理想的募资对象。

私募股权基金采用分期投入的承诺资本制,这要求投资者本身具备较大的资产规模和现金流动性。通常基金管理人会要求投资者在基金设立时先缴付 20%—50% 的出资,后续出资则视项目投资进度而定。一般来说,基金管理人会在与被投资企业签约之后,向基金投资者发出通知,要求在 10—20 日内出资到位。机构投资者有现金头寸的管理,因而一般能及时出资到位,而个人投资者则未必能做到这一点。这也是基金管理人偏好机构投资者的重要原因。

2006 年年底,前深圳创新投资集团总裁陈玮自立门户,成立了东方富海投资管理有限公司。2007 年 7 月,东方富海开始募集第一期基金,计划募资 5 亿元,但有意向投资的金额高达 15 亿元。2007 年 11 月,东方富海第一期有限合伙基金设立,规模 9 亿元,分 5 期出资到位,每期 20%。投资者都是民营企业或个人,仅有 7 位,最低投资额达 5 000 万元。2008 年 6 月基金管理人要求投资者缴付第二期出资时,有部分投资者无法出资到位,实际出资仅有 3.2 亿元,后续三期出资也全部取消。这导致东方富海在 2009 年上半年一笔投资都无法完成。

但是机构投资者也并非没有缺点。次贷危机之后,多数私募股权基金推迟或取消了向投资者派发现金的计划。而多数机构投资者在制定基金投资预算时都假定能持续获得之前投资退出的现金派发。这便导致不少著名的机构投资者无法履行出资义务,只好和基金管理人商量推迟甚至取消出资。当然,从总体来看,机构投资者的可信赖程度还是要优于个人投资者。

私募股权基金的有限合伙结构限制了基金投资者的绝对数量。譬如,英国有限合伙企业的投资者上限是 20 人,而中国①和美国是 50 人。国外私募股权基金要求的单一投资者最低出资额较高,通常在 500 万—1 000 万美元之间。而中国大型私募股权基金单一投资者最低出资额一般也在 1 000 万元人民币左右。这也是个人投资者参与大型私募股权投资比例较低的原因。

从中国市场的实践来看,个人投资者数量众多并且参与热情较高(见图 4-6)。由于多数基金都是规模在 1 亿美元以下的小型基金,个人投资者在筹资中的重要性不言而喻。大型机构投资者虽然数量较少,但是可投资资产规模庞大,因而是大型基金募集的重点。譬如,全国社保基金可投资于私募股权的资产额度近 900 亿元,单笔投资一般在 10 亿元以上。

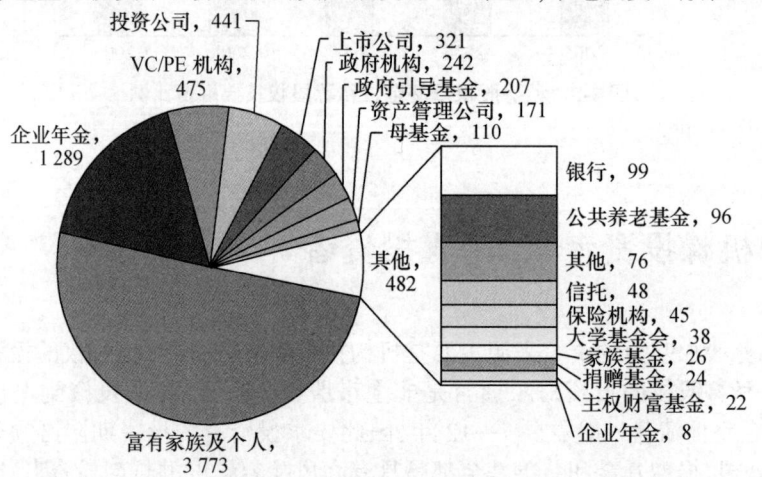

图 4-6 中国私募股权 LP 数量分布(2011 第三季度)
资料来源:清科创投。

---

① 如果以信托方式设立的话,中国私募股权基金的投资者上限理论上可以达到 200 人。

从基金管理人的倾向来看,高净值个人、民营企业、母基金(尤其是信托产品)以及社保基金是 GP 们最青睐的募集对象(见图 4-7)。房地产和煤矿等行业积累的大量财富为高净值个人及民营企业参加私募股权投资奠定了基础。事实上,针对募资中介的问卷调查也显示高净值个人及民营企业是中介最青睐的募资对象。但是个人及民营企业在 LP 中占比过高可能也会潜藏风险。对比之下,以社保基金和保险公司等机构投资者为主的 LP 结构风险可能要优于以个人和民营企业为主的 LP 结构。

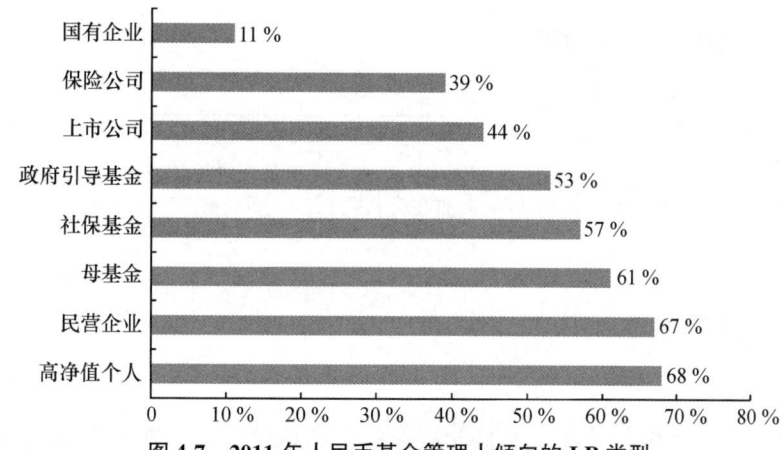

图 4-7 2011 年人民币基金管理人倾向的 LP 类型
资料来源:投中集团《2011 中国 GP 调查研究报告》。

4.2 筹资渠道

筹资活动是基金管理人向投资者推介并邀请其加入合伙企业的活动。虽然最终的法律关系是普通合伙人和有限合伙人缔结合伙协议,但中间还涉及第三方机构。它们的存在对筹资活动有重要意义。一方面,专业投资顾问凭借其对行业的深入了解和长期跟踪,为投资者选择私募股权基金管理人提供专业建议。美国市场上,剑桥顾问(Cambridge Associates)、瑞士信贷第一波士顿(CSFB)以及汤姆逊金融(Venture Economics)都是这类顾问。但是很遗憾,中国目前还没有这类专业机构。另一方面,基金管理人也会借助专业的融资代理机构来进行营销。在美国,投资银行和商业银行都是主要的融资代理机构,譬如高盛。

而在中国,基金募集的渠道主要是商业银行的私人银行部门(Private Banking)、信托公司、证券公司以及第三方理财顾问。从投中集团对基金管理人的问卷调查来看,GP 们更倾向于融资成本最低的直接渠道(见图 4-8)。而在中介渠道方面,商业银行的私人银行部门和第三方理财顾问由于能够覆盖较多的高净值个人及民营企业主,因而最受 GP 们看重。在问卷调查中,信托渠道并非基金管理人青睐的渠道,这可能是因为信托持股企业在申请 A 股上市时存在障碍。但从实践操作来看,信托渠道仍然是私募股权主要的融资渠道,尤其是房地产基金。

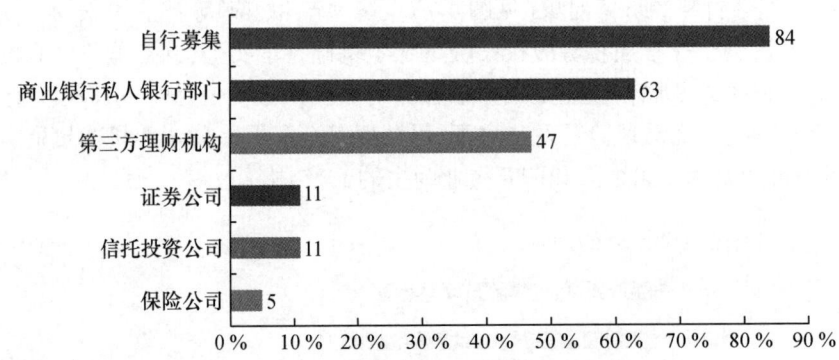

图 4-8 2011 年国内 GP 募集人民币基金选择渠道
资料来源:投中集团《2011 年中国 GP 调查研究报告》。

4.2.1 银行渠道

中国商业银行的私人银行业务服务对象为高净值个人。虽然私人银行服务涵盖范围非常广,但在中国目前的私人银行业务主要集中在向客户推介投资产品方面。由于商业银行具有庞大的营销网络,因而私人银行是私募股权向个人融资最有效的渠道。作为融资代理,商业银行一般会收取 1%—2% 的前端融资费用。此外,商业银行一般会要求担任基金的托管人,并收取 1% 左右的托管费用。

虽然代价不菲,但商业银行协助融资带来的好处也是很明显的。首先,与信托及理财顾问相比,银行受信赖程度更高。银行作为融资代理可以在一定程度上打消投资者对基金管理人的疑虑。其次,银行还可能通过投贷联动的操作方式帮助基金管理人。所谓投贷联动指的是银行挑选基金投资的企业给予适度贷款支持。这显然是一种双赢的举措。有基金支持的企业破产概率相对较低,而获得银行低成本贷款的企业未来业绩显然会更高。

2011 年披露的融资案例中,私人银行融资的规模并不高。民生银行为德同资本人民币基金募集近 3 亿元,招商银行为普凯资本完成 12 亿元募资,中国银行为九鼎投资募资近 26 亿元。随着中国私人银行服务的发展,私募股权基金对其的依赖程度会逐步提高。

4.2.2 信托渠道

信托公司发行的集合资金计划最多可以向 200 个投资者募集资金。对于个人投资者众多的中国市场来说,信托是私募基金难以忽视的融资渠道。私募股权投资信托的组织形式可以分为三类:信托公司作为受托人兼任基金管理人;信托公司和基金管理人担任共同受托人;信托公司作为唯一受托人委托基金管理人(投资顾问)管理信托财产。举例来说,中信锦绣一号股权投资信托是以中信信托为受托人兼基金管理人;中信锦绣二号股权投资信托则以中信信托和中信锦绣资本管理有限公司作为共同受托人;而湖南信托的"创业投资一号"集合资金信托计划则以湖南信托作为受托人,并聘请深圳市达晨财信创业投资管理有限公司作为投资管理顾问。

信托产品按发行方式还可以分为两类:银信合作产品和集合信托产品。前者指信托投资公司和商业银行合作发行并由银行提供账户管理服务的产品,后者指由信托公司自行募集的集合资金计划产品。从成本角度来看,前者的渠道一般为1%,而后者一般仅为0.5%。但从募集所需时间和募集规模来看,显然前者更具优势。根据用益信托公布的数据,2010年全年银信合作产品公布的发行规模为3.6万亿元[①],而集合信托产品规模仅为3 817亿元。银信合作产品中的私募股权信托规模较难估算,而集合信托产品中有977亿元为股权投资信托产品。

虽然银监会在2008年2月发布了《私人股权投资信托操作指引》对私募股权投资信托形式的合法性予以确认,但是越来越多的基金采用有限合伙制而非信托制。这部分是由于证监会对信托持否定态度。2008年12月以后,拟上市公司的股东中一般不再允许信托的存在。这迫使许多信托股东不得不在企业上市前套现退出,收益大打折扣。目前信托参与私募股权的方式一般采用"曲线救国"的投资形式。信托公司发起集合资金计划筹集资金,再以信托作为有限合伙人参与私募股权基金。但是如前所述,在国家发改委"打通计算"的原则下,这种"信托—有限合伙"的组合也存在合规方面的问题。

4.2.3 理财顾问渠道

第三方理财顾问在中国虽然刚刚起步,但是发展非常迅猛。理财顾问属于居间代理的中介机构,目前在中国尚未受到金融牌照管制的影响。它们通过客户经理向高净值个人或民营企业推介投资产品,并收取相应的费用。费用收取的方式既有一次性的前端费用,还可能有类似信托公司的固定年费。

前端费用可以分为向基金管理人收取的基金募资服务费和向投资者收取的基金认购费。从实践操作来看,有部分机构只收取募资服务费,部分只收取认购费,也有部分两者都收取。投中集团对募资中介的问卷调查显示,有46%的中介不收取基金募资服务费。在收取服务费的中介机构中,三分之二的机构收费标准为1.5%—2%,三分之一为1%—1.5%。另一方面,有39%的中介不收取基金认购费。在收取基金认购费的中介机构中,有近一半机构收取费用在0.5%—1%之间,四分之一收取比例为1%—1.5%,四分之一收费比例在1.5%以上(见图4-9)。

诺亚财富是理财顾问中较为成功的例子。[②] 截至2011年第三季度,该公司拥有2.4

[①] 有大量银信合作产品并未公布发行信息,根据用益信托的估计,加上未公布的产品规模,2010年银信产品总发行规模可能超过8万亿元。

[②] 以下关于诺亚财富的数据均来自该公司发布的财务报告和招股说明书。诺亚财富于2010年在纽约证券交易所上市,代码"NOAH"。

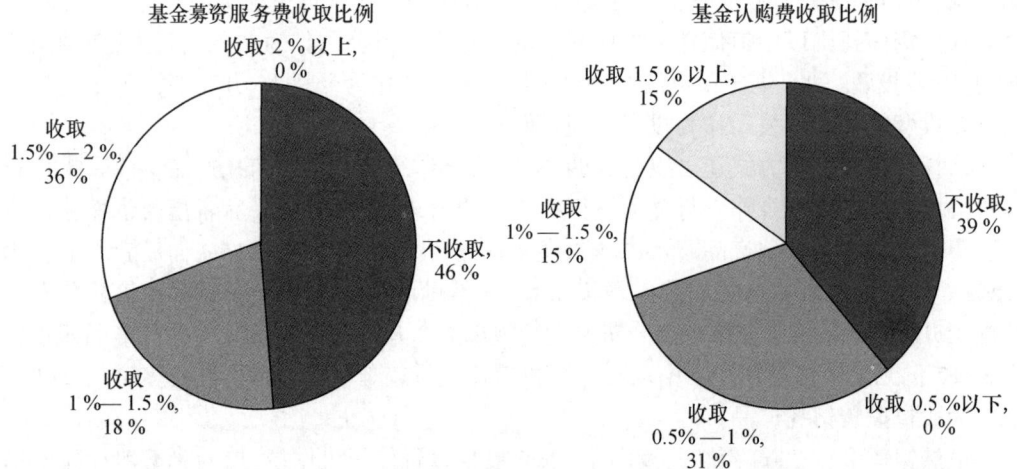

图 4-9 募资顾问机构收取基金募资服务费及认购费情况
资料来源:投中集团《2011 年中国私募股权基金募资顾问机构调查研究报告》。

万名注册个人客户,648 名机构客户和 89 名批发代理机构,前三季度代销的产品金额高达 183 亿元(见图 4-10)。诺亚财富曾为国内排名靠前的基金管理公司进行融资,这在一定程度上也加强了它的行业领先优势。譬如,2011 年诺亚财富曾参与鼎晖人民币二期基金(总规模 72 亿元)和达晨创投恒泰基金(总规模 35 亿元)的筹集。

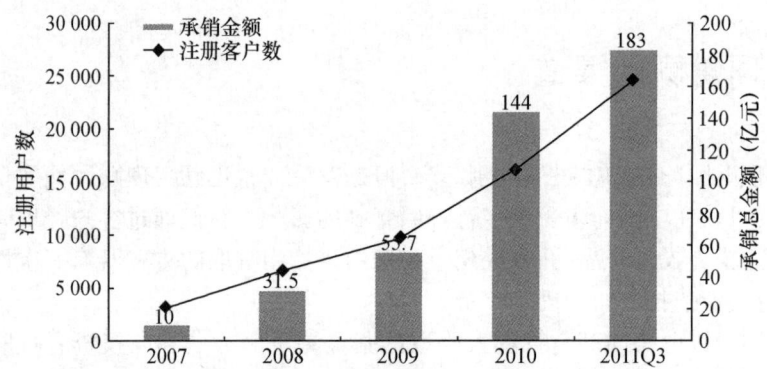

图 4-10 诺亚财富注册用户数与承销金额(2011 年为前三季度业绩)
资料来源:诺亚财富财务报告及年报。

理财顾问渠道成本并不低廉,综合费用成本在 1% 到 3% 之间。而且由于多数理财顾问的客户经理素质良莠不齐,在募资时有向客户做误导性陈述的可能。以诺亚财富为例,该公司 2011 年的客户经理数较上年增长了 64%,人员培训的压力可想而知。2008 年次贷危机爆发之后,多家商业银行因客户经理向投资者推销银行理财产品做了误导性陈述而被告上法庭。其中不仅有国内银行,也有以稳健著称的外资银行(如渣打银行)。虽然目前私募股权业呈现爆炸式增长,但未来可能会出现大量基金无法兑现募资收益承诺的情况。

4.2.4 直接融资渠道

大型基金管理人更倾向于直接与机构投资者谈判,而非通过成本较高的中介渠道。机构投资者通常包括谙熟私募股权投资的大学基金、养老基金、母基金或家族基金。但这种融资方式并不容易。基金管理公司一般没有专业的融资部门,而投资团队人力一般比较精简,长达数月甚至 2 年的筹资活动将影响投资活动。在国际市场上,融资活动一般是由基金管理公司高级管理人员来负责的。昆吾九鼎和中科招商等人员较多的管理公司(400—500 人)曾尝试借助地区投资经理募资的方式,但这种劳动力密集型的推介方式显然存在和中介机构客户经理缺乏培训相似的风险。可以说,中国私募股权基金的直接融资方式仍处于探索过程中。

在募资操作中,基金管理人一般倾向于先和一家主要的投资机构谈好条件,然后邀请其他投资按照已经谈好的条件跟随投资。这种募资方式对于管理人和投资者来说都是较为有效率的。黑石集团在筹集第一只基金时得到了日兴证券的认可,于是很多日本投资机构便跟随日兴参与了黑石第一期基金的投资。也正因如此,不少基金管理人在募资时都会将自己的投资者名单作为亮点罗列。图 4-11 为中国著名基金管理公司鼎晖创投在募资文件中列出的投资者名单。

图 4-11 鼎晖创投投资者名单(部分)

4.3 募资要点

一家机构投资者在接受访问时提到:

> 我们不喜欢那些从业历史很短或只做过几单交易的基金管理人。我们想知道基金管理人是如何创造价值的,以及他们的专业技能是否与投资逻辑相匹配。

这句话道出了机构投资者在考察基金时最关心的问题。在募集的过程中,基金管理人要获得投资者的信任,应该努力做到以下三点:

- 向投资者展示其资质,包括市场地位、关系网络以及专长;
- 向投资者介绍历史投资业绩;
- 帮助投资者了解基金的具体投资策略、运作方式以及风险控制。

以上这些信息不仅需要在募集说明书中进行说明,细节之处还需要基金管理人与投资者进行面对面沟通。这和股票发行是一个道理,虽然招股说明书已经非常详细,公司团队的路演对发行成败还是至关重要。投资者相当在意与管理团队的当面交流,这对那些不善言辞的基金管理人而言非常不利。

在被问及影响其投资的最主要因素时,投资者们几乎全部都选择了基金管理人团队素质这一项。此外,基金管理人的过往业绩、基金投资策略以及内部风险控制机制也是投资者重视的因素(见图4-12)。但从募资的实践来看,最容易说服投资者的还是基金管理人的业绩。闪亮的历史业绩也是基金管理人团队素质的主要体现。举个例子,深圳创新投资集团自2000年成立以来的年平均内部收益率为36%。虽然深圳创新投资集团的团队发生过几次变动,但并不影响中国投资者对深创投的信任。针对募资中介的问卷调查结果也显示,中介青睐有历史业绩的基金管理机构甚于刚刚独立创业的知名投资人。这其中的决定因素可能也是历史业绩。

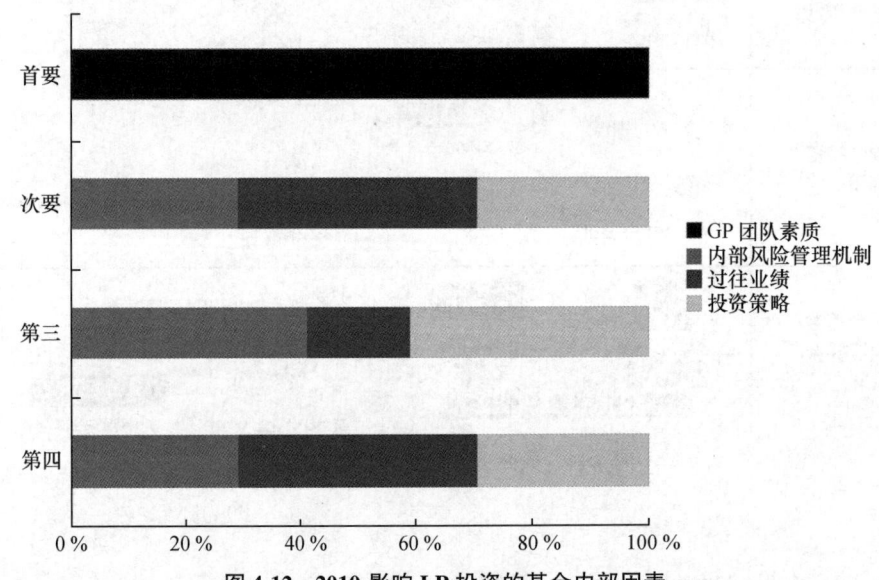

图4-12　2010 影响 LP 投资的基金内部因素

资料来源:投中集团《2011 年中国 LP 调查研究报告》。

4.3.1 基金管理人资质

中国基金管理人的来源大致有以下几类：

- 金融专业人士转型，尤其是投资银行出身的人士转型居多。譬如，美国前十大私募股权基金管理公司的创始人多数曾经在华尔街投资银行工作过。而中国厚朴基金的创始人方风雷则是中金、中银国际和高盛高华等三家证券公司的创始人。这类人士由于有丰富的并购和上市经验，因而容易得到市场的认同。
- 成功企业家转型，尤其是IT从业人士。譬如，创新工场的创始人李开复曾在苹果、微软和谷歌担任要职，云锋基金的创始人马云和虞锋分别是阿里巴巴和聚众传媒的创始人，红杉资本中国合伙人沈南鹏是携程的创始人。这类人士由于对行业有深入的了解，在筹建针对TMT行业的创业投资和成长投资基金时具有良好的市场号召力。
- 专业机构附属机构，尤其是金融机构。不少基金管理公司是从大型机构独立出来的。借助原母公司的号召力，它们也具有相当的号召力。譬如，鼎晖曾是中金的子公司，KKR曾是贝尔斯登的直接投资部，而CVC资本则曾是花旗银行的创投部门。
- 其他专业人士，如律师和政府官员。譬如，德太集团（TPG）的创始人戴维·邦德尔曼（David Bonderman）和罗斯公司的创始人威尔伯·罗斯（Wilbur Ross）都曾是著名的破产律师，擅长破产投资。而昆吾九鼎的两个年轻创始人吴刚和黄晓捷则分别曾在中国证监会和人民银行研究生部（俗称"五道口"）担任处级干部。

基金管理公司高管（媒体习惯称"GP"）的履历是基金募集时的主要卖点。虽然我们不总是"看着后视镜开车"，但是投资者显然偏好曾在一流专业机构工作过的GP。甚至我们参与私募股权监管讨论时，有监管部门人士提出要对基金高管的从业经验设置门槛。这对于那些试图白手起家的基金管理人来说显然不是好消息。那些背景不太优良的基金管理人往往需要在基金费用水平、分红比例甚至决策机制上做出让步，才能获得出资承诺。

事实上，即便是有辉煌履历的GP首次募集资金也经常吃闭门羹。本章开头提到的彼得森和施瓦茨曼虽然具备广阔的关系网，但当他们离开雷曼兄弟创业时，在拜访多家机构时都遭受冷遇。最后彼得森通过关系网争取了保诚集团的1亿美元投资，但还是在投资条件方面做出了较大让步。黑石第一期基金的管理费为1.5%，投资者的保底收益率（Hurdle Rate）为9%，而行业惯例一般为2%和8%。此外，保诚集团还要求黑石集团将咨询业务净利润的25%支付给投资者，以鼓励黑石集团专注基金投资。对于现在的新基金管理人，1%的年管理费和10%或15%的管理分红并非罕见。而且他们还必须将个人资产的相当部分投入到基金资产中，否则难以取信于投资者。

与国外同行不同，中国基金管理人则在决策机制上做出了特殊的让步。典型基金投资委员会一般没有有限合伙人（投资者），但多数人民币基金的投资委员会中都会有投资者代表。东方富海募集第一期基金时设计了特殊的3+1投资决策机制，即投资委员会由3个基金管理公司高管和1个投资者代表组成，7个投资者轮流担任投委会成员。松禾资本设立的南通基金投资委员会则由全体投资者出席,按投资比例享有投票权。这种中国特色显然大大影响到基金投资决策的效率。事实上,江浙一带的基金经常有因为投资者意见不一而导致成立后长时间无一投资的情况出现。

基金募集说明书上通常会附有主要管理人员的简介。如果投资者仔细查证并打电话做背景调查的话,可能会发现许多浮夸甚至造假的现象,其中较为常见的部分是学历和参与过的项目。事实上,唐骏之类的西太平洋大学博士学历在中国金融界很常见。我们建议投资者将更多注意力放在投资业绩而非学历上。事实上,除了技术要求很高的生物科技投资之外,私募股权基金管理人并不需要博士学历。笔者有几位在私募股权和私募证券基金工作的同学在担任合伙人之前只有本科学历,但却投资业绩优异。

而投资历史造假也是常见的问题,只不过见诸媒体较少而已。2011年11月,中科招商谴责其前员工瞿某的声明便是一个特例:

> 2011年11月14日,《理财周报》以"德隆旧部PE狂人瞿××:一个月上市一个项目"为题,刊载了对公司已离职员工瞿某的专访,并被内地和香港地区多家网络媒体转载。瞿××作为原公司员工,发表了一系列歪曲基本事实的言论,对中科招商的商誉造成严重侵害。瞿××等人还违反竞业禁止规定及与公司签署聘用合同中的承诺,私自设立了上海×××投资管理中心(以下简称"××资本")和相关的股权投资基金,并在"××资本"网站上将中科招商投资的十余个成功上市案例标榜为××资本的案例,侵犯了中科招商的利益,损害了中科招商的名誉权,其行为不仅严重违背职业道德准则,并已涉嫌欺诈和违反国家法律法规。

事实上,一月上市一个项目这种速度只可能见于特定年份的少数中国基金管理公司,而且必须是所有合伙人的共同努力,单一合伙人根本无力一年参与12个项目的管理。敢于编造这种谎言的人属于"无知而无畏"的类型。

4.3.2 基金管理人的业绩展示

投资银行每完成一笔承销业务,通常会发布一篇带黑框的发行终结广告,俗称墓碑(Tombstone)。因此,当我们参观一家投行时,只要看其墙上的墓碑数就知道他们的实力了。与投行类似,私募股权最好的业绩展示是其曾经投资过并退出的企业名录。那些历史较长的基金管理公司往往不必纠缠于实现多高的回报,而只需将其投资过的著名企业Logo放在募集说明书中便有足够说服力了(见图4-13)。

基金管理人一般不愿意将基金的历史收益率或回报倍数公开,因此较少在募集说明书中提及。这显然不利于普通投资者对基金管理人的能力进行评价。但2003年起,美国公众依照《信息自由法案》针对大学基金和养老金(如CalPERS)诉讼改变了这一情况。这些投资机构被迫公开了所投资基金的历史业绩。现在公众可以在CalPERS的网站查询到其所投资的200多家基金回报倍数和内部收益率,其中就有中国的赛富投资

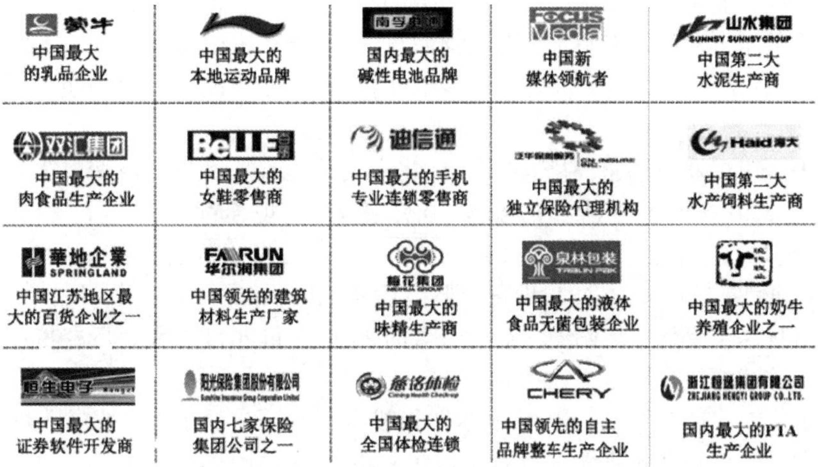

图 4-13 鼎晖投资过的企业(部分)

(SAIF)。为此,不少著名创业投资基金管理人或者寻求美国州政府的干预,或者干脆就拒绝了有信息披露义务的投资机构的投资。譬如,红杉基金(Sequoia)和凯鹏华盈(KPCB)便拒绝了 CalPERS 和加州大学的投资。但资金需求高达数十亿美元甚至百亿美元的大型并购基金则无法抛弃养老金的投资,需要公开其投资业绩。

中国的基金管理人多数不公开自己的历史业绩,最多只会在主页上提到曾经投资过的企业名单。在这种情况下,投资者评判基金管理人的简单标准之一便是行业的排行榜。清科创投(Zero2IPO)和投中集团(ChinaVenture)每年都对中国市场的基金管理公司进行排名。一般而言,能进入排行榜前 50 即为优秀投资机构,进入前 10 则属当年表现优异。虽然两家排名机构的标准略有不同,但主要还是从募资、投资案例、退出案例和业绩回报四个方面进行加权平均(见表 4-4)。

表 4-4 投中集团 2010 年创业投资机构排名标准

评价标准	权重	评价标准	权重	说明
募资表现	10%	募集基金规模	10%	当年所募集基金的全部金额,人民币基金与美元基金均计入在内
投资表现	20%	投资案例数量	10%	当年所披露的投资案例数量及投资案例金额
		投资案例金额	10%	
退出表现	30%	退出案例数量	15%	当年所披露的,以 IPO 及 M&A 为退出方式的退出案例数量及退出案例金额
		退出案例金额	15%	
业绩表现	40%	年化收益率	20%	使用账面值计算加权年化收益率
		投资回报率	20%	使用账面值计算加权投资回报率

资料来源:投中集团。

需要注意的是,除了 IPO 退出案例属于公开信息之外,其他数据多数属于基金管理公司或被投资企业主动提供的数据。这类数据有可能存在偏颇。举个例子,基金管理人显然更乐于向行业调查机构介绍高收益倍数的投资案例,而将破产清算的案例隐瞒。还有一些优秀的基金管理人根本不公开任何信息,行业调查机构只能通过媒体报道去推测其投资业绩,数据准确度大受影响。有鉴于此,清科和投中提供的榜单也只是"仅供参考"而已。

由于中国市场发展迅速,清科和投中的榜单构成也在不断发生改变。陈玮(2011)[①]曾经研究过2001—2008年清科的创投50强榜单,发现连续8年都上榜的机构只有6.9%,有36.6%的机构昙花一现,只上榜过一次。但也有少数机构连续11年处于榜单前10,如深圳创新投资集团、联想投资(现称君联资本)和IDG。相比创投榜单,大型私募股权投资机构榜单变化更加剧烈。对比清科的2010年和2011年私募股权榜单10强,只有5家机构连续两年入选。

正如我们在之前章节讨论过的,私募股权投资存在明显的J曲线效应。将处于投资期和退出期的基金管理人业绩进行对比显然并不公平。中国市场处于"快进快出"型投资占主流的阶段,因而注重在创业板和中小板退出的人民币基金管理人处于相对优势。举个例子,深圳创新投资集团2011年共投资了81家企业,同年有12家企业在A股市场IPO退出。这样的业绩显然是外资基金所难以企及的。随着IPO热潮的冷却和GDP增速的放缓,注重增值服务的基金管理人将会在未来扳回局面。

4.3.3 投资策略与逻辑

我们在第1章讨论过,天使投资、创业投资、成长资本、并购基金、房地产基金以及破产投资都属于私募股权范畴。基金管理人在设计基金之初应当选择好投资策略,并向投资者展示与投资策略相匹配的专业技能或履历。而投资者所考察的则是基金管理人与众不同的专业技能或背景支持。

从目前中国新募集基金的策略分布来看,以Pre-IPO投资为特色的成长资本占据绝对主流地位。这主要是因为在2010年和2011年,来自中国的IPO案例占全球总数的一半左右,同时也符合中国投资者快速套现的要求。但过度竞争导致的高投资成本和退出回报倍数逐步降低将逐渐蚕食成长资本的市场份额。事实上,从2011年下半年开始不少基金管理公司开始逐步转向更早期的创业投资策略或更晚期的并购策略。中国投资者的羊群心态并未得到根本改变,2000年前后中国创业投资的"一拥而上,一哄而散"可能在今后几年重新上演。

从行业角度来看,天使投资、创业投资和成长资本中专注于特定行业的专业型基金(Specialist)业绩表现会优于不区分行业的一般型基金(Generalist)。投资者可以从基金管理人投资过的企业看出其投资偏好和经验。科技—媒体—通信(TMT)行业是典型的创业投资方向,近年来生物科技和新能源专业基金的表现也不错。在中国经济转型的背景下,专注于消费领域的成长资本基金回报也很丰厚。譬如,鼎晖投资的服装企业(李

---

① 陈玮.我的PE观[M].北京:中信出版社,2011,200—202.

宁、中国动向、百丽鞋业)和食品(双汇、雨润、蒙牛、现代牧业、梅花味精)都是成功案例。

大型并购基金一般没有特定的行业专注。但受到杠杆收购策略的限制,投资对象一般会集中在制造业、金融、房地产和传统服务业。近年来随着一些科技行业进入稳定增长的成熟期,硬盘制造(希捷)和芯片(飞思卡尔、日月光)之类的中国所谓"先进制造业"也开始进入私募股权的视野。在并购基金领域,投资者更应该关注的是基金管理人的并购经验及与金融机构协作的能力而非行业知识。

4.3.4 成功与失败

除了历史业绩之外,拥有以下特质的基金管理公司更容易吸引投资者:
- 基金管理人在投资圈中有良好的口碑;
- 管理团队组成相对稳定;
- 合理的尽职调查和投资决策流程;
- 充分的投资信息披露。

虽然膨胀迅速,但是中国的投资圈并不大。基金管理人在一宗交易上的不道德行为或者欺瞒投资者的劣迹一旦为人所知,后续获得融资的难度将会大幅提高。虽然倚仗特权的"PE腐败"行为在业内时有耳闻,但是中国市场上还没有过专业基金管理人坑骗投资者的案例。与证券和期货投资圈相比,私募股权基金管理人更加注重个人操守。当然,这部分也是因为他们需要每隔几年就向投资者重新募集资金。

我们曾经参与过国家发改委关于私募股权监管的讨论。部分与会人士要求对基金管理人的投融资行为进行较为严格的审批监管,以保护投资者的利益。这种思路事实上沿袭了中国股票发行监管的错误思路。当时参加会议的一位GP说了一句大实话:"赔了我们也很疼的。"与美国GP相比,中国GP在基金中的出资比例更高,部分甚至高达20%。用市场规则来保证投资者和管理人利益一致,显然要比生硬的监管规定有效得多。中央政府对私募股权行业的监管有逐步收紧的趋势,这显然不是一个好消息。

投资者希望基金管理人维持较为稳定的团队。在私募股权运作中,团队几乎是其中唯一不可或缺的要素。但是需要注意的是,中国市场在过去五年中经历了"大跃进"式的发展。合格基金管理人成为稀缺资源,跳槽也时有所见。此外,管理公司内部利益分配不均也是人员离职的常见原因。一些高管在获得巨额利润之后开始更加注重个人生活,而非基金的日常管理。而负责具体操作的中层经理却无法分享辛苦工作形成的管理分红,只好选择自立门户或跳槽。

类似的问题在美国市场也出现过。黑石集团在2000年前后也出现过合伙人大量离职的问题,不得不从内部提拔了几位30岁左右的中层经理。如果施瓦茨曼能够大方一点,也许银湖资本①根本不会出现,而贝莱德集团②还仍然是黑石的子公司。中国基金管

---

① Silver Lake Capital,美国著名私募股权基金管理公司,由黑石离职员工创建。
② Black Rock,全球最大的债券投资管理公司之一,曾是黑石集团的子公司,名字直接源于黑石。

理公司还没有足够的时间来形成有凝聚力的企业文化。黑石集团的例子也许在将来会在中国市场上不断上演。厚朴基金便曾出现过解散的传闻,而曾投资过携程、如家、汉庭和俏江南的鼎晖合伙人王功权先生则曾搞笑地玩了一次"私奔"。

投资者关注的还有基金投资运作的方式以及价值创造的逻辑。美国创投基金在发现行业的新领导者方面具有独到的经验。苹果、思科、雅虎、谷歌以及 Facebook 在发展过程中都得到了基金管理人的帮助。而它们在中国内地市场也一样成功,新浪、网易、搜狐、百度以及腾讯背后都有美资基金的支持。现在中国 Pre-IPO 基金能够提供的增值服务比较有限。因此,在招募时我们看到基金管理人更多地是强调近期行业的高回报率而非基金的特殊价值创造。

从投资者角度来看,基金历史收益倍数,员工流失率及老投资者参与新基金的比例都是基金管理人品质的反映。从 Coller Capital 对 LP 的问卷调查来看,基金业绩和团队稳定性是 LP 关心的主要问题(见图 4-14)。

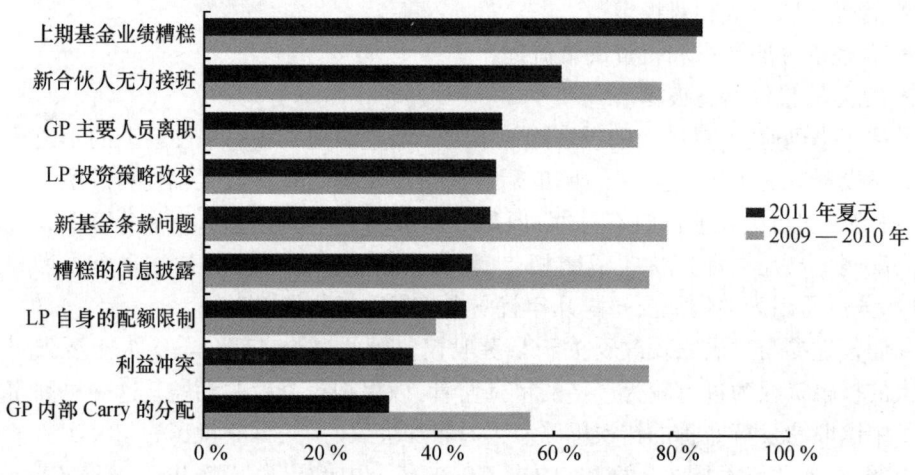

图 4-14 可能导致 LP 不再参与 GP 下期基金的因素统计

资料来源:Coller Capital。

5 基金架构设计

基金管理人在募集资金之前,应该先选择好基金的组织形式及注册地。在美国和英国等发达市场,基金管理人在考虑基金架构时主要考虑的是税收问题,因而绝大多数会选择有限合伙制,只有少量公开上市的基金会采取公司制形式。现行法律制度下,我国的私募股权基金可以采用公司制、合伙制及信托制(也称契约制)三种组织形式。自2007年6月1日新修订的《合伙企业法》生效之后,有限合伙企业开始成为新设私募股权基金的主要组织形式。

与国际市场不同的是,中国针对私募股权基金的税收地位仍处于探索阶段。国家税务总局和各地方政府针对有限合伙企业的合伙人所得税所出台的规定并不统一。此外,中央有关部委针对创业投资企业还提出一系列税收优惠政策。考虑到这些税收政策,中国私募股权基金并不存在全国统一的最优组织形式。个人投资者及社保基金可能更加偏好有限合伙制及信托制基金,而在特定情况下,公司制基金也可能是需要缴纳企业所得税的机构投资者的最佳选择。

为规避法律风险及避税,欧美私募股权基金架构往往采用基金管理公司、普通合伙人及管理分红领受人(Carry Interest Partner)分离的法律架构。但在中国融资环境下,不少基金管理公司反而将三种角色合而为一。这从税收和法律风险控制角度来看是不必要的,但却能打消中国投资者甚至监管机构的疑虑。

为规避监管机构关于筹资人数的限制,部分中国私募股权基金采用了信托和有限合伙嵌套的组织形式。这在国际市场也是较为少见的。此外,信托的引入还为中国私募股权基金增加了优先和劣后层级的处理,从而使得不同风险偏好的投资者有多种选择。这种创新式的有限合伙人架构也是中国私募股权业的特色。

本章将结合中国的现行政策,探讨私募股权基金的架构设计、收益分配及税收处理方式。此外,我们还将介绍中国现行的私募股权基金及基金管理人登记注册的相关规定。

5.1 有限合伙基金

有限合伙基金由普通合伙人和有限合伙人依据有限合伙协议(Limited Partnership Agreement,LPA)共同设立,其中必须至少有一家为普通合伙人。普通合伙人对有限合伙基金的债务承担无限连带责任,并且对外代表基金执行合伙事务。虽然多数有限合伙协议要不基金只能以股权方式投资而不能举债投资,但基金仍可能因违约责任或其他债务责任导致普通合伙人被清算。为规避这一风险,基金管理人一般不直接担任普通合伙人。典型的操作方法是由基金管理人设立的全资子公司来担任普通合伙人,并且每设立一家新基金就设立一个新全资子公司或有限合伙企业作为普通合伙人。

普通合伙人与基金管理人签订管理合同,将基金投资决策服务委托给后者。固定管理费一般会以优先利润的方式分配给普通合伙人。在有限合伙人拿回初始本金及优先收益之后，普通合伙人可以根据有限合伙协议获得管理分红。普通合伙人再将这些管理费和管理分红支付给基金管理人。美国的创投基金一般采用这种模式(见图5-1)。

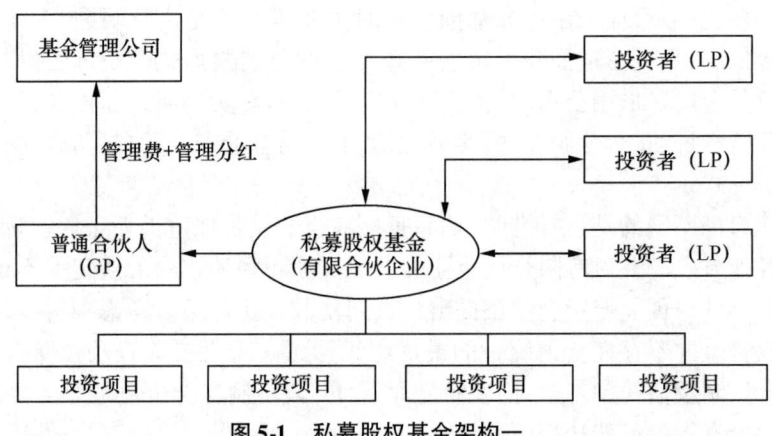

图5-1 私募股权基金架构一

基金管理人也可能不直接领受管理分红，而由其高管设立的特殊目的机构(可以是有限合伙企业或其他免税主体)作为管理分红领受人。管理分红领受人在基金中的身份也是有限合伙人。这种安排方式使得基金管理人可以灵活安排管理分红的分配比例，而不受基金管理人本身的股份结构限制。英国基金和美国的并购基金一般采用这种模式(见图5-2)。

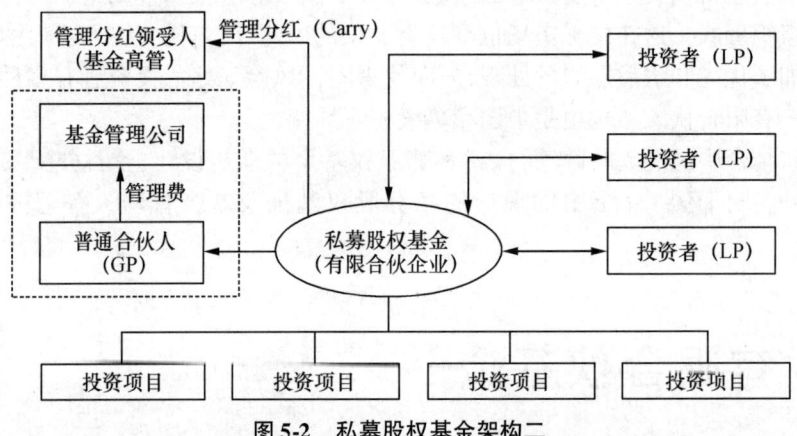

图5-2 私募股权基金架构二

一般私募股权基金管理人都是非上市企业，管理分红的分配方式可以自由选择。但是当基金管理人考虑上市时，基金架构的随意性可能会变成一场灾难。黑石就是一个典型例子(见图5-3)。在2007年上市之前，黑石集团管理着数量不一的并购基金、对冲基金、对冲母基金及房地产基金。而每一类别的基金管理分红分配方式各不一样，即便是在并购基金这一类中，由于合伙人负责程度不同，管理分红领受人也各不相同。黑石集团要完成上市，需要说服各个合伙人将其在不同管理分红领受主体中的权益转让给黑石集团上市公司。而这些权益的定价成为一个大问题，后来黑石集团在高级合伙人的强势干预下解决了这个问题。

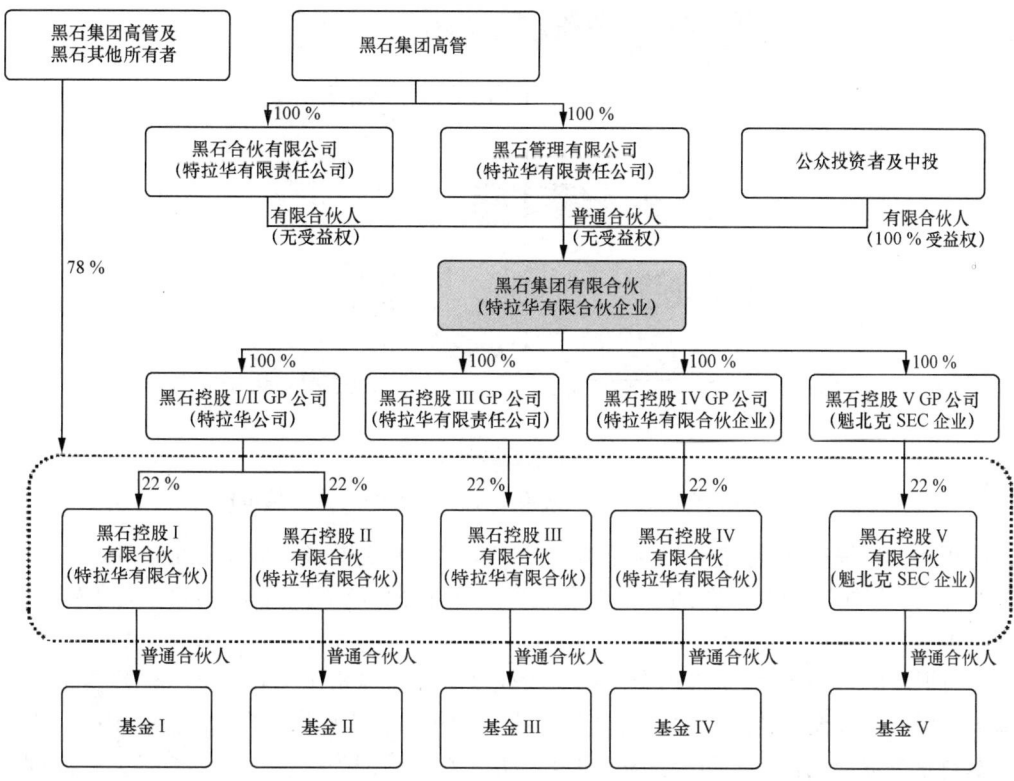

图5-3 黑石集团上市企业架构

资料来源:黑石上市招股说明书(2007)。

在黑石集团复杂的上市架构中,"黑石集团有限合伙"是上市主体。与众不同的是,这家企业是有限合伙企业,而非普通的上市"公司"。公众投资者和中投公司作为有限合伙人享有"黑石集团有限合伙"100%的经济受益权,但仅有有限的投票权,而中投公司干脆就放弃了投票权。黑石集团有限合伙则通过控股公司享有黑石旗下管理的各只基金的普通合伙人(黑石控股Ⅰ,Ⅱ,Ⅲ,Ⅳ及Ⅴ有限合伙)22%的经济受益权。其中,公众投资者享有12.3%受益权,而中投公司享有9.7%受益权。黑石集团上市前的管理公司股东(如 AIG)及高管则享有这些普通合伙人剩余78%的经济受益权。由于每一层的投资载体都是税收透明的,即非所得税缴纳主体,因此复杂的架构并没有带来额外的所得税负担。

随着人民币基金的兴起,不少外资基金管理公司也开始在中国境内发起基金。一般来说,这些基金也采用基金管理人与普通人合伙人分离的架构,譬如图5-4的普凯人民币第一期基金。普凯境外基金管理人设立一家外商独资企业作为境内基金的管理人,后者再设立一家全资子公司作为人民币基金的普通合伙人。投资者则作为基金的有限合伙人加入基金。基金产生的管理费用和管理分红由普通合伙人领受并转交基金管理人。

但中国境内基金架构在细节处理上与美国基金略有不同。普通合伙人如果将管理分红分配给基金管理人再由其汇往海外,则需要缴纳多重税收。中国不存在税收透明的公司形式,普通合伙人需要缴纳营业税和企业所得税。虽然基金管理人不用重复缴纳企

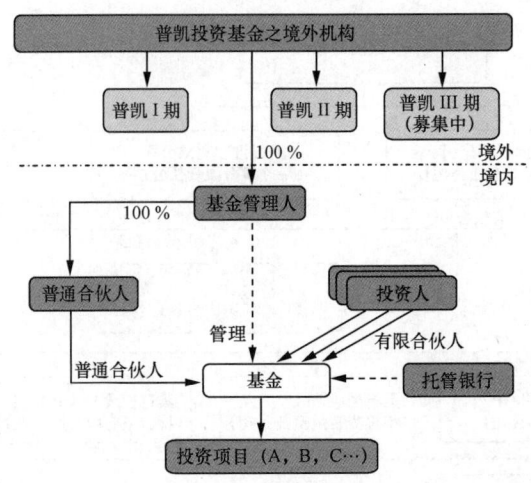

图 5-4 普凯第一期人民币基金架构(2009 年 7 月募集)

业所得税,但是在向境外汇出利润时仍然需要缴纳预提税(Withholding Tax,一般为 10%)。为达到避税目的,普通合伙人可能直接将管理分红直接分给最终的领受人(基金高管)。

与国外同行不同,中国纯内资的私募股权基金运作风格更加粗犷。我们经常能看到基金管理人直接充当普通合伙人的做法。图 5-5 中的苏州松禾成长创业投资中心和南通松禾创业投资合伙企业为两只独立的基金,实缴资本分别为 6 亿元和 1.5 亿元。深圳松禾资本管理有限公司同时担任这两只基金的普通合伙人及基金管理人。

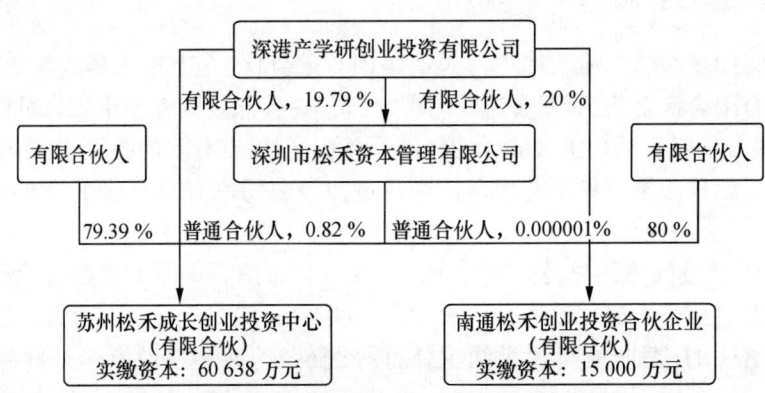

图 5-5 苏州松禾及南通松禾基金架构
资料来源:根据江苏瑞尔机械上市招股书内容绘制(2011 年 12 月)。

此外,松禾资本的股东深港产学研创业投资有限公司分别在两支基金中出资约 20%。基金管理公司或关联企业在基金中作为有限合伙人出资在欧美基金中并不罕见。黑石 2007 年招股说明书中披露,黑石集团管理的基金中有约 6% 的资本是由黑石员工认缴的。这类出资比例越高,有限合伙人对基金管理人的信任度也越高。一般来说,这部分出资产生的利润是不向普通合伙人支付管理分红的。

需要注意的是,基金管理人同时担任普通合伙人的做法迎合了个人投资者和监管机构希望基金管理人承担更多责任的要求。但这本身也潜藏了较大的风险,如果因为某期基金操作不当而导致基金管理人(普通合伙人)被清算,则其他基金也有可能因此而受到拖累被清算。中国私募股权基金兴起还是近五年的事情。虽然我们尚未见到这种案例,但这并不意味着将来不会出现。

5.2 公司制基金

在公司制模式下,投资者作为股东参与投资,依法享有股东权利,并以其出资为限对基金债务承担有限责任(见图5-6)。由于普通公司需要缴纳企业所得税,免税的养老基金不会投资于公司制基金,因此欧美基金很少采用公司制。少数美国基金采用"有限责任公司"(Limited Liability Corporation, LLC)的形式。美国的LLC并非税收意义上的公司,只是名字中有"公司"的字样。LLC事实上是一种有限责任的合伙制企业形式,但与有限合伙不同的是,它可以只有一个股东。根据美国联邦税法,LLC为税收透明的组织形式,即非所得税纳税主体。不少美国私募股权基金都选择在特拉华州注册LLC作为项目控股公司。

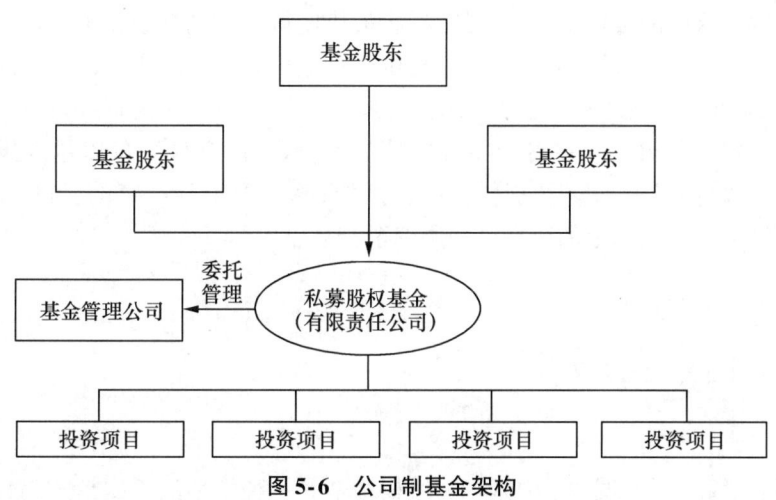

图5-6 公司制基金架构

即便是上市的欧美私募股权基金,一般也会采用税收透明的信托或免税企业形式。黑石集团和KKR作为基金管理人上市也没有采用普通公司形式,而是采用了在上市公司中非常少见的有限合伙企业形式。以海外市场为主的美国基金则一般会在免税天堂注册成为离岸公司。开曼、百慕大、毛里求斯、不列颠处女群岛(BVI)、巴哈马以及巴巴多斯等免税天堂都允许不在本地运营的企业免缴企业所得税。

与国际同行不同,采用公司制的中国基金并不罕见。深圳创新投资集团有限公司(深创投)和中国—比利时直接股权投资基金(中比基金)都是著名的公司制基金。在

2007年新《合伙企业法》生效之前,中国只有普通合伙企业,而没有有限合伙企业。在此背景下,不少早期的人民币基金都选择了公司制。

从法律角度来看,公司制基金的最高权力机构为股东大会。① 因此与有限合伙企业中的有限的投资者权利相比,公司制基金的投资者权利大大加强。通过参与基金董事会,投资者可以直接参与基金的运营决策。公司制基金可以聘请外部管理人,也可以由公司管理团队进行管理。深创投和英国著名的上市基金3i都是由公司内部团队管理的,而中比基金则是由海富产业投资基金管理有限公司管理的。

不管是内部团队还是外部管理人,它们在公司制基金中的决策权都是受到限制的。譬如,深创投的投资决策权掌握在董事会下设的投资委员会手中。而中比基金的公司章程中则规定,单笔投资金额在500万欧元以下的,由外部管理人的投资委员会决定;单笔金额超过500万欧元的,则需提交基金董事会审批。

公司制基金相比其他基金的一个优势是管理费用相对低廉,尤其是由内部团队管理的基金。首先,管理费不再是由基金投资者按出资的固定比例支付给管理人,而是以管理人的工资奖金及投资相关费用的形式出现。其次,管理团队要求的业绩奖励水平一般也低于行业平均的20%。以深创投为例,其管理团队的业绩奖励水平为投资利润的8%。但是这种相对较低的业绩奖励水平也有其劣势,管理团队的流失率可能会高于独立的基金管理公司。事实上,自2000年成立以来,深创投的总裁已经更换了三任。两位前总裁阚治东②和陈玮目前都设立了自己的基金管理公司。

随着有限合伙制的推行,显而易见的税收劣势使得公司制基金日渐式微。但有意思的是,中央及地方政府还是为公司制基金提供了一些税收优惠政策。国家发改委牵头制定的《创业投资企业管理暂行办法》及国税总局为其配套的税收优惠政策可以免除公司制创投基金一定的所得税。在符合条件的情况下,这一优惠最高可以达到投资本金的70%。北京市政府为公司制基金提供了自盈利之年起"两免三减半"的所得税优惠政策。重庆市政府则将公司制基金的所得税率调降至15%。

5.3 信托制基金

除有限合伙和公司制之外,中国私募股权基金另一种常用的组织形式为信托制。在信托制模式下,投资者作为基金的委托人兼受益人参与投资,基金管理人则作为受托人,以自己的名义为基金持有人的利益行使基金财产权,并承担相应的受托人责任(见图5-7)。从实践来看,渤海产业投资基金便是以基金管理人直接作为受托人。但渤海产业投资基金是国务院特批的第一只产业投资基金,属例外情况。基金管理人多数不具有信

---

① 中外合资企业是一个例外。依照《中外合资经营企业法》,中外合资企业的最高权力机构为董事会。
② 阚治东先生并非因为激励问题离开深创投,而是被调任南方证券总裁。阚先生曾历任申银万国总裁、深创投总裁及南方证券总裁,其经历堪称中国证券业历史的浓缩。有兴趣的读者可以参见他的自传《荣辱二十年》。

托牌照,因此实践中是以有牌照的信托公司作为受托人,基金管理人则作为共同受托人或投资顾问参与投资决策(见图5-8)。

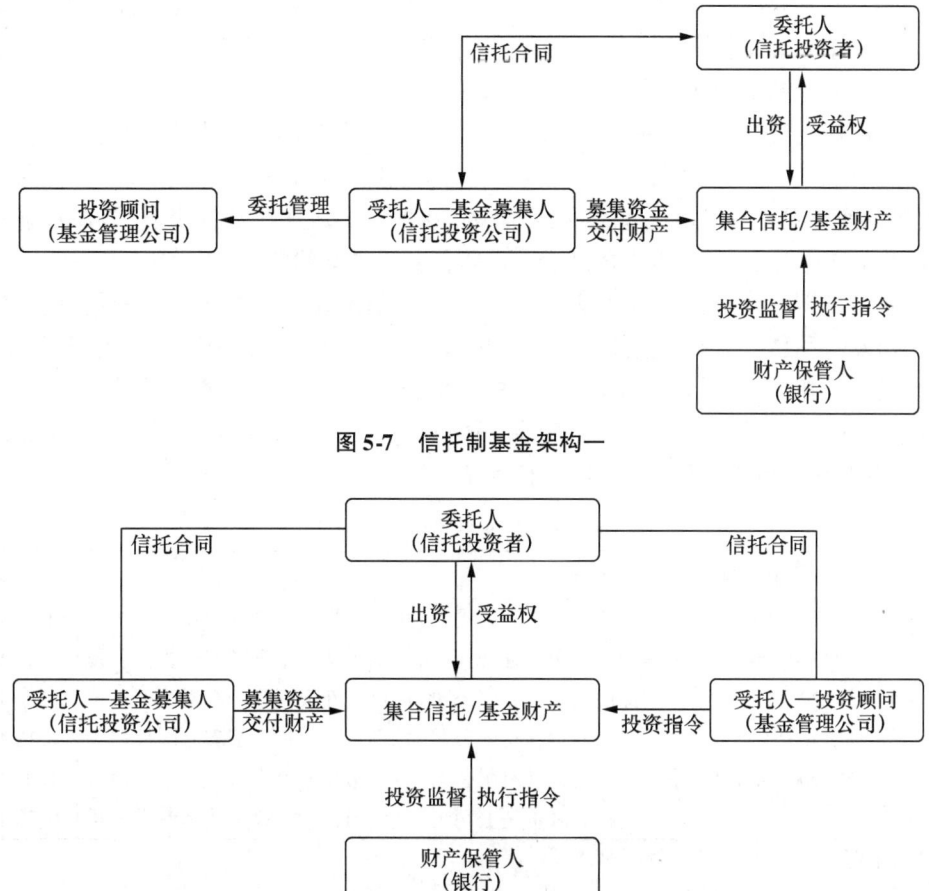

图5-7 信托制基金架构一

图5-8 信托制基金架构二

与其他组织形式相比,信托制基金的优点和缺点都很明显。信托不是法人实体,因此其投资收益是由委托人(投资者)自行缴纳。这和有限合伙企业的税收待遇是类似的,优于公司制基金。由于制度建设原因,有限合伙基金的合伙人税率水平在各地实际执行的标准不一。而信托的税收制度则相对较为完善,容易为投资者所理解。

从募集角度来看,集合资金计划的投资者人数最多可以达到200人,而有限合伙企业及有限责任公司投资者的上限为50人。虽然股份有限公司理论上的投资者人数可以超过200人,但中国200人以上的募集行为都需获得证监会或其他监管机构的同意,否则便是非法集资。我们尚未见过拥有200个以上投资者的股份有限公司制基金。200人的募集上限使得信托投资公司可以将规模相对较大的基金拆分成为小额单位进行发售,降低了募集难度。此外,信托制基金还可以设置优先和劣后受益权。由基金管理人或关联企业认购的劣后权益为投资者的优先权益提供了保障。这种做法也受到投资者的欢迎,进一步降低了募集难度。

信托的缺陷也很明显。为募集便利,信托投资者的出资一般在募集时一次性到位。这事实上对基金管理人提高基金收益水平产生很大压力。如果不能在短期内完成投资部署,基金的整体收益水平将被现金头寸拉低。而信托制基金一般设定优先收益率(或称保底收益率),如果投资者的年平均收益率低于该水平,则基金管理人无权获得利润分成。这一点对于基金管理人来说是非常不利的。

渤海产业投资基金便是一个例子。该基金第一期在2007年1月募集完成,投资者出资总额达60.8亿元。但在其后的3年内,该基金披露的投资项目只有3个,分别是天津钢管、成都商业银行及奇瑞汽车,总投资金额30亿元。从这些数据来看,渤海产业投资基金的收益水平被30亿元以上的现金头寸拉低几乎是必然的。

2008年6月中国银监会曾经发布过《信托公司私人股权投资信托业务操作指引》,对信托公司发行私募股权投资信托的行为做出规范。而在此之前,中国已经出现了一批私募股权投资信托。这类信托制基金都采取了集合资金计划的形式,由信托公司负责筹集,或由信托公司自行管理(如中信锦绣一号和二号),或由专业的私募股权基金管理人进行管理(如创新资本一号)(见表5-1)。

表5-1 国内部分信托制基金的情况

信托名称	设立时间	信托公司	基金管理人	规模
中信锦绣一号	2007年4月	中信信托有限责任公司	中信信托有限责任公司	10.53亿元
中信锦绣二号	2007年9月	中信信托有限责任公司	中信锦绣资本管理有限责任公司	20.47亿元
创新资本一号	2007年9月	华润深国投信托有限公司	深圳创新投资集团有限公司	0.84亿元
铸金资本一号	2007年7月	华润深国投信托有限公司	深圳市松禾资本管理有限公司	1.10亿元
铸金资本二号	2008年5月	华润深国投信托有限公司	深圳市松禾资本管理有限公司	1.00亿元
创业投资一号	2008年4月	湖南信托有限责任公司	达晨财信创业投资管理有限公司	0.70亿元

资料来源:作者根据公开资料整理。

但信托制基金在被投资企业申请上市时会成为阻碍因素。中国证监会要求拟上市公司披露所有实际控制人,而信托法规则要求信托公司作为受托人对受益人的信息保密。这种矛盾使得中国证监会在实践中明确拒绝有信托持股的企业申请上市。2007年中国太平洋保险公司申请上市时便出现了信托持股与信息披露的冲突。华宝信托、北京国际信托、中融国际信托投资有限公司和上海国际信托都代表其客户以信托形式持有太平洋保险公司的股份。经过整改,各家信托公司或者转让所持股份,或者将信托代持股份转为信托公司自有资金持股,最终太平洋保险公司得以上市。由于这个缺陷,信托制基金更多地应用于不以上市为退出渠道的房地产基金。

此外,也有部分基金采用信托和有限合伙嵌套的混合结构,如绿城集团的地产基金(见图5-9)。理论上这种基金架构可以绕过200人的发行上限,但存在政策风险。我们在上一章讨论过的春华基金—平安信托便是一个例子。除了国家发改委要求股权投资基金投资者数量"打通计算"之外,中国证监会也要求拟上市企业的实际控制人"打通计算",即追溯至每个最终权益持有人。虽然国家发改委允许将母基金(FOF)只计算为一个投资人,但是并没有对母基金做出明确定义,中国证监会也从未公开承认在上市审批时可以将母基金只计为一个投资人。因此,信托嵌套有限合伙的结构应用于创业投资和成长资本基金有政策风险。

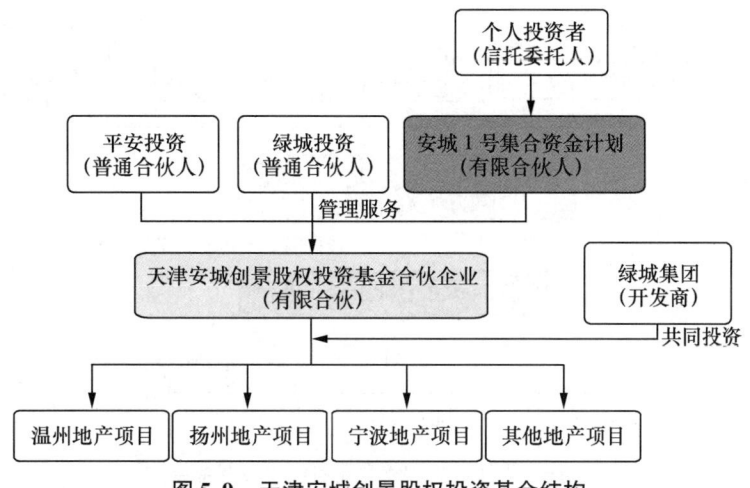

图 5-9 天津安城创景股权投资基金结构

上海信托、北京信托、平安信托及华润信托都曾为中国的房地产公司发行过这种信托—有限合伙的地产基金。这类信托的期限通常为 2—3 年到期,必要时可以延长 1—3 年。虽然没有承诺最低收益,但这类信托最终退出方式一般以项目主办人(房地产公司)赎回实现。总的来说,这种结构实质上不是股权投资,而是 2—3 年的债权投资。

典型的信托制基金一般会设置优先和劣后层级权益。基金投资者可以在优先和劣后权益之间进行选择。以"中信锦绣一号"股权投资基金信托计划为例,该基金的优先受益权为 9.53 亿元,由 7 个机构和 7 个个人投资者认购,次级(劣后)受益权为 0.5 亿元,由受托人中信信托认购。如果基金净资产低于 9.53 亿元,则次级受益人用自身权益补偿优先受益人的损失,上限为次级受益人的全部权益。虽然承担了更高的损失风险,但是次级受益人本身也是基金管理人,可以获得管理分红作为补偿。

信托与有限合伙嵌套式的基金架构也可以设置优先和劣后层级。优先劣后结构可以设置在信托层面,也可以是在有限合伙层面,或者两者兼而有之。劣后层级投资者则获得更高的利润分成作为补偿。2011 年 5 月华润深国投发行的"银泰零售业发展投资基金 1 期项目集合资金信托计划"便是一个例子。信托计划作为优先受益人提供了 16 亿元(80%)的资金,而中国银泰作为项目主办人和劣后有限合伙人提供了 4 亿元(20%)的资金。当出现投资损失时,由劣后有限合伙人先承担损失,同时中国银泰承诺优先有限合伙人的最低收益率为 14%(见图 5-10)。

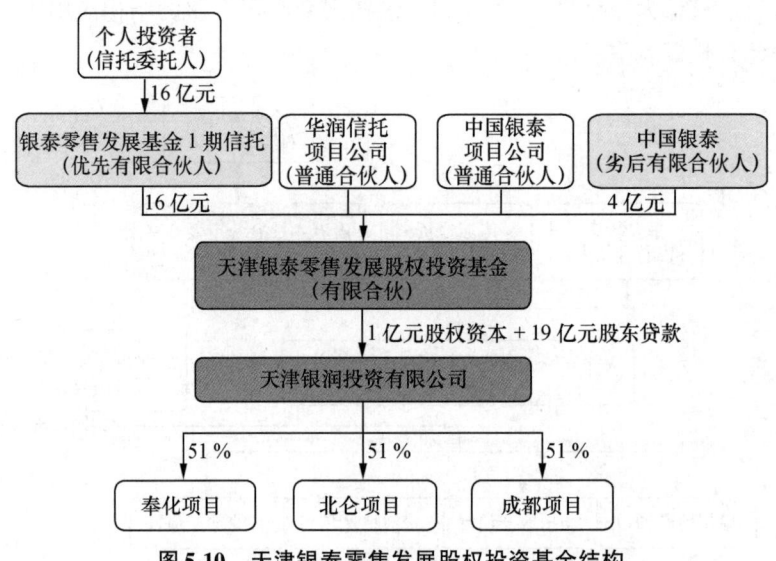

图 5-10　天津银泰零售发展股权投资基金结构

5.4　收益分配

普通投资方式下,投资者以其所投入资本比例分享投资收益,这对私募股权基金来说并不适用。私募股权基金高度依赖于基金管理人的表现,因此基金管理人的激励机制非常重要。这通常是通过管理分红(Carried Interest)制度来实现的。管理分红的比例一般为20%。为保持对基金管理人的有效激励,投资者会要求在投资利润率超过优先收益率(Preferred Return)①之后,基金管理人才能收取管理分红。优先收益率的比例一般为8%。

一般来说,基金投资收益的分配顺序如下:
(1) 支付基金的固定管理费;
(2) 返还投资者的资本金;
(3) 支付投资者的优先收益;
(4) 支付优先收益对应的管理分红(GP Make-up);
(5) 按20∶80的比例在基金管理人与投资者之间分配剩余利润。

接下来我们通过一个有限合伙制基金的例子来介绍收益分配的顺序及计算方法。假设投资者初始投入资本金9 500万元,普通合伙人投入资本金500万元②,即基金投资者出资比例为95%。基金开办费用为100万元,从初始出资中列支完毕。投资运作及日常费用全部由基金管理人承担。基金固定管理费比例为2%,管理分红比例为20%,投资

---

① 优先收益还有其他的称法,如保底收益(Hurdle Rate)和水线(Watermark)等。
② 按国际惯例,基金管理人出资比例只需达到1%的水平即可。中国的基金管理人出资水平一般高于1%。

者要求的优先收益率为8%。一年之后基金将所有投资套现并获得2亿元的现金。基金的收益分配将按照如下顺序派发：

(1) 归属基金有限合伙人的可分配收入：20 000万元×95% = 19 000万元；
(2) 支付基金固定管理费用：9 500万元×2% = 190万元；
(3) 返还投资者本金：9 500万元；
(4) 支付投资者的优先收益(一年)：9 500万元×8% = 760万元；
(5) 支付优先收益对应的管理分红：9 500万元×2% = 190万元；
(6) 支付超额部分的管理分红：(19 000 − 9 500 − 190 − 760 − 190)×20% = 1 672(万元)，剩余部分6 688万元支付给投资者。

需要注意的是，第(5)项计算的是投资者所获得的优先收益对应的管理分红，相当于优先收益8%的1/4，即2%。如果基金投入收入支付到第(4)项已经没有剩余，那么第(5)项的管理分红将为0。而第(6)项剩余利润的分配顺序中，投资者与基金管理人的优先等级是相同的。

总的来说，基金有限合伙人可分得9 500 + 760 + 6 688 = 16 948(万元)，年回报率78.4%。基金管理人从有限合伙人处分得190 + 190 + 1 672 = 2 052(万元)，此外还有其5%出资对应的1 000万元。用表格整理一下上面的计算，结果如表5-2所示。

表5-2 基金收益分配表 （单位：美元）

	有限合伙人	管理费及管理分红	普通合伙人投资收益
投资返还现金	19 000		1 000
A. 支付管理费		190	
B. LP本金	9 500		
C. 优先收益	760		
D. 匹配管理分红		190	
E. 剩余利润分配	6 688	1 672	
合计	16 948	2 052	1 000

上面只是一个极其简单的例子。实际操作中基金利润计算遭遇的问题很多。基金退出项目不会是一次性的，而是会分项目逐步退出。假设上例中的基金投了5个项目，每个投资为1 980万元。这个数字之所以不是2 000万元，是因为扣除开办费用100万元后，基金管理人只剩下9 900万元可用于投资。一年之后，第一个项目以2倍的价格出售，获得3 960万元。

此时基金管理人是应该按项目来收取管理分红，还是应该等到投资者拿回全部本金之后再收取管理分红呢？1990年代以前，管理分红可能会按照项目来计算。也就是说，基金管理人对盈利的项目收取20%的管理分红，但是赔钱项目的亏损由投资者自行承担。现在市场上的主流是基金管理分红按照基金整体计算。

在具体操作时，管理分红还是会在项目套现时计算并分配给普通合伙人或领受人。如果后续项目投资收益没有达到优先收益率甚至亏损，那么普通合伙人或领受人需要返还他们之前收取的管理分红，直至基金整体收益达到优先收益率。这种制度我们称之为回拨制度(Clawback)。这种收益不达标的情况时有发生,有时也会出现扯皮的情况。基金整体存续期为5—10年,而项目退出会在存续期的后半段逐步出现。普通合伙人在收到前期项目管理分红时可能已经将之分配到个人,并且已经缴纳相应税收。这些高管在退还管理分红时显然无法找税务局要回税收,因而只能返还税后的部分。也有部分基金约定只返还50%。

接着上面的例子,我们来计算一下第一个项目套现时的现金分配。

(1) 归属有限合伙人的可分配收入:3 960万元×95% = 3 762万元;

(2) 支付基金固定管理费用:1 990万元×2% = 38万元;

(3) 返还投资者本金:1 990万元;

(4) 支付投资者的优先收益(一年):1 990万元×8% = 152万元;

(5) 支付优先收益对应的管理分红:1 990万元×2% = 38万元;

(6) 支付超额部分的管理分红:(19 000 - 9 500 - 190 - 760 - 190)×20% = 327(万元),剩余部分1 307万元支付给投资者。

上面的计算方法对基金管理人来说是比较有利的。投资者可能会要求在计算管理分红时将所有费用都纳入,包括基金的日常费用、投资运作费用和管理费用,甚至开办费也可以纳入。譬如,投资者可能要求一年管理费190万元在计算利润时应全额扣除,而不是只计入20%。如果按此计算,管理分红将变为38 + 296 = 334(万元),而非之前的38 + 327 = 365(万元)。具体分项目利润的计算应该在有限合伙协议中明确规定。计算方式也是属于可谈判的内容,取决于GP和LP的谈判地位。以上计算结果如表5-3所示。

表5-3 按项目基金收益分配表　　　　　　　　　　(单位:万元)

	有限合伙人	管理费及管理分红	普通合伙人投资收益
投资返还现金	3 762		198
A. 支付管理费		38	
B. LP本金	1 900		
C. 优先收益	152		
D. 匹配管理分红		38	
E. 剩余利润分配	1 307	327	
合计	3 359	403	198

5.5　税收的处理

私募股权在中国的历史较短,有限合伙企业的历史更短。从2007年6月1日开始,中国才可以公开注册有限合伙企业。① 目前中央和地方政府针对有限合伙企业的税负规定有相互矛盾的地方。由于所得税属于地方税种,因此实际操作中一般以地方法规为准。为扶持私募股权业的发展,中央和地方政府出台了各种税收优惠政策,使得私募股权基金、有限合伙人及基金管理人的税收待遇问题更加复杂。但总的来说,由于25%企业所得税的存在,公司制基金与另外两种形式的基金相比存在明显的劣势。

本节将就私募股权基金的税负问题展开讨论。读者在阅读有关地方税收优惠政策的部分时请注意这些政策可能会随时间推移而发生改变。

5.5.1 有限合伙基金

有限合伙基金为税收透明主体,本身不缴纳所得税,而是由合伙人自行缴纳。这种"先分后税"的原则也是有限合伙制的优势所在。合伙人的身份包括自然人,公司、免税的非营利实体以及税收透明的实体(如有限合伙企业及信托)。这些合伙人的税收待遇是各不相同的。社保(养老)基金、慈善基金及捐赠基金等非营利实体因为免缴所得税,所以不在我们讨论之内。

有限合伙基金投资产生的收益主要为股权转让溢价及企业派发的红利或利息。两者对应的税率是不同的。在美国,股权转让溢价适用长期资本利得税,税率仅为15%。基金管理人的管理分红也尽量会按资本利得缴税。如果管理分红按一般性收入计税,所适用的税率可能高达35%。2007年黑石集团上市之前,美国国会曾经有议案要将基金管理人适用的资本利得税提高至25%,但最终没能通过。

在中国,有限合伙基金的股权转让溢价的税率随合伙人的身份不同而不同。依照国家税务局的相关规定②,自然人从合伙企业分得的利润比照"个体工商户的生产经营所得",适用5%—35%的五级超额累进税制征收个人所得税。而自然人从合伙企业分得的利息、股息、红利所得,则按20%税率征税。也就是说,如果有限合伙基金出售被投资企业股权或债权获利,其个人投资者(不论是普通合伙人还是有限合伙人)分得的部分适用5%—35%的所得税率。由于个体工商户生产经营所得征收35%税率的下限为10万元,因此个人投资者的多数收益都适用35%的税率。如果被投资企业向基金派发红利或支付利息,则个人投资者分得的部分适用20%税率。

但是所得税属于地方税种,而地方政府的政策与国税总局的规定略有不同。地方政府针对有限合伙基金中的自然人合伙人税收政策大致可以分为三类:

- 普通合伙人适用5%—35%的五级超额累进税率,而有限合伙人适用20%税率,

---

① 在《合伙企业法》修订以前,北京中关村是允许注册有限合伙企业的,但属于地方特例。高华证券的股东之一便是注册于中关村的有限合伙企业。

② 2008年12月《关于合伙企业合伙人所得税问题的通知》,业界一般称159号文。

如上海(2011年之前)①、天津②、长沙③、深圳④和苏州工业园区⑤;

- 普通合伙人和有限合伙人均适用5%—35%的五级超额累进税率,上海2011年修订的新政策采用了这一税率⑥;
- 普通合伙人和有限合伙人均适用20%的税率,如北京⑦和新疆⑧。

在这些规定中,有少部分地区还将普通合伙人的收益进行细分。天津和苏州工业园区将普通合伙人的收入进行了区分。普通合伙人出资形成的投资收益适用20%的税率,而其生产经营所得(即管理费和管理分红)则适用5%—35%的税率。

总的来说,各省市的税收政策规定包括在金融办或发改委发布的股权投资基金扶持政策文件之中,措辞较为简略,对一些关键性问题并没有说明。随着实践的发展,相信各地的具体做法会更加明确。

与有限合伙制度不同,公司制度及配套税收政策在中国已经非常完备。中央与各地针对公司法人作为有限合伙人的税收待遇是基本一致的。根据中国税法,居民企业直接投资于其他居民企业取得的股息、红利等权益性投资收益为免税收入。因此有限合伙基金从被投资企业处得到股息和红利等收入并派发给其有限合伙人时,如有限合伙人为公司,则免缴企业所得税。除此之外,有限责任公司或股份有限公司作为有限合伙基金的合伙人分得的投资收益(如转让股权溢价)适用企业所得税率25%。

有限合伙企业和信托也可以作为基金的有限合伙人或普通合伙人。由于两者都是税收透明的实体,因此应由有限合伙企业的合伙人及信托的受益人缴税,并适用我们上面讨论的税率。但具体执行上可能会存在一些技术问题。如果公司法人作为有限合伙企业的合伙人或信托受益人,那么税收缴纳地可以是公司的注册地税务部门。地方政府一般规定,自然人作为合伙人从有限合伙企业取得的收入应在合伙企业注册地缴税。而信托目前并没有明确的税收政策,原则上是由信托受益人自行缴纳税收。在实际操作中,信托受益人可以不在信托所投资的有限合伙基金注册地缴税,形成税收征管的一个盲点。

---

① 上海市金融服务办公室、上海市工商行政管理局、上海市国家税务局、上海市地方税务局关于本市股权投资企业工商登记等事项的通知(沪金融办通[2008]3号)。
② 天津市人民政府《批转市发展改革委等六部门拟定的天津市促进股权投资基金业发展办法的通知》(津政发[2009]45号)。
③ 长沙市人民政府办公厅关于印发《鼓励股权投资类企业发展暂行办法》的通知(长政办发[2011]29号)。
④ 深圳市金融办2010年《关于促进股权投资基金业发展的若干规定》。
⑤ 苏州工业园区关于印发《关于促进苏州工业园区股权投资产业发展的若干意见》的通知(苏园管[2010]48号)。
⑥ 上海市金融服务办公室、上海市工商行政管理局、上海市国家税务局、上海市地方税务局关于本市股权投资企业工商登记等事项的通知(修订)(沪金融办通[2011]10号)。
⑦ 北京市金融办《关于促进股权投资基金业发展的意见》(京金融办[2009]5号)。
⑧ 新疆维吾尔自治区人民政府办公厅关于印发《新疆维吾尔自治区促进股权投资类企业发展暂行办法》的通知(新政办发[2010]187号)。

5.5.2 公司制基金

如前所述,中国的公司制度及配套的税收政策已经较为完备。因此公司制基金与普通企业适用相同的税收政策,自然人投资者从公司制基金获得的收益适用"股息、红利"的20%税率。自然人投资者从公司制基金取得的收益应由公司制基金为其代扣代缴个人所得税。而根据不双重征税的原则,公司法人投资者从公司制基金分得的利润不需缴纳企业所得税。

但是公司制的注册资本制度和公积金制度可能形成基金投资者回收资本的障碍。有限合伙制基金可以在退出投资项目之后将所得现金返还投资者资本。公司制基金在返还投资者资本时就没有这样的便利。公司法禁止"抽逃出资",从而使得公司制基金在返还投资者出资时存在障碍。依照公司法及其实施细则,公司制基金实缴资本不得低于注册资本的20%。基金在设立时的首期出资不得低于20%,并且基金存续期间的实缴资本也不得低于注册资本的20%。

根据公司法的规定,公司制基金在分配利润时提取公积金,而无法做到全额分配。

> 公司分配当年税后利润时,应当提取利润的百分之十列入公司法定公积金。公司法定公积金累计额为公司注册资本的百分之五十以上的,可以不再提取。

公司制基金将投资者资本及利润锁定时间过长的缺点对基金管理人来说也是一种不利因素。如果基金的收益不超过固定管理费和优先收益之和,基金管理人就无法得到管理分红。而管理费和优先收益都是与投资期限成比例的。如果项目退出之后得到的现金没有得到及时派现,将摊低基金的内部收益率。解决的方法就是允许管理人以留存收益进行滚动投资,但这种做法在私募股权业并不常见。

国内公司制基金或许可以借鉴英国私募股权基金的做法。英国基金投资者注资的方式往往采用少量股权投资和大部分债权投资相结合的方式。譬如说,公司制基金的出资可以包括5%的股权投资加95%的股东贷款。这样基金就可以在不违反公司法及相关规定的前提下,以返还贷款本金和贷款利息(即优先收益)的方式向投资者派发现金。虽然超出投资者本金及优先收益的利润部分仍需要受资本和利润锁定制度的制约,但由于注册资本基数低,对利润派现的主要影响体现在公积金部分。但这种过低的注册资本额可能会导致基金在争取地方政府税收优惠政策时出现问题,因为地方政府一般对备案注册的基金设置最低注册资本门槛(一般为5 000万元或1亿元)。因此,基金管理人需要在现金灵活度和税收优惠政策之间进行权衡。

2007年发布的《财政部国家税务总局关于促进创业投资企业发展有关税收政策的通知》,允许符合条件的公司制基金在投资高新技术企业时,可按其投资金额的70%抵扣应纳税所得额。2009年5月发布的《国家税务总局关于实施创业投资企业所得税优惠问题的通知》进一步细化了税收优惠政策的细节,主要有以下几点:

- 基金应注册为依照2005年发布的《创业投资企业管理暂行办法》(以下简称《暂

行办法》)登记的"创业投资有限责任公司"或"创业投资股份有限公司"等专业性法人创业投资企业;
- 基金应按照《暂行办法》规定的条件和程序完成备案,经备案管理部门(中央或地方发改委)年度检查核实,投资运作符合《暂行办法》的有关规定;
- 基金投资的对象应依照科技部、财政部及国税总局相关文件通过高新技术企业认定,且职工人数不超过500人,年销售(营业)额不超过2亿元,资产总额不超过2亿元;
- 财政部、国家税务总局规定的其他条件。

从中国目前的投资实践来看,符合上述规定的企业在A股或海外上市时可能无法达到最低门槛要求,因此实践中援引该税收政策的案例较少。

5.5.3 信托制基金

《信托法》及银监会发布的《信托公司集合资金信托计划管理办法》及《信托公司私人股权投资信托业务操作指引》并没有涉及信托产品的税收处理问题。税务机构目前也尚未有关于信托税收的统一规定。实际操作中,信托并非代扣代缴的实体,因而是由投资者自行缴纳相应税收的。

5.6 中国基金注册事项

私募股权基金在中国并非特许行业。基金管理人及基金只需按照《公司法》、《合伙企业法》及《信托法》在工商行政管理部门登记之后便可以开展业务。在天津等热门地区注册一家有限合伙企业,可能只需一天时间,成本不过100元。但是如果想要申请地方政府的优惠政策或者使用"股权投资基金"或"基金"的名称,则需满足政府规定的一系列条件,并在当地主管部门备案。本节我们将讨论这些注册和备案的条件。

境内的私募股权基金可以选择以"创业投资企业"或"股权投资企业"的身份向政府部门备案。创业投资企业和股权投资企业是创业投资基金和私募股权基金在政府法规中的称谓。这种法律名称和通俗名称不同的情况在金融界比较常见。举个例子,共同基金在美国法律中的称谓是"投资公司"(Investment Company),而后者在实际操作中很少被提及。类似地,基金管理人的在美国法律中的称谓则是"投资顾问"(Investment Advisor),而在中国法规中则被称为创业投资管理企业/机构或股权投资管理企业/机构。

由于私募股权投资基金涵盖创业投资基金,因此从事创业投资的基金企业可以选择创业投资企业或股权投资企业的身份备案。创业投资企业可以在工商行政管理部门注册登记之后,再依照2005年10月国家发改委会同十部委共同发布的《创业投资企业管理暂行办法》向国家发改委备案。而股权投资企业尚无全国的统一法规。

2009年国务院发布的《关于进一步促进中小企业发展的若干意见》提出:

鼓励有关部门和地方政府设立创业投资引导基金,引导社会资金设立主要支持中小企业的创业投资企业,积极发展股权投资基金。

由此可知,股权投资基金(企业)已经得到了政府部门的正面肯定,只是监管权的归属尚存疑问。目前股权投资企业在注册成立后可以向国家发改委或地方政府指定的主管部门备案。国家发改委曾于2011年1月发布《关于进一步规范试点地区股权投资企业发展和备案管理工作的通知》,以北京、上海、天津三市及江苏、浙江、湖北三省为备案试点地区。同年国家发改委办公厅发布《关于促进股权投资企业规范发展的通知》,将股权投资基金的备案范围拓展到全国。

5.6.1 创业投资企业

创业投资企业可以以有限责任公司、股份有限公司、信托(也称契约)及有限合伙企业形式设立。创业投资企业可直接在国家工商管理总局或地方工商管理部门注册登记。前者可以向国家发改委财政金融司(财金司)申请备案,后者可向地方政府主管部门申请备案。依照《创业投资企业管理暂行办法》,创业投资企业向管理部门备案应当具备下列条件:

(一) 已在工商行政管理部门办理注册登记。

(二) 经营范围符合本办法第十二条规定。

(三) 实收资本不低于3 000万元人民币,或者首期实收资本不低于1 000万元人民币且全体投资者承诺在注册后的5年内补足不低于3 000万元人民币实收资本。

(四) 投资者不得超过200人。其中,以有限责任公司形式设立创业投资企业的,投资者人数不得超过50人。单个投资者对创业投资企业的投资不得低于100万元人民币。所有投资者应当以货币形式出资。

(五) 有至少3名具备2年以上创业投资或相关业务经验的高级管理人员承担投资管理责任。委托其他创业投资企业、创业投资管理顾问企业作为管理顾问机构负责其投资管理业务的,管理顾问机构必须有至少3名具备2年以上创业投资或相关业务经验的高级管理人员对其承担投资管理责任。

投资者也可以依据2003年外经贸部(现商务部)发布的《外商投资创业投资企业管理规定》注册外商投资创业投资企业,也可以在中央或地方主管部门备案并享受相关的优惠政策。投资者在向工商行政管理部门申请办理注册登记手续之前,需先向地方商务主管部门提起申请并获得《外商投资企业批准证书》。

外商投资创业投资企业可以以三资企业(中外合作经营企业、中外合资经营企业、外商独资企业)的公司形式注册,也可以采取非法人制组织形式。非法人制组织形式的创投企业("非法人制创投企业")属于税收透明主体,类似普通合伙企业或有限合伙企业。其投资者对创投企业的债务承担连带责任。非法人制创投企业的投资者也可以在创投企业合同中约定在非法人制创投企业资产不足以清偿该债务时"必备投资者"承担连带责任,其他投资者以其认缴的出资额为限承担责任。"必备投资者"类似有限合伙企业的普通合伙人,需满足一定的资质条件。

依照《外商投资创业投资企业管理规定》,设立创投企业应具备下列条件:

(一)投资者人数在2人以上50以下;且应至少拥有一个必备投资者。

(二)非法人制创投企业投资者认缴出资总额的最低限额为1 000万美元;公司制创投企业投资者认缴资本总额的最低限额为500万美元。除第七条所述必备投资者外,其他每个投资者的最低认缴出资额不得低于100万美元。外国投资者以可自由兑换的货币出资,中国投资者以人民币出资。

(三)有明确的组织形式。

(四)有明确合法的投资方向。

(五)除了将本企业经营活动授予一家创业投资管理公司进行管理的情形外,创投企业应有三名以上具备创业投资从业经验的专业人员。

(六)法律、行政法规规定的其他条件。

作为外商投资创业投资企业的必备投资者,需满足下列条件:

(一)以创业投资为主营业务。

(二)在申请前三年其管理的资本累计不低于1亿美元,且其中至少5 000万美元已经用于进行创业投资。在必备投资者为中国投资者的情形下,本款业绩要求为:在申请前三年其管理的资本累计不低于1亿元人民币,且其中至少5 000万元人民币已经用于进行创业投资。

(三)拥有3名以上具有3年以上创业投资从业经验的专业管理人员。

(四)如果某一投资者的关联实体满足上述条件,则该投资者可以申请成为必备投资者。本款所称关联实体是指该投资者控制的某一实体,或控制该投资者的某一实体,或与该投资者共同受控于某一实体的另一实体。本款所称控制是指控制方拥有被控制方超过50%的表决权。

(五)必备投资者及其上述关联实体均应未被所在国司法机关和其他相关监管机构禁止从事创业投资或投资咨询业务或以欺诈等原因进行处罚。

(六)非法人制创投企业的必备投资者,对创投企业的认缴出资及实际出资分别不低于投资者认缴出资总额及实际出资总额的1%,且应对创投企业的债务承担连带责任;公司制创投企业的必备投资者,对创投企业的认缴出资及实际出资分别不低于投资者认缴出资总额及实际出资总额的30%。

5.6.2 股权投资企业

因为股权投资企业的法律地位及监管架构属于待定阶段,所以中央政府并没有全国统一的注册规定,目前适用的股权投资企业注册政策都是地方性的。目前各地允许的股权投资基金组织形式为公司制或合伙制,而将信托制(契约制)基金排除在外。这可能是因为信托无法确定基金税收的归属地,而地方政府为基金提供的优惠政策则主要是对基金应缴税收的减免或各种形式的返还。各地对股权投资企业注册的门槛限制体现在注册资本或实缴资本方面。北京市是其中的例外,对股权投资企业没有最低资本要求。

上海市要求股权投资企业的注册资本或出资金额不低于人民币1亿元,且限于货币形式。单个自然人股东或合伙人的最低出资额为500万元。基金管理人(股权投资管理企业)以股份有限公司形式设立的,注册资本应不低于人民币500万元;以有限责任公司形式设立的,其实收资本应不低于人民币100万元。外商投资的股权投资基金管理企业注册资本应不低于200万美元。

深圳市要求股权投资企业的注册资本或出资金额不低于人民币1亿元,出资方式限于货币形式,且首期到位资金不低于5 000万元。单个自然人股东或合伙人的最低出资额为500万元。基金管理人(股权投资管理企业)以股份有限公司形式设立的,注册资本应不低于人民币1 000万元;以有限责任公司形式设立的,其实收资本应不低于人民币500万元。

天津市[①]要求股权投资企业注册(认缴)资本不少于1亿元人民币,其中公司制股权投资企业首期实际缴付资本不少于2 000万元人民币,合伙制股权投资企业首期实际缴付资本不少于1 000万元人民币;股权投资企业出资人中每个机构投资者最低认缴(出资)1 000万元人民币,每个自然人投资者最低认缴(出资)200万元人民币;股权投资管理机构首期实际缴付资本不少于200万元人民币;公司制股权投资企业和股权投资管理机构还应符合法律法规对首期缴付比例的规定。

重庆市要求股权投资企业的注册资本不低于人民币1亿元,并限于货币出资,首期到位不低于5 000万元。股权投资管理企业的实收资本应不低于100万元。

苏州工业园区要求申请备案的公司制(合伙制)股权投资企业的注册资本(认缴出资总额)不少于1亿元人民币,实收资本(首期认缴额)不少于2 000万元人民币。公司制(合伙制)股权投资管理企业的注册资本不少于100万人民币。

长沙市要求申请备案的股权投资企业的注册资本不低于1亿元人民币,实收资本不少于5 000万元人民币。单个股东或者合伙人对股权投资类企业的投资额不低于100万元人民币。股权投资管理有限公司和合伙制股权投资管理企业的实收资本不少于200万元人民币,股权投资管理股份公司实收资本不低于500万元(见表5-4)。

---

① 此处援引的是2011年7月出台的《天津市股权投资企业和股权投资管理机构管理办法》(津发改财金[2011]675号)。此前天津市的股权投资企业资本要求较低,新规定有所提高。

表5-4 地方政府要求的股权投资企业及股权投资管理企业最低资本限额一览

	基金注册资本	基金实缴资本或首次到位资金	单一投资者出资额	基金管理人注册资本
上海市	1亿元	无规定	自然人500万元	股份有限公司500万元 有限责任公司100万元 外资管理公司200万美元
深圳市	1亿元	首期5 000万元	自然人500万元	股份有限公司1 000万元 有限责任公司500万元
天津市	1亿元	首期2 000万元	机构投资者1 000万元 自然人200万元	200万元
重庆市	1亿元	首期5 000万元	无规定	100万元
苏州工业园区	1亿元	首期2 000万元	无规定	100万元
长沙市	1亿元	实收资本5 000万元	100万元	有限责任公司200万元 合伙企业200万元 股份有限公司500万元

资料来源：作者根据各地方政府文件整理（截至2011年年底）。

北京市和深圳市允许股权投资企业在工商登记时使用"基金"或"投资基金"的名称。上海和天津则更进一步,允许符合条件的股权投资企业和股权投资管理企业在工商登记时使用"股权投资基金"和"股权投资基金管理公司"或"股权投资基金管理有限合伙"字号。

此外,各地政府还出台了各类优惠政策,大致包括以下几类：

- **税收减免或优惠政策**。譬如北京市对基金管理公司所得税采取"两免三减半"的优惠政策,而重庆市则将公司制基金的所得税税率调降至15%。
- **政府引导基金的投资**。各地都对政府引导基金参股基金设定了门槛条件。
- **风险补贴制度**。譬如,上海建立了创业投资风险救助专项资金,创业投资机构每年自愿缴纳风险准备金。在投资失败并满足一定条件的情况下,可以获得一定的补偿。
- **现金奖励**。以深圳为例,在深圳设立公司制基金,注册资本达5亿元的,奖励500万元；注册资本达15亿元的,奖励1 000万元；注册资本达30亿元的,奖励1 500万元。但享受奖励的公司制基金5年内不得搬离深圳。
- **办公用房补贴**。上海和天津对基金购买或租赁办公用房都有一定的补贴。
- **高管税收优惠**。上海和天津对基金管理人的高管个人所得税有一定的减免。

此类优惠政策名目繁多,且都设定了有效期,因此本章不再就此展开讨论。有兴趣的读者可在各地方政府的金融办、发改委、投资促进局或股权投资基金协会网站查询最新的优惠政策。

附录5.1 英国基金的设立操作

本节资料引自英国创业投资协会发布的创业投资基金指引,该指引已经英国贸工部及英国国内税务署认可,为英国私募股权业的最佳实践(Best Practice)。虽然中英两国税法及合伙企业法有一定差异,但英国基金的架构及避税的设计可以为中国基金提供借鉴,故以附录形式展现给读者。

第一步:基金设立阶段

基金管理人设立或者通过他人设立一家公司,作为有限合伙企业的普通合伙人。基金管理人的高级管理人员则以个人身份作为有限合伙人加入合伙企业(即基金)。为简化起见,我们在以下内容中都将基金管理人高级管理人员持有的份额视为基金管理人持有的份额。一般来说,在合伙企业中,基金管理人占的财产份额为20%,普通合伙人占80%(见图5-11)。

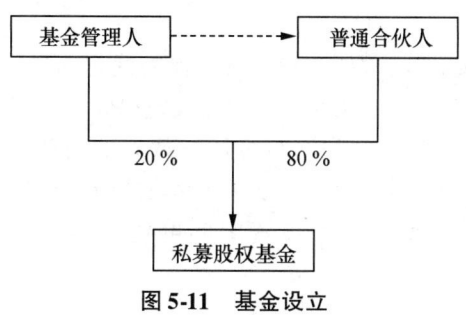

图5-11 基金设立

第二步:资金募集阶段

在资金募集阶段,新的有限合伙人(基金投资者)加入,普通合伙人的财产份额将降至1.25%—3%左右,基金管理人则维持20%的份额。普通合伙人持有的比例即为基金的固定管理费比例。在此结构下,普通合伙人会再聘请基金管理人作为投资顾问来管理基金。普通合伙人从基金获得的利润将作为管理费支付给基金管理人(见图5-12)。

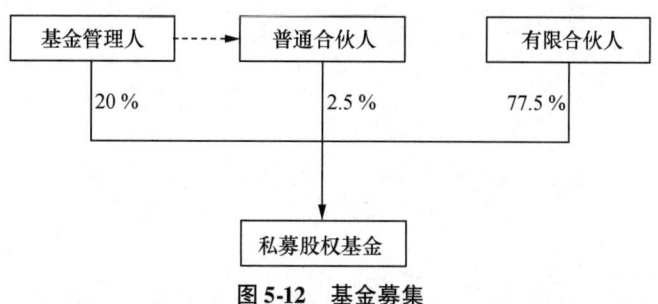

图5-12 基金募集

第三步:实际投资阶段

基金管理人发现并商定投资项目之后,将会通知有限合伙人(不包括基金管理人)投入资本。这些资本都是以贷款形式注入基金,因此在将来需要优先偿还。私募股权基金的股权和债权比例相差悬殊,债权出资占绝大多数(譬如90%的负债率)。因此,有限合伙人虽然占的股权比例只有80%左右,但是它们提供了基金绝大部分资金。初始注入的股权资金一般用于基金的日常运营。如果这些资金不足以弥补基金日常开支,管理费将会以普通合伙人对基金的优先贷款形式出现(见图5-13)。

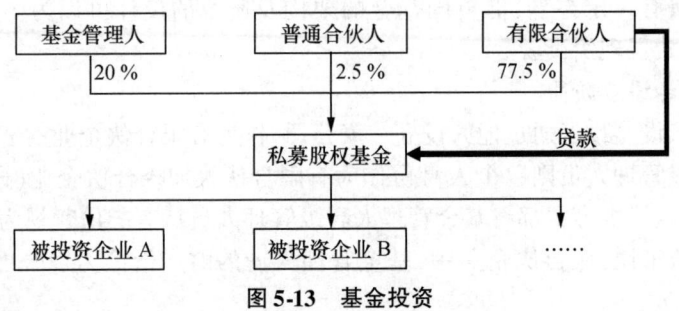

图 5-13　基金投资

第四步：收获阶段

当基金出售投资兑现利润时,所获得的现金流将优先用来偿还管理费和有限合伙人的贷款。有限合伙人的贷款有可能还会有优先收益(Preferred Return),即利息。当有限合伙人贷款偿还完毕之后,剩余的利润将按照合伙人的财产份额比例进行分割。自然地,基金管理人依照其财产份额将会获得 20% 的分红。基金利润的分配有可能是以全部投资利润为标准,也可能是按照每个投资案例单独进行分割。这取决于基金的具体规定。

6 基金条款

私募股权基金是通过一系列协议缔结而成的集合投资平台。普通合伙人、有限合伙人及基金管理人通过有限合伙协议、管理及顾问协议界定彼此的权利和责任,同时也对基金运作的相关事宜进行了事先规范。

如图 6-1 所示,投资者(有限合伙人)与普通合伙人签订合伙协议组成有限合伙企业(即私募股权基金)。私募股权基金则通过与普通合伙人签订管理协议,将基金投资决策权交予普通合伙人。而我们在之前已经讨论过,多数普通合伙人为项目公司,因此普通合伙人还会再通过顾问协议将管理权委托给投资顾问公司,即真正的基金管理公司。

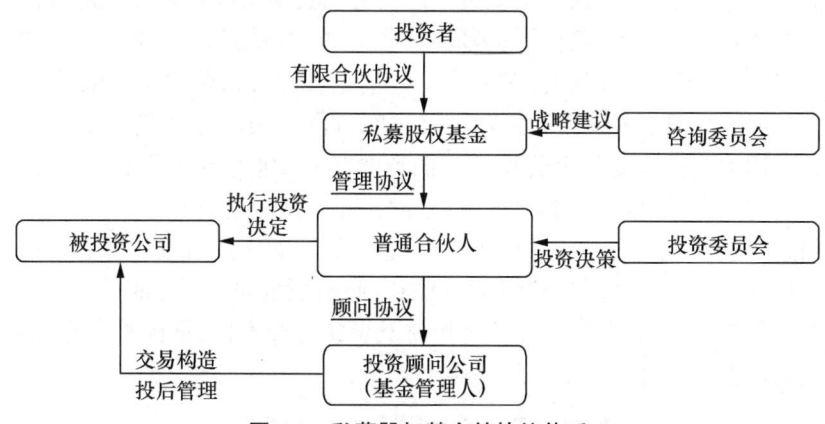

图 6-1 私募股权基金的协议体系

除了权力机构的设置之外,一份完整的有限合伙协议还需要详细规范以下事项:
- 注册和组织事项;
- 资本及合伙人;
- 分配安排;
- 基金运作;
- 投资目标和范围;
- 账簿记录、会计及税收事项;
- 权益转让与债权;
- 解散、清算及终止;
- 其他事项,如适用法律和争端解决等。

6.1 注册和组织事项

本节主要涉及基金的名称、注册及营业地点、经营目的以及存续期限等事项。

6.1.1 基金名称

中国私募股权基金多数采用有限合伙制,在工商注册时往往冠以××投资中心(有限合伙)或××投资企业(有限合伙)等字样。如果基金采用公司制,则需要遵照公司的命名规则,如深圳市创新投资集团有限公司。需要注意的是,中国私募股权基金如果要冠以"股权投资基金",如天津零售发展股权投资基金(有限合伙),则需要满足当地政府规定的条件(如注册或目标募集规模在1亿元以上)。

如果需要在中国注册"股权投资基金管理公司",也需要满足地方政府规定的多项要求。但与股权投资基金相比,股权投资基金管理公司的注册门槛要低不少(如注册资本为500万元以上)。值得一提的是,多数成功的基金管理公司名称中一般没有"基金"或"基金管理公司"的字样,譬如北京弘毅投资顾问有限公司和鼎晖创业投资管理有限公司。这部分是因为股权投资基金管理公司的概念是在2007年以后才出现,而不少资深基金管理公司都设立于2000年前后。

"产业投资基金"则需要地方或中央发改委的批文,要求的规模一般在10亿元以上。早期的产业投资基金都是由国务院特批,由地方政府发起设立,因而属于典型的官办私募股权基金。但是很遗憾,多数官办基金目前发展状况并不佳,不少基金并未足额募资,较同期设立的民营基金逊色不少(见表6-1)。

表6-1 我国产业投资基金状况(部分)

#	名称	发起人	计划募集规模
1	渤海产业投资基金	天津市政府	200亿元,首期60.1亿元
2	中新高科产业投资基金	苏州市政府	100亿元
3	上海金融产业投资基金	上海市政府	200亿元
4	山西能源产业投资基金	山西省政府	100亿元
5	广东核电产业投资基金	广东省政府	100亿元
6	四川绵阳科技城产业投资基金	绵阳市政府	90亿元
7	城市基础设施产业投资基金	中华全国工商联	100亿元
8	东北装备工业产业投资基金	国务院振兴东北办	100亿元
9	华禹水务产业投资基金	国务院西部办	300亿元
10	天津船舶产业投资基金	天津市政府	200亿元,首期28.5亿元
11	中国文化产业投资基金	深圳市政府	200亿元,首期60亿元

资料来源:作者根据公开资料整理。

6.1.2 注册及营业地点

基金的注册和营业地点可以不相同。通常来说,基金注册地点为唯一,而营业地点可以有多处。譬如有限合伙协议中可能做出如下规定:

根据法案要求，基金应继续保留在××的注册办事处。于本协议订立之日，基金在××的注册办事处地址为：……

基金可以在普通合伙人认为合适的地点设立办事处和营业处。

在2007年以前，中国市场上居于主流地位的基金多数是注册于开曼群岛等免税天堂的外资离岸基金，比例高达80%。随着人民币基金的兴起，外资和内资基金的比例发生了逆转。从近年实际投资额来看，人民币基金已经处于主导地位，比例可能高达80%。而在中国，注册地点决定了基金的税收待遇。天津、上海、深圳、北京、重庆、长沙及多个城市都推出了针对私募股权基金的税收优惠政策。我们之前已经讨论过各地优惠政策，本章就不再赘述了。从实际注册情况来看，以天津和新疆为注册地的基金数量应是最多。① 但从营业地点来看，北京、上海、深圳及香港则占据主导地位。

6.1.3 存续期限

私募股权基金通常会设定基金的存续期限。如果有限合伙协议中没有设定存续期限，则普通合伙人有权决定基金清盘的时间。投资者承诺的资本额度超过事先设定的门槛的日期被定义为第一截止日（First Closing Date）。基金的存续期限会从第一截止日开始计算。在此之后，基金仍可在普通合伙人的允许下继续吸纳投资者。较为常见的期限结构为10+2、7+2以及5+2。其中10、7及5分别意味着基金会在10、7或5年内清盘，而"+2"则意味着在普通合伙人的要求下基金可以延期两次，每次一年。延期的原因通常是基金管理人无法及时将投资套现，这是一个糟糕的信号。学术研究表明，延期基金的业绩要显著劣于其他基金。

中国投资者普遍乐衷于快进快出的投资模式。因此在国外流行的10+2模型到了中国就缩水为5+2模式，甚至有个别基金设置为3+2的存续期限（见图6-2）。但从投

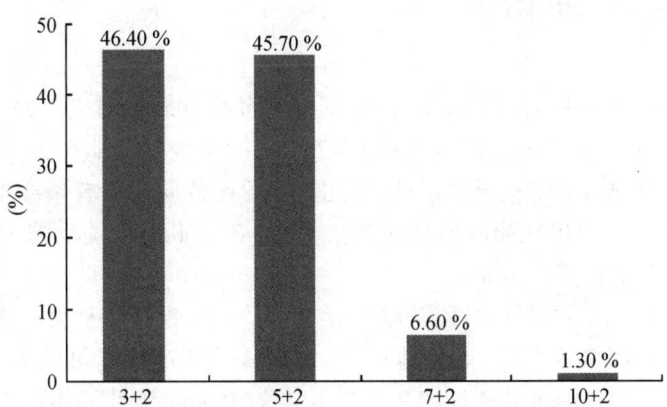

图6-2　2012年中国LP参与投资基金的存续期限结构

资料来源：清科创投（2012年5月）。

---

① 2011年以后，天津爆发了多起假借私募股权名义进行非法集资的事件，导致天津市政府开始清理整顿私募股权基金。不少正常运营也受到影响，被迫迁出天津。

资实践来看,多数基金很难在5年内完成从投资部署到全部套现的过程。根据清科创投的统计,2010年至2012年第一季度期间中国私募股权基金在境内市场套现了持有的109家上市股份,平均持有期限为4.93年,其中上海主板和深圳中小板的平均持有期限都超过了6年。随着投资案例数的不断攀升和退出通道的收窄,多数采用3+2甚至5+2期限模式的基金将很难兑现其清盘承诺。

6.2 资本事项

由于私募股权基金的主要资本由有限合伙人提供,为防止基金管理人为自己的利益过度投机,通常投资者会要求基金管理人出资比例不低于1%。一般来说,历史越悠久的基金管理人出资比例会越高。虽然1%的比例并不高,但对于规模在10亿美元以上的巨型基金来说也是一笔巨款。因此在投资者同意的情况下,某些基金管理人可以用年管理费充抵出资。

出于风险分散化和项目储备的考虑,私募股权基金通常不会在短时间内将资金全部投资出去。视基金存续期限不同,私募股权基金的投资期为3至6年不等。除首期出资之外,普通合伙人会在需要资金注入时通知有限合伙人。而有限合伙人则需要在约定的时间内出资到位,否则将成为违责合伙人,承担相应的责任。需要注意的是,某些基金协议可能规定,即便是在投资期结束以后,普通合伙人仍可以要求有限合伙人临时出资以支付基金运作费用或特定后续投资。本节主要涉及合伙人的出资及违约责任事项。

6.2.1 投资期/承诺期

投资期也称为承诺期。一般来说,投资期与基金存续期相对应。10+2期限结构的基金通常投资期在5—6年间,而7+2和5+2结构的基金投资期在3—4年间。由于全球私募股权基金以10+2结构最为常见,因此5年的投资期在所有条款中最为常见。但在中国,3年投资期则是出现频率最高的条款。图6-3为Preqin统计的2010—2011年间全球私募股权基金的投资期分布。

需要注意的是,不同类型的投资策略也影响了基金的投资期长度。主流的并购和创投策略平均投资期都接近5年,而房地产、二手交易及破产投资策略的投资期则较短。这可能和寻找投资项目的难易程度有关。图6-4为Preqin统计的不同策略基金的平均投资期数据。

在此期间,投资者需要依照普通合伙人的指示逐步履行出资承诺。一般来说,私募股权基金成立时有限合伙人需要缴付首期出资,通常为承诺资本的20%—50%。有限合伙协议可能做出如下规定:

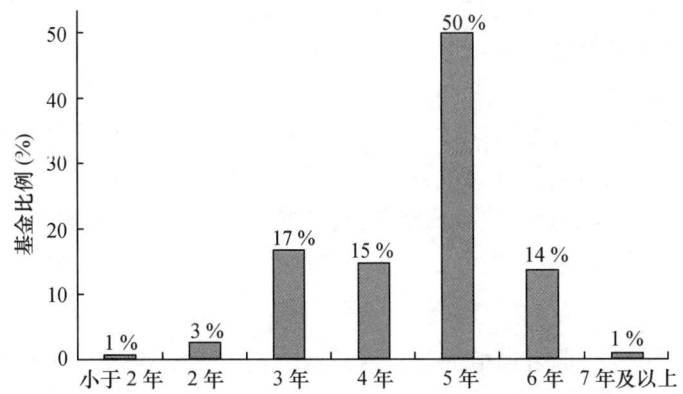

图 6-3 全球 2010—2011 年间设立的私募股权基金投资期分布

资料来源：Preqin。

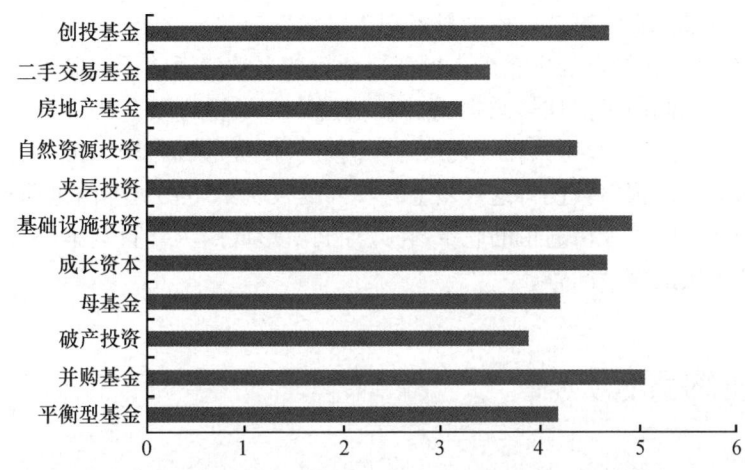

图 6-4 全球 2010—2011 年间设立的私募股权基金投资期分布

资料来源：Preqin。

> 各普通合伙人和有限合伙人应按其全部出资承诺的数额，于首次截止日期以现金缴纳出资额。

欧美基金以杠杆收购基金为主，规模往往在 10 亿美元以上，因此 20% 的出资已经颇为可观。但在中国市场上，首期出资 50% 的条款较为常见，甚至还有首期 100% 出资到位的个案。这从投资节奏上可以看出中国与国际市场的差别。举例来说，深创投 2011 年全年投资案例数高达 81 宗，中科招商甚至超过了 100 宗，而美国基金平均每年不超过 4 宗投资案例。①

投资期内的具体出资时间应由普通合伙人指定，譬如：

> 普通合伙人可随时于适当的时候，根据其全权酌情决定，在追加出资额日期之

---

① 根据 Preqin 的统计，2007 年为美国私募股权基金投资最为活跃的一年，当年美国基金平均投资案例数为 3.6 宗。

前不少于××个自然日提出书面通知("出资付款通知"),要求有限合伙人追加出资额,用于以下目的之一:

(i) 允许基金根据本协议中规定的基金投资目标、政策、程序和限制进行组合投资和/或支付基金的债务(包括但不限于,基金所承担的任何赔偿责任、基金的管理费和任何其他债款)以及其他债务,

(ii) 建立普通合伙人的合理储备金,以便在基金出现债务时进行支付。

普通合伙人应通知各方于基金将做出投资的日期前缴纳附加出资额,该日期安排应尽可能合理。

如果投资期为3年,那么谨慎的基金管理人会将基金资本分3年平均投资,以避免风险过度集中于特定年份。私募股权投资收益呈现显著的反周期特征,即衰退时期的平均投资收益更高,而繁荣时期反而更低。这是因为经济衰退阶段的企业估值水平和盈利水平较低,从而拉低了基金的投资成本,当经济复苏套现时,基金可以享受估值倍数和盈利双重成长的好处。经济繁荣阶段的投资则正好相反。

但在中国,分散化投资的理念尚未得到基金管理人的广泛认同。监管机构多变的政策导致管理人更加倾向于抓住转瞬即逝的投资窗口。尽管有限合伙协议一般允许3年以上的投资期,部分基金管理人在筹资后一年内就将投资部署完毕。2009—2011年间创业板繁荣带来的高回报倍数使得这些基金管理人的投资策略在短期内迅速见效,也引来了大批的模仿者。随着上市通道的收窄,在此期间所形成的大量投资案例将成为中国私募股权业需要解决的棘手问题。

6.2.2 违约责任

承诺资本制的逻辑在于,通过减少资金闲置提高基金整体的内部收益率,这显然可以提高普通合伙人的管理分红。但它的弊病在于,有限合伙人有可能违约。在出现违约的情况下,普通合伙人一般会先尝试和违责合伙人沟通,宽限其出资时间。有限合伙协议的相关条款如下:

如果在出资付款通知确定的出资日或之前,任何有限合伙人全部或部分没有达到出资要求,普通合伙人应该向有限合伙人发出书面通知(过期交款通知),内容如下:

(i) 该合伙人的全部或部分出资已经迟延;

(ii) 从接到该过期交款通知之日起七日内应缴纳的出资额及其利息。

利息应以三月期伦敦同业银行拆借利率计算,再加上有限合伙人未出资部分数额的5%,计算时间为出资付款通知确定的日期至出资全部缴纳之日。假如有限合伙人在收到的过期缴款通知规定的×日内,仍然没有支付未缴纳的出资及其利息,普通合伙人可以通知声明该有限合伙人为违责合伙人;普通合伙人可以自主决定延期声明这个有限合伙人为违责合伙人,延长的时间从最初应缴纳出资之日起不超过××日。

如果沟通无效,理论上普通合伙人可以诉诸法律,对违责合伙人进行惩罚。一般来说,这种惩罚主要是暂停违责合伙人在基金中享有的利润分配,后续增资以及在合伙人会议中的投票权等。譬如:

> 违责合伙人无权收取任何超过违责合伙人资本账户余额的数额。拖欠金额在违责日调整,以反映(A)未付款项的到期利息,(B)从违责日开始的损失和责任,这些损失和责任的分担应由普通合伙人自主决定,公平分担。
>
> 违责合伙人无权参与任何以后的增资或者权益分配,包括那些在违责日或其后投资形成的任何权益,不包括普通合伙人决定由违责合伙人承担的损失和责任及拖欠金额。
>
> 无论何时,任何违责合伙人无权参与对有限合伙人、投资委员会或者咨询委员会的请求或允许其进行的事项进行表决、同意,或做出决定。

如果有限合伙人显然已经不具备继续出资的能力,那么它可以在基金管理人的同意下将所持有的份额转让。如果有限合伙人无法找到接手人,那么基金管理人也可以代劳。一般来说,其他有限合伙人在同等价格下有优先购买权。有限合伙协议的条文可能规定如下:

> 普通合伙人可以在任何时候,自主决定要求违责合伙人以不低于违责合伙人资本账户余额的价格,转让合伙权益给一人或数人,从以下日期开始生效:(a)任何应缴付的出资首次到期,(b)试图进行未授权的转让,或者(c)从任何可能使转让生效的时间(这些日期在这种情况下被称为"违责日期")开始,直到违责有限合伙人的合伙权益转让为止。

国际私募股权基金的有限合伙人主要为机构投资者。它们的基金规模较大,承受风险能力更强,因而较少出现违约事件。但在次贷危机及欧债危机相继肆虐全球经济的背景下,一些有限合伙人开始出现资金周转困难。在没有得到基金套现利润的情况下,部分有限合伙人已经不再响应基金管理人的出资通知。虽然普通合伙人理论上可以依法宣布这些有限合伙人违约,但出于维持长期关系的考虑,不少普通合伙人默认了这种违约行为,不采取惩罚措施。

如前所述,中国的有限合伙人主要是个人投资者,抵御风险的能力更低。2008年次贷危机全面爆发时,就曾出现一些有限合伙人无法继续出资的情况。但随后而来的创业板繁荣很快让基金管理人忘却了这种威胁。从2011年年底开始,部分中国基金出现有限合伙人转让权益或拒绝出资的情况。多数情况下,基金管理人会选择与有限合伙人友好协商,甚至豁免后续出资义务。中国私募股权业目前尚未形成一套符合国内投资文化的行业规则,一切仍在摸索过程中。

6.2.3 基金债务

一般来说,私募股权基金不允许举借债务。但在特定情况下,基金可以向合伙人或者向第三方举债。但这些事项都必须在合伙协议中具体规定。英国基金的典型出资结构为少量股权资金及大量有限合伙人贷款。在基金分配利润时,合伙人贷款本金和利息(即优先收益)优先偿还并且后者可以抵扣税收,从而达到节税的目的。具体的制度安排请参见附录5.1。

但在中国,由于企业间借贷属于灰色地带,多数基金仍然以纯股权出资为主。在此背景下,基金可能做出如下规定:

> 不得要求或允许任何合伙人向基金贷款或以其他方式向基金出借任何资金。

有限合伙协议一般允许基金向第三方借入资金应付暂时的资金缺口。譬如,基金已经与受资企业签订投资协议,在约定时间需要缴付投资款项,而部分有限合伙人未能如时缴付出资。在此情况下,基金管理人可以暂时向银行借入过桥贷款以履行投资协议。在合伙人出资到位后,再偿还贷款。

6.2.4 权益转让及退伙

有限合伙基金的权益不同于公司股东权益。前者附有后续出资义务,而后者则没有。也正因如此,有限合伙人如果想要转让其权益,通常需要经过普通合伙人书面许可。普通合伙人一般会对受让人的资质进行限定。如果有限合伙人将其权益转让给同一实际控制人的关联企业,普通合伙人一般不会反对。此外,有限合伙协议还会规定,有限合伙人不得将其权益抵押,除非经过普通合伙人书面同意。在有限合伙人出让其权益时,普通合伙人和其他有限合伙人通常具有同等价格下的优先购买权。普通合伙人权益的转让比有限合伙人更为复杂,通常需要全体合伙人一致同意。

我国法律规定,有限合伙人可以退伙,但退伙通常需要全体合伙人一致同意,除非合伙协议另有约定。退伙分两种情况:法律规定的当然退伙以及合伙协议约定的除名退伙。后者通常是因为合伙人未履行合伙协议或者侵害合伙企业利益造成的。当然退伙包括以下几种情况:

- 作为合伙人的自然人死亡或者被依法宣告死亡,继承人不愿意成为合伙人;
- 个人丧失偿债能力;
- 作为合伙人的法人或者其他组织依法被吊销营业执照、责令关闭、撤销或者被宣告破产;
- 法律规定或者合伙协议约定合伙人必须具有相关资格而丧失该资格;
- 合伙人在合伙企业中的全部财产份额被人民法院强制执行。

出现退伙时,基金需要以约定的价格向退伙人返还财产或者安排其他合伙人收购其权益份额。如果遭遇法院拍卖,那么其他合伙人依法拥有优先购买权。

6.3 分配事项

行业的惯例是,基金处置投资项目所得现金在扣除费用之后分配给合伙人,而不是进行滚动投资。有限合伙协议可能规定如下:

> 除特定情况外,投资回收的资金不能再次用于投资,应用于利润分配和支付基金运营费用。在扣除运营费用后的净利,普通合伙人和有限合伙人按照国际通行的20%和80%的比例进行利润分配,但是此分配的前提是投资人已收回其全部实际出资额并实现年内部回报率8%的回报,否则普通合伙人无权分配利润。

条款中所说的特定情况,需要在有限合伙协议中一一列举。其中一种可能是过桥融资,即基金管理人在部分有限合伙人未及时出资而又必须马上支出资金时可以临时动用投资回收的资金。某些基金可能规定,如果基金合伙人尚未全额缴付出资,普通合伙人可以将投资回收现金用于后续投资,但金额必须在合伙人实际出资与承诺出资的差额以下。

管理费、管理分红比例和优先收益率决定了基金利润分配的比例。典型的条款为管理费2%,管理分红20%以及优先收益率8%。这种费用安排源自对冲基金。1945年第一只对冲基金Alfred W. Jones成立时便设定了20%的管理分红比例,但不设年管理费。之后的对冲基金经理与投资者对条款不断进行完善,2%—8%—20%的安排成为市场上较为常见的条款。实践操作中不同基金管理人可能会对费用比例进行调整。譬如,贝恩资本给投资者两种费用选择:年管理费2% + 管理分红20%或者年管理费1% + 管理分红30%。

一些新进入私募股权行业的基金管理人为了招徕投资者,有时候会主动降低管理分红比例,譬如10%。而一些较为热门的基金则可能提高管理分红比例至25%甚至30%。此外,虽然8%的优先收益率得到普遍认同,但中国市场上也出现过10%的优先收益率。深圳市松禾资本管理有限公司(松禾资本)旗下的苏州基金和南通基金便是其中的例子。

基金收益分配的顺序我们已经在上一章讨论过。有限合伙协议的条款可能会表述如下[①]:

> 对于基金取得的项目投资收益,在有限合伙人取得按用资期年静态收益率达到10%的优先投资回报的前提下,普通合伙人将获得基金的收益分成,在满足本协议规定的分配顺序的前提下,普通合伙人最多(保证有限合伙人取得按用资期年静态收益率10%的优先投资回报水平前提下)可获得基金投资收益总额的20%;对于基金取得的项目投资收益,在有限合伙人取得的优先投资回报按用资金期计算不足年静态收益率的10%时,普通合伙人将不获得基金的收益分成。基金项目投资收益总

---

① 松禾资本管理的苏州松禾成长创业投资中心(有限合伙)合伙协议条款,摘自江苏瑞尔机械招股说明书。

额中除普通合伙人收益分成之外的部分,由所有合伙人根据实缴出资额按比例分享。基金项目投资收益以外的其他收益(现金收入和非现金分配),按照本协议约定的分配方式在合伙人之间进行分配。基金在总认缴出资额之内的亏损由所有合伙人根据认缴出资额按比例分担,超出基金总认缴出资额的亏损由普通合伙人承担。

6.3.1 管理费

一般来说,基金规模越小,其固定管理费比例可能反而越高。譬如说,某些新设立的小型基金年管理费高达2.5%,而一些著名管理人新设的巨型基金管理费却低至1%。但实际上,后者每年收取的管理费绝对金额还是要远远高于前者。固定管理费主要是用于维持基金管理公司的日常运作。图6-5是Preqin统计的各年份设立的基金固定管理费比例。从6-5中我们可以看出,多数基金还是选择了2%的管理费率,大型基金费率要比小型基金略低。

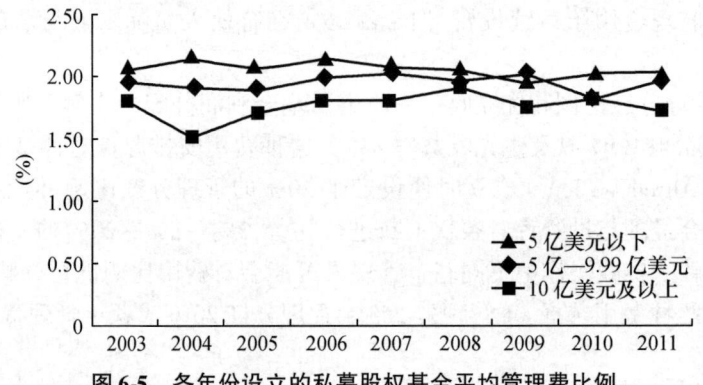

图6-5　各年份设立的私募股权基金平均管理费比例

资料来源:Preqin。

管理费通常按年或按季度支取,计算的基准为基金的承诺资本总额。在投资期内,基金管理人需要投入大量精力寻找项目、进行尽职调查并完成投资。因此有限合伙人对投资期内的管理费一般没有太大意见。但是当投资期结束之后,基金管理人需要做的只是监控投资并实现退出,开销并不大。这在以成长和创业投资为主的中国市场尤其如此。因此有限合伙人可能会要求投资期结束后基金管理人降低管理费率,或者按照实际出资总额计算管理费。

实践操作中,一些基金的有限合伙协议规定,投资期结束后固定管理费采用阶梯式递减的计算公式。为了招徕客户,中国的一些基金管理公司在管理费上更加慷慨。某基金管理公司甚至和有限合伙人约定在基金存续期内只一次性收取3%的管理费。

6.3.2 管理分红

管理分红(Carry Interest)的叫法非常之多,中文的叫法也有管理奖励和业绩分成等,英文的叫法还有 Carry、Promote、Promoted Interest 或 Override。管理分红是私募股权和对冲基金区别于共同基金的重要特征。由于激励机制的不同,前两者以投资者的绝对收益率为经营目标,而后者则以基金规模为主要经营目标。但学术研究表明,共同基金经理的业绩要低于市场指数,而私募股权和对冲基金作为整体来分析,其业绩也没有显著高于市场指数。

在欧洲和美国,管理分红通常直接分配给基金管理人的高级管理人员,也称管理分红领受人(Carry Interest Partner)。同一基金管理公司旗下可能有多只不同类型或不同期的基金并存。而基金高管在不同基金投入的精力是不同的。为了维持良好的激励机制,在基金设立时负主要管理责任的高管便会作为管理分红领受人加入基金直接分享管理分红或者作为普通合伙人的股东/权益人享受管理分红。

管理分红领受人在不同基金的受益权比例不同本无可厚非,但黑石集团 2007 年上市后才发现这是一个大难题。黑石集团计划将旗下 5 只基金的管理费和管理分红受益权上市出售给公众股东,但原本这些受益权属于集团的高管个人(俗称"合伙人")。这就涉及一个问题:在整合 5 只基金的普通合伙人权益时如何计算不同基金受益权的价值?这直接影响到黑石高管所占股份的比例以及在 IPO 中所能套现的金额。在经历了多次争吵之后,黑石集团 CEO 依靠个人威望强行压制不同意见,以大锅饭的形式将不同基金受益权平均分配,最终为上市铺平了道路。从事件的走向看,黑石部分高管可能在股份上吃了亏,但其套现的位置属于市场最高点,作为整体还是获利颇丰。

管理分红领受人也可以是基金管理人控制的特殊目的公司(SPV),通常设在开曼群岛或美国特拉华州等免税天堂。有限合伙基金本身不缴纳所得税,而是由投资者自行缴纳所得税。因此对私募股权基金收益类别的认定也影响了投资者的最终收益。美国私募股权基金的收益被认定为资本增值收益,税率仅为 15%。曾经担任贝恩资本 CEO 的罗姆尼①分享贝恩资本管理分红的 SPV 便设在开曼群岛。在美国大选期间,公众才发现罗姆尼享受的税率低至 15%。而事实上,媒体在 2007 年黑石上市时便已经注意到这个问题了。美国国会曾经有动议将私募股权适用的税率提高至 25%,但没有通过。2013 年以后,美国私募股权业适用的长期资本利得税率仍然在 18%—20% 之间。

中国私募股权基金管理人的税收则相对简单。一般来说,普通合伙人会注册成为有限责任公司。这种情况下,管理分红适用的税率为企业所得税 25%。需要注意的是,地方政府提供了名目不一的补贴和税收优惠政策,因此实际税率可能远低于 25%。譬如,北京市为基金管理公司提供了"两免三减半"的税收优惠政策,即基金管理公司盈利的头两年免征(或全额返还)企业所得税,之后三年减半征收。个别基金的普通合伙人注册成为有限合伙企业,如鼎晖人民币一期基金。在此情况下,如果该有限合伙企业的合伙人

---

① 在本书写作期间(2012 年),罗姆尼为美国共和党提名的总统候选人。

为企业,则仍然适用企业所得税。如果合伙人为自然人,依照国税总局的规定,则应按5%—35%的累进税率征收个人所得税。

6.3.3 管理分红的计算

管理分红可以按基金整体计算,也可以按项目单独计算。毫无疑问,前一种计算方法对有限合伙人更加有利,因为盈利项目的收益可以用来冲抵亏损项目的本金损失。1990年代以前,按项目计算管理分红的条款较为常见。随着有限合伙人地位逐渐提高,多数基金都采用按基金整体计算管理分红的条款。

有些基金会允许普通合伙人在盈利项目实现退出后预先提取对应收益的管理分红。如果后续项目亏损,则普通合伙人需要退还多收的管理分红。这种回拨机制(Clawback Clause)看似合理,实际上有多种风险。首先,普通合伙人分取管理分红后需要缴纳企业所得税或个人所得税,将来即便退还也只能退还扣税后的管理分红。其次,享受管理分红的基金高管一旦离开基金,其之前收取的管理分红便很难追回。下面的例子是一个带有回拨机制的管理分红条款[①]:

> 合伙利润分配和亏损分担方式:在支付本协议约定的费用后,首先进行收益分成,其次进行比率分配。收益分成仅分配给普通合伙人。每个项目退出后,普通合伙人分别按照约定的比例预先提取收益分成的收益。如果预提的收益分成金额高于最终超额分配的金额,普通合伙人应当将差额退回合伙企业。
>
> 在本协议约定的经营期限届满后,本企业将所有已退出项目的收益汇总后得出年静态收益率。计算分配按以下公式进行:A. 年静态收益率 = 投资净收益/项目投资本金/6;B. 投资净收益 = 项目变现总收入 − 项目投资本金 − 期间发生的各项费用。
>
> 普通合伙人的收益分成按下列条件实施:A. 当本企业在本协议第九条约定的存续期间内的年静态收益率不足10%时,收益分成比率为0%。B. 当本企业的净收益超过全体合伙人按其出资额计算年静态收益率10%时,收益分成比率为13%。但前提是保证按此比率最终分配后,全体合伙人实际分享的本企业净收益不少于年静态收益率10%时,否则收益分成比率自行向下调整。C. 收益分成支付时间略后于全体合伙人的比率分配,当本企业回流现金已超过全体合伙人出资额时,才可以支付收益分成。因推迟支付而滞留在本企业的收益分成,可以另立账户,其衍生的利息及收益归普通合伙人所有。D. 本企业清算时,若发现收益分成与上述分配原则不符,则按实际结果进行多退少补。
>
> 收益分成完成后,再进行比率分配。该部分净收益按全体合伙人实际出资比率进行分配。本企业存续期间,本企业在续存期间有投资项目变现的,净收益的10%

[①] 该基金为深圳市汇智成长投资企业(有限合伙),管理人为深圳市卓佳汇智创业投资有限公司。资料来源:江苏瑞尔机械股份有限公司招股说明书。

留在本企业作为准备金,可进行再投资,剩余净收益则可及时进行分配。本企业存续期间,对单个股权投资项目产生的亏损或本金亏损由全体合伙人按照出资比例分担;本企业存续期间产生的债务,应先以本企业的全部财产进行清偿;不能清偿到期债务的,由普通合伙人承担无限连带责任。

需要注意的是,依照国家税务总局相关规定,有限合伙企业合伙人的所得税不论收益是否分配都需计征。上述例子中的收益分成(管理分红)虽然保留在基金账户中而没有分配给普通合伙人,但仍然需要缴纳相应的所得税。

一些中国的基金管理人还将信托中的优先/劣后和累进超额收益结构引进私募股权,为投资人提供了多样的风险收益选择。其中既有纯信托的结构,也有信托嵌套有限合伙的结构。信托中较为典型的是 2007 年发行的"中信锦绣 1 号股权投资基金信托计划"。"锦绣 1 号"为集合资金信托,总额 10.03 亿元,委托人由 7 个机构和 7 个自然人组成。其中优先受益权 9.53 亿元人民币,次级受益权 0.5 亿元,次级受益权由中信信托认购。根据其公开的募集说明书,该基金的本金和管理分红分配采用如表 6-2 所示的模式:

表 6-2 "锦绣 1 号"管理分工分配模式

年均净收益率 <0%	次级受益人用自身权益补偿优先受益人的损失,上限为"锦绣 1 号"中次级受益人的全部权益;
0%<年均净收益率<6%	次级受益人向优先受益人让渡收益,以保证优先受益人收益达到最大(不超过 6%);
6%<年均净收益率<8%	全体受益人按照出资比例分配收益;
8%<年均净收益率<20%	超过 8% 的部分由受托人提取 20% 的管理奖励后,其余部分按照出资比例分配;
年均净收益率>20%	8% 至 20% 的部分中受托人提取 20% 的管理奖励,且超过 20% 的部分中受托人提取 25% 的管理奖励后,剩余部分按照出资比例分配。

在上述模式中,中信信托作为基金管理人以其认购的 5% 资本额度承担第一损失,为投资者(优先受益委托人)提供了最高 5 000 万元的损失缓冲。此外,当基金收益率不足 6%(优先收益率)时,基金管理人放弃参与利润分配,全部收益归属投资者。作为对价,基金管理人有权在基金收益率超过 20% 时收取高于普通水平(20%)的管理分红。这种硬化的激励机制显然比较容易取信投资者。

信托嵌套有限合伙的结构将有限合伙人分为优先和劣后两层。在本金和利润分配顺序上,优先级有限合伙人都享有优先权。但和结构信托类似,在分配基金高于约定水平部分的超额收益时,劣后有限合伙人和普通合伙人分得比出资部分更高的比例。表 6-3 是一个优先/劣后结构分配的例子。

表 6-3 优先/劣后结构分配模式

	优先有限合伙人	劣后有限合伙人	普通合伙人
出资比例	74.25%	24.75%	1.00%
本金偿付	A. 74.25%×150%	B. 24.75%	C. 1.00%
优先利润分配	剩余利润×30%	D. 剩余利润×45%	D. 剩余利润×25%

在这个结构中,优先级投资者出资74.25%,劣后投资者出资24.75%,而普通合伙人按惯例出资1%。项目套现时,优先级投资者首先得到A.本金加50%的回报,其次是劣后投资者拿回本金B,再次是普通合伙人拿回本金C。如果上述三项分配后仍有剩余,则剩余利润在三种投资者之间按照30%:45%:25%的比例进行分配。显然注重本金安全的投资者会选择成为优先级有限合伙人,而追求高收益的投资者会选择成为劣后有限合伙人。

6.3.4 基金费用的承担

基金的运营过程中需要承担各种名目繁多的费用,包括与基金之设立、运营、终止、解散、清算等相关的费用,如开办费、基金年度财务报表的审计费、基金之财务报表及报告费用、合伙人会议及咨询委员会会议费用、管理费、托管费、政府部门对基金收取的税费、诉讼费和仲裁费等。这些费用一般由基金投资者共同承担。

基金在投资、监控及退出过程中也会产生费用。举例来说,投资过程中对企业进行考察时会产生差旅费用,聘请律师、会计师及资产评估师进行尽职调查也会产生一定费用。有限合伙人一般不愿意承担基金投资运作产生的费用,因为已经向基金管理人每年支付固定的管理费用。而基金管理人则会尽量让被投资企业来承担这类费用,或者尽量让基金(也就是投资者)来承担费用。投资运作费用由基金管理人还是基金承担或者分担是可以谈判的,取决于基金管理人的历史业绩及基金的热门程度。

某些中国基金管理人在有限合伙协议中规定由基金来承担投资运作费用。这样的条款使得基金固定管理费用成为基金管理人的净收入。如果基金规模足够大,那么基金管理人可能满足于享受2%的年管理费,而不会去操心基金收益率是否能越过优先收益率的门槛。如果基金规模较小,如1亿元,那么每年200万元的管理费可能只够支付几个员工的工资,基金的激励机制仍然有效。

以下是一只规模5亿元,管理费2.5%的基金在募集说明书中约定的投资费用承担方式,具有一定的代表性:

> 所有对拟投资目标公司的投资、持有、运营、出售而发生的法律、审计、评估及其他第三方费用,能够由拟投资目标公司承担的,基金管理人应尽可能使拟投资目标公司承担,否则由基金承担;对于最终未投资的企业,若已签订了项目投资意向书或类似初步文件,所有相关费用由基金承担;若未能签订项目投资意向书或类似初步文件,所有相关费用由基金管理人承担。基金管理人应尽量将上述费用控制在合理的范围内。

基金在运作过程中也有可能会产生一定的费用收入。基金投资者现金出资在转账给被投资企业之前会产生一定的利息收入。如果基金管理人部署得当,这部分收入会非常小。但也有可能大量资金被闲置,从而产生一笔不容忽视的利息收入。基金管理人在与企业进行投资谈判时可能会收取承诺出资费(Commitment Fees)。而企业有可能因为与出价更高的投资者达成交易而放弃之前与基金管理人签署的投资协议,为此企业需要向基金管理人支付违约费(也称分手费)。此外,并购基金管理人还可能向被收购的企业收取每年高达投资金额1%的管理费。

理论上来说,这些费用收入都是基金管理人代表基金进行投资运作而产生的,因而应归属基金。但如果所有费用收入都归属基金,基金管理人便没有动力去争取承诺出资费或分手费这类保障性的费用。这类费用收入的分配方式也是可以谈判的。典型的做法是将这些费用收入抵扣管理费,但是不一定全额抵扣,譬如只抵扣50%。也就是说,费用收入有50%归属基金(仍需计算管理分红),50%归属基金管理人。

6.4 权力架构

如前所述,私募股权基金通常以有限合伙企业的形式存在。除德国等少数国家之外,各国的合伙企业法令多数规定有限合伙人不能执行"合伙事务",我国也不例外。因此有限合伙企业的与投资决策相关的"合伙事务"多数是由普通合伙人来执行的。但包括中国在内的各国法律对"合伙事务"的定义并不明确,因此在实践操作中有限合伙人的权力边界并不明晰。[①] 在私募股权行业不断的过程中,有限合伙人和普通合伙人的权力博弈也在改变,天平正在逐渐向有限合伙人倾斜。本节主要讨论基金运作中普通合伙人、投资委员会(Investment Committee,简称投委会)及咨询委员会(Advisory Committee 或 Advisory Board,也翻译成顾问委员会)的权利和义务。

6.4.1 普通合伙人的权利和义务

虽然中国有基金管理公司直接担任普通合伙人的案例,但为隔绝同一基金管理公司旗下不同基金的关联风险,多数普通合伙人都是专为基金设立的有限责任公司或有限合伙企业。普通合伙人虽然只是项目公司性质的特殊目的实体(SPV),但在法律上它对基金债务负有无限连带责任,并控制了基金的决策权。以下是一份有限合伙协议对普通合伙人权力的一般授权:

> 根据本协议和管理协议中设立的基金投资目标、政策、程序和限制条件,并结合投资委员会依据本协议和管理协议而提出的建议,普通合伙人对基金的管理、控制、运作和政策方针具有唯一的控制权。当普通合伙人认为有必要时,或判断其行为更为明智或有其他突发事件发生时,普通合伙人可以自行(或通过它合法指定的代理人)行使其权利,也可以被授权以基金的名义来实现基金的目标和目的,执行并完成

---

① 甘培忠,李科珍.论风险投资有限合伙人"执行合伙事务"行为暨权力之边界[J].法学评论,2012:2.

所有的经济活动(包括基金债务的偿还),订立并执行各项合同和其他的项目。

除了一般授权之外,有限合伙协议还可能就特定事项对普通合伙人进行授权,譬如:
- 在经纪公司/银行开设、维护以及撤销账户;
- 委派相关人士参与受资公司的管理,譬如指定基金经理作为受资公司董事;
- 根据投资委员会的建议收购、管理、转让、交换、出售和赎回资产;
- 聘请中介机构,如律师、会计师及投资银行(财务顾问);
- 与第三方订立协议或做出投资承诺。

有限合伙协议也会规范普通合伙人应尽的义务,但通常是一般性的描述,譬如:
- 普通合伙人应遵守有限合伙协议并以有限合伙人利益最大化为经营目标;
- 当决定是否购买、出售或调整组合投资时,普通合伙人应向投资委员会披露与之有关的利益冲突;
- 普通合伙人应尽力促使受资企业遵守相关法律法规(如环境保护);
- 普通合伙人应建立或敦促管理公司建立反洗钱政策和程序(一般见于外资基金)。

如果普通合伙人不能尽职,那么有可能会被投资者以合伙人会议的形式投票免职。但由于有限合伙协议通常会规定非常高比例的赞成免职门槛(譬如90%),因此除非普通合伙人渎职或违法,否则有限合伙人很难将普通合伙人免职。在普通合伙人被免职的情况下,合伙人会议会指定接替的新普通合伙人和新的基金管理公司,终止基金与普通合伙人及关联的基金管理公司的相关管理协议,并要求原普通合伙人以合适的价格将其持有的权益转让给新普通合伙人。如果普通合伙人是因为渎职等违规行为被解职,那么转让价格可能会是名义价格(如1元);而如果是由于其他原因(如主动辞任),那么转让价格一般是其资本账户权益的账面价值。

有限合伙协议中约定的免职理由可能包括:
- 普通合伙人或基金管理公司从事基金业务所需的登记或执照被取消或暂停资格。但是,假如该登记或执照有恢复的可能,则可以在取消或暂停资格后一定时间内(如90日)恢复其职;
- 普通合伙人或基金管理公司存在有意歪曲或隐瞒事实导致第三方利益受损或者偷窃、盗取、贪污或挪用基金资产;
- 普通合伙人或基金管理公司在履行其对基金的职责时有意渎职,或没有尽到应尽的勤勉义务;
- 普通合伙人或基金管理公司违反有限合伙协议或基金管理协议,并极为可能对基金产生重大不利影响;
- 普通合伙人或基金管理公司严重违反政府的法律、法令、法规或规章制度。

需要注意的是,在某些情况下,普通合伙人或其关联人士也可能持有限合伙权益。譬如,英国基金常常让基金高管以有限合伙人身份持有20%左右的份额。或者,当部分有限合伙人退伙时,普通合伙人自行收购了这部分权益。在这种情况下,有限合伙协议一般规定普通合伙人或其关联人士无权对需要有限合伙人投票同意的事件进行表决,其所持有的权益也不应计入投票比例。

6.4.2 关键人条款

投资者之所以愿意成为参与基金,往往是被明星基金经理尤其是冠名合伙人(Name Partner)吸引而来。如果这些明星基金经理挂冠而去,其拥有的特殊资源(见识、人脉等)也将随之而去。譬如,著名基金管理公司托马斯·李(Thomas H. Lee)的创始人托马斯·李于2006年离开了原公司,成立了新基金管理公司Lee Equity Partners。又如,2011年5月16日,鼎晖创投的创始合伙人王功权在微博上宣布高调私奔,成为中国私募股权界的传奇故事。

如果明星经理离开,投资者有理由相信基金未来的收益可能会受到影响。在此情况下,投资者可以援引有限合伙协议的关键人条款(Key Person Clause)来保护自己的权益,选择继续参与投资或退出后续投资。有限合伙协议可能做出如下规定:

> 如果在任何情况下,普通合伙人指派的主要业务执行官员(附名单,可能为3人)之一由于任何原因:A. 不再作为全职的投资顾问;或 B. 由于身体或精神丧失能力或残疾致使至少90个连续工作日不能合理用于事务处理,将被视为"主要业务执行官员事件"发生。如"主要业务执行官员事件"发生在承诺期内,普通合伙人应迅速以书面形式告知有限合伙人此类事件,并且暂停基金的投资活动("基金中止")。

之前提到的托马斯·李和王功权事件并没有导致投资者放弃基金。因为两人在离职之前都已经逐步淡出了管理岗位。但根据有限合伙协议,基金管理公司仍然需要以合伙人会议的形式确保投资者放弃据此采取行动的权利。王功权离职之后,鼎晖在1个月内召开了鼎晖创投基金全体有限合伙人会议,同意自2012年1月1日起王功权由于个人原因辞去其在鼎晖创投的现任职务,并由另外一位创始合伙人接替王功权负责鼎晖创投的运作,同时将一位鼎晖高管递补进入投资委员会。鼎晖的处理为中国的"关键人条款"设立了先例。

6.4.3 投资委员会

投资委员会(投委会)是基金的投资决策机构,通常由普通合伙人主导设立。在国际私募股权的典型操作中,有限合伙人代表较少出现在投委会中。[①] 这是有一定的制度原因的。私募股权的主要投资者为养老基金和捐赠基金。它们一般奉行被动管理的投资逻辑,不干涉普通合伙人的投资决策。但在中国,主流投资者为高净值个人,他们对投资决策的参与欲望要显著强于养老基金。

从技术角度来看,有限合伙人参与投委会并非不可能,甚至在一些海外基金中也有

---

① 这一常识现在有改变的趋势。随着私募股权业绩的走低,越来越多强势投资者的代表出现在投委会名单中。

所见。如前所述,法律一般禁止有限合伙人执行"合伙事务",但并未指明"合伙事务"的定义。因此,有限合伙人的代表甚至本人是否可以参加投委会在中国法律上是一个未决的问题。2006年修订的《合伙企业法》关于有限合伙人越权的规定只有以下这条:

> 第七十六条 第三人有理由相信有限合伙人为普通合伙人并与其交易的,该有限合伙人对该笔交易承担与普通合伙人同样的责任。
>
> 有限合伙人未经授权以有限合伙企业名义与他人进行交易,给有限合伙企业或者其他合伙人造成损失的,该有限合伙人应当承担赔偿责任。

也就是说,如果有限合伙人代表基金或冒称普通合伙人与第三方交易,则对该笔交易承担无限连带责任,但并不一定会丧失其对其他交易的有限责任。但是,如果有限合伙人参与基金投资决策,并由普通合伙人代表基金与第三方交易,从法律条文来看并不一定违法。

在实践操作中,我们发现不少有限合伙人出现在中国基金的投委会中,甚至个别大投资者(如地方引导基金)要求一票否决权。出现这种现象的原因在于,中国的基金管理人从业历史不长,缺乏有说服力的业绩记录。为取信于投资人,基金管理人往往会允许有限合伙人加入投委会。以下是几种中国典型的投委会构成:

- 纯粹由基金管理公司高管和外部董事构成,如鼎晖地产基金;
- 由基金管理公司高管和投资者代表构成,以投票方式决定投资,如东方富海;
- 由基金管理公司和投资者代表构成,以一致同意方式决定投资,江浙一带常见。

以下是一家中国有限合伙基金关于投资委员会的规定,颇为体现中国基金的制度特色:

> 本企业设立投资委员会,对本企业的投资决策和对普通合伙人的投资决定进行审查和监督。委员会的委员由有限合伙人推荐产生,每个有限合伙人推荐一名委员。委员会给普通合伙人的最终建议需经委员投票表决后方可提出。
>
> 每个委员投票票数的多少只根据推荐其担任委员的该名有限合伙人的出资额多少确定:即出资额每500万元代表1票,1000万元代表2票,依此类推。普通合伙人出资3000万,其推荐的委员拥有6票投票权。委员会委员共有12票。
>
> 委员会提出的最终建议须经全体委员三分之二以上(不含三分之二)票数通过后,才能提交普通合伙人决定。如果普通合伙人提交的《投资建议书》中,其单笔投资额达到人民币2000万元或以上,投资建议须经委员会全票通过,方可提交普通合伙人决定。

6.4.4 咨询委员会

在一些监管比较严格的国家(如英国和美国一些州),基金的有限合伙人参与基金管理即可能导致其丧失有限责任地位。在此情况下,基金一般会设置由投资者代表组成的咨询委员会监控普通合伙人的投资活动并为基金提供建议。对于那些有限合伙人可以直接参与投委会的基金来说,咨询委员会的意义并不大。但对于那些运作模式比照国际同行的基金来说,咨询委员会是有限合伙人参与基金管理的重要途径。基金一般会定期(每年)召开合伙人会议,但由于其召开频率较低和表决门槛过高,因此并非投资者参与管理的主要途径。

咨询委员会的成员一般由两部分人士构成:投资者代表和普通合伙人邀请的独立人士,因而普通合伙人对咨询委员会仍然有一定的影响力。此外,咨询委员会会议一般也是由普通合伙人召集的。咨询委员会的权力可能有以下几项:

- 判定投委会成员与投资项目之间是否存在利益冲突;
- 当多数投委会成员存在利益冲突时,建议投委会是否通过该项投资(一般会被接受);
- 当单笔投资超过有限合伙协议约定的限额时,可能由咨询委员会来表决是否投资;
- 当基金即将到期需要延期时,由咨询委员会建议是否延期;
- 向普通合伙人和投资委员会提供关于基金的建议和意见。

需要注意的是,有限合伙企业的权力严重地向普通合伙人倾斜,咨询委员会的制约能力非常有限。多数情况下,咨询委员会只有建议权,而没有强制普通合伙人采取行动的权力。除个别有限合伙协议明确规定的事项之外,普通合伙人有权不依照咨询委员会的建议行事。为了维持有限合伙人的有限责任地位,某些有限合伙协议明确限定咨询委员会的建议职责,将之排除在基金管理之外。譬如:

> 咨询委员会不应参与基金的控制与管理,同时咨询委员会没有任何权力代理、代表及约束基金,本协议规定的需咨询委员会评论或者批准的事务除外。所有投资决定和所有基金管理职责,均由普通合伙人负责。
>
> 在任何情况下,咨询委员会的成员都不能代表基金的普通合伙者行使赞成权和否决权,否则承担其行为带来的后果。除本协议规定的需咨询委员会批准的事务外,咨询委员会的意见仅供参考咨询,普通合伙人和其附属机构的行动均不必一定依据咨询委员会或其任何成员的决定、行动或评论。

6.4.5 合伙人会议

有限合伙企业的合伙人会议有点类似公司的股东大会,但也有不同之处。理论上合伙人会议是有限合伙企业的最高权力机构,但由于表决机制的设定,往往权力实际掌握在普通合伙人手中。除非全体有限合伙人一致协作,否则要颠覆普通合伙人的主导地位是很难的。公司的股东大会一般由董事会提议召开,而合伙人会议则由普通合伙人负责召集。合伙人会议也分定期和临时两种。定期会议一般一年召集一次,而临时会议则针对突发事件召集。普通合伙人需提前一定时间(如7日)通知全体合伙人会议的议题、时间和地点等。

合伙人会议可以表决的事项,大概如下:
- 有限合伙协议和基金管理协议的修改;
- 基金延期或提前结束;
- 基金资本总额的变更;
- 基金的解散、清算和终止;
- 聘任或解雇律师、会计师和财务顾问等中介机构;
- 新增或除名普通合伙人。

多数情况下,有限合伙协议会规定上述事项的通过需要较高的门槛,譬如三分之二多数或90%以上赞成。个别事项,如普通合伙人的除名或新增,甚至需要全体一致同意。

6.5 投资运作

总体来说,基金的具体投资运作是由普通合伙人或关联的基金管理公司来完成的。有限合伙协议对投资运作的规范多数是原则性的,如投资范围和投资限额;也有对具体操作的规定,如投资者及基金管理公司员工的跟投行为。

6.5.1 投资范围

基金管理公司在募集说明书中会明确指出基金的投资策略和投资地域。这些内容也会反映在基金的有限合伙协议中。某些有限合伙协议会明确提出投资企业所处的行业发展阶段,如早期、成长期和成熟期,但这可能会限制普通合伙人的灵活度。事实上不少中国的"创业投资"基金投资的企业都已经超越创业的早期阶段,而处于成长阶段。譬如,国内领先的深圳创新投资集团投资案例有一半以上为成长期企业。而2011年年底以来,随着成长期案例的热炒过度,不少基金管理公司开始将投资阶段前移至创业阶段或者后推至成熟阶段。

多数有限合伙协议会指明基金的投资行业,但并不会过于具体。这些行业一般是基金管理公司较为熟悉或者有过成功投资历史的领域。某人民币成长基金募集说明书的"投资领域"一节定义如下:

> 集中于成长前景良好、具有一定防御性并符合国家政策支持的行业,包括但不限于新能源、消费和服务业、先进制造业、教育、农业、医疗等。

某特殊机会地产基金的投资范围定义如下:

> a) 以长期投资为目的,进行旅游及其他资源开发、休闲养老、城市综合开发、产业升级等特殊机会投资;
> b) 有选择性地参加特殊机会投资项目的中、短期高收益融资;

c) 从事非上市企业的投资,对上市公司非公开发行股票的投资,以及相关的咨询服务。

一般来说,我们将投资行业较为宽泛的基金称为普通基金(Generalists),而将投资行业特别具体的基金称为专业基金(Specialists)。国内的多数基金为普通类型;少数为专业基金,如文化产业基金和医疗产业基金。

有限合伙协议可能指明投资地域,如××全球投资基金、××中国基金等。将基金投资地域限制在特别具体的范围之内不一定是明智的选择。2007年成立的渤海产业投资基金的投资地域限制为:50%投资于天津,30%投资于环渤海地区,20%投资于其他地区。其中的原因在于,该基金的发起人为天津市政府。但从实践来看,该基金前三个项目中只有一个位于环渤海地区。目前中国私募股权的主要投资区域为北京、长三角和珠三角,但未来中西部的投资机会也会不断涌现。区域型基金不应该是未来发展的主流。

6.5.2 投资限额

为降低投资风险,有限合伙协议也会规定单笔投资的限额。投资限额可能是基金承诺资本的一定比例,譬如10%—20%;也可能是具体的金额,如1000万美元。需要注意的是,投资限额并非不可突破。有限合伙协议一般会规定,如果投资金额超过限额,则采用特殊的表决机制。譬如,某基金规定,如单笔投资金额超过基金承诺资本总额的20%,则需经咨询委员会一致通过。换言之,只要投资者一致认可,基金还是可以暂时放弃风险分散化原则的。这和公募证券投资基金在单一企业只能投资10%股份的限制相比,显然更加灵活。

6.5.3 跟投

常见的跟随投资(Co-Investment Rights,简称"跟投")指的是在基金已经决定投资之后,有限合伙人在承诺资本之外作为独立投资者跟随投资的行为。此外,基金管理公司员工在基金决定投资之后,以自有资金跟随投资也是一种跟投行为。由于基金管理公司在尽职调查阶段投入了相当的成本,而这些成本由基金承担或受资企业承担,有限合伙人和员工的跟投行为实际上属于"搭便车"。多数有限合伙协议规定,如果有限合伙人跟投,那么需要额外向基金管理公司支付管理费和/或管理分红。此外,并非所有投资者都有权跟投,这一权利往往仅限于个别大的机构投资者。基金管理公司员工的跟投则被视为一种福利,不需要缴纳费用,只需要向投委会做充分披露。

与地方政府的互动是中国基金管理公司经常遇到的问题。国有控股的深圳创新投资集团在这方面做得尤其出色。通过跟投,深圳创新投赢得了地方政府的信任。表6-4是深圳创新投具有中国特色的政府跟投模式。

表 6-4　深圳创新投的政府跟投模式

管理方式	说明	政府出资比例	政府利益分成
委托管理	"基金+管理公司"模式	1. 政府与深创投出资设立,出资比例一般低于50% 2. 政府、深创投引导其他商业机构共同出资设立,政府出资比例一般为30%至40%	1. 保本:基金净资产低于注册资本50%情况下,政府方可以要求对基金清算,并享有限受偿权 2. 固定收益:在基金盈利时,政府方享有固定收益
全权委托管理	不单独成立区域基金管理公司,基金的管理者为深创投集团,基金投资及退出的最终决策者为基金董事会		
跟随投资	• 不设基金公司,政府承诺一部分投资用于跟投 • 深创投负责寻找项目并作出投资决策 • 之后跟投方依照合同所规定的内容,签署跟进投资协议,在合同范围内跟随投资	—	合作基金不需要支付管理费用和管理公司相应的奖励额度 但在发生投资收益后,跟进投资方按比例所获得的投资收益中的50%将支付给管理公司

资料来源:清科创投。

需要注意的是,跟投经常与另外一个术语跟进投资(Follow-on Investment)混淆。后者指的是基金继续参与已经投资的企业后续轮次的融资。有些有限合伙协议会规定,普通合伙人有权自主决定对受资企业进行一定比例的跟进投资。普通合伙人及基金管理公司应详细披露可能存在的利益冲突。譬如,基金管理公司可能同时管理多只基金,当基金 A 持有的受资企业出现问题时,基金管理公司可能动用基金 B 的资本来拯救该企业,而这种情况显然是基金 B 的有限合伙人所不能接受的。

6.6　清算、解散及终止

有限合伙基金的结束通常以清算、解散或终止出现。而出现这种情况的原因可能有以下几类:

- 普通合伙人决定清算、解散或终止基金,并得到多数合伙人同意(某些基金要求全体同意);
- 合伙期限届满,多数或全体合伙人决定清算解散;
- 合伙人已违反法定人数要求满 30 天;
- 普通合伙人丧失行为能力或被解职,并且合伙人会议没有选定继任者;
- 合伙协议约定的合伙目的已经实现或者无法实现;
- 依法被吊销营业执照、责令关闭或者被撤销;
- 法律、行政法规规定的其他原因。

6.6.1 解散

有限合伙协议规定,如果单一有限合伙人出现破产,并不会导致基金清算或解散(Dissolution)。该合伙人在基金中的权益或者由其他合伙人收购,或者由基金以退伙方式返还对应财产。

6.6.2 清算

清算(Liquidation)条款通常涉及清算的程序及剩余财产的返还顺序。此外,清算条款通常还规定,一旦企业进入清算程序,将不得再进行后续融资。清算小组一般由普通合伙人、有限合伙人或第三方组成。下面是一条清算的条款范例:

> 本企业解散后应当进行清算。清算小组经由三分之二以上合伙人同意,自本企业解散后15日内指定普通合伙人、一个或数个有限合伙人或委托第三人,担任清算人。15日内未确定清算人的,合伙人或者其他利害关系人可以申请人民法院指定清算人。截至清算日未能处理的股权投资按下列方式处置:拍卖;按出资比例分割过户给全体合伙人;部分合伙人承接。清算结束后,清算人应当编制清算报告,并经全体合伙人签名、盖章后,在15日内企业登记机关报送清算报告,申请办理合伙企业注销登记。企业注销后,原普通合伙人对企业存续期间的债务仍应承担无限连带责任。

6.6.3 终止

终止(Termination)条款除了会一一列举基金提前终止的条件之外,还会规定在基金终止时的清算程序。需要注意的是,基金的终止可能由普通合伙人主导,也可能由有限合伙人主导(普通合伙人被解职时)。以下是某基金关于终止的条款:

> 执行合伙人(普通合伙人)认为由于投资环境变化等原因,不能完成合伙企业的目的,可以提前终止本企业的投资。出现上述情形时,执行合伙人应将合伙企业中未投资的现金在保留足额托管费、管理费、合伙企业费用、清算费用后返还给所有合伙人。对已投资项目继续进行投资管理,在所有项目完成退出后或合伙期限到后方予以清算。本企业仅剩有限合伙人的,应予以解散;本企业仅剩普通合伙人的,转为普通合伙企业。

6.7 其他事项

除了之前讨论的条款之外,有限合伙协议还可能就争端解决机制、聘任中介机构、信息披露机制及保密等事项进行规范。

6.7.1 争端解决机制

不少基金约定仲裁机构与仲裁地点,且规定仲裁裁决为终局。以下是一个范例:

> 因本协议引起的及与本协议有关的一切争议,首先应由相关各方之间通过友好协商解决;如相关各方不能协商解决,则应提交中国国际经济贸易仲裁委员会,按该会当时有效的仲裁规则在上海仲裁解决。仲裁裁决是终局的,对相关各方均有约束力。

6.7.2 聘任的中介机构

基金聘任的中介机构主要为律师和审计师,他们服务的对象为基金而非普通合伙人。这里的中介机构可能不同于投资决策过程为尽职调查目的而聘请的中介机构。

6.7.3 信息披露机制

一般包括未经审计的季报和经审计的年报,普通合伙人还需要分别为基金及每个有限合伙人提供其账户收益报告。英国创投协会(BVCA)规范的定期报告应涵盖以下内容:
(1) 基金概述
(2) 执行概要
(3) 基金现状报告
  (a) 承诺资本总额
  (b) 实际出资/投资总额
  (c) 投资者/管理分红总额
  (d) 目前/未来投资项目概况
  (e) 已兑现收益(退出的项目)

(f) 重大事件(如人员变更)
　　(g) 投资者内部收益率
(4) 基金管理费、利润分配以及管理分红报告
(5) 关联交易、相关收益及费用(如交易费、交易终结费)
(6) 基金的负债状况和杠杆比率
(7) 基金价值变化图表
(8) 与主要投资(占基金净值5%以上的项目)相关的重大信息。

6.7.4　保密条款

基金管理人对于基金信息的保密有着偏执的要求,尤其是业绩特别优秀和特别糟糕的管理人。有限合伙协议可能规定如下:

> 本协议的相关各方一致同意,对于本协议的规定、各方之间所达成的谅解备忘录、协定及其他商定,以及其他所有的来自或关于基金的非公开信息,任何一方或任何投资公司都应加以保密,且若未经普通合伙人书面许可,尽量不将所有这些事项透露或以其他方式泄露给其他任何一方。

有限合伙人支付给基金的管理费和管理分红以及基金整体收益都属于保密信息。虽然私募股权的主要投资者为公共养老基金,这些信息受制于保密条款也无法公开。2004年美国加州公务员退休基金(CalPERS)被迫和一家公益团体达成和解,对外公布支付给私募股权基金和对冲基金管理人的费用信息。从此之后,保密条款对公共养老基金这类机构投资者的有效性便存在争议。

7 创业投资

创业投资是最早出现的私募股权策略。在一些分类方法(包括美国官方)中,创投基金甚至单列成为一类,而其他基金统称为狭义的私募股权。按照维基百科的定义,创业投资是投资于创业早期,高成长性和高风险企业的金融资本。创投的逻辑并不复杂,就是将资金分散化投资于多个有成长前景的企业的股权,冀望于将来以更高的价格将这些股权出售给公众投资者或收购者。但在执行层面,不同背景的基金有着千差万别的投资方法。在讨论创业投资之前,我们先简要介绍比它更早期的天使投资。在实践操作中,创投基金与天使投资者共同投资于同一企业很常见,但两者的投资理念和专业程度略有不同。

7.1 天使投资

我们之前已经介绍过,企业或行业的成长周期大致可以分为初创期、成长期、成熟期和衰退期。初创企业或者产品尚未开发出来,或者商业模式未完全成型,甚或企业家只有一个粗糙的想法,因而具有较大的风险。这一阶段企业的主要资金来源并非创投基金,而是传统的3F,即亲人(Family)、Friends(朋友)和天使投资者(Fools)。

天使投资者(Angel Investors)最早指的是为百老汇排戏提供初始资金的个人投资者,因其主要目的并非货币回报,故称之为天使。现在天使投资主要指的是高净值个人投资者对初创企业的投资。除了一些职业天使投资者和投资社团外,多数天使投资者不具备所投资领域的专业知识,因而往往采取跟投策略。实证研究表明,天使投资的平均收益略高于更晚阶段的创业投资,但失败风险要显著超过后者。

不少知名企业都是起步于天使投资者,也造就了不少传奇投资案例。譬如,谷歌的第一笔资金来自安迪·贝托斯海姆的10万美元,后来这笔投资回报倍数高达3 000倍。国内著名的科技企业也有不少是天使投资的杰作。譬如,新浪起步于四通集团的500万港元投资,张朝阳创立搜狐时用的是MIT几位教授给的20万美元支票,李彦宏创立百度靠的是120万美元的天使投资,等等。

中国市场上已经有一批知名的职业天使投资人,多数是成功的创业者,如曾李青(腾讯创始人之一)、徐小平(新东方创始人之一)和薛蛮子(UT斯达康早期投资者)等。这类职业天使投资人往往投资于多个项目,单笔金额在数百万元左右。曾李青自称投资了50个项目,总投资金额在2亿—3亿元之间。① 就单笔投资金额而言,中国天使投资已经可以和美国相提并论。美国企业接受的天使投资金额平均值大约在50万美元左右。但在投资案例数量上两者相差巨大,仅2010年美国接受天使投资的企业数量高达6.19万

---

① 2012年8月25日,曾李青在"中国互联网企业家年会暨3W咖啡年度股东大会"的演讲。

家①,而我国估计也就数千个案例而已。

虽然在公众印象中,天使投资是富人的游戏,但实际上并非如此。根据美国的统计数据②,约2/3的天使投资者资产总额低于100万美元,天使投资的平均规模也只有1万美元左右。天使投资企业的规模分布有点极端,将近40%的天使资金投向了估值5万美元以下的初创企业,剩下多数资金投向估值100万美元以上的企业。虽然近一半天使投资者希望能够获得10倍以上的回报,但美国天使投资通过IPO退出的概率只有0.2%不到。事实上,美国天使投资的平均回报倍数只有1.7倍左右。

天使投资社团或天使基金则是比个人投资更进一步的投资方式。美国存在大量的天使社团,其中最为著名的两家为TechStars和Y Combinator。前者每年都会举办商业计划大赛,并向获胜的前十个项目提供数万美元的投资。后者则是由基金的主要合伙人对申请投资的项目进行评估。视参与投资的基金合伙人不同,项目会得到1.2万—2万美元不等的种子资本,平均占股6%左右。至2012年,Y Combinator已经投资了近500个项目,是目前最为成功的天使投资基金,培育了Reddit、Dropbox和Justin.Tv等多个初创企业。

国内也有天使投资社团和基金在运作。"天使会"是其中较为知名的组织,由薛蛮子、蔡文胜、曾李青和何伯权等知名天使投资者共同建立。但其组织形式较为松散,会员之间的常态合作并不多见。2009年成立的创新工场早期的运作模式与Y Combinator有颇多相似之处。③ 创新工场由前谷歌中国总裁李开复创立,为创业者提供初始投资和运营方面的帮助,已经培育了豌豆荚和点心等多个初创企业。值得一提的是,创新工场第一期和第二期美元基金募集额分别高达1.8亿和2.75亿美元,第一期人民币基金募集额高达3亿元。

根据各家银行提供的私人财富统计数据,可投资金融资产超过1 000万元的中国高净值家庭数量在30万—100万户之间。这些家庭的财富多数沉淀在银行存款和房地产等传统投资上。以银行存款为例,中国个人存款金额超过40万亿元。从美国经验来看,随着投资者金融知识的积累,银行存款向股票、债券、基金和另类投资转移的趋势不可避免。天使投资虽然属于另类投资,但是未来也会成为高净值家庭理财的重要投资渠道。

7.2 项目来源

项目来源对于创投而言,有着举足轻重的意义。虽然创投基金选项目可以用百里挑一来形容,但是"百"的质量决定最终"一"的成败。与其他类别基金的经理相比,创投基金经理大部分时间可能都是在阅读商业计划书。而这些商业计划书通常的归宿都是垃

---

① http://en.wikipedia.org/wiki/Angel_investor
② 斯科特·A.沙恩.傻瓜的金子:美国天使投资背后的真相[M].北京:中国出版集团东方出版中心,2009.
③ 创新工场后来放弃了孵化器模式,其官方简介自称为创业投资基金。

圾桶。虽然如此，基金经理仍然还是要以淘金的心态去通过各种渠道寻找项目。基金管理人在募集基金时经常会向投资人宣称其拥有"独好"的项目渠道。但实际上，除了少数资深的硅谷基金管理公司之外，多数创投管理人在渠道方面并没有优势。我们可以列出一长串投资渠道的来源，包括：

- 其他创投基金推荐；
- 合作的中介机构，如律师、会计师、财务顾问和投行；
- 天使投资者或投资社团；
- 银行等贷款机构；
- 政府机构，如中国特有的金融办、上市办和科技园管委会；
- 行业展会、创业计划大赛、创投论坛等；
- 学术研究机构等。

7.2.1 人脉网络

对于创投基金管理人而言，渠道背后最为宝贵的资源是 GP 们经营多年形成的人际关系网络和声誉。硅谷汇集了超过 400 家创投基金，但真正处于金字塔顶端的只有不到 40 家。这些历史悠久的基金管理人与各种机构和天使维持着良好的关系。因此当新的优秀企业出现时，顶级基金管理人有机会在第一时间发现它们。

基金管理公司的声誉也能够吸引企业家主动上门寻求融资，这也是项目的来源之一。但是如果没有熟人介绍的话，不管是企业主动寻找基金投资，还是基金主动寻找企业，成功率都非常低。但其中也不乏一些成功的企业。1995 年 Hotmail 的创始人巴迪亚(Sabeer Bhatia)主动上门找到了德丰杰基金(Draper Fisher Jurvetson, DFJ)进行融资，结果被狠敲了一笔竹杠。两年后，虽然 Hotmail 以 20 倍的溢价出售给了微软，巴迪亚仍然对 DFJ 基金颇有怨言。

连续创业的企业家是创投基金青睐的对象。他们的创业经验（不论是成功还是失败）是说服基金投资的重要砝码。譬如，汉庭连锁酒店的创始人季琦曾经参与过携程和如家的创立。两次成功的经验帮助他首轮便从鼎晖等基金处筹到了 8 500 万美元的资金。而美团网的创始人王兴则是另外一个极端的例子。他 2004 年之后连续创立了校内网、海内网和饭否网。虽然这些网站都失败了，但由于创投基金对他的认可，2010 年他还是从红杉中国筹到了数千万美元，创立了美团网。①

人际关系网络首先来自基金经理们的从业经验。创投界的一个经典问题是，要花多少钱多少时间才能培养一个合格的基金经理？答案是大概 10 年时间以及 1 000 万—2 000 万美元。在漫长的投资生涯（或者成功或者失败）中，基金经理会结识很多企业家和技术专家。这些人脉是基金经理们宝贵的资源。

人际关系网络还跟地理位置有关。硅谷成为美国创投圣地的原因是非常明显的。

---

① "数千万美元"的首轮融资额为王兴的说法。2011 年 7 月，美团网宣布完成 B 轮融资，金额为 5 000 万美元。

斯坦福大学、加州大学伯克利分校和南加州大学的学生有着良好的创业传统。惠普、谷歌、雅虎和太阳微系统等企业都是斯坦福学生创立的。硅谷的创投基金也因此有了近水楼台的优势。唐·瓦伦丁遇见苹果电脑创始人沃兹尼亚克的餐馆便在硅谷附近。中国著名投资人查立在这里也赶上了谷歌的开业庆祝。但遗憾的是，他当时并没觉得这帮年轻人有机会能成功，因此错过了千载难逢的机会。当然，千载难逢只是相对于查立而言，这种事情每隔一段时间便会发生一次。

大量创业者和基金的集聚使得一些原本与硅谷没有关系的创业者和基金也不得不搬到硅谷。举个例子，2005年Y Combinator成立时要求所有接受投资的创业者都搬到麻省的剑桥市①，但后来也不得不将创业营地搬到硅谷。这可能是因为硅谷汇集了大量工程师，创业者可以方便地在硅谷招聘到人才。硅谷创业者良好的交流氛围也是原因之一。一些东海岸的基金（如KKR）为了寻找投资机会，也纷纷在硅谷设立办公室。

西雅图是美国西海岸又一个创业的集中地。微软、Facebook和亚马逊的总部都设在这里。创投界的一个经典笑话②和亚马逊的创始人杰夫·贝索斯（Jeff Bezos）有关。贝索斯原来在纽约著名的对冲基金D.E.Shaw工作。在做投资分析时贝索斯预见了互联网和电子商务的快速发展，于是便决定辞掉工作前往硅谷创业。搞笑的是，贝索斯走错出口开到了西雅图（硅谷北边）。贝索斯只好将错就错，在租来的车库里创立了亚马逊。

创投业的扎堆现象可能还与基金投后管理有关。创投基金管理人一般会担任企业的董事会成员，为企业发展提供建议和帮助。一些顶级基金管理人可能同时担任5家以上公司的董事，同时还要参与基金本身的工作，包括资金募集、尽职调查和退出操作等。因此投资于邻近地区的企业对于提高基金的运营效率而言非常重要。经常会有基金宣称，只投资于半小时/一小时/两小时车程以内的企业。

中国创投界的重镇无疑是北京海淀区的中关村。北京大学、清华大学和中国人民大学等多家大学都在中关村附近。而这些学校的毕业生也成了中国科技创业的主力军。新浪的王志东（北京大学）、搜狐的张朝阳（清华大学）、百度的李彦宏（北京大学）、京东商城的刘强东（中国人民大学）都是其中的代表。但是中关村的创投基金并不多，不少基金的北京办公室设在朝阳区的CBD（国贸桥附近）或西城区的金融街。虽然创业者和基金会在中关村的一些咖啡馆（如车库咖啡和3W咖啡）会面，但总体而言，中关村地区的创业气氛和硅谷不可同日而语。

深圳是中国最有活力的城市之一。大量的创业者和基金都汇集在这个以移民为主的新城市。虽然这里不乏腾讯这样的优秀企业和深创投这样的优秀基金，但大学资源是深圳竞争力的短板。深受诟病的"山寨"文化便诞生于深圳，这也成为批评者指责深圳缺乏创新能力的论据之一。为了解决这个问题，深圳政府发起成立了南方科技大学，还邀请北京大学、清华大学、哈尔滨工业大学和香港中文大学等多家大学在深圳设立分校。假以时日，商业气氛良好的深圳将有可能超越北京成为创业圣地。

---

① 麻省的剑桥市与哈佛大学和麻省理工学院比邻，也是著名的学术圣地。经济学历史上曾经有两个剑桥之争，即英国剑桥学派和麻省理工学院新古典学派的争论。

② 请注意，这个笑话并非事实。

7.2.2 同行合作

一些小基金管理公司会将发现的项目推荐给大型基金管理公司。其中的逻辑是,大型基金管理公司对项目的甄别能力更强,对受资企业提供的支持力度也更大。因此一些小管理人往往会对企业说:"如果××基金愿意领投,我们就跟投。"但从实践来看,这种逻辑是值得商榷的,尤其是第一点。马化腾曾经以约100万元的估值寻求联想投资(现称"君联资本")的支持,但联想投资觉得这个年轻人成功的概率不大,于是便错过了这个投资机会。到2012年年底,腾讯的市值已经超过600亿美元,而1999年时联想投资可能只需要50万元左右便可拿下腾讯50%的股份。① 鼎晖投资的创始人吴尚志也承认,百度上市前曾经邀请他们参与投资,但经过尽职调查后鼎晖放弃了百度。

类似的例子在美国也比比皆是。凯鹏华盈(KPCB)和红杉资本(Sequoia)都错过了Facebook的早期投资。KPCB最终参与了Facebook上市前的最后一轮融资,估值高达500亿美元。虽然Facebook上市时的市值高达1 040亿美元,但到2012年10月底时已经跌至400亿美元。

一个广泛流传的段子是,红杉资本的唐·瓦伦丁(Don Valentine)有一次在餐馆吃饭时听到了苹果电脑的创始人史蒂芬·沃兹尼亚克(Stephen Gary Wozniak)②在和人聊到投资者对苹果电脑不感兴趣。瓦伦丁非常感兴趣,于是便让侍应生给沃兹尼亚克送去一瓶好酒并附上一张便条,写道"别人不投不代表红杉不投"。但后来的故事是,红杉最后也没对苹果电脑产生兴趣,瓦伦丁将这个投资机会让给了朋友麦克·马库拉(Mike Markkula)。1980年苹果电脑以13亿美元的估值IPO成功。2012年,苹果市值超过6 000亿美元,成为有史以来市值最高的公司。

但不管如何,同行的意见会成为基金管理人判断的重要依据。当同时有多家基金对一个企业感兴趣时,共同投资便成为基金们不可避免的选择。这时,出资金额最高的基金管理人便会作为领投基金与企业就投资条款进行谈判,其他基金则选择跟随或放弃投资。在2007年以前的中国市场上,外资基金往往扮演领投的角色,摩根士丹利、高盛和IDG在这方面有成功的经验。随着人民币基金的兴起,鼎晖、深创投和达晨等本土管理人也开始在市场上占据领先地位。

---

① 读者需要注意的是,在企业成长过程中不断进行的融资会将原始股东的股份比例稀释。除非每轮都足额跟投,否则创投基金很难维持初始持股比例,而持续跟投的基金属凤毛麟角。

② 和很多人所认为的事实不同,史蒂夫·乔布斯(Steve Jobs)并不是苹果电脑的发明人,沃兹尼亚克才是。但苹果电脑的业务运营确实是乔布斯的杰作,不管是早期还是后来的辉煌时代。

7.2.3 中介机构

创投基金管理人与律师、会计师、投资银行、商业银行和财务顾问[①]的合作关系也是项目渠道之一。这些中介机构在为企业提供服务的过程中会发现一些合适的投资项目,并将之引荐给基金。部分中介机构向基金管理人推荐项目并不要求回报。但有一些机构提供的是付费服务,我们称之为介绍人(Finder)。介绍人可能代表基金也可能代表企业,但不管代表哪一方他们都会收取介绍费(Finder's Fee)。介绍费的收取比例一般在1%—3%之间,有的会采取累进计费方式。

收费中介并非美国创投基金的重要渠道。但在中国市场上,收费中介的作用不容忽视。历史上,新浪和腾讯最早的几笔融资都是由中间人介绍获得的。代表企业(即卖方)的中介更加常见。这主要是因为中国企业家多数缺乏融资经验和专业知识,因此通过中介来接触投资机构是更加有效的渠道。对于需要进行大额融资的企业来说,聘请专业中介来协助条款的谈判也是较为常见的。

在美国,协助企业谈判的中介往往是律师。律师水平的高低和经验的丰富与否对于企业融资成败有很大影响。低水平的律师可能会执着于无关紧要的细节,而耽误了项目谈判的总体进程。大的美国律师事务所还可能会为创业者主办项目对接会。在这种对接会上,多家受邀的基金管理公司代表共同聆听创业者的展示。如果基金对项目感兴趣,那么双方便可以进一步接触。但是由于每个创业者能得到的展示时间非常有限,效果并不一定好。

在中国市场上,要找到精通投资条款和谈判流程的律师并非易事,因此协助融资的中介往往是财务顾问。但中国的财务顾问也是一个鱼龙混杂的行业。糟糕的财务顾问可能毁掉一宗交易,甚至欺骗交易双方。一些财务顾问往往会以帮助企业起草商业计划书为名收取几万元的材料费,之后又以介绍投资方为名再收取几万元一次的介绍费。但往往这些中介最终不会为企业带来任何投资方,倒是收取了不多不少的服务费。

这里讲述一个常见的骗局。某寻求融资的山东企业接到了北京一家投资顾问公司的电话。对方自称有一家北京的投资基金对企业很感兴趣。于是这家中介的代表便将企业老总接到北京,并到金融街拜访了意图投资的基金管理公司。老总发现这家基金的办公室非常豪华,应该很有实力。基金管理公司在会谈中表示,虽然己方对企业很有信心,但是按惯例应该对企业进行尽职调查。于是在基金管理公司的要求下,老总聘请了一家基金管理公司指定的审计师进行审计,费用为50万—100万元之间。审计完之后,老总再也接不到基金管理公司的电话了。其实这个局中,骗子的目标就是那笔审计费而已。

中国的证券公司(相当于投资银行)也是Pre-IPO项目的重要来源。美国市场上,企

[①] 财务顾问是一个被滥用的名称。在融资中代表买方或卖方利益的顾问都可以被称为财务顾问。投资银行、商业银行以及国内常见的投资咨询公司或顾问公司都可以担任财务顾问。

业开始 IPO 操作之前一般不会与投资银行接触。因此创投基金非但很少从投行处获得项目，反而可能给投行介绍客户。在中国市场上，IPO 是一件极度耗费时间的操作，承销的证券公司需要在前期就介入企业的改制。总体而言，证券公司储备的上市项目质量相比普通非上市企业要高一些。因此证券公司也就成为一些基金的重要项目来源。当然，它们需要与证券公司的直投子公司争夺这类项目。

7.2.4 学术机构

美国大学对科研投入巨大，仅排名靠前的 25 家大学一年的科研资金总额便超过 200 亿美元。每年都会有数百家初创企业脱胎于大学的科研成果。譬如，谷歌、雅虎和 Facebook 都是在校生创立的。一些大学甚至成立了针对学生创业的投资办公室，如斯坦福大学。美国的创投基金也非常关注来自大学校园的创业者以及大学技术转让形成的企业。

一些创投基金会通过商业计划大赛来发现创业者。基金经理不辞辛劳来到大学校园作为商业计划大赛的评委。绝大多数商业计划书都不会变为现实，基金经理更在意的是创业者本身。其实不少学生参加商业计划大赛的目的只是获奖并美化自己的求职简历，极少有真正的创业冲动。谷歌、雅虎和 Facebook 创业之初并没有成型的商业计划，更遑论商业计划书了。但不管如何，仍然会有一些不死心的创投基金经理希望在其中发现下一个杨致远或扎克伯格。

虽然中国大学数量众多，但令人尴尬的是，中国大学的科研成果实在乏善可陈。过去中国曾经有过一些成功的校办企业，如北大方正、清华紫光和交大昂立等，但其国有属性使得私人基金难以置喙。虽然大学校园也经常会有创业大赛或商业计划大赛，我们也曾经作为评委参与其中，但多数商业计划也是以获奖为目的，绝少有真正的创业者参赛。中国创投界甚至有一条不成文的共识，刚毕业的大学生创业不会成功。一些基金管理人甚至将有 MBA 学位的创业者列入"绝对不投"类别。北大科技园和清华科技园很少有在校生或新毕业生创业。这或多或少说明了国内大学创业教育的一些问题。

和美国基金一样，中国的创投基金确实也会出席一些创业计划大赛。这些大赛的举办者多数是媒体，如《创业家》杂志举办的"黑马创业大赛"和中央电视台曾经举办过的"赢在中国"真人秀。这些比赛的参加者都不是只有商业计划或创意的年轻人。他们多数已经开始了业务运作。这些比赛的评委阵容也非常强大，经常会有国内一些知名的企业家(如柳传志、马云和史玉柱等)和创投基金(如软银和红杉等)在其中。但至少到目前为止，我们还没有看到这些大赛走出过成功的企业。我们还需要时间来检验这一渠道的有效性。

7.2.5 政府机构

政府相关机构作为项目渠道是中国市场的特色。有好事者统计过，中国企业上市需要获得工商、税务、劳动甚至城管等近20个部门的批准。地方政府为支持企业上市，往往会将这类工作交予金融办或上市办等临时机构协调。正因如此，通过地方政府这个渠道来寻找Pre-IPO项目是较为快捷的方式。此外，由于新三板市场①试点的挂牌企业都是各地科技园区注册的企业，因此各地的科技园区管委会也开始成为基金经常造访的部门。需要注意的是，地方政府的诉求和基金追求利润的目标并不一致，因此这种渠道的有效性仍需要时间来检验。

深创投等国有背景的基金在这种渠道的挖掘上有独特的优势。深创投通过与地方政府设立的引导基金合作来获得当地的渠道资源。根据该公司公开的数据，深创投已经设立51个政府投资的基金，其中省级14个，地市级33个，中央级和县级各2个。合作方式也有委托管理、共同投资和跟投等多种模式。

7.3 投资理念

基金经理孜孜以求的目标是"全垒打"（Homerun）项目，也即25倍以上回报的项目。为达到这个目标，他们更愿意去投资那些有机会成为巨型企业的项目。这在普通投资者看来有点不可思议。我们做个简单的算术题就能说明这一点了。

假设我们管理的基金规模为1亿美元，持续期限为10年。考虑到基金管理公司每年收取2%的管理费，实际可以用于投资的资金只剩下8 000万美元。假设在5年的投资期内我们总共投资了16个项目，每个金额500万美元。根据经验，其中的10个会颗粒无收。剩下的6个项目中可能会有5个得到2—3倍（假设2倍）的退出回报，1个能获得超高的回报（假设30倍）。那么经过10年的投资，基金获得$500 \times (5 \times 2 + 1 \times 30) = 20\ 000$（万美元）。如果这些回报都是发生在第10年（现实中不太可能），那么基金内部收益率（IRR）不过8.44%，才刚刚及格而已。我们假设平均每案例的投资周期为5年，那么回报将提高到14.8%。扣除管理分红后，投资者们得到的年平均收益为12.5%。虽然这个数字都和基金募集说明书的目标回报相去甚远，但却比较符合实际。美国最著名的养老基金CalPERS的另类投资项目年平均回报率也不过在13%—14%之间。

读者可能会有疑问，如果16个项目的失败概率降低一点，收益率会不会有所改善？假设失败案例数降低到8个，投资者回报率将会提高到14.4%；降低到6个，基金回报率为16.2%；而如果有16个项目中有2个为"全垒打"项目（也不太可能），即便其他项目都失败了，投资者回报率将会是令人满意的21.1%。

从实证数据来看②，创业投资案例完全颗粒无收的概率高达60%以上，而其中3%左

---

① 新三板全称为"中关村股份代办转让系统"，挂牌企业为主板退市企业、原STAQ系统上市企业以及科技园区企业。截至本章写作时（2012年11月初），新三板试点的国家级科技园区除中关村之外，还有天津滨海高新区、上海张江高新技术产业开发区和武汉东湖新技术开发区。

② 资料来源于哈佛大学针对600个创投案例的分析结果，参见 Peter Cohan. Stumbling Venture Capital Industry Harms Startups and Innovation. *Daily Finance*, June 23, 2010。

右的案例贡献了整体收益的50%。与其小心翼翼地去寻找普通项目,不如专注于寻找"全垒打"。因为10个普通项目的回报可能还比不上1个成功项目。

Accel Partners便是典型的例子。这家1983年成立的基金管理公司历史上曾经为投资者提供过不错的回报,但2000年以后便开始没落。幸运的是,2004年Accel Partners成为Facebook持股10%的股东。社交网站的概念并非热门,而且还经常受色情内容的困扰,因此Accel Partners的投资在当时并非当然之选。接受Accel Partners投资时,Facebook的估值不过1亿美元,但到2012年上市时便膨胀到了1 040亿美元。虽然后来Facebook股价暴跌了50%,但这一笔投资仍然使得Accel Partners成为美国历史上最优秀的创投基金管理公司之一。

成功项目的特征之一就是"大"。我们再做一道算术题来说明这个问题。假设我们向一家企业投资了500万美元,持有其20%比例的股份。这相当于该企业整体估值为2 500万美元。但我们这500万美元显然是不够高成长型企业花销的,因此在接下来的几年里企业又进行了三次融资,每次都是增发20%的新股。由于我们没有跟进投资,我们这20%的股份被稀释成为20%×80%×80%×80%=10.24%。如果这家企业上市时的估值水平高低10亿美元,我们持有的股份价值将达到1.024亿美元,相比初始投资为20.48倍。

读者需要知道的是,从初创企业走到IPO的概率非常之低,即便在美国市场也不过千分之一二。而10亿美元以上估值的大型IPO在美国市场可能还不到10%。虽然在过去十多年的发展中,中国创投业分享了腾讯、百度、阿里巴巴、盛大、携程、分众和奇虎等多个成功项目的回报。但考虑到庞大的基金数量,这样的企业数量还是太少了。

更为残酷的是,一些优质的项目被少数优秀基金垄断了。从经验来看,二八定律对于创投基金来说是成立的,即20%的基金产生了行业80%的利润。而这最好的20%基金内部也是不平均的,大概1%的基金产生的利润占基金总体的40%。因此,网景浏览器的发明者马克·安德森(Marc Andreessen)挖苦说,创投不过是40家基金赚大钱,其他基金打酱油的游戏而已。安德森在将网景以42亿美元的价格卖给美国在线(AOL)后成立了自己的基金,先后成功地投资了Facebook、Twitter和Zynga。[①]

7.3.1 行业选择:哪里有大鱼?

Inc 500强企业是美国《Inc》杂志评选出的500家成长最快的企业。在2012年评选出的Inc 500强企业中,将近三分之二的企业不依赖于外部投资,资金主要来自创始人的个人储蓄。其他年份的统计也大概如此。那么,为什么创投基金会错过这么多高增长企业呢?因为不是所有的行业都能诞生10亿美元以上的大公司。小池塘水草再丰富也养不出鲸鱼。接下来我们讨论创投基金的行业偏好。

在不同的年代,美国创业投资基金所投资的主流行业都不尽相同。1970年代以前,

---

① Twitter是中国微博的原型,而Zynga则是一家著名网络游戏公司。

半导体行业是创业投资的热点。英特尔和超微半导体(AMD)都是这一阶段的代表企业。1980年苹果公司的IPO和之后IBM个人电脑的发布则代表了PC行业黄金时代的开始。创投业最得意的一年应该是1983年,因为这一年成立的个人电脑公司有一半以上都成功上市了。1995年以后则是互联网占据统治地位的年代。大量网络公司的上市也使得创投行业的发展进入快车道。1990年美国创投行业只投资了约1 000家企业,仅过了五年这个指标便变成了1 565家。而到了泡沫顶峰2000年,美国创投业创纪录地投资了6 420家企业。① 这成为美国创投业之后十年难以消化的苦果。除了少数成功的企业(如谷歌)拯救了投资者之外,多数案例都是血本无归。

到了21世纪的第二个十年,美国创投行业的主要投资对象变成医疗、信息科技(IT)和清洁技术(Cleantech)三足鼎立的格局。这三个产业还可以再细分为多个行业。各行业所处的发展阶段也不尽相同。譬如,不少宽带互联网服务已经步入成长阶段晚期,而移动互联服务和清洁能源还处于起步阶段。

这三个科技行业的共同特点是:边际成本较低,规模化发展的可能性也较高。因此这三个行业有可能诞生创投基金冀望的巨型企业。与IT行业相比,其他两个行业的投资优势在于,初始投资成本较低,启动资金可能只需要数十万美元,适合广泛撒网式的早期投资。而医疗科技和清洁能源所需要的研发成本较高,专注于这两个领域的基金投资节奏显然要慢于IT类投资。

图7-1为2011年NVCA统计的美国创投基金投资行业分布,总投资金额为294亿美元。互联网很难被单独定义为一个行业,它可以是软件、娱乐媒体、IT服务甚至消费服务业。NVCA统计的2011年互联网相关的投资金额高达70.6亿美元,约占全部投资的1/4。2012年前三季度的数据也大致如此。

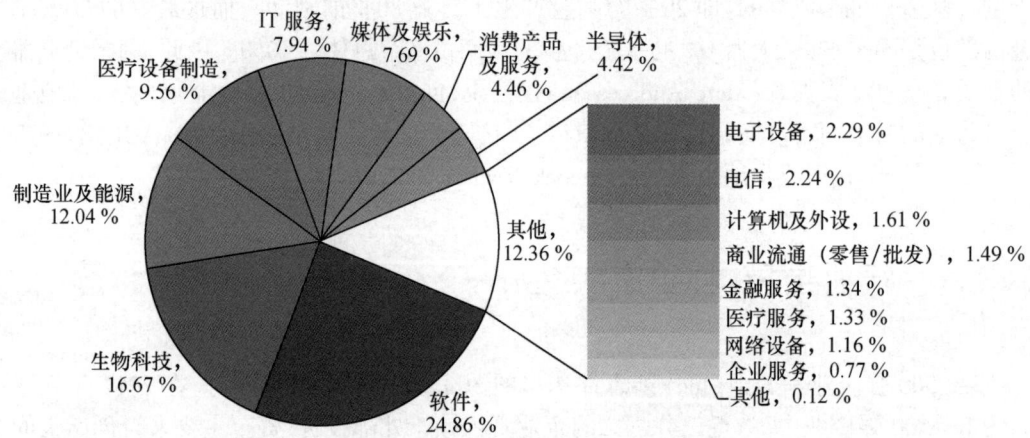

图7-1 2011年美国创投投资行业分布

资料来源:NVCA。

创投支持的企业在一些行业占据绝对主流,如软件、生物科技和半导体。这三个行业中创投支持的企业分别雇用了全行业90%、74%和72%的人手。在后两个行业中,创

---

① 资料来源:NVCA。

投支持企业创造的销售收入占比高达88%和80%。①

中国的创投行业在过去几年中得到了长足的发展。根据清科的统计,2011年中国创投基金总投资金额高达127亿美元,其中互联网相关的投资恰好也是近1/4。清洁能源和医疗产业也在其中排名靠前(见图7-2)。这种现象并不难解释。中国的企业家和基金管理人经常学习或者说模仿美国同行。当一个新业务在美国出现之后,不久中国也会出现类似的东西,譬如微博与Twitter。

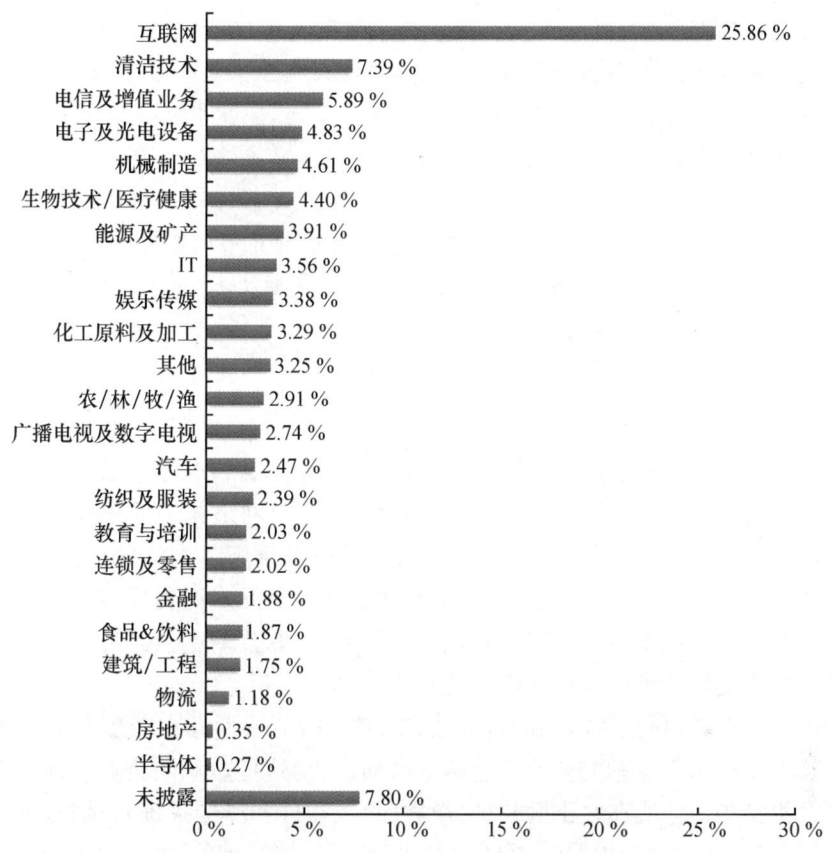

图7-2　2011年中国创投投资行业分布

资料来源:清科创投。

当然,并非所有中国的商业模式都抄袭自美国,如大众点评网、分众传媒和微信都大致是中国原创的产品。而且多数美国概念进入中国市场之后都需要经过改良,否则会水土不服。腾讯的QQ抄袭自美国的ICQ②,百度的商业模式则来自美国的Overture。ICQ和Overture都已经没落,而腾讯和百度却已经成为世界级的网络企业。这部分说明了中国市场的特殊性。

创投基金管理公司在选择投资行业时有两种做法。一种是只专注于特定产业,如医

---

① 资料来源:NVCA。
② 事实上QQ最早的名称为OICQ,其客户端就是ICQ客户端汉化而来,后来在ICQ的干涉下才改名QQ。

疗、化工和新能源，我们称之为专业化基金（Specialist）。另一种则是不限定行业，我们称之为一般基金（Generalist）。从实践来看，专业化基金的融资更加容易，但也更容易受行业周期影响。但从投资业绩来看，专业化和一般基金似乎没有大的差别。

有些基金管理人（尤其是专业化基金管理人）对于技术有着近乎偏执的热爱。但是投资者需要注意的是，并非所有先进技术都能给投资者带来回报。巴菲特对此有一段精彩的论述，来自他1999年在太阳谷峰会上的演讲：

> 美国一度拥有2 000家汽车公司。汽车很可能是20世纪上半叶最重大的发明。它对人们的生活产生了巨大的影响。但最终，只有3家汽车企业活了下来，而其股价也都曾低于账面价值。因此，尽管汽车改变了美国，对投资者来说却非幸事。现在我们能够很容易分辨出失败者，但当时投资汽车却是当然之选。
>
> 20世纪上半叶另一项最伟大的发明是飞机。从1919年到1939年，美国一共诞生了约200家飞机制造公司。如果你当时看到莱特兄弟（飞机的发明人）试飞小鹰号，你肯定会为航空业的投资前景激动不已。但是事实上，截至1992年所有航空公司的合并净利是零。没错，连一毛钱也没赚过。
>
> 我告诉你们，如果当时试飞小鹰号时我在场，我一定会代表未来的投资者把莱特兄弟毙了。

很遗憾，当时与会的创投基金管理人多数都认为巴菲特过时了。后来的发展证明巴菲特对了一半，错了一半。网络泡沫确实破裂了，但是与网络相关的科技企业后来都找到了盈利的方向，并成为美国经济的新火车头。即便是经历了次贷危机，苹果电脑和谷歌2011年的净利润仍然分别高达260亿美元和100亿美元。而美国传统经济的代表企业，如通用汽车、福特汽车、花旗银行和美国国际集团，多数差点在经济危机中破产。科技企业已经成为美国股市市值占比最高的板块。

其中的原因在于，科技、媒体和通信（俗称TMT）行业长期存在着赢者通吃的现象。[①] 一个细分行业中能真正盈利的企业不过两三家而已，但这些盈利的企业往往带来惊人的回报。这种类型的企业实在是不胜枚举，微软（办公软件和操作系统）、英特尔（CPU）、苹果和三星（智能手机和平板电脑）、百度和谷歌（搜索广告）、亚马逊（电子商务）、腾讯（即时通信）和Facebook（社交网络）。即便是巴菲特提及的汽车和飞机制造业，通用汽车、福特汽车、波音和空客等少数几家公司也都曾经有过辉煌的历史。

Gartner公司将新产业或新技术的发展总结为技术演进曲线（见图7-3）。新技术的出现往往会引发市场不切实际的期待，从而带来狂热的投资泡沫，譬如1995—2000年的网络泡沫。在2001—2003年的后泡沫时代，那些没有盈利前景的商业模式纷纷被淘汰，存活下来的企业具有更加扎实的商业基础。携程、百度、腾讯和阿里巴巴等企业都是在网络泡沫期间成立并存活下来的。在当前宽带互联网的大发展时期，它们都已经实现稳定的盈利。腾讯2011年的净利润高达102亿元，而同期国内股民高度追捧的茅台股份净

---

① 前谷歌工程师吴军博士在所著的《浪潮之巅》（电子工业出版社2011年出版）一书中将这一现象总结为7-2-1定律。即领先的企业占领市场份额的70%，第二的企业占20%，剩下的企业只占10%不到。

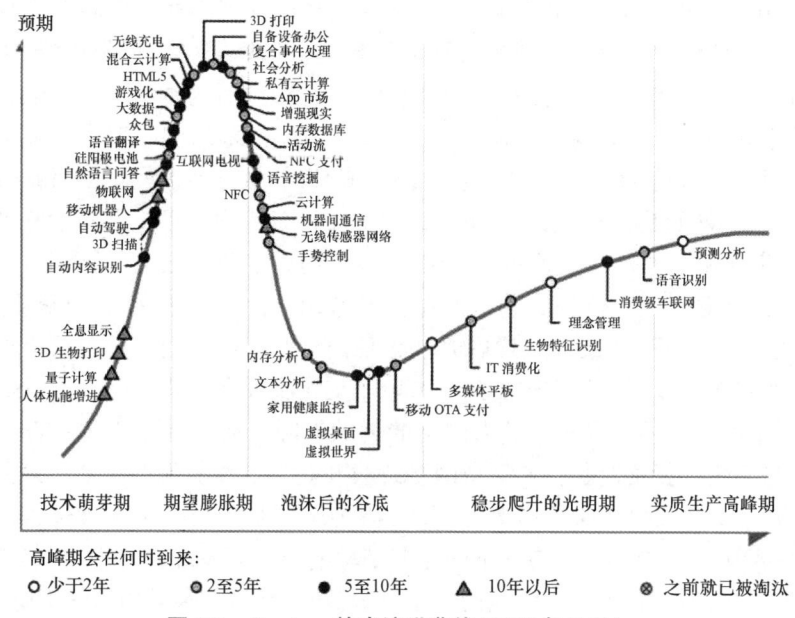

图 7-3　Gartner 技术演进曲线（2012 年 7 月）

资料来源：Gartner。

利润不过 87 亿元。腾讯成立于 1998 年，而茅台的历史始自 1704 年。

如果 Gartner 公司的技术演进曲线适用于中国，现在热门的移动互联、电子商务和新能源恐怕仍然还处于第一波的狂热期甚或冷却期。从长远来看，移动互联、电子商务和新能源将会深切改变我们的生活。但在 2012 年，投资于这三个行业的创投基金仍在苦苦寻找出路。可以预见，虽然行业前景光明，但只有少数企业能够在激烈的竞争中胜出，多数投资都将血本无归。过去创投的历史已经证明了这一点。

7.3.2　赌马还是赌骑师？

投资界对于成功企业的特质多年以来一直有着这样的争论：业务重要还是团队重要？或者通俗地说，赌马的时候该挑马还是挑骑师？

多数基金管理人在公开场合都会反复强调团队的重要性。这种说法泛滥的原因之一是管理人在讨好企业家。我们确实也能找到支持这一说法的证据。一些初创企业在发展过程中遭遇了环境的改变，优秀的企业家及时调整了策略并将企业带上了成功的道路。百度在初创时的收入主要来自为新浪等门户网站提供的搜索服务。但在新浪拒绝为搜索付费后，李彦宏力排众议将业务转型为搜索广告并获得了商业成功。虽然笔者非常反感百度不道德的竞价排名，但从商业角度来看，在百度这个案例中骑师确实比马重要。

贝宝（Paypal，支付宝的美国同行）是另外一个经典的例子。其创始人勒夫岑（Max

Levchin)和彼得·塞尔(Peter Thiel)①1998年创业时预见到移动设备将会在生活和商业中得到普及,因此设想的商业计划是为移动设备提供加密服务。但很可惜,他的预见要到10年后才实现。在2000年前后,PDA(如中国的商务通)这类移动设备确实火过一段时间,但后来几乎就在我们视野里消失了。在此背景下,塞尔和勒夫岑将业务转型为帮助客户通过移动设备转账。为了帮助客户注册账号,贝宝开通了网站并且在互联网上提供转账服务。意外的是,网络用户很快就远超移动设备用户。贝宝公司后来便专注于网络支付业务并关闭了移动设备服务。2002年10月,贝宝公司被电子港湾(eBay,淘宝的美国同行)以15亿美元的价格收购。设想一下,如果当年贝宝坚持做加密业务(勒夫岑的个性确实有点"一根筋"),那么背后的基金恐怕会赔到底。当然损失最大的恐怕是中国消费者,很难想象没有支付宝这类第三方电子支付服务商,网购将会是怎样一种场景。

中国类似的例子还有很多。盛大网络的创始人陈天桥一开始设想的商业计划是卡通网站,后来不惜和投资商翻脸转型做网络游戏并获得了商业成功。新浪最开始的名字叫四通利方,业务主要是中文外挂软件服务(因为王志东是当时中国最优秀的程序员之一),后来转型做门户网站。网易最早的业务是卖电子邮箱系统,后来跟风转型做门户网站没有获得成功,但IPO了。在丁磊的努力下,现在网易是一家成功的网络游戏运营商。

但实证数据告诉我们的是另外一回事。尽管经常吹嘘自己的投资理念独特,但多数基金管理人的投资模式是一样的:跟风。不然我们就无法解释为何2000年会有如此多的基金将钱投给完全没有盈利希望的网络企业。② 过去几年中,中国私募股权业一窝蜂式地将资金投向新能源行业。到2012年年底,仅美国市场上便有20多家中国新能源企业上市,但多数都濒临退市,无法为投资者提供回报。类似的例子还有电子商务热,2010—2011年最高峰时中国曾有超过3 000家团购网站。而迄今为止,即便是这一商业模式的首创者高朋公司(Groupon)都无法实现盈利。

学术研究也支持了"马更重要"的观点。美国创投界的一个常识是,当企业出现问题时,更换CEO是有效的干预方法。根据Kaplan等(2009)③对50个创业公司IPO案例的研究,在这些"成功"的企业中,56%的创业CEO和75%的创业高管都没有撑到上市以后。虽然优秀的创始人在企业面临转型时作用无可替代,但是在Kaplan等的样本中,只有7.5%的公司发展路线与商业计划有重大差异。这可能也是这篇研究的局限之一。

思科公司是"马更重要"的典型案例。思科源自一段浪漫的爱情故事。它的两位创始人莱昂纳德·博萨科(Leonard Bosack)和桑迪·勒纳(Sandy Lerner)都是斯坦福大学的网管。当时还是局域网时代,斯坦福大学还没有现在大学生熟悉的校园网。两位恋人深受局域网之间无法通信传情之苦。在斯坦福大学同事发明了多协议路由器之后,博萨科和勒纳于1984年注册了思科公司,开始在自家客厅制造路由器。尽管思科的前途光明,但是两位创始人先后找了75家基金寻求投资都被拒绝了。许多基金都对两位创始人的管理能力存在

---

① 彼得·塞尔(Peter Thiel)是一位前对冲基金经理,在创投界是人尽皆知的名人,因为他是Facebook的第一个天使投资人。
② 不幸的是,笔者也曾参与其中。
③ S. Kaplan, B. Sensoy and P. Stromberg. Should Investor Bet on the Jockey or the Horse? Evidence from the Evolution of Firms from Business Plans to Public Companies. The Journal of Finance. 2009, Feb.

怀疑。另外一个原因是,思科的诞生属于职务发明,斯坦福大学可能有权将思科收归己有。

不得不说,斯坦福大学是一家非常幸运和慷慨的大学。谷歌、雅虎和太阳微系统①(SUN Microsystem)也都曾经面临这样的风险,但斯坦福大学都只象征性地索取了一点股份便放弃了其余权利。在思科和斯坦福大学达成和解之后,1987年红杉资本的唐·瓦伦丁以250万美元购买了思科29%的股份,成为第一大股东。瓦伦丁认为,虽然思科管理团队并不强大,但巨大的市场更加诱人。

1990年2月思科上市。但是勒纳的脾气让她在公司中非常不受欢迎,1990年8月董事会在高管团队的集体威胁下解雇了两位创始人。他们不久后便抛售了持有的全部思科股票,后来被证明是一个巨大的错误。在瓦伦丁的主持下,思科成功地引入了约翰·钱伯斯(John Chambers)作为CEO。在钱伯斯的带领和网络泡沫的推动下,思科于2000年成为全球市值最高的企业。即便是泡沫破裂多年以后,思科仍然是全世界最大的网络设备制造商。

沃伦·巴菲特也有类似的观点:"好的骑师在好马上能取得好成绩,但在驽马身上难有作为。管理团队要是在流沙上跑步不会有任何进步。"这也就不难解释巴菲特为何会投资中石油了,这笔快进快出的生意为他带来了35亿美元的利润。巴菲特对科技企业极其不感冒。巴菲特和英特尔的创始人之一鲍勃·诺伊斯(Bob Noyce)在英特尔创立之前便已熟识,但却从没想过买入英特尔的股票。直到科技股已经成为美国市值占比最高的行业时,巴菲特才开始投资微软,而此时微软已经步入成熟阶段,成为"传统企业"。

总的来说,团队和业务都非常重要,但非要取舍的话,后者在基金管理人的评估中占比更高。从实践来看,创投基金的投资集中于少数几个行业,尽管其他行业也有优秀的管理人才。德勤公司曾经对欧洲基金经理的项目挑选标准做了一个问卷调查。在成长前景、管理团队、盈利能力、市场地位和CEO资质这五个维度中,欧洲基金最看重成长前景和管理团队,然后才是盈利能力和竞争,最不看重的指标是CEO资质(见图7-4)。

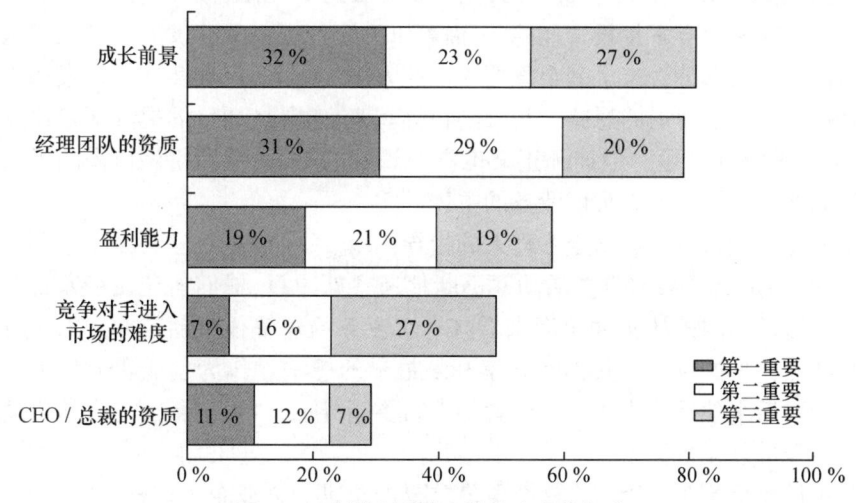

图7-4 欧洲中型基金挑选企业的标准

资料来源:德勤公司(2006)。

---

① 太阳微系统公司是一家服务器制造商,1982年由斯坦福大学三个毕业生创立,2010年被甲骨文公司以74亿美元收购。太阳(SUN)是误译,其实是斯坦福校园网(Stanford University Network)的缩写。

笔者过去五年中多次在课堂上对以企业家和基金从业人员为主体的听众做类似调查时，得到的结论与德勤的调查结果有显著不同。多数听众认为，CEO/总裁的资质是最重要的选项，盈利能力其次。这体现了中国市场的独特性。

欧美企业强调团队合作，因此许多成功企业都是多个创始人共同努力的结果，譬如微软、苹果、谷歌和雅虎等。而中国投资者更多地将成功归因于创始人的独特魅力，如搜狐的张朝阳、百度的李彦宏、腾讯的马化腾和阿里巴巴的马云。这可能是一个错觉。事实上这些企业成功的背后都有强大的团队，只是媒体过度强调了创始人的作用而已。媒体的这种宣传倾向也影响了投资者。但反映到数据上，我们发现投资者在实践中还是重视业务甚于团队。譬如，2009—2011年间中国市场上一度出现超过3 000家团购网站。这显然不是因为投资者们发现了3 000多个强有力的运营团队，而是因为投资者们一窝蜂式地看好团购这种商业模式。

7.3.3 基金管理人的作用

一般来说，基金管理人为企业提供的增值服务体现在融资支持、战略指引、团队招聘和业务发展等几个方面。

除了连续创业的企业家之外，多数创始人对融资并不精通。基金管理人可以在融资的时机、渠道和规模方面给企业提供建议。基金管理人可能会在后续轮次继续跟投。有经验的基金管理人往往会为投资项目预留准备金，以便参与后续融资。譬如，软银曾经连续参与雅虎和阿里巴巴多轮次的投资，后来也得到了丰厚的回报。老虎基金则连续参与了京东商城的B、C和D轮投资，尤其是最为艰难的D轮融资。

基金管理人通常有多年投资经验，因而可以为企业提供战略发展方向的建议。尽管我们在前面的讨论部分否定了基金管理人在这方面的贡献，但确实在一些案例中基金管理人为企业家拓宽了发展的思路。马云是在孙正义（软银CEO）的提醒下才建立淘宝网来应对eBay的潜在竞争。但连孙正义也没有想到的是，淘宝网衍生出来的天猫商城和支付宝反而构成了阿里巴巴集团业务的主体。

但我们也不能过度强调基金管理人的指导作用。一个GP往往会是多家创业企业的董事。考虑到GP还要参与筹资活动并不断地考察新项目，他们能花在一家企业上的时间是极其有限的。因此从实践角度来看，GP对业务的理解很难超越专注的企业家。创新工场是非常典型的例子。其创始人李开复最早的想法是作为创业者的导师为他们提供战略指导。后来他承认真正的创业者是不需要指导的，因而创新工场也从孵化器模式转变成为专业的创投机构。

团队招聘恐怕是基金管理人对企业最重要的贡献。创业企业最核心的资本为人才。创始人往往长于技术，在管理方面缺乏技巧。基金管理人可以借助其关系网络为企业招聘到优秀的管理人才。由职业经理人来担任CEO的现象在硅谷创业企业很常见。譬如，思科CEO钱伯斯和谷歌前CEO施密特都是投资者帮助引进的职业经理人。中国的职业经理人市场并不发达。基金管理人的作用更多地是为企业聘请顾问型的董事。

基金管理人的另外一个作用是通过其关系网为企业的业务发展拓宽渠道。譬如,凯雷集团在投资一家江苏无缝钢管企业后协助其建立了国际推销员团队,使得后者的利润在投资期间有了大幅提升。此外,同一基金投资的不同企业可能会有业务合作,从而实现双赢的格局。凡客诚品和小米手机都是雷军投资的企业。凡客诚品在小米手机发售的初期便利用其物流系统为小米提供配送服务。而雷军投资的其他企业家则纷纷在媒体上为小米手机"站台",为小米手机节省了大量营销费用。九鼎投资则将其投资的企业称为"亲戚企业",并将"亲戚企业"之间的相互帮助列为基金的宣传重点之一。

不少基金管理人认为,创业投资的主要作用是"指导和建议"(Mentor & Advise)。换句话说,除了资金支持之外,基金管理人更重要的增值服务还在于为企业家提供战略指引。但是多数企业家的观点正好相反,他们认为基金的唯一作用就是资金支持。对基金投资者公开表示不满的企业家并不在少数,如当当网 CEO 李国庆、俏江南董事长张兰和相宜本草董事长封帅等。这种现象并不仅见于中国,美国一些企业也对基金颇有微词。

创业投资的典型做法是将资金分散投资于多个项目。从经验数据来看,50%以上的投资会归于失败。因此在前景相对明朗之后,基金管理人会将主要精力集中于那些成功概率高的好项目,而对那些看起来没前途的项目则基本放任不管。这种做法从经营效率来看是无可厚非的,毕竟最成功的少数案例贡献了创投行业的绝大部分回报。基金管理人在对外宣传时,会强调自己对成功案例的贡献和指引。而对于多数受资企业而言,基金管理人并没有对他们投入太多资源。

总的来说,尽管基金管理人反复强调其增值服务的独特性,但实际效果一般。事实上,我们接触过的一些企业家便拒绝了几家大型创投基金的投资。拒绝的理由是这些基金投资的项目过多,无法向他们提供充足资源。在竞争日益激烈的中国市场,宣传增值服务是各家基金必做的功课。但从实践角度来看,基金管理人的价值贡献主要在于选对项目,增值服务恐怕是次要的。这一点在以新基金管理人为主的中国创投市场尤其正确。

7.4 中国案例分析

在过去的十多年中,中国的创业投资和成长资本基金培育了一批优秀的企业。其中不乏回报上千倍的成功投资案例,也有曾经星光耀眼最后惨淡收场的败局。不管是在中国市场还是美国市场上,投资的成功都有相当的运气成分。我们将挑选的创业投资案例大概归为以下三类:看好的未必好,不看好的未必不好,山寨未必不可行。

7.4.1 看好的未必好

在这类投资案例中,典型的案例有瀛海威和8848电子商务。这两家企业都曾经在中国市场上叱咤风云,但最终的命运都是破产清算。

> **案例简介** 瀛海威

1995年5月,瀛海威成立,瀛海威"就像传教士布道一样,向中国人宣讲何谓Internet"。它的目标是做中国首批的互联网接入商(ISP)。但是,当时市场环境远未成熟,中国全部上网人数还不到8万人。

1996年9月,瀛海威公司进行了增资扩股,总股份数达8000万股。大股东兴发集团与北京信托投资公司占66%,中国通信建设总公司持有600万股。作为增资扩股的结果,瀛海威信息通信有限责任公司成立,注册资本8000万人民币,并相继在全国建立了8个分公司。

1996年12月26日,瀛海威时空8个主要节点建成开通,初步形成全国性的瀛海威时空的主干网。1997年12月,其于MCIS系统平台的瀛海威时空计费系统正式启动,真正实现了全网用户自动漫游。1998年5月,瀛海威又与中国邮电电信总局达成互联网接入服务合作协议,由后者提供电话拨号接入服务。

至1998年,经过3年的经营,瀛海威已发展成为拥有3.7万家客户的全国知名ISP公司,也是除邮电系统之外中国最大的一家电信网络公司。瀛海威建立了中国第一个公司网和电子商务网。瀛海威几乎教给了国人所有关于互联网的基本概念。公司CEO张树新被誉为中国"第一代织网人"。瀛海威的名字也因此深入国人心中,成为中国ISP产业的大哥大。

但也在1998年,由于亏损严重,大股东兴发集团将其对瀛海威的股东贷款转换成为股份,并迫使企业创始人张树新离职。之后虽然公司几经转型,但仍然没有找到企业发展的方向。2004年,瀛海威被北京工商局取消注册登记。

瀛海威的问题所在

瀛海威的商业模式为互联网接入(ISP)。瀛海威用户通过电话线拨号上网,此段谓之接入服务。当接入成功后,若用户想浏览国外的站点,则必须通过中国电信的主干网。其中拨号网络部分收取的费用实际上就是电话费,这部分费用全部交给了中国电信。而用户通过主干网浏览国外站点时,瀛海威向其收取的费用甚至还低于由此产生的中国电信主干网使用费用。这样,用户访问国外站点的次数越多或时间越长,瀛海威赔钱也就越多。中国电信是中国电信业的垄断者,它在中国有线网和无线网通信上占据绝对统治的地位,几乎所有的通信线路都归中国电信所有。因此同一行业的任何一家公司都要执行中国电信制定的价格体系,遵守中国电信制定的政策,而无力与之竞争。

瀛海威曾是中国互联网接入服务的先驱。瀛海威在1997年就建成了自己的骨干网。但却在1998年就陷入危机,随后以清算收场。瀛海威投资案例失败的根本原因在于,其商业模式过度依赖中国电信,而后者恰好又是它的主要竞争对手。因此,虽然瀛海威顶着无数的光环,为众多媒体和投资者所看好,最后的结局仍然是失败。而作为投资者的兴发集团和北京信托在投资前的尽职调查阶段显然没有意识到瀛海威商业模式存在的致命缺陷。此外,兴发集团作为大股东与瀛海威创始人张树新在许多重大决策上存在分歧,这也是企业失败的重要原因。

案例简介　8848

1999年5月,王峻涛策划的8848电子商务网正式发布,主要经营B2C(商户对消费者,Business to Consumer)业务,其商业模式事实上是拷贝自美国亚马逊(Amazon.com)。当时8848还只是连邦软件的电子商务部门。8848成立之后迅速成为中国电子商务领域的领导者。但由于当时的电子支付和配送服务并不成熟,电子商务仅只是一个概念性业务,离真正盈利有很大距离。

1999年6月,8848从连邦软件独立,成为连邦软件占股80%的子公司。随后IDG等机构出资200万美元,成为8848的股东。而由于引入外资,8848作为中外合资企业的股权结构异常复杂。

2000年年初,北京连邦多次向证监会咨询上市政策。随后8848的控股结构进行重组,8848及其投资者先后设立了7家境外公司,以满足证监会的结构要求。但2000年3月纳斯达克指数转头向下,网络泡沫破裂。虽然在2000年7月,8848获得中国证监会境外上市批文,但此时上市时机已经错过。

2000年12月,8848开始尝试转型,将业务拆分为B2B和B2C两个部分。虽然在王峻涛的带领下,B2C业务月销售额一度达到800多万元,但8848仍然未能实现盈利。2001年8月,创始人王峻涛离职,8848成为中国互联网领域的历史。

8848的问题所在

没有电子支付和配送服务的配合,电子商务只是空中楼阁。因此8848的商业模式在创业时虽然具有很大的前瞻性,但仍然只是概念性业务。如果当时8848的投资者能够抓住上市机会,那么上市所筹集的资金将可以帮助8848渡过互联网的寒冬。但由于投资者众多且意见不一,8848在决定上市目的地上花费了大量时间。随后又由于证监会的政策掣肘,8848在持股结构重组上又浪费了不少时间,等到一切都就绪,网络泡沫已经破裂。

8848的商业模式虽然存在瑕疵,但这是当时网络公司的通病,并非8848失败的根本原因。新浪、网易和搜狐等三家门户网站上市时的商业模式比8848更加离谱。它们的经营策略是花费巨资在电视和平面媒体上打广告,以吸引客户在它们的网站上打广告。以新浪为例,它在上市前每季度的净亏损为1500万美元,而销售收入还不到500万美元。8848失败的根本原因在于投资者在组建这家公司的时候没有设计好企业的战略发展方向以及资本退出渠道。8848在境内、香港和美国上市之间摇摆不定,最终延误了时机(见图7-5)。而同一时期的中国电子商务公司易趣网和卓越网则相继出售给美国eBay和亚马逊,实现了退出。

当前电子商务行业已经开始成熟,以淘宝网(C2C和B2C,创立于2003年)、阿里巴巴(B2B,创立于1999年)、卓越亚马逊(B2C,创立于1999年)和京东商城(B2C,创立于2004年)为代表的一批电子商务服务企业纷纷实现盈利,销售额也不断创下新高。回首再分析8848失败的案例,只有可惜二字。

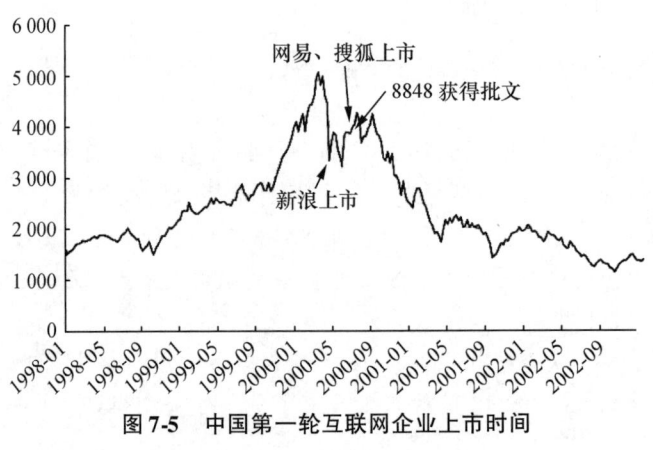

图 7-5　中国第一轮互联网企业上市时间

7.4.2　不看好的未必不好

私募股权基金管理人虽然是投资专家,但他们的决策并非毫无瑕疵。在私募股权领域,有许多被基金管理人错过的好投资案例。譬如说,当雅虎的创始人杨致远敲开第一家创业投资基金的门向其介绍雅虎的商业计划时,基金管理人无法理解其如何盈利,因而拒绝了一个回报上千倍的投资机会。在市场发展迅速的中国,基金管理人的素质更是良莠不齐,因此看走眼的案例并不鲜见。这方面最典型的案例是盛大网络。

案例简介　　盛大网络

1999 年 11 月,陈天桥创立了盛大网络,初始的业务是图形化网络虚拟社区游戏"网络归谷"。2001 年陈天桥向投资方中华网提出代理网络游戏的商业计划。但中华网给出两个选择:继续做网络门户概念,将得到 300 万美元的投资;或者转型游戏,只能得到 30 万美元的解约费(分手费)。

陈天桥选择转型游戏。盛大首先以 30 万美元支付网络游戏《传奇》的代理费,随后凭借游戏代理合同向浪潮和戴尔申请试用服务器 2 个月,其后又向中国电信申请带宽试用 2 个月,最后与软件分销商育碧签订点卡代销协议,分成 33%。2001 年 9 月《传奇》开始公开测试,2 个月后收费,上线人数高峰期达 65 万人。

由于与点卡分销商育碧存在分歧,盛大后来放弃了与育碧的合作,并建立了著名的网吧营销体系。盛大与网吧达成代理协议,由后者代理游戏点卡的销售并负责推广游戏。盛大的网吧营销策略迅速取得成功,在中国网络游戏市场占有率高峰时达到近 60%。

2002 年盛大与《传奇》开发商 Actoz 就游戏收入分成和私服问题产生分歧。2003 年 1 月,Actoz 终止了盛大的代理授权。随后盛大自行开发的《传奇世界》上线运营。当盛大与 Actoz 发生冲突时,软银亚洲信息基础投资基金(软银亚洲)正在考虑投资盛大,尽职调查时也征询了 Actoz 的意见。经过分析,软银亚洲于 2003 年 3 月注资盛大 4 000 万美元。

2004年5月盛大在纳斯达克上市,融资2亿美元。2004年11月,盛大以9170万美元收购Actoz 29%的股份,成为其第一大股东,从而解决了与Actoz的知识产权纠纷。如果按照2004年11月的市值计算,软银亚洲的投资市值达到8亿多美元,是初始投资的20多倍(见图7-6)。

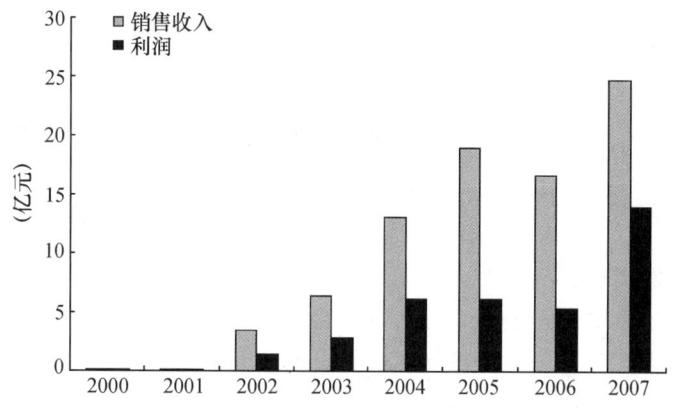

图7-6 盛大网络(SNDA)年销售收入和利润(2002—2007年)

盛大网络的迅速崛起在中国互联网络历史是一个传奇。但是它最初的投资人中华网却因为对游戏市场的看空而放弃了对盛大的投资。盛大的创始人陈天桥仅借助其人脉关系,以仅有的30万美元便建立起盛大的游戏业务。从盛大上市前高达40%—60%的净利润率来看,网络游戏无疑是互联网领域最赚钱的业务。而中华网也因为自己的决策错误而错失了投资良机。有意思的是,在盛大取得成功之后,中华网后来也加入游戏企业的队伍,并代理了《传奇3》。

盛大模式的短板在于知识产权受制于人。在盛大获得成功以后,中国有许多网络公司也开始转型游戏,其中最成功的有网易、完美时空、网龙和巨人网络等。这些公司在发展游戏业务的同时都对盛大商业模式进行修正,转向自行开发游戏。而照搬盛大模式的第九城市虽然在前期取得了巨大的成功,但后来在失去核心游戏的代理权之后则陷入困境。

软银亚洲基金在投资盛大之前的尽职调查中发现了盛大与游戏开发公司Actoz之间的纠纷。虽然在征询Actoz意见时得到了负面的反馈,但软银还是最终投资了盛大,并获得超过20倍的巨额回报。这也反映了投资决策过程很重要的一个原则,即尽职调查只是帮助基金管理人搜集信息,真正的决断要由基金管理人做出。私募股权所要投资的对象并非完美无瑕的企业,而是符合其投资标准的企业。在实践中,我们也确实看到一些私募股权基金投资于其他基金所放弃的项目,其中也不乏成功的案例。

7.4.3 山寨未必不可行

某种意义上说,中国创业投资基金所投资的多数企业的商业模式都参考自国外成功的案例。这在互联网和IT领域尤其明显。譬如,新浪、搜狐和网易最早的门户网站模式源自雅虎,淘宝网和易趣网的商业模式源自eBay,百度的商业模式则参考了Overture,腾讯早期的QQ甚至就是ICQ的汉化版。这种相似性使得基金管理人比较容易接受已经被资本市场认可的商业模式,并且在这些企业没有实现盈利的时期仍然愿意付出资金支持企业的发展。

中国的消费市场非常巨大,同一行业往往可以同时容纳多家商业模式相同的企业。正因为这一点,当基金管理人无法投资行业内最好的企业时,退而求其次投资次好的企业未必是错误的选择。在这方面最典型的案例便是分众传媒和聚众传媒。

> **案例简介** 分众/聚众
>
> **分众传媒的发展轨迹**
>
> 2002年,已从事10年广告代理业务的江南春产生了楼宇电梯广告业务的创意,并请人设计出电梯广告液晶电视。2002年12月,分众传媒的电梯液晶广告出现在上海50座主要写字楼。诺基亚6108手机广告在分众投放,市场反应热烈。一年后,分众传媒的月收入从开始的100万元增长到1000万元。2004年年初,分众传媒在北京、上海、广州和深圳的广告全线爆满。此外,为迅速占领市场,分众传媒还通过特许加盟方式将业务拓展至全国50座城市。在融资成功后,分众传媒一一收购了这些加盟企业。
>
> 与此同时,分众传媒的融资进度也在连续进行:2003年5月,分众获得软银2000万元的风险投资;2004年4月,分众获得第二轮1250万美元融资;2004年11月,分众获得第三轮3000万美元融资。
>
> **聚众传媒的模仿轨迹**
>
> 2003年,虞锋发现分众的楼宇电梯广告,创立了聚众传媒。聚众的商业模式与分众完全一致,连所采用的液晶电视都是同一厂家提供。但聚众传媒在发展的早期避开了与分众直接竞争,而首先发展北京市场。但后来聚众和分众业务扩张还是导致两家公司直接在上海和北京市场短兵相接。这种竞争使得双方的利润空间大幅度降低。
>
> 在分众传媒融资的同时,聚众传媒的融资也不甘落后:2003年12月,聚众获得第一笔融资;2004年9月,聚众获得第二轮融资1500万美元;2004年11月,聚众获得第三轮融资2000万美元。
>
> **分众与聚众的合并**
>
> 2005年7月,分众传媒在纳斯达克上市,融资1.72亿美元。2005年11月,分众传媒以3.25亿美元的价格收购聚众传媒。合并后的分众传媒垄断了中国楼宇电视98%的市场份额。

虽然聚众起步晚于分众,且商业模式完全照搬后者,但由于中国市场庞大,因而也能取得商业上的成功。对于私募股权基金而言,在无法成为分众股东的情况下,转而投资聚众也是可行的选项。虽然聚众的套现方式采用了出售给分众这一方式,但由于后者的支付对价中包含了相当部分的股份,聚众的股东也就成了分众的股东。需要说明的是,两家企业的合并对于彼此股东的利益都是有好处的。因为两家企业面对面的竞争将成本提高了数倍,而销售收入的增长也由于价格战受到明显影响。

在私募股权投资领域也不乏山寨版后来居上的例子,腾讯便是其中的典型。1998年美国在线(AOL)以2.78亿美元的价格收购了ICQ,而腾讯1999年第一轮融资的时候企业整体估值只有550万美元。2010年ICQ被美国在线出售给俄罗斯的DST基金时,估值只有1.87亿美元;而腾讯则于2004年在香港成功上市,2010年年中的市值超过350亿美元。有意思的是,腾讯同时也是DST该期基金的主要投资者之一。

山寨并非中国市场特有的现象,只是在中国市场上更为普遍而已。微软Windows操作系统的图形界面(GUI)理念抄袭自苹果电脑的Macintosh。当乔布斯打电话痛骂盖茨抄袭其设计时,盖茨反唇相讥道:"你可以闯进施乐(Xerox)的商店抢一台电视,难道我就不能跟进去抢台音箱?"事实上,GUI的发明者是著名复印机公司施乐,苹果也是抄袭者。

另外一个抄袭的典型例子则是三星Galaxy手机对苹果iPhone的抄袭。尽管被法庭判赔了十多亿美元,但至少在2012年,三星几乎是唯一能和苹果相提并论的手机厂商。小米手机则是中国市场上对苹果手机模仿最为成功的企业,其创始人雷军甚至被戏称为"雷布斯"。小米模仿的并非苹果的产品,而是苹果的商业模式。小米的模仿获得了巨大的成功,估值从A轮的2.5亿美元剧增至C轮的40亿美元。有意思的是,小米的网络营销模式也很快有了自己的模仿者。

中国山寨文化也影响了创业投资的运作。投资者过度强调产品的快速推出,以避免被竞争对手抄袭。事实上,腾讯公司就有专门的团队在考察并模仿竞争对手的产品,这也为该公司博得了"山寨之王"的美誉。"天下武功,唯快不破"成为创投界的口头禅。这种过度强调速度的投资理念显然不会持续很久。

8 成长资本策略

在国际市场上,占据主流地位的私募股权投资策略为杠杆收购、房地产和创业投资。但在中国市场,占据主流地位的投资策略却是成长资本(Growth Capital/Expansion Capital)。根据清科创投的统计,2011年中国市场上的成长资本基金募集资金额占狭义私募股权(创投除外)的86%。即便将创投基金计算在内,成长资本募资额也占到50.3%。

从投资角度来看,成长期企业的投资也是中国市场的主流。以2011年为例,中国私募股权业投资的初创期、成长期及成熟期企业数量分别为316、787和203家(见图8-1)。

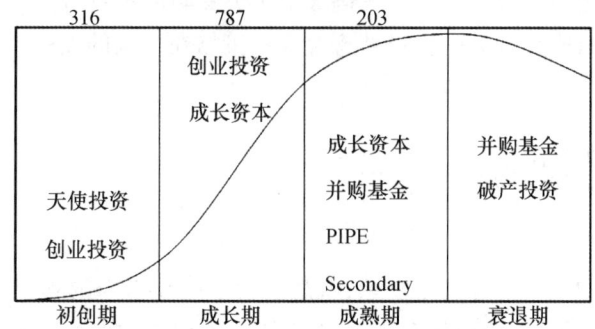

图8-1 私募股权投资策略与企业成长阶段

成长资本策略指的是对成长期企业的少数股权或准股权投资。成长资本策略有以下三个特点:

- 受资企业进入高速成长期,通常已经实现盈利并稳定增长;
- 基金通常只寻求少数股东权益,而不会要求获得控股地位;
- 筹资通常是用于企业产品线、生产规模或市场扩张。

由于创业投资也覆盖成长阶段,因此实践中较难区分创投与成长资本。中国不少自称创投基金的管理人实际上采取的是成长资本的策略。譬如,业界著名的深圳创新投资集团有超过一半的资金投资在成长期的企业。如果非要在两者之间找到差异的话,大概也只有投资规模了。根据清科创投的统计,2011年中国新募集的成长资本基金平均规模约为10亿元,而创业投资基金平均规模约为4.5亿元。如果比较中位数的话,两者的差距还会进一步拉大。因为创业投资基金的数据被一些大型美元基金抬高了。多数本土创投基金的规模在1亿元以下。

由于规模的原因,成长资本往往会有单笔投资的最低下限。想象一下,如果一家10亿元规模的基金每笔投资金额仅为1 000万元,则它需要找到100个投资项目。这对于通常仅有十几个投资经理的管理公司来说几乎是不可能的。而创业投资通常会有单笔投资的上限。譬如,一家规模1亿美元的基金可能会设定单笔投资规模最高为1 000万美元或2 000万美元。这样做的原因是出于风险分散化的考虑。通常来说,如果单笔投资超越有限合伙协议规定的上限,基金管理人需要得到合伙人会议或咨询委员会的授权。

成长资本策略在中国市场的流行主要有两个原因。首先,中国以高净值个人为主的私募股权 LP 群体更加青睐短期投资策略。中国成长资本主要投资于临近上市阶段的企业,待其上市之后迅速套现。这种 Pre-IPO 策略的持仓时间相对较短,因此基金相对容易募集。大量新基金管理人募集的基金都属于成长资本策略。换句话说,中国媒体和普通投资者所称的"私募股权"术语通常指成长资本(Pre-IPO)。

其次,中国经济处于高速增长阶段,为成长资本基金提供了大量投资对象。在次贷危机之后的三年里(2009—2011 年),中国是世界经济增长的主要动力。这一期间全球近一半的新上市企业来自中国,而其中又有一半为成长资本或创投基金支持的企业。2009—2011 年间,中国上市成功的企业为私募股权带来了平均 8 倍左右的账面回报,最高的甚至有 500 倍之多。这些高回报案例吸引了大量新的投资者。

本章我们将介绍成长资本的投资理念及这一策略在中国的发展。

8.1 投资理念

中国成长资本的投资理念并不复杂,就是投资于能在未来两到三年内具备上市条件的企业,在其上市后通过二级市场套现退出。中国企业的主要上市地点为内地的 A 股市场、香港的主板市场以及美国市场。由于监管制度的不同,三个市场的上市标准也略有不同。但总的来说,稳定增长的现金流和/或利润是最基本的要求。图 8-2 是一家成长资本基金在其官方网站列明的投资标准。接下来我们以此为例逐一进行分析。

杰出的管理团队	我们寻找拥有成功经验和创业精神、执行力强、团结、开明的管理团队。我们强调企业的管理层应当拥有一定的股份或期权,其报酬与企业的经营业绩息息相关。
有效的商业模式和/或核心技术	我们通常投资在盈利阶段的企业,其当年的净利润应不低于3 000万人民币。企业今后三年的成长主要来自目前已验证有效的商业模式和/或核心技术。我们也会努力帮助企业不断开发或获取新的商业模式或技术,以保持并提升企业的竞争优势和持续盈利能力。
具有特色的竞争优势	我们非常强调目标企业一定具有特色的竞争优势。
质量领导者	我们看重不断强调并提高产品和服务质量的企业。
持续增长的潜能	我们期望目前企业应具有良好的发展势头,今后3年的销售额和利润、每年成长 30% 以上。
可行的退出方案	我们期望所投资的企业能够创造条件,使我们的投资可在 3—7 年内退出。

图 8-2 项目挑选标准

资料来源:Prax Capital。

8.1.1 杰出的管理团队

我们在讨论创业投资策略时已经讨论过，团队是基金挑选项目的重要但非唯一因素。中国不少 Pre-IPO 企业都是单一大股东控股的企业甚至家族企业，因而通常情况下团队并不占主导地位。监管机构通常希望上市企业有较为稳定的股东结构和管理团队。上市时如果拥有较强背景的管理团队也能在定价时占据有利地位。因此团队是基金考察 Pre-IPO 项目不可忽视的因素。

在中国市场上，私募股权和证券市场对团队的看法并不尽相同。二级市场上的机构投资者偏好拥有名校学历和跨国企业就职经历的高管团队。但是中国的投资实践表明，多数成功的企业家都没有上过商学院，也没有在跨国企业任职经历。这就可能产生一个问题，上市时团队背景可能并不为资本市场所喜好。为吸引机构投资者认购新股，企业需要引入"空降部队"。譬如，盛大网络 2004 年上市前曾引入微软前中国总裁唐骏作为 CEO，但实际控制企业决策的仍是创始人陈天桥。上市操作完成之后，唐骏便离开了盛大网络。

这种现象在海外上市的中国企业中尤为常见，因为外国投资者并不认可中国创业者的管理能力。但这种看法后来被证明是错误的，新浪便是一个典型的例子。1999 年新浪筹划上市时，王志东将 CEO 的位置让给了网景（Netscape）前高管沙正治，但后者的美式管理方法反而给新浪带来了混乱。新浪董事会重新任命王志东为 CEO，而王志东则成功地帮助新浪于 2000 年 4 月在美国上市。王志东对中国互联网行业的发展居功至伟，他首创了基于协议控制的 VIE 架构。这一非常规的股权控制结构成为后来中国 IT 和媒体类企业海外上市的标准操作。

随着市场对中国企业认识的加深，上市前引入高管的现象开始减少。完全由本土高管构成的团队开始得到外国投资者的认可。但本土企业的另外一个问题是，除创始人家族外，高管团队通常不持有股份。为维持管理团队的稳定，同时也迎合投资者的要求，多数基金在投资前会要求企业建立股权或期权激励机制。股权激励或期权池的成本实际上是由企业原股东承担的。

8.1.2 有效的商业模式和/或核心技术

所谓商业模式（Business Model），简单地说，就是企业赚钱的方式。举个例子，携程网（Ctrip.com）的商业模式就是为客户提供机票和酒店预订服务，服务费是其主要收入来源。但如果要从学术上进行深入解析，商业模式可以细分为价值贡献、目标客户、销售渠道、客户关系、核心竞争力、价值链、成本结构以及收入模型等多个环节。

基金在考察项目时通常不会像商学院教授那样细致地分析企业的商业模式，而是根据经验去评判其商业模式的优劣。从实践角度来看，简单的商业模式成功的概率更高。

投资界关于商业模式有一些经典的段子。据说红杉资本的合伙人在会见寻求投资的企业家时,会要求其在名片空白处写下其商业模式。由于名片就丁点大的地方,红杉的方法事实上排除了商业模式复杂的企业。

中国成长资本的投资对象多数为制造业和服务业,商业模式不会太复杂。但在TMT领域,商业模式却扮演了重要的角色。即便从事相同业务,商业模式不同的企业在收入模式和盈利能力方面也可能会有巨大的差别,如天猫商城和京东商城。两者虽然都是在线B2C商城,但前者的商业模式类似房地产,收入来自入驻的商家缴纳的服务费,而后者则类似电器店,收入主要来自销售利润。又比如卡巴斯基和360安全卫士,前者的主要收入来自杀毒软件的订阅年费,而后者提供免费杀毒软件,主要收入来自对商家收取的广告服务费。

投资界的一个共识是,中国企业的核心技术并不强大,但是在商业模式的创新方面却卓有成效。阿里巴巴旗下淘宝网起步时的商业模式甚至交易软件都是从国外引进的。但是淘宝后来从C2C模式发展出了淘宝商城的B2C模式,而原有的C2C收入来源也从国外流行的交易手续费转变为广告费。现在阿里巴巴已经是世界领先的电子商务集团,2012年总销售金额超过1万亿元。

另一个典型的例子是史玉柱首创的"免费游戏"模式。传统的网络游戏模式是玩家按游戏时间向运营商付费。而史玉柱的《征途》游戏则不按游戏时间收费,也即"免费"。在吸引了大量玩家之后,《征途》游戏开始通过出售游戏道具赚钱,利润率甚至超过了传统的收费游戏。"免费游戏"模式颠覆了传统的网络游戏运营模式,反而逐渐成为中国市场的主流。

不同于企业的核心技术,商业模式无法获得版权保护,容易被竞争对手抄袭。因此中国市场上纯粹依靠商业模式取得胜利的案例并不多。投资者在考察项目时除了验证商业模式的可行程度,也非常关注团队的执行能力。在这一点上,名校毕业的MBA并不比国内市场摸爬滚打出来的创业者更加优秀。

尽管我们在前面的讨论中高度强调商业模式的重要性,但这并不意味着中国企业的核心技术一无是处。拥有核心技术的企业在竞争中具有相对的优势,比如百度。百度开始是一家专注搜索引擎开发的纯技术型企业,这对它后来向搜索广告业务的转型有很大的帮助。除了互联网投资之外,生物医药和新能源等领域的投资也需要着重考察企业的核心技术,其重要性要超过商业模式。

8.1.3 持续盈利能力

成长资本高度重视企业的盈利及成长性。以国内A股市场为主要退出渠道的人民币基金一般将企业盈利能力视为首要考察标准。外资基金虽然也非常重视企业盈利能力,但还没有像人民币基金那样偏重。这主要是由于境内外IPO的监管要求不同造成的。

美国法律禁止美国证交会评价企业的优劣,而将这一权力交给市场。因此即便是亏损多年的企业(如互联网企业),只要获得市场认可并获得足额认购,一样可以发行股票并达到交易所的挂牌要求。事实上,多数在美国上市的中国企业上市前往往亏损多年,如百度、奇虎(360安全卫士)、新浪、网易和搜狐等。因此在考察企业时,投资者更关注企业的业务成长性和资本市场的喜好,而不仅仅关心盈利。

不同于美国的备案式监管,中国的核准制(实质上是审批制)授权监管机构不仅核查企业信息披露的质量,还可以根据企业的财务实力决定其是否符合IPO标准。因此中国证监会对证券市场的监管权限要强于美国证交会,虽然其发布的IPO门槛并不高。以创业板为例,其上市标准中对盈利能力的要求仅为两年净利润累计不少于1 000万元或一年净利润不低于500万元(见表8-1)。

表8-1 中国创业板、中小板及主板上市要求

上市要求	中国创业板	中小企业板/主板
持股人数(发行前)	200人以下	200人以下
股本总额	发行后3 000万元以上	发行前3 000万元以上
财务要求	最近两年连续盈利,最近两年净利润累计不少于1 000万元,且持续增长;或者最近一年盈利,且净利润不少于500万元,最近一年营业收入不少于5 000万元,最近两年营业收入增长率均不低于30%;并且最近一期末净资产不少于2 000万元,且不存在未弥补亏损。	最近3个会计年度净利润均达为正数且累计超过人民币3 000万元;或者最近3个会计年度经营活动产生的现金流量净额累计超过人民币5 000万元;或者最近3个会计年度营业收入累计超过人民币3亿元。

从实际通过审核的企业样本来看,中国企业IPO的盈利门槛要显著高于监管机构发布的纸面标准。以2011年的数据为例,标准最低的创业板IPO企业上市前一年平均净利润达5 100万元,平均净利润增幅为66%,且基本上都是连续三年盈利。上市前一年净利润低于2 500万元的企业比例不到10%。也正因如此,有经验的成长资本管理人一般都会寻找那些预期利润规模超过实际门槛(如3 000万元)的企业。此外,企业利润的持续成长性也是基金考察项目的重点,30%的年利润增幅是常见的标准。

如此之高的上市门槛显然是不符合资本市场实际情况的。一方面,符合财务要求的企业本身盈利能力很强,缺乏IPO融资或套现的动力;另一方面,相比现金流,净利润更加容易被会计手法扭曲,财务数据未达标的企业显然只能通过扭曲利润来迎合审核标准。我们的实证研究也发现中国创业板上市企业存在典型的利润操纵行为。虽然在内部会议上,中国证监会多次提及降低盈利标准的重要性,转而强调信息披露质量,但从实际效果来看并不佳。持续盈利能力仍然将是未来中国Pre-IPO策略基金的主要项目选择标准。

8.1.4 可行的退出方案

虽然对于Pre-IPO策略而言,IPO之后通过二级市场减持股份套现获利是理所当然

的选择,但和很多基金管理人的期望不同,大多数受资企业最终无法完成IPO。在高速发展的2007—2012年间,中国私募股权业每年投资的企业数以千计,但每年私募股权支持的IPO企业都不到200家。从国际同行的经验来看,绝大多数私募股权投资案例的退出方式为整体出售给同行企业或其他基金。

多数中国私募股权基金管理公司未曾经历过一个完整的生命周期。因此不管是在向LP宣传,还是在设计投资策略时,基金管理人都非常强调上市退出的重要性。这从投中集团2011年对中国GP的问卷调查可以看出来。在所有因素中,明确的IPO预期在项目挑选标准中占据重要位置。

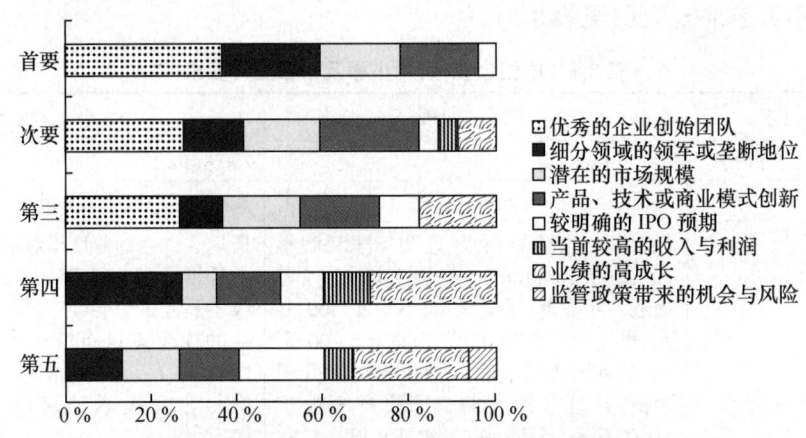

图8-3 2011年国内GP评价企业投资价值因素排序
资料来源:投中集团《China Venture 2011年中国GP调查研究报告》。

在实践操作中,如果是以普通股或可转换优先股方式进行投资,基金管理人往往会要求企业签订回购条款来保证其利益。条款通常规定,企业自投资后3或5年内未在约定的交易所完成IPO,则企业和/或其控股股东有义务按照约定价格回购基金的股份。这个价格通常会比初始入股价格有一定的溢价,如初始入股价格加上每年5%、10%或20%的溢价。需要注意的是,这一条款并不能完全保证基金的退出收益,因为未能完成IPO的企业财务状况也未必能支持溢价回购。

可转换债券也是基金可行的投资选择,但更常见于海外IPO的企业。国内发行可转债的企业通常必须是已上市公司。可转债对于基金而言有一定的保障。如果未来企业盈利符合甚至超越预期,基金可以将债券转换成为股票套现获利。摩根士丹利、英联和鼎晖对蒙牛的第二轮融资是这方面的经典案例。如果企业盈利不佳甚至上市失败,基金可以在可转债到期时要求企业返还本金。第二种结果可以理解为投资失利。

可转债对于Pre-IPO企业也有不少好处。首先,可转债通常票面利率较低,即便最终投资者要求赎回本金,也只是相当于企业以低成本获得债务融资。其次,如果投资者在未来执行转换权利,则企业不需要偿还本金。最后,可转债的转换价格会比上一轮企业股权融资价格有一定溢价。因此以可转债进行融资显然比以低价进行股权融资更为有利。更重要的是,企业的控股股东避免了当前的股权稀释,保留了控制权。

8.2 中国 Pre-IPO 策略的发展

以 2005 年的股权分置改革和 A 股 IPO 重新开放为分水岭,中国 Pre-IPO 投资大致可以分为"美元基金"时代和"人民币基金"时代。前一个阶段以外资基金投资境外 IPO 为主要特点,而后一阶段则以人民币基金投资 A 股 IPO 为主。

8.2.1 美元基金时代

1999 年,中国监管机构提出按照纳斯达克和香港创业板的模式在深圳推出创业板。在此背景下,一些以创业板 Pre-IPO 投资为目标的基金管理公司,如 1999 年设立的深圳创新投资集团("深创投")和 2000 年设立的中科招商出现了。但随着网络泡沫的破裂和经济的衰退,中国创业板未能如期推出。2001—2005 年间,中国 A 股市场处于熊市阶段,IPO 陷于停滞。另一方面,中国当时可投资于私募股权的机构投资者很少,个人投资者就更加稀少了。

在这样的背景下,国内的创投和成长资本基金形成了很有特色的"两头在外"模式。基金管理公司在内地运作(注册地可能在境外),主要投资于中国内地的非上市企业。但是基金的主要资金来源为境外机构投资者,退出通道也主要通过境外 IPO 实现。2002 年成立的鼎晖投资和 2001 年成立的赛富亚洲便是这一模式的典型例子。2007 年以前,这些基金管理公司管理的都是注册于境外的美元基金。它们所投资的企业也多数于中国香港特别行政区(如李宁、蒙牛、百丽和中国动向等)或美国(如盛大和百度等)上市。

中国企业的境外上市结构大概可以分为三种类型:H 股模式,红筹结构和 VIE(可变利益实体)结构。H 股模式过去常见于大型国有企业的境外上市,成长资本基金参与不多。而后两种架构适用于民营企业,因而是境外 Pre-IPO 常见的投资形式。

H 股

H 股模式指的是境内注册的实体企业直接向境外投资者发行人民币或外币普通股。由于 H 股主要在香港交易所挂牌上市,因此得名 H 股(Hong Kong)。多数香港上市的国有企业采用的都是 H 股架构,如中石油、中石化和四大国有商业银行等。一些 H 股上市公司还以美国存托股份(ADR 或 ADS)的方式在美国挂牌交易(通常是纽约证券交易所),也称 N 股。[①]

[①] 上市公司或证券公司将 H 股存托于美国商业银行托管之下,美国银行出具代表存托股份所有权的存托凭证。该存托凭证可以在美国市场上流通交易。

在过去,中国企业在境外市场的受欢迎程度并不高。H股市场实际上并非香港本地市场而是国际投资者为主的市场。为保证海外IPO的成功,中国大型国企在IPO之前往往会寻找外国同行或知名机构作为战略投资者/基石投资者(Cornerstone Investor)。这些投资者在上市前或上市时认购IPO企业的股份,从而增强了海外投资者的投资信心。

一些战略投资者参与Pre-IPO投资的初衷并非财务获利,而是试图发展与国有企业的业务合作。但从实际效果来看,这些投资者除了获得丰厚的利润回报之外,业务合作并没有大的进展。典型的例子譬如美国银行(Bank of America)对建设银行和汇丰银行对平安保险的战略投资。2005年美银与汇金公司签订协议购买了价值25亿美元的建行股份,2007年建行上市时又增持了5亿美元股份,总持股比例达19.9%。2009年和2011年美银先后以73亿和83亿美元的价格减持了部分建行股份。美银减持之后仍然持有建行10.23%的股份,获利惊人。

可惜的是,中国的成长资本基金在国有企业海外IPO参与度很低。原因非常明显,一方面,当时中国成长资本基金的规模非常小,相比国有企业超大规模的IPO融资额可谓杯水车薪。另一方面,中国成长资本基金管理人当时处于起步阶段,在海外市场知名度并不高,难以担当战略投资者提升市场信心的角色。

2012年年底,中国证监会宣布废除民营企业发行H股的财务门槛要求。此前,依照证监会的《关于企业申请境外上市有关问题的通知》,民营企业海外上市需要达到以下几个要求(俗称"四五六"):净资产达4亿元以上;融资金额超过5 000万美元;且净利润达6 000万元以上。这一财务要求要显著高于香港主板上市的门槛,从而将不少民营企业拒之门外。证监会放松管制的原因之一是将部分A股排队申请上市企业分流至香港市场。2012年年底A股在审的IPO申请企业超过了800家,远超过市场消化能力。这一新政有可能使得H股IPO成为中国成长资本的重要套现渠道,但仍需要时间来验证。

红筹结构

红筹(Red Chips)并非正式的法律名称,而是市场对那些控股公司在境外而运营实体在境内的中国企业的称谓。红筹结构使得那些由于行业限制(如房地产业)或财务门槛(无连续三年盈利)而无法在境内上市的企业实现海外上市。常见的红筹结构大致如图8-4所示。

红筹结构的主要元素包括以下几部分:
- 在免税天堂(如开曼群岛和百慕大)设立控股公司,以此作为上市主体;
- 在免税天堂(如不列颠处女群岛,也称为BVI)设立项目控股公司;
- 以项目控股公司收购国内实体运营企业,使之成为外商独资企业。

搭建红筹结构的过程涉及境外项目公司收购境内实体企业,而企业创始人在境外一般没有美元资金来完成这一收购。实际操作中,上市主体可以在境外以过桥贷款、可转换债券或可转换优先股等形式向投资者融资。私募股权往往就在这个融资阶段介入企业。蒙牛、李宁、百丽、中国动向和尚德电力都是这方面的典型案例。我们以尚德电力为例来介绍这一操作。

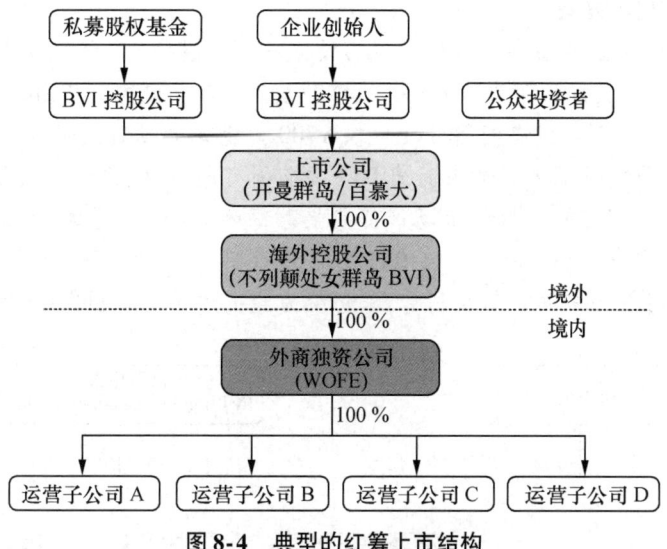

图 8-4 典型的红筹上市结构

[案例简介] **尚德电力**①

尚德电力的发展历史

无锡尚德太阳能电力有限公司(以下简称"尚德电力")是一家国内领先的太阳能薄膜电池制造商。2001年,尚德创始人施正荣博士从澳大利亚回国后,在无锡市政府的帮助下创立了尚德电力。初始股东为无锡小天鹅、山禾制药和无锡高新技术风险投资有限公司等八家国有背景的企业以及施正荣本人。其中,八家企业出资共600万美元,占75%;施正荣通过个人全资持有的澳大利亚PSS控股公司占股25%,其出资为现金40万美元及评估价值160万美元的技术。后来PSS公司又从其他股东处购买了6.389%的股份,增持至31.389%。

由于股东出资进度拖沓,尚德电力迟至2002年才投产,当年亏损89.7万美元。但尚德电力还是赶上了太阳能大发展的热潮,业绩在投产之后呈现爆发式增长。2003年和2004年,尚德电力净利润分别达92.5万美元和1975万美元。2005年尚德电力开始筹划海外上市事宜。尚德选择海外而非境内上市有多个原因。首先,尚德上市前三年并没有实现连续盈利,并不符合A股上市条件。其次,国内审批手续冗长,如果等待连续三年盈利后再申请上市,可能已经错过企业发展的窗口。最后,当时太阳能概念在海外资本市场非常受欢迎,海外上市可以获得高估值。

从技术角度来看,尚德电力的运营实体是一家注册于江苏无锡的中外合资企业,且国有股占控股地位。抛开国有控股企业海外上市的审批手续问题,如果无锡尚德要实现海外上市,国有股部分需转持10%给社保基金。在此背景下,尚德电力选择引入外部投资者收购国有股的方式来搭建红筹结构。

---

① 本案例资料参考自尚德电力招股说明书及年报,《新财富》2006年第3期刊载的《"无锡尚德"施正荣财技》,以及《世界财经报道》2007年4月2日刊发的《无锡尚德施正荣纽约上市模板解析》。

尚德红筹结构的搭建

2005年1月,施正荣在不列颠处女群岛设立一家控股公司"尚德BVI"。该公司的股权资本仅为5万美元,施正荣占股60%,战略投资者"百万电力"(Million Power Finance, Ltd.)占股40%。百万电力向尚德BVI提供6 700万港元的可转换贷款,作为尚德BVI收购尚德电力国有股的保证金。如果尚德BVI收购国有股成功,则该可转换贷款转为股权出资。由于尚德电力国有股权的市场价值要显著高于6 700万港元,因此该笔资金只能作为签署收购意向书的保证金,尚德BVI仍需要外部投资者的注资。如果未能收购成功,尚德BVI需要偿还该笔贷款及利息,施正荣为此提供了个人担保(见图8-5)。

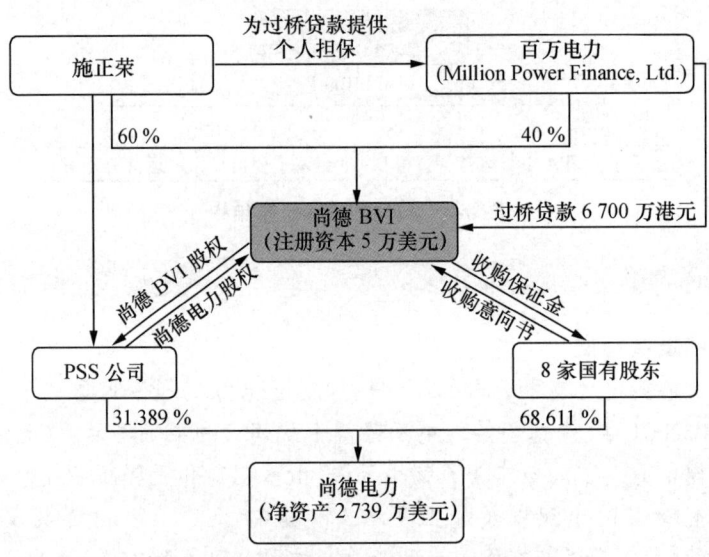

图8-5　尚德电力重组第一步

在签署了收购意向书后,2005年5月尚德电力与高盛牵头的多家私募股权基金(包括英联和普凯等)签署了《股权购买协议》。私募股权投资者向尚德BVI注资8 000万美元,获得27.8%的股份。而这8 000万美元主要用于收购尚德电力6家国有股东手中持有的股权(见图8-6)。具体操作如下:

- 尚德BVI从无锡小天鹅等6家股东处以现金收购其持有的44.352%股份;
- 由一家BVI注册的"欧肯资本"(Eucken Capital)从剩余2家股东处收购24.259%[①];
- 欧肯资本的股东与尚德BVI进行换股交易,欧肯资本成为尚德BVI的全资子公司,而其股东成为尚德BVI的股东;
- 施正荣将其个人持有的PSS公司股份与尚德BVI交换,PSS公司成为尚德BVI的全资子公司,而施正荣持有的尚德BVI股份增至54.14%(之前因为投资者注资被稀释)。

---

① 这一收购是否以现金完成存疑。市场一直有质疑Dong等人为2家国有股东代持,但未有实际证据。

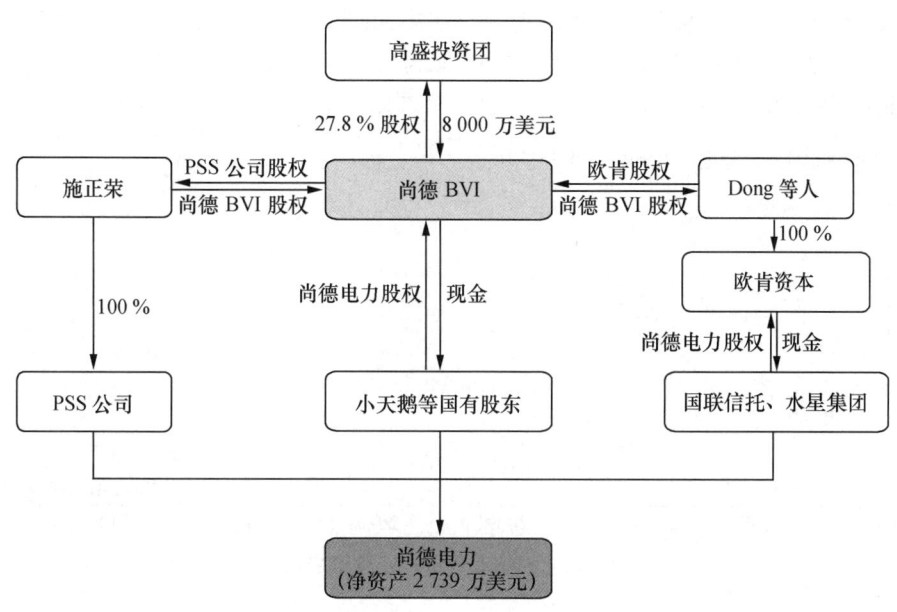

图 8-6　尚德电力重组第二步

交易完成后,尚德 BVI 共直接或间接(通过欧肯资本和 PSS 公司)持有尚德电力 100% 的股权。2005 年 8 月,施正荣在开曼群岛注册了"尚德开曼"。尚德开曼与尚德 BVI 的 16 家股东进行换股。尚德 BVI 成为尚德开曼的全资子公司,而尚德 BVI 的股东则转而成为尚德开曼的股东。尚德开曼作为上市主体与 2005 年 12 月在美国完成 IPO,并在纽约股票交易所挂牌交易(代码:STP)(见图 8-7)。

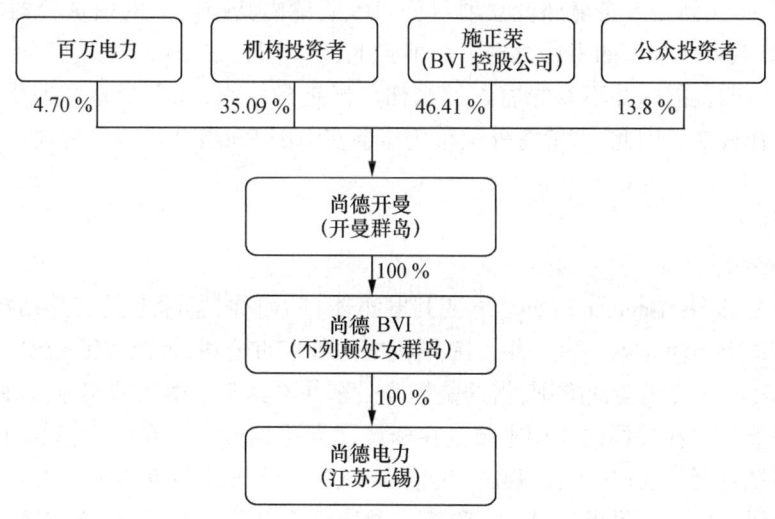

图 8-7　尚德电力上市结构

后续发展

尚德电力的 6 家国有股东套现之后分别获得 13—25 倍不等的收益。而高盛投资团 2005 年 5 月的投资成本为 2.3077 美元/股。2005 年 12 月,尚德电力的 IPO 价格高达 15

美元/股,上市后最高价格曾一度达到 86 美元/股,其中一家机构投资者上市后套现获得近 10 倍的回报。但随着新能源泡沫的破裂,尚德电力从 2010 年开始陷入亏损,加上管理问题,2012 年年底该公司股价跌至 2 美元以下,濒临破产和退市(见图 8-8)。

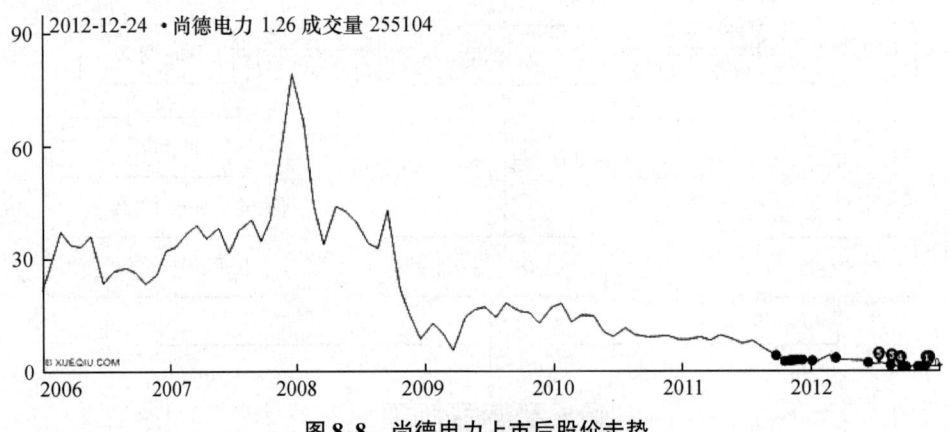

图 8-8　尚德电力上市后股价走势

资料来源:雪球财经。

在这些 Pre-IPO 交易中,私募股权基金会在投资协议中嵌入多种条款来保证其权益,常见的有估值调整(俗称"对赌")、清算优先、回购和反摊薄(也称"防稀释")等。我们将在投资条款一章对这些条款进行深入的讨论。

2006 年 9 月,商务部牵头六部委发布了《关于外国投资者并购境内企业的规定》,对红筹结构的搭建进行规范,因其文号为 2006 年第 10 号,故在市场上被称为"10 号文"。依照该规定,企业创始人在境外设立项目公司收购境内其控制下的内资公司的"返程收购"行为需要获得商务部的书面批准。而事实上自"10 号文"发布之后,商务部从未批准过一宗返程收购。但这并不意味着红筹结构已经走到终点,几种规避"10 号文"审批的方式已经运作成功。因此,红筹海外上市仍然会在中国 Pre-IPO 占一席之地。

VIE 结构

VIE 是 Variable Interest Entity(可变利益实体)的简称,实际上是红筹结构的一个变种。由于历史上新浪是第一家采用 VIE 结构的海外上市公司,因此 VIE 也经常被称为新浪模式。VIE 源自美国会计准则,指的是控股股东并不具备投票权的实体,也即中国俗称的"壳公司"。VIE 在美国的应用主要是在资产证券化领域。但在中国,VIE 几乎成为外商禁止或限制投资产业(主要是 TMT 产业)的企业进行海外融资的唯一通道。新浪、网易、搜狐、腾讯、百度、阿里巴巴、盛大、新东方及分众传媒等不同行业的架构都是 VIE。不夸张地说,中国有数千亿美元的资产以 VIE 结构形式存在。这一结构对于中国创投和成长资本而言意义重大。

该结构的核心在于,在境内设立纯内资公司作为名义运营公司(即 VIE,"壳")。名义运营公司从事外商禁止或限制投资的业务,如电信增值业务。和红筹结构一样,VIE 结构的上市主体和中间控股公司都注册于境外。名义运营公司将其产生的收入转移给上市主体控制的外商独资企业(Wholly-Owned Foreign Enterprise, WOFE),并由后者承担全部运营成本。由此名义运营公司的收支总是平衡,其存在的意义在于代替海外上市主体持有国内业务(见图8-9)。

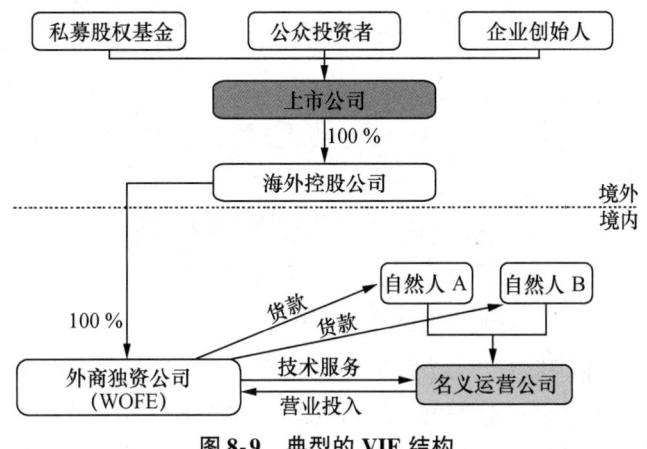

图8-9 典型的 VIE 结构

时至今日,VIE 结构的协议控制模式已经成为证券法律界公认的标准操作。典型的 VIE 结构由如下协议构成:

- **贷款协议**。外商独资企业贷款给两个或多个中国籍自然人①,由其设立名义运营公司。这些自然人一般由外商独资企业(事实上是上市公司董事会)指定,也称指定人(Nominee)。指定人通常是企业创始人或高管,如新浪的创始人王志东和阿里巴巴的马云。

- **股权质押及委托投票代理协议**。指定人将其持有的名义运营公司质押或抵押给外商独资企业,并委托其行使股东权利。因为指定人并不行使股东权利,事实上也不承担经营风险,名义运营公司由此符合美国会计准则的 VIE 定义。

- **期权/独家选择权合同**。当外商独资企业认为必要时,指定人应将其持有的名义运营公司股份以指定的价格转让给前者指定的其他人。作为对价,外商独资企业给予指定人的贷款将得到偿还。外商独资企业对名义运营公司的股权有排他的收购权。未经外商独资企业同意,指定人不得将持有股份转让予其他人。

- **技术服务合同**。外商独资企业与名义运营公司签订协议,前者承担后者全部运营成本并获得后者全部营业收入。

新浪是第一家采用 VIE 结构,并获得信息产业部默许在美国 IPO 的中国网络企业。持有 ICP 牌照并运营新浪网(www.sina.com.cn)的是北京新浪信息服务有限公司。它是由王志东(当时新浪的CEO)和汪延(时任COO)合资设立的中国内资企业,资金来源为四通利方向王志东和汪延提供的贷款。作为对价,两人将其持有的股份质押给四通利方并委托后者行使股东权利(见图8-10)。2001年,王志东被新浪上市公司董事会解职,其持

---

① 由于中国法律已经允许设立一人有限责任公司,因此名义运营公司的股东可以只有一人,如新东方。

有的北京新浪信息服务有限公司股份也随之转让给四通利方指定的其他人。

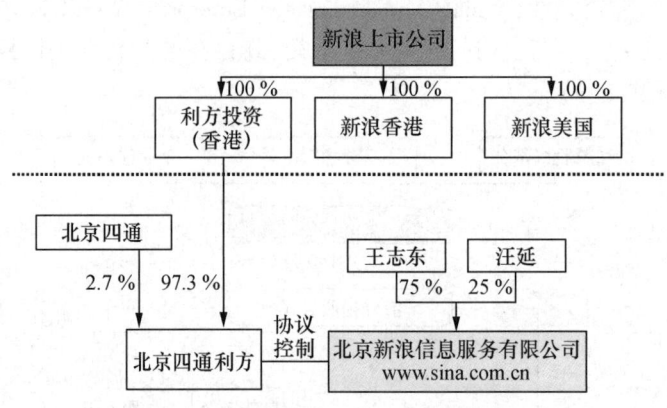

图 8-10　新浪的 VIE 结构（部分）①

VIE 结构满足了中国监管机构（最早是信息产业部）对受限业务只能由内资企业经营的形式要求，但实质上承担业务盈亏的仍然是上市主体。名义运营公司作为 VIE，依照美国会计准则事实上可以并入上市公司，从而满足美国的监管要求。由于 VIE 结构不需要收购境内的运营实体，因此不受"10 号文"管辖，审批手续也较为简便。作为投资者，私募股权基金通常会在 BVI 设立控股公司，并以可转债或可转换优先股的方式投资于上市主体。基金投入的资金也通常用于企业日常运营，而不是作为收购对价。

但 VIE 结构也存在明显的缺陷。首先，名义运营公司虽然盈亏平衡，但仍需额外承担营业税和增值税（如适用）等间接税及附加。其次，外商独资企业和名义运营公司的法定代表人往往都是企业创始人。一旦企业创始人主动撤销上文提及的协议控制体系，那么名义运营公司将转为实体，VIE 也将脱离上市公司控制。虽然理论上质押及委托协议应该排除这种可能性，但这种事件确实发生过。2011 年 6 月，阿里巴巴集团创始人马云公开承认其撤销了支付宝的控制协议，从而使得支付宝脱离阿里巴巴集团控制。这一事件引发市场对以 VIE 结构上市的中国概念股票（简称"中概股"）的担忧，成为中概股集体暴跌的重要原因。

尽管市场仍然对 VIE 结构存在疑虑，但这几乎是中国 TMT 企业境外上市的唯一通道。TMT 等受限制产业的 Pre-IPO 投资仍然继续采用 VIE 结构。基金投资者们及中介机构都在探索防止类似支付宝事件发生的控制手段。可以预期，VIE 结构将来会进一步完善。

8.2.2　人民币基金时代

2005 年 4 月，中国证监会启动股权分置改革。这对中国私募股权行业的格局产生了

---

① 新浪除 ICP 部分外，广告业务（也属受限业务）也设立了另外一家 VIE。

深远的影响。在此之前,中国 A 股上市公司发行的股份除了流通股之外,还有国有股和法人股等。机构投资者持有的国有股和法人股无法和流通股一样在二级市场上交易,只能以拍卖或协议等方式转让。学术研究表明,国有股和法人股的交易价格只相当于流通股价格的约 30%。股权分置改革的核心在于,上市公司的非流通股股东向流通股股东支付一定对价,从而获得未来股份流通的权利。至 2006 年 10 月,除少数公司之外,股权分置改革基本结束①,A 股进入了全流通时代。

在股权分置改革之前,机构投资者在上市前持有的股份只能以非流通的法人股形式存在,获得流通权的只有在 IPO 时公司募集的新股。由于价格和流通性的问题,A 股的 Pre-IPO 投资收益并不理想。而股权分置改革之后,持股比例较低的 Pre-IPO 投资者在公司上市一年后一般就能获得流通权。② 中国 A 股市场上多数行业的发行和二级市场估值水平要显著超过美国和中国香港市场。因此,股权分置改革结束之后,A 股的 Pre-IPO 策略的高收益立刻吸引了大量投资者的涌入。

中国的私募股权业由此进入人民币基金主导的时代。根据清科创投的统计,2007 年中国市场上的美元基金管理资产约占全行业的 80%,人民币基金只占约 20%。而到了 2011 年之后,人民币基金与美元基金的比例出现了逆转,人民币基金的数量迅速增加至 5 000 家以上。③ 在清科的私募股权和创业投资十强排名中,外资基金管理公司只占 20%,人民币基金管理公司占 80%。这一变化的原因主要在于国内外资本市场的牛熊转换。

从技术角度来看,美元基金与人民币基金在境外和境内 Pre-IPO 投资方面各擅胜场。如果美元基金投资于内资企业,所涉及的工商登记及商务部门审批较为冗长。赛富基金甚至有投资协议签订两年之后,工商登记才完成的极端例子。如果人民币基金试图投资于境外 IPO 的中国企业,涉及的外汇审批手续也一样麻烦。

次贷危机之后,包括香港、深圳和上海在内的大中华区成为全球 IPO 最为活跃的市场。2009—2012 年间,来自中国的 IPO 企业数量占全球总数的一半左右。在此背景下,不少原来运营美元基金的本土管理公司(如鼎晖、深创投和赛富等)纷纷开始募集人民币基金。一些美资基金管理公司也开始在中国募集大型人民币基金,如凯雷、黑石和 TPG 等。而与此同时,欧美私募股权基金的 LP 受次贷危机影响,出资规模受到限制。此消彼长之下,人民币基金暂时在中国市场上领先于美元基金也就不奇怪了。

投资逻辑

A 股 Pre-IPO 的投资逻辑并不复杂。中国非上市企业与上市公司的估值有较大的差距。从市盈率角度来看,私募股权基金投资非上市企业的入股价格一般在 8—15 倍市盈率之间。而中国 A 股市场 IPO 市盈率却非常高,即便是在市场低迷的 2012 年仍然达到约 30 倍。私募融资之后企业一般还需要等待 2—3 年才能完成 IPO。在此期间企业净利

---

① 部分上市公司的非流通股股东无力向流通股股东支付对价,迟至 2008 年年底仍有一部分公司未完成股改。
② 这指的是一般情况,个别情况下上市后股份锁定期可能长达 36 个月。我们将在后续章节讨论锁定期。
③ 2012 年 10 月底,全国人大财经委调研数据。

润还会进一步攀升,由此带动企业估值水平进一步上升。因此,虽然A股Pre-IPO策略开始遭遇挑战,回报倍数仍然显著超过国际市场。

中国基金多数项目的投资成本介于10—15倍之间。相比海外市场中国上市企业的估值水平,这样的估值水平显得过高,但如果与A股二级市场市盈率比则仍然相对便宜。可以说,人民币基金Pre-IPO投资的高估值水平源自A股(主要是中小板和创业板)的高估值水平(见图8-11)。

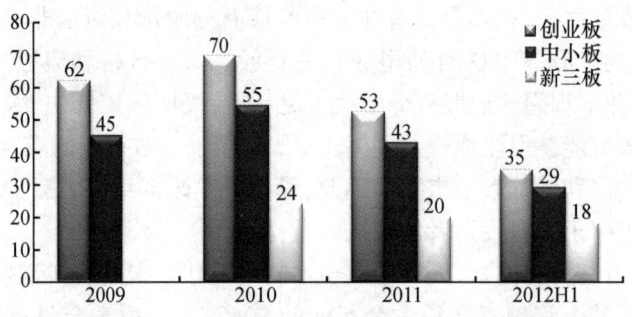

图8-11 中国A股市场平均市盈率

资料来源:清科创投。

举个例子,海润影视① 2011年在香港IPO询价中得到的估值只有不到13倍市盈率,从而导致该公司放弃香港上市。2012年10月,该公司向国内20家机构投资者进行私募,融资价格为15倍市盈率,基数为2012年预估净利润。事实上,包括华谊兄弟、华策影视、光线传媒和华录百纳在内的影视制作企业在A股IPO的估值水平介于60至80倍市盈率之间。2012年年底这些企业的二级市场交易价格仍然在30倍左右。因此,海润影视的高估值水平是建立在其A股IPO成功的预期之上。如果该公司仍然选择以红筹结构在海外上市,Pre-IPO投资者恐怕很难盈利。

2009—2012年间,中国于全球各市场IPO的企业数量分别高达176家、476家、355家和201家。② 如此大规模的密集上市在历史上较为罕见,也造成了私募股权基金对IPO退出渠道的错误预期。以"高价入股高价套现"和"快进快出"为特征的中国特色Pre-IPO投资模式一度占据主流。但随着A股市场转熊,IPO通道逐渐缩窄,导致大量企业IPO的进程大为延长。

截至2012年年底,A股IPO申请企业数量超过了800家。以2006—2011年平均2/3的申请通过率和2012年A股IPO数量仅154家计算,A股市场可能需要3年时间才能消化这些存量。另一方面,A股IPO市盈率也出现了显著的下降,从2010年12月最高峰的平均90倍下降至2012年的平均30倍。部分Pre-IPO投资以二级市场价格计算甚至已经出现亏损。

在严峻的市场形势下,一些基金管理公司开始转型,将投资范围拓展至创投及并购领域。另一些基金则出现了裁员。应该说,中国私募股权业经历了爆发式的增长之后,

---

① 海润影视制作有限公司是中国知名的影视企业,代表作品有《亮剑》、《玉观音》等。
② 资料来源:清科创投。

经历一场优胜劣汰的洗牌是正常的。2000年前后中国创投业也有类似的现象，只是规模略小而已。

行业选择

A股IPO的成败很大程度上取决于监管部门的审批意见。人民币基金在选择项目时需要考虑监管部门的政策倾向。譬如，在房地产调控的背景下，这一行业的企业在A股市场IPO难度很大，只能选择红筹结构。此外，城市商业银行和证券公司等金融企业的IPO受到行业主管部门(银监会和证监会)政策的限制。这类企业的Pre-IPO投资显然有明显的政策风险。

中国A股市场主要由上海主板、深圳中小板和深圳创业板三部分组成。在证监会核准流程中，主板和中小板适用相同的上市标准，而创业板则单独适用一套标准。单就上市企业所属的行业而言，主板和中小板对行业并没有行业限制。但是主板的审批流程中涉及征求国家发改委产业政策意见①，属于受宏观调控行业(如房地产)的企业上市因此受到限制。而《首次公开发行股票并在创业板上市管理暂行办法》则明确指出，创业板的宗旨在于"促进自主创新企业及其他成长型创业企业的发展"。

2010年3月，中国证监会发布《关于进一步做好创业板推荐工作的指引》，明确要求"各保荐机构顺应国家经济发展战略和产业政策导向，准确把握创业板定位，向创业板重点推荐符合国家战略性新兴产业发展方向的企业，特别是新能源、新材料、信息、生物与新医药、节能环保、航空航天、海洋、先进制造、高技术服务等领域的企业，以及其他领域中具有自主创新能力、成长性强的企业"。

我们在之前已经介绍过，中国A股市场的实际IPO条件与中国证监会公开发布的标准有相当的差异。将行业与财务条件考虑在内，A股市场IPO企业应具备如表8-2所示的条件。

表8-2 A股市场IPO企业应具备的条件

	主板	中小板	创业板
行业特点	• 行业龙头 • 骨干企业 • 符合国家产业政策的行业	• 中小企业 • 成长晚期阶段的企业 • 具备一定成长性 • 多数为传统行业	• 新能源、新材料、信息、生物与新医药、节能环保、航空航天、海洋、先进制造、高技术服务等领域的企业 • 其他领域中具有自主创新能力、成长性强(行业排名靠前或市场占有率高)的企业
财务门槛	营业收入>10亿元 净利润>1亿元	营业收入>2亿元 净利润>4 000万元	营业收入>1亿元 净利润>2 500万元

资料来源：申银万国。

---

① 依照官方信息，证监会将寻求在以后的审批过程取消这一环节。

需要注意的是,上述财务门槛并非明文要求,而是依据近年实际上市企业财务数据挑选的10%分位数据。譬如说,2010—2011年间净利润低于上述门槛的主板、中小板和创业板企业数量占比分别为10.71%、10.80%和7.34%。① 低于上述门槛仍有可能获得证监会核准,只是难度较大。在挑选Pre-IPO企业时,如果企业规模较小,基金应挑选证监会鼓励的九大行业企业或在细分市场上排名靠前的企业。传统行业的中小企业则需达到较高财务门槛(如4 000万元净利润)。从实际情况看,传统的机械制造、化工和建筑/工程领域的中小企业仍然在中国IPO市场上占据重要地位(见表8-3)。

表8-3 2010—2012年中国境内IPO企业行业分布

行业	2012年 融资额(百万美元)	2012年 IPO数量	2011年 融资额(百万美元)	2011年 IPO数量	2010年 融资额(百万美元)	2010年 IPO数量
机械制造	3 637	34	7 134	58	13 275	79
化工原料及加工	794	8	4 797	32	5 230	33
建筑/工程	1 581	9	4 758	19	2 463	17
清洁技术	1 339	9	3 677	15	2 609	15
汽车	750	6	3 281	18	1 596	11
生物技术/医疗健康	982	11	3 113	24	5 313	26
IT	986	12	2 391	23	2 653	26
电子及光电设备	1 485	17	2 390	26	5 902	34
纺织及服装	1 080	7	2 263	8	2 226	11
金融	275	1	2 013	3	14 880	5
能源及矿产	564	6	1 693	10	1 467	5
食品/饮料	490	4	1 166	7	946	10
娱乐传媒	125	2	1 007	3	1 157	5
连锁及零售	259	2	902	5	1 797	6
农林牧渔	196	3	621	5	1 086	8
电信及增值业务	509	9	471	5	1 923	11
互联网	291	2	136	2	523	4
广播及数字电视	61	1	117	2	345	2
半导体	0	0	88	2	704	4
物流	217	3	84	1	2 282	4
其他	862	8	1 619	13	3 685	31
合计	16 484	154	43 719	281	72 059	347

资料来源:清科创投。

由于创业板和中小板的发行市盈率显著超过主板,导致前两个市场的Pre-IPO投资收益率也显著超过后者。因此中国Pre-IPO投资的主要方向为中小企业。受此限制,单

---

① 资料来源:申银万国证券。

笔 Pre-IPO 投资的规模也较小。以创业板为例,2009—2010 年间接受私募股权投资的创业板上市企业平均每家私募融资额仅为 3 700 万元,平均每家基金对每家企业投资额仅为 1 700 万元。① 从这个角度来看,虽然 Pre-IPO 策略获得的相对收益倍数较高,但其所能吸纳的资本规模有限。当中国的机构投资者大规模进军之后,中国私募股权的主流应该趋同于国际市场的并购和房地产等资本密集型策略。

投资回报

如果仅看 IPO 成功的案例,中国成长资本基金的投资回报在过去四年中应在世界同行中首屈一指。即便是最不景气的 2012 年,中国 VC/PE 支持的 IPO 企业平均账面回报倍数(IPO 价格/入股价格)仍然高达 5.13 倍(见表 8-4)。这些数据还剔除了一些极端值。譬如,2011 年上市的华锐风电按 IPO 价格计算为私募股权基金带来了平均 188 倍的账面回报。

表 8-4　中国 VC/PE 支持企业境内外 IPO 平均账面回报倍数统计(剔除极值)

	上市地点	2009 年	2010 年	2011 年	2012 年
境内	深圳创业板	7.19	11.22	7.94	6.09
	深圳中小板	5.44	11.59	9.37	5.56
	上海主板	—	8.06	6.07	2.54
	平均	6.24	11.13	8.22	5.40
境外	香港主板	2.30	2.78	2.23	1.13
	香港创业板	—	—	4.22	1.71
	新加坡主板	2.00	9.88	—	—
	纽约证券交易所	1.73	10.52	10.88	1.97
	法兰克福	1.63	1.81	0.69	—
	纳斯达克	1.43	2.90	5.63	7.78
	平均	2.18	5.91	6.64	2.40
平均		2.76	9.61	7.78	5.13

资料来源:清科创投。

上述数据可能具有很大的误导性。首先,账面回报并不等同于真实套现收益。华锐风电的 IPO 价格为 90 元/股,到 2012 年年底已经跌至约 5 元/股。虽然其 Pre-IPO 投资者仍然在盈利区间,但其回报倍数已经大大缩水。以创业板为例,至 2012 年年底超过 60% 的上市股票跌破发行价。其次,上述数据没有将未能成功上市的案例涵盖在内。即便是常年占据排名前列的深圳创新投资集团,其 IPO 案例数也不过在投资案例数的 20% 左右。而未能成功上市的案例所带来的回报倍数通常显著低于 IPO 案例。

考虑到我们之前已经讨论过的中国 IPO 市场发展趋势,中国的 Pre-IPO 投资收益要显著低于 GP 们在推销基金时所提及的数字。Pre-IPO 策略的利润集中度可能要超过其他策略的"二八定律",即真正赚钱的基金数可能还不到 20%。而即便是排名靠前的深创

---

① 资料来源:清科创投。

投,其官方宣称 2000—2011 年间的年平均收益也不过 36%。2009—2012 年间中国部分 Pre-IPO 基金的惊人收益率可能只是暂时性现象。

> **拓展阅读** 深创投

深创投简介

深圳创新投资集团有限公司("深创投",也称"创新投")为中国领先的私募股权基金。与其他领先的中国基金管理公司不同,深创投是私募股权领域中少有的国有企业。此外,深创投既是基金也是基金管理公司。除了少数上市基金(如英国的 3i)外,这种结构在私募股权界较为少见,但这并不妨碍深创投成为中国领先的私募股权基金管理公司。

截至 2012 年年底,深创投共投资了 454 个项目,总投资金额约 121 亿元。这些投资项目中共有 86 家企业在 16 个不同交易市场上市,给深创投带来年平均 36% 的内部收益率。在中国较为权威的清科和投中集团排名中,深创投一直位列"创业投资机构"的前十名。2009—2011 年间,深创投一直是清科排名的首位。但如果按照投资策略分类,深创投实际上是一家成长资本基金管理公司,应该列入狭义的"私募股权投资机构"。

发展历史

1998 年深圳证券交易所(深交所)开始筹划设立创业板,但并没有得到中国证监会的正面肯定。为推动创业板的设立,深圳市政府 1999 年 8 月主导成立了深圳创新科技投资有限公司(深创投的前身)。深创投的初始注册资本为 7 亿元,其中 5 亿元来自深圳市国资委,其他 2 亿元来自部分上市公司和广东国有企业。前申银万国总裁阚治东成为深创投的第一任总裁。深圳市政府为深交所创业板预先指定了 23 家拟上市企业[①],深创投投资了其中的 11 家。

但是纳斯达克网络泡沫在 2001 年破裂,也导致同年深交所创业板计划被搁置,直到 2009 年 10 月创业板才正式推出。创业板的推迟加上 2001—2005 年中国的大熊市严重影响了深创投的投资操作。早期深创投不得不将资金委托给证券公司投资于股票市场。深创投成立后三年内的总利润为 2.5 亿元,80% 来自委托理财。有意思的是,虽然深创投头三年"不务正业",但委托理财确实为深创投带来了利润,得到了股东的认可。最高峰时,深创投委托理财的金额高达 22 亿元。当中国熊市导致包括南方证券在内的庄家纷纷破产时,委托理财已经不能成为深创投的避风港。

和其他成长基金一样,深创投在这一时期也采取了"两头在外"的投资模式。但由于缺乏经验,深创投的策略主要是跟随外资基金投资。2002 年深创投与新加坡大华银行合资设立中新创业投资基金。这也是国内第一家中外合资的创业投资基金。随后深创投又和以色列 Ainsbury Properties Ltd. 共同出资组建了中以基金投资公司,并接受日本投资者委托管理 CVI 基金。深创投的"两头在外"投资模式获得了成功。其所投资的潍柴动力、中芯国际、九城数码和珠海炬力等多家公司先后于美国和中国香港等交易所上市。

---

① 有意思的是,根据深交所的研究,这 23 家企业中到 2009 年 10 月创业板正式推出前已经有 8 家不知所终,7 家上市,剩下的处于勉强维持运营状态。

事实上,深创投所投资的86家成功IPO企业中,有35家在海外市场完成IPO。

2005年股权分置改革启动后,深创投转型国内Pre-IPO策略,并获得了巨大的成功。2000—2006年间,深创投每年的投资金额只有2亿元左右。而2007—2011年间每年投资金额都在10亿元以上。2009年10月创业板第一批审核的108家企业中,深圳创新投所投资的企业便有8家。也从这一年开始,深创投开始占据清科"创业投资机构"排名的首位。根据清科创投的统计,2010—2012年间深创投的套现次数在所有私募股权基金中也居首,套现项目的内部收益率为56%—105%不等。

和其他成长基金管理公司相似,深创投也进入了高速扩张阶段。从2007年开始,深创投与政府合资设立了共53个政府引导基金,级别从中央、省级、地市级到县级都有。除此之外,深创投还管理着4只中外合资基金,3只受托管理基金,20只战略合作基金及1只信托基金。

2011年,深创投当年投资的案例数达到了创纪录的81家。这数据足以让年平均投资案例数在个位数的国际同行相形见绌。但2011年深创投的Pre-IPO退出记录并不佳,A股9家上会企业中有3家被否决,过会率仅为66%,低于行业平均的77%。A股IPO节奏的放慢和估值水平的降低对深创投的影响还需要一定时间才能显现。

深创投虽然身份特殊,但是其发展历史却是中国Pre-IPO投资策略的一个缩影。它所经历的辉煌和面临的问题都具有很强的代表性。我们需要更多时间来见证这家基金的发展与成长,现在对其进行评判尚为时过早。

投资概况①

1999年至2012年12月,深创投在IT技术/芯片、光机电/先进制造、消费品/物流/连锁服务、生物医药、能源/环保、新材料/化工、互联网/新媒体等领域投资454个项目,总投资额近121亿元人民币(见图8-12至图8-17)。

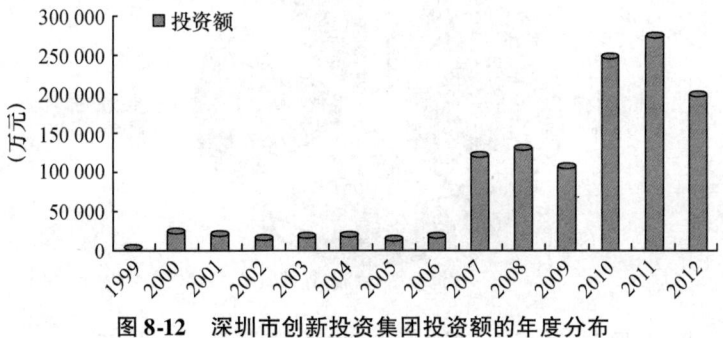

图8-12 深圳市创新投资集团投资额的年度分布

---

① 资料来源:深创投官方网站(www.szvc.com.cn)。

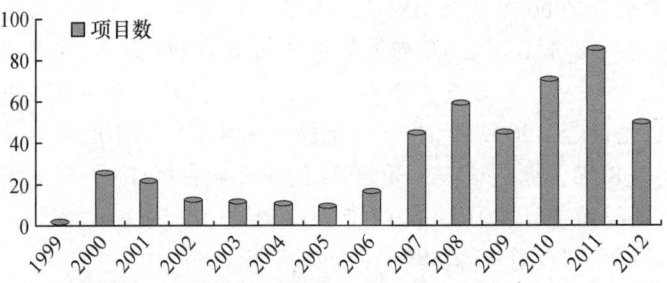

图 8-13　深圳市创新投资集团投资项目数的年度分布

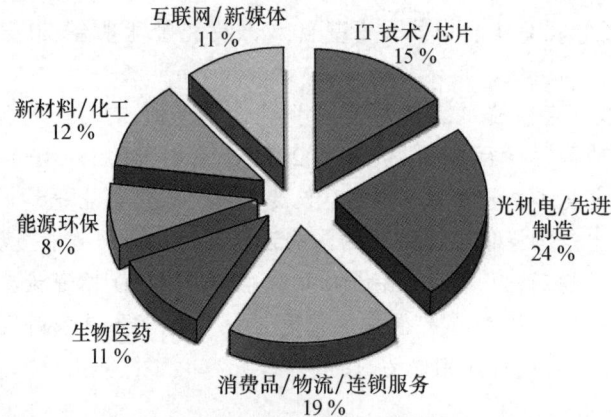

图 8-14　深圳市创新投资集团投资项目数的行业分布

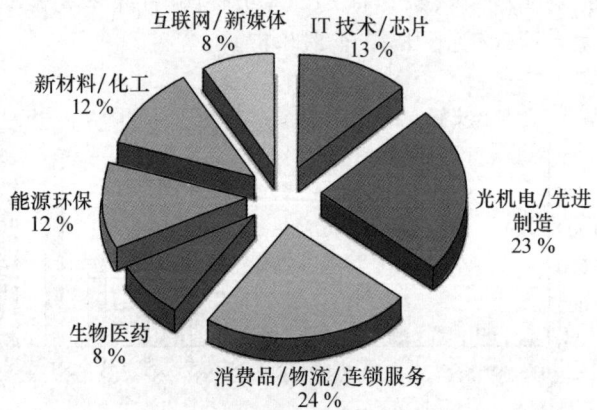

图 8-15　深圳市创新投资集团项目投资额的行业分布

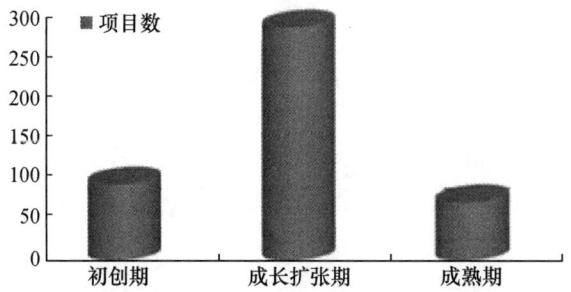

图 8-16 深圳市创新投资集团投资项目数的阶段分布

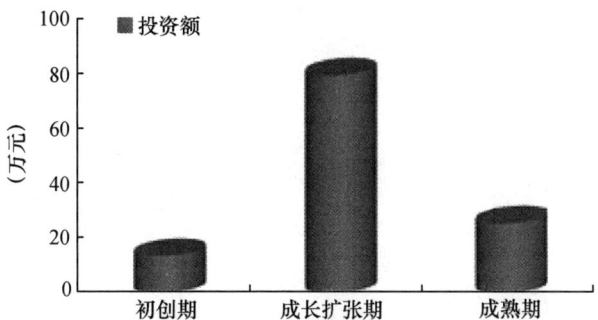

图 8-17 深圳市创新投资集团项目投资额的阶段分布

9 并购基金

杠杆收购从1960年代开始崭露头角。这一领域最为著名的公司为科尔伯格·克拉维斯·罗伯茨公司(Kohlberg Kravis Roberts,KKR)。该公司向养老基金等机构投资者筹集资金作为股本资金,并以被投资企业为载体向银行和机构投资者大规模举债,用于向企业股东收购全部股权。KKR的这种投资方式成为后来杠杆收购的标准手法。

在国际市场上,并购基金(Buyouts)是私募股权的主流策略。在很多场合,当我们提及私募股权的时候,其实指的是并购基金。这和成长资本占据主流的中国市场很不一样。其中的重要原因是,并购基金能吸纳较多资本,100亿美元的巨型基金并不罕见。在以养老金、保险公司和主权财富基金等机构投资者为主流的国际市场,并购基金显然是性价比较高且较容易监控的投资选择。而在以高净值个人为主要投资者的中国市场,小规模的成长资本和创投基金占据主流也是理所当然。但是随着越来越多的资本涌入这一市场,中国的并购基金也在逐渐成长壮大。

本章我们将讨论杠杆收购的典型操作模式、财务逻辑以及该策略在中国市场的发展。

9.1 投资逻辑

并购基金主要选择那些具有稳定现金流,并且有相当的资产可以用于抵押举债的企业进行收购。并购基金的管理人本身并不会直接管理这些收购来的企业,而是需要依赖专业的管理团队进行管理。这些管理团队可能本身就是目标企业的管理团队,也有可能是外部管理团队。由于存在信息不对称,并购基金一般倾向于与目标企业的管理团队合作进行杠杆收购,这种收购方式也称管理层收购(Management Buyout,MBO)。但如果目标企业的管理团队能力较差,或者干脆就是并购基金的竞标对手,并购基金则必须寻求外部管理团队的合作。外部管理团队主导的杠杆收购也称Management Buyin(MBI),一般较为少见。

并购基金收购企业的资金除了来自并购基金本身之外,还会从商业银行、机构投资者和投资银行筹集各种名目的债务资本见图9-1。其中最主要的是高级贷款(Senior Debt)和高收益债券(High-yield Bond,也称垃圾债券,Junk Bond)。高级贷款一般以目标企业的固定资产为抵押,偿还优先等级在所有债权中处于最高等级,因此利率也较低。高级贷款通常是由多家金融机构共同提供,以银团贷款(Syndicate/Consortium Loan)的方式出现。银团贷款一般由投资银行负责安排,成员一般包括银行、共同基金、对冲基金和结构融资实体(如CDO)等。为吸引投资者,高级贷款的利率一般会采用浮动利率,形式为伦敦银行同业拆借利率(LIBOR)加上一定的升水。此外,商业银行还可能为目标企业提供滚动使用的信贷额度。

此外,并购基金还通过发行无抵押的高收益债券来筹集资金。这种高收益债券通常没有资产抵押,偿还顺序上仅优先于股权资本。由于高收益债券性质上介于股权和债权之间,因而也称夹层资本(Mezzanine)。与1980年代不同,目前高收益债券的承销商虽然仍为投资银行,但主要购买者已经变为高收益债券共同基金、夹层融资基金、对冲基金及其他信贷投资者。

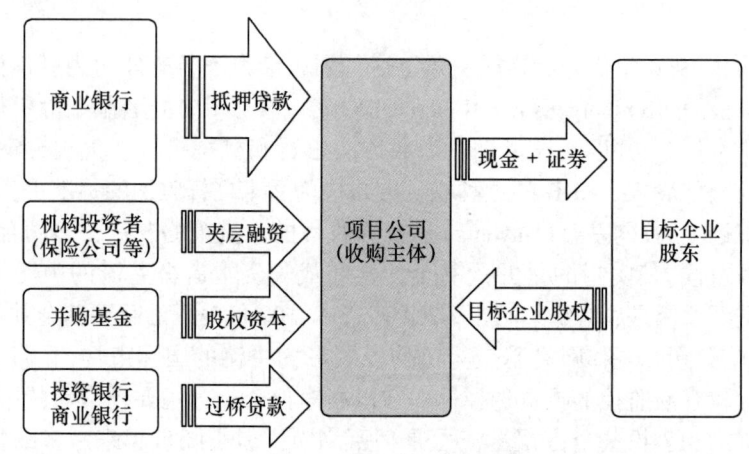

图 9-1 杠杆收购示意图

杠杆收购的交割日往往要早于杠杆债务的发行。在此情况下,负责安排贷款或承销债券的投资银行一般会为并购基金提供过桥贷款。这笔短期贷款会在高级贷款或高收益债券发行结束之后,以发行所得的资金进行偿还。为避免基金承担目标企业的债务连带责任,并购基金所筹集的债权资本一般是无追索权的(Non-Recourse)。此外,并购基金还可能在目标企业之上设置多层持股结构,以此来实现债权优先等级的分层(见图9-2)。对于那些无法在免税天堂设置控股公司的杠杆收购而言,将收购主体与被收购的目标公司(全资子公司)合并也是一种选择。合并之后,母公司的债务将成为子公司的债务,可以直接由新主体偿还。

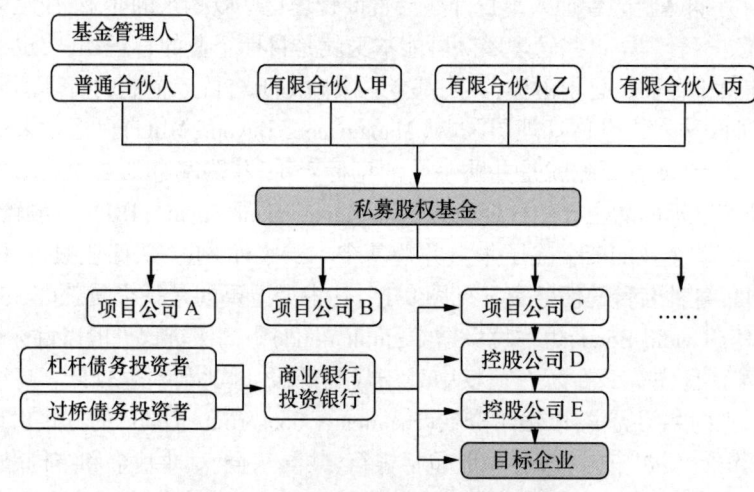

图 9-2 并购基金的杠杆收购持股结构

并购基金提供的股权资本通常以三种形式出现:股东贷款、优先股和普通股。之所以没有全部以普通股形式出现,除了税收的考虑之外,还有压缩普通股规模的目的。较小规模的普通股可以使得管理团队以较小的投资获得目标企业较大比例的股份,从而实现有效的激励机制。

和其他私募股权基金一样，并购基金的存续期限也是有限的。因此并购基金的最终目的并不是成为企业股东，而是在企业经营改善之后将企业以合适的价格套现。整体套现有两种方式：公开上市发售给公众投资者，或整体出售给其他投资者。除整体套现之外，并购基金还可以在企业盈利的前提下通过调整资本结构来实现部分套现。在这种模式下，目标企业发行债券并将所筹得的资金作为特别红利发放给作为股东的并购基金。譬如，高盛和鼎晖组成的投资团在收购双汇集团之后，便以大量发放现金红利的方式迅速回收部分投资。并购基金投资者衡量基金表现的主要标尺是内部收益率。并购基金会寻求在企业业绩改善之后尽快套现以实现更高的投资收益。一般来说，并购基金的目标退出期限是3—7年。

9.1.1 典型的杠杆收购资本结构

并购基金在重构目标企业的资本结构时必须考虑以下几个问题：

- **杠杆比例是否能够保证基金的预期收益率？** 并购基金的目标收益率一般是在25%—40%。杠杆比例越高，并购基金作为股东所能得到的股权收益率当然也越高。如果目标企业没有足够的资产可以用于抵押，那么基金只能退而求其次寻求更多的高收益债券融资。

- **杠杆比例是否会影响到目标企业运营的稳定？** 高债务负担会使得企业有很高的固定利息开支，从而降低企业应对商业风险的能力。不少并购基金都会寻求在杠杆收购完成之后，出售部分资产或业务以迅速降低资产负债率。

- **股权结构是否能为管理团队提供足够的激励？** 杠杆收购的盈利高度依赖于企业的经营业绩改善。并购基金一般会通过授予干股和期权或设定单向对赌机制来为企业管理团队提供股权激励。

表9-1为杠杆收购典型的融资结构，高级贷款的比例能占到50%—60%，偿还期限在5—7年之内。从企业偿债能力分析来看，高级贷款的规模在企业的税息摊销折旧前收益（EBITDA）的2倍到3倍之间。EBITDA是企业的净利润、利息费用、所得税、摊销和折旧项的总和，大致相当于我国会计准则中的营业利润。EBITDA由于包括了摊销和折旧等非现金费用，因而是一个现金流指标。在杠杆收购的财务分析中，现金流比利润更为重要，因为前者直接关系到企业的偿债能力。

夹层融资主要是高收益债券，融资比例一般会占到20%—30%，偿还期限在7—10年之内。高收益债券的利率通常为固定利率，有时还附有利滚利的机制（Pay in Kind, PIK），即部分利息以新债券进行支付。高收益债券一般会有3—5年的不可赎回期，之后可以由发行人按照约定的价格赎回。从偿债能力角度来看，高收益债券的规模应在EBITDA的1—2倍之间。

股权占总资本的比例一般在20%—30%之间，预期收益率一般在25%—40%之间。2000年耶鲁大学基金的管理人斯文森一份研究提到向耶鲁基金提出融资的并购基金所报告的杠杆收购平均收益率为84%。但这个数据是否准确值得商榷，因为以耶鲁基金为

表 9-1 杠杆收购的典型融资结构

融资工具	融资比例	资本成本	借贷参数	融资对象
高级贷款	50%—60%	7%—10%或浮动	• 偿还期限:5—7年 • EBITDA倍数:2.0x—3.0x • 一般需要资产抵押	• 商业银行 • 共同基金 • 对冲基金 • 保险公司
夹层融资	20%—30%	10%—20%附权证券	• 偿还期限:7—10年 • EBITDA倍数:1.0x—2.0x	• 共同基金 • 对冲基金 • 夹层资本基金
股权	20%—30%	25%—40%	退出期限:3—7年	• 经理层 • 私募股权 • 投资银行 • 次级债投资者

融资对象的基金管理公司一般是历史业绩较好的大型基金,而那些表现较差的基金管理公司则不在这个统计中。但由此也可见,杠杆收购的期望收益率确实比较高。

表 9-2 为一个欧洲杠杆收购的融资结构实例,在总额为 1.89 亿欧元的融资中,有 5 400 万欧元是由管理团队和并购基金提供的。但普通股的规模仅有 250 万欧元,这也使得管理团队仅仅出资 50 万欧元便拥有企业 20%的股权。当然,如果企业最终破产,公司偿还债务之后的剩余资产要优先用于偿还 5 150 万欧元的股东贷款。在这种情况下,20%的股权没有任何意义。

表 9-2 欧洲杠杆收购的融资结构实例

融资		百万欧元
普通股		
并购基金	90%	2.0
管理团队	10%	0.5
普通股总计	100%	**2.5**
股东贷款		
并购基金		51.4
管理团队		0.1
股东贷款总计		**51.5**
股东权益总计	28.5%	**54.0**
高级贷款 A	LIBOR +2.25%	70.0
高级贷款 B	LIBOR +2.75%	15.0
夹层融资	LIBOR +10.5%	30.0
营运资金贷款	LIBOR +2.25%	20.0
总融资额		**189.0**

除了这种模式的股权激励,也有并购基金会设定以业绩目标为前提的分阶段股权激励机制,也即单向对赌协议。在这种模式下,管理团队一般会在收购完成之后以较低的价格得到一定比例的股份(譬如10%)。如果管理团队在规定的期限内实现约定的业绩,将免费再得到一定比例的股份。这种股份的授予可以是多次的,取决于并购基金对退出期限的设计。业绩目标一般会包括销售收入、利润和现金流增长等主要指标。

9.1.2 杠杆收购的经济原理

杠杆收购产生的历史背景恰好是美国股票市场比较特殊的历史时期。1960年代美国有些上市公司的市值甚至低于账面价值。因此,一些并购基金在公开收购上市公司后将其资产拆分后进行出售,所得的收益仍然不菲。次贷危机之后,这种明显的套利机会在成熟的股票市场重新开始出现。以美国银行业为例,2012年美国几乎所有的主要银行股票市场价格都低于其账面价值。在中国A股市场虽然很少看到这种情况,但是少数银行股和周期型股票也曾跌破账面价值。

杠杆收购的价值增殖部分主要来自更高的杠杆率。资产收益率可以看成是债务利息率和股权收益率的加权平均值,其权重分别是债务和股本占总资产的比例。在资产收益率超过利息成本的前提下,债务比例的提高将使得股权收益率不断提高。并购基金通常会选择那些估值低于合理水平或经营效率较差的企业进行收购。并购基金的目的是通过与管理团队进行合作,削减不必要的成本,出售盈利前景不好的资产而保留优质资产,来提高企业的内部收益率。如果目标企业的资产收益率超过债务利息成本,则杠杆比例越高,并购基金的收益也越高。

高杠杆率的另外一个优势是,债务利息是在税前扣除,而股东利润是税后的。通过用债权资本替换股权资本,企业可以少缴所得税。相对而言,股权资本的收益率也就因此而提高了。债权资本的这一作用也称为"税盾效应"(Tax Shield)。在公司财务理论中,如果企业没有破产风险,那么理论上最优的资产负债率应接近100%。这也是杠杆收购得到一部分学者赞同的重要原因。

高杠杆率显然有负面作用。它会使得企业的财务风险提高。因此传统的公司财务理论也认为,企业需要在财务风险和杠杆收益之间达到平衡,不能无限制地提高杠杆率。在杠杆收购发展的早期,一些并购基金运用十多倍的杠杆率来收购企业。其中成功的案例固然收益可观,但因债务负担过大而失败的案例也并不鲜见,其中最为著名的为历史上曾列第一的RJR-Nabisco收购案。现在行业公认较为合理的股权和债权比例在1:3—1:4之间。

并购基金经常宣称,杠杆收购的价值贡献在于,企业摆脱上市地位之后可以省却应对证券监管所耗费的资源。上市公司的管理团队往往过度关注企业的短期利益,而忽视企业的长期发展,因为上市公司的股东往往无法容忍企业因长期计划而产生的短期亏损。此外,上市公司的管理团队往往不是公司的主要股东,由此产生的管理团队和企业股东之间的利益冲突也称为代理成本问题(Agency Cost)。通过杠杆收购,企业管理团队成为主要的股东,可以更加专注企业的长期发展,从而带来价值增殖。

并购基金的这套逻辑听起来确实有一定的合理性,但经济学界并不认为这是杠杆收购收益的主要来源。事实上,自黑石集团于2007年上市之后,杠杆收购的鼻祖KKR也在其后上市。既然下市会带来价值增殖,为什么并购基金的管理公司要寻求上市呢?这只能解释为下市增值只是一个借口而已。

经济学界有一种观点认为,杠杆收购的价值转移自企业的债权人、供应商和雇员等依赖于企业的第三方。债权人、供应商和雇员从经济学角度来看对企业也有一定受益权。随着企业破产风险的提高,这些第三方的权益受到了损害,而部分价值则转移给了并购基金。实证研究表明,被杠杆收购的企业的就业增长率往往为负,显著低于普通企业。这也支持了雇员权益受损的说法。

9.1.3 产业整合与杠杆收购

与企业一样,行业也是具有其生命周期的。从产业整合的角度来看,行业的生命周期可以分为初创、规模化、集聚和整合以及平衡和联盟等四个阶段(见图9-3)。创业投资和成长资本主要是投资于初创和规模化阶段的产业,而并购基金则主要投资于后两个阶段的产业。

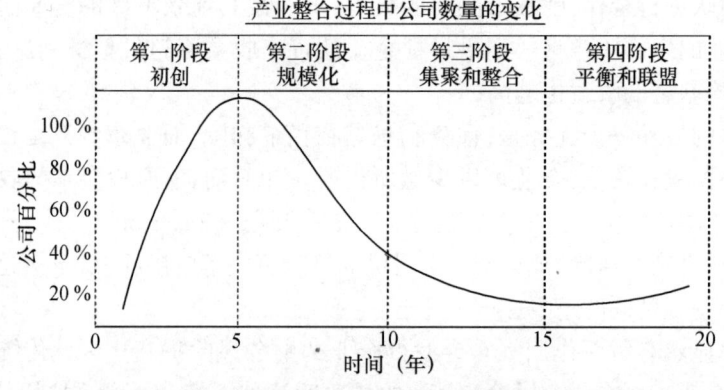

图9-3 产业整合过程中公司数量的变化

在行业的初创阶段,往往在技术和商业模式方面并不成熟,能够进入这个行业的企业数量比较有限。但一旦行业中的领导企业的技术和商业模式开始成形,将会有大量的模仿者进入行业。1970—1980年代的个人电脑产业(PC)便是一个例子。虽然个人电脑是1977年苹果公司首创的,但整个行业的大发展却是在1980年IBM设计出标准化的个人电脑架构之后才出现的。在1980年代和1990年代个人电脑行业的快速发展中,涌现了诸多的品牌。这一阶段的企业往往销售收入增长迅速,但失败的风险也很高。

当行业进入规模化阶段以后，竞争的重点从技术创新逐渐向生产和市场方面转移。随着规模化生产的出现，竞争力较弱的企业将被淘汰，而竞争力较强的企业市场份额将会不断上升。这一阶段行业总体的增长势头仍然是比较明显的，因而仍然会有成长资本参与投资。1990年代末期的个人电脑行业就体现出这个特点。1980和1990年代涌现出的许多电脑品牌在这一阶段逐渐被挤出市场。

当行业进入成熟阶段时，竞争的重点已经不是技术，而是企业的生产能力和销售能力。这一阶段会呈现整合态势，同行业的合并不断出现。行业中企业的数量不断下降，只剩下一些大型企业。从2000年以后，个人电脑制造商之间的兼并收购案例逐渐多起来。譬如惠普对康柏的收购，联想对IBM PC的收购，宏基对Gateway的收购等。2012年年底，迈克·戴尔(Michael Dell)联合私募股权基金对其创立的戴尔电脑(Dell)发起杠杆收购，成为轰动一时的新闻。其背后的原因在于个人电脑行业已经进入成熟甚至衰退阶段。

当行业整合告一段落，整个行业可能只有少数寡头企业之间在竞争。为获得竞争优势，企业之间往往会进行合作联盟。譬如当前发达国家的汽车制造业和航空业，大型企业之间的联盟较为常见。这一阶段行业的增长率已经很低，但稳定的现金流仍然是并购基金在此时加入的重要原因。并购基金往往会寻求收购那些经营暂时出现问题的企业，将之重整之后进行出售。近年来的大型杠杆收购都集中在房地产、金融、能源、医疗服务、旅游服务和零售业等成熟行业。随着一些过去的高科技行业，如半导体和电信等行业逐渐进入成熟期，针对这类企业的杠杆收购也将会多起来。

需要注意的是，由于中国的市场仍然在高速成长，发达国家的成熟行业在中国仍然可能是高速增长的朝阳产业。中国的一些传统产业，如食品、纺织、铁路、酒店服务、连锁零售等，仍然是成长资本的重点投资对象。而并购基金在中国也往往不采取杠杆收购和控股的投资方式，转而采取类似成长投资的少数股权投资。譬如，凯雷集团对太平洋保险的投资便只有20%股权，而黑石对蓝星集团的股权投资比例也是20%。

9.1.4 投资目标的选择标准

由于杠杆收购需要大量举债，因此偿债能力便成为挑选投资目标的主要标准。一般来说，合理的杠杆收购对象应具备下列特点：

- **可预测的稳定现金流**。由于债务比例要超过普通企业，因此目标企业面临很大的利息支付压力。如果目标企业没有稳定的现金流，那么宏观经济或行业层面的稍微波动就可能造成债务违约。从这个角度来看，周期性较弱的防御型行业，如食品、日用化工和公用事业等，比较适合作为杠杆收购的目标。而周期性较强的行业，如房地产开发、水泥、钢铁和重工业等，如果没有稳定的现金流保障，则不太适合作为收购目标。
- **较低的资产负债比率**。如果目标企业本身的杠杆比例已经很高，在此基础上再行举债的空间并不大，杠杆收购也就失去了价值。发达国家市场上的上市公司往往负债比例比较低,因而经常成为杠杆收购的目标。以美国市场为例,上市公司的平均负债规模为 EBITDA 的 1.2 倍左右,而杠杆收购的负债规模平均为 EBITDA 的 7 倍左右。我国的公司往往在上市之后资产负债率不断上升,因而并不一定适合作为杠杆收购的目标。我国上市公司的负债规模平均为 EBITDA 的 10 倍左右。

- **拥有可以出售的资产或业务**。杠杆收购往往寻求在收购结束之后迅速偿还过桥贷款或降低负债率。如果企业有非核心业务或资产可供出售,那么由此产生的现金便可以用于实现这一目的。往往在收购之前的财务试算中,并购基金便已经规划好哪些资产或业务可以出售,甚至可能已经找好买家。
- **较低的运营资本要求**。并购基金希望目标企业能够在尽量减少营运资本投入的情况下,尽量提高销售收入。因为目标企业的营运资本贷款一般是由银行提供的滚动信贷额度,如果需要大量营运资本投入将可能需要在收购结束之后继续融资,不符合基金的利益。
- **较低的资本支出要求**。研发投入对于企业的长期发展具有重要意义,但在短期内无法对现金流产生贡献。由于并购基金的目标投资期限并不长,因此不希望在研发和资本开支上投入过多资金。按照这一标准,低科技的传统产业,如食品和服务业,是理想的收购对象。实证研究表明,杠杆收购后企业的研发投入和资本开支确实有显著的降低,但企业申请的专利数量没有明显减少。这某种意义上可以说明,杠杆收购后的企业往往"好钢用在刀刃上",经营效率有所提高。
- **大量可用于抵押的资产**。由于无抵押的高收益债券的利息成本要远远超过有抵押的高级贷款,因而并购基金往往愿意选择那些拥有大量可抵押固定资产的企业。由于这个原因,以无形资产为主的高科技企业往往不是杠杆收购的目标。

杠杆收购的收益除了来自杠杆率的提升之外,还依赖于资产收益率的提升。因此并购基金往往在以上标准之外,还希望企业有潜在的成本削减空间。杠杆收购后的企业往往会不择手段地削减开支,包括裁撤非必要的员工,减少奢侈性的开支(如公司专机)等。成本削减的空间需要通过详细的业务和财务尽职调查才能计算出来。成本的削减速度往往也是并购基金考核管理团队的指标之一。

并购基金通常会收购那些具有良好品牌,市场地位不容易受攻击的企业。这是因为杠杆收购后,企业往往要削减开支,降低运营成本,可能无法维持收购之前的市场营销力度。而目标企业的易主确实很容易导致客户流失。举个例子,联想 2005 年收购 IBM 个人电脑事业部之后,IBM 原有的美国和欧洲客户便不断流失,从而导致联想的市场占有率不断下降。这种情况并购基金显然不想看到。

并购基金往往青睐那些有优秀管理团队的企业。通过和管理团队合作,杠杆收购失败的风险大大降低。但是并非所有的管理团队都能扭转乾坤,一旦管理团队表现欠佳,并购基金就会介入干预。实证研究表明,杠杆收购企业的 CEO 更换频率要显著超过同行业企业。这也是并购基金积极干预的证据之一。

并购基金在收购企业之前的财务试算中便会计划好未来的退出方式,并计算可能的退出收益。因此,拥有合理的退出策略空间也是并购基金选择目标企业的标准。对于那些监管严格和市场准入难度较高的行业来说,退出策略的选择要比完全竞争行业多很多。中国的金融业便是其中的例子。由于银行业的全国性牌照很难取得,新桥基金收购的深圳发展银行从一开始便有许多潜在的买家。但也因为银行业的监管较为严格,新桥基金之前选定的不少买家(如通用电气)都陆续退出了竞争,最后才选定平安集团。这也是监管严格行业的缺点之一。

9.2 中国的并购策略

并购策略的盛行是2011年海外市场中国概念股暴跌之后才开始的。在此之前,由于债务融资渠道缺乏的原因,杠杆收购案例在中国并不常见。

2008年银监会发布了《商业银行并购贷款风险管理指引》,对银行发放并购贷款的操作进行了规范。在此之前,监管机构禁止发放以股权投资为目的的银行贷款。该指引将并购贷款定义为"境内并购方企业通过受让现有股权、认购新增股权,或收购资产、承接债务等方式以实现合并或实际控制已设立并持续经营的目标企业的交易行为"。银监会明确表示,不支持商业银行发放以财务投资为目的的并购贷款。[①] 杠杆收购显然属于财务投资而非银监会支持的产业并购。

除了银行贷款之外,中国主要的债务融资渠道为债券。中国现存的债券类型包括企业债、短期融资券/中期票据、公司债以及处于试点中的中小企业私募债(见表9-3)。其中企业债是由国家发改委主管,发行主体一般是国有大型企业。短期融资券/中期票据由人民银行主管,发行主体一般也是大型企业。公司债和中小企业私募债由证监会主管,发行主体分别是上市公司和中小企业。不管是哪一种债券,以杠杆收购为目的的项目公司都不是被认可的发行主体。

在此背景下,中国杠杆收购的债务融资渠道主要是海外市场。因此,中国多数杠杆收购交易的项目公司是在海外注册的离岸公司。在2011年前,中国杠杆收购的对象主要是境内的国有企业及红筹民营企业。在这一阶段,主导杠杆收购的多数是外国基金管理公司。2011年之后,随着中国概念股在美国市场的暴跌,不少知名企业的价值都跌入不合理区间。与这些企业的创始人合作将海外上市企业收购退市便成为中国私募股权的重要业务。中国境内的基金管理公司也开始参与这类交易。

[①] 《银监会:不支持并购贷款用于财务投资》,《上海证券报》,2008年12月11日。

表 9-3 中国债券类型一览

	中小企业私募债	公司债券	企业债券	中期票据/短期融资券
监管机构	证券交易所（证监会）	中国证监会	国家发改委	中国银行间市场交易商协会（中国人民银行）
审核方式	备案制	核准制	核准制	注册制
发行人类型	非上市中小微企业	上市公司	非上市公司,企业	具有法人资格的非金融企业（包括上市公司）
分期发行	可分期发行	可在2年内分多次发行；应在注册后6个月内完成首期发行	不可分期发行,在国家发改委核准后6个月内完成发行	可在2年内分多次发行,应在注册后2个月内完成首期
审核时间	10个工作日内	1个月左右	理论上审核时间为6个月,实际上有可能超过6个月	理论上审核时间为3个月,实际操作中会受央行货币政策影响
净资产要求	无	实践中一般归属母公司的净资产大于12亿元	实践中一般归属母公司的净资产大于12亿元	未作具体要求,实际操作中要求一般高于企业债券
盈利能力要求	无	最近3年持续盈利,3年平均可分配利润足以支付债券1年的利息	最近3年持续盈利,3年平均可分配利润足以支付债券1年的利息	未作具体要求
发行规模	无限制	不超过企业净资产（含少数股东权益）的40%	不超过企业净资产（不含少数股东权益）的40%	不超过企业净资产（含少数股东权益）的40%
发行期限	一年（含）以上	中期,3-5年	中长期,5年以上	中期票据为中短期,3-5年；短期融资券为1年以内
募集资金用途	较为灵活	常用于置换银行贷款和补充流动资金	常用于项目投资和补充流动资金	募集资金应用于企业生产经营活动,不可用作资本金,后续监管极为严格
发行交易场所	固定收益证券平台（交易所），证券柜台（营业部）转让系统	交易所竞价系统	银行间市场和交易所	银行间市场

9.2.1 2011年前的杠杆收购

如前所述,2011年前中国杠杆收购的主要对象为境内国有企业或红筹企业。前者的典型案例为2004年新桥基金收购深圳发展银行、2004年弘毅资本收购江苏玻璃以及2006年高盛和鼎晖联合收购双汇集团。后者则通常是以MBO方式进行的,如2001年MIH收购腾讯,2006年PAG收购红孩子和2008年红杉收购麦考林。这些红筹或VIE结构的企业在被收购前都是处于成长阶段的非上市企业,后来都完成了上市。因此后一种收购方式更接近于创业投资或成长资本策略。

项目公司(收购主体)一般注册于境外,不仅方便债务融资,也方便投资的套现。本质上说,杠杆收购完成之后的结构都是红筹结构,不管被收购对象之前是否已经搭建了红筹结构。我们以高盛和鼎晖联合收购双汇集团为例来解释背后的机制。

案例简介 双汇收购案[①]

双汇简介

河南省漯河市双汇实业集团有限责任公司(双汇集团)是中国领先的食品制造商。其前身是漯河市肉联厂,1984年漯河市肉联厂由省管下放到漯河市,1994年漯河市肉联厂以全部资产与外商合资成立华懋双汇实业(集团)有限公司,随后又引进6个国家和地区16家外商参与双汇集团的发展,累计引进外资1亿多美元。1998年双汇集团子公司河南双汇投资发展股份有限公司(双汇发展)在深交所上市(代码000895)。围绕双汇主业,由国有资本、外资、社会公众股东、民营企业单独或共同投资的法人联合体构成了双汇业务体系。双汇管理团队通过漯河海宇投资有限公司(海宇投资)持有双汇发展25%的股份(见图9-4)。

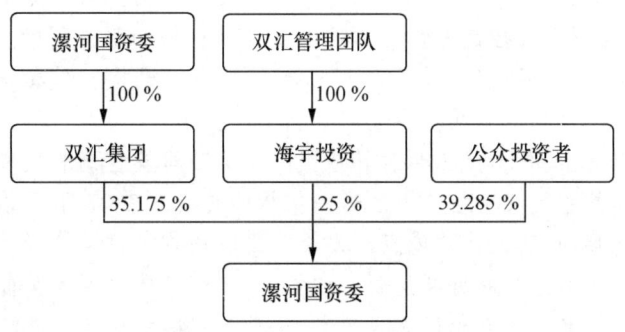

图9-4 双汇收购前控股结构

由于政策原因,管理团队从国资委手中接手双汇集团的努力始终未能成功。2006年3月,双汇集团国有产权在北京产权交易所正式挂牌转让,账面净资产为5.71亿元人民币,挂牌底价为10亿元人民币。高盛集团和鼎晖投资控制的罗特克斯以人民币20.1亿

---

① 本案例资料参考自双汇发展(SZ.000895)2006年12月及2011年11月收购报告书。

元中标,获得双汇集团100%的股权。随后,罗特克斯以5.6亿元的价格向海宇投资收购了双汇发展25%的股份(见图9-5)。

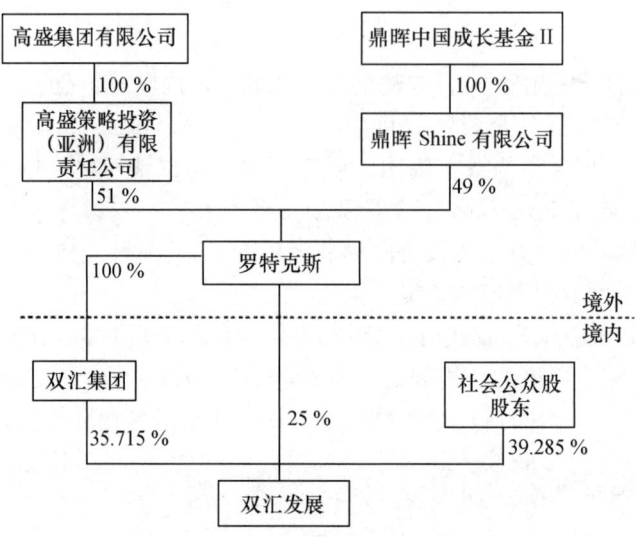

图9-5 2006年双汇集团收购结构

事实上双汇公告的控股结构并不准确。在上述收购完成之后,高盛便将持有的罗特克斯5%的股份转让给鼎晖。此外,由于股权分置改革,公众股东的持股比例也由39.285%增加至48.55%,而罗特克斯直接加间接持股比例则降为51.45%。

从收购后的发展来看,双汇管理团队才是整个交易的主导。他们并不是简单地卖掉双汇的股份,而是把罗特克斯变为其MBO的过桥实体。2007年管理团队在BVI注册了兴泰集团有限公司(Rise Grand),并通过兴泰集团控制了国内16家双汇关联企业。

红筹结构的优势在于,其境外控股结构变换不需国内审批。罗特克斯只是双汇控股结构的中间环节。而作为一家香港公司,其股东变化不需要报告内地的商务部门。通过换股,高盛和鼎晖将双汇的控制实体变为注册于开曼群岛的双汇国际。高盛将所持有的权益分别转让给鼎晖、新天域、淡马锡和郭氏集团等多家机构。兴泰集团则通过资产置换股权以及股权激励计划的方式获得了双汇国际的控制权。

由图9-6可以看出,兴泰集团通过其控制的雄域公司及控制表决权的运昌公司实际上成为双汇控股结构中的实际控制人。这一结构的转换从2007年开始一直持续到2010年才完成。而在此期间,双汇集团或双汇发展都没有向中国证监会及商务部门报告控制人的变化。一直到媒体曝光高盛减持双汇权益时,双汇发展才两度发布公告披露信息。

由于管理团队控制的兴泰集团及关联机构间接获得了上市公司双汇发展超过30%的股份,这就触发了其对双汇发展公众股东所持股份的强制收购义务。于是2011年11月,双汇发展发布了针对公众股东的要约收购报告书,宣布以56元/股的价格收购公众股份。但并没有公众股东响应这一要约,因此到2011年年底实际控制结构依然如图9-6所示。

2012年,双汇发展完成了资产重组,将双汇集团和罗特克斯控制的关联企业大部分注入双汇发展,大幅减少了关联交易。截至2012年年底,罗特克斯共直接和间接控制双汇发展73.26%的股份,其余部分由公众持有。双汇历时多年的MBO和结构重组终于告

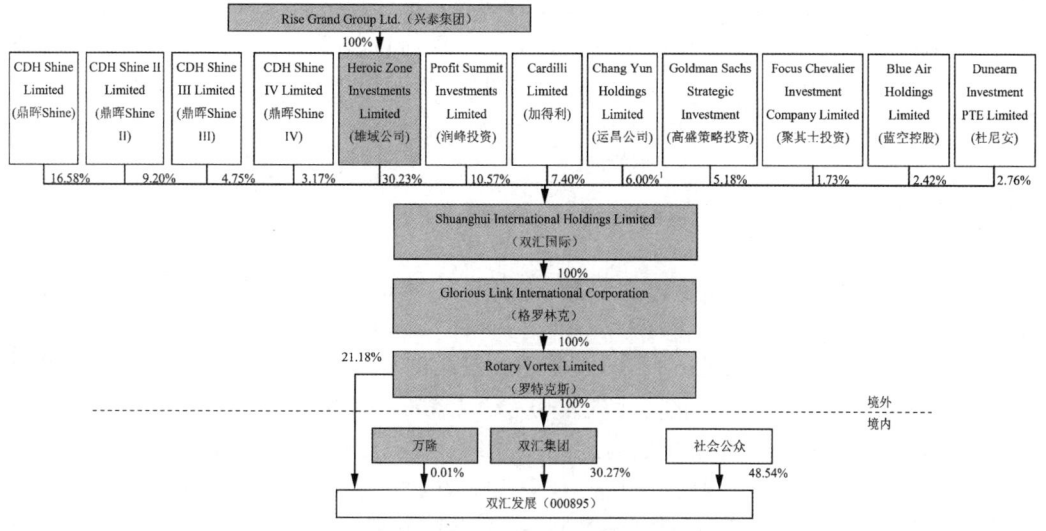

图 9-6　2010 年 11 月双汇集团的控制结构

一段落。此时双汇发展的市值已经超过 600 亿元。

案例回顾

双汇收购案中有颇多值得推敲之处。首先,2006 年收购时持有双汇发展 35% 股份的双汇集团整体估值为 20.1 亿元,而海宇投资持有的 25% 股份估值仅有 5.6 亿元。这部分是由于双汇集团持有的未上市资产导致的价差。还有可能是双方故意降低交易估值以达到避税目的,其差额部分可能用于海外搭建兴泰集团红筹结构及收购双汇国际股份。海宇投资从漯河国资委手中收购双汇发展股份的成本为 4.2 亿元,其出售股份所得的 1.4 亿元利润需要缴纳相应税收。其次,双汇管理团队与鼎晖(高盛基本上是个财务投资者)存在未向公众披露的交易协议。兴泰集团以股权激励机制获得的双汇国际股份便是证据之一。兴泰集团凭借这些协议后来重新获得了双汇国际的控制权。最后,在此 MBO 案例中,管理团队虽然在 2006 年名义上失去了对上市公司的控制权,但其控制的双汇未上市资产及资源对双汇发展形成了制约(大量的关联交易),这也是管理团队约束私募股权基金交回控制权的重要筹码。

从财务角度来看,双汇管理团队的 MBO 操作无疑是成功的。而从合规角度来看,这一案例有违规之嫌。私募股权基金作为 MBO 的"过桥实体"也获得了不菲的利润,但由于红筹结构的保密性,我们无从得知其中的收益。

相比双汇,中国一些国有企业的 MBO 案例则显得粗糙,甚至违反了法律。伊利股份便是其中的典型例子。2002—2003 年间,伊利集团董事长郑俊怀以购买国债的名义,先后将伊利集团 2.8 亿元现金转入金信信托。2003 年金信信托以 2.8 亿元从呼和浩特市财政局手中购买了伊利股份 14.33% 的国有股,成为伊利大股东,实际控制人为郑俊怀。2004 年 6 月,伊利股份 3 位独董举报了此事,郑俊怀也因此锒铛入狱。如果此案例采用过桥模式,有可能会是一个成功的案例。当然,其中国有资产需要以公允价值体现。双汇

MBO 案例通过外资收购和北交所招标实现了国有权益的公允价值①,规避了法律风险。

在双汇案例中,我们没有得到该收购案例的举债信息。事实上该案例中双汇核心资产的现金流非常充沛,完全可以以双汇集团的股权(事实上是分红权)为抵押举债。通过债务杠杆,基金可以进一步提高收益倍数。

好孩子收购案

著名童车制造商"好孩子国际"的收购案是一个通过杠杆收购提高收益倍数的典型案例。2006 年 1 月,外资基金 PAG(Pacific Alliance Group,太盟)以 1.225 亿美元的价格从好孩子国际的投资者手中收购了 67.4% 的股份(相当于整体估值 1.82 亿美元),其余股份为管理团队持有。1.225 亿美元的收购对价由 50% 的银行贷款,40% 的债券及 10% 的股权资本构成。台湾富邦银行成为这一交易的贷款银行,而原有股东则成为债券认购者(相当于 PAG 暂时拖欠该笔款项),PAG 只出了约 1 200 万美元的股权资本。

2010 年 11 月,好孩子国际完成 IPO 并在香港联交所上市(HK.01086)。好孩子的 IPO 市值为 49 亿港元(约 6.31 亿美元)。PAG 在 IPO 时套现了 2.2 亿港元,摊薄后持股比例约 39.6%。相比 2006 年的收购价格,好孩子的估值只成长了 1.43 倍。② 如果按此价格计算,即便是全额偿还初始的 1.225 亿美元出资③,PAG 仍然有约 1.56 亿美元的利润,获利倍数超过 12 倍。其中的差异便是 10 倍杠杆带来的。

新桥收购深发展

杠杆收购案例的投资周期要比 Pre-IPO 策略长得多。我们之前讨论的两个案例中的并购基金虽然已经回收大量现金,但仍然还有相当部分投资未变现。新桥投资集团④(新桥)收购深圳发展银行(深发展)是中国杠杆收购历史上从投入到退出轨迹较为完整的一个案例。2002 年新桥与深发展开展收购谈判,几经波折之后于 2004 年 10 月以 12.35 亿元的价格获得深发展 17.89% 的股份。深发展(SZ.000001)在被收购之前已经是上市公司,但新桥并没有将深发展整体收购退市的企图。此外,新桥基金于 2007 年 12 月和 2008 年 6 月分别增持了深发展股份,金额为 10.02 亿元。

新桥入股之后曾多次尝试出售深发展股份。有意向的买家不少,包括国家开发银行、通用电气(GE)、宝钢、JP 摩根甚至雷曼兄弟。但是由于中国股票市场从 2005 年起经历了大牛市和大熊市的快速转换,这些尝试都没有成功。2009 年 6 月,平安保险集团(平安)宣布与新桥达成协议。平安在收购协议中承诺,新桥可以选择现金支付,也可以选择

---

① 漯河市国资委对参与招标机构的资格限定极其严格,几乎是为高盛和鼎晖定制。这是双汇 MBO 案值得批评的一点。遗憾的是,许多国有资产的招拍挂操作都有类似情况,如弘毅资本收购石药集团。
② 好孩子发售给公众的新股比例为 30%,相当于其 IPO 前估值为 6.31 亿美元 × 70% = 4.41 亿美元,是 2006 年 1.82 亿美元估值的 2.43 倍。
③ 此处假定 PAG 在 2006—2010 年间从未偿还 2006 年欠下的贷款和/或债券,好孩子招股书未披露相关信息。
④ 新桥投资集团(New Bridge Capital)是著名私募股权基金管理公司德州太平洋集团(TPG)与布兰投资公司(Blum Capital Partners)的合资公司,注册于美国特拉华州。新桥主要从事亚太地区的杠杆收购业务,在深发展之前,曾收购韩国第一银行。

平安 H 股支付对价。现金支付对价约为 114.49 亿元,相当于新桥成本价的 5.14 倍。新桥也可以选择平安新发行的 2.99 亿股 H 股作为支付对价,按照当时平安 H 股的价格(未考虑摊薄),对价折合人民币 155 亿元,相当于新桥成本价的 7 倍左右。新桥选择了后者。

2010 年 5 月,在中国监管机构批准该交易之后,新桥获得了平安发行的 H 股股份。至 2010 年 9 月新桥将所持的平安 H 股全部套现,总计获得 187.76 亿港元(约 162 亿元),约合其成本的 8 倍。2012 年,深发展吸收合并了平安集团旗下的平安银行,并更名平安银行。深发展这一名称从此成为历史。

其实深发展案仍然不是这一时期回报最高的收购案。2001 年南非 MIH 集团以 5 000 万美元[①]的价格收购了腾讯 46.4% 的股份。腾讯于 2004 年在香港上市。至 2012 年年底,MIH 尚持有腾讯 34.25% 的股份,按市价计算约 1 578 亿港元(约 203 亿美元)。这一案例虽然形式上是 MBO,但实质上是创业投资。MIH 对腾讯的投资应能跻身全球历史上回报最高的投资之列,媲美 Accel Partners 对 Facebook 的投资。

9.2.2 中概股收购退市

与 A 股市场泡沫化的估值水平不同,境外上市的中国企业估值水平并不高。但由于海外上市不需要繁琐的审批程序和刚性的三年盈利要求,不少企业还是选择在美国、中国香港、新加坡、马来西亚、日本、韩国、德国、英国和法国等地上市。但是从流动性角度来看,这种上市策略并不明智。除了美国和中国香港之外,各市场中国上市公司数量并不多,因此当地投资界并不关注中概股,这也是多数中概股估值水平低迷的原因。

多数国家资本市场采取备案式监管制度,核查企业财务及业务的职责是由承销商、律师和会计师等中介机构承担的。一些无良中资企业或者中介机构相互勾结,或者欺骗中介机构,编造财务及业务数据前往境外上市。这样的企业数量并不在少数。从 1990 年代开始,中国海外上市企业便不时曝出造假丑闻。海外上市企业素质的参差不齐也是中概股估值水平低迷的原因所在。

在过去,多数价格较低的中概股或者规模较小,或者有经营/财务问题,并不适合作为杠杆收购的对象。在 2011 年突然爆发的中概股丑闻及 VIE 结构危机双重打击下,多数美国、中国香港和新加坡上市的中概股价格出现暴跌。仅 2011 年美国市场上便有 22 家中概股退市。多数退市企业都有财务造假嫌疑或经营问题,但一些优秀企业也受到了牵连。在此背景下,一些私募股权基金寻求与公司管理团队合作将中概股收购退市。直至 2012 年年底,仍然有包括 7 天连锁酒店和分众传媒在内的多个杠杆收购案例在进行中。

> **案例简介** 中概股丑闻及退市浪潮

从 2011 年开始,美国上市的大量中国企业曝出财务造假丑闻。开始曝出丑闻的企业多数是以反向收购方式(Reverse Takeover,俗称"买壳")在美国三板市场 OTCBB 上市的

---

① 这一价格另一说法为 3 200 万美元。

小型企业,并且不少企业有确凿的造假证据。

引爆这场危机的两家美国做空机构分别是香橼(Citron)和浑水(Muddy Waters)。这两家公司通过多种渠道调查造假企业,卖空它们的股票之后公开造假证据。浑水成功地做空了东方纸业、绿诺国际、中国高速频道、多元环球水务和嘉汉林业等多家企业。香橼则攻击了中阀科技、斯凯网络、双金生物及东南融通等多家公司。

香橼和浑水对中概股的攻击并非都是合理的。出于牟利的目的,它们在没有充分证据的情况下也会对企业发起攻击。泰富电气、新东方、恒大、奇虎(即360安全卫士)和展讯等多家公司都曾被两家机构质疑并导致股价震荡,但这些质疑后来都被证明是没有根据的。

但总的来说,香橼和浑水的打假行为还是获得了成功。2011—2012年间有45家中国企业从美国市场退市(见表9-4)。退市的原因大概可以分为三类:(a) 股价长期低于1美元,被交易所摘牌;(b) 信息披露质量不满足交易所要求(通常涉嫌造假)被交易所摘牌;(c) 企

表9-4 2011年退市中概股一览

序号	股票	退市日期	主营业务	方式
1	新华悦动传媒	2011.03.09	通过承包国际体育、娱乐的影视节目	退至粉单市场
2	科元塑胶	2011.04.01	油化工原料的生产	停牌等待退市
3	多元印刷	2011.04.04	印刷系统整体方案及印刷设备的研发	退至粉单市场
4	数百亿	2011.04.08	为专业B2B、B2C服务平台	停牌等待退市
5	艾瑞泰克	2011.04.12	有机肥研发、生产和销售	直接退市
6	旅程天下	2011.04.12	旅行服务公司	停牌等待退市
7	同济堂	2011.04.15	"中华老字号"品牌,专业制药企业	私有化
8	多元环球水务	2011.04.20	水处理设备供应商	退至粉单市场
9	中国高速频道	2011.05.19	中国最大的巴士车载电视媒体	退至粉单市场
10	盛大科技	2011.05.21	纳米技术研发型创新公司	退至粉单市场
11	福麒国际	2011.06.03	稀贵金属珠宝首饰销售	退至粉单市场
12	岳鹏成电机	2011.06.14	微特电机制造企业	退至粉单市场
13	西安宝瑞	2011.06.15	成品油批发,生物柴油研制,重油、润滑油、煤炭销售	退至粉单市场
14	盛世巨龙	2011.06.17	电视广告的推广和营销	退至粉单市场
15	纳伟仕	2011.06.23	耐用消费品与服装	退至粉单市场
16	智能照明	2011.06.23	主要做照明领域相关产品	退至粉单市场
17	瑞达电源	2011.06.24	铅酸蓄电池制造企业	退至粉单市场
18	天狮生物	2011.06.27	保健品研发制造和销售公司	私有化
19	中国生物	2011.07.20	使用益生菌和食品添加剂	退至粉单市场
20	江波制药	2011.08.04	集生产、销售、研发的医药企业	退至粉单市场
21	中视控股	2011.08.04	中国有线电视服务的合资供应商	OCTBB
22	东南融通	2011.08.17	金融IT综合服务提供商	退至粉单市场
23	万得汽车	2011.08.18	中国汽车发电机起动机生产	退至粉单市场
24	康鹏化学	2011.08.19	化学制品研发和制造	私有化
25	普大煤业	2011.08.24	以煤炭开采、加工、发运及煤化工产品开发为主营业务	退至粉单市场
26	安防科技	2011.09.17	安全防护领域	私有化

资料来源:和讯金融。

业被控股股东或外部投资者收购整体退市。前两种企业一般都会被转移到美国的粉单市场(Pink Sheet,俗称四板)继续交易,但流动性大幅下降,每周仅能以集合竞价方式成交几次。

支付宝事件的发生动摇了公众对 VIE 结构的信心,推动中概股的价格进一步下跌。2011 年 5 月,阿里巴巴集团的主要股东雅虎(Yahoo)发布公告,称阿里巴巴集团解除了支付宝的 VIE 控制协议。支付宝原本的名义股东马云(阿里巴巴 CEO)和谢世煌(支付宝 CEO)因此而成为支付宝的控制股东。虽然阿里巴巴集团和支付宝于 2011 年 7 月达成了赔偿协议,但是支付宝事件表明 VIE 结构存在漏洞,可能导致创始人窃取公司资产。这一事件导致采用 VIE 结构的美国上市的中国互联网和媒体企业股价暴跌,包括新东方和分众传媒都受到波及。从 2011 年 4 月至 2012 年年底,中概股整体约跌去了 50% 的市值(见图 9-7)。

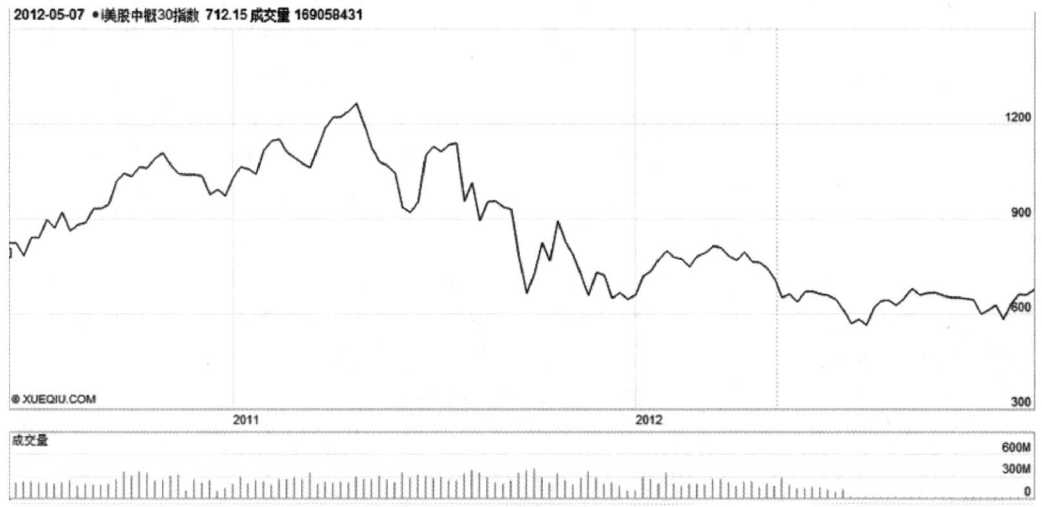

图 9-7　i 美股中概 30 指数

资料来源:雪球财经。

但中概股的问题到此仍未结束,2012 年 12 月美国证交会起诉了德勤、安永、毕马威和普华永道等五家会计师事务所。美国证交会指控这些会计师事务所的中国分支机构拒绝提供审计,威胁取消这些机构审计美国上市企业的权利。这一诉讼显得有点荒谬。这些会计师事务所受中国法律的限制对客户资料负有保密义务。如果它们依照美国证交会的要求提交信息,则会违反中国法律。

如果双方未能达成和解,那么在美国上市的中概股将面临因没有经审计的财报而被迫退市的困境。事实上,主要业务来自中国市场的美国公司(如百胜集团①)也将面临相同问题。因此美国证交会和会计师事务所达成妥协的可能性较高。但不管结局如何,中概股在诉讼消息披露当日便集体暴跌。

由于中美证券监管机构就监管协作的谈判失败,中概股在美国上市受到了巨大影响。2012 年仅有唯品会和欢聚时代(即 YY 语音)两家公司在美国 IPO 成功。迅雷、起点中文网和神州租车等多家公司都在路演阶段放弃了 IPO。从长期来看,中概股丑闻将会逐渐平息,但这一事件暴露的中国企业海外上市的法律架构和公司治理问题则是难以解决的问题。

---

① 百事可乐、肯德基、必胜客和小肥羊的控股公司。

中概股丑闻波及了不少优秀企业,导致它们的股票价格跌到了极不合理的位置。以盛大互动(NASDAQ.SNDA)为例,2011年第三季度盛大账面现金及短期投资余额超过13亿美元,而盛大的市值却跌破了13亿美元。这也是后来其创始人陈天桥决心将盛大私有化的重要原因。另外一个更极端的例子是广而告之(NYSE.MMIA)。2011年10月,这家央视广告代理商账面现金折合每股4.43美元,但公司股价仅为1.20美元左右。广而告之发布发放每股2.3美元红利且10股合1股的董事会公告之后,股票价格立刻飙升至2.4美元以上。但广而告之的派现并没有挽回局面,2012年创始人王生成以每股5美元(相当于并股前0.5美元)的价格将广而告之收购退市。

主动退市的私有化过程是一个繁琐的法律过程,成本也不低。主要的成本是收购方向公众股东支付的股票收购成本,取决于市场情况和公司的规模大小。以盛大互动为例,其最终向公众股东支付的对价为7亿美元。另外一部分成本则是其中聘请中介机构(投资银行、律师、会计师和财经公关等)以及向银行支付的融资费用。以哈尔滨泰富电气为例,整个退市操作的费用约为2000万美元。

通常控股股东/创始人的主要财产为上市公司的股份,并没有多少现金来完成退市操作。退市所需的资金需要外部财务投资者的参与。在这个过程中,私募股权基金往往作为股权投资者参与,而商业银行则作为过桥贷款和抵押贷款的提供者出现。虽然我们在之前介绍过,银监会并不鼓励银行支持财务收购,但国家开发银行(国开行)和中信实业银行在中概股退市浪潮中确实为其中的几个案例提供了贷款融资。除此之外,摩根士丹利和摩根大通等美国银行也为中概股退市提供了融资支持(见表9-5)。

表9-5 部分海外退市中概股及其财务投资者

退市公司	股票代码	财务投资者
盛大互动	NASDAQ.SNDA	摩根大通
中消安	NASDAQ.CFSG	贝恩资本
康鹏化学	NYSE.CPC	春华资本
傅氏科普威	NASDAQ.FSIN	Abax Global Capital,得州太平洋集团(TPG),国开行
泰富电气	NASDAQ.HRBN	盘实资本,国开行
同济堂	NYSE.TCM	复星实业,香港辰东
亚信联创	NASDAQ.ASIA	中信资本
千方科技	NASDAQ.CTFO	赛富投资
尚华医药	NYSE.SHP	得州太平洋集团(TPG)
三生制药	NASDAQ.SSRX	中信产业基金
阿里巴巴B2B	HK.1688	渣打银行、澳盛银行、瑞信、星展银行、汇丰等6银行
环球天下	NASDAQ.GEDU	英国培生国际(战略收购)
BMP太阳石	NASDAQ.BJGP	法国诺菲安万特(战略收购)
国人通信	NASDAQ.GRRF	国泰君安
三达国际	SG.SINOMEM	鼎晖投资
美新半导体	NASDAQ.MEMS	IDG
飞鹤国际	NYSE.ADY	摩根士丹利
分众传媒	NYSE.FMCN	方源资本、凯雷集团、鼎晖[1]、中信资本、光大控股
7天连锁酒店	NYSE.SVN	凯雷集团、红杉资本

资料来源:作者整理,仅包括公开报告中有外部财务投资者的私有化案例。

---

[1] 鼎晖后来退出该投资团。

参与私有化的基金多数是离岸的美元基金,境内的人民币基金参与较少。部分原因是基金管理人不熟悉海外资本市场操作。另外的重要原因是,多数人民币基金的有限合伙协议中都限制基金投资于已上市股票,从而将杠杆收购排除在外。一些基金管理人已经意识到海外退市带来的机会,纷纷设立以海外收购为目标的基金。虽然已经有多家中概股退市,但是仍然有多家中概股价格低于合理价值,因此将来仍然会有退市案例不断出现。表9-6中是估值显著低于合理水平的部分中概股。

表9-6 估值显著低于合理水平的部分中概股

公司名称	交易代码	市值（亿美元）	现金及短投（亿美元）	净资产（亿美元）	市盈率（TTM）
玉柴国际	NYSE.CYD	6.37	6.68	8.94	5.85
完美世界	NSDAQ.PWRD	5.32	4.78	6.22	4.69
鑫苑置业	NYSE.XIN	2.68	6.09	7.43	1.77
UT斯达康	NASDAQ.UTSI	1.75	2.13	2.27	（亏损）
学大教育	NYSE.XUE	1.70	1.96	1.68	254
正兴集团	NYSE.ZX	1.62	1.64	3.55	1.48
昱辉阳光	NYSE.SOL	1.44	3.35	4.49	（亏损）
炬力	NASDAQ.ACTS	1.41	2.02	2.78	（亏损）
河南鸽瑞	NASDAQ.CHOP	1.06	4.08	3.25	2.39
永新视博	NYSE.STV	1.02	1.92	2.11	2.88
左岸	NYSE.ZA	0.95	1.34	1.97	1.93
第九城市	NSDAQ.NCTY	0.73	1.25	1.66	（亏损）
希尼亚	NYSE.XNY	0.69	1.65	2.15	1.83
中华地产	NSDAQ.CHLN	0.47	0.95	1.35	6.14
喜得龙	NSDAQ.EDS	0.34	1.10	3.42	0.78

资料来源:雪球财经,市值数据为2013年1月2日,财务数据为2012年第三季度数据。

银行参与退市操作的退出渠道较为简单。退市企业一般会变现部分资产以现金偿还过桥贷款。盛大互动退市之后便抛售了边锋浩方等多宗资产,并偿还了摩根大通此前提供的过桥贷款。即便是抵押贷款,退市企业也会寻求在较短时间内偿还。私募股权基金的退出渠道则尚不明朗。由于退市企业都是红筹结构或VIE结构,因此退市之后重新在香港IPO是不少基金计划的退出渠道。将企业出售给同业竞争对手也是选项之一。环球天下及BMP太阳石的退市并非MBO,而是由竞争对手发起的战略收购。2011年新加坡上市的徐福记退市则是由徐氏家族和雀巢共同发起。此外,管理团队/创始人赎回基金出资也是可能的选择。

总的来说,中概股风波导致杠杆收购浪潮还没有结束,我们还将见到越来越多的退市案例。此外,中国不少家族企业面临着世代交替的问题。不少改革开放初期的创业者已经到了退休年龄,而其子女则不愿意承接父辈的业务。这是并购基金面临的另外一个重要机会。我们目前看到的案例多数是由外国企业接手家族企业。典型的案例如雀巢收购徐福记,法国科蒂收购丁家宜和百胜收购小肥羊等。私募股权基金主导的家族企业收购案例尚为少数,如安佰深收购金钱豹。随着时间的发展,我们将会在媒体看到越来越多私募股权主导的整体收购案例。

9.3 经典案例:RJR-Nabisco

RJR-Nabisco 公司是由雷诺烟草公司和纳比斯科(也译成"国民饼干公司")在 1985 年合并而来的实体。前者当时是美国最大的烟草公司之一,而后者则是美国最大的食品公司之一。RJR-Nabisco 管理团队在 1988 年发动了对公司的管理层收购(MBO),由此而招来当时最著名的并购基金 KKR 和 Fortsman Little 等团队的竞购,华尔街几乎所有投行都参与了这一案例。最终 KKR 以每股 109 美元,总价约 250 亿美元的出价将 RJR-Nabisco 收归囊中。尽管 RJR-Nabisco 并购价格已经在 2006 年和 2007 年被一些巨型并购超越,但扣除通胀因素后,这一案例仍是世界上最大的杠杆收购。这一案例对私募股权业的影响十分深远,确立了并购基金这一商业模式在资本市场的地位。

9.3.1 关于 RJR-Nabisco 公司

RJR-Nabisco 公司是当时美国排名第十九的工业公司,雇员 14 万,拥有诸多名牌产品,包括奥利奥、乐之饼干、骆驼牌、云斯顿和塞勒姆香烟、Life Savers 糖果,产品遍及美国每一个零售商店。合并后,RJR-Nabisco 公司的食品业务虽然成长非常迅速,但烟草业务仍然占据重要地位。

但是随着 1987 年 10 月 19 日股票市场的崩盘,公司股票价格从顶点 70 美元直线下跌,尽管在 1988 年年初公司曾大量回购自己的股票,但是股价不但没有上涨,反而跌到了 40 美元。在并购发生之前,公司的利润虽然增长了 25%,食品类的股票也都在上涨,但是 RJR-Nabisco 的股票受烟草股的影响还是无人问津,而公司 60% 的销售额来自食品业务。

由 RJR-Nabisco 的财务数据可以看出,自两家公司合并以后,公司的净资产收益率不断下降,由 1985 年的 26.0% 降低到 1988 年的 17.1%。而存货周转率则由 10.0 降低到 3.9 左右,这说明公司的存货积压比较厉害,平均从入库到销售所花的时间由原来的 1.2 个月(12/10)提高到近 3 个月(12/3.9)(见表9-7)。

从杠杆收购的角度分析,这家公司符合杠杆收购标准的原因主要有以下几点:
- **稳定增长性**,食品和烟草业务具有很强的抗周期性;RJR-Nabisco 的无杠杆 Beta 仅为 0.69。
- **低资本支出**,食品和烟草业务不需要大量的研发投入;资本支出占销售收入比例小于 7%。

表 9-7 RJR-Nabisco 关键财务数据 （单位：百万美元）

	1985 年	1986 年	1987 年	1988 年
烟草销售收入	5 422.0	5 866.0	6 346.0	7 068.0
食品销售收入	6 200.0	2 236.0	9 420.0	9 888.0
总销售收入	11 622.0	15 102.0	15 766.0	16 956.0
烟草营业利润	1 843.0	1 659.0	1 821.0	1 924.0
食品营业利润	549.0	820.0	915.0	1 215.0
总营业利润	2 392.0	2 479.0	2 736.0	3 139.0
折旧	354.0	605.0	652.0	730.0
EBIT	1 949.0	2 340.0	2 304.0	2 848.0
利息费用	337.0	565.0	489.0	579.0
净利润	1 001.0	1 064.0	1 289.0	1 393.0
资产负债表				
总资产	16 414.0	16 701.0	16 861.0	16 895.0
长期债务	5 628.0	5 514.0	5 681.0	5 262.0
营运资本	1 617.0	1 329.0	1 717.0	1 795.0
其他财务数据				
资本支出	946.0	1 022.0	936.0	1 142.0
净资产收益率(%)	26.0	19.0	20.8	17.1
总资产收益率(%)	15.5	14.1	13.7	11.5
资产周转率	0.92	0.91	0.94	1.00
存货周转率	10.0	9.7	5.1	3.9
红利支付率(%)	31.2	39.3	37.3	36.5
普通股价格				
最高(元)	35	55 1/8	71 1/8	94 4/8
最低(元)	24 6/8	31	34 6/8	54 6/8
流通股份总数(百万)	258.6	250.4	247.4	223.5

- **低债务水平**，RJR-Nabisco 的长期债务占总资产的比例不到 1/3。
- **经营业绩**，自 1985 年以来的经营业绩不断下降，但是可以通过更换经理层改变。
- **拆分价值**，分业务价值显著超过股票市场价值和长期债务的加总。按照《华尔街日报》的估算，RJR-Nabisco 当时各项业务的价值总计应在 200 亿—215 亿美元之间，折合每股 85—92 美元（见表 9-8 和表 9-9）。

表 9-8 RJR-Nabisco 业务价值计算表

	价值(百万美元)
食品业务总值	12 100—13 100
烟草业务总值	12 500—13 000
各业务总值	24 600—26 100

(续表)

	价值(百万美元)
每股价值	
各业务总值	24 600—26 100
减去:长期债务	4 600
股权价值	20 000—21 500
除以:股份总数	234
分业务计算股价	85—92 美元/股

表 9-9 RJR-Nabisco 食品业务价值计算表

食品业务	价值(百万美元)
饼干业务	5 000
蔬菜罐头	500
水果罐头	300
麦片	750—1 000
花生	800—900
健康食品	400—500
巧克力	300
口香糖	200
人造黄油	200—300
新鲜水果	700
墨西哥食品	150
牛排酱	100—150
宠物食品	200
国际业务	2 500—3 000
总计	12 100—13 100

资料来源:《华尔街日报》。

9.3.2 竞标

1988 年 10 月,以 RJR-Nabisco 公司 CEO 罗斯·约翰逊为代表的管理团队向董事会提出以每股 75 美元的价格收购公司的要约,而当时 RJR-Nabisco 的股价已经回升至 71 美元。管理团队的 MBO 要约方案的核心是,在收购完成后计划出售公司的食品业务,而只保留其烟草经营。其战略考虑是基于市场对烟草业巨大现金流的低估,以及食品业务因与烟草混合经营而不被完全认同其价值。重组将消除市场低估的不利因素,进而获取巨额收益。

管理团队选择与希尔森·雷曼公司(Shearson Lehman Brothers,即后来的雷曼兄弟公司)合作。希尔森·雷曼公司当时在垃圾债券(高收益债券)市场上的地位微不足道,因此该公司的融资方法主要依赖银行贷款。信孚银行(Bankers Trust)成为管理团队的主要融资安排机构,它在全球内募集到了160亿美元的贷款承诺。

由于管理团队当时的出价过低,结果引来了多家基金和投行的加入竞争,其中最具实力是杠杆收购的鼻祖 KKR 和 Fortsman Little。后者与高盛合作的竞标团后来由于无法得到管理团队的合作而退出了竞标。① 投资银行第一波士顿(First Boston,现称瑞士信贷第一波士顿)也加入竞争,并提出了一个几乎完全依赖债券的竞标方案,竞标价格达到118美元/股。但由于该公司的竞标方案缺乏实际可行性,事实上没有进入董事会的考虑范围。竞争主要在管理团队和 KKR 团队之间展开(见图9-8)。

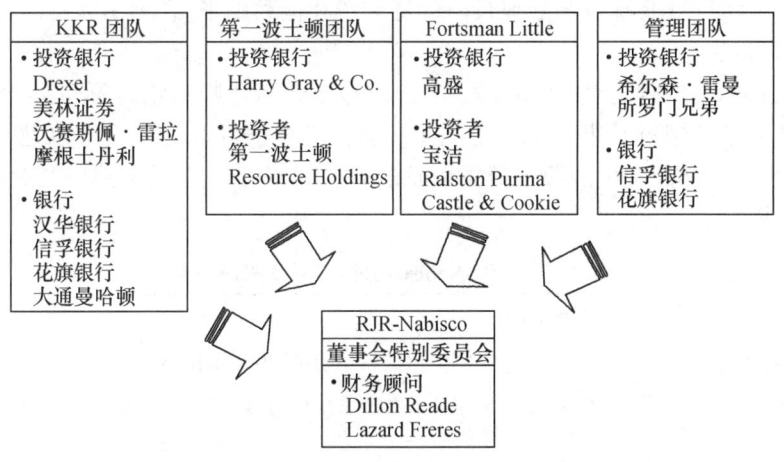

图9-8　RJR-Nabisco 竞标各方组成

由于各方的博弈,竞标事实上进行了四轮,每一轮价格都有所提升,这也是董事会的胜利。董事会以竞标各方没有得到充分信息为由,多次推迟了最终投票的时间(见表9-10)。

表9-10　RJR-Nabisco 竞标进程

报价方	Oct 19	Nov 4	Nov 25	Nov 29	Dec 1	支付方式
RJR 经理团队	$75	$92	$100	$101	$112	现金 $84;优先股 $24;可转换股 $4 现金 $88;优先股 $9;其他证券 $4 现金 $90;优先股 $6;新普通股 $4 现金 $84;债券 $4 未说明
KKR		$90	$94	$106	$109	现金 $81;优先股 $18;债券 $10 现金 $80;优先股 $18;可转换股 $8 现金 $75;优先股 $11;可转换债券 $10 现金 $78;其他证券 $4
第一波士顿				$118		债券 $100;其他证券 $3;认股权 $5

经过四轮的角逐,董事会最后投票选择了 KKR 109美元的报价,而非管理团队112

---

① 另一说是它们将 RJR-Nabisco 的机密信息泄漏给竞争对手宝洁(P&G),因而被取消竞标资格。

美元的报价。从竞标方案来看,这主要是由于以下几个原因:
- **支付价格**,财务顾问判定 KKR 的优先股价值比管理团队的优先股高出 5 亿美元,约合每股 2 美元。
- **RJR 和 Nabisco 的拆分**,管理团队只想保留 RJR,准备出售 Nabisco;KKR 只准备出售部分业务(50 亿—60 亿美元)。
- **股权参与**,KKR 方案中,现有股东拥有新公司股权的 25%;管理团队方案中,现有股东拥有新公司股权的 15%。
- **雇员保障**,KKR 保证解雇雇员时的遣散费和福利水平;管理团队则向 15 000 名员工提供股权激励。

这次收购的签约日是 1989 年 2 月 9 日,超过 200 名律师和银行家与会,汉诺威信托银行从世界各地的银行筹集了 119 亿美元。加上美林证券和德崇证券以垃圾债券方式筹集的资金以及 KKR 提供的股东贷款和股权资本,本次收购总共动用的资金超过了 320 亿美元(见表 9-11)。

表 9-11 RJR-Nabisco 并购案融资来源一览

	数额(美元)	说明
银行并购贷款(TOF)	136 亿	银团提供的贷款,用来购买 RJR-Nabisco 股份。
资产出售过桥贷款	60 亿	用于偿还 TOF 的银团贷款,其中 55 亿美元必须通过资产出售偿还。
再融资过桥贷款	1.5 亿	用于偿还 TOF 的银团贷款。
滚动贷款及定期贷款	52.5 亿	用于偿还 TOF 的银团贷款。在满足一定财务条件前提下,两年之后转换成 4 年期贷款。
过桥贷款	50 亿	Drexel 和美林证券各提供 15 亿美元的优先级贷款;Drexel 另提供 20 亿美元次级贷款。
利率增长债券	50 亿	用于偿还非银行过桥贷款。分为两个等级:第一次级和第二次级。在发行后 18—78 月间可用第二次级债券支付利息。
优先可转换债券	18 亿	• 期限 20 年。前 10 年中 KKR 可以选择用现金或证券进行支付,后 10 年必须用现金支付。 • 4 年后债券持有人有权将之转换为新公司股票,占新公司股份数 25%。
可交易累积优先股	40.6 亿	• 前 6 年中 KKR 可以选择用现金或证券进行支付,之后必须用现金支付。 • 这些股份没有投票权,受益顺序优于可转换债券。
股东贷款(基金提供)	5 亿	期限 6 个月,可以在调整利率的前提下延长至 7 年。
股权资本	15 亿	由 KKR 设立的私募股权基金提供。

资料来源:*Financial Analyst Journal*。

这宗交易也被称为华尔街的盛宴。德崇公司得到的各种费用合计 2.26 亿美元,美林公司得到了 1.09 亿美元,银团的融资费 3.25 亿美元,而 KKR 本身的各项收费达 10 亿美元(见表 9-12)。

表9-12 RJR-Nabisco并购案投行费用一览　　　　　　　　（单位：百万美元）

项目	费用
• Drexel	
顾问及交易经理费	25.0
承诺费：35亿过桥贷款@1.5%	52.5
融资费：35亿过桥贷款@0.5%	17.5
承销费：20亿垃圾债券发行@3.875%	77.5
承销费：30亿垃圾债券发行@1.8125%	54.4
总费用	**226.9**
• 美林证券	
顾问及交易经理费	25.0
承诺费：15亿过桥贷款@1.5%	22.5
融资费：15亿过桥贷款@0.5%	7.5
承销费：30亿垃圾债券发行@1.8125%	54.4
总费用	**109.4**
• 摩根士丹利交易经理费	25.0
沃赛斯坦·佩雷拉交易经理费	25.0
投资银行费用总计	**386.3**

9.3.3 RJR-Nabisco 的估值

如果运用之前介绍的自由现金流估值方法，我们首先要利用尽职调查信息构建出 RJR-Nabisco 的各财务报表，并据此计算自由现金流（见表9-13）。

表9-13 RJR-Nabisco 自由现金流　　　　　　　　（单位：百万美元）

	1989年	1990年	1991年	1992年	1993年	1994年	1995年	1996年	1997年	1998年
销售收入										
烟草	7 560	8 294	8 983	9 731	10 540	11 418	12 368	13 397	14 514	15 723
食品	10 438	11 383	12 092	12 847	13 651	14 507	15 420	16 393	17 428	18 533
总销售收入	17 998	19 677	21 075	22 578	24 191	25 925	27 788	29 790	31 942	34 256
现金流										
税息费用前收益—烟草	2 022	2 360	2 786	3 071	3 386	3 733	4 115	4 534	4 998	5 508
税息费用前收益—食品	1 163	1 255	1 348	1 459	1 581	1 713	1 855	2 011	2 178	2 361
税息费用前收益总额	3 185	3 615	4 134	4 530	4 967	5 446	5 970	6 545	7 176	7 869
减去：公司费用	287	279	296	314	333	353	374	396	420	445
税息前收益（EBIT）	2 898	3 336	3 838	4 216	4 634	5 093	5 596	6 149	6 756	7 424
所得税	1 029	1 184	1 362	1 497	1 645	1 808	1 987	2 183	2 398	2 636
利息前收益（EBIAT）	1 869	2 152	2 476	2 719	2 989	3 285	3 609	3 966	4 358	4 788
加上：折旧	783	767	794	823	840	841	841	841	841	835
减去：营运资本增额	150	158	165	174	182	191	201	211	222	233
减去：资本开支	1 708	1 462	1 345	930	738	735	735	735	735	735
企业自由现金流	**794**	**1 299**	**1 760**	**2 438**	**2 909**	**3 200**	**3 514**	**3 861**	**4 242**	**4 655**

经过推算，该杠杆收购的平均利息成本约为7.52%，而加权平均资本成本约为12.06%。根据这一数据，在企业未来稳定增长率0—5%的场景下，该公司的估值水平如

表 9-14 所示。

表 9-14　RJR-Nabisco 估值　　　（单位:百万美元,每股价格除外）

未来稳定成长率	0	1%	2%	3%	4%	5%
十年折现值总额@12.06%	15 634					
未来价值折现值	12 361	13 479	14 819	16 455	18 496	21 116
RJR-Nabisco 价值总额	27 996	29 113	30 453	32 089	34 130	36 750
减去:当前债务总值	5 390					
RJR-Nabisco 股权净值	22 605	23 723	25 063	26 699	28 740	31 360
除以:当前流通股总数	223.52					
RJR-Nabisco 每股价格	**101.13**	**106.13**	**112.13**	**119.45**	**128.58**	**140.30**

资料来源:*Financial Analyst Journal*。

通过调整 1989—1998 年间(交易后的 10 年内)公司自由现金流的增长率或 1999 年以后的稳定增长率,我们可以得到 109 美元的价格能够成立所需要的一系列假设组合(见图 9-9)。

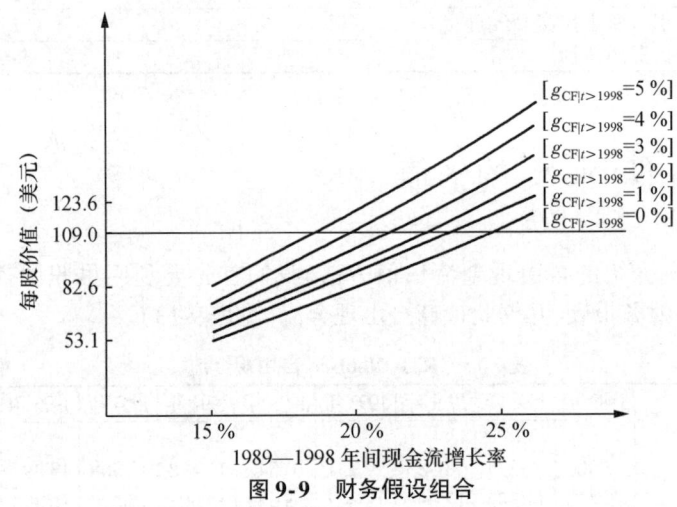

图 9-9　财务假设组合

图 9-9 中的横轴为 1989—1998 年间的平均现金流增长率,纵轴为每股价值,g_{CF} 则代表 1999 年以后的稳定增长率。由图可以看出,交易后 10 年内,公司的现金流增长率必须至少维持在 18% 以上才能使得 109 美元的估值成为可能。但这样高的增长率在美国的成熟经济体背景下是很难实现的。过高的估值假设也为交易的失败埋下了伏笔。

9.3.4　尾声

KKR 从美国运通公司请来路易·郭士纳作为新公司的 CEO。新公司进行了大刀阔斧的改革,出售了不少奢侈资产,包括公司的专机队伍。1989 年新公司在偿付了 33.4 亿美元的债务之后净亏损 11.5 亿美元。食品业务 1989 年的现金流量达到了以前的 3.5 倍。但是当用烟草带来的现金清偿垃圾债券时,公司的竞争对手菲利普·莫里斯(万宝路的生产商)却增加了营销投入,降低了烟草价格。据分析,RJR 的烟草市场份额在 1989

年萎缩了7%—8%。

由于烟草业务没有起色,公司后来不得不更换了CEO。在业绩持续下滑后,1995年年初,KKR不得不又将RJR出售,保留了Nabisco。两家业务和文化迥异的公司最终还是分手了。从财务角度来看,这起杠杆收购交易最终还是失败了,投资者并没有得到预期的利润。

9.4 中国式收购:中国玻璃[①]

9.4.1 案例简介

江苏玻璃集团(苏玻集团)的前身是江苏玻璃厂,一家江苏省宿迁市的国有企业。1996年由于江苏玻璃厂遭遇巨额亏损,宿迁市副市长周诚受命担任江苏玻璃厂的厂长。在周诚的领导下,江苏玻璃厂的经营虽有起色,但由于历史负担沉重,仍然缺乏成长的潜力。1997年江苏玻璃厂改制成为国有独资公司苏玻集团。苏玻集团在2002年年产量仅有900吨玻璃,占全国市场的2%。

2003年4月,宿迁市政府决定不能以出售苏玻集团,将苏玻集团的国有股权挂牌出售。2003年中,私募股权基金弘毅投资顾问有限公司(弘毅)发现了苏玻集团的投资机会,并开始与其进行接触。2003年12月31日,弘毅通过注册于英属维尔京群岛的Easylead Management Limited(EML)和注册于香港的南明有限公司(南明)与宿迁市政府签署了苏玻集团控股公司宿迁市国有资产经营有限公司(宿迁国资)的托管协议。2004年1月20日,弘毅与宿迁市政府正式签订收购协议,终以650万元的价格收购了宿迁国资。

在收购完成之后,弘毅着手对宿迁国资、苏玻集团及其子公司江苏苏华达信材料股份有限公司(苏华达)进行结构重组,花费了总计9 350万元将华融和信达等股东的权益买断,并将宿迁国资转制成为外商独资企业。之后,苏玻集团获得了2 500万美元改造其生产线,并开始着手上市准备工作。

2005年6月,弘毅与英国玻璃制造商皮尔金顿(Pilkington)签订协议,安排好退出渠道(见图9-10)。依照协议,双方约定:

- 皮尔金顿在上市时以1 000万美元的价格购入中国玻璃9.9%股;
- 在上市满6个月后的一年内,皮尔金顿有权按约定价格进一步收购20%的股份;
- 在2011年7月1日之后的6个月内,皮尔金顿有权按约定价格收购弘毅通过First Fortune持有的全部中国玻璃股份。

2005年6月23日,中国玻璃登陆香港主板市场上市,配售发行9 000万股,配售价2.18港元,融资近两亿港元。随后,中国玻璃通过陆续的收购,在内地8个城市共拥有16条玻璃生产线以及一个研发中心,总产能也增加到了5 500吨(见图9-11)。中国玻璃的产值也由5亿元左右暴增至20亿元以上(见图9-12)。

[①] 资料来源:中国玻璃上市招股书及公告。

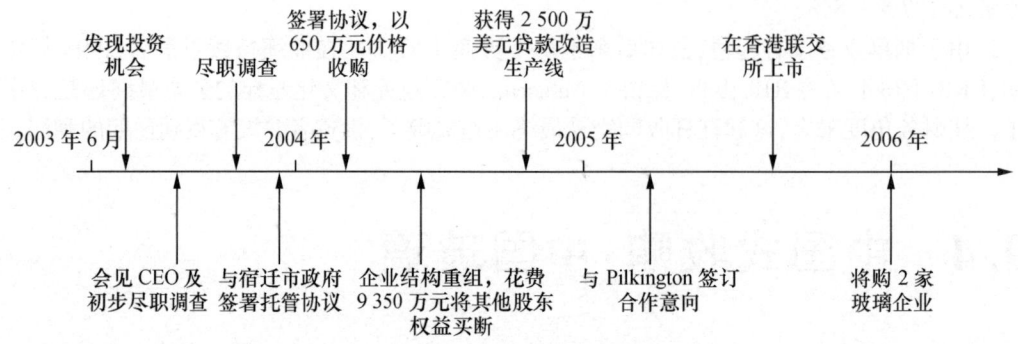

图 9-10　中国玻璃项目进程

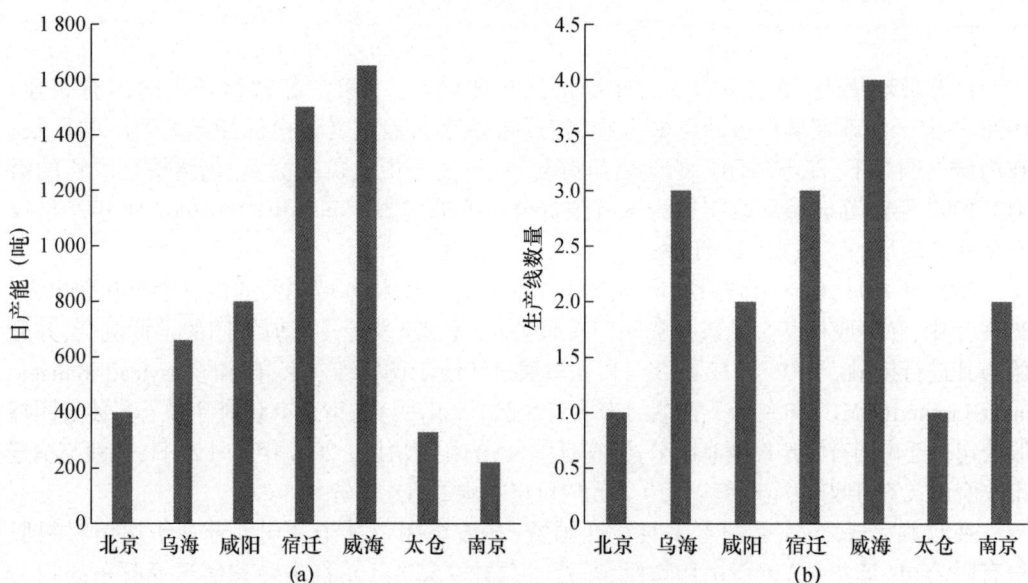

图 9-11　中国玻璃的产能分布(2008 年)

注：第八个城市杭州为研发中心所在地，未在图中表示。

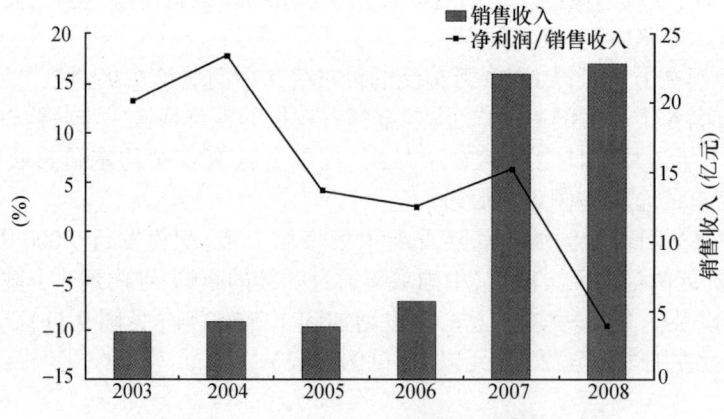

图 9-12　中国玻璃上市前后的经营业绩

资料来源：中国玻璃年报。

9.4.2 结构重组

在结构重组之前,苏玻集团和宿迁国资其子公司的控股结构较为复杂,有多方参与其中。其主要持股结构如图 9-13 所示。

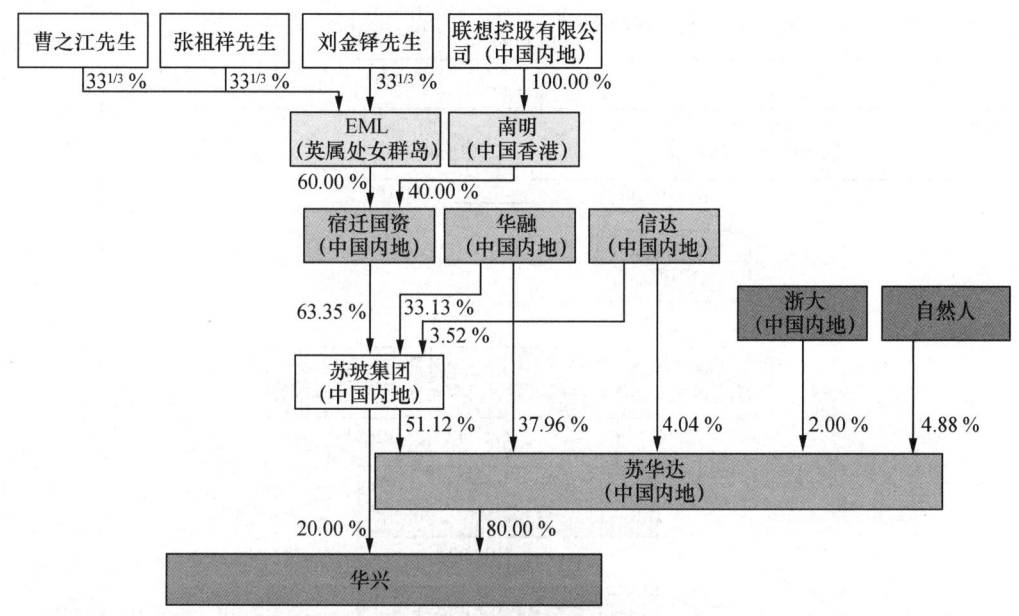

图 9-13 结构重组前的江苏玻璃

2000 年,苏玻集团将欠华融及信达的两笔债务转为股权,向两家机构分别配发了公司股权 33.13% 及 3.52%。宿迁市国有资产经营有限公司则作为苏玻集团的控股公司,保留了余下股权 63.35%。

2001 年 12 月 23 日,苏玻集团联合华融、信达、浙大及七名自然人(包括周诚、李平等苏玻集团管理层)以发起形式注册成立江苏苏华达信材料股份有限公司。苏玻集团将玻璃制造等核心业务从苏玻集团剥离而注入苏华达以作为其注册资本出资额,而成为拥有苏华达 51.12% 的控股股东。除华融和信达因债转股而获配发 37.96% 及 4.04% 之苏华达股权外,浙大及七名自然人则以现金入股而获取相应的股权。

2003 年 10 月,为了便于引进外部资金,宿迁国资剥离了非苏玻集团的资产,使宿迁国资成为一家纯粹针对苏玻集团的控股公司。

弘毅的重组措施主要包括以下几点:

- **宿迁国资**,通过两个境外壳公司托管宿迁国资 100% 股权,价格 650 万元;
- **江苏玻璃**,宿迁国资向华融和信达支付 2 600 万元收购其持有的江苏玻璃股份;
- **苏华达信**,宿迁国资向华融、信达和浙大支付 6 212.3 万元收购其持有的苏华达信股份;

- **整合**,通过境外壳公司 Success Castle(SC)以 6 284.5 万元向宿迁国资收购其持有的苏华达信股份,通过境外壳公司 SC 以 6 572.5 万元向江苏玻璃收购其持有的苏华达信股份。

重组后的公司结构如图 9-14 所示。其中上市主体为 SC 的控股公司,注册于百慕大的中国玻璃控股有限公司。

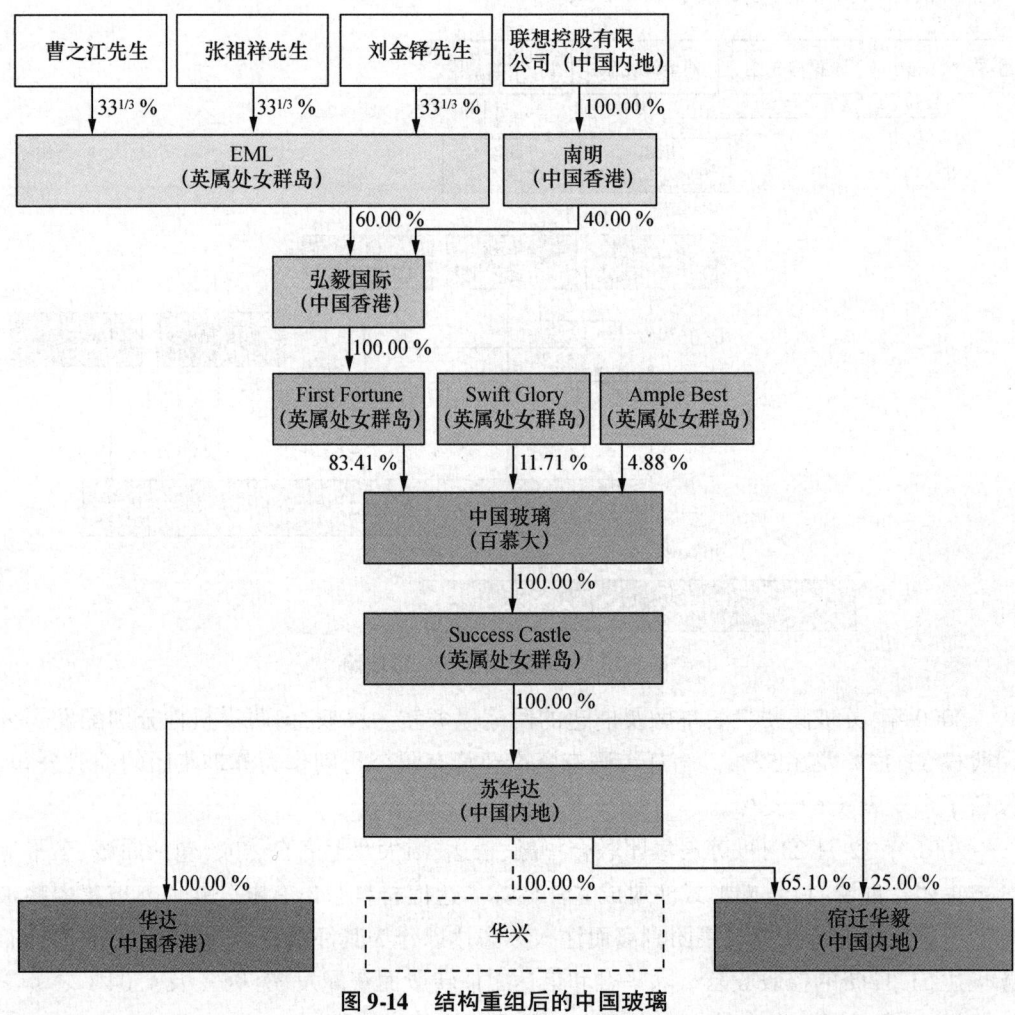

图 9-14 结构重组后的中国玻璃

9.4.3 总体评价

总的来说,弘毅对中国玻璃的收购是成功的。以 1 亿元的整体收购价格,弘毅获得了一家上市公司的控股权,并使得中国玻璃成为中国主要的玻璃生产商之一。但弘毅的退出策略并非成功。虽然与皮尔金顿签署了出售股权的协议,但是主动权在皮尔金顿手中。至2013年中，弘毅虽多次减持，仍是中国玻璃持股约20%的第一大股东，而皮尔金顿也没有行使其之前签署的认购权利。但不管如何，弘毅的整体收购策略以及对国有企业的改造重组仍然是目前中国私募股权业中较少的成功案例。这一案例也是将来中国杠杆收购值得借鉴的经典。

10 投资评估

10.1 概述

我们在前面将基金的生命周期划分为募、投、管、退四大阶段。虽然四个阶段彼此衔接互为唇齿,但是基金管理人的绝大部分精力会放在投资阶段。前期发现有成功潜质的企业并在其中占有相当的份额,会使得之后的投后管理和退出操作事半功倍。

10.1.1 投资评估的目标

在投资委员会决定批准投资项目之前,它首先要分析投资团队通过尽职调查收集的信息,进而评估项目的投资价值和可行性。从管理角度来看,投资评估过程的目标主要有以下几个:
- 通过有效的项目筛选提高投资工作效率;
- 最小化交易终止成本;
- 在投资评估中保持客观性和一致性;
- 减少投资失败的风险;
- 遵守投资计划;
- 确定可能的退出计划。

在分析投资团队提供的初步尽职调查信息时,投资委员会或执行合伙人希望能在这一阶段将前景不明朗或获利空间较小的项目剔除,从而提高工作效率并避免不要的尽职调查成本。中国的基金管理人每年都要考察大量企业,对每个企业都深入调查是不可能完成的任务。因此不少基金管理人会设定一些硬性门槛,将候选企业缩小到一定范围。这种量化的筛选做法显然能够提高工作效率,代价是会错过一些优秀企业。

投资委员会在投资评估过程中还需要保持客观的态度。投资委员会引入独立人士的原因在于防止基金管理人的私相授受。基金管理人可以出于各种原因偏好某些投资项目。譬如,当基金管理人管理的其他基金已经投资的企业陷入困境时,基金管理人便有足够的动机要求投资委员会对这种企业进行投资。投资委员会应对这类项目持客观态度。

投资评估过程还需要遵守基金的投资计划。基金的投资计划往往会规定目标收益率和风险容忍度。如果基金投资者认可的投资计划只允许基金承担中等风险,那么投资评估过程可能会将那些高风险且高收益或低风险且低收益的项目筛选掉。此外,如果选定的投资项目超越基金管理人掌握的专业技能,项目也可能被剔除。

投资评估的目标之一便是确定可能的退出计划。事实上,基金管理人在选定投资项目的时候便应计划好未来的退出渠道。典型的退出渠道包括上市和出售。如果项目以上市为退出计划,则基金管理人在评估中会侧重考察股票市场对项目的接受程度和预期的定价范围。如果以出售为退出计划,则应事先评估可能的买家以及出售是否会遭遇政策风险。

10.1.2 投资评估做些什么?

不同基金管理公司的决策流程可能会有一定差别。但是要完成一项投资,基金管理人大概都要经历以下阶段:
- **项目筛选**。投资团队通过内部或外部渠道寻找项目并筛选出有投资前景的企业;
- **投资条款谈判**。基金管理公司与企业就投资的主要条款达成初步协议;
- **尽职调查**。投资团队和/或中介机构对企业开展业务、财务和法律方面的尽职调查;
- **签署投资协议及交割**。投委会投票批准投资,基金与企业签订正式的股权买卖协议并交割股份(工商登记)与资金。

项目筛选的作用在于剔除那些基本没有投资前景的企业,从而节省投资经理的时间和调研成本。这对于专注于早期投资的创投基金来说尤为重要。创投界过去的经验数据是,每接触100个项目,实际进入初步尽职调查阶段的企业可能只有10—20家,最终实际投资的企业数量可能只有2—3家。时至今日,项目从接触到最终完成投资的比例可能只有千分之几。投资经理每天必做的工作是阅读商业计划书,然后将其中的绝大多数扔进垃圾桶。

尽职调查还可以细分为初步和正式尽职调查。在签订投资条款书和保密协议之前,投资经理无法接触到企业的核心机密数据,因此形成的投资结论也较为初步。在此基础上,投资经理和企业谈判形成的投资条款只是意向,没有法律约束力。签署保密协议之后所进行的正式尽职调查会为基金的投资决策提供更加翔实的事实基础。在此基础上形成的股权买卖协议属于正式投资协议,对交易双方都有法律约束力。

股权买卖协议签署之后所进行的事项都是程序性的。基金管理人通知有限合伙人出资到位并将约定款项汇给卖方(可能是企业或其大股东)。企业进行工商登记变更,在股东名单中加入基金。外资基金的后期事项可能稍微繁琐,需要外汇管理局和商务部门的批准手续。但总体来说,基金管理人的主要工作集中在尽职调查和谈判阶段。

10.1.3 成功的关键因素

投资评估对基金投资业绩的好坏有重要影响。总的来说,成功的关键因素在于:
- **发现规模恰当的优质投资项目**。对于小型创业投资基金而言,规模过分巨大(如超过10亿元)的项目没有任何意义;同样,对于多数大型成长资本和并购基金而言,规模在1000万元以下的项目也没有太大的投资价值。
- **谨慎地进行投资审查和意见征询**。相当多的投资失败项目都是由于在投资审查中对市场前景和监管环境过度乐观而造成的,投资委员会需要广泛地进行意见征询防止遗漏重要信息。

- **与优秀的中介机构合作**。好的尽职调查会帮助基金发现企业潜在的问题,进而在投资决策和谈判中占据有利地位;而糟糕的敷衍式尽职调查则可能毁掉投资机会。此外,中介机构本身是重要的项目渠道之一。
- **对市场和战略的充分了解**。优秀的基金管理人往往具备良好的市场和战略前瞻性,在一些新兴行业(如互联网和新能源)尚未成为市场热点之前便进行布局,从而获得优异的投资业绩。
- **投资委员会的合理运作**。投资委员会的设置是为了规范基金管理人的投资行为。但在出现意见不一的情况下,适当尊重基金管理人的专业意见是非常必要的。

本章将介绍基金管理人的投资评估流程及项目渠道。后续章节将讨论基金的投资策略,尽职调查以及投资条款分析等内容。需要注意的是,本章内容适用于处于创业和成长阶段的中小项目。中晚阶段的杠杆收购策略我们之前已经讨论过了。

10.2 投资评估流程

投资并非严谨的科学过程,运气也是成功的重要原因。因此,错误的方法可能会投资成功,而正确的方法也可能会导致投资失败。但从长远来看,严谨的投资评估工作产生的业绩要显著优于粗糙的投资决策。短时间内一些基金管理公司依靠快进快出式的套利方法形成的业绩恐怕无法通过时间的检验。众所周知,私募股权是一门长线生意。

运作规范的基金管理公司可能会有多轮尽职调查,因而耗时较长。而一些新基金管理人则作风相对粗犷,决策流程较为简单,甚至有不经过尽职调查直接从第一步跳至最后一步的管理人。一些近年来高歌猛进的基金管理公司的投资评估能力在业内评价并不高。接下来本节将介绍两套常见的投资评估流程。

10.2.1 较为繁琐的版本

这个版本的投资评估流程环节较多,可能有多轮尽职调查,适合规模较大的基金管理公司和较为成熟的投资项目(见图10-1)。

首先,投资团队根据候选企业的行业、发展阶段和融资需求等标准筛选出潜在投资对象。投资经理在这一阶段需要将没有前景或不切实际的项目剔除。需要注意的是,一些优秀企业在创业早期并不一定能够展现成功的特质,因而往往被错过。譬如,星巴克创始人霍华德·舒尔茨在创业之初为筹集100万美元向242人求助,其中的217人拒绝了他。肯德基创始人山德士上校在兜售他的炸鸡配方时也曾被拒绝了1 009次。错过好的投资项目也是投资评估过程中的一部分,十全十美的运作只存在于理论中。

其次,具体负责的投资经理根据所掌握的材料(可能只是企业提供的融资计划或商业计划书)写一份关于投资对象的简报。投资经理对候选企业的商业模式、竞争格局和

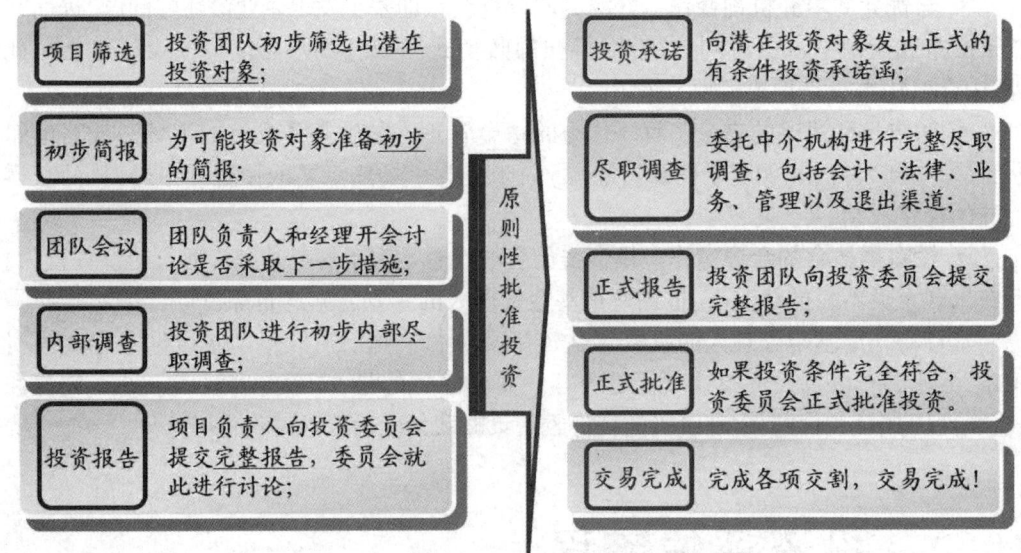

图 10-1 私募股权基金投资决策流程示例一

成长前景等方面进行简要总结。在写作简报之前,投资经理会和企业负责人(通常是创始人)进行面对面沟通,甚至邀请其到办公室向投资团队作 PPT 讲演。

再次,各团队的负责人或者负责投资的高管开会讨论候选企业是否值得开展尽职调查。具体负责的投资经理陈述看好项目的理由和可能存在的问题,以争取其他投资经理的支持。最终拍板的当然是基金管理公司的 CEO 或负责投资的执行合伙人。

如果通过团队会议讨论决定进行尽职调查,投资经理将与企业负责人进行初步尽职调查并就投资条款展开谈判。这一阶段的尽职调查一般是由投资团队完成的。国内的律师和会计师也可能在这一阶段介入项目,虽然他们尚未与基金管理人或企业签订正式的顾问合同。投资条款书也称框架协议或投资意向书。除了投资涉及的财务条款(投多少钱占多少比例股份)之外,投资条款书还可能包括对赌条款(估值调整机制)、清算优先权、回购条款、反摊薄条款、优先购买条款及公司治理条款。

投资经理将投资条款书和较为完整的投资报告书提交给投委会。投资报告书通常较为详尽,涵盖企业的技术、财务、团队、市场和销售等各个方面,同时还会预测项目的退出方式、时间和可能收益水平。投委会委员不可能都到企业考察,因此他们投票的依据是投资报告书和投资经理的陈述。如果投委会初步通过项目评审,投资团队将得到预算开展正式尽职调查。

在得到投委会原则性批准之后,投资团队便可以与企业签署投资条款书(也称框架协议、投资意向书等)。投资条款书的多数条款并没有法律约束力,但其中费用、排他和保密条款一般有法律约束力。基金管理公司及其聘请的中介机构需要对其在尽职调查过程中所收集的企业信息保守秘密,否则将承担违约责任。在这一阶段,投资团队将可以接触到企业的实际运营数据和主要合同,较为成熟的企业一般还需要聘请会计师进行审计。

最后,投资团队会在正式尽职调查报告的基础上形成正式的投资报告书,并将之报告给投委会进行评审。国内一些基金的投委会成员中有 LP 指派的代表。在实践操作中,偶尔也出现过投资团队尽职调查结束之后,LP 再派人进行尽职调查的情况。如果投委会批准投资,基金的普通合伙人便可以代表基金与企业签订正式的投资协议。

在完成资金交割和工商登记变更等程序性操作后,项目便进入投后管理阶段。多数基金管理公司是同一投资团队对一个项目负责到底,从投资进入到投后管理到退出全程参与。现在国际上的趋势是组建专门的投后管理部门。投资团队完成投资阶段的工作后便将项目移交给投后管理部门。国内只有少数基金管理公司采用这一模式,如鼎晖创投。

在以上投资评估流程中,主要工作都是由投资团队完成的,而投委会对项目介入不多。在存在多个投资团队的基金管理公司中,受承诺资本总额和费用预算的限制,投资团队彼此之间也存在竞争。团队负责人需要说服投委会将资金部署到自己的项目上,因此投资判断可能会存在过度乐观的情况。

10.2.2 简单的版本

前面介绍的投资决策流程是较为完备的过程,为许多大型基金管理人所采用。也有一些基金会将投资决策权限部分授予基金管理人的执行合伙人或首席执行官。在这种决策流程设计中,投资委员会只负责项目最初的审核。在初步审核完成之后,由执行合伙人/首席执行官负责最终的投资决策和预算安排。与前一种决策流程相比,这种决策流程更加灵活和迅捷,但其缺点在于投资成败高度依赖于执行合伙人/首席执行官的个人判断(见图10-2)。

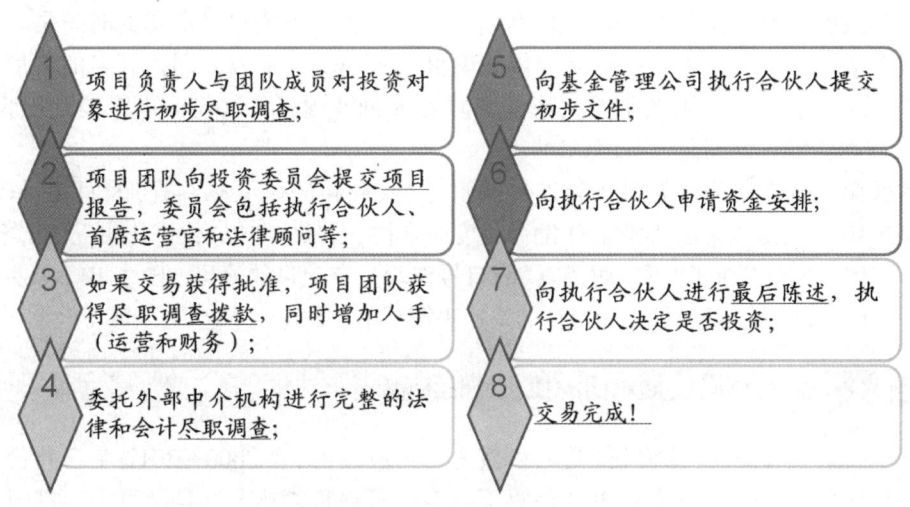

图 10-2 私募股权投资决策流程示例二

10.2.3 投资决策的快慢问题

中国的企业家往往缺乏融资经验,因此在融资谈判中他们更加喜欢那些能够快速做出决定的基金管理人。这种喜好是有一定道理的,因为中国的市场环境变化非常快,快速决策对于企业来说非常重要。但从基金管理的角度来看,一个完整的投资评估流程走完至少需要1—2个月。外资基金由于涉及审批事项多,可能长达半年以上。

在实践操作中,一些基金管理人可能会将之前提到的流程进一步简化,甚至跳过尽职调查。但这样做的代价可能会非常惨重。2007年中国投资公司("中投")在入股黑石集团时,便犯了这个错误。当时黑石集团已经在IPO前夕,没有足够时间让中投进行尽职调查,因此中投只能借用黑石集团的承销商摩根士丹利的卖方尽职调查[1]结果。这笔30亿美元的投资留给中投近20亿美元的浮亏。虽然造成亏损的主要原因是次贷危机,但是尽职调查的缺失也要负一定责任。中投投资完成后,美国国会便有提案将黑石集团等私募股权适用的税率由15%提高至25%。尽职调查的作用之一便是要排除这种"地雷",但中投显然不够谨慎。

从经验来看,基金管理人对早期项目的投资决策速度要显著快于成熟期的项目。这是有道理的,早期项目考察的重点是创始人及团队,而背景调查是相对耗时较短的。天使投资人的投资决策时间是出名地短。谷歌的第一位天使投资者安迪·贝托斯海姆只用了10分钟时间便决定投资10万美元给斯坦福大学的两位学弟。这笔投资3年后在谷歌上市时变成了3亿美元。国内有位著名天使投资人和企业创始人坐过一次电梯后便决定投资100万元。

如此短的投资时间并不意味着天使投资者完全不在乎风险。相反,天使投资者一般在投资之前对创业者进行过背景调查,或者创业者有信誉良好的推荐人。笔者曾作为天使投资者投资一家移动互联应用企业,从听说项目到做出投资决策所花的时间是一顿晚饭。投资的原因是该企业的CFO是一位认识很久的"靠谱"朋友。国内著名的天使投资人雷军[2]的一句名言是"不熟不投",意即只投熟人创业项目。这句话也曾被讹传为"不俗不投",因为雷军的湖北口音问题。

成长期或成熟期项目需要较为详尽的财务、业务和法律尽职调查,因而耗时较长。2009—2010年间由于中国A股IPO发行速度非常快,因此一些以"快进快出"为投资理念的基金管理人甚至打出了"不尽职调查"的口号作为争夺项目的筹码。随着IPO节奏的放缓,这些基金管理人已经开始在为当初的快速决策买单。欲速则不达,古人诚不我欺。

案例简介 深圳创新投资集团的投资评估流程

深圳创新投资集团(深创投)是业内领先的创投基金,在2000—2012年间共投资了400多个企业,年平均回报率约36%。以下内容为深创投的业务流程指引,摘自《深圳市创新投资有限责任公司管理制度汇编》。

1. 项目搜集

创业投资公司的项目主要有三个来源:(1) 依托创新证券投资银行业务、收购兼并

---

[1] 企业上市前承销商会对企业进行尽职调查,但是这种尽职调查是从"卖方"的角度出发的,而不是从私募股权这种"买方"角度。

[2] 雷军为金山软件公司董事长,曾作为天使投资人参与了小米手机和乐淘等多家企业。

业务、国际业务衍生出来的直接投资机会,投资对象为准二板上市企业、准主板上市企业。它的特点是贴近资本市场,退出渠道畅通,资金回收周期短,回报较为丰厚;(2) 与国内外创业投资公司结为策略联盟,互通信息,联合投资;(3) 派出专门人员跟踪和研究国内新技术以及资本市场的新热点,通过项目洽谈、寄送资料、报刊资料、电话查询、项目库推荐、访问企业或网上搜索等方式寻找项目信息,做好项目储备。

2. 项目初审

项目投资经理在接到商业计划书或项目介绍的七个工作日内,对项目进行初步调查,提出可否投资的初审意见并填制《项目概况表》。项目经过初选后分类、编号、入库。

3. 签署保密协议

在要求提供完整的商业计划书之前,项目投资经理应主动与企业签署保密协议。若企业一开始提供的就是完整的商业计划书,则在接受对方的商业计划书之后就可与之签署保密协议。

4. 立项申请与立项

项目初审后认为需要对企业做进一步调查研究的,项目投资经理填写《立项审批表》,报公司项目考评会批准立项。立项批准一般在两个工作日内完成,经批准的项目可以进行尽职调查工作。

5. 尽职调查

立项批准后,项目投资经理到项目企业进行尽职调查,并填写完成企业《尽职调查报告》。尽职调查认为可以投资的企业与项目,项目投资经理编写完整的《投资建议书》。尽职调查一般在二十个工作日内完成。

6. 投资决策委员会审查

董事会下设投资决策委员会,由该委员会代董事会行使投资决策权。投资决策委员会采用会议及信函两种工作方式,投资项目应取得投资决策委员会简单多数通过,当投资决策委员会中对所提交讨论的投资项目赞成与反对票各占二分之一时,由投资决策委员会主席做出投资决议。所有内部审查工作自接到项目投资经理提交完整材料之日起十个工作日内完成,并形成《投资决策委员会决策意见表》。在项目投资具体实施的过程中,若因客观因素遇到与投资决策委员会通过之相关投资决策不符的情况,应撰写书面报告并提交投资决策委员会重新决策。

7. 签订投资协议

投资决策委员会审查同意进行投资的企业或项目,经公司法律顾问审核相关合同协议后,由董事长或董事长授权代表与合作对方签署《投资协议》。

8. 对项目企业的跟踪管理

在投资协议生效后,项目投资经理具体负责项目的跟踪管理,除了监控企业经营进展外,还应为企业提供战略性或策略性咨询等增值服务,使企业在尽可能短的时间内快速增值。跟踪管理的具体内容有:(1) 定期(每月或每季,视项目企业具体情况而定)取得企业财务报表、生产经营进度表、重要销售合同等,并分析整理为《企业情况月度分析表》;(2) 参加企业重要会议,包括股东会、董事会、上市工作项目协调会以及《投资协议》中规定公司拥有知情权的相关会议并形成《会议记录》;(3) 每季度对企业进行至少一次访谈,了解企业经营状况、存在的问题、提出相关咨询意见并形成《企业情况季度报告》。

9. 投资的退出

在项目立项之初,项目投资经理即要为项目设计退出方式,然后随着项目进展及时修订。具体的退出方式包括三种:IPO(首次公开发行)、出售、清算或破产。首次公开发行包括国内二板上市、主板上市及国外主板上市、创业板上市等;出售分为向管理层出售和向其他公司出售;当风险公司经营状况不好且难以扭转时,解散或破产并进行清算是可选择的退出方式。IPO及出售将是本公司主要的退出渠道(见图10-3)。

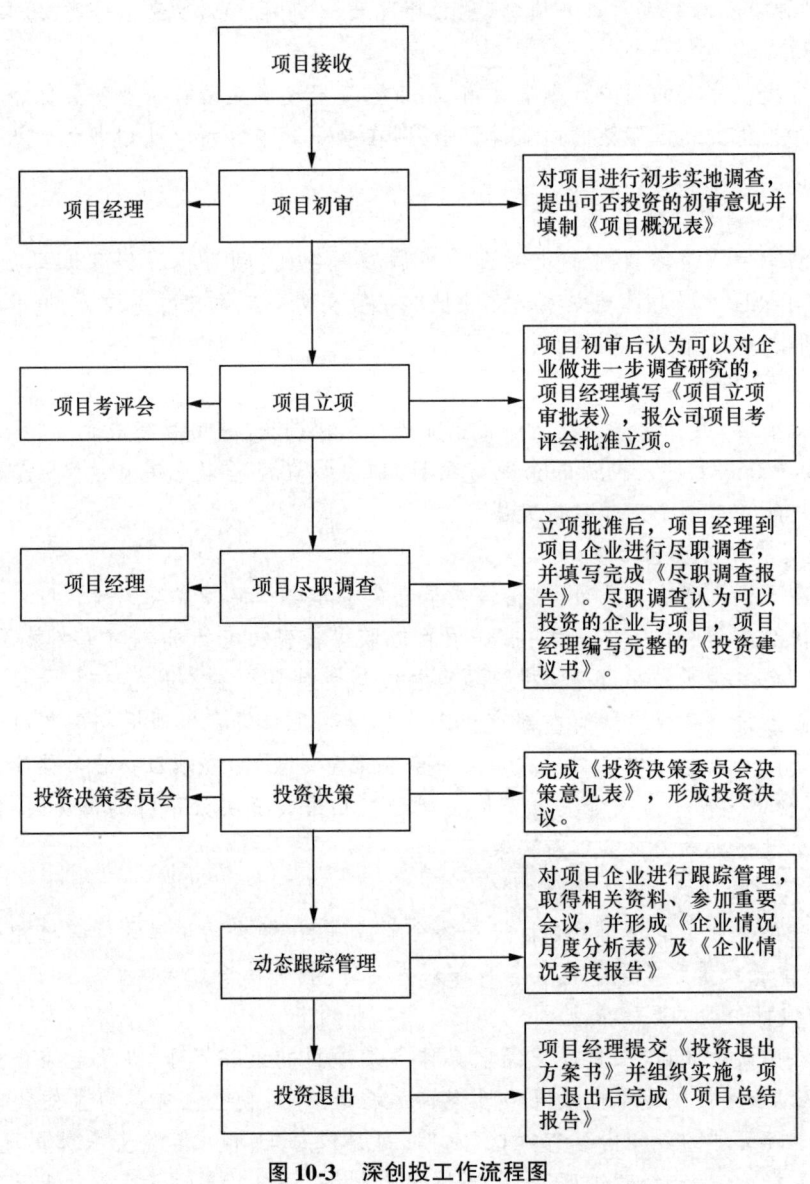

图10-3 深创投工作流程图

10.3 项目渠道

巧妇难为无米之炊。候选项目的优劣对最终投资业绩的影响不言而喻。成功的基金管理人需要有良好的项目渠道。私募股权基金的项目渠道可以分为两类：中介机构（投资银行、财务顾问等）和管理人自身渠道。根据毕马威（KPMG）的统计，在大中型交易中，中介机构提供的交易机会占约三分之二，而基金管理人本身的项目来源只占到约四分之一。中介机构还可以进一步分为买方中介（Buy-side）和卖方中介（Sell-side）。市场上的中介机构通常指的是投资银行①和财务顾问公司。当它们为买方服务时，我们称之为买方中介；反之，则称为卖方中介（见图10-4）。

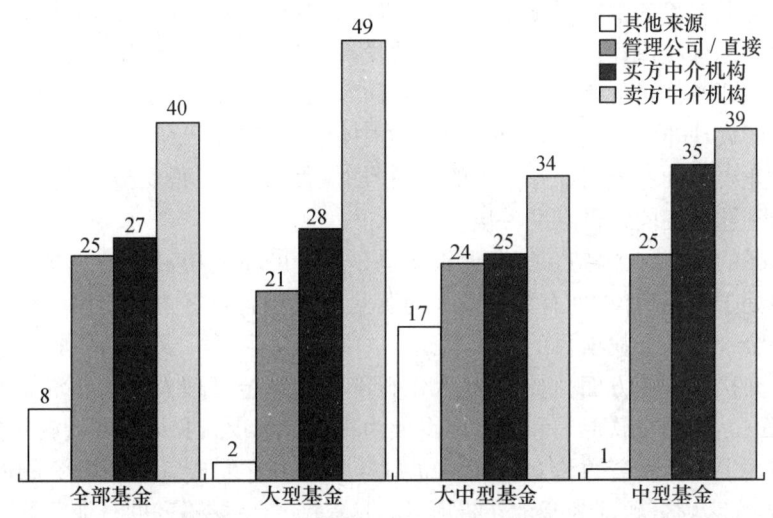

图 10-4　私募股权基金项目来源统计

资料来源：KPMG(2005)。

买方中介指的是在交易中处于买方地位或为买方服务的金融中介机构，如私募股权基金、养老基金和投行/银行的直接投资部门。买方机构在发现投资机会时可能会分享投资机会，寻求共同投资。这种投资也称俱乐部交易（Club Deal），可以降低单一机构的风险。共同投资（俗称"跟投"）在创业投资和成长资本基金中较为常见。近年来，随着巨型并购交易的规模日渐提高，一些并购基金也开始合作共同进行杠杆收购。买方基金也乐意为介绍项目的中介机构支付费用，名为 Finder's Fee，比例一般为投资金额的 1%—3%。

卖方中介机构则指投资银行和财务顾问等在交易中为卖方利益服务的中介机构，以

---

① 随着各国尤其是美国金融改革的推进，投资银行这一名词现在更多地是指"投资银行部门"（IBD），即以承销证券和并购顾问为主的业务部门，而不是像以前那样特指华尔街机构。从注册形式来看，当年的投资银行高盛和摩根士丹利已经转为商业银行。而从投行业务收入来看，排名第一的是摩根大通这家传统商业银行。

促成交易得到佣金为主要目的。但卖方中介机构由于所处地位的原因,所提供的交易机会未必是最佳,需要私募股权基金审慎判断。在大型交易中,卖方中介机构提供了近50%的交易机会。当一些企业试图出售其部分业务或资产时,往往会委托投资银行寻找买方。私募股权基金往往会成为交易的潜在对象。譬如,2004年IBM试图出售其个人电脑事业部时,便委托摩根士丹利寻找买家,其中部分买家便是私募股权基金。

从国际经验来看,私募股权基金相当依赖于外部项目来源。一个成功的私募股权基金管理人往往拥有庞大的关系网。国际实证研究表明,经常参加共同投资的创投和成长资本基金管理人所取得的业绩要显著高于较少参加共同投资的管理人。

10.3.1 中介机构渠道

中国市场上主流的策略是成长资本,也即Pre-IPO。企业IPO之前往往要聘请证券公司作为辅导机构和保荐机构。证券公司的投行部门是私募股权基金寻找Pre-IPO项目的重要渠道。证券公司的直接投资公司(简称"直投")由于有母公司的项目渠道支持,因而在近年的表现非常不错,譬如金石投资(中信)、平安财智和广发信德等。由直投公司先入股企业再由证券公司保荐上市的"直投加保荐"模式也很受拟上市企业的欢迎,但其中潜藏的利益冲突问题也颇受诟病。

中国市场的另外一个特点是,商业银行也是基金的重要项目渠道。商业银行在中国金融体系中处于垄断地位,拥有数量庞大的营业网点和企业客户。它们的客户数据库也可以成为基金管理人寻找项目的重要渠道。中国的商业银行成为私募股权业浪潮中受益最大的中介机构。一方面,它们的私人银行部门为基金管理人提供募资服务和托管服务;另一方面,它们的贷款部门和地方网点成为基金寻找项目和尽职调查的重要渠道。

中国市场上还活跃着数量众多的独立财务顾问。它们或者作为融资顾问为企业提供服务,或者作为财务顾问为基金介绍项目。这是一个良莠不齐的行业。其中既有易凯资本[①]和华兴资本[②]等成绩斐然的专业中介,也有数量众多的名为"投资顾问公司"或"融资顾问公司"的皮包公司。一般来说,财务顾问视项目不同可能向融资方收取相当于融资金额1%—3%的顾问费。

不同规模的基金所依仗的中介机构类别也不同。对于大型基金而言,其交易策略主要为大型并购交易,因此项目一般来自顶级投资银行。这类投资银行在并购和承销市场上占据绝对优势地位,是其他中介机构所不能比拟的。而中小型的基金由于其投资项目规模较小,往往会寻求与小型的专业投资银行(Boutiques)合作(见图10-5)。这类投资银行往往专注于特定行业或特定区域的交易,因而能在细分市场上占据相对的优势,如中国市场上的易凯和华兴。

---

① 易凯资本自称为"一家领先的中国新型投资银行",但它的主要业务还是作为融资方的财务顾问,尚未涉及传统投行的承销业务。

② 华兴资本也自称为"投资银行"。华兴资本在香港收购了一家证券公司,但在内地的主要业务仍是财务顾问,尚未涉及承销业务。

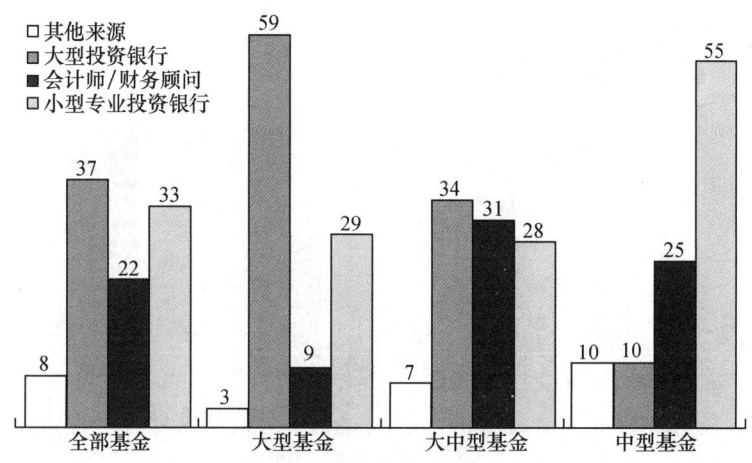

图 10-5 私募股权基金项目来源统计——中介机构

资料来源：KPMG(2005)。

中介机构在决定是否将项目介绍给私募股权基金的时候会综合考虑多方面的因素，包括基金的投资策略和基金管理人的能力等。虽然相当多的基金并没有限定专门的投资范围，但也有一部分基金将投资限定在特定产业或特定区域。这种专业化基金在吸引特定投资项目方面具有相对优势。譬如，著名的罗斯基金(Wilbur Ross)专注于破产投资便取得了良好的业绩，也建立了其在这一领域的优势地位。而 IDG 集团则是在中国互联网创业投资耕耘多年的老兵。这类基金在其具有优势的交易机会出现时往往会得到中介机构的青睐。

10.3.2 基金管理人自有渠道

除了外部项目来源之外，基金管理人内部的项目来源也具有重要意义。部分基金管理人会设立专门的业务开发部门(俗称"BD"，Business Development)寻找项目。业务开发经理所提供的交易机会在中型基金的项目来源中占到约40%。国内的一些基金管理人往往会派出其业务开发经理或投资经理参加各地定期举行的投资洽谈会议或论坛等。这种活动往往是发现投资项目的重要渠道。

除此之外，首席执行官/执行合伙人、顾问委员会以及投资团队的关系网在项目来源中也占到重要地位。许多私募股权基金的高级管理人员出身于投资银行、律师事务所和会计师事务所，因此他们往往与这些中介机构以及客户企业有良好的关系。这也是他们的关系网能提供交易机会的重要原因。

大型基金往往会聘请退休的政界人士或企业高管担任基金的顾问。譬如，凯雷集团的顾问委员会中有美国前总统老布什和英国前首相梅杰，通用电气的前 CEO 杰克·韦尔奇则是 Clayton Dubilier Rice 的顾问。这些顾问除了能提供政治和行业方面的战略建议之外，还能通过其关系网为基金提供部分交易机会(见图10-6)。

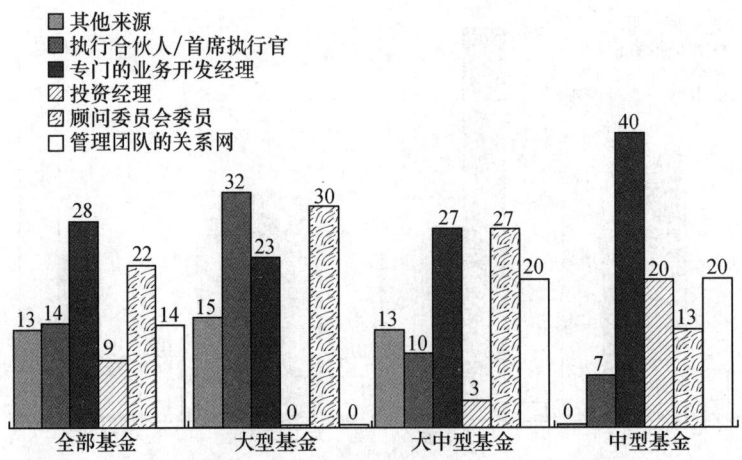

图 10-6 私募股权基金项目来源统计——内部渠道

资料来源：KPMG（2005）。

中国市场上的大部分私募股权基金为成长资本，而上市的中小企业绝大部分来自北京、上海（长江三角洲）和深圳（珠江三角洲）。因此大多数基金管理人会将运营的总部设在这三个城市。基金管理人通过在这些区域建立的政界和商界关系网络来发现交易机会往往事半功倍。但近年来一线城市的交易竞争程度较为激烈，不少基金管理人已经开始寻找二、三线城市的交易机会。一般来说，地方政府的金融办公室、上市办公室、投资促进局和发改委等机构都可能掌握地方优秀企业尤其是拟上市企业的信息。随着新三板市场的兴起，高新技术园区管委会也开始成为基金管理人经常造访的地方。

此外，天津、重庆、成都和武汉等城市都在积极建设股权的场外交易市场。各地的产权交易所，如北京和天津产权交易所，经常会有国有企业或民营企业的大宗股权挂牌出售。从2004年2月以后，国有企业股权的转让一般都是通过产业交易所进行的。因此这些交易市场和交易所也是私募股权基金寻找交易机会的重要渠道。

10.3.3 投资项目数量及频率

私募股权基金成功的关键因素之一在于以恰当的频率将基金的资本投资于一定数量的项目。之所以强调投资频率，是因为私募股权也有一定的周期性。如果基金管理人在短时间内将全部承诺资本投资出去，基金未来的收益将主要取决于这一时期的市场行情，从而面临较大的风险。保守的做法是，在基金的投资期内，每年都投资规模相当的项目。假设一个基金的承诺资本总额为10亿元，投资期为5年，那么在投资期内每年投资2亿元左右会是比较安全的做法。

恰当的频率对于创业投资基金来说尤为重要。因为创业投资基金的项目退出收益高度依赖于股票市场行情，过度集中在牛市进行投资反而容易遭遇灭顶之灾。2000年新设的创业投资基金多数遭遇巨额亏损，因为这些基金在互联网泡沫顶峰的时候以相当高的代价投资于网络公司,而几年后多数网络公司都破产了。

此外,基金还必须将资本投资在恰当数量的项目上,这也有利于分散化风险。美国创业投资领域有一条经验法则,5%的投资项目带来基金80%的收益,50%的盈利项目占基金收益20%,其余的项目则是赔钱的。也正因如此,不少基金的条款中会规定单一项目的投资上限,如基金承诺资本的10%—15%。

基金投资项目的合适数量和频率取决于三个因素:投资项目规模、基金资本规模和投资经理的数量。投资项目规模越大,基金所能投资的项目越少。创业投资基金通常设定的项目金额上限较小,因此其单笔投资规模一般在1 000万美元以下。以中国市场为例,创业投资基金单笔投资规模虽然时有波动,但平均都在500万—700万美元左右(见图10-7)。而并购基金和成长资本的单笔投资规模则较大,通常规模都在1亿元以上。除创业投资基金以外的私募股权基金平均单笔投资规模在3 000万美元。但这类基金有时偶尔也有巨型交易出现,从而使得平均规模数据失去意义。譬如,2009年厚朴基金牵头的投资团以73亿美元的价格收购了美国银行持有的135亿股建设银行H股,这一金额远远超过了厚朴所管理的基金的承诺资本额。

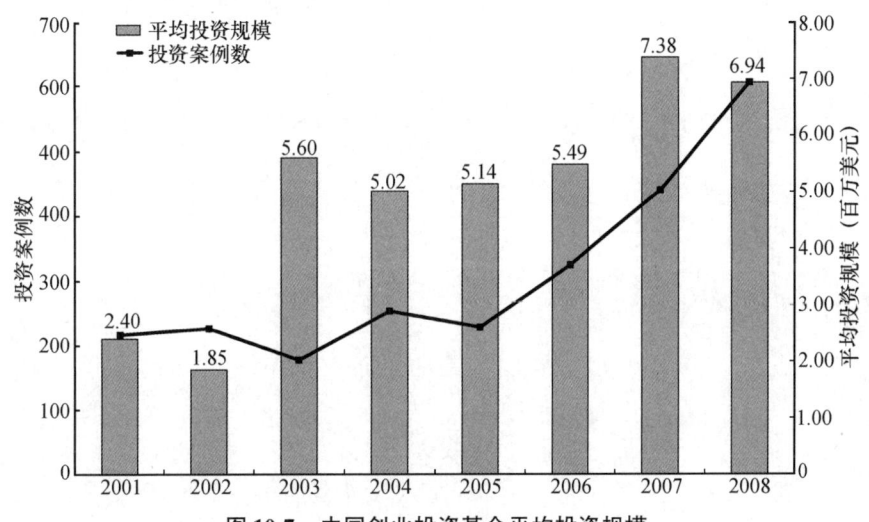

图10-7 中国创业投资基金平均投资规模

资料来源:清科创投。

此外,基金资本规模的大小也对投资数量和频率有一定影响。基金承诺资本规模越大并不意味着基金的投资项目越多,因为通常规模越大的基金单笔投资规模也越大。随着基金规模的增加,基金进行分散化投资的空间也越大,投资项目的数量也会较为稳定。而小型基金的投资数量往往容易受单笔大单投资的影响而变化较大。

基金投资频率还受到管理人投资经理数量的影响。基金管理人的雇员往往不多。业内规模最大的凯雷集团管理的资本总额超过1 000亿美元,而其雇员不到1 000人。中国的鼎晖管理资产规模超过人民币400亿元,投资经理数量也不过六七十人。投资团队仅有二三十人但管理资本达数十亿美元的基金管理人并不罕见。一般来说,巨型并购基金的投资频率受投资经理数量的影响较小,因为这类基金往往可以将尽职调查等诸多事项外包给投资银行、会计师事务所和律师事务所等中介机构。

规模较小的创业投资基金的投资频率受人力资源的影响较大,因为这类基金需要在大量项目中筛选出适合其投资标准的项目。对于创业投资基金管理人来说,平均每位投资经理每年能完成一项交易的频率是比较正常的。

11 尽职调查

尽职调查（Due Diligence，简称 DD 或尽调）起源于 1933 年美国证券法。该法案规定，经纪人在出售证券给客户时只要做到应尽的勤勉，即合理充分地调查发行人信息并向客户披露，如果后来因为发行人其他未披露的信息导致客户遭受损失，经纪人也可免责。后来尽职调查的概念被延伸到投资收购等非诉讼事项以及民事和刑事诉讼等多个领域。

尽职调查可以大致分为两类：买方尽调和卖方尽调。私募股权投资中基金管理人对被投资企业的尽调，以及并购中收购方对被收购方的尽调属于前者。而另一种常见的尽调，即 IPO 过程中承销商、律师和会计师组成的 IPO 工作小组对发行人所进行的尽调则属于后者。从价值发现和风险发现的角度来看，买方尽调对风险发现的重视程度会高于卖方尽调，后者则更重视价值发现。

在私募股权的场合，尽职调查指的是在投资者与被投资企业达成初步投资意向之后，投资者和/或其委托的中介机构对被投资企业与本次投资相关的事项进行现场调查和资料分析的一系列活动。此外，在基金募集的过程中 LP 也会对基金管理人进行尽职调查。

11.1 概述

11.1.1 尽职调查的目的

在投资操作中，企业与基金存在明显的信息不对称。尽职调查的作用在于最大限度地消弭信息不对称带来的劣势，为投资决策提供依据。同时，这也是基金管理人对基金投资者"应尽的勤勉"。

尽职调查的目的大概有三方面：价值发现，风险发现和投资可行性。买方和卖方对企业的估值通常是不一样的。企业的估值可以采用多种方法。即便是采用同一种方法，不同的参数（如销售成长率）估计也会导致估值差异巨大。尽职调查的作用除了验证过去财务业绩的真实性，更重要的还在于预测企业未来的业务和财务数据，并在此基础上对企业进行估值。除了企业自身因素之外，行业、资本市场和宏观经济等因素也会对企业价值产生影响，尽职调查也会涵盖这些内容。

尽职调查的另外一个目的是发现潜在的投资风险并评估其对投资项目的影响。无风险的投资只存在于理论中。私募股权投资的风险容忍度要高于普通的证券投资。基金管理人需要收集充分的信息，并评估风险触发的可能性以及是否值得承担。基金管理人需要关注的是主要风险，不可能也做不到覆盖所有风险因素。企业经营风险、股权瑕疵、或然债务、法律诉讼、环保问题以及监管问题都是考察的内容。

尽职调查还有助于交易各方了解投资的可操作性并帮助各方确定交易的时间表。中国存在大量的投资限制和审批手续。尽职调查过程中，律师会详尽地列出投资限制、需要准备的文件、相关的审批手续及预计的审批时间。举个例子，某美元基金曾计划收购一家中外合资证券公司中外方持有的34.2%股份。但直到尽职调查时，律师才告诉基金管理人根据中国法律规定，外国投资者最多只能持有证券公司33%的股份，而该证券公司属于历史遗留问题。这显然打乱了基金此前的投资计划。

11.1.2　尽职调查的范围

尽职调查的范围一般涵盖被投资企业所在行业研究、企业股东、历史沿革、人力资源、营销与销售、研究与开发、生产与服务、采购、法律与监管、财务与会计、税收、管理信息系统等。尽职调查主要可以分为法律、财务和业务三大部分。其中法律尽职调查一般是由基金聘请的外部律师负责，而财务尽职调查一般是由基金管理人与外聘的会计师负责，业务尽职调查则由基金管理人及外聘的行业专家或管理咨询公司完成。

业务尽职调查则涵盖了企业商业运作中涉及的各种事项，包括市场分析、竞争地位、客户关系、定价能力、供应链、环保和监管等问题。由于基金管理人的投资团队对企业所处行业不一定了解，因此往往需要行业专家的协助。譬如说，当基金管理人在决定是否对一个矿产公司进行投资时，往往需要借助矿产专家的帮助才能对矿藏储量进行判断。必要时基金管理人甚至需要聘请专业的勘探队进行查勘。

财务尽职调查则一般会涵盖企业的历史经营业绩、未来盈利预测、现金流、营运资金、融资结构、资本性开支以及财务风险敏感度分析等内容。财务尽职调查的主要目的是评估企业存在的财务风险以及投资价值，而一般审计的目的则是验证企业财务报表与实际情况是否一致。因此财务尽职调查一般不采用函证、实物盘点、数据复算等财务审计方法，而更多使用趋势分析、结构分析等分析工具。在企业的投资并购等资本运作流程中，财务尽职调查是投资及整合方案设计、交易谈判、投资决策不可或缺的前提，是判断投资是否符合战略目标及投资原则的基础。它对了解目标企业资产负债、内部控制、经营管理的真实情况，充分揭示其财务风险或危机，分析盈利能力、现金流，预测目标企业未来前景起到了重大作用。

法律尽职调查一般是律师基于企业所提供的企业法律文件完成的，其内容一般涵盖企业的土地和房屋产权、税收待遇、资产抵押或担保、诉讼、商业合同、知识产权、社会保险以及关联交易事项。法律尽职调查的作用是帮助基金管理人全面地评估企业资产和业务的合法性以及潜在的法律风险。

11.1.3　尽职调查团队

不同投资策略涉及的尽职调查深度和范围也是不同的。创业投资的尽职调查偏重对业务和团队的考察,因此财务顾问和审计师并非必需。成长资本投资策略重点考察企业的财务实力和业务发展前景,因此一般会聘请审计师。但在中国投资实践中,一些基金管理人选择自己进行财务尽职调查。在大型杠杆收购的场合,基金管理人可能需要组建一个庞大的尽职调查团队,包括财务顾问(通常是投资银行)、会计师、律师、资源评估机构、资产评估机构、市场评估机构以及人力资源顾问。在所有中介机构中,律师是不可或缺的。有经验的优秀律师(不论属于买方还是卖方)可以大大加快交易进程。而评估机构和人力资源顾问并非必需,视目标企业的情况而定。

如果目标企业为资源类企业(油气、矿产等),那么聘请资源评估机构非常必要。如果目标企业为国有企业,则资产评估机构也是必需的,因为其股权或资产转让程序要求资产评估。此外,如果目标企业属于重资产行业(如航运),基金也需要聘请资产评估机构。如果目标企业的业务和财务表现受行业和市场因素较大,则基金可以聘请专业市场评估机构对其行业和业务因素进行调查。在发达国家市场,当收购涉及裁员和雇员福利(养老金等)问题时,聘请人力资源顾问对目标企业的人力资源状况进行调查也很常见。

在尽职调查团队中,各家中介机构都向基金管理人的投资团队负责。虽然基金管理人内部员工中也会有律师和会计师,但是他们通常人员较少,工作更多的是负责与中介机构沟通,而不是直接进行尽职调查。譬如,投资协议一般是由外聘的律师事务所起草,基金内部律师负责审核与协调。

11.1.4　初步和正式尽职调查

我们之前已经介绍过,私募股权投资决策流程中通常有初步和正式尽职调查两个步骤。在未签订保密协议之前,企业一般不会将向投资方开放机密资料。因此初步尽职调查有点像盲人摸象,基金管理人需要根据有限的信息判断企业的投资价值与风险,并决定是否与之签投资条款书(投资意向书)。虽然投资条款书一般没有法律约束力,但却有道德约束力。没有正当理由拒绝投资或降低出价,会影响基金管理人的声誉以及未来的项目渠道。譬如,2012年年初北京某著名基金管理公司为一家企业给出20倍市盈率/50亿元的估值,但在最后阶段却放弃了投资。这种事件显然会影响LP和企业对该基金管理公司的信心。

正式尽职调查则一般是在签订投资条款书之后进行的。在此阶段,基金管理人及其聘请的中介机构通过查阅企业的内部资料并访问企业管理人员,确认企业的投资价值并排查法律风险。正式和初步尽调覆盖的范围大致相当,差别在于资料的准确性和参与方。基金管理公司负责初步尽调,而正式尽调一般会聘请律师和会计师等中介机构参与。中国市场的中介机构竞争非常激烈,因此即便是没有签订顾问合同,律师和会计师也有可能在初步尽调阶段就参与。

如果正式尽调和初步尽调得到的信息并没有显著的偏差,那么基金管理人一般会尊重之前签订的投资条款。但如果两者差异巨大,那么基金管理人可能会要求就投资条款进行重新谈判甚至取消投资。

中国私募股权业处于起步阶段,基金管理人的尽职调查操作千差万别。不少基金的尽职调查做得很粗糙,有的基金将初步和正式尽调合二为一,还有的基金根本不进行尽职调查。在2007—2012年间的市场泡沫时期,多数基金缩短了投资决策周期以争夺项目。一般从接触项目到投资完成大概需要3—6个月时间,而这段时间一些基金往往在1个月内便走完了流程。其中被压缩的环节主要是尽职调查。随着时间的推移,快速决策的后果开始显现。典型的例子是最终上诉到最高人民法院的海富投资诉甘肃世恒案。海富投资从接触项目到投资完成大概只花了两周时间。

11.1.5 尽职调查的方法

尽职调查的操作流程大致经历以下几个阶段:
- 制订调查计划;
- 访谈、调查及收集资料;
- 起草尽职调查报告;
- 进行内部复核;
- 设计投资方案。

仅就尽职调查本身而言,其中最为重要的部分为资料收集与分析。收集资料的渠道主要有以下几个:

- **审阅文件**。查阅企业的工商登记、财务报告、董事会会议记录、业务文件及重大法律合同等。除此之外,尽职调查方可以在企业授权的情况下要求企业的审计师等中介机构提供工作底稿。
- **外部信息**。通过网络、杂志和报纸等媒体查阅相关信息,了解并验证行业及企业情况。收集企业竞争对手和上下游企业信息(尤其是上市公司的信息披露)对评估企业和行业的真实状况有很大帮助。
- **访谈**。对企业高层、中层及基层员工分别进行访问,了解并验证相关业务、财务及法律问题。此外,与企业外聘的法律顾问和审计师的沟通也非常重要。尽职调查团队也应访问竞争对手及上下游企业负责人并获取他们对目标企业的评价。
- **现场调查**。对企业相关的场所进行现场调查,包括但不限于厂房、设备、土地、产品和存货等。譬如,走访企业的销售现场(如超市、门店或经销商)有助于评估真实销售情况。
- **内部沟通**。尽职调查团队内部各方就彼此收集的信息进行沟通,可以相互补充。在尽职调查期间,电话会议相比现场会议是更常见的沟通方法。

收集资料之后,尽职调查团队还要验证其可信程度,评估其重要性,并将之归纳总结于最终的尽职调查报告。中国市场的特色是,企业的工商登记资料往往与实际情况不符。这并不能简单理解为欺诈,需要进行具体分析。此外,企业运营中会存在各种各样的风险。基金管理人需要审慎地进行评估,承担风险也是投资的一部分。软银赛富基金(现称赛富投资)对盛大互动的投资便是一个典型例子。

2003年软银赛富在对盛大互动的尽职调查中访问了盛大主要运营游戏《传奇》的开发者韩国Actoz公司。Actoz明确向软银赛富表明其与盛大存在代理合同纠纷，并且已经在诉讼进程中。软银赛富评估了诉讼风险后，仍然还是向盛大投资了4 000万美元。2004年盛大互动成功在美国市场IPO并在纳斯达克挂牌。软银赛富的这笔投资后来套现得到5.6亿美元。在软银赛富的投资决策过程中，部分投委会成员因法律风险及行业风险问题而反对投资盛大，但是阎焱等GP力排众议完成了这笔投资。

虽然最终投资结果表明软银赛富赌赢了，但并不意味着有瑕疵的IPO都能成行。2010年土豆网在美国的IPO便因为CEO王巍的前妻提起诉讼而推迟了一年。2005年港湾网络公司的IPO则因为CEO李一男前雇主华为的诉讼威胁而搁浅。基金管理人需要在尽职调查中发现风险并合理处置。土豆网错过上市时机后虽然完成了上市，最终还是被竞争对手优酷吞并。港湾网络后来试图出售给西门子，也因为华为诉讼威胁而告吹，最终被华为整体收购。投资于土豆网和港湾网络的几家基金在尽职调查中分别忽略了CEO的离婚协议及竞业禁止可能带来的威胁。如果事前能够处理这些诉讼威胁，那么土豆网和港湾网络两家公司的结局会大大不同。

案例简介　做空基金对中概股的调查方法[①]

做空基金(Dedicated Short Bias)属于对冲基金的一类。它们的典型操作手法是先收集对上市公司不利的证据之后借入该公司股票卖出（即国内的融券业务），之后公开其对上市公司不利的研究报告，待股票价格下跌后买回了结获利。过去几年中，香橼公司和浑水公司是攻击中概股最为频繁的两家做空机构。随着中概股丑闻的密集曝光，做空机构的群体逐渐壮大，甚至包括本土的一些基金。除了一些非常规手段之外，这些做空基金收集信息的渠道和普通商业尽职调查并无太大差异，大致包括公开信息披露、现场调查和访谈等。

查阅公开资料

由于被调查对象都是上市公司，而上市公司的各种公告（如并购）、季报和年报披露较为充分，做空机构可以方便地收集这些信息并与现场调查的结果相印证。名不副实的企业往往百口莫辩，股价大幅下跌。

但由于利益关系以及对中国实践缺乏理解，做空基金也会犯错误。譬如，2011年香橼攻击泰富电气，称其工商登记资料与报告给美国证交会的财报有明显出入。但实际上这种差异可能有多种原因，中美会计准则(GAAP)差异或者集团公司与子公司的报表合并都是常见的原因。事实上，在A股和H股市场同时挂牌的上市公司向内地和香港证监机构报告的财务资料肯定存在差异。2012年，香橼发布报告称中国最大的地产商之一恒大地产已经资不抵债。但其报告遭遇花旗、德银及摩根大通等多家投行反驳。主要原因是香橼不了解中国地产市场，基于公开资料及臆想的假设所做出的推论显得十分业余。

[①] 读者可以参见财新《新世纪》杂志对浑水做空手法的一篇精彩报道。《浑水如何调查公司》，《新世纪》，2012年第2期。此外，香橼和浑水都在其网站上公布了大量中概股造假的证据，有兴趣的读者可以搜索浏览。

现场调查

现场调查结果是做空机构最有说服力的证据。做空基金雇用中国本土调查人员对上市公司的生产场所和门店进行走访,并拍摄视频影像证据。2013年1月,Geoinvesting公布了其对龙威石油(AMEX.LPH)的调查结果。该机构在龙威石油旗下加油站附近安装了摄像头并统计加油汽车的数量,发现龙威石油仅2012年11月报告的加油量为实际数量的800倍。消息一经公布立刻导致龙威石油股价暴跌。2011年9月,在多伦多和纽交所同时上市的希尔威矿业(NYSE.SVM)也遭遇过类似的攻击。一个名叫Alfred Little的投资者宣称,其在希尔威河南四个银矿安装了摄像头,估算的实际产量比公告产量少了34%。其他遭遇类似经历的公司还有东方纸业(AMEX.ONP)、中国高速频道(NASDAQ.CCME)和多元环球水务(NYSE.DGWIY)等。

访谈

做空机构也会对上市公司的客户、供应商、经销商、竞争对手乃至其审计师进行访问,征询他们对上市公司的看法。在调查嘉汉林业(TRE.TO)时,浑水发现其供应商和经销商居然是同一家。调查东方纸业时,浑水发现东方纸业所有供应商的产能总和比其公布的采购量要低得多,而东方纸业的客户采购量也显著低于其公布的销售量。多元环球水务和绿诺国际(NASDAQ.RINO)的客户则或者不存在或者对两家公司评价极低。东方纸业和绿诺国际的竞争对手则或者不知道该上市公司的存在或者对其评价极低。如此种种,都成为做空机构的证据线索。

需要注意的是,做空机构取得证据的方法并非常规调查手法,部分做法甚至违反了中国法律。譬如,浑水曾经多次冒充上市公司给其客户打电话验证销售数据,或买通审计师获得其审计底稿。也由于这个原因,香橼和浑水都是以个人身份出现于网络,而其工作量显然不是一个人能完成的。也有部分受其雇用的调查人员被上市公司发现移交公安的情况出现。也有一些证据表明,浑水公司背后的利益相关方可能是之前帮助企业造假上市的中介机构,因此他们在寻找企业造假证据时非常娴熟。

做空机构对上市公司进行调查时有明显的恶意倾向。虽然其调查结果并非全部准确,但相当部分资料后来都被证实,并导致大批中概股主动或被强制退市。国内A股上市企业也不乏严重造假的案例,给投资者造成了惨重的损失。其造假手法与中概股有相似之处,如新大地和万福生科(SZ.300268)的造假。前者的前五大客户都是企业大股东的亲戚,由此虚构了大部分销售收入;后者则虚构了大部分产能和销售收入,其客户或者停产或者不存在。

总的来说,香橼和浑水等机构的做空虽然对中概股造成了严重的冲击,但是其调查方法有部分值得中国私募股权基金借鉴。

11.2　业务尽调

业务尽调是整个尽职调查工作的核心,财务、法律、资源、资产以及人事方面的尽调都是围绕业务尽调而展开。抛开企业的社会责任属性不谈①，企业的商业价值就是其未来能为投资者(包括股东和债权人)带来的财务回报。业务尽调的目的是了解过去及现在企业创造价值的机制，以及这种机制未来的变化趋势。在此基础上，我们可以预测企业未来的财务业绩并对之进行估值。

11.2.1 业务尽调内容

实践操作中，尽职调查团队向目标企业提出的问题清单往往多达数百个。我们并不准备对这些细节性的问题一一进行讨论。归结起来，业务部分的问题大概有以下几大类：

- **企业基本情况**。包括企业的工商登记资料、历史沿革、组织机构、股权架构以及主要股东的基本情况等；
- **管理团队**。包括董事会成员及主要高级管理人员的履历介绍、薪酬体系、期权或持股激励机制等；
- **产品/服务**。包括产品/服务的基本情况、生产和销售情况、知识产权(商标和专利)、核心技术及研发事项等；
- **市场**。包括企业所属的行业分类、相关的产业政策、竞争对手、供应商及经销商情况、市场占有率以及定价能力等；
- **发展战略**。包括企业经营理念和模式、中长期发展战略及近期策略、营销策略以及未来业务发展目标(如销售收入)等；
- **融资运用**。包括企业融资需求及结构、计划投资项目、可行性研究报告及政府批文(如适用)等；
- **风险分析**。企业面临的主要风险，包括市场、项目、资源、政策、竞争、财务及管理等方面。

不同投资策略针对的目标企业类型及所处发展阶段也不同，因而业务尽调的侧重点也不同。创业投资的考察重点为管理团队和产品服务部分。这主要是因为目标企业所处的阶段较早，未来存在巨大的不确定性。发展战略和市场会随着时间的推移而不断改变。预测结论与实际结果往往有巨大的差异。因此决定企业未来发展方向最主要的因素还是管理团队或产品服务。从中国市场的实践来看，优秀的创始人或管理团队是互联网企业成功必备的因素，产品和服务则未必。

成长投资策略也会关注管理团队事项。但相比创投策略，成长投资对产品服务、发展战略及市场因素的关注程度更高一些。这是因为目标企业往往已经进入成长或成熟阶段。目标市场已经成型，企业的竞争策略和市场发展对企业财务的影响较为明显。

并购策略关注的问题则更为广泛，管理团队、资产质量、融资结构、融资运用、发展战略乃至风险分析都是需要考察的部分。并购策略比其他两种策略更加关注财务事项，尤

---

① 企业显然还对其员工、客户和供应商负有社会责任，虽然多数金融理论并没有考虑这一点。

其是企业的资产变现能力和现金流。这主要是因为并购基金投资的对象往往是传统制造或服务业。高杠杆的应用导致企业生产及管理的压力巨大。

东方富海总裁陈玮先生将业务尽调总结为一个简单的顺口溜①(987654321)，从而使得这件复杂冗长的业务操作显得简洁明了。

- 见过90%以上股东和管理团队
- 坚持8点钟到公司
- 到过至少7个部门
- 在企业连续呆过6天
- 对企业的团队、管理、技术、市场、财务5个要素进行过详细调查
- 与公司的至少4客户面谈过
- 调查3个以上的同类企业或竞争对手
- 有不少于20个关键问题
- 至少与公司的普通员工吃过1次饭

这一口诀提纲挈领地总结了业务尽调的主要事项，但也有值得商榷之处。譬如"坚持8点到公司"可能只适用于传统制造业和服务业，而不适用于新兴产业。网络上流传的一个经典段子称，2005年一批国有企业高管前往哈佛大学商学院接受培训时，教授让他们根据下列三家公司的管理现状，评估其未来发展：

- 公司A:8点钟上班，实行打卡制，迟到或早退一分钟扣50元；统一着装，必须佩戴胸卡；每年有组织地搞一次旅游、两次聚会、三次联欢、四次体育比赛，每个员工每年要提四项合理化建议。
- 公司B:9点钟上班，但不考勤。每人一个办公室，每个办公室可以根据每个人的爱好进行布置；走廊的白墙上，信手涂鸦不会有人制止；饮料和水果免费敞开供应；上班时间可以去理发、游泳。
- 公司C:员工自己安排上下班时间。公司还鼓励员工带上孩子及宠物到办公室上班。员工可以在公司享受免费按摩、理发、美食及运动服务。

96%的学员认为公司A的发展前景会更好。但公司A实际上是2005年申请破产保护的广东金正VCD，公司B和C则分别是微软和谷歌。这一比较并不合理。金正VCD陷入困境并非因为其考勤制度，而是行业和战略问题。作为一家制造企业，如果没有严格的工厂管理制度，而采用微软或谷歌的管理制度，恐怕倒闭的速度会更快。但这个例子也说明一个道理，严格的考勤制度并非优秀企业的必备特征。谷歌和Facebook在这方面是非常著名的例子。这两家公司的员工在工作时间和方式方面都有极大的自由度。但从实际效果来看，谷歌和Facebook的员工工作时间却显著超过普通企业，原因主要在于期权激励机制和考评制度。中关村一些新兴企业也在模仿谷歌的工作制度，效果如何尚待考证。如果在早上8点造访这些科技企业，恐怕遇到的多数是昨夜加班未走的员工。

至于其他数字，如在企业连续待过6天，拜访4个客户，调查3个竞争对手和提20个

---

① 有兴趣的读者可以参见陈玮所著的《我的PE观》(中信出版社2011年版)。

关键问题等则只是一个概数。实际的尽职调查时间可能长达数月，虽然不一定"连续"在一个企业待6天。实践中，尽职调查问题清单长达数十页纸是常见的现象，而且其中相当部分都是关键问题。多数团队还会走访前5大或10大客户，以确认客户与目标企业和/或控股股东的关联关系，以及目标企业的产品/服务是否真实为客户所消化。在IPO尽职调查中，承销商最少也要拜访发行人的前10大客户。在个别极端案例中，客户尽职调查材料居然以卡车计。调查竞争对手也是多多益善。一个极端的例子是，国内某基金投资一家饲料生产企业前，花了半年时间将61家主要饲料企业都调查比较了一遍。

业务尽职调查涉及的内容非常广泛。为了避免接下来的内容变成问题列表式讨论，我们只选择中国企业经常出现的几个重要问题进行讨论。

11.2.2 历史沿革

正式尽职调查过程中，调查方需要收集或查阅被调查企业设立的相关文件以核查企业设立的合法性和真实性。这些文件包括政府批准文件、营业执照、公司章程、合资协议、评估报告、审计报告、验资报告、工商登记文件等。此外，这些文件也会反映企业发展的历史沿革，如股权结构的变动、兼并收购活动以及业务变化等。

企业发展历史中存在的问题往往不会在投资后立刻显现出来，但可能在退出操作时产生不良影响。仅就出资一项来说，中国企业经常出现的问题就有：出资不实或未及时到位，验资报告存在瑕疵，抽逃出资和实物资产出资未经评估等。这些问题一般来说不会对企业的后续业务运营产生影响，但在企业出售或IPO（尤其是A股IPO）时会成为监管机构重点关注的问题。

我们曾经遇到过这样一个案例。某企业历经三轮融资后，整体出售给一家控股公司。在买方进行尽职调查时，B轮和C轮投资者才发现A轮投资者事实上没有出资。原来该企业CEO第一次创业时得到了A轮投资者约100万美元的投资，但很遗憾这次创业失败了。于是该CEO在第二次创业时将A轮投资者之前的100万美元投资计入股份，虽然这些资金已经在上一次创业中亏损殆尽。B轮和C轮投资者在投资尽调时都没有发现这个问题。由于该案例中股东都得到了年化20%的退出收益，因此最终结果是皆大欢喜，普通股和优先股（A、B、C轮）股东一致同意豁免了A轮股东的出资义务。如果这是一个失败的投资案例，恐怕最终会以诉讼方式解决，多半的可能是A轮股东补足出资。而事实上这样的问题是可以在B轮或C轮尽职调查时发现并解决的。

在IPO申请过程中发现出资瑕疵问题也并非致命，一般来说是可以补救的。在未出资到位的股东以货币、固定资产或无形资产补足出资并获得相关部门文件支持后，企业还是可以继续其申请流程。实践中也有一些企业由于出资问题被迫推迟IPO申请，在改正问题后连续运行三个会计年度后才重启IPO进程的。2009年创业板的第一批申请企业中，深圳卓宝科技股份有限公司被否决的原因之一是，该公司在变更为股份有限公司，未按照《公司法》的规定进行验资，导致其注册存在瑕疵。而这样的问题原本是可以避免的。

调查企业发展历史更重要的一点在于验证企业历史业绩和商业模式。企业财务造假是尽职调查中经常发现的问题。但是这些业绩一旦和企业的发展历史相互印证，往往会出现破绽。当我们发现企业业务发展与财务业绩不相吻合的问题的需要慎重对待，不应武断下结论。如果企业实际控制人能够提供有事实依据的合理解释，这类问题不应成为投资的障碍。

中国企业典型存在的问题是工商年检报告和真实情况不符合。这部分是因为企业故意低报其财务业绩以达到逃税或避税的效果，也可能是因为税务部门在完成任务后授意企业将税收推迟至下一年份。这样的问题在 IPO 之前多数是可以通过补税或其他方式解决的。尽职调查团队应该对问题进行甄别并分析其对投资的后续影响。需要注意的是，中国不少海外上市企业在完成 IPO 之后仍然保留了低报业绩的错误做法。这使得这些企业的工商年检报告与给证券监管机构的财务报告严重不符，也成为海外投资者对中概股普遍缺乏信心的主要原因。

11.2.3 主要股东/实际控制人/团队

根据《公司法》第二百一十七条的规定，"实际控制人"是指虽不是公司的股东，但通过投资关系、协议或者其他安排，能够实际支配公司行为的人。上交所《上市规则》（2008年9月修订）释义部分对"实际控制人"的阐述采用了《公司法》的相关规定，并且阐述了"控制"的概念，即指能够决定一个企业的财务和经营政策，并可据以从该企业的经营活动中获取利益的状态，构成"控制"的情形包括：

- 股东名册中显示持有公司股份数量最多，但是有相反证据的除外；
- 能够直接或者间接行使一个公司的表决权多于该公司股东名册中持股数量最多的股东能够行使的表决权；
- 通过行使表决权能够决定一个公司董事会半数以上成员当选；
- 其他由交易所认定的情形。

调查企业的主要股东及实际控制人并非例行公事。主要股东/实际控制人主导了企业未来的发展。股东及实际控制人是否合规，以及它们的关联交易对企业的影响都是尽职调查需要考察的内容。具体来说，以下几项内容是尽职调查时需要重点关注的：

- 股东直接持股和/或间接持股的具体结构；
- 主要股东之间关联关系或一致行动情况及相关协议；
- 主要股东所持公司股份的质押、冻结和其他限制权利的情况；
- 主要股东和实际控制人的背景及过去三年内的主要业务情况；
- 主要股东及实际控制人和/或其关联方与企业存在的关联交易情况。

对于外部投资者而言，了解股东持股结构以及彼此的关联关系非常重要。中国的家族企业往往不会以简单明了的控股结构出现，更常见的是交叉重叠的持股结构。在融资过程中，投资者会要求家族企业进行结构重组。一方面，投资者的利益可以得到保障；另一方面，重组后的新控股企业在将来出售或 IPO 时会更加方便。"摸清家底"也是尽职调查的作用之一。

图 11-1 是一家虚构的家族企业控股结构图。四家企业中的任何一家都无法代表家族企业的整体利益。实际上,中国不少家族企业的持股结构比图 11-1 要复杂得多。投资者在参股之前往往会要求以其中一家企业为主体,收购其他企业的资产或权益,形成控股结构。重新注册一家公司并以换股形式将其他企业整合成为其全资子公司也是选择之一。从投资的角度来看,将企业结构整合成如图 11-2 所示的简单模式是符合控股股东和外部投资者共同利益的。

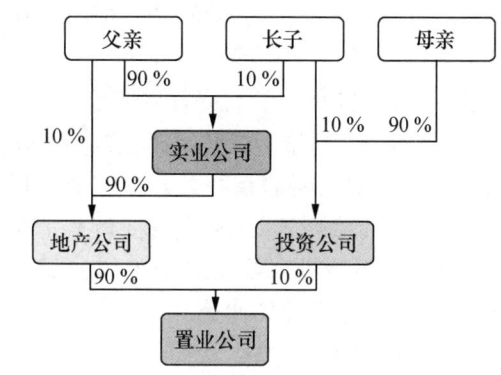

图 11-1 虚构的某家族企业持股结构

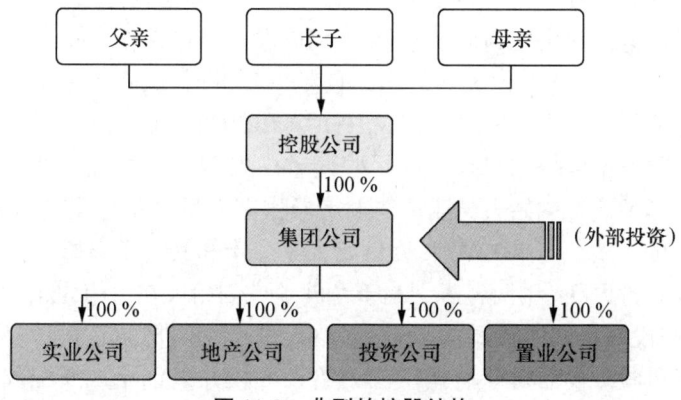

图 11-2 典型的控股结构

上述结构的主要优势在于避免同业竞争或关联交易,大大减少了投资风险。这一结构对于未来 IPO 或出售业务也有很大便利。但由于种种原因,多数企业并没有重组成上述结构,而是保留了部分游离于控股体系外的业务。在此情况下,投资者需要评估同业竞争或关联交易可能造成的影响。部分投资者可能会选择同时投资于集团公司和关联企业以规避风险。

娃哈哈集团是这方面的糟糕例子。1996 年,法国达能、香港百富勤与娃哈哈集团共同发起设立了 5 家合资公司。2006 年,达能公司发现娃哈哈集团(宗庆后家族控制)在合资公司之外又设立了 39 家关联企业。这些关联企业由宗庆后家族控制,同样使用娃哈哈商标,甚至生产与合资公司相同的产品。达能公司要求收购这些关联企业,并与宗庆后家族爆发了激烈的冲突。经中法两国政府协调,宗庆后最终于 2009 年赎回了达能在 5 家合资公司的股权。达能无疑是这一案例的输家。2012 年,取得娃哈哈体系控制权的宗庆后以800亿元总资产问鼎胡润百富榜。

调查控股股东/实际控制人的背景也是私募股权投资不可或缺的一个环节。早期阶段的企业成败高度取决于团队因素。创投基金会花大量时间去调查团队成员的从业履历及外部评价。如果创业团队主要成员存在人品问题,基金往往直接放弃投资。从实践来看,即便在美国也有超过50%的职业经理人存在履历造假问题,基金投资者需要客观评估团队的履历和能力。某基金曾经对一个执行能力非常强的创业者进行背景调查,结果发现他竟然没有户口。这可能是他在就学期间转户口时丢失了档案和户口文件。这个调查结果直接导致该基金放弃投资。

调查控股股东/实际控制人背景也有助于投资者评估投资的可行性。我们之前介绍过,以海外上市为目标退出渠道的企业通常会搭建红筹结构或VIE结构。而搭建这些结构的前提是企业控股股东或实际控制人能够在海外建立控股公司并收购或控制境内企业。在投资这类企业(主要是TMT领域)之前,基金需要调查清楚控股股东和实际控制人的背景,并评估红筹/VIE结构的可行性。虽然这个工作主要应该由卖方(企业)聘请的中介机构来进行,基金也不能忽视这方面的调查。

中国市场的一个特色是,企业创始人的婚姻状况也开始成为尽职调查内容。这并不是笑话,而是现实。多起投资案因为创始人的离婚而出现问题。典型的案例包括真功夫、土豆网和赶集网。2010年土豆网向美国提交IPO申请之后,其CEO王微的前妻杨蕾向上海法院以财产分割为由申请对土豆网的VIE进行诉讼保全。这一诉讼将土豆网的IPO进程推迟了近一年。土豆网失去的不仅仅是一年的时间,更重要的是失去了领先优势。竞争对手优酷网抢在土豆网之前完成IPO,并在2012年收购了土豆网。

创始人离婚并非不可控的风险。在尽职调查中发现问题并加以处理是中国投资者面对的新课题。龙湖地产创始人吴亚军在上市操作完成后宣布与丈夫离婚,但这并没有导致龙湖地产股价下跌。而2012年百度创始人李彦宏和其妻子离婚的传闻(后辟谣)出现后则导致百度股价大跌。[①] 两者区别在于龙湖地产创始人在上市之前便完成了夫妻财产分割,而百度则没有。从实践操作来看,创始人进行财产规划是可以显著降低婚姻问题导致的控制权风险。设立财产信托持有创始人股权并以创始人及配偶作为受益人是一种常见的做法。但如何不失体面地建议企业创始人进行此项操作是一个大难题。

11.2.4 行业因素

借助行业专家或专业咨询机构提供的行业报告,我们可以了解到行业发展的总体方向、市场容量、监管政策、准入门槛、竞争态势以及利润水平等情况。但第三方提供的行业报告做出的市场预测仅仅代表业内的"共识",而这些"共识"可能是错的。典型的例子是2000年前后的互联网行业预测报告。多数行业专家(如著名的"网络女王"玛

[①] 由于李彦宏之前已经放弃对其妻子马东敏持有股份的受益权。如果离婚导致两者平分李持有的股权,结果将是马东敏成为百度控股股东。实际控制人改变是公众投资者恐慌的主要原因。

丽·米克)都对互联网行业的发展充满信心。如果按图索骥在这段时间投资于当时著名的网络企业(事实上大多数基金都是这样做的),那么在之后的5—10年内都很难看到收益。类似地,在2011年之前,多数新能源行业报告都对未来发展充满信心,但这个行业现在却陷入困境。

行业报告出现这种问题的原因部分在于对统计数字的过度依赖。基于历史数据得出的趋势预测是行业报告的重要组成部分。当监管环境或宏观经济发生急剧变化时,预测出错是很正常的情况。第三方行业报告并非一无是处,它们往往包括了大量的细节信息。关键在于投资者如何解读其信息。举个例子,中国证券公司的行业分析师(俗称"卖方分析师")每年大概产生超过50万份的股票研究报告。绝大多数股票分析报告对股票的预测都过度乐观,因为很少有分析报告会建议投资者卖出股票。但是作为买方的基金分析师还是会去看这些研究报告。一方面,这些研究报告会提供一些数据信息;另一方面,买方想了解市场的"共识"。

在中国市场上,对包括客户、供应商、采购商甚至监管机构在内的行业人士进行访谈是更为重要的信息渠道。基金经理往往需要在一个行业浸淫多年才能形成对行业的深入理解。而在此之前,虚心请教各路专家是必修课。但是行业人士由于所处位置不同,提供的意见也是带有偏见的。与对待行业报告一样,基金经理需要对行业人士提供的信息进行研判,进而形成自己独立的意见。

谷歌是一个典型的例子。在其创始人佩奇和布林寻找投资时,市场上已经有多家占据优势地位的搜索引擎。一些行业人士都对谷歌再杀入这个"过度拥挤"的市场并不看好。最终的结果是,谷歌将绝大多数竞争对手横扫出局。行业专家们忽视了谷歌的商业模式与竞争对手们的区别。类似地,在奇虎(360安全卫士)宣布提供免费杀毒服务之前,看好奇虎的行业专家恐怕不多。此前的"共识"也是市场已经过度拥挤了。

中国市场经常会诞生一些新颖的商业模式。在评判这些商业模式时,基金经理需要持谨慎态度。分众传媒是一个典型的例子。在分众之前,市场上几乎没有楼宇电梯广告这个行业。一家基金在征询了分众客户(包括诺基亚、福特和露华浓)的意见之后,先后投资了分众800万美元并获得了1亿美元的回报。而腾讯则没那么幸运,包括联想投资(现名君联资本)在内的多家投资者都不看好即时通信软件的发展前景。1999年腾讯的估值不到300万人民币,而到2012年年底,腾讯的市值已经超过600亿美元。

中国市场的特色之一是,监管环境和政策因素在行业调查中是不可或缺的。2008年年底,笔者的一位朋友在对一家汽车玻璃生产企业进行尽调时分别征询了不同行业人士对2009年汽车销量增幅的看法。该玻璃生产企业的老总认为会下降10%,其他汽配厂家认为会下降5%,而一家国产汽车制造商则认为会增长5%。后来的实际情况是,2009年中国汽车销量为1900万辆,同比增长超过50%。这次错误并非专家们的错误,而是政府出台了多项刺激汽车销售的政策,如免购置税和汽车下乡政策。中国的"宏观"调控政策事实上非常"微观"。宏观经济政策的多变(如2008年的四万亿政策)使得对固定资产投资和基础设施相关行业的预测变得非常困难。

监管政策的突然改变也是中国企业经常遭遇的问题。而通常情况下,政策改变留给投资者应对的缓冲期通常只有1—2年。因此投资者需要密切关注相关部委政策的改变。第三方电子支付是一个典型的例子。在这个行业诞生之后的几年内,第三方电子支付并没有被界定为金融服务。支付宝等服务商也不需要申请牌照,事实上也不存在这类牌照。2010年人民银行发布了《非金融机构支付服务管理办法》,要求第三方电子支付服务商向其申请牌照。这直接导致支付宝突然从阿里巴巴体系分离出去。① 对于雅虎和软银等阿里巴巴的投资者而言,这显然是一个巨大的损失。

11.2.5 客户、供应商和竞争对手

走访客户、供应商和竞争对手是尽职调查中必不可少的步骤。一方面,我们可以将目标企业的财务业绩与这些调查对象提供的信息相互印证。另一方面,他们对目标企业经营情况及对实际控制人的评价也可以为我们提供决策依据。

如果足够严谨,尽职调查团队应该走访目标企业的前十大客户。我们不仅需要验证客户的真实性,还需要验证客户是否真实消化了目标企业的产品和服务。多数造假都是从虚构客户或夸大销售业绩开始的。著名的胜景山河上市造假案是一个典型的例子。这家湖南岳阳的黄酒生产商在招股说明书中宣称其产品"古越楼台"主要在大型超市出售。但《每日经济新闻》记者走访了其招股书宣称的主要市场长沙最大的批发市场和所有大型超市,却都没发现"古越楼台"黄酒在售。当地的黄酒经销商直言,古越楼台在当地"卖不动"。② 有意思的是,在这家企业因为媒体曝光被取消首次公开发行资格之后,中科招商等五家基金向胜景山河投资了1.28亿元。

在其他被公开的造假案例中,夸大销售收入或关联销售也是常见的手法。在万福生科造假案中,该公司的第四大客户竟然是一家注册资本仅有2万元的"东莞市常平湘盈粮油经营部"。而根据招股说明书,这家面积仅有50平方米的店面居然累计向万福生科采购了价值1.06亿元的大米。③ 在新大地造假案中,其主要经销商多数是公司实际控制人或高管的亲戚设立的关联企业。④

我们上面讨论的三个案例都是IPO过程中的造假,其尽职调查是由主承销商完成的。只要负责项目的投行经理和媒体记者一样认真走访一下客户,便很容易发现财务业绩造假的迹象。或者他们已经发现这些迹象,但却有意无意忽略了。买方尽职调查要比卖方谨慎得多。在中国基金的尽调实践中,类似上述三家公司那样虚构客户、夸大销售或关联销售的现象并不罕见,只不过较少案例造假如此严重而已。

除了验证销售收入之外,基金经理还应注意客户或经销商对企业产品和人员的评价。这些信息虽然无法量化,但是经过汇总可以增进我们对企业的理解。譬如,如果我们要调查一家食品企业,我们显然需要在一些有代表性的超市蹲点统计顾客的购买频率并征询客户的消费体验。又比如,如果我们要对一家连锁餐厅进行尽调,带上一帮朋友

---

① 支付宝在2010年解除了其VIE结构,其控制者变为以马云为首的管理团队而不是此前的阿里巴巴集团。
② 《胜景山河IPO涉嫌"酿造"弥天大谎》,《每日经济新闻》,2010年12月16日。
③ 《万福生科:大米神话是如何注水的》,《南方周末》,2012年11月30日。
④ 《新大地涉嫌造假上市:创业板首例》,《每日经济新闻》,2012年6月28日。

去这家餐厅吃饭或在餐厅随机访问食客显然也是可行的做法。

企业的生产和销售是与供应商业绩紧密相关的。因此走访供应商或通过公开信息渠道收集供应商的出货量有助于我们增进对企业业绩的理解。譬如,浑水公司调查东方纸业时发现其所有供应商的总产能显著低于该公司公布的采购量。这显然是一个明显的造假信号。除了原材料供应商之外,有几种"供应商"提供的数据也是非常重要的信息来源。对于占中国上市公司数量近六成的制造企业而言,电费、水费和员工工资与其生产情况密切相关。因此尽调人员通过查阅目标企业的电费和水费单据以及每月的工资清单,便可以对企业生产情况有所了解。在银广夏造假案中,这家主营业务为高能耗的二氧化碳超临界萃取产品的上市公司 2000 年销售额高达 7.2 亿元,但是电费仅为 70 万元。①

此外,银行贷款记录、纳税记录和海关记录也可以为我们提供有用的信息。稍微上规模的制造企业或服务企业一般都会有银行贷款。走访当地的四大银行或其他主要贷款银行,可以从银行处获得关于企业的重要信息。除非虚开增值税发票,否则企业的生产销售与其缴纳的增值税是相对应的。因此,一些基金经理在调查制造企业时会习惯性地走访当地国税和地税部门。在银广夏造假案中,该公司 2000 年销售毛利高达 5.43 亿元,但年末应缴增值税居然为负值。此外,该公司主要产品销往德国一家虚构的客户。经查询海关记录,该公司根本没有出口记录。

走访竞争对手或通过公开信息渠道收集竞争对手信息也是非常必要的尽职调查手段。竞争对手对目标企业的评价并不一定公允,但对我们了解目标企业的业务情况和市场地位会有所帮助。一些造假严重的企业(如东方纸业、万福生科和新大地)在业内往往没有名气。如果同行连这些企业的名字都没有听说过,那么目标企业的市场地位可想而知。在中国市场上虚报企业的行业排名也是常见的事情。典型的如光伏企业,曾经有十多家企业号称自己为中国光伏行业十强企业。尽职调查的目的并非要查清企业的实际排名,而是确认企业是否有足够强的竞争实力,排名只是实力的一个指标。

同行业上市公司的财务报告和招股书等公开资料也是信息的重要渠道。虽然也存在财务操纵问题,但经审计的上市公司的业绩可信度仍然高于非上市企业。对比目标企业与上市公司的主要指标,譬如存货周转天数、应收账款账期和毛利润率等,我们可以看出企业经营存在的问题。如果这些指标显著异于同行企业,那么有很大概率目标企业粉饰了财务业绩,甚至存在造假行为。但也有少数情况下,目标企业确实在业务和财务方面显著优于同行,这需要我们在尽职调查中找到事实证据来支持。

在多起上市造假案被曝光之后,中国证监会官员在保代培训会议上承认,"系统性的造假是无法在文件审查中发现的"。但这一论断并不适用于私募股权的尽职调查。监管机构的审查仅限于中介机构准备的各种备案文件,并没有现场调查。而私募股权的尽职调查涉及大量的访问和现场调查。对企业、客户、经销商、供货商和竞争对手的现场调查能够发现相互矛盾的信息,相互印证后不难得出正确的结论。

编织一个谎言之后要用更多的谎言来支持。多数造假手法并不难识破,问题是中介机构是否称职并尽职。上面提到的这些造假公司的破绽都不只一处。以新大地为例,其

---

① 《银广夏陷阱》,《财经》,2001 年 8 月。

招股说明书上披露的信息有问题的地方包括以下几项：
- 其生产规模不到主要竞争对手的十分之一，毛利润率却是行业平均水平的两倍；
- 生产成本显著低于行业专家测算的成本，经销商的提货价也低于直接原料成本；
- 有机肥产品的销量大大超过原料所能对应的合理产量；
- 上市前三年内名列十大客户的22家机构，有近十家的控制人为关联企业；
- 70%的经销商位于企业所在地，部分经销商事实上不存在；
- 利润贡献最突出的经销商为实际控制人的侄女出资设立；
- 签字的审计师身兼第三大股东的高管，存在利益冲突。

在如此众多的问题下，这家公司依然通过层层审核，获得了首次公开发行资格。对于经验丰富的基金经理来说，这样的案例显然是很难通过尽职调查的。遗憾的是，在实践中也有一些基金尽职调查粗糙甚至不进行现场调查。西南某投资公司总经理曾经和笔者提起想向一家江苏企业投资5 000万元，而他们只花了一天去参观该企业。之所以决策如此迅速是因为在尽调过程中当地主管副市长亲切接待了他们，并向他们力荐了这家企业。笔者当即向当地一位朋友打电话验证这家企业的可信度，得到的是非常负面的评价。事实上，更高级别的领导推荐的企业也可能是劣质企业，不少投资过中国企业的外商在这上面吃过亏。基金进行尽职调查要严格履行程序，切勿以赶进度或高官推荐为理由跳过必要的调查步骤。

11.3　财务尽职调查

多数早期阶段的创业企业没有专职的财务总监，甚至可能连财务都外包给第三方。这一阶段的企业财务情况会变动比较大。历史数据对于投资者而言参考价值并不大。因此创投策略的财务尽调并不如业务尽调那么重要。对于成长资本和并购策略而言，财务尽调的重要性不亚于业务尽调。

在财务尽调过程中，尽调团队应收集目标企业相关的财务报告及相关支持材料，了解其会计政策及相关会计假设，进行财务比率分析，重点考察企业的现金流、盈利及资产事项。虽然买方投资者也会聘请会计师事务所参与财务尽调，但财务尽调和审计还是存在一定的区别。财务尽调重点在于发现企业的投资价值和潜在风险，而审计重点在于客观地评价企业财务报告的真实和公允程度。财务尽调更注重对企业未来价值和成长性的合理预测，经常采用趋势分析和结构分析工具。在财务预测中经常会用到场景分析和敏感度分析等方法。而审计的主要任务则是对历史数据的验证，偏重于财务报表的合规性（见表11-1）。

表 11-1　财务尽调与审计的区别

财务尽职调查	审计
1. 内容包括 （1）财务报表的评析 （2）提示买方注意或在交易之前必须处理的事项 （3）建议需要买方与卖方谈判的事项 （4）没有审计意见或审阅意见	1. 出具审计报告，对财务报表是否真实与公允发表审计意见 2. 财务报表主要包括资产负债表、损益表、现金流量表以及附注，不需要财务报表的评析
2. 一般情况下不需要进行任何系统测试、审查凭证或发询证函，也不需要进行存货盘点，仅需询问、做出分析及做出有限度查阅	3. 需要进行各种审核工作，包括系统测试、审查验证、寄询证函、存货盘点、询问和分析等
3. 强调报告内容仅基本上是根据口头查询获得，并未进行任何审计或验证，因此内容的可靠性不及审计	4. 审计报告必须出具是否"真实与公允"的意见，可靠性应比尽职调查高
4. 基本上是聘请独立的专业机构进行，也可以不聘请专业机构，由投资者的财务人员进行	5. 必须聘请专业的审计机构进行
5. 工作量较小	6. 工作量较大
6. 一般情况下专业机构会要求聘请方（即买方投资者）给予承诺，对尽职调查过程中专业机构因非故意的失误所承担的赔偿责任给予补偿	7. 专业机构责任由有关法律、审计准则规定，不会要求被审计企业或其股东对专业机构因审计的失误所承担的赔偿责任给予补偿

资料来源：Ernst & Young。

　　财务尽职调查也很强调现场调查。尽调团队应参观目标企业现场，了解其业务操作流程。在此基础上尽调团队向企业提出尽职调查资料清单或问题清单。通常企业无法完全回答问题或提供全部要求的资料，但是团队仍应尽力收集可能获得的信息。对企业所提供的信息进行分析后，团队可能会向企业提出补充资料清单或问题清单。除此之外，尽调团队还需要对企业中高层管理人员（尤其是关键部门人员）进行访谈。走访重要客户、经销商、供应商、竞争对手、贷款银行、法律顾问、审计师和政府部门（工商税务）等也是财务尽调常见的步骤。完成资料收集之后，由基金经理主导的尽调团队便可以着手撰写财务尽调报告。

　　财务尽调报告应该做到以下几点：

- 评估目标企业的财务健康程度，包括盈利能力及前景分析，资产质量及负债评估以及现金流分析；
- 评估目标企业的内控程序及业务的主要流程；
- 提供交易条款的建议，包括估值条款，保护性条款以及交易结构的具体设计等。

　　现行会计准则框架下，企业在财务处理手法上有一定的自由度。或者说，企业在一定程度上可以合法地操纵其业绩。即便是同一家企业，在不同的会计政策与会计估计设定下财务业绩仍可能会有很大区别。譬如，同时在内地和香港两地上市的 A + H 股公司需要分别按照内地和香港通用会计准则（或国际通用会计准则）向投资者报告财务业绩。两地会计准则的差异也是造成 A 股和 H 股价差的部分原因。[1] 即便是在同一会计准则

---

[1] 从 2011 年开始，香港联交所鼓励 H 股上市公司采用内地会计准则。A + H 股公司准备两份不同财务报告的现象才逐渐减少。

下，企业在收入确认、资产估值和折旧摊销等多个方面仍然拥有很大的自由度。尽职调查过程中，我们在横向或纵向比较目标企业财务业绩时需要注意会计政策和财务假设不同造成的影响。

如同业务尽调部分，我们不打算进行列表式讨论，只挑选中国市场上常见的几个重点问题进行探讨。

11.3.1 折旧摊销

我们通过一个简单的财务例子来解释不同折旧期限可能造成的差异。假定某太阳能发电公司的唯一成本为发电设备，采购成本为 1 000 万元，之后可以使用 10 年时间，每年产生 200 万元的发电收入。这家发电公司可以按照 10 年或 5 年期限对设备进行直线折旧。忽略其他成本及收入，两种折旧年限对第 1—5 年主要财务指标造成的差异大致如表 11-2 所示。

表 11-2　不同折旧年限导致的财务指标差异（第 1—5 年）

折旧年限	10 年	5 年
营业收入	200 万元	200 万元
固定资产折旧（固定资产总额/折旧年限）	100 万元	200 万元
税前利润（发电收入减固定资产折旧）	100 万元	0 万元
所得税（税前利润 × 企业所得税率 25%）	25 万元	0 万元
净利润（税前利润 − 所得税）	75 万元	0 万元
经营净现金流（净利润 + 固定资产折旧）	175 万元	200 万元

由上面的例子可以看出，在运营之后的第 1—5 年，采用 10 年折旧所产生的净利润数额为 75 万元，而 5 年折旧产生的净利润则是 0 万元。由于购买资产的资金已经在运营之初支付，每年产生的折旧成本其实是一种非现金成本，相当于企业按年回收其固定资产投资成本。在本例中，企业的经营净现金流可以简单地用净利润加固定资产折旧计算（也可以用营业收入减所得税）。采用 10 年折旧得到的现金流仅为 175 万元，而 5 年折旧产生的现金流为 200 万元。原因很简单，快速折旧方法提高了非现金成本从而降低了头 5 年的所得税支出。

需要注意的是，在本例中的后 5 年，由于 5 年折旧方法下的固定资产净值为 0，因此其利润会高于 10 年折旧，现金流则反而会较低（见表 11-2）。其中的原因在于，快速折旧只是推迟了所得税的缴纳时间。两种方法所产生的折旧总额及对应的所得税减免总额是相同的，只是缴纳时间不同而已。由于时间价值的问题，现金流时点的差异会引起投资收益的差异。10 年折旧产生的投资内部收益率为 11.73%，而 5 年折旧产生的内部收益率则为 12.73%。

表 11-3　不同折旧年限导致的财务指标差异（第 6—10 年）

折旧年限	10 年	5 年
营业收入	200 万元	200 万元
固定资产折旧（固定资产总额/折旧年限）	100 万元	0 万元
税前利润（发电收入减固定资产折旧）	100 万元	200 万元
所得税（税前利润×企业所得税率25%）	25 万元	50 万元
净利润（税前利润－所得税）	75 万元	150 万元
经营净现金流（净利润+固定资产折旧）	175 万元	150 万元

从实践来看，非上市的私营企业更倾向于快速折旧方法，而上市公司则倾向于使用较长的折旧年限。重资产的企业如果将折旧期限延长，会在短时间内产生较高的净利润。这种手法事实上降低了投资的长期收益，但在短期内能起到粉饰报表的效果。

2012 年 6 月武钢股份（SH.600005）宣布将固定资产折旧年限延长三年。这一会计政策的变更直接将武钢股份的税前净利润提高了 5.4 亿元。从现金流角度来看，武钢股份之后三年内每年需要多支出 1.35 亿元的所得税。如果武钢是一家非上市民营企业，那么其控制人是没有提前缴税的动机的。但作为上市公司，武钢在钢铁行业整体不景气的背景下粉饰报表是可以理解的。

当我们在比较两家同行企业的时候，需要注意到不同会计政策造成的差异。譬如，电视剧版权都是优酷网和乐视网的主要成本之一，但两家公司所采用的折旧政策却是不一样的。乐视网采用直线折旧法，而优酷网采用加速折旧法。假定一次性购买一部电视剧 5 年的版权，乐视网每年折旧的成本为 20%，而优酷第 1—3 年折旧的成本分别为 50%、25%、12%。假设其他情况相同，头两年乐视网的销售利润会高于优酷，后三年正好相反。从销售收入匹配的角度来看，电视剧在播出的前两年会吸引较多观众，之后便大幅下降。优酷网的会计处理方法显然更加符合公允原则。因此在投资视频网站时，优酷网的会计指标显然比乐视网更有参考价值。

类似的例子还有租车行业。汽车折旧是租车公司的主要成本之一。正常情况下，新车所产生的出租收入要比老车高一些，因此汽车也应该采用加速折旧法。神州租车公司采用 7 年直线折旧，每年折旧成本约为 13.6%，而业内其他租车公司通常第一年折旧率在 18%—20% 左右。在此情况下，直接比较神州租车和其他租车公司（如一嗨租车）的盈利指标显然是不恰当的。

由于利润指标容易受各种会计政策和估计的扭曲，税息折旧摊销前收益（EBITDA）是我们在考察传统制造业和服务业时比净利润更加有效的指标。EBIDTA 的计算方法如下：

税息折旧摊销前收益 = 净利润 + 所得税 + 利息费用 + 折旧 + 摊销

在我们上面介绍的例子中，采用 10 年和 5 年折旧年限所产生的 EBITDA 都是 200 万元，并不会因为加速折旧或直线折旧而出现区别。类似地，缩短或延长待摊费用期限，或者调整债务和股本的出资比例，都无法有效地操纵 EBITDA。

虽然 EBITDA 是更加稳健的盈利指标，但在中国实践操作中，净利润的接受度更高。

这一方面是因为监管机构在上市审批中过度强调净利润,另一方面则可能是因为中国多数企业家和投资者缺乏财务素养。因此,在对中国企业估值时,市盈率(股权价值与净利润比值)的使用要比市现率(企业价值与EBITDA比值)更加广泛,而在国际市场则正好相反。

11.3.2 收入与成本确认

收入确认原则也是我们在财务尽调过程中需要关注的问题。通过提前或推迟收入的确认时点,企业可以有效地调整相邻会计年度的利润。压货策略(Channel Stuffing)是一种常见的利润操纵方法。企业在临近年末或季末时为达到更高的销售收入,往往会以较为优惠的价格要求经销商购买大量产品。而按正常节奏,这些产品的销售应该在下一个会计区间才会完成,相当于企业将下一会计区间的销售收入"挪用"至当前。压货策略可以在短时间内实现企业业绩的同比大幅增长,但这种增长透支了未来潜力,无法长期持续。

中国运动服装业是压货策略的典型样本。李宁和安踏等厂商通过大幅向加盟门店压货实现了超高的销售增长率。但消费需求并没有明显增长,随着存货的大量积压,一些经销商不得不低价出清存货。在这种情况下,消费者更乐于通过打折渠道(奥特莱斯、工厂店和品牌天猫旗舰店等)购买服装,进一步挤压了门店的销售。部分厂商(如李宁)不得不从门店经销商处将存货回购。

如果经销商按照正常的销售节奏向厂商付款,那么压货策略会导致利润和经营净现金流无法同步。或者说,操纵利润的做法会导致企业账面上盈利却没有收到相应的现金。中国创业板上市企业存在显著的利润操纵行为(但可能是合法的)。在上市前二年及前三年,企业通过推迟收入确认时点来隐藏利润,而在上市前一年及当年,则通过提前收入确认时点来挪借利润。这种操纵手法的结果是中国创业板上市企业上市前几年的利润增幅平均在60%以上。[①] 而在上市后,这些企业的利润增幅则显著下降甚至出现负增长。

神舟电脑曾连续四次申请在A股市场上市,前三次都遭到否决,部分原因是神舟电脑的利润和现金流明显不同步。该公司2009年和2010年的利润合计为4.86亿元,但同期经营净现金流合计仅24万元,被否决也在情理之中。神舟电脑第四次申请IPO的财务报告显示其2011年净利润为2.97亿元,而经营净现金流为2.4亿元。这给了发审委同意其IPO的理由。[②] 但这并不一定是实际经营结果的财务表现,因为现金流也是可以挪借的。国内某些企业为实现现金流和利润的同步,甚至让企业大股东为经销商提供借款担保。虽然经销商以借入资金支付的货款确实能使得利润和现金流相匹配,但毕竟无法长期持续。

---

① 笔者采用的样本为2009—2011年间中国创业板上市企业。
② 2012年8月中国证监会发审委投票通过了神舟电脑的IPO申请。

从财务尽调的角度来看,企业显著高于同行的应收账款(挪用利润)或预收账款(隐藏利润)都是利润操纵的迹象。对经销商的走访也有助于我们了解企业实际的销售情况。如上面提到的神舟电脑,其招股说明书申报稿宣称该公司2011年销售收入同比增长73.62%。这在个人电脑行业整体衰退的背景下显得极其突兀。我们如果走访其经销商或竞争对手,恐怕会得到不同的结论。在走访经销商时,我们应该多注意在售产品的出厂时间分布,从中可以了解是否存在压货现象。

除了收入确认时点之外,我们还应关注企业销售收入的确认方式。对于电子商务投资来说,这一点尤为重要。市场对电子商务的股权估值一般为销售收入的一定倍数。譬如,京东商城C轮融资估值大约是其年销售收入的2倍。如果电子商务公司的主要收入为销售折扣或佣金,那么应计入销售收入的部分为折扣或佣金,而非销售的全价。举个例子,假定某团购网站销售一种产品价格为100元的产品,销售成功后厂商获得60元的收入,而团购网站则获得40元的销售佣金/折扣。那么在此例子中,该团购网站应计入收入的部分为40元,而非100元。

2011年第一家团购网站Groupon(高朋)上市时,其会计记账手法便遭到了监管机构的质疑。按照监管机构调整收入后,其2011年第一季度的销售收入由7.13亿美元锐减至3.13亿美元。这并非第一家采用此手法的美国公司,2001年破产的能源巨头(Enron)也有过类似的会计操作。2011年仅天猫商城的销售收入便达到了1 000亿元,如果加上其他淘宝系统的网站总交易额可能突破5 000亿元[①],但是阿里巴巴集团2011年确认的销售收入仅为28亿美元,其原因也在此。

费用确认的方式也可能会扭曲企业的净利润。我们以制药企业的研发开支来解释这个问题。依照中国企业会计准则,制药企业的研究阶段的支出应计入当期费用,开发阶段的支出则需满足一定条件才能确认为无形资产(即资本化)分期摊销。新药开发的成功概率比创投挑选项目的成功概率还要低。根据美国的统计数据,每10 000个化学模型历经实验室基础性研究、动物临床试验、人体临床3期试验、新药审批、生产上市和售后监督等多个环节后能够给药厂带来实际收益的不过1—3个研究成果。在药品研发成功前景不明朗的情况下,将研发开支计入当期费用扣减利润显然是审慎的合理做法。但是如果部分药企将本应计入当期费用的开支资本化,则会虚增其利润。

和延长折旧期限一样,当期费用资本化也会降低企业的当期现金流,但略有区别。这种做法的实质是将本应扣减经营现金流的费用扣减了投资现金流。当期费用资本化虚增了经营净现金流以及EBIDTA。但如果考虑投资现金流,总现金流还是会因为所得税支出的增加而降低。

在实践操作中,将一项开支计为当期费用还是待摊费用有时处于两可之间,如环保开支和物业装修支出。我们在考察制造业和传统服务业时需要留意目标企业的费用确认原则及相关的财务指标。如果目标企业的当期成本显著低于行业平均水平,同时还存在大量待摊费用或无形资产,那么我们需要找到足够的证据来支持这种财务处理手法。

推迟成本确认时点也可以达到虚增利润的效果。企业的"在建工程"完成并投入使

[①] 2012年阿里巴巴集团官方消息称,淘宝系统总交易额突破1万亿元。

用时,我们应该将其转入"固定资产"项目并开始计提折旧。但如果企业不将在建工程转入折旧程序,则会达到在账面上降低成本的效果,因为固定资产投资已经产生收入但却没有确认对应的折旧成本。将其他当期费用推迟至下一期确认(即便当期已经支付现金)也一样会扭曲实际利润。这些财务操纵手法都会导致企业的毛利润率及成本比例与同行显著不同,结合现场调查我们不难发现这类行为。

11.3.3 资产问题

企业的账面资产并不一定符合实际。譬如,制造业的固定资产通常以成本入账。随着通胀和技术演进,这些资产或者会出现增值(如厂房和工业用地)或者贬值(如落后设备)。尽职调查的作用之一在于确认这些资产的公允价值。另一方面,并非企业所有资产的所有权都在法律上毫无瑕疵,尽职调查团队需要确认主要资产的产权是否明晰。接下来我们探讨一下中国尽职调查中经常遭遇的土地产权、知识产权及存货等资产问题。

中国企业存在的典型问题是,土地产权手续不全。如果土地产权在企业价值中占到相当比例,那么确认土地产权的合法性并督促企业完成相关产权证明的办理是非常必要的。人和商业(HK.01387)是一个典型的例子。这家公司的主要业务为地下购物商场的租赁和管理。这些地下商场通常是人防工程,其开发业务不属于房地产开发业务,也不需要缴纳土地出让金。人和商业特殊的商业模式规避了不少针对房地产业的限制政策,但代价也很明显。人防工程不需要缴纳土地出让金的代价是无法获得土地产权证,而没有产权证则无法以之为抵押向银行融资。为此人和商业不得不向地方政府主动缴纳土地出让金并获得相应的土地产权证。在获得这些产权证明之后,人和商业也获得了私募股权投资并在香港市场IPO。

另外一个典型问题则是商标。不少中国企业在融资时并没有将商标所有权转移给融资主体。商标的办理和转移所需的冗长行政审批程序往往是这一现象的理由。但这可能对投资者带来不利影响。我们之前讨论过的娃哈哈集团也是商标权归属的一个经典案例。达能集团与娃哈哈集团(宗庆后家族)签署合资协议时便要求将"娃哈哈"商标转移至合资实体。但娃哈哈集团始终以行政审批未通过为由没有实现这一转移,并授权大量非合资企业使用娃哈哈商标甚至生产相同商品。因为商标权并不归属其控制的合资企业,达能也就无法合理维护其商标权利,最终在政府干预下退出了与娃哈哈的合资企业。

国美电器(HK.00493)则是另外一个经典案例。2004年上市时"国美"商标并不归属上市公司,而属于黄光裕的私人公司"北京国美"。上市公司获得使用"国美"商标为期10年的授权。在上市公司运营地区之外,黄光裕的私人公司以"国美"商标经营相同的电器零售业务。2010年狱中的黄光裕与国美的战略投资者贝恩资本发生分歧,从而引发了著名的国美股权之争。如果从2010年9月董事会投票结果来看,黄光裕已经失去了国美电器的主导权。关键时刻黄光裕威胁一旦失去控制权则将取消对国美电器的商标使用授权,从而迫使贝恩资本让步,黄氏家族重新控制国美电器。

职务发明则是创业投资中常见的问题。谷歌和雅虎等几家由在校生创业设立的企业在融资时便遭遇过知识产权归属的问题。两家公司的创始人都是斯坦福大学的在校生。依照法律规定,斯坦福大学对这些学生的知识产权享有部分所有权。在投资谈判过程中,斯坦福大学非常慷慨地放弃了大部分权利,只要求在两家公司中拥有非常少的股份比例,从而为这些公司的融资扫清了障碍。在对科研机构的研究人员独立创业进行投资时,基金应该厘清知识产权的归属。

尽职调查中,我们应该关注企业关键产权(专利、商标以及资质牌照等)是否已经完成申请以及其归属权是否清晰。如果可能,在投资之前或之后的结构重组中应该将产权纳入目标企业的控制范围。在 Pre-IPO 投资中,如果上市申请主体需要依赖控股公司的资质、牌照或知识产权才能开展业务,有可能会被认定为存在独立性问题从而被否决。这应该是我们在投资中极力避免的情况。

存货也是尽职调查中需要重点关注的问题。如果目标企业的存货余额较大且没有提取相应的存货跌价准备金,那么存在问题的可能性较大,需要投资者警惕。海澜之家(服装连锁店)是这方面非常典型的例子。2011 年年底海澜之家的存货余额为 38.7 亿元,占总资产 57%,而对应的跌价准备只有 820 万元。如果海澜之家的销售规模非常大,存货可以在短时间内消化,那么这样的财务处理手法是没有问题的。但海澜之家 2011 年的营业成本仅有 21 亿元,对应的存货周转率(销售成本/存货余额平均值)只有 0.77。或者说,平均一件衣服从进入库存到销售需要 470 天以上。正常情况下,服装过季之后就变为尾货,价值大幅减损(往往只有成本价的 10%—20%)。很明显,海澜之家的存货跌价损失是不符合常识的。假定其存货平均跌价比例为 50%,那么应计亏损金额便达到 19.4 亿元,超过其 2009—2011 年三年的营业利润总和。了解这一点的话,海澜之家 2012 年申请 A 股 IPO 被否决也就不奇怪了。

近年中国服装企业的存货问题尤为突出,李宁、安踏、361°、特步、匹克和中国动向等运动服装制造商,以及美邦服饰和凡客诚品等休闲服装制造商都深受存货的困扰。小米手机的创始人雷军曾经说过:"我宁肯慢一点,稳一点,也不想因过度膨胀而撑死,所有死掉的公司不是饿死的,而是撑死的。"小米手机采用接近饥渴营销的预售方式,在几乎没有库存的情况下取得了良好的销售业绩。2011 年 10 月小米手机才推出第一台手机,2012 年销售量便达到 716 万台,销售额高达 126 亿元。雷军的观点并不罕见,SOHO 中国地产的创始人潘石屹以及凡客诚品创始人陈年也有类似言论。在投资于这类市场竞争激烈且产品容易过时的行业时,投资者需要对存货问题持审慎态度。

11.3.4 关联交易

我们之前讨论过一些公司通过关联销售造假的现象。但这并不意味着所有关联交易都是财务造假或违规行为。只要关联交易是建立在公平合理的基础上并且充分披露,即便是要求最严格的 IPO 审核也接受一定程度的关联交易。接下来我们讨论在调查关联交易时需要注意的问题。

尽调团队应识别所有的关联方。对实际控制人、控股股东及管理团队的背景调查，以及对客户、供货商及竞争对手的调查，都有助于我们识别关联方。目标企业的控股股东不一定会将所有关联关系向投资者披露。尽调团队需要通过其他渠道来发现或排除关联交易方。

尽调团队应考察关联交易是否建立在公平的基础上。中国典型的问题是，上市前关联方向上市公司输送利润，而上市后则是上市公司向关联方（尤其是控股公司）输送利益。常见的做法是，关联供货商低价向目标企业销售原材料或提供服务，而关联客户则高价向目标企业购买产品或服务。

2009年申请创业板上市的安得物流是一个典型的例子。2006年、2007年、2008年及2009年1—6月，安得物流与其控股股东美的集团及其附属公司发生的业务收入占同期营业收入的比重分别为38.19%、32.53%、29.56%、27.47%，而关联交易产生的毛利额占总毛利的比重分别为48.18%、42.28%、34.51%、30.82%。从这些数字可以看出，安得物流向关联客户提供服务的毛利润率要高于向非关联客户提供服务的利润率。虽然数据也显示安得物流一直在努力降低对关联企业的业务依赖，但关联交易定价还是导致其IPO申请被否决。

在中国企业上市过程中，有个较为独特的资产重组过程，俗称"上市包装"。企业会将盈利能力较强的资产独立出来组成股份有限公司，并以此作为上市申请主体，而其他盈利能力较差的资产则保留在母公司。Pre-IPO策略投资的目标企业通常就是上市申请主体。由于目标企业在股改之前只是母公司业务的一部分，即便是在产权上独立出来，在实际运营中有许多具体事项却无法独立。如果目标企业和关联方共享房产、设备甚至员工，这些成本的估算应该建立在公平定价基础上（现实中很少），否则目标企业的财务数据无法反映其真实运营情况。

在实践操作中还经常存在关联方与目标企业相互担保或存在大额资金往来的情况。在资产重组时，我们应建议目标企业取消这些相互担保并清收关联方的借贷。事实上，独立性问题（关联交易）是中国企业上市被否决的主要理由之一。江苏裕兴薄膜是其中的一个典型例子。这家企业的董事、监事及主要股东在常州绝缘材料总厂持有的股份比例高达97%。后者持续向裕兴薄膜提供生产所需的大量资金并赊销重要设备，而裕兴薄膜则为其提供大额贷款担保。我们不难理解这些关联交易背后的理由。常州绝缘材料总厂更加符合银行贷款的条件，而裕兴薄膜则更符合上市条件（如盈利增长等）。因此在资产重组时，控股股东并没有将常州绝缘材料总厂纳入申请主体。但这种明显的利益输送也导致裕兴薄膜的IPO申请被否决。

我们在进行Pre-IPO投资时应该确认目标企业的关联交易规模及方式符合监管机构的要求，并尽力减少关联交易。譬如，中国忠旺（HK.013333）在IPO之前与其实际控制人刘忠旺拥有7家关联企业存在大量交易。为满足香港监管机构的要求，中国忠旺将关联交易方的数量减少至2家，其他5家企业则全面终止关联交易或商标授权。被保留的2家关联交易方是中国忠旺的材料提供商，其产品无法找到合适的替代者。中国忠旺如此大费周章减少关联交易的原因并非香港联交所禁止关联交易。联交所规定凡是关联交易金额超过100万元，或占销售收入比例超过0.1%，均需要在公开媒体上公告。如果不降低关联交易规模,那么每年光广告费用也是一笔很大的支出。

11.3.5 民营企业尽调

除了上述财务事项之外,我们在对中国民营企业进行尽职调查时遭遇的典型问题还有以下几点:高度依赖创始人,财务处理方法不合规,依赖私人借贷,存在账外资产和负债以及税务问题等。

中国具有独特的企业文化,那就是创始人控制企业的绝大多决策权力。所有部门领导都直接向创始人直接汇报。经销商、供应商和多数员工都对企业创始人有很高的忠诚度。一旦外部投资者和企业创始人发生冲突,经销商、供应商、员工乃至地方政府都会站在企业创始人一边。这一点在达能投资娃哈哈案例和赛富投资雷士照明案例中都体现无遗。两家企业的创始人宗庆后和吴长江都不是企业的第一大股东,但却获得了多方面的支持,并在和外部投资者的权力争夺中获得胜利。

虽然理论上我们可以通过股份安排和投票权安排来限制企业创始人的权力,但实践中这些法律救济措施并不一定能真正起到作用。投资者应确保企业创始人与自己的利益一致,限制创始人甚至赶走创始人的尝试一般很难获得成功。

此外,目标企业的重要位置(如财务总监)由创始人家族成员占据也是常见现象。在外部投资者进入后,企业创始人一般都能接受由职业经理人来接任这些位置。这是在投资谈判中投资者可以坚持的合理要求,对企业的长期发展也是比较有利的。新东方是一个典型的例子。在外部投资者进入之前,新东方的主要位置都由创始人俞敏洪等人的亲戚担任。为在美国上市,新东方的创始人花了很大精力说服这些家族成员退出企业,并成功地将新东方改造成一家公司治理制度较为完善的现代企业。

民营企业的一些财务处理手法是以避税为目的的。不少企业在经营过程中少开发票,从而减少相关的应税收入。将企业创始人的个人开支计入企业成本以扣减税收也是常见的做法。此外,不少企业会有两套账(内外账),一套为真实业绩,而另一套则是应付税务局的。这类问题都是可以在投资后改正的行为,不应成为交易的终结因素。我们应该在尽职调查中关注这些问题,并在投资谈判中将之写入投资条款(如要求企业创始人归还从企业挪用的借款)。

实践中,各地企业的实际税负率是有差异的。譬如,在收入和成本相同的情况下,泉州和苏州的企业相比所缴纳的税负要高。如果两家企业处于同一控制人名下,泉州企业会通过转移定价将其利润转移至苏州关联企业,从而降低整体税负。这种关联交易在尽职调查中时有发现,并非违法行为,但可能会被地方政府以各种方式追究。

事实上,这种避税行为在国际市场也是常见的现象。譬如,苹果公司充分利用了爱尔兰和荷兰的免税政策,将来自欧盟地区的收入转入爱尔兰和荷兰,之后再转移至加勒比海的免税天堂。欧盟平均所得税税率约为24%,而美国企业最高所得税税率为35%。通过避税安排,苹果来自美国海外收入实际缴纳的所得税税率仅为1.9%。由于这些收入一旦转入美国本土将需要缴纳高额所得税,苹果公司不得不将这些现金留在离岸公司。也由于这个原因,苹果公司持有的现金及短期投资曾一度超过1 000亿美元。微软和谷歌等公司也都存在相同的避税操作。

民营企业在达到一定规模之前通常缺乏银行贷款和股权融资渠道。私人借贷(高利贷)往往是其资金的重要来源。企业创始人或者是直接的借款人,或者个人为企业提供担保。在实践操作中,企业向员工借款的行为有可能被认定为非法集资(如河北大午集团非法集资案)。我们应在尽职调查中发现这类借贷行为,并寻找解决方案,避免企业的表外负债。

太子奶是一个失败的案例。为赢得与花旗和高盛的对赌协议,2008年太子奶创始人李途纯以高息向经销商及内部员工借入约6 000万元。2009年太子奶资金链断裂,湖南株洲市政府便以李途纯非法集资为由接管了太子奶。而政府的介入并没有挽救太子奶,最终太子奶还是走向了破产清算。事实上,太子奶拖欠各方的数额远超过其"非法集资"的6 000万元,非法集资只是地方政府介入的借口而已。不管如何,花旗和高盛的投资最终都化为了泡影。

民营企业还经常将企业资金用于创始人投资的其他关联企业。尽职调查中如果发现这类问题,我们可以在投资谈判中要求企业创始人或关联企业归还借款。其他的选项是要求目标企业收购关联企业,或者以相同比例投资于关联企业。

中国民企存在的种种不规范操作往往并非致命问题。尽职调查过程中发现这些问题应该耐心与企业实际控制人进行沟通,并在谈判过程中寻找合理控制风险的方案。此外,与企业创始人合作而非对抗,也是投资中国民营企业时应该坚持的原则。

11.3.6 国有企业尽调

私募股权基金对国有企业的投资并不多见。其原因在于收购国有企业需要较强的政府公关能力,一般的私募股权基金管理人很难涉足。国内成功投资国企的或者是规模庞大的外资基金管理公司,如高盛、华平和新桥,或者是有良好运营业绩的资深内资基金管理公司,如鼎晖和弘毅。这方面著名的案例有:鼎晖和高盛收购双汇集团,鼎晖和华润收购华源集团,新桥收购深圳发展银行,华平投资哈药集团,弘毅收购江苏玻璃及石药集团等。

国有企业存在的问题和民企迥然不同。首先,国有企业的转让一般需要进行资产评估,而民企通常不需要这一道程序。这背后的原因是防止国有资产流失,其结果是国企转让价格一般不得低于其评估价值。如果投资者无法对资产评估进行监控,那么目标企业的估值可能会高得离谱。

化妆品企业大宝是一个典型的国企转让例子。2007年3月大宝100%股权在北京产权交易所挂牌转让。2006年大宝的主营业务收入为6.76亿元,净利润为4 100万元。挂牌时大宝经审计的资产总额为6.45亿元,净资产为4.59亿元。但资产评估公司以2006年2月为基准日对大宝的股权评估价值高达22.41亿元,挂牌底价为23亿元。

笔者曾在北大课堂上多次让EMBA及EDP班同学(多数为企业高管及专业人士)按照大宝的财务数据对其进行简单估值。从来没有一位同学的出价接近其挂牌底价,这部分说明了其评估价值并不合理。大宝在北交所的挂牌出售以流拍告终,后来由强生公司以其挂牌底价协议收购。这个成交价格也是政府所能接受的底价,否则会被指责贱卖国有资产。但毫无疑问,政府需要在其他方面对强生公司有所让步。

其次,国有企业往往存在冗员严重的问题。这些员工往往属于非生产性部门,其福利开支成为目标企业的包袱。在投资国企之前,我们应对国企的人力资源情况进行调查评估。如果有可能,应尽力促成国资部门在交易完成之前终止这些冗员的雇佣合同,并由其承担安置成本。如果在交易之后由投资者来完成这项工作,则需要复杂的谈判,向被辞退员工支付的安置补偿费或赔偿金可能是一笔巨额开支。

之前介绍的大宝便是一个典型的例子。大宝被收购前有三分之一员工为残疾工人。强生公司与大宝母公司北京三露厂达成协议,收购大宝的条款中包含了一份全面的员工安置方案,并得到了大宝职工代表大会的全票通过。大宝公司的员工权利和福利将被全部保留。没有被强生公司在收购后继续雇用或拒绝接受强生公司雇用的员工将由北京三露厂接收。这显然是之前我们提到的政府对强生公司的让步。

建龙集团对吉林通化钢铁集团(通钢)的投资则是一个极端的失败例子。2008年年底,通钢因为亏损严重而被迫停产,约3万名职工只能每月领取300元的生活费。2009年7月,吉林省国资委工作组宣布通钢向其第二大股东建龙集团增发新股,并由后者控股通钢。通钢内部传言将对中高层干部进行调整并进行裁员。7月24日,约1万名通钢职工聚集在通钢厂区抗议并将建龙集团任命的总经理陈国军围殴致死。通钢事件最终以建龙集团退出结束。这一事件在国内投资界引起了巨大反响。

在收购国有企业时,投资者应尝试与其管理团队进行合作。在国际市场上,成功的杠杆收购一般也都是以管理团队收购(MBO)形式出现。中国也不例外,我们之前介绍过的鼎晖和高盛收购双汇以及弘毅收购江苏玻璃都是MBO,并且取得了成功。在新桥收购深发展的案例中,投资者以外来职业经理人取代了原来的管理团队。新桥对深发展的投资从进入到退出都磕磕碰碰,部分原因是缺乏政府支持。值得一提的是,当初负责和新桥谈判的深发展高管后来都因为贪腐被送进了监狱。

最后,国企也可能存在产权问题。一些国企取得的土地是政府无偿划拨的,但并没有办理相关的土地权证,甚至没有进入企业的资产负债表。当外部投资者收购国企时,这些已经在使用的土地和房屋在补办证明时有可能会产生或有负债,即需要向政府部门补缴相关的税费。投资者在尽职调查时应发现这些潜在问题并在谈判中提出解决方案。此外,投资者收购国企时可能需要剥离一些非营利资产。维持或处置这些资产可能需要额外的成本。仅仅依靠原管理团队或政府提供的资产负债表去估算这些成本是不够的。尽职调查团队需要独立地评估这些潜在的成本。

11.4 法律尽职调查

法律尽职调查也称律师尽职调查。在私募股权投资中,基金通常会聘请外部律师事务所对目标企业进行法律方面的尽职调查。管理公司的内部法务人员(俗称"In-house")则负责和外部律师的沟通。虽然在决策中,法律尽职调查不处于核心地位,但也是不可或缺的组成部分。接下来我们从几个方面来对法律尽职调查进行讨论。

11.4.1 定位

从功能角度来看,法律尽调更多地是定位于风险发现,而非价值发现。尽调的第一个目的是确认目标企业的合法成立和有效存续。通过查询公司在工商管理部门的登记文件以及企业内部文件,律师可以确认企业设立及发展过程中的法律合规性。在少数情况下,企业可能存在出资瑕疵(如没有验资报告)或其他问题。

尽调的第二个目的是核查目标企业所提供文件资料的真实性、准确性和完整性。律师在进行尽职调查时所依赖的大部分法律文件都是企业提供的。律师需要核查这些资料的可信程度。譬如,企业有可能在董事会协议或重要合同上倒签日期,甚至篡改重要合同的条款。而这些情况一旦发生可能对投资产生重大不利影响。2000年一家名为"杰威国际"的公司申请在香港创业板上市获得批准,后来才发现其在厦门的工商登记文件是伪造的。显然律师在尽调时没有尽到合理的勤勉义务。

尽调的第三个目的是协助委托人更加充分地了解目标企业的组织结构、资产和业务的产权状况和法律状态。我们之前在财务尽调部分已经讨论过,中国不少企业存在产权问题,这可能影响企业的财务估值。法律尽调的作用之一在于确认企业产权(如土地所有权)、业务资质以及其控股结构的法律合规。

尽调的第四个目的是发现和分析目标企业现存的法律问题和风险并提出解决方案。普通律师和优秀律师的差别在于,前者只发现问题然后告诉客户"有风险",而后者不仅提示风险还会给出解决方案。一些规避监管的法律结构(如后十号文时代的新红筹结构和VIE结构)都是优秀律师的杰作。

尽调的第五个目的是出具法律意见并将之作为准备交易文件的重要依据。基金管理公司也需要对其有限合伙人尽到勤勉义务。在投资决策过程中,律师的作用在于为基金管理公司的投资行为提供合规依据。即便所投的项目后来出现法律风险,基金管理公司也可以以之前获得的律师意见书作为免责依据。中国法律对于很多具体操作的合法界限定得非常模糊。对于同一个法律结构或操作,不同律师可能给出不同的法律意见。优秀律师能够帮助投资者在监管机构容忍的界限内实现其投资意图。

11.4.2 信息收集

虽然在结构上,法律尽调与业务/财务尽调是平行的,但在一些具体事项上它们是协同合作的关系,只是角度不一样而已。譬如,在调查一项资产时,财务尽调重视该项资产对企业价值的财务影响,而法律尽调更侧重对其合法性及所有权归属的确认。法律尽调主要通过以下几个渠道来收集资料:企业依照资料清单提供的材料、对目标企业管理团队的访谈、对目标企业的现场调查;从政府部门获得的信息;以及公开信息(如互联网搜索信息)。

尽调团队在参观企业并做初步沟通之后会向企业提交尽职调查问题清单。律师应事先对目标企业进行初步分析,在此基础上设计针对该企业的问题或资料清单。一些律师会使用业内通用的资料清单模板,这虽然省了不少麻烦,但却可能忽略个案的特殊性。在企业根据清单提供相应资料之后,律师还可以在整理之后向企业提出追加的资料清单,以便对某些存疑问题或重要问题深入了解。

我们通常看到的法律尽职调查报告免责声明都会提到,律师所做的结论都是基于企业提供的资料真实、准确及完整的前提。如果在某些重大事项上,律师对企业提供的资料存在疑虑,则应按照审慎原则进行调查,不应单纯依赖企业提供的资料。譬如,如果律师对某项重大合同的细节存疑,可以和会计师一样向合同缔结方发出询证函,或者委托第三方机构进行调查。

对目标企业管理团队的访谈也是信息的重要渠道。许多重要的业务细节信息不会反映在企业的法律文件中。在多方竞标同一家目标企业的情况下,尽职调查团队只有有限的机会能够接触目标企业管理团队。在此情况下,律师必须事先对企业存在的法律及业务问题深入分析并准备好问题清单。在管理团队不合作的情况下,通过第三方调查企业内部信息也是选择之一。

与业务及财务尽调一样,对目标企业的现场调查也是法律尽调的必要过程。很多问题只有到现场才会有实质性的了解,譬如环保问题和员工福利问题。民营企业经常存在的情况是没有为员工足额缴纳"三险一金"等社会保障福利。但在尽调团队向企业要求提供相关信息时,企业可能会回避这些问题。花点时间在厂外小卖部与企业员工聊天,我们往往能够得到较为具体的信息。

工商管理局及国税、地税局也是法律尽调的重要信息渠道。企业的工商登记资料、年检报告、历年纳税记录都是律师得出尽调结论的重要信息依据。随着互联网的发展,网络信息搜索也开始成为尽调信息收集的重要渠道来源。譬如,在调查目标企业法律诉讼及仲裁事项时,除企业提供的资料之外,我们还可以通过最高人民法院执行局的网站查询目标企业及关联方是否在全国法院被执行人信息系统中。

11.4.3 尽调内容

典型的法律尽调报告会分成导言、正文及综述三大部分。此外还可能根据个案的特殊情况单独列出章节讨论,譬如针对关键的子公司所进行的调查。导言部分通常会由以下部分组成:

- **释义**。介绍尽调报告中特定名词及缩写的意思;
- **背景**。说明尽调服务的交易背景及相关各方;
- **报告范围**。介绍尽调报告涵盖的主要事项范围;
- **免责声明**。说明尽调报告的前提及可能存在的局限。

如果目标企业是一家普通制造企业，正文部分的框架大致如下：
- **土地和房屋**。分析介绍目标企业拥有的物业和相关产权；
- **税务**。目标企业的税收待遇/税收减免等；
- **贷款担保**。目标企业为其他公司提供担保或其他或然债务；
- **诉讼**。目标企业正在进行或可能进行的诉讼情况，相关金额以及可能结果等；
- **商业合同**。目标企业签订的重要商业合同一览及主要细节；
- **知识产权**。目标企业拥有的知识产权；
- **社保情况**。目标企业社会保险或职工养老金事宜；
- **关联企业**。目标企业与关联方的交易、法律关系及其他事宜。

接下来我们讨论法律尽调中我们需要关注的一些重点问题。这些问题在业务及财务尽调中也有覆盖，只不过法律尽调的角度略有不同。

- **历史沿革问题**。律师需要注意目标企业的设立、注册资本、经营范围及股权变更等事项是否符合法律规定。这部分的尽职调查主要通过到工商管理局现场查询获得。尽调过程中常见的问题是，目标企业或现有股东与之前的股东在股权买卖上存有争议，股权转让金尚未支付完毕，或者尚有未尽的法律义务。律师需要发现这些问题，评估其对交易可能产生的影响或提出解决方案。此外，目标企业没有足额出资、抽逃出资或缺少验资报告等也是尽调中常常发现的问题。这些问题都可能在未来股权转让或IPO时受到监管部门的质疑，需要提前予以解决。

- **主要股东情况**。应重点关注的问题是主要股东与目标企业之间的关联交易、资金往来及相互担保是否合法。此外，企业主要股东是否存在股权被抵押、质押或被查封的情况也是尽调需要了解的问题。如果主要股东已经事实上丧失了对企业股权的处置能力，那么相应的股权交易便存在极大的风险。

- **高级管理人员**。应重点关注的问题是这些高级管理人员是否与企业签订了应有的雇佣合同，是否存在劳动仲裁或纠纷情况。并购中可能出现的不利后果是，主要管理人员离职后开展与目标企业相竞争业务或到竞争对手处任职。律师应关注目标企业与主要高管的雇佣合同中是否包括竞业禁止条款以及对应的补偿条款。实践中，一些企业与员工签订的竞业禁止协议由于缺乏合理的补偿而显失公平，从而被判定无效。律师应注意这类问题并提请买方投资者注意。

- **债务及对外担保情况**。需重点关注的问题是目标企业已经签订的融资或担保合同是否对目标交易存在影响。譬如，如果买方投资者试图购买目标企业的特定资产，那么目标企业出售该资产的行为可能会违反与债权人签订的借款协议，从而导致目标交易遭遇法律纠纷。如果买方投资者意图购买目标企业的股权，那么目标企业对外担保就形成或然负债。买方需要评估这些对外担保变成实际债务的可能性及规模，并在投资谈判中提出解决方案。

- **重大合同**。法律尽调必定覆盖的内容是目标企业签订的重大合同。尽调报告中应介绍这些合同的金额、支付方式、主要条款及当前履行情况等。从法律角度来看，企业实际上是一系列合同的组合，而重大合同构成了企业的主要价值。律师还应注意这些重大合同是否包含可能限制目标交易的条款。

- **诉讼及仲裁**。尽调报告应介绍可能发生、正在进行及已经完结的诉讼及仲裁情况,包括起因、时间、当事各方、主要过程及裁决内容(如适用)。律师应关注裁决的履行情况,譬如应支付的款项是否已经完成支付并取得相应凭证,以及是否存在后续的法律程序及可能的法律风险。
- **税收及政府优惠政策**。应关注的问题包括目标企业是否存在欠税和潜在税务处罚问题。中国不少地区对民营企业税收采用核定征收方式。一些民营企业通过各种方式获得税收专管员的谅解少缴税收是常见的现象。律师应注意目标企业的税收缴纳行为是否合法。此外,地方政府有时会为企业提供一些非常规的税收优惠政策或财政补贴。律师应关注这些优惠政策或补贴的合法性及可持续性。

11.5 项目筛选报告/投资报告书

投资团队对企业的评价体现成文字,便是项目筛选报告和投资报告书。投资经理会为每一个经过筛选的企业做一份简报,介绍企业的主要情况,一般不超过3页纸。这份项目筛选报告一般会简要介绍企业的业务模式、市场分析、竞争地位、成长前景、管理团队以及财务预测数据。在报告的最后部分,投资经理会提出将来可能的退出渠道选择,以及对投资方式的具体建议(见图11-3)。项目筛选报告会在投资团队内进行讨论,以决定是否进行进一步的尽职调查。

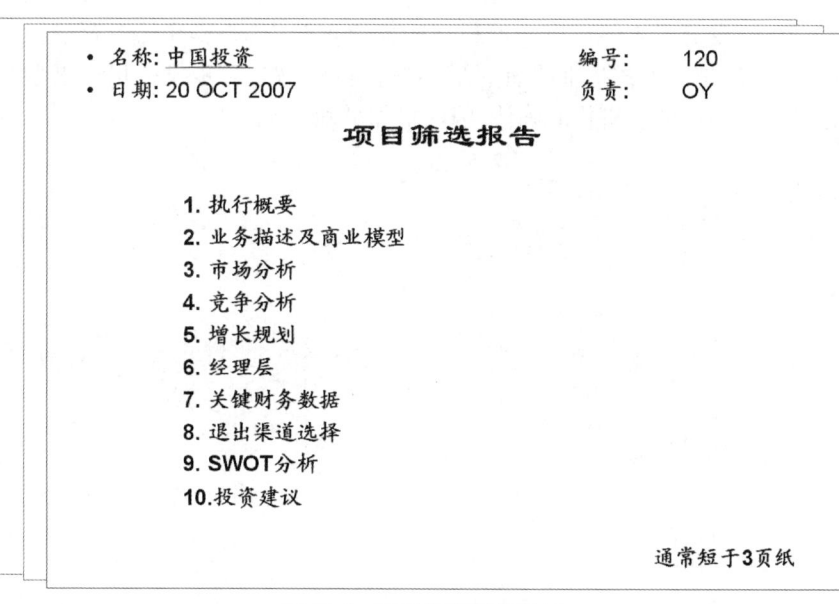

图11-3 项目筛选报告目录

在进行完初步尽职调查之后,投资团队会对企业有更加深入的了解。为了说服投资委员会批准项目投资,投资团队需要向委员会提交一份较为详细的投资报告书,介绍企业各方面的情况。其内容框架大体与项目筛选报告相同,但内容更加细化。这份投资报告书往往附有一个较长的尽职调查事项列表。此外,投资报告书还必须就项目的具体交易结构向投资委员会做出建议,并预测将来可能的退出收益(见图11-4)。

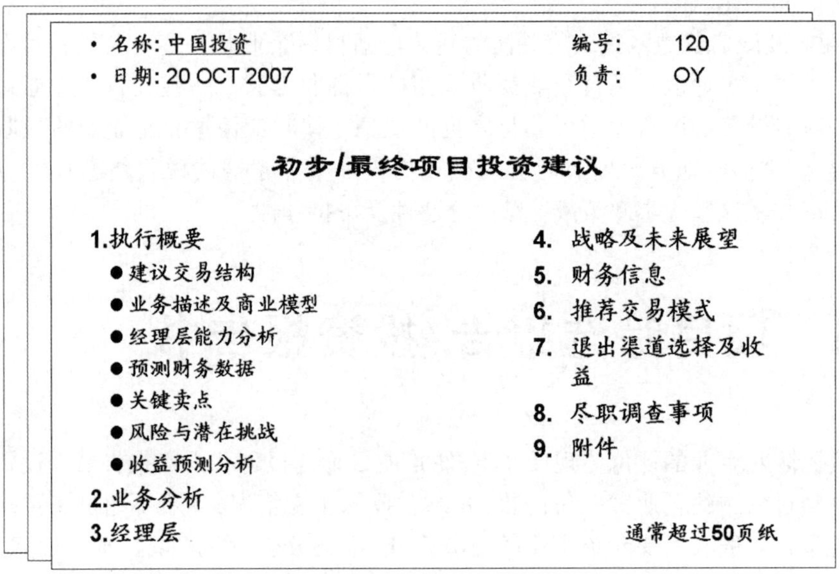

```
• 名称: 中国投资                编号:    120
• 日期: 20 OCT 2007             负责:    OY

              初步/最终项目投资建议

1. 执行概要                4. 战略及未来展望
   ● 建议交易结构          5. 财务信息
   ● 业务描述及商业模型    6. 推荐交易模式
   ● 经理层能力分析        7. 退出渠道选择及收
   ● 预测财务数据             益
   ● 关键卖点              8. 尽职调查事项
   ● 风险与潜在挑战        9. 附件
   ● 收益预测分析
2. 业务分析
3. 经理层                         通常超过50页纸
```

图11-4　初步和最终投资报告

投资委员会原则性批准投资后会拨款进行完整的尽职调查。其中的法律和财务尽职调查一般是由外部的律师事务所和会计师事务所完成的。在法律、会计和业务尽职调查报告的基础上,投资团队会形成一份最终的投资报告书,并提交给投资委员会。投资委员会据此来决定是否正式批准投资。最终投资报告书与初步投资报告书形制上是一致的,只是其信息经过中介机构的确认,因而更加准确。

12　投资条款书

12.1 概述

私募股权投资谈判往往是以投资条款书(Term Sheet)为基础进行的。投资条款书在中国还有别的称法,如框架协议、投资意向书(Letter of Intent)和谅解备忘录(Memorandum of Understanding,MOU)等。这些称法不同的文件虽然格式上不一定和投资条款书一致,但其基本作用是相同的,即将买卖双方就投资事宜达成的初步共识以书面形式表现出来。

签订投资条款书,买方一般会获得卖方的许可接触进行全面尽职调查。在交易各方达成一致的前提下,各方律师会在投资条款书的基础上起草正式的有约束力的投资协议。这种协议在中国私募股权投资的场合通常称为股份买卖协议(Stock Purchase Agreement 或者 Sale and Purchase Agreement,SPA),在其他国家(如英国)可能是认购协议(Subscription Agreement)。

此外,投资条款书中的大量条款还体现在公司章程(Certificate of Incorporation,中国为 Articles of Association)、投资者权利协议(Investor Rights Agreement)、投票权协议(Voting Agreement)、第一拒绝权及共同出售协议(Right of First Refusal and Co-Sale Agreement)、管理权函(Management Rights Letter)以及薪酬协议(Indemnification Agreement)等投资者共同签署的法律文件。红筹及 VIE 结构框架下的投资文件范本可参见美国创投协会(NVCA)的网站(www.nvca.org),而投资于境内企业则需要咨询有经验的中国律师。

在美国创投行业发展的早期,投资条款书往往只是一两页纸,主要条款也就是投资金额和占股比例。随着创投业的发展,用于保护投资者利益的条款逐渐被发明出来,投资条款书也开始变得冗长。6—8 页 A4 纸的条款清单在创投交易中比较常见。美国创投协会提供的标准投资条款书模板(2011 年版)甚至长达 16 页。

投资条款书的复杂化也对缺乏经验的新基金管理人及企业家形成了挑战。许多条款的实际用意与其字面意义相去甚远,只有在触发时当事人才会发现其影响。此外,许多业界通行的条款都是源自美国创投界。中美法律和监管环境的差异导致这些条款在中国的适用性并不如美国那么广泛。本章将结合中国私募股权的实际案例对主要的投资条款进行讨论。

12.1.1 背景介绍

在企业成长的过程中,通常会有多轮融资。我们往往按 A 轮投资者、B 轮投资者、C 轮投资者……这样的顺序来区分不同时期加入企业的股东。一般来说,企业会在每轮融资中挑选一个主导投资者(Lead Investor)就主要投资条款进行谈判。这个"主投"或"领投"通常会是出资金额最高的投资者,其他的投资者的地位则属于"跟投"。这些投资者组成的投资团①(Syndicate)拿到的投资条款可能是一致的,也可能是不一致的。领投可能会拿到较为优惠的投资条款。

在美国创投实践中,买卖双方聘请的律师在投资条款的谈判中的地位非常关键。如果卖方(企业)聘请的法律顾问缺乏经验,可能会导致谈判双方在无关紧要的细节上过度纠缠,耽误融资谈判的进程。中国律师在私募股权投资领域尚缺乏经验积累,而中国企业家对业务发展往往过度乐观,非常乐于承担风险。在此背景下,律师对企业家的影响力并不大,许多关键决策都是企业家自行拍板。其结果是,不少企业签订的投资条款都有失公允甚至最后将企业家置于非常不利的地位。

从法律角度来看,投资条款书只是交易各方的初步意向,对各方没有法律约束力。NVCA 的标准条款书第一段对交易背景的介绍如下②:

> 本投资条款书涵盖了×××公司(一家注册于[YYY]的公司)进行[A]级可转换优先股融资的主要条款。考虑到投资者对于本次投资投入的时间和金钱成本,本投资条款书的排他(No Shop),保密(Confidentiality)以及费用(Counsel and Expense)条款为具有法律约束力的条款。除此之外的全部条款在各方签署并送达具体协议之前不具有法律约束力。本投资条款书并非投资承诺,其有效性需在投资者完成尽职调查,法律审核及相关协议文件制定之后才成立。本投资条款书适用[YYY]法律。

假设笔者作为投资者与某企业签订了股权投资的框架协议。但是尽职调查完成之后,由于笔者自身的财务问题,未能履行该约定。在此情况下,企业是无法起诉笔者违约的,因为框架协议只是"意向"而非"承诺"。事实上,投资条款书上是没有交易双方的签字位置的。但如果其他寻求融资的企业听说过这个案例,在选择投资者时一般会直接把笔者过滤掉。这对于爽约的投资者来说是一个巨大的声誉代价。投资条款书会设定交易成立的前提条件。如果在尽职调查中发现这些条件未能满足,那么买方在尽调结束后选择退出交易也就无可指责了。

实践中硅谷的多数基金都非常重视投资条款书,一旦给出投资条款书不会轻易爽约。因此投资条款书谈判的重要性不言而喻。而在相对不成熟的中国市场,即便是一些排名靠前的基金管理公司也有给出投资条款书后爽约的情况。

12.1.2 条款分类

投资条款书广泛应用于资本市场的各类交易,并不仅限于创业投资。杠杆收购、产业并购以及企业发行股票或者债券等各种投融资行为都可能涉及投资条款书。但是这些不同类别的投资条款书的核心条款内容也是不同的。譬如,某企业意图在海外市场上

---

① 债权投资的场合通常称为银团(Consortium)。
② 如非特别注明,本章介绍的标准条款都是摘自美国创投协会(NVCA)的 2011 年版示范文本,http://www.nvca.org/index.php? option = com_docman&task = doc_download&gid = 75&Itemid = 93。

发行债券。在接洽不同投行时,这些中介机构可能会根据企业的具体情况(如规模和评级等)给出市场上较为流行的主要条款。债券的条款主要是发行利率(融资成本)、偿债保护(如回售条款、抵押品、偿债基金和现金抵押账户等)以及佣金比率等。这和创业投资的主要条款有明显差异。本章的讨论范围限于中国市场上流行的创投和成长资本投资涉及的条款。

从功能角度来看,创业投资及成长资本的常见投资条款大致可以分为以下三类:财务条款,控制权条款及杂项条款。财务条款主要涉及目标交易的企业估值及其后的调整机制,控制权条款主要涉及公司投票权、决策机制及投资者权利保护等事项(见表12-1)。

表12-1 创业投资及成长资本的常见投资条款类别

财务条款	控制权条款	其他条款
• 估值条款(价格) • 估值调整机制(对赌协议) • 清算优先权 • 回售权 • 股份兑现条款 • 员工股权池 • 红利条款 • 反摊薄条款(防稀释) • 继续参与条款	• 董事会席位 • 保护性条款 • 领售条款 • 股份转换权 • 竞业禁止 • 优先购买权 • 第一拒绝权 • 股份授予	• 保密条款 • 排他条款 • 费用条款 • 重大不利条款

需要注意的是,中国证监会并不认同可能导致实际控制人变更及股东权利不对称的条款,包括估值调整机制、回售权、清算优先权、反摊薄条款及董事会一票否决机制等。如果企业意图在中国A股市场IPO,则应该在股份制改造时在公司章程及相关法律文件中将这些条款清除。2010年广西林丰木业股份有限公司申请上市时便因为其控股股东林丰国际与国际金融公司(IFC[①])未清理对赌协议而被否决。如企业计划在美国和中国香港等境外市场上市,则我们在本章讨论的投资条款都是适用的,除非在具体操作时显失公平。

12.2 财务条款

12.2.1 投资工具

如果企业为红筹或VIE结构,那么私募股权基金的投资形式通常是可转换优先股(Convertible Preferred Shares)、可转换债券(Convertible Bonds)或可交换债券(Exchangeable Bonds),而不是普通股。美国创投基金通常的投资工具为可转换优先股。其投资条

---

① IFC为世界银行旗下的投资子公司,与我国著名投行中国国际金融有限公司(CICC)同名。

款书的标准条款都是围绕可转换优先股设计的。

所谓优先股，指的是在红利分配、资产清算或投票权方面拥有优先权的股份类别。而可转换优先股指的是在一定情况下可转换成为普通股的优先股。每一轮融资都会产生一轮新的优先股，而新产生的优先股一般在红利分配和资产清算方面优先于先前所有轮次的股份。这种制度安排的原因是，新一轮融资的价格往往要高于之前轮次的融资，且新股东处于信息不对称的劣势地位，因而会要求优先于老股东的投资者权利。在企业上市或出售的时候，所有股东会得到相同的待遇。因而在这种情况下，优先股股东一般会按1∶1的比例转换成为普通股。

通常来说，最早的天使投资者参股企业时购买的仍然是普通股。当企业向机构投资者进行第一轮融资时（我们称之为"A轮"），机构投资者购买的便是A级可转换优先股。以此类推，在第二轮（B轮）及第三轮（C轮），投资者购买的便分别是B级和C级可转换优先股。一般来说，第四轮（D轮）融资时A轮投资者一般已经入股三至四年甚至更长时间，会开始催促创始人寻找退出渠道。

从实践来看，由于私募股权基金提供的资金规模越来越大，企业上市前的融资轮次也在增加。譬如，2005年百度在上市前只有三轮正式融资，而2004年腾讯则只有两轮正式融资。对比之下，至2012年年底京东商城已经完成D轮融资，其中2011年C轮的融资规模据称高达15亿美元，创下中国创投界的纪录，而凡客诚品则已经是第F轮融资。在实践中，创投界见过最长的融资轮次为K轮。

可转换债券则是成长资本常见的投资工具。这些债券通常在上市后或返程收购完成后可以选择转为目标企业的普通股。如果企业成功上市并且股票市价超过行权价格，那么私募股权基金可以通过行权套现，反之则要求企业到期还本付息，从而保证保底收益。另一种情况则是私募股权投入的资金用于支持企业进行返程收购并搭建红筹结构。如果企业完成返程收购，那么其上市成功概率大增，基金的投资便可以转为普通股或可转换优先股。

可转债在早期创投和天使投资中也时有所见。投资者设定业绩运营目标（Milestone）。如果在可转债到期时目标企业达到业绩运营目标，那么这些债券将自动转换为普通股。如果企业未能达到目标，那么主动权则在投资者手中。彼特·塞尔（Peter Thiel）对Facebook的投资便是一个经典的例子。2004年塞尔作为领投向Facebook以可转债的方式投资50万美元。可转债的强制执行条件是2004年年末Facebook注册用户数达到150万。但可转债到期时，Facebook的注册用户数略少于150万。权衡利弊之后，塞尔还是将债券转换成Facebook的普通股。塞尔后来分几期套现了这些股份，获得了2 600倍的回报。

可交换债券一般也见于返程投资场合。企业实际控制人将基金投入的资金用于收购其在国内控制的实体企业。它与可转换债券的区别在于，在目标交易完成之后，可转换债券会转换成为债券发行人的股份，而可交换债券则会转换成为债券发行人子公司的股份。或者说，可转换债券的发行人是拟上市公司，而可交换债券的发行人则是拟上市公司的控股公司。因为其过桥功能，两种债券有时也被称为过桥债券（Bridge Notes）。

中国公司法律并不允许优先股的设置。① 因此当被投资企业为中国境内的企业时，投资工具一般为普通股。当企业存在优先股时，企业清算收入将按照优先权的顺序分配。假设企业有 D 轮融资，如果企业破产清算或出售时所得不足以弥补投资者投入的本金，则这些资金将按照 D 轮、C 轮、B 轮、A 轮及普通股的顺序依次清偿投资者的本金。一旦发生这类清偿，普通股甚至 B 轮和 A 轮投资者通常是血本无归。而当所有投资者都是普通股股东时，清算所得将按照投资者的股权比例进行分配。两相对比可以发现，优先股制度下企业创始人的激励机制更加硬化。也由于这个原因，境内成长资本投资实践中对赌条款等投资者保护条款的使用频率要远高于国际市场。

12.2.2 价格条款

在对企业股权定价时，我们常用的两个概念是融资前估值(Pre-Money Valuation)及融资后估值(Post-Money Valuation)。它们分别指的是按照本轮融资价格计算，企业在投资者注资前和注资后的股权价值。简单地说：

$$投资后估值 = 投资前估值 + 本轮融资额$$

中国企业家们更熟悉的估值指标为市盈率，而很少注意这个市盈率是融资前还是融资后市盈率。我们通过一个简单的例子来说明这个问题。假设某企业预期本年利润为 2 000 万元，经谈判某基金愿意按照 10 倍市盈率的估值向该公司投资 5 000 万元，那么基金应该获得该企业多少比例的股份呢？如果 10 倍指的是融资前市盈率，那么该企业的融资前估值为 2 000 万元 × 10 = 20 000 万元。该基金所占股份比例为：

$$持股比例 = \frac{投资金额}{投资后估值} = \frac{投资金额}{投资前估值 + 投资金额} = \frac{5\,000}{2\,000 \times 10 + 5\,000} \times 100\% = 20\%$$

如果 10 倍指的是融资后市盈率，则该企业的融资前估值为 2 000 × 10 − 5 000 = 15 000(万元)，对应的融资前市盈率只有 15 000 ÷ 2 000 = 7.5(倍)。该基金所占股份比例为：

$$持股比例 = \frac{投资金额}{投资后估值} = \frac{5\,000}{2\,000 \times 10} \times 100\% = 25\%$$

实践中，笔者曾见过股权买卖协议将投资估值笼统地写为 10 倍市盈率，而在计算股份比例时按照融资后 10 倍市盈率的个案。标准的投资条款文本会列明投资前和投资后的具体估值金额。这样的条款可以避免交易双方对估值产生分歧。美国创投协会的标准文本措辞如下：

本轮融资金额： $[_____]，[其中 $[_____] 为过桥债券的本息转换而来]。

每股价格： 每股 $[_____](根据下文所列公司的股权估值计算)，以下简称"原始购买价格"。

---

① 2013 年中，中国证监会宣布正在研究发行优先股的可行方案。

融资后估值： 原始购买价格的计算基础为完全摊薄后融资前估值 $[＿＿＿＿] 及完全摊薄后融资后估值 $[＿＿＿＿]（完全摊薄指将占融资后估值 [＿＿＿＿]% 的员工股权池计入后的结果。）

股权结构： 公司融资前及融资后的股权结构如下表。

融资前后的公司股权结构

证券类别	融资前		融资后	
	股份数量	百分比	股份数量	百分比
普通股—创始人持有				
普通股—员工股权池				
已授予				
未授予				
[普通股—认股权证]				
A级可转换优先股				
总计				

在理解上述条款时，应注意完全摊薄后（Fully Diluted）的概念。创业企业通常会设置员工股权池（Employee Stock Pool）或雇员期权计划（Employee Stock Option Plan, ESOP）。如果在融资前企业尚未设立，基金经理也会建议创始人设立占总股份数10%—20%的员工股权池。员工股权池中的股份是预留下来作为未来员工行权标的的股份。员工取得这些股权激励的方式可以是免费取得，以名义价格购买或行使期权取得。融资完成时已授予员工的部分股权已经生效，未授予部分的股份则尚未生效。在计算完全摊薄总股份数时，我们会将已授予及未授予部分都计算在内。

此外，员工或投资者还可能获得认股权证（Warrant，香港称"窝轮"）。在认股权证行权时，员工或投资者需要向公司缴纳事先确定的认股金额，以获得相应的股份数。如前所述，天使投资者可能会以债券加认股权证（等同于可转换债券）的方式投资于公司。如果企业业务发展符合投资者预期，则投资者将债券本息用于行权，获得企业股份，否则企业则需向投资者返还本息。通常认股权证行权的标的也是普通股。在计算完全摊薄总股份数时，我们也应将现存的认股权证对应股份数计算在内。

需要注意的是，完全摊薄后的持股比例只是一种理论上的计算方法。摊薄前的持股比例（没有考虑未生效的股票）是一种更加现实的估值方法。我们通过一个例子来说明这个问题。假设某企业融资前共有10万股普通股，全部由创始人持有。某创投基金以每股100元的价格买入5万股A级可转换优先股（简称"A股"）。这些A股可以按1∶1的比例转换成为普通股。基金经理说服企业创始人在融资前拿出2万股作为员工股权池，以便在未来授予符合条件的雇员。那么融资后的股权结构如表12-2所示。

如果按照完全摊薄股份比例计算，基金以500万元的代价换得了融资后企业33.3%的股份。因此企业的融资后估值为 $100 \times 50\,000/33.3\% = 1\,500$（万元），从而可以推算出企业融资前估值为1 000万元。美国创投协会的标准文本中确实也是如此表述：企业的完全摊薄后融资前估值为1 000万元，完全摊薄后融资后估值为1 500万元。

表 12-2 某企业融资后的公司股权结构

证券类别	融资后		
	股份数	完全摊薄百分比	摊薄前百分比
普通股—创始人持有	80 000	53.3%	61.5%
普通股—员工股权池			
已授予	0		
未授予	20 000	13.3%	
[普通股—认股权证]	0		
A级可转换优先股	50 000	33.3%	38.5%
总计	150 000	100.0%	100.0%

但只是错觉,如果在融资后企业立刻被出售,那么员工股权池中的未生效股份并没有分配收益的权利。企业出售所得只在创始人与基金之间进行分配。因此实际融资后估值应该按照摊薄前比例计算:100×50 000/38.5% =1 300(万元),企业实际融资前估值为800万元。从另外一个角度看,由于创始人持有的生效股份仅为8万股,按每股100元价格计算,融资前估值确实只有800万元。从较为现实的角度来看,摊薄前比例计算的估值水平更加真实地反映企业的估值水平。从会计角度来看,员工股权池中当前市值200万元的股份在未来授予时会作为费用列支。在进行财务预测时,我们也需要将这部分股权激励成本计算在内。

12.2.3 红利优先权

优先股的优先权首先体现为红利优先权。企业在发放红利时会按优先等级依次支付给新老股东,最后再支付给普通股股东。通常创业企业会将全部利润再投资,很少会有现金红利支付,所以红利优先权不是基金投资的主要目的。

投资条款书中设定的红利一般有两种:累积红利(Cumulative Dividend)和非累积红利(Non-Cumulative Dividend)。前者如果没有按期支付,将会不断累积直至企业能够支付为止。某些情况下,投资条款书会限定累积的最长年限。譬如,如果三年后企业仍无法支付优先股红利,那么这笔三年前的红利将会作废,虽然最近三年的应付红利仍然累积。非累积红利则是指如果企业未能支付约定红利,则没有后续支付义务。

累积红利的支付规定也有多种安排。多数投资条款书约定,如果优先股转为普通股,则其累积红利作废。但也有一些投资条款书约定,如果在优先股转换为普通股时,企业应向优先股股东支付约定的红利。在此情况下,企业可以选择用现金或用普通股来支付这些累积红利。

美国创投协会的示范文本为创投企业的红利提供了三个选项:

红利: [选项一:A系列优先股将获得和普通股相同的红利待遇。也即,虽然A股尚未转换为普通股,但在发放和计算红利时假设其已经转换成普通股,获得和其股份比例对应的普通股红利。]

[选项二:A系列优先股每年将获得相当于其认购价格[_____]%的累积红利[在企业清算或回购时支付]。此外,优先股有权获得和普通股相同的红利待遇(计算方法同选项一)。]

[选项三:A系列优先股每年将获得每股$[_____]的非累积红利,如董事会宣布发放红利。]

12.2.4 清算优先权

私募股权投资者通常还会要求清算优先权(Liquidation Preference)。假设某创业者拥有一项注册专利,但尚未投入商业化。经谈判某基金愿意以20万美元的投资于创业者新注册的企业,占股50%。创业者则以专利资产占股50%。[①] 如果创业者立即宣布企业进入清算程序,专利价值假定为0,那么基金只能拿回初始投入的50%,即10万美元。这样的案例在美国的确发生过。

后来创投界发明了清算优先权这一条款。在企业清算、解散或终止时,拥有清算优先权的股东有权优先于其他股东获得相当于其初始投入一定倍数的回报。常见的清算优先权倍数在1—2倍。2001年网络泡沫后,基金投资者处于融资谈判的强势地位,甚至有10倍清算优先权的案例出现。清算优先权根据优先偿付后的收益分配计算方式还可以再细分为几种类型。下面的示范文本列出了三种类型清算优先权:

清算优先权: 公司清算、解散或终止所得将按如下顺序分配:
[选项一(无参与分配权):首先向A系列优先股股东支付其原始购买价格的[1]倍[加上其应计红利][加上已宣布但未支付的红利]。之后,剩余资产将按持股比例分配给普通股股东。]
[选项二(完全参与分配权):首先向A系列优先股股东支付其原始购买价格的[1]倍[加上其应计红利][加上已宣布但未支付的红利]。之后,剩余资产将按持股比例分配给普通股和优先股股东。在计算持股比例时假定优先股已经转换成普通股。]
[选项三(附上限的参与分配权):首先向A系列优先股股东支付其原始购买价格的[1]倍[加上其应计红利][加上已宣布但未支付的红利]。之后,剩余资产将按持股比例分配给普

---

① 根据我国法律,无形资产最多占股35%,深圳前海新区等改革实验地区例外。

通股和优先股股东。在计算持股比例时假定优先股已经转换成普通股。优先股股东在分配所得总额达到原始购买价格的[4]倍后不再参与分配。]

公司合并(除非公司原股东在合并后的存续公司中持有多数投票权),或者公司以出售、租赁、转让、独家授权或其他形式处置全部或大部分资产都将被认定为清算事件("认定的清算事件"),从而会触发上述清算优先权[,除非持股比例超过[_____]%的A系列优先股股东投票放弃]。[如果在"认定的清算事件"发生时部分对价被存放于第三方托管账户中,投资者的清算优先权不会因此被废除或削弱。]

接下来我们沿用上面的例子来说明三种清算优先权的区别。我们设定了两种场景,企业以初始投资额20万美元清算,或以150万美元溢价出售。在"无清算优先权"、"完全参与分配的1倍清算优先权"及"附4倍上限的1倍清算优先权"等三种情况下,优先股股东及创业者的利益分配如表12-3所示。

表12-3 清算优先权

	持股比例	以$20万清算	以$150万出售
无清算优先权			
基金	50%	$10万	$75万
创业者	50%	$10万	$75万
完全参与分配的1倍清算优先权			
基金	50%	$20万	$20万 + $130万×50% = $85万
创业者	50%	0	$130万×50% = $65万
附4倍上限的1倍清算优先权			
基金	50%	$20万	$20万×4 = $80万
创业者	50%	0	$150万 − $80万 = $70万

从上面的例子可以看出,在有清算优先权的情况下,基金作为优先股股东至少能够拿回本金。通常来说,对优先股股东最有利的条款为完全参与分配的清算优先权。根据这一条款,投资者不但可以保障本金回收,在后续分配仍然可以享有完全权利。相对公平的条款则是附上限的清算优先权,投资者保障本金回收的同时也限制了其最大回报。对企业最有利的条款应该是无清算优先权,因为优先权是以创业者(普通股股东)的利益为代价的。

但上面的评价只限于普通情况。如果企业获得回报倍数相对较低(本例中低于初始估值的3.5倍,即140万美元),那么完全参与分配及附上限的清算优先权分配结果是一样的。如果企业的估值有极大的增长(本例中超过初始估值的4倍),那么优先股股东在无清算优先权条款下的分配结果反而可能优于附上限的清算优先权条款的结果。假定该企业以200万美元的价格出售,那么基金根据无清算优先权条款分配所得为100万美元,而在附上限清算优先权条款下的分配结果仅为80万美元。

处于早期发展阶段的企业未来价值可能有较大的增长。天使投资者或创投基金可以考虑无清算优先权条款或完全参与分配的清算优先权。由于清算优先权是以企业创始人及团队利益为代价的，为避免激励机制缺失，投资者应尽量选择简单的分配方式。甚至可以考虑在回报达到一定倍数（如3倍）时，投资者放弃任何形式的清算优先权。而在投资处于成长晚期或成熟期企业时，在谈判中投资者如果无法争取到完全参与分配的清算优先权，附上限优先权也是可以接受的。

此外，后续轮次（B轮、C轮……）的清算优先权的处理也有不同选择，取决于具体的谈判结果。后续轮次的清算优先权可以优先于现存的优先权。这种情况下的计算将极其复杂。简单的处理方法则是，所有轮次的清算优先权处于同一优先等级。如清算所得无法满足优先权下限（如1倍本金），则按比例在优先股股东中分配。比例的计算假定所有优先股股东都转换成为普通股。

12.2.5　回售权

从上面的例子可以看出，清算优先权的存在可以有效地避免原始股东贱卖企业。但优先清算权解决的是收益分配问题，而无法保证套现所得。为了获得保底收益，投资者可能还会要求回售权（Redemption Rights）。所谓回售权，指的是如果企业在约定的期限（如3年）未能实现上市或出售等退出措施或者达到一定比例的优先股股东要求，优先股股东可以按照原始购买价格的一定溢价将股份回售给企业或其控股股东。

回售权的使用在美国创投实践中并不常见。这可能是因为美国投资者更看重投资的成长性而非投资周期。如前所述，美国基金通常的存续期为10年，因此可以容忍较长的投资周期。下面是回售权的示范文本：

| 回售权： | 除非法律禁止，如超过[＿＿＿＿]%的A系列优先股股东在[＿＿＿＿年]之后的任何时点要求，则公司有义务按照原始购买价格[加上应计但未付的红利]回购A系列优先股。公司将在其后三年内每年回购三分之一优先股。如果要求回购的优先股股东达到约定比例，则所有A系列优先股将被赎回，[除正式确认不参与赎回的优先股股东外]。 |

与美国市场不同，回售权在中国有时也被称为"时间对赌"，在Pre-IPO投资中十分常见。这种差异原因可能是两国不同的投资者构成。中国基金的多数投资者为高净值个人的投资周期要比美国主流的机构投资者短。反映到实践上，中国多数基金的存续期为5年及7年，甚至部分基金存续期只有3年。

在回售权条款的设置上，中国实践也有异于美国的标准条款。中国基金通常要求企业一次性赎回其股份，而不是分期。这可能会对企业形成巨大的现金流压力，但却有助于投资者控制风险。美国市场的赎回价格一般为原始入股价格，而中国基金通常要求有一定的溢价。年10%甚至20%的溢价回购条款并不罕见。此外，中国实践中的回购义务主体应设定为企业的控股股东而非企业本身。这是因为在2012年最高人民法院关于海富投资诉甘肃世恒一案的判决中,支持了股东之间的对赌,而否定了股东与企业之间的对赌。

拓展阅读 尚德电力A系列优先股的优先股条款

在尚德电力(NYSE.STP)的招股书中,有关于该公司进行A轮融资的条款叙述,摘录如下:

2005年5月,本公司向第三方投资者组成的投资团发行了36 667 053股面值为\$0.01的A系列可赎回可转换优先股(A股),扣除融资成本\$1 057后融资所得现金\$80 001 156。融资所得主要用于向原股东收购其持有的股东权益,剩余部分补充流动资金。A股的主要融资条款如下:

定期分红权

如董事会宣布,A股每年可优先获得等于原始购买价格5%的红利。

转换权

如本公司按照约定的条件完成首次公开发行,或约定比例的A股股东同意,A股在发行后可按1:1的比例自动转换成为普通股。如本公司2005年实现的净利润低于约定数额,则A股的转换比例将做相应调整。

投票权

A股股东的投票权数量等于假定其转换为普通股后对应的投票权数量。

回售权

如(i)A股发行满37个月,或(ii)超过2/3的优先股股东要求,在满足一定条件的前提下,本公司将回购所有已发行的A股,回购价格为原始购买价格的115%。

清算优先权

如公司清算、解散或业务终止,在普通股股东获得任何资产或收益分配之前,A股股东有权优先获得相当于其原始购买价格115%的金额,加上在清算日所有已宣布但未发放的红利。

上例为尚德电力2005年5月进行A轮融资时的优先权条款。从条款中我们可以看出,投资者除了要求定期分红5%之外,还通过赎回权和清算优先权保证其在3年内的保底收益为5%。由于赎回权和清算优先权只有一项能实现,上述条款的意图是保证A股股东可获得每年10%的收益。事实上,尚德电力融资后于2005年12月在纽约股票交易所实现上市,为A轮投资者提供了近10倍的投资回报。

12.2.6 估值调整机制

估值调整机制(Valuation Adjustment Mechanism,也称对赌协议),是投资方与企业管理团队或原始股东在达成协议时,双方约定在未来不同业绩条件下,投资方与管理团队持股比例的调整机制。如果企业业绩达到约定的标准,则投资方会向管理团队或原始股东转让一部分股权或支付一定金额。反之,则管理团队或控股股东向投资方转让一部分甚至全部股权。对赌条款对于管理团队而言是强有力的激励机制,也是防止投资者在收购企业时遭遇陷阱的有效条款。

估值调整机制在美国创投界的使用并不多,以至于美国创投协会的示范文本中都没有包括这一条款。这可能和投资环境有关。美国创投企业的信息披露及财务制度相对规范。一旦出现财务造假等欺诈行为,基金投资者可以通过法律机制保护自己的利益。而在中国市场上,企业财务处理手法普遍不规范,并且企业与投资者之间存在明显的信息不对称。投资者往往发现尽职调查也未能为其提供充分的保护。对赌协议反而成为一种相对有效的投资者保护机制。

此外,中国企业家往往要求较高的估值水平,并愿意为此承担风险。这也是对赌协议在中国得到广泛应用的原因。市盈率是中国成长资本投资常见的估值指标。不少企业家在估值时要求按照融资当年的预期净利润作为估值基数,而不是上年净利润或过去四季度净利润总和等已知指标。在此情况下,投资者同意按照企业家坚持的高估值水平入股,但设定了估值调整机制保护其利益。如果企业家未能兑现其承诺利润,则投资者可以获得现金或股份补偿,事实上又将企业估值水平调整到合理水平。

虽然对赌协议表面上是受资企业或控股股东与投资者之间的"赌博",但是往往只有两种结果:业绩达标,双赢;或者业绩不达标,双输。作为一种基于未来业绩决定收益分配的条款,估值调整机制更接近于一种激励机制。实践中达到双赢结果的案例不在少数,包括2002年及2003年摩根士丹利、鼎晖和英联投资蒙牛,2005年高盛投资雨润食品,及2006年摩根士丹利、鼎晖投资中国动向等。双输的案例一样不少,真正见诸报端的都是极失败的案例,包括2007年高盛、英联及摩根士丹利投资太子奶和2009年红杉投资飞鹤乳业等。一些媒体将2005年摩根士丹利、鼎晖和UCI共同投资永乐的案例列为成功对赌案例,其实这个案例按笔者归类应该是双输的案例。永乐创始人陈晓最终失去了对永乐的控制,而三家基金只获得保底收益。

实践中对赌协议的设置方式多种多样,但其核心理念都是根据企业未来经营业绩对其股权价值的重新调整。下面是一个典型的对赌协议例子:

本轮融资金额:	人民币5 000万元。
融资前估值:	融资前的公司估值应是经审计合并的2012年会计年度的税后及扣除少数股东权益后的净利润人民币5 000万元的9倍,也即:
	融资前估值=5 000万元×9=人民币4.5亿元
融资后估值:	融资后估值=融资前估值4.5亿元+本轮融资金额5 000万元=人民币5亿元。
	投资者占股比例=本轮融资金额5 000万元/融资后估值5亿元=10%。
	公司应向本轮投资者发行相当于发行后总股份10%的普通股。
估值调整机制:	如果经审计合并的2012会计年度的税后及扣除少数股东权

益后的净利润未达到 5 000 万元,则公司的控股股东应向投资者转让其所持有的普通股,转让股份与发行后总股份的比例计算公式如下:

$$转让股份比例 = \frac{本轮融资金额}{2012年实际净利润 \times 9 + 本轮融资金额} - 10\%$$

上述条款签订的背景是,双方就企业估值倍数(融资前市盈率9倍)达成共识,但对利润基数存在分歧。在此情况下,双方约定在交割时按2012年净利润5 000万元的假设计算双方的持股比例。但如果2012年实际净利润未达到预期的5 000万元,则控股股东应向投资者补偿股份。假定2012年实际净利润仅为4 000万元,那么控股股东应向本轮投资者转让相当于总股份数2.20%的股份。而如果2012年实际净利润超过5 000万元,投资者却没有义务向控股股东转让股份。这个条款实际上是鼓励控股股东尽量高估2012年净利润,并非最佳实践。

基金直接与管理团队约定的激励机制也有估值调整的效果。譬如,某基金2008年全资收购了一家国有企业,并在投资协议中与管理团队约定:

- 收购完成后,基金将向管理团队赠送10%的普通股。
- 如2008年企业的销售收入及净利润达到约定的数额,则基金再向管理团队赠送10%的普通股;如2008年企业销售收入及净利润未达到约定的数额,但超过约定数额的70%,则基金向管理团队赠送普通股的比例进行相应的调整。
- 如2009年管理团队达到约定的经营业绩,则基金再向管理团队赠送10%的普通股;如2009年企业销售收入及净利润未达到约定的数额,但超过约定数额的70%,则基金向管理团队赠送普通股的比例进行相应的调整。

上述激励机制安排可能不适用于中国A股上市的企业。但是如果用现金激励机制则是可行的,这方面已经有先例。金石投资2008年5月入股机器人(SZ.300024)时与管理团队约定,如果2008—2010年间公司的净利润年复合增长率达到27%并完成上市操作,则向管理团队每人派发现金奖励20万元。这家公司已经于2009年10月完成首次公开发行,并在创业板挂牌上市。

蒙牛乳业(HK.02319)是中国私募股权界最早见诸报端的对赌案例。以牛根生为首的管理团队实现了上市前与私募股权投资者约定的业绩,也为三家基金投资者赚取了巨额的利润。接下来我们讨论蒙牛这个经典案例。

案例简介 蒙牛乳业[①]

1999年8月,牛根生创立了后来发展成为中国乳业巨头的"内蒙古蒙牛乳业股份有限公司"("蒙牛")。蒙牛从一开始便极度缺乏资金,受竞争对手的干扰,其融资进程很不顺利。2001年年底摩根士丹利、鼎晖和英联等三家私募股权基金与蒙牛乳业商谈入股事宜,并达成一致。

---

① 本案例资料来源为蒙牛乳业(HK.02319)2004年的公开招股说明书。

第一轮融资

2002年9月,蒙牛乳业的发起人、投资者、雇员及关联人士在英属处女群岛(BVI)注册成立了金牛公司和银牛公司。金牛和银牛分别以1美元的价格获得了在开曼群岛注册的中国乳业控股(China Dairy Holdings)500股A类股份(A股)。而开曼群岛公司全资拥有毛里求斯公司100%的股权。如果查询注册时间,读者会发现金牛和银牛注册时间要晚于开曼群岛公司。开曼群岛和毛里求斯公司都是律师预先注册且没有任何经营活动的公司(Shelf Corporation),专门出售给初创企业以节省其注册企业的时间(见图12-1)。

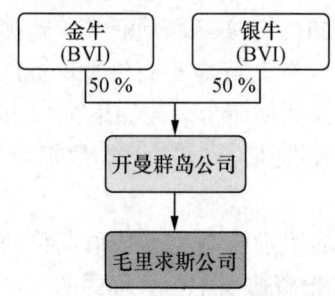

图12-1 蒙牛A轮融资前股权结构

2002年10月,摩根士丹利等三家基金以认股方式向开曼群岛公司注入约2 597万美元(折合人民币约2.1亿元),取得该公司新发行的B类股份(B股)共48 980股。而金牛和银牛则以每股1美元的价格分别认购了开曼群岛公司发行的4 012股A股,投资金额为4 012美元。加上之前金牛和银牛各持有的500股,两家管理团队控制的BVI公司共持有5 102股A股。A股每股有10票投票权,而B股每股只有1票投票权。从股份数来看,A股和B股投资者分别持有9.4%和90.6%的受益权。而从投票权角度来看,A股和B股投资者分别持有51%和49%的投票权。

三家基金投入的资金经由开曼群岛公司注入毛里求斯公司,后者则将所得资金用于收购内地蒙牛乳业66.7%的股权。蒙牛乳业变更为中外合资企业。

三家基金与管理团队约定,如2002年蒙牛净利润较前一年增长100%,那么A股可按照1∶10比例转换成为B股。2002年蒙牛实际净利润较2001年增长129%。2003年9月份,金牛和银牛持有的5 102股A股转换成为51 020股B股(见图12-2)。

第二轮融资

在第二轮融资前,所有B股都转换成为面值为0.001美元的普通股。此外,金牛和银牛获得以普通股形式支付的红利(业绩超额奖励),共43 636股。经过送红股,金牛及银牛持有的股份比例达到65.9%。2003年10月,三家基金在第二轮融资认购了开曼群岛公司发行的可转换债券。可转债融资金额经由毛里求斯公司增持境内蒙牛股份,持股比例达81.1%。可转债的主要条款如下:

- 融资金额:3 523万美元;
- 行权价格:可按每股0.096美元的价格转换成为3.68亿股普通股;
- 行权时间:蒙牛上市6个月后可行权30%;上市12个月后可行权100%;如开曼群岛公司或其关联公司遭遇合并或收购事件,则可以随时行权;
- 支付利息:相当于对应比例的普通股派发的红利;

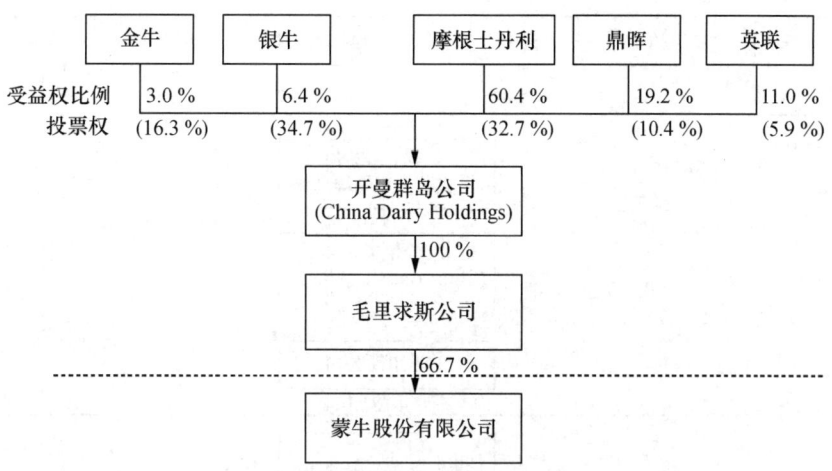

图 12-2　蒙牛 A 轮融资后股权结构

- 赎回条款：上市 5 年后上市公司必须赎回可转债；如开曼群岛公司或其关联公司遭遇合并或收购事件，债券持有人可要求发行人以年化收益率 12% 或资产净值的 1.2 倍的价格赎回其持有的 51% 以上的债券。

2004 年 3 月，为表示对牛根生个人贡献的感谢，三家基金各以 1 美元的价格将其所持有的开曼群岛公司 6.1% 出售给牛根生（相当于赠送）。牛根生则承诺：(1) 在三家基金持有蒙牛股份不低于 25% 时或蒙牛上市五年内（取较短时间）不会加盟任何蒙牛的竞争对手；(2) 三家基金有权在十年内认购牛根生个人持有的境内蒙牛股份有限公司的一定股份。

2004 年 2 月，为筹划上市，注册于开曼群岛的蒙牛乳业公司（上市主体）设立。2004 年 5 月，开曼群岛公司的所有股东及债权人将其所持有的权益转让给蒙牛乳业公司，后者成为开曼群岛公司持股 100% 的股东。作为对价，金牛、银牛、牛根生及三家基金分别获得对应比例的普通股及可转换债券。这一步换股操作在海外上市中十分常见，并没有实质上改变公司的资本结构，只是变更上市主体而已。在上市前，蒙牛乳业的红筹结构如图 12-3 所示。

在签订换股协议的同日，三家基金与金牛公司签订了股东协议，设置估值调整机制。双方约定，如果在 2004—2006 财年，蒙牛乳业的盈利复合年增长率超过 50%，则三家基金将按照一定公式向金牛公司无偿转让上市公司的股票；如果这一业绩指标未能兑现，则金牛公司将按公式向三家基金无偿转让对应数量上市公司的股票。此外，如果金牛赌输，可选择用现金来代替股票支付。双方对赌的股票数量上限为 7 830 万股，相当于可转债未行权前上市公司 7.8% 的股份比例。

2004 财年蒙牛乳业税后净利润同比增长达 94%。2005 年 4 月，三家基金与金牛达成协议提前终止估值调整机制。三家基金向金牛无偿转让面值 599 万美元的可转换债券（相当于 6 260 万股普通股）。

基金投资收益

简要总结，三家基金向蒙牛投入的资金额大概如下：
- 2002 年 9 月，三家基金注资 2 597 万美元（B 股）；
- 2003 年 10 月，三家基金注资 3 523 万美元（可转债）；

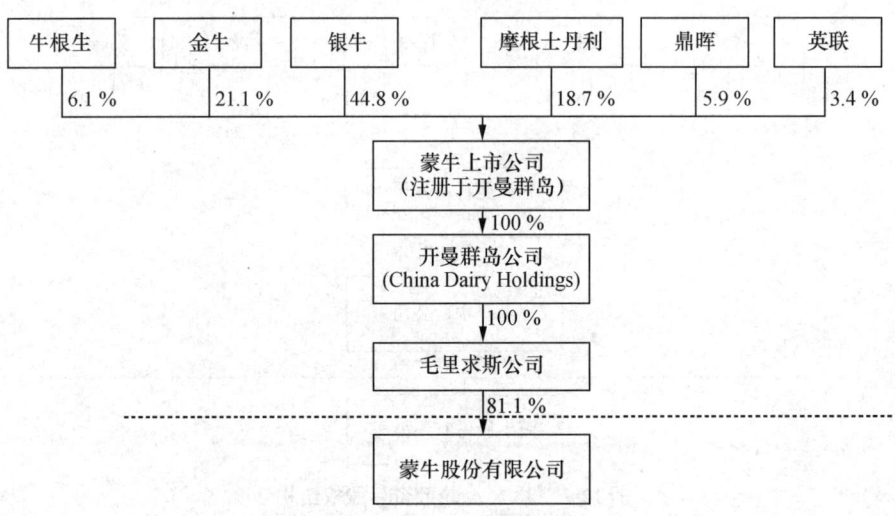

图12-3 蒙牛上市前的红筹结构

- 2005年4月,三家基金以面值599万美元的可转债作为对价终止第二次对赌协议。

三家基金分三次以配售方式将其持有的蒙牛的股份套现:

- 2004年6月,蒙牛上市时三家基金以献售方式套现1亿股,每股价格3.925港元;
- 2004年12月,三家基金将可转债行权,获得1.68亿股,并以每股6.06港元配售给公众,获得约10亿港元;
- 2005年6月,三家基金再次将可转债行权,并以每股4.95港元出售了1.94亿股,获得约9.6亿港元;
- 配售完成后,三家基金持股比例降至约0.09%。

粗略估算,三家基金向蒙牛投入约4.5亿港元,在三年投资期内套现了23.5亿港元,获利约19亿港元。出乎三家基金预料的是,在它们完全套现之后蒙牛股价一路攀升至约35港元,而三家基金的平均套现价格不到5港元(见图12-4)。

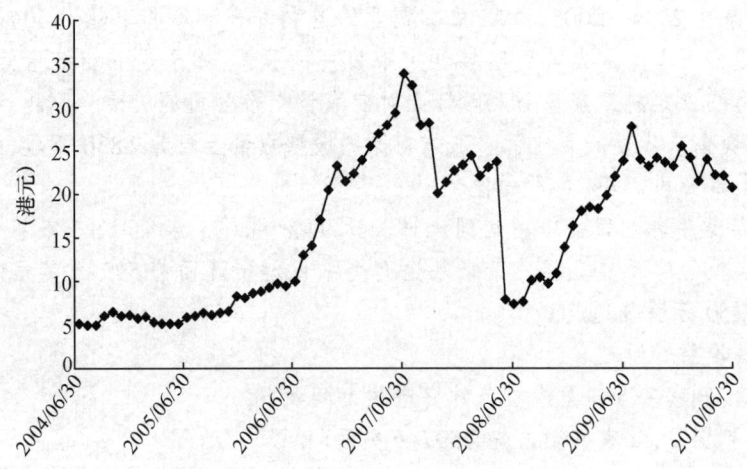

图12-4 2004—2010年间蒙牛月收盘价

蒙牛的第一次融资设置的 AB 股机制是一种特殊的控制机制。百度、谷歌、巴郡（Berkshire Hathaway）[①]、Facebook、京东商城甚至著名足球俱乐部曼彻斯特联队[②]都采用类似结构。这一结构只有在开曼群岛和美国特拉华州等少数允许不同投票权的注册地适用。2012 年之前，香港联交所并不允许这类公司上市。因此，蒙牛乳业在上市前将 A 股和 B 股都转换成为普通股。此外，这种结构与中国公司法抵触，只适用于红筹结构或 VIE 公司，不适用于 A 股上市公司。

与上述上市公司追求控制权不同，蒙牛设置的 AB 股有条件转换机制实质上是一种估值调整机制。如管理团队实现业绩要求，则管理团队获得公司多数股权，否则 90% 以上的股权将为三家基金控制。蒙牛第二次融资设置的估值调整机制则是中国市场较为常见的条款。飞鹤乳业、太子奶以及中国动向等案例也有类似条款。

如前所述，这些估值调整机制本质上更接近股权激励机制。虽然三家基金在两次"对赌协议"中都是"输家"，但在三年内获得了超过 4 倍的回报。这可以列入当时的国际市场回报最高的投资案例。而蒙牛管理团队只以很小的资金投入（5 102 美元）便搭建了红筹结构，企业的估值也从最初的数亿元成长到数百亿元级别。如果三家基金在两次对赌中都是赢家，那么蒙牛的结局不会比太子奶强多少。

我们之前介绍的几个对赌案例都建立在红筹结构或 VIE 结构之上，在开曼群岛公司法、中国香港法或美国法下都是合法的协议安排。但法律专业人士对赌协议在中国法律框架下的合法性却莫衷一是，虽然对赌协议在中国私募股权界的应用已经有十年的历史。这一状况直到 2012 年最高法院对海富投资诉甘肃世恒案的判决书出现才发生改变。该判决书成为对赌协议法律效力的权威认定。

案例简介 海富投资 vs. 甘肃世恒

案情简介

2007 年，苏州工业园区海富投资有限公司（"海富投资"）与甘肃众星锌业有限公司（后更名为"甘肃世恒有色资源再利用有限公司"，"世恒公司"）、世恒公司的股东全资控股股东香港迪亚有限公司（"迪亚公司"）及迪亚公司的实际控制人陆波，共同签订了《增资协议书》。双方约定海富投资以现金 2 000 万元人民币对世恒公司进行增资，并设定了估值调整机制。《增资协议书》第七条第（二）项约定：

> 世恒公司 2008 年净利润不低于 3 000 万元人民币。如世恒公司 2008 年实际净利润未达到 3 000 万元，海富投资有权要求世恒公司予以补偿，如果世恒公司未能履行补偿义务，海富投资有权要求迪亚公司履行补偿义务。补偿金额的计算公式为"（1 − 2008 年实际净利润/3 000 万元）× 本次投资金额"。如果截止到 2010 年 10 月 20 日，由于甘肃世恒自身原因无法上市，则海富投资有权要求香港迪亚回购海富投资持有之甘肃世恒全部股权。

[①] 著名的投资大师巴菲特管理的投资主体。
[②] 曼联是一家上市公司，于 2012 年在纽约证券交易所挂牌交易。

海富投资的这笔投资反映了中国新基金管理人缺乏经验和过度乐观的共同特点。根据媒体对海富投资董事长的采访①,"这个项目当时有熟人介绍,而且当时有色金属比较热,我们没做尽调,两个星期就投了"。按照入股价格和3 000万元的净利润(事实上远未达到)计算,这笔有色金属投资的融资前市盈率高达16.6倍,属于高价案例。

协议签订后,海富投资按协议约定向世恒公司支付了2 000万元,其中新增注册资本114.7717万元,占股3.85%,其余1 885.2283万元充作资本公积金。双方在协议中约定投资资金将用于:收购甘肃省境内的一个年产能大于1.5万吨的锌冶炼厂;开发四川省峨边县牛岗矿山;投入500万元用于循环冶炼技术研究。事实上这笔增资款并未进入甘肃世恒资产负债表,可能为实际控制人挪用。

2009年12月30日,因世恒公司2008年度实际净利润仅为26 858.13元,未达到《增资协议书》约定的该年度承诺净利润额。海富投资向甘肃省兰州市中级人民法院提起诉讼,请求判令世恒公司、迪亚公司、陆波向其支付补偿款1 998.2095万元。

一审判决

负责一审的甘肃省兰州市中级人民法院认定,

> 海富投资在世恒公司净利润低于3 000万元的情况下即有权要求世恒公司补偿的约定,不符合《中外合资经营企业法》第八条关于企业净利润根据合营各方注册资本的比例进行分配的规定,同时该条规定与《公司章程》的有关条款不一致,也损害公司利益及公司债权人的利益,不符合《公司法》第二十条第一款的规定。

一审法院据此认定,该条由世恒公司对海富投资承担补偿责任的约定违反法律、行政法规的强制性规定无效。同时鉴于《增资协议书》补偿条款内容与合资合同相关约定内容不一致,依法应以合资合同内容为准,故海富投资要求迪亚公司承担补偿责任的依据不足。一审法院驳回海富投资的诉讼请求。

二审判决

海富投资随即上诉至甘肃省高级人民法院。2011年9月29日甘肃省高级人民法院发布的民事判决书认定,

> 当事人就2008年净利润不低于3 000万元的约定,仅是对目标企业盈利能力提出要求,并未涉及具体分配事宜;且约定利润如实现,世恒公司及其股东均能依据《公司法》、合资合同、章程等相关规定获得各自相应的收益,也有助于债权人利益的实现,故并不违反法律规定。但是,各方就如2008年净利润低于3 000万元,海富投资有权要求世恒公司及迪亚公司以一定方式补偿的约定,违反了投资领域风险共担的原则,使得海富投资作为投资者不论世恒公司经营业绩如何,均能取得约定收益而不承担任何风险。

> 参照《最高人民法院〈关于审理联营合同纠纷案件若干问题〉的解答》,海富投资除计入注册资本的114.771万元外,列入资本公积金的1 885.2283万元资金性质应属名为投资,实为借贷。

---

① 《海富投资与甘肃世恒对赌协议被判无效:中国PE界首例》,《中国经济周刊》,2012年7月17日。

二审法院判决世恒公司、迪亚公司返还海富投资 1 885.2283 万元及利息。

三审定谳

世恒公司及迪亚公司不服二审判决向最高人民法院申请再审。最高人民法院经审查后决定提审该案。2012年,最高人民法院的判决书认定:

> 海富投资作为企业法人,向世恒公司投资后与迪亚公司合资经营,故世恒公司为合资企业。世恒公司、海富投资、迪亚公司、陆波在《增资协议书》中约定,如果世恒公司实际净利润低于3 000万元,则海富投资有权从世恒公司处获得补偿,并约定了计算公式。这一约定使得海富投资的投资可以取得相对固定的收益,该收益脱离了世恒公司的经营业绩,损害了公司利益和公司债权人利益。
>
> 一审法院、二审法院根据《公司法》第二十条和《中外合资经营企业法》第八条的规定认定《增资协议书》中的现金补偿条款无效是正确的。二审法院认定海富投资18 852 283元的投资名为联营实为借贷,并判决世恒公司和迪亚公司向海富投资返还该笔投资款,没有法律依据。
>
> 迪亚公司对于海富投资的补偿承诺并不损害公司及公司债权人的利益,不违反法律法规的禁止性规定,是当事人的真实意思表示,是有效的。迪亚公司对海富投资承诺了世恒公司2008年的净利润目标并约定了补偿金额的计算方法。在世恒公司2008年的利润未达到约定目标的情况下,迪亚公司应当依约应海富投资的请求对其进行补偿。迪亚公司对海富投资请求的补偿金额及计算方法没有提出异议,应予确认。

综合上述理由,最高法撤销甘肃高院对此案的二审判决;并判决,迪亚公司向海富投资支付协议补偿款19 982 095元。

指导意义

最高人民法院对海富投资诉甘肃世恒案的判决对中国私募股权从业者非常重要。一方面,该判决认可了估值调整机制的法律效力,从而也保证了私募股权基金在投资境内注册企业时签订的对赌协议有效性。另一方面,该判决确认投资者与受资企业之间的赎回或现金补偿条款属于无效条款,而投资者与受资企业控股股东的对赌条款在真实意思表示的基础上为有效条款。在该判决之后,基金管理人签订对赌协议的对象应是受资企业的控股股东(如蒙牛案例中的金牛公司),而非受资企业本身。

除了创投及成长资本策略之外,在并购场合也可能会用到估值调整机制。目标企业可能会存在尽职调查无法排除的重大风险,譬如中国常见的账目混乱以及税收问题。在收购这类企业的时候,收购方可以采用分期付款的方式。在目标企业被收购一段时间后如完成约定业绩,再向其原股东支付其余对价。2004年雅虎收购3721是这方面的典型案例。该收购案的总对价为1.2亿美元,但分三期支付:

- 收购完成时,雅虎向3721股东支付6 000万美元;雅虎中国与3721合并,由原3721公司CEO周鸿祎担任雅虎中国CEO。
- 如2004年雅虎中国净利润达1 000万美元,再支付3 000万美元。
- 如2005年雅虎中国净利润达2 500万美元,再支付3 000万美元。

最后雅虎实际向3721原股东支付了9 000万美元的收购对价。2005年8月,周鸿祎离开雅虎中国,创立了奇虎(360安全卫士)。为维持在中国市场的地位,2005年雅虎以10亿美元现金加上雅虎中国作为对价投资于阿里巴巴集团,获得其39%的股份。3721对赌案例的失败有点像蝴蝶翅膀的扇动,引发了中国互联网行业格局变动的大风暴。类似的单向估值调整机制还在法国科蒂集团收购丁家宜以及凯雷集团收购徐工集团(未成功)等案例中出现过。

12.2.7 反摊薄条款

反摊薄条款(Anti-Dilution Clause)也称防稀释条款或价格保护条款,是投资者权益保护条款的重要组成部分。它指的是当企业发生降价融资(Down Round),即新一轮融资的发行价格低于之前轮次的发行价格时,投资者有权免费得到一定数额的新股或调整其转换比例,从而使得其入股成本降低到与新发行价格相当的水平。

我们通过一个简单的例子来解释反摊薄条款的应用。假设某基金以每股10元的价格参与了某企业A轮融资,买入的股份数是100万股。如果该企业的B轮融资价格降至每股5元,则依据反摊薄条款,基金可以免费得到100万股,从而使得持股成本也降到5元。反摊薄条款的设定也不一定是通过发行新股来实现的。投资者可以选择调整优先股的转换比例,或者免费期权方式来获得价格保护。在上面的例子中,假设A系列优先股对普通股的初始转换比例为1:1。在B轮融资价格降低到5元的情况下,如果将A系列优先股的转换比例提高到1:2,事实上也可以起到反摊薄的作用。

反摊薄条款有几种不同的选项,如下面的示范文本。选项一的加权平均法为目前应用最为普遍的条款。和选项二的完全保护条款相比,加权平均法将以前轮次投资者的投资成本降低到加权平均水平,而非最新的低价。选项三则较为少见,发行新股可以达到与调整行权价格相同的效果。但是律师费通常和新股发行数量挂钩,选项三无端增加了律师费。

反摊薄条款: 如公司后续法相价格低于A系列优先股的转换价格,则A系列优先股的转换价格将按照下列公式进行调整:
[选项一:"典型"的加权平均法:
$CP2 = CP1 \times (A + B)/(A + C)$
CP2 = 在本轮融资后立即生效的转换价格
CP1 = 上一轮融资后立即生效的转换价格
A = 在本轮融资前公司已发行在外的股份总数(包括所有已发行普通股,已发行优先股(按假设转换后的股份数计算),已发行期权(按假设行权后的股份数计算),但不包括任何在本轮融资中转换为优先股的证券(如可转债)。)[①]

---

① 口径最宽的计算方法还包括了未生效的员工股权池。

B = 本轮融资所得到的对价除以 CP1

C = 本轮新发行的股份数]

[选项二:完全保护条款(Full-ratchet)——转换价格直接调整为本轮融资价格]

[选项三:非价格反摊薄条款(如现金补偿,或派发新的证券作为补偿等)]

下列发行新股行为将不会触发反摊薄调整:

(i) 因 A 系列优先股转换而发行其他证券(通常是普通股)或向 A 系列优先股派发红股;

(ii) 任何债务、认股权证、期权或其他可转换债务证券转换成为其他证券(通常是普通股);

(iii) 因股票分拆、股票红利或普通股的其他拆分方式导致的新股发行;

(iv) 根据董事会(包括至少[_____]位代表 A 系列优先股股东的董事)批准的股权计划向雇员,董事或顾问发行的普通股(或可购买普通股的期权)。

虽然反摊薄条款形式上可以保护投资者的投资本金,但在实际操作中并非如此。优先股股东的"不摊薄"是以普通股股东(创始人和雇员)的利益被摊薄为代价的。在企业发展出现困难时,有经验的投资者往往会选择放弃反摊薄权利与创始人及员工同舟共济。如果企业人心涣散并最终清盘,账面上反摊薄保护的利益到实际清算时反而不能兑现。此外,由于不同轮次的股东都可能设定反摊薄权利,以低价入股的早期股东可能会因高价入股的新股东行使反摊薄权利而遭受损失。因此在融资谈判时,不少早期股东和创始人都会对反摊薄条款持否定态度。

在对上市公司的投资实践中,反摊薄条款的作用更是不可或缺。我们通过中投公司投资摩根士丹利的案例来介绍反摊薄条款在 PIPE 投资中的价格保护作用。2007 年 12 月 19 日,中投与危机中的摩根士丹利达成协议,认购其私募发行的面值 55.8 亿美元的强制转股债券(Mandatory Convertible Bonds)。[①] 双方约定,该债券到期之前每年派息 9%。[②] 根据反摊薄条款,2010 年 8 月 17 日这些债券将按照下列转股价格强制转为摩根士丹利的普通股:

- 如果当时摩根士丹利股票市场价格在参考价格 $48.07 × 120% = $57.684 之上,则转股价格为 $57.684;
- 如果摩根士丹利股票市场价格介于 $48.07—$57.684 之间,则转股价格为当时的市场价格;
- 如果摩根士丹利股票市场价格低于 $48.07,则转股价格为 $48.07。

---

① 资料来源:摩根士丹利 2007 年 12 月向美国证交会提交的证券买卖合同。摩根士丹利将该证券的营销名称定为"优惠股权参与证券"(Premium Equity Participating Securities, PEPS[SM])。

② 分成两部分,6% 为债券利息,3% 为因签订转股合同而支付的溢价。

普通投资者看到该反摊薄条款的第一反应应该是公平,因为投融资双方的风险被限定在20%的范围之内。但是如果考虑到当时的市场情况,恐怕中投作为买方犯了一个巨大的错误。当时次贷危机正在不断发酵,华尔街所有银行的股票价格都在不断下跌。摩根士丹利之所以寻求中投的投资,原因在于其严重缺乏资本金。在此背景下,摩根士丹利股票的前景较为黯淡,否则它只需要通过公开发行普通股即可筹集资本金。合理的反摊薄条款会这样规定,如果摩根士丹利的股价在2011年8月17日收盘价(或成交均价)低于$48.07,则债券转股价格等于当时的市场价格。

非常遗憾,中投并没有坚持私募股权界的标准条款,其代价也是巨大的。至2010年8月17日,摩根士丹利股票的市价跌至25美元左右,中投按照$48.07的价格将其债券转为股份,账面亏损将近30亿美元。2012年摩根士丹利股价最低时甚至跌至13美元以下,中投的亏损可想而知。

中投对摩根士丹利投资的亏损是由于谈判时没有坚持合理要求导致的。而弘毅资本对苏宁电器(SZ.002024)的投资则是制度导致的。2012年7月,苏宁电器宣布向弘毅资本及苏宁实际控制人张近东定向增发新股,每股价格为12.15元。弘毅资本在此交易中认购了12亿元的新股。由于公告前一日苏宁电器的收盘价格仅为8元左右,因此成交时弘毅的账面亏损约4亿元。

这宗"冤案"可能是因为中国证监会的审批制度导致的。苏宁电器在递交定向增发申请时的合理市场价格为12.15元,而等到申请被批准之后公告执行时,价格已经跌至8元左右。为保护流通股股东的利益,证监会不太可能批准弘毅资本要求设定以市场价格结算的价格保护条款。2012年苏宁电器最低时曾跌至6元的位置,导致弘毅账面亏损近50%。

其实弘毅还有另外一个选项,就是缴纳违约罚金。原本与苏宁电器签订定向增发协议的新华人寿选择了违约。考虑到正常的违约金水平不会超过5%,新华人寿这笔8亿元的爽约代价估计不会超过4 000万元。如果弘毅做出和新华人寿相同的选择,其违约代价估计不过6 000万元。但作为一家私募股权机构,其声誉损失则难以量化。作为一笔长期投资,弘毅资本仍然有可能最终在本案例中实现盈利,代价高昂的价格保护条款缺失不能不说是一种遗憾。

12.2.8 继续参与条款

优先购买权是优先股股东的权利,而继续参与权(Pay to Play)则是优先股股东的义务。这个条款并非标准条款,因为许多投资者(尤其是天使投资者)并不愿意受这个条款限制。这个条款的示范文本如下:

继续参与条款:　　　　[除非持股超过[_____]%的A系列优先股股东反对,]在任何后续[降价]融资中,所有[主要]投资者都应按照董事会分配的份额按比例认购新股。所有未履行义务的[主要]投资者所持有的A系列优先股将自动[失去反摊薄权利][失去后

续轮次融资的等比购买权][转换成为普通股并失去对应的董事会席位(如适用)]

从美国创投协会提供的示范文本中我们可以看出,继续参与条款有很多选项,大致有以下选择:

- 一般情况下,继续参与条款的生效不需要优先股股东的同意,但条款也提供了多数优先股股东投票反对继续参与的选项。
- 继续条款生效的条件可以限定降价融资场合,即后续轮次融资价格低于之前轮次价格,也可以不做任何限定,所有后续轮次融资都适用继续参与条款。
- 受继续参与条款约束的优先股股东可以是全部股东,也可以是持股比例超过一定限额的主要股东。
- 对不履行继续参与条款的优先股股东的惩罚机制有三个选项:废除其反摊薄权利,废除其后续轮次的等比购买权(下文介绍),将其转为普通股并取消其拥有的董事会席位。其中第三项最为常见且最为严厉,因为优先股转为普通股的同时也丧失了反摊薄和等比购买权。

虽然投资者未必愿意签署这一条款,但企业肯定欢迎该条款。这一条款相当于保证了企业在困难阶段的后续融资。但如果企业发展十分顺利,那么这一条款将不会被触发。虽然一些继续参与条款适用于所有后续轮次融资,但是在溢价融资的场合,主要买家将会是外部投资者。

12.3 控制权条款

控制权条款是一个笼统的分类,主要涉及企业控制权(如董事会席位)、股份转让及授予、创始人及团队相关条款等。

12.3.1 投票权及董事会席位

中国公司法下的股东投票权及公司治理机制要相对简单。股东会(有限责任公司)或股东大会(股份有限公司)为公司的最高权力机构,董事会由股东选举产生。而同股同权的规定意味着持股比例对应股东的投票权。投资者较少注意到的是,中外合资企业的最高权力机构为董事会而非股东会,但董事也是股东会选举产生的,而公司章程通常规定股东投票权甚至董事投票权比例与其代表的股份比例相等。

中国创投及成长资本投资中经常出现的红筹及 VIE 结构则有很大不同。美国、开曼、百慕大及 BVI 等免税天堂的公司法允许设置不同的股份类别(Share Classes,如普通股和优先股),在同一类别下允许设置不同系列(Series,如 A 系列和 B 系列优先股)。在发行每一类或每一系列股份之前,公司会事先设定该类或该系列股票的优先权利、普通权利及所受的限制。这些设定其实是董事会和投资者就投资条款书和股权购买协议等多个法律文件谈判达成的结果。

我们之前的讨论已经表明,同股同权并不适用于离岸公司。每一轮都会产生新的优先股系列。理论上每个系列的优先股都有分列投票权,或者说,重大事项都需要各系列股东分别投票通过。投资条款书的标准条款通常允许优先股股东参与普通股投票。但在董事选举和我们将在"保护条款"一节讨论的事项上,优先股股东可以作为单独一类投票。A系列优先股股东可能会要求一定数量的代表其利益的特定董事,还可能要求在董事会的各个委员会(如审计和薪酬)中要求有这类董事。这种逻辑有点像"你的是我的,我的还是我的"。

下文为投资条款书关于投票权的示范文本:

投票权:	A系列优先股将不单独作为一类投票,而是和普通股作为同一类股票投票,在计算其投票权时假设其转换为普通股。但下列情况除外: (i) [只要 [超过固定数量,超过固定百分比或任何] A系列优先股仍有效(未转换为普通股或被赎回),则A系列优先股作为一类有权选举[_____]位董事会成员("A股董事"),以及 (ii) 根据法律规定,公司章程需规定公司批准的普通股数量增减只需普通股和优先股股东共同投票通过,无需普通股股东作为一档单独投票同意。

董事会的构成是投资谈判中需要注意的重要事项。理论上公司最高权力机构为股东会或股东大会,但在离岸公司的架构下,董事会事实上掌控了绝大部分权力。与境内公司不同,离岸公司的董事会席位和股东持股比例不一定一致。在此背景下,投资条款中关于董事会席位的分配就非常重要了。董事会席位分配的示范文本如下:

董事会:	在本轮融资完成交割时,董事会将由[_____]位董事组成,包括: (i) [名字],作为主投机构[_____]指定的代表; (ii) [名字],作为其他投资者指定的代表; (iii) [名字],作为创始人指定的代表; (iv) 公司当时的首席执行官;以及 (v) [_____]位非公司雇员但与[创始人及投资者][其他董事]相互认可的人士。

在上面的文本中,A轮融资完成之后,董事会将包括主投机构的代表、其他投资者的代表、创始人、在任的首席执行官(通常是另外一位创始人)及其他独立董事。通常来说,主投基金的合伙人、企业创始人及在任首席执行官是董事会的当然成员。由三人组成的董事会也是初创企业常见的设置。如果创始人辞去首席执行官职位并且接任者为职业经理人,那么可能出现外部投资者主导董事会的格局,因为接任者往往是主投基金帮助

挑选的。

其他人士在董事会中则可有可无,尤其是天使投资者和独立董事。天使投资者往往很难在目标企业身上投入太多时间,对企业的帮助非常有限。一个经典的段子是,Facebook的第一个天使投资者彼特·塞尔给这家初创企业最重要的建议是"别搞砸了"。初创企业聘请独立董事更是毫无必要。一方面独立董事和天使投资人一样很难投入太多时间,另一方面独立董事的存在不利于保守商业机密。埃里克·施密特(Eric Schmidt)曾经同时担任苹果公司的独立董事和谷歌公司的CEO,而两家公司在智能手机领域是竞争对手。当乔布斯发现谷歌的Android手机也具备和iPhone相似的功能时,便瞒着施密特开展iPad的研制。施密特后来于2009年辞去了苹果公司的董事职位。

案例简介　阿里巴巴的董事会

阿里巴巴集团的董事会组成是一个较为特殊的例子。在2005年10月雅虎参股之后,这家公司的持股比例大致如下,雅虎40%,软银28%,团队及其他投资者32%。除雅虎及软银之外的其他投资者(其中也有一部分私募股权基金)多数委托马云代为行使投票权。阿里巴巴董事会的组成为:杨致远(代表雅虎),孙正义(代表软银),马云(CEO)及蔡崇信(CFO)。在这个四人董事会中,管理团队和外部投资者平分秋色,且杨和孙是马云好友,因此阿里巴巴早期的决策基本由马云主导。

但实际上雅虎在2005年的投资谈判中针对董事会席位进行了一番设计,希望最终达成对阿里巴巴的控制。根据雅虎向美国证交会提交的信息披露文件,阿里巴巴的股东协议(Shareholders Agreement)董事会席位的规定如下:

- 如软银持有的阿里巴巴股份低于交割日(2005年10月)的持股数量50%,那么软银将失去拥有的董事席位,如此时雅虎持有的股份数不低于交割日持股数的37.5%,则雅虎将增加一个董事席位;
- 管理团队持股数须不低于交割日其持股数的25%,才可维持其拥有的两个董事席位;
- 只要马云持有阿里巴巴集团股份(不论数量),管理团队有权指派一位董事;
- 5年之后(2010年10月),雅虎拥有的董事席位数将是根据股东协议其可指派董事数与管理团队在当时的董事席位数两者中之较高者。

这个董事会结构兼顾了管理团队的控制权与平衡。5年之内管理团队至少控制了和外部投资者相等的投票权。在所有投资者都没有大幅减持的情况下,5年之后阿里巴巴的董事会结构将变成:雅虎2席,软银1席,团队2席。软银将成为关键的平衡因素。孙正义所倾向的一方将控制阿里巴巴集团。从雅虎的角度来看,如果一开始就要求2个董事会席位,可能会引发管理团队对控制权的担心,将1个董事席位推迟5年是达成妥协的明智决定。

但事情的发展很快就让这个结构遭遇了考验。首先是雅虎遭遇了频繁的人事更迭,杨致远的董事席位先后由雅虎的几位高管担任。雅虎与马云的沟通出现了问题。2009年年初雅虎CEO巴茨甚至在马云拜访时指责其没有将雅虎中国运营好。而这样的指责在中国互联网投资者听起来非常业余,因为在马云得到雅虎中国之前,这个网站就已经被边缘化。其次是淘宝、天猫和支付宝的迅速发展使得阿里巴巴的估值大幅增长。在2009年以后,雅虎所持有的阿里巴巴股份价值甚至接近雅虎自身的市值。最后是支付宝事件引发了雅虎和马云团队的信任危机。

2011年5月11日,雅虎向美国证交会提交的季度报告披露,阿里巴巴集团将协议控制的支付宝股权转让给马云控制的一家内资公司。随后雅虎向外发布声明,称支付宝重组时并未获得阿里巴巴集团董事会和股东批准,直到2011年3月31日雅虎才获悉有关事宜。按照管理团队方面的说明,阿里巴巴集团接到人民银行的口头通知,VIE结构将无法申请即将开放的第三方电子支付牌照,而支付宝甚至整个阿里巴巴集团都是VIE结构。

在董事会的讨论中,董事会口头授权马云解决这一问题。而马云则采取简单的处理方法,解除了支付宝的VIE结构。2011年7月,阿里巴巴集团、雅虎、软银及支付宝签署协议达成和解。在支付宝上市之前,该公司或其控股公司将向阿里巴巴集团支付净利润的49.9%。如支付宝上市,则将在上市时支付相当于其融资前估值的37.5%的现金予阿里巴巴集团,这一金额最低为20亿美元,最高为60亿美元。

支付宝事件虽然得到了解决,但也暴露了管理团队与雅虎之间的矛盾。2012年9月,阿里巴巴集团宣布,以63亿美元现金及价值8亿美元的阿里巴巴集团优先股,回购雅虎手中持有阿里巴巴集团股份的一半(约21.5%)。同时阿里巴巴集团将一次性支付雅虎技术和知识产权许可费5.5亿美元现金。此外,阿里巴巴集团有权优先购买雅虎剩余持有股份的50%。回购完成后,软银和雅虎持有的阿里巴巴集团股份将降至50%以下。作为交易的一部分,雅虎将失去之前协议允许的第二个董事席位,同时也放弃了一系列对阿里巴巴集团战略和经营决策相关的否决权。阿里巴巴集团董事会的组成仍然和2005年一样,即雅虎1席,软银1席,管理团队2席。

通过这一中国私募股权历史上最大的回购操作,马云成功地维持了其对阿里巴巴集团的控制,但是76亿美元的代价可谓不菲。马云个人只持有阿里巴巴集团约7%的股份。可以说,阿里巴巴集团发展的主要受益者其实是"除了出钱外啥都没干"的软银和雅虎。如果时光回到2005年10月的谈判现场,站在马云的位置上,你会如何决定?

除了董事会组成外,投资条款书还会例行公事地将董事会开会频率及董事责任险事宜明确下来,如下文:

董事会事宜: [董事会下属的每个委员会都应至少有一位A股董事。]董事会应[每月][每季度]至少开会一次,除非多数董事投票通过其他开会时间。公司将向保险公司购买董事及高管责任险,且其投保金额足以满足董事会所需。公司将于每位A股董事[及关联基金]达成董事可接受的薪酬协议。如公司与其他实体合并且不作为存续主体,或公司转让其全部资产,公司将在交易中订立相应的条款以保证公司的存续主体承担支付董事薪酬的义务。

12.3.2 保护条款

我们常见的每轮融资规模通常介于公司股份的10%—40%之间。相比普通股而言,最初的几轮优先股股东所持股份比例并不高。为了保护其自身利益,优先股股东要求就重大事项拥有单独的表决权。譬如,非经A系列优先股股东多数投票同意,公司不得进入清算、解散或终止。如果A系列优先股转换后只占公司普通股的20%,那么只要持股比例10%以上的A股股东投票反对,这些事项就无法通过。

但是这个保护条款也可能有负面影响。极少数股东的反对即可终结一项交易(如发行可转债)。为避免这样的情况,保护条款可设定一个生效前提,即该系列优先股在总股东权益中所占的比例不能低于一定门槛。保护条款的示范文本如下:

保护条款: [只要[填入数量或百分比,或"任意"]A系列优先股仍存续,]除非得到持股比例[_____]%以上的A系列优先股股东的书面同意,且经公司章程及细则要求的其他投票通过或批准,公司将不会直接或间接进行合并、兼并或其他以下行为:

(i) 清算、解散或终止公司事务,或促成任何兼并或合并或认定的清算事件;

(ii) 修订、改变或废除公司章程或细则的任何条款[从而导致A系列优先股利益受到损害];

(iii) 创设、批准创设或发行任何其他可转换为或可行权为股权,且拥有等同或高于A系列优先股权利、优先权或特权的证券,或增加A系列优先股的额定股数;

(iv) 购买或回购劣后于A系列优先股的任何股份,或向之支付红利[,除非经董事会批准且[_____]位A股董事同意][。在终止雇佣合同时,公司以公允市场价值与成本价之低者为价格向前雇员或顾问回购其持有股份不在此限];

(v) 创设或批准创设任何债务证券[导致公司的总负债超过$[_____]][,银行授信额度及设备租赁除外][,除非该创设经董事会批准且[_____]位A股董事同意];

(vi) 创设或持有非全资子公司的股份,或者处置任何子公司的股份,全部或主体资产;

[或(vii)增减董事会的席位数]。

保护条款在一些国家和地区已经体现在公司法中(如美国加州公司法)。但是在多数情况下,律师还是会在投资条款书中重申这些保护条款。由于中国境内公司并没有优先股的选项,因此分类投票的保护条款并不适用。依照我国公司法的规定,公司的合并、分立、解散、修改公司章程或增减注册资本等事项须经三分之二以上股东通过。如果三分之一以上的股东反对,上述重大事项是无法通过的。因此在一定程度上,中国公司法还是能为中小股东提供保护的。

12.3.3 信息披露条款

除了重大事项投票的保护条款之外,投资者还有权了解公司的管理、财务及业务等相关信息。这一条款主要是针对那些没有董事席位的投资者设置的。董事及其代表的机构可以获得比其他投资者更加全面深入的信息。在融资交割完成之后,公司将向投资者发出管理权函(Management Right Letter),明确投资者从公司获得相关运营信息的途径及方式。管理及信息披露权(Management and Information Right)条款范文如下:

> 管理及信息披露权: 在交割时公司将向每个要求管理权函的投资者以该等投资者接受的形式发出一封管理权函。任何非公司竞争者的[主要]投资者将可以在合理提前通知的前提下在正常工作时间访问公司的设施及人员。公司将向这些[主要]投资者:
> (i) 提供年度、季度[以及月度]财务报表及董事会认可的其他信息;
> (ii) 在每个财政年度结束的 30 天前提供预测公司收入、成本以及现金头寸的下一年份每月财务预算;以及
> (iii) 在每季度结束之后尽快提供最新的资本结构表。"主要投资者"的定义为购买至少 $[_____]价值 A 系列优先股的投资者。

信息披露条款也存在一定的限制。如果投资者属于非控股的竞争对手,那么董事会可以拒绝其接触核心机密文件。譬如,谷歌曾于 2004 年百度上市前购买了百度 3% 的股份。作为最大的竞争对手,谷歌从百度获得的运营信息显然是受限的。此外,如公司进入 IPO(签署首次公开发行承销合同),合并和重组等事件,公司对私募投资者的信息披露义务也将终止。

12.3.4 领售条款

投资中有时会遭遇这样的情况,一家企业的多数股东已经同意将企业出售给收购者,但少数股东的反对意见导致交易难以进行。我们之前介绍的保护条款确实保证了少数股东在重大事项上的发言权,但这可能伤及多数人的利益。2008 年微软计划以 446 亿美元的价格收购雅虎,但遭到雅虎前 CEO 杨致远的激烈反对。虽然杨致远持股比例不到 5%,但其作为创始人对雅虎董事会的影响非常大。杨的反对导致雅虎错过了与微软成交的最佳时机。2008—2012 年间雅虎的市值均在 200 亿美元附近波动。

领售条款(Drag Along)所起的作用与保护条款某种意义上是相反的。一旦同意被收购的股东累积投票权超过条款规定的门槛(如80%),那么其他不赞同的股东根据领售条款也必须与收购方签订收购协议。领售条款的示范文本如下:

领售条款: 优先股股东及创始人[及所有未来持有普通股超过1%(假设转换为普通股)的持有人]应与本轮投资者签署协议,约定如董事会批准[且持股超过[＿＿＿＿]%(假设转换为普通股)的优先股股东("赞同股东"同意)],该等投资者应投票同意认定清算事件或可导致公司50%或以上投票权发生转移的交易,只要该等交易中所有投资者承担的责任为有限非连带责任且不超过投资者对公司按比例计算的索取权,且该等交易的对价将按照当时有效的公司章程约定的清算程序支付给每个股东。

投资条款书中的领售条款在融资完成时会体现在股东签署的投票权协议(Voting Agreement)中。这一条款生效也是有前提的。交易完成后如果因出售方的错误陈述或担保导致收购方向出售方追索赔偿,那么股东在交易中承担的责任应为有限非连带责任。也就是说,除应承担责任的相关人士之外,其余股东应承担的赔偿责任最高限额为其从股份出售中得到的收益。

领售条款的存在可以为私募股权退出操作节省不少工作。笔者曾遭遇一个案例。一家VIE结构的企业因监管问题须变更为纯内资结构。其中一家股东愿意以年复利20%的溢价收购其他所有股东的股份,从而将该企业持有的外商独资企业变更为收购方全资控股的内资企业。这一提案得到了持股92%的绝大多数股东的同意,但有一家持股8%的小股东不同意该交易。而如果这家企业不变更为内资结构,则企业将无法申请到相应的牌照,股权价值可能出现大幅减损。由于没有领售条款的存在,因此最终由收购方和企业创始人通过私人关系最终说服了这家小股东。交易交割完成时差一点没赶上监管部门规定的最后限期。如果有领售条款的存在,这笔交易显然不会进行得如此惊险。

需要注意的是,领售权之所以并不常见也是有原因的。在上述例子中,收购方对目标企业的收购为善意的溢价收购。但如果我们假设收购方控制了领售权要求的最低门槛(如80%)股份,并且要求以明显低价贱买目标企业。在领售条款存在的情况下,不论持股20%的少数股东同意与否都需要签署收购协议,否则将被其他股东起诉违约。这也是投资者在签署领售条款应排除的情况。

12.3.5 优先购买权

除了反摊薄权利之外,投资条款中还有其他保护投资者权益不被摊薄的条款,其中有两种为优先购买权。第一种权利指的是在公司进行新一轮融资时,老股东有买入与其持股比例相当的新股的优先权,以维持其在企业的投票权比例不变。第二种权利指的是创始人及团队核心成员出售股份时,公司及其他现有股东在同等价格条件下有优先购买权。

英国创投协会(BVCA)的条款解释中将第一种权利定义为优先购买权(Preemptive Rights 或 Pre-emption Rights),而第二种权利则被定义为第一拒绝权(Rights of First Refusal,ROFR)。美国创投界则混用了 Preemptive Rights 和 ROFR 两个概念。美国创投协会(NVCA)的示范文本将第一种权利定义为等比购买权(Right to Participate Pro Rata in Future Rounds),而将第二种权利定义为 ROFR。而一些知名基金管理人在提到 ROFR 时指的是第一种权利。为避免混淆,本书将采用英国和美国创投协会的定义,将第一种权利简称为等比购买权,而第二种权利称为第一拒绝权。

等比购买权是股东继续参与后续轮次融资的特权,几乎所有创投基金都会要求这一权利。某些优先购买权条款甚至允许持股比例较高的优先股股东在新一轮融资中优先购买超出其持股比例的新股。某种意义上,这一权利的存在可能会抬高企业的估值。如果企业发展良好,现有股东会倾向于继续追加投资,外部投资者需要更高的出价才能买到股份。等比购买权的示范文本如下:

等比购买权: 所有[主要]投资者都有按其持股比例(计算比例时假设所有优先股及期权都转换成为普通股)购买公司后续发行股权证券(除投资条款书中反摊薄条款列明的股份发行)的权利。此外,如任何[主要]投资者没有足额认购其按比例计算的份额,其他[主要]投资者有权认购其未认购的差额部分。

需要注意的是,优先购买权不可等同于独家购买权,否则可能会伤害创始人的利益。第一家免费邮箱 Hotmail 的创始人巴迪亚(Sabeer Bhatia)对德丰杰基金(Draper Fisher Jurvetson,DFJ)不仅没有感激之情,反而充满怨恨。在1995年 Hotmail 的 A 轮融资谈判中,德丰杰基金的出价为融资后估值100万美元(投资30万美元占股30%),而巴迪亚则要求300万美元的估值。双方妥协的结果为融资后估值200万美元,德丰杰投资30万美元获得 Hotmail 公司15%的股份。德丰杰在让步的同时要求第二轮的独家购买权,而没有聘请卖方律师的巴迪亚并没有意识到这一条款的实际影响,同意了这一条款。

30万美元很快就用得差不多了。Hotmail 在进行 B 轮融资时却遇到了困难。试图投资 Hotmail 的创投基金必然在尽职调查过程中拜访德丰杰。而德丰杰的独家购买权则成为其他基金入股的障碍。更糟糕的是,德丰杰在尽调中对 Hotmail 评价极低。最后 Hotmail 不得不以较低的溢价接受了德丰杰500万美元的投资。这笔资金从事后角度来看,更像过桥投资。因为没过多久,微软便在1997年以4亿美元的价格整体收购了 Hotmail。德丰杰作为其大股东获得了大部分收益,这也是巴迪亚不满的原因。

中国股票市场的配股权就是等比购买权的一种体现。过去这种配股权甚至可以作为证券转售给原股东以外的投资者。但在创投的场合,这种等比购买权是不可以转让的。在投资实践中应注意的是,这一权利并非法律赋予有限责任公司或股份有限公司股东的权利,需要在投资协议中明确主张等比购买权。

在投资条款书上,第一拒绝权经常与共同出售权(Co-Sale Rights,Tag Me Along)放在同一条款中,其示范文本如下:

第一拒绝权: 如创始人之一或未来持有公司1%以上普通股的雇员("关键持股人")出售股份,则公司拥有优先购买权,其他股东按其持股比例拥有仅次于公司的等比优先购买权。在上述关键持股人出售股份时,现有股东的优先购买权份额等于出售方持有的股份数乘以现有股东的持股比例。此外,在部分股东放弃部分等比优先购买份额时,其他现有股东有权超额认购这部分股份。在计算上述股份比例时,已发行股份总数的计算应假定所有优先股、期权及可转股证券均转换为普通股。

共同出售权: 如上述关键持股人计划出售的股份并没有被现有股东依照第一拒绝权购买而由外部投资者认购,则现有股东可以选择行使共同出售权,向外部投资者按比例出售股份。比例的计算同第一拒绝权条款。出售条件为关键持股人向现有股东提交的股份转让计划通知(Proposed Transfer Notice)列明的条款。计划行使共同出售权的现有股东应在规定的时限内通知出售股份的关键持股人。

第一拒绝权限制的是创始人及团队核心成员等关键持股人所持有的股权,因此也被称为限售条款(Restriction on Sales)。他们出售股权时,现有股东拥有与其持股比例相当的等比优先购买权。关键持股人进行财产规划或约定的免责转让也不受第一拒绝权的约束。在海外上市的场合,一些企业实际控制人会将持有的股份转让给以自己或家族成员为受益人的信托(如SOHO中国和龙湖地产)。这种转让行为属于财产规划,不受第一拒绝权的约束。

正常情况下,关键持股人以外的其他财务投资者向第三方转让股份一般不会受到限制。但是也有一些投资条款书会约定所有投资者持有股份都受第一拒绝权约束。这并不是一个完全正面的条款。某种意义上它增加了外部投资者购买股权的难度,降低了股份流动性。对于长期投资者而言,第一拒绝权没有太大影响。而对于短期投资者而言,第一拒绝权不是一个好的选择。

需要注意的是,如果目标企业为中国境内注册的有限责任公司(包括中外合资企业),那么所有股东持有的股权在转让时都会受第一拒绝权的约束。中国2005年版的《公司法》第七十二条规定如下:

有限责任公司的股东之间可以相互转让其全部或者部分股权。

股东向股东以外的人转让股权,应当经其他股东过半数同意。股东应就其股权转让事项书面通知其他股东征求同意,其他股东自接到书面通知之日起满三十日未答复的,视为同意转让。其他股东半数以上不同意转让的,不同意的股东应当购买该转让的股权;不购买的,视为同意转让。

经股东同意转让的股权,在同等条件下,其他股东有优先购买权。两个以上股东主张行使优先购买权的,协商确定各自的购买比例;协商不成的,按照转让时各自的出资比例行使优先购买权。

公司章程对股权转让另有规定的,从其规定。

这一规定对股份流动性及估值的影响只有到具体案例时才会体现。2009年年末中国国际金融公司①(中金公司)的股东摩根士丹利试图出售其持有的34.3%股份。前来参与竞标的私募股权基金遇到一个估值的难题。中金公司的老股东根据中国法律对摩根士丹利出售的股权在同等价格下有优先购买权。投资者在竞标时并不清楚老股东是否会行使第一拒绝权,因为最终的成交价格是未知的。对于本案例来说,可购买股权比例越高,投资者对中金公司的影响力越大,单位股权价值也越高。

一家投资机构在标书中提出三段式定价,即在可买入股份低于10%,介于10%—20%,以及超过20%的不同情况下给出依次增加的报价。这种应对方式可谓无奈。最终竞标结果是,原以为可能行权的第一大股东汇金公司并没有出手,反而是新加坡政府投资公司(GIC)行使了第一拒绝权,以和外部投资者相同的价格认购了9%的股份。而KKR、TPG和大东方控股认购了其余的25.3%股份。

案例简介　绕过第一拒绝权

在实践中,中国有限责任公司股份转让的第一拒绝权是可以绕过的。2011年发生的"外滩地王"争夺战是一个典型例子。2010年2月,上海外滩8-1地块以92.2亿元的价格被上海证大(HK.0755)竞得,被媒体称为"外滩地王"。由于缺乏资金,上海证大引入复星国际(HK.00656)、绿城公司和磐石公司作为地王项目公司"海之门"的股东(见图12-5)。

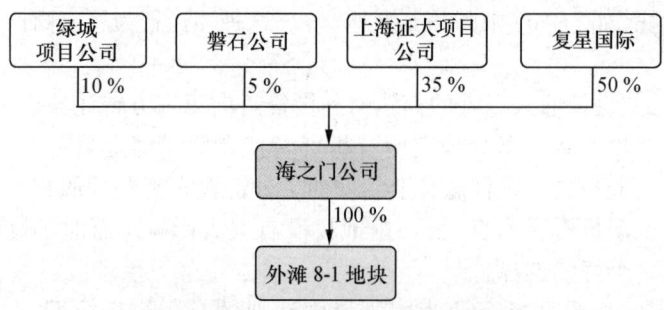

图12-5　外滩地王收购前股权结构

2011年绿城公司和证大公司资金链紧张,急需现金周转,而复星国际无力收购两家公司持有的股权。证大和绿城引入SOHO中国(HK.00410)作为潜在购买者,却遭到复星国际反对。于是证大公司进行了一系列操作,绕过了复星国际对其持有的海之门公司股权的第一拒绝权。首先,上海证大项目公司收购了磐石公司持有的海之门公司5%股份,由于交易双方均为海之门公司的原股东,因此并没有触发复星国际的优先购买权。

---

① 中国著名证券公司,承销了大多数大型国企的IPO。

其次,绿城项目公司和上海证大项目公司将所持有的海之门以外的资产出售给关联公司,成为纯粹的控股项目公司。最后,绿城公司和上海证大于2011年12月将两个项目公司100%股权以40亿元的价格出售给SOHO中国(见图12-6)。

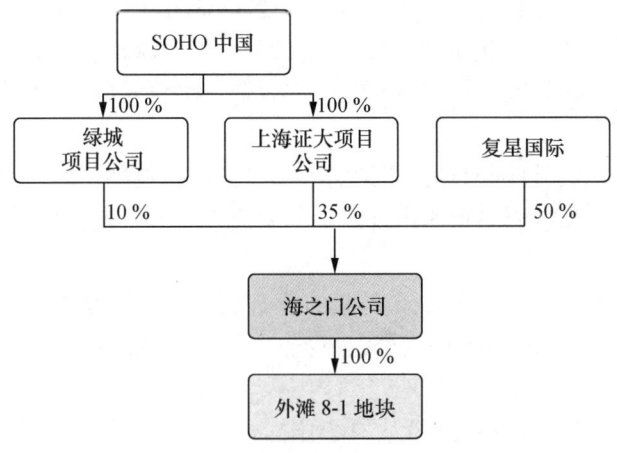

图12-6　外滩地王收购后股权结构

2012年5月,复星国际将SOHO中国、绿城公司、上海证大及案例中的项目公司告上法庭,理由是该收购侵犯了复星国际的优先购买权。而SOHO中国的公告称:

> 诚如本公司中国法律顾问所告知,该收购并不涉及转让海之门(拥有外滩8-1地块权益的上海海之门合资公司)的股权。因此,卖方向SOHO中国转让证大五道口及绿城合升全部股权并不构成触犯任何优先认购权,故该等申索属毫无理据。

截至本章写作为止,该案尚未判决。① 从合规角度来看,SOHO中国、绿城公司和上海证大并未违反中国法律。但是这一行为的合法性是否能得到法庭的确认仍存疑问。不管判决如何,本案都会与海富投资诉甘肃世恒案一样成为重要的先例。

12.3.6　投资者权利条款

投资条款书中还会规定投资者作为企业股东应享有的权利,包括董事会席位、否决权和信息披露等。

根据中国公司法,股东会是公司的最高权力机构。因此理论上基金的持股比例便决定了其投票权和决策权。但中国合资经营企业法同时也规定,董事会是合资企业的最高权力机构。因此,当投资对象为合资企业时,争取董事会席位以及投票权是保护投资者权益的必然选择。如果由于利益冲突等问题,基金不能指派代表担任企业董事,也可以要求指派无投票权的代表列席董事会。董事会席位和投票权的分配一般是在公司章程

---

① 2013年4月,上海市第一中级人民法院判决复星集团胜诉。但从其他案例经验来看,SOHO中国等被告仍会继续上诉。最终结果或未可知。

中规定的。因此基金往往要求在股份买卖协议中附加修改公司章程的条款。而公司章程的修改也一般是股份买卖协议中的前提条件。

通常在公司章程中还会规定,公司的重大事项,需要得到同一类别股份的相对多数(超过50%)或绝对多数(超过2/3)的同意。一旦投资者在这一类别股份中握有的股份超过50%或1/3,便获得了相应的否决权。这些重大事项通常包括股份类别或股东权利的变动、资本结构变化、新股发行、并购事件、重大资产出售、高层变动或商业计划的重大变化等。

依照公司法的规定,投资者对公司的财务和业务信息有知情权。因此投资条款书中往往也会对企业的信息披露事项做出规定。企业通常需要定期披露季度报告、中期报告和经审计的年度报告。

此外,投资条款书一般还会要求企业的管理团队签订竞业禁止协议(Management Non-Competition Agreement)以保护投资者权益。所谓竞业禁止指的是,企业高级管理人员约定其在离职之后的一定期限(如5年)内,不得从事与企业相互竞争的业务。这是防止企业高管离职之后另起炉灶,甚至从原企业挖角的重要措施。作为对价,竞业禁止协议一般会约定企业高管的离职补偿。

12.3.7 股份转换权

我们之前已经介绍过,可转换优先股虽然随时可以转换成普通股(这一权利反映在投资条款书的主动转换条款(Optional Conversion)中),但是从理论和实践角度来看,将转换权保留至公司IPO或被收购再行权为最佳选择。如果公司进入IPO程序且发行价格达到投资者的要求,那么优先股将自动转换成为普通股。这一条款称为强制转换条款(Mandatory Conversion)。下面为股份转换权的示范文本:

主动转换: A系列优先股持有人可以在任何时刻将A系列优先股按1∶1比例转换成为普通股。该转换比例可在股票红利、分拆、合并及类似公司事件发生时,以及根据"反摊薄条款"的规定进行调整。

强制转换: 如公司[以投行包销方式]以相当于A系列优先股原始购买价格[_____]倍(根据股票红利、分拆或合并及类似事件可调整)的发行价格完成公开发行,且公司本次发行的[毛/净]募资金额不低于$[_____](定义为"合格公开发行"),或持股比例超过[_____]%的A系列优先股股东书面同意,A系列优先股将自动按照当时适用的转换率转换成为普通股。

Pre-IPO投资者要求公司的IPO发行价格须相对于其投资成本有一定溢价。如果公司的IPO发行价格没有为投资者赚取预期的回报,投资者有权否决该IPO。但是如果公司的IPO发行价格达到预定的门槛值,则投资者不应再反对IPO操作。强制转换条款第一款的作用就是保证在合理发行价格下,投资者须同意 IPO 的进行。

但是还存在另外一种情况,即发行价格低于预期水平(甚至低于入股成本),但多数投资者仍希望进行 IPO。强制转换条款第二款的作用在于解决这个困境,即当出现低价发行时,只要多数优先股股东同意,IPO 仍然能够进行。

2012 年在美国市场 IPO 的两家中国企业唯品会(NYSE. VIPS)和欢聚时代(NAS-DAQ. YY)都以低价完成发行。其中电子商务公司唯品会 2011 年 4 月的 B 轮融资价格为每股 5.05 美元,而 2012 年 6 月的发行价格仅为每股 6.5 美元。2011 年老虎基金入股语音软件 YY 的运营商欢聚时代的成本大约是每股[①] 19.55 美元,而后者 2012 年 11 月的发行价格仅为每股 10.5 美元。这两家公司的低价发行都得到了投资者的理解,因为如果不通过公开发行筹资,两家公司可能会因现金烧光而失败。这种理解也带来了回报。至 2012 年年底,唯品会的市场价格已经上升至 20 美元以上,欢聚时代的价格也上升了约 30%。

实践操作中,一些中国企业的控股股东会与 Pre-IPO 投资者签订 IPO 回报的保证条款。这一条款在糟糕的市场情况下可能会给企业控股股东带来难以估测的损失。2008 年 10 月人和商业控股的 IPO 是这方面的典型例子。

2007 年 12 月至 2008 年 1 月间,人和商业控股先后以每股 1.00 元至 1.085 元不等的价格向包括香港新世界公司和红杉资本在内的 6 家投资机构募集了 35.8 亿元,相当于 IPO 前总股本的 18.87%。6 家投资机构获得的 A 类优先股如转换成为 32 亿股普通股,每普通股的实际投资成本介于 1.24 至 1.34 港元之间。在 A 轮融资时,人和商业控股的控股股东超智公司,实际控制人戴氏家族与投资者签订了如下条款[②]:

- **股份调整条款一**:如人和商业控股 2008 年及 2009 年经审计税后净利润(不包括营业外收入及支出)未达人民币 16 亿元及 32 亿元,则其控股股东超智公司应以 1 美元的价格向投资者出售按一定公式(招股书未披露)计算的股份。譬如,如 2008 年实际经审计税后净利润仅为 12.8 亿元(目标的 80%),则超智应向投资者转让总计 4.01% 的股份。

- **股份调整条款二**:如人和商业控股 2009 年年底拥有的已出租、已转让、可出租及可转让商业地产面积未达 55 万平方米,则其控股股东超智公司应以 1 美元的价格向投资者出售按一定公式(招股书未披露)计算的股份。譬如,如 2009 年年底人和商业控股的实际经营面积仅为 38.5 万平方米(目标的 70%),则超智应向投资者转让总计 6.87% 的股份。

- **股份调整条款三**:如人和商业控股任何公开发行价格的人民币相等值低于向每名投资者提供年内部回报率最少 20% 及融资资金回报率 35% 的价格,超智将以 1 美元价格向投资者转让差额部分的部分,使得投资者达成该回报。

- **反摊薄条款**:如普通股按低于投资者就该等投资已付金额的每股发行价发行

[①] 这里"每股"指的是每 ADS(美国存托股份,American Depository Shares)。欢聚时代的每份 ADS 代表 20 股普通股。

[②] 资料来源:人和商业控股 2008 年招股说明书及补充招股说明书。

("新发行价"),则转换率将会被调整,令 A 类优先股转换为普通股的数目相当于持有人按新发行价做出投资而将获取的普通股数目。该权利在首次公开发行后终止。

2008 年 9 月,人和商业控股开始全球路演,定价区间为每股 1.4—1.7 港元。但雷曼兄弟公司于 2008 年 9 月宣布破产导致次贷危机全面爆发,人和商业控股的认购非常稀少。2008 年 10 月份,人和商业控股的最终发行定价为 1.13 港元。虽然该公司最终赢得了股份调整条款一和二(实质为业绩对赌条款),但市场的惨淡导致其控股股东超智公司最终向 6 家机构按照股份调整条款三转让了大量股份。从计算公式可知,该等股份价值约为 35.8 亿元 ×35% = 12.53 亿元。事实上,如果人和商业控股将股票发行推迟至 2009 年进行,可能四个条款都不会被触发。人和商业控股 2009 年全年股价都在 1.5—2.0 港元范围内波动。

12.3.8　竞业禁止

创业企业最为核心的资产其实是人才。为了防止创始人或团队核心成员离职后从事与公司相竞争的业务,创投基金可能视情况要求创始人和团队核心成员签署竞业禁止协议(Non-Competition Agreement)。这种协议通常规定员工在离职一段时间内,不得从事与公司相竞争的业务,也不得招揽公司的雇员或客户。作为对价,公司将在该等雇员离职时向其支付一定的赔偿金。竞业禁止协议的期限通常为一年,部分地区的法律允许高至两年的竞业禁止期限。

竞业禁止条款的示范文本如下:

> 竞业禁止条款:　　所有创始人及核心雇员都将签署形式为投资者接受的期限[_____]年的竞业禁止及不招揽协议。

竞业禁止条款并非标准条款。一方面,个别地区(如硅谷所在的加州)法律禁止这类条款。另一方面,如果没有合适的对价支付,竞业禁止条款将成为无效条款,而部分投资者不愿意额外支付这类对价。但是在竞争激烈的中国市场,竞业禁止条款可能会严重影响公司的前途。如果 1998 年伊利股份在解雇前高管牛根生之前与之签订竞业禁止协议并支付合理赔偿,那么伊利股份也无需与蒙牛分享中国乳业市场。如果小霸王与其高管段永平签署过竞业禁止协议,那么小霸王的没落和步步高的崛起可能都不会发生。

随着中国职业经理人市场的发展,关于竞业禁止的诉讼也在增加,奇虎诉傅盛案便是一例。2011 年 10 月,奇虎公司向香港法院起诉前员工傅盛违反竞业禁止协议,并要求以 1 元价格回购傅盛持有的时价约 2 000 万元的奇虎股票。傅盛是奇虎主要产品 360 安全卫士的开发者,于 2005 年至 2008 年间在奇虎任职。2008 年傅盛离职加入可牛公司,奇虎公司并无异议。但 2011 年 8 月傅盛加入奇虎的竞争对手金山网络担任 CEO,从而引发了奇虎公司的诉讼。不出意外,奇虎公司应该会败诉。一方面,竞业禁止条款不应延伸至三年以后;另一方面,奇虎公司亦无支付相应的对价。

12.3.9　创始人及员工股份

为了留住员工,创业企业往往不会一次性授予员工应得的全部期权。典型的员工持股计划或期权计划为在员工入职满一年时授予其应得期权的25%,剩余的75%则在未来三年内逐月平均发放。如果员工入职满一年即离开,则其所得到的期权只有其雇佣合同约定数额的25%。如员工入职不满一年即离开,则将不会拥有任何公司期权或股份。这一条款对跳槽率很高的硅谷工程师形成了很大的困扰。但是却对企业留住员工起到了莫大的作用。有意思的是,这一条款也成为基金评价创始人的试金石。如果创始人放弃所在公司即将到手的大额期权或股份独立创业,创投基金会对此持非常正面的看法。

员工股票期权：　　所有员工的股票期权将按如下方式发放：[一年后一次性发放25%,之后在未来36个月内逐月平均发放剩余的75%。][在A系列优先股投资完成之前,[_____]股将被置于期权池,从而使得期权池的未分配部分拥有[_____]股。]

此外,我们之前也介绍过,投资者通常要求企业在基金投资之前便从创始人持有的股份中转移一部分进入员工股权池或期权池。这一条款的作用表面上是为员工谋福利,实质上是在降低企业的融资前估值。因为融资前建立员工股权池的成本是由现有股东承担的,而如果融资后进行类似操作,成本则是由投资者与创始人共同承担。

为了避免创始人在投资完成之后离职,投资条款书中也会设定其股份生效或回购机制。如果采用生效机制,则股份交割之后,创始人持有股份只生效25%,其余的75%在之后的36个月逐月平均兑现。创始人股份的生效并不需要其支付任何成本。但创始人如果离职,将导致未生效股份作废。譬如说,如果创始人在股份交割两年后离职,则其实际生效的股份只有50%而已。

采用回购机制也可以实现类似效果。投资条款书可以约定,在交割完成后的12个月内,如创始人离职,则公司将以成本回购其持股的75%。其后随着其服务时间的增长,可回购股份的比例在36个月逐月平均递减至0%。在此机制下,如果创始人在股份交割两年后离职,其实际有效的股份也只有50%。与生效机制相比,回购机制对创始人显然更加有利。回购机制的示范文本如下：

创始人股份：　　公司有权向所有创始人以成本回购其持有的股份。在交割完成之后的[12个月]内,公司有权回购[_____]%;之后公司有权回购的份额将在未来[_____]月内逐月减少相同的份额。

12.4 其他条款

这部分条款主要涉及交割事项,包括费用、排他、保密和重大不利条款等。费用、排他和保密条款通常出现于投资条款书,而重大不利条款一般出现在股权买卖协议。

12.4.1 费用条款

投资条款书中的多数条款对交易双方没有法律约束力,但费用条款不在其列。费用条款会明确说明本次交易所产生的费用事项及承担者。在投资实践中,通常律师等中介费用是由受资企业来承担的。

律师与费用: 交割文件由[投资者/公司的]法律顾问来起草。公司将[在交割时]支付本次融资涉及的所有法律及行政费用,包括投资者法律顾问的开支及合理收费(不超过 $[_____])[,除非本交易因投资者无合理理由的情况下撤回投资承诺]。

公司法律顾问:[_____
_____
_____]

投资者法律顾问:[_____
_____
_____]

12.4.2 排他/保密条款

在中国创投及成长资本实践中,投资者很反感的一个现象是,一些企业或创业者会拿着投资者给出的投资条款书去招揽其他投资者。更为糟糕的是,过去几年中确实有一些知名机构以高价"抢项目"为特色。排他/保密(No Shop Clause/Confidentiality)条款的目的就是锁定投资机会,避免抢项目的情况出现。在美国,排他/保密条款作为有约束力的条款会得到企业的尊重。但也有例外,如 Accel Partners 曾经从《华盛顿邮报》手中抢走 Facebook 的投资机会。在中国,这一条款的效力仍值得商榷。排他/保密条款的示范文本如下:

排他/保密条款: 公司将善意地尽快促成交易的交割。公司与创始人同意在本条款书被接受之日起[_____]周内将不邀请、发起、鼓励或协助本轮投资者之外的任何个人或实体关于公司资本股份的出售或发行[或者公司或公司重大资产或相当股份的收购、出售、租赁、许可或其他处置]的建议、谈判或要约。如第三方就上述事项征询公司，公司将尽快通知本轮投资者。如公司违反该排他/保密义务，并且在[日期]之前，完成人和上述交易[而未向本轮投资者提供以与第三方相同的交易条款参与投资的机会]，则公司应在上述交易完成时向本轮投资者支付$[_____]作为损失赔偿。未经本轮投资者书面同意，公司将不会向除公司董会成员、高级管理人员、会计师和法律顾问，以及主投机构[_____]接受的其他投资者之外的任何人披露本投资条款书。

排他/保密并非单向的义务。有时候企业或创业者也会要求投资者签署排他/保密协议，禁止投资者投资于其竞争对手，以免发生利益冲突。但是从实践来看，多数基金是不会签排他/保密协议的。因为投资谈判过程的变数很多，一旦签署有约束力的排他/保密协议，将可能导致基金丧失其他机会。此外，不少创业者往往以为自己的创意为独一无二，担心他人甚至基金抄袭。但实际上，"独一无二"的创意经常会有许多团队同时在做。基金显然不会限制未来的可能性。

12.4.3 重大不利条款

重大不利变化(Material Adverse Change, MAC；或 Material Adverse Effect, MAE)也是兼并收购中常见的条款，在创业投资中也时有所见。这一条款为收购方提供了重要的保护。从尽职调查完成到交割完成可能需要一定时间，如果在此期间出售方发生可能导致其价值显著下降的重大不利变化，那么收购方可以援引此条款退出交易，从而避免巨额损失。

大型收购案例(如可口可乐收购汇源果汁，百胜集团收购小肥羊及中海油收购优尼科)都需要相关国家冗长的反垄断审查。涉及金融机构股权的交易(如摩根士丹利出售中金股份和新桥基金出售深发展股份)还需要相关监管部门甚至国家发改委的审批。在审批期间，收购方的利益显然需要重大不利条款的保护。该条款通常出现在股权买卖协议的交割条件部分，范文如下：

无重大不利变化。自资产负债表日至交割日，目标企业的业务、运营、前景、资产或相关环境都没有发生重大不利变化，也未发生导致该等重大不利事项的事件或情况。

上述范文的措辞相对笼统，因而往往导致交易双方有不同的理解。从美国法律实践来看，举证责任通常是由收购方承担的。收购方必须证实有重大不利事项发生导致该交易不再合理，但这需要相当扎实的证据。次贷危机爆发之后，一些硅谷的创投基金援引重大不利条款,要求重新谈判之前已经商定的企业估值,否则拒绝履行股权买卖协议。结果多数法庭判决创投基金败诉,理由是"次贷危机为可以预见的商业周期事件,而非重大不利事项"。

中国合同法中并无重大不利事项或重大不利条款的规定。但最高人民法院2009年关于合同法的司法解释写道:

> 合同成立以后客观情况发生了当事人在订立合同时无法预见的、非不可抗力造成的不属于商业风险的重大变化,继续履行合同对于一方当事人明显不公平或者不能实现合同目的,当事人请求人民法院变更或者解除合同的,人民法院应当根据公平原则,并结合案件的实际情况确定是否变更或者解除。

该司法解释表明,重大不利条款也适用于对中国境内企业的投资。但是笔者建议,如果要使用该条款,应将双方认定的重大不利事项明确列于股权买卖协议的交割条件,以免因为措辞模糊而导致双方发生分歧。

13 企业估值

13.1 概述

私募股权各种投资策略从本质上说，无非就是以低价买入企业股权，在将来以高价套现获利，策略之间的差别在于目标投资对象和价值增殖方式不同而已。但不管是创业投资、成长资本还是并购基金，在收购一个企业的股权之前都必须对企业的价值进行评估。一方面，这是投资策略本身的要求，另一方面，基金如果要对其有限合伙人做到应尽的勤勉，也必须对企业股权审慎估值。

价值的概念是一个看起来简单实际上很复杂的问题。接受过自然科学训练或政治经济学教育的读者可能先入为主地认为一个企业存在一个"真实的价值"，譬如"凝结在商品中的无差别的人类劳动"。但在现实中，价值无非就是交易双方就商品（企业股权也是）相互妥协的一个谈判结果。对于买卖双方而言，可接受的价格比"真实的价值"更有实际意义。

同一件商品对于不同人的价值是不同的，企业也是如此。对于纯财务买家和战略投资者而言，同一个企业的价值是不同的。前者侧重于企业未来带来的现金流或红利，而后者还会考虑到企业的协同效应，即俗称的"1＋1＞2"。对同一交易我们通常采用两种以上的估值方法相互印证。我们通过一个例子来说明估值的方法和逻辑。

13.1.1 一个地产例子

2007年年初我们曾受邀为一宗房地产交易提供估值建议。该交易的标的资产为一个大型购物商场（14万平方米）和三处工业办公物业（总计20万平方米），大部分已经出租。业主为北京市一家房地产公司，而买方为一家澳大利亚的地产基金。在这宗交易中，业主的财务总监、买方和我们共给出了四个估值。计算方法分别如下：

- **重置成本法**。业主的财务总监计算了四处物业从一级开发到二级开发过程的全部成本（包括建安费用），这些物业的成本总和约为22亿元。
- **折现现金流法**。我们从业主处获得了这些物业未来十年的租赁合同。根据租赁合同和业主提供的运营费用估算，我们算出未来10年这些物业的现金流，并用该业主的资本成本（WACC）折现。此外，我们将第11年及以后的现金流用第10年的现金流乘以一个终值倍数来替代。将这些现金流折现，我们得到物业未来现金流收入的折现值约为28亿元。
- **相对估值法**。我们参考了当时刚成交的一宗商业地产交易的每平方米价格。根据该交易标的资产与本交易中购物广场的位置、客流及租金水平差异估算后者的每平方米价格。加上当时当地工业办公物业的每平方米成交均价，我们估算出这34万平方米物业的总价应在34亿元左右。

- **资本化率法**。买方在尽职调查中取得了这些物业近年的租金收入数据。他们将过去一年的租金收入水平除以7%的资本化率,得到的物业估值约为22亿元。

四种估值方法体现了四种不同的估值逻辑。重置成本法反映的是物业的历史成本,即"花了多少钱"。这和我们在政治经济学中学到的成本逻辑是一样的。折现现金流反映的是扣除运营费用后的净现金流在当前的价值,即"能挣多少钱"。相对估值法反映的是市场上类似资产的成交价格,即"市价"。而资本化率法反映的逻辑较为简单,即假设租金收入在未来不变,如果以22亿元价格买入该宗物业,则每年产生的租金收益大约为7%,相当于14.3年回收成本。但是当时买方用的7%是澳大利亚市场的平均数据,北京市场比这要低不少,因此买方的出价不太合理。此外,本案例中的商业地产部分刚刚开始运营,租金水平还未达到正常水平。因此,用第一年的租金水平作为资本化率估值法的基础有欠公允。

22亿至34亿元的巨大差异使得这宗交易最终流产了。但事后看来,这对于业主并非坏事。至2012年这些物业的价格分别成长了2倍至3倍。这个例子告诉我们,估值有以下几个原则:

- 估值是一个范围,而非一个确定数值。我们采用四种方法,得出了22亿—34亿元如此宽泛的定价区间。这个价格区间的一定范围是买卖双方分别能接受的,也即双方的谈判空间。
- 最终成交价格取决于双方的谈判地位。如果当时业主资金链非常紧张,那么很可能这宗交易会以接近22亿元的低价成交。但是由于当时双方都没有必定要成交的理由,因此没有成交。2011—2012年间的绿城集团则是另外一个极端。这家资金链紧张的地产公司被迫以成本价出售了多宗物业或土地储备。
- 估值有很强的时效性。2007—2012年间中国的地产市场经历了大起大落。2007年的估值显然不能作为2012年的交易参考。

13.1.2 估值具体方法

在实践可能用到的企业估值理念很多。在同一种理念下由于采用具体指标不同会衍生出不同的估值方法。估值方法主要有以下几类:

- **相对估值法(乘数法)**。将企业的主要财务指标乘以根据行业或参照企业计算的估值乘数,从而获得估值参考标准,包括市盈率(P/E)、市净率(P/B)、市现率(EV/EBITDA)和市售率(P/S)等多种方法。地产估值中用到的资本化率方法也属于这种方法。
- **折现现金流法**。预测企业未来的现金流,将之折现至当前加总获得估值参考标准,包括折现红利模型和自由现金流模型等。
- **成本法**。以当前重新构建目标企业所需的成本作为估值参考标准。
- **清算价值法**。假设将企业拆分为可出售的几个业务或资产包,并分别估算这些业务或资产包的变现价值,加总后作为企业估值的参考标准。

在上面这四类估值理念中,相对估值的种类最多,应用也最广泛,也最容易为中国投资界和企业界所接受。相对估值法在天使投资、创业投资及成长资本投资实践中占据主流地位。PIPE、杠杆收购甚至破产投资策略也会应用相对估值法作为参考。对于投资周期较长的企业买家或并购基金而言,企业现金流折现价值更有意义。折现现金流估值法在以成长和成熟阶段企业为投资目标的成长资本、PIPE 和杠杆收购策略中较为常用。成本法主要作为一种辅助方法存在。主要原因是企业历史成本与未来价值并无必然联系。许多成本巨大的投资项目最后给投资者带来巨大损失,如摩托罗拉公司总投资 55 亿美元的铱星计划。清算价值法则常见于杠杆收购和破产投资策略。

除了之前介绍的几种估值方法外,经济增加值法(Economic Value Added,EVA)也是一种常见的估值方法。这种方法的思想是,企业的价值除了资产的账面价值之外,还有管理团队经营成果贡献的价值。所以 EVA 方法估算的企业价值等于企业当前的股权净值加上企业未来的经济利润折现值。经济利润的计算方法是企业的实际利润减去企业的股权净值乘以资本成本。如果管理团队为企业赢得的利润超过了资本成本,那么管理团队就实现了企业的价值增殖。但如果利润低于资本成本,即便会计上是盈利的,那么管理团队实际上降低了企业的价值。EVA 方法更常用于评估企业管理团队的经营业绩,在私募股权投资中较少使用。

在实践中,中国基金主要用到的估值法为相对估值和折现现金流法。本章我们将主要讨论这两种方法的具体应用。

13.2 相对估值

初创阶段和成长早期企业的未来业绩不确定性较大,要进行精确的估值比较困难。因此基金经理对这类企业的估值较为主观,主要的估值参考标准为相对估值乘数。传统的估值指标主要有:市盈率、市净率、市现率和市售率等。对于周期在 5 年以上的私募股权投资而言,当前市场与未来退出时的市场有很大差别。我们建议基金经理在应用估值乘数时要有前瞻性的判断,并采取保守的估值乘数。

13.2.1 市盈率

市盈率等于企业股权价值与净利润的比值(每股价格除以每股净利润)。它是中国私募股权市场应用最为普遍的估值指标,甚至监管机构在干预 IPO 发行价格时也以市盈率为参考基准。中国的 Pre-IPO 投资通常会按照市盈率来计算投资成本。根据投中集团 2011 年的问卷调查,中国基金的投资成本介于 8—15 倍市盈率之间(见图 13-1)。这个投资成本与 2012 年中国 IPO 市场平均约 30 倍市盈率的发行价格相比是合理的,但如果将之与国际市场的市盈率相比则过高。以美国市场为例,标准普尔指数 1920—2005 年间的平均市盈率在 15 倍左右。香港市场历史平均市盈率略高于美国,也仅在 17 倍左右。

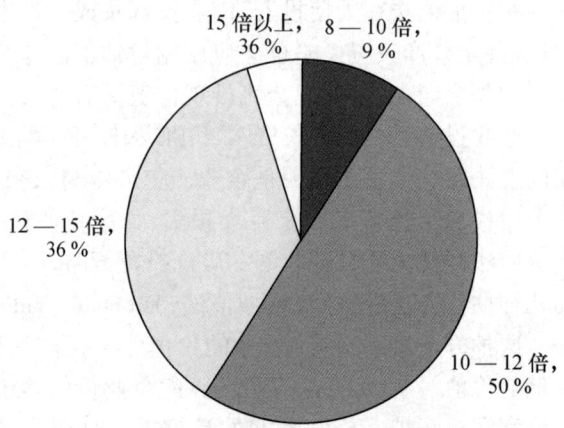

图 13-1 中国私募股权基金投资市盈率分布

资料来源：投中集团(2011)。

股票市场投资时常用的两个概念是静态市盈率(Last Year, LYR; Last Fiscal Year, LFY)和滚动市盈率(Trailing Twelve Months, TTM; Last Twelve Month, LTM)。这两个指标的差别在于净利润计算的方法不同。前者使用的净利润为上市公司上一财政年度公布的净利润，而后者采用的则是最近四个季度报告的净利润总和。举个例子，如果我们在2012年8月计算某上市公司的两种市盈率，则静态市盈率为当日市值与2011年净利润的比值，而滚动市盈率则为当日市值与2011年第三/四季度和2012年第一/二季度净利润总和的比值。从实践角度来看，滚动市盈率反映的信息要比静态市盈率更加贴近当前实际。但季度财务报告通常没有经过审计，其可信度要低于经审计的年度净利润。此外，市场上还存在前瞻市盈率(Forward P/E)的说法。其计算方法为当前股票价格与分析师对该公司下一年度净利润主流预测值的比值。这种市盈率经常用于 PEG 比率的计算。

在中国私募股权投资的场合，融资方有时会主张以预估全年净利润作为估值基础。譬如上例，企业家可能要求用2012年预估净利润来估算企业股权价值，尽管2012年净利润要到2013年才可能计算出来。这种做法确实能够提高企业的估值，但投资方往往也会用业绩对赌协议来保证自身利益。这也是对赌协议在中国 Pre-IPO 投资盛行的重要原因。

在应用市盈率评估的时候需要注意，不同行业的市盈率会有很大差别。譬如，2004—2007 年间于纳斯达克上市的中国企业中市盈率最高的为717倍，而最低的仅有9.4倍。中国上市公司的市盈率与所处板块有很大关系。创业板平均市盈率要高于中小板，而中小板则要高于上海主板，上海主板通常高于香港市场。而如果从企业利润质量和成长性来看，上海主板和香港主板市场上市企业要显著优于中小板和创业板。这也反映了相对估值法的一个典型特点，即市场估值不一定理性。

表 13-1 是 2012 年 11 月中国沪深两市股票市盈率的统计数据。在十三个行业大类中，估值水平最低的应该是金融业。市值巨大的银行业平均市盈率仅为个位数，而该行业 2012 年的平均净利润增幅超过 20%。此外，采掘业、交通运输、建筑和房地产等强周期行业市盈率也要显著低于其他行业。但总体而言，中国市场的股票估值水平要显著高于国际市场。

表 13-1　依照中国证监会行业分类的沪深两市股票市盈率　　2012-11-23

行业编码			行业名称	公司数量	静态市盈率		滚动市盈率	
门类	次类	大类			加权平均	中位数	加权平均	中位数
A			农、林、牧、渔业	45	31.02	34.29	37.29	38.40
B			采掘业	64	11.40	24.74	12.85	22.76
C			制造业	1 497	18.87	28.30	19.00	29.21
	C0		食品、饮料	95	24.89	33.66	18.96	29.13
	C1		纺织、服装、皮毛	77	15.94	22.70	17.28	20.87
	C2		木材、家具	12	26.52	29.96	26.34	28.39
	C3		造纸、印刷	46	23.32	28.15	30.54	33.75
	C4		石油、化学、塑胶、塑料	258	19.93	30.82	22.36	27.22
	C5		电子	151	27.64	33.55	24.75	30.93
	C6		金属、非金属	200	16.71	24.79	18.97	30.93
	C7		机械、设备、仪表	486	15.10	25.01	15.12	27.66
	C8		医药、生物制品	147	27.37	33.99	27.96	31.48
D			电力、煤气及水的生产和供应业	75	22.19	30.15	17.58	24.47
E			建筑业	53	10.81	22.69	10.52	23.28
F			交通运输、仓储业	81	10.65	14.05	12.02	14.63
G			信息技术业	205	27.90	31.27	27.92	31.37
H			批发和零售贸易	129	16.24	21.64	17.80	22.09
I			金融、保险业	41	7.82	21.75	6.99	25.89
J			房地产业	132	14.24	17.26	13.64	19.68
K			社会服务业	82	24.63	34.91	21.37	28.02
L			传播与文化产业	37	28.84	29.35	24.93	26.77
M			综合类	53	25.32	46.89	23.39	39.57

资料来源：巨潮资讯。

企业的净利润容易受经济周期的影响。市盈率指标也一样受经济周期的影响。两种因素相互叠加会导致周期型企业估值水平在一个周期内呈现大幅起落的特征。对于私募股权基金之类的长期投资者而言，估值参考标准不应只是特定时刻的市盈率。一些资深的基金管理人往往会以历史平均市盈率为参考标准，而不是简单地跟随市场潮流。举个例子，2010 年年底中国创业板市场的平均发行市盈率曾高达 90 倍。一些基金管理人以此作为退出估值目标，部分投资项目的估值高达 20 倍甚至 30 倍以上。随着发行市盈率的逐步走低，这些高价项目的负面影响开始显现。部分项目甚至出现 IPO 发行价格低于基金入股成本的现象。

2009—2012 年发生的大起大落并非特例。2007 年 10 月中国股市的平均市盈率曾高达 70 倍，而之前的 2005 年最低点也曾低至 19 倍，2012 年年底主板部分蓝筹企业的估值水平甚至比 2005 年还要低。美国市场也不例外，只不过周期比中国市场更长一些而已（见图 13-2）。周期型的估值起落是可以预见的，较难预测的是变化的时机。诚如投资界的一句格言：历史不会重复，但有规律。（History does not repeat itself, but it rhymes.）

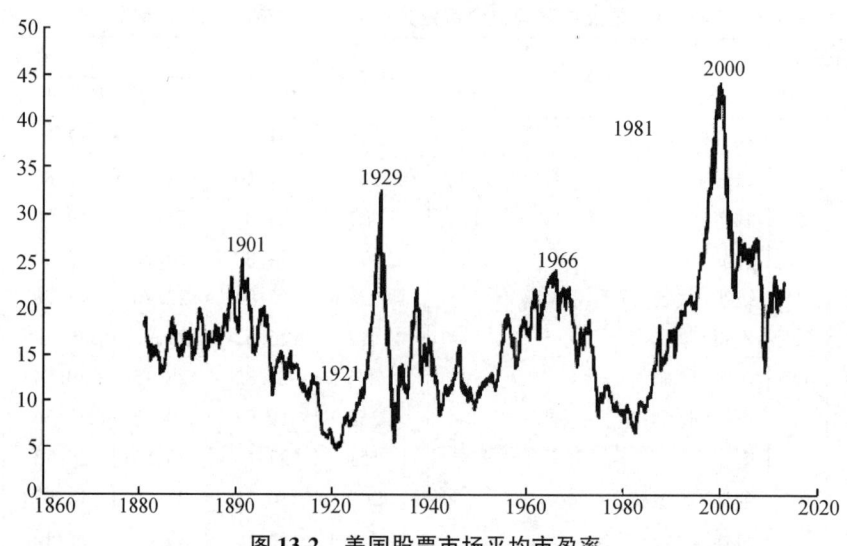

图 13-2 美国股票市场平均市盈率

资料来源:www.irrationalexuberance.com。

13.2.2 PEG 比率

理论上来说,市盈率越高代表市场对企业的成长预期越高,但实践中并非如此。由于主题型投资理念("炒作概念")的存在甚至盛行,一些企业的股价被短线投资者推高至不合理水平。在实践操作中,投资者需要区分造成高市盈率的原因,之后才可以以之作为估值参考标准。PEG 比率是一个市盈率的修正指标,等于市盈率与净利润平均增速的比值。假如一家企业的市盈率为 50 倍,其净利润年增长 40%,那么该企业的 PEG 比率为 50/40 = 1.25。

PEG 比率因投资大师彼得·林奇(Peter Lynch)[1]而广为人知。林奇认为,企业的合理市盈率应等于其增长速度,或者说,企业的合理 PEG 比率应为 1。一些共同基金在其投资计划书中明确声明不投资于 PEG 比率高于 1 的企业。

虽然 PEG 比率在一定程度上修正了市盈率忽视增长率的缺点,但这一指标也有一定的缺陷。首先,将市盈率与增长率简单相除虽然直观上容易理解,但并没有估值原理支持。PEG 只能作为一种经验法则。PEG = 1 的门槛值设置更是主观看法,缺乏实证数据支持。其次,增长率的估计是一个难解的问题。美国市场常用 First Call 和 I/B/E/S 数据库[2]提供的主流预测(Consensus Estimates)作为企业未来利润增长率的预测参考值。这一数据库收集了各大投行分析师对各家上市公司未来盈利及相关数据的预测值,将之处理(通常是算术平均)后得出所谓的主流预测。从实证结果来看,主流预测与企业利润实

---

[1] 林奇曾担任富达基金管理公司旗下的麦哲伦基金经理。在 1977—1990 年间,麦哲伦基金的年平均收益率高达 29.2%。林奇也因此成为华尔街传奇人物。

[2] 两家公司都提供上市公司的盈利预测数据,并且都是汤姆逊路透(Thomson Reuters)的子公司。

际走势并不相符。这主要是因为卖方分析师①通常对于企业发展过于乐观。

我们选择几家美国上市科技企业的市盈率和PEG比率来展示两种指标的差异(见表13-2)。其中前瞻市盈率为2013年2月15日收盘价格与2014年预测净利润的比值,而PEG比率则是前瞻市盈率与未来五年盈利增速预测值的比值。如果我们拿百度和微软作比较,从市盈率角度来看百度的13.83倍要高于微软的8.86倍。但如果考虑到百度未来五年的预测盈利增速为24.26%,而微软仅为7.57%,则百度要比微软便宜得多。对应地,百度的PEG比率仅为0.57,而微软的PEG比率则高达1.17。事实上,这两家公司在2013年年初都遭遇困境,只不过微软面临的挑战要比百度严峻得多。

表13-2 美国上市科技企业的市盈率与PEG比率比较

公司名称	交易代码	前瞻市盈率	PEG	未来五年盈利增速主流预测
苹果	NASDAQ.AAPL	9.04	0.54	16.74%
谷歌	NASDAQ.GOOG	14.84	1.26	11.78%
IBM	NYSE.IBM	10.89	1.21	9.00%
雅虎	NASDAQ.YHOO	17.51	1.47	11.91%
微软	NASDAQ.MSFT	8.86	1.17	7.57%
英特尔	NASDAQ.INTC	10.05	0.88	11.42%
思科	NASDAQ.CSCO	10.00	1.26	7.94%
网易	NASDAQ.NTES	9.38	0.93	10.09%
百度	NASDAQ.BIDU	13.83	0.57	24.26%

资料来源:雅虎财经,以2013年2月15日收盘价为计算基础。

此外,如果我们拿这些企业和A股上市的市盈率作对比,我们会发现中国市场动辄20甚至30倍市盈率的股票非常之昂贵,而且A股不少企业的PEG比率都在1.00以上。这主要是由于国内缺乏投资渠道造成的。与市盈率相似,PEG比率也存在行业差异。在经济周期底部区间,银行、钢铁、煤炭和运输等周期型行业的PEG比率要显著低于食品、医药和传媒等防御型行业。

13.2.3 市现率

市盈率的缺点在于,净利润很容易受到财务处理手法的影响。我们在"财务尽职调查"一节已经讨论过各种扭曲实际利润的手法,但仍然不够全面。一些行业专家总结的财务操纵手法高达40多种。由于这个原因,虽然普通投资者广泛使用市盈率作为估值指标,但包括华尔街投行在内的专业人士更加信赖市现率指标(EV/EBITDA)。有意思的是,市现率指标涵盖的EBITDA之所以在华尔街被广泛使用,却是因为1980年代杠杆收购的兴起。

市现率指的是企业价值(Enterprise Value)与税息折旧摊销前收益(EBITDA)的比

---

① 卖方分析师指的是证券公司(投资银行)的证券分析师。

值。EBITDA为税后净利润、所得税、利息费用、折旧和摊销之和。企业价值涵盖了所有股东、债权人及相关利益实体对企业的法定索取权。我们通常将企业价值定义为普通股市值、优先股市值、少数股东权益市值、债务市值以及企业未付养老金债务或其他债务之和。其他债务的定义较为宽泛，如融资租赁。在中国市场上，企业价值可以简化为普通股、少数股东权益及债务之和。

我们之前在尽职调查一章已经介绍过，EBITDA指标与企业的资本结构无关，也不容易受企业折旧摊销政策和税收等因素的影响，能够比较客观地反映企业产生现金流的能力。因此，市现率成为国际私募股权界主流的相对估值指标。

从图13-3中我们可以看出，美国市场投资案例的市盈率也呈现周期性变化。市场公认的合理估值区间为5—8倍市现率。但在次贷危机爆发之前，美国并购案例的平均估值在9倍左右，个别案例甚至突破10倍。次贷危机之后美国市场的估值水平呈现持续下降趋势。以2012年为例，私募股权投资的案例中市现率低于7.5倍的比例接近三分之二。中国市场上多数收购案例的估值采用市盈率法。但如收购标的为外国企业，市现率也是较为常见的参照指标。譬如，2011年中石化收购加拿大Daylight Energy的出价为市现率（LTM）的7.6倍。

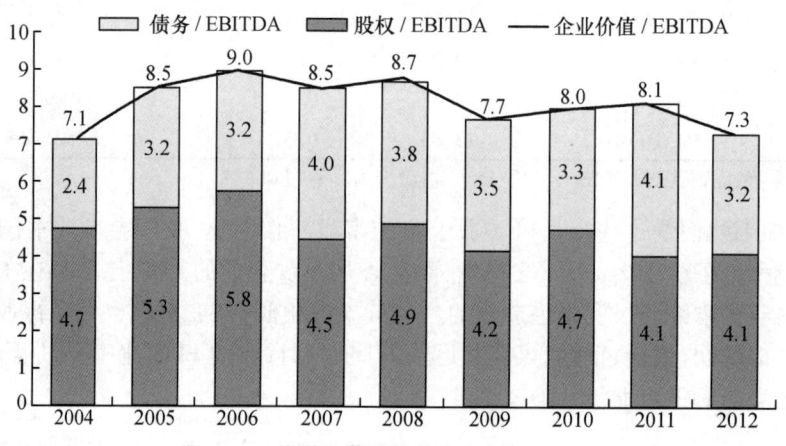

图13-2 美国私募股权投资市现率中位数

资料来源：Pitchbook。

市现率虽然广为专业人士采用，但也有其不足之处。首先，市现率和市盈率一样要求企业的业绩相对稳定，否则可能出现较大误差。但实际上不少企业的EBITDA（尤其是周期型行业）的波动也很剧烈。其次，EBITDA没有将所得税因素考虑在内。而中国地方政府向企业提供名目繁多的税收减免（如两免三减半）甚至补贴。这可能会导致这样的情况出现，两家企业的EBITDA（运营业绩）相差无几，但税后净利润却相去甚远。而对于股东而言，净利润的重要性显然要高于EBITDA。最后，EBITDA也无法完全避免财务操纵的影响。我们在财务尽职调查一节已经讨论过这个问题，这里就不再赘述了。

13.2.4 市净率

市净率(P/B)也称市账率,等于股权价值与股东权益账面价值的比值,或者每股价格除以每股账面价值。市净率估值方法更加适合资产流动性更高的金融机构,因为这类企业的资产账面价值更加接近市场价值。我国各大银行在上市前所进行的私募融资往往采用市净率的估值方法。此外,国有企业在出售之前通常会进行资产评估,监管部门往往以评估资产作为定价基础。实践中,我们较少看到国有企业以低于1倍市净率的价格出售。

运营历史悠久的制造企业和新兴产业的企业往往不适合采用这种估值方法。前者多数资产采用历史成本法计价,与市场公允价值差别较大;而后者的主要价值并不体现在资产价值上。如图13-4所示,2004—2007年间在纳斯达克上市的中国企业市净率分布非常广泛。其中的原因在于多数纳斯达克企业为轻资产的科技企业,市净率并不适用。

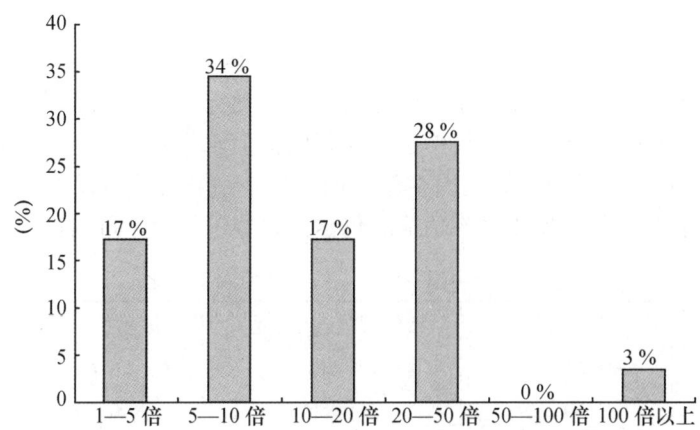

图13-4 2004—2007年间于纳斯达克上市的中国企业市净率分布
资料来源:深圳证券交易所。

市净率的另外一个用途是划分成长股(魅力股)和价值股。我们通常称市净率较低的股票为价值股,而市净率较高的股票则为成长股。在历史上,价值股和成长股的收益在各个时期交替领先。因此价值投资和成长投资并无优劣之分,而取决于所处的市场阶段。通常在牛市阶段成长股占优,而熊市阶段则价值股占优。

在学术研究中,市净率有着重要地位。实证研究表明,市净率的倒数(Book-to-Market Ratio)对股票未来收益率的预测能力要强于其他会计指标,包括市盈率、市现率和市售率等。金融领域广泛应用的 Fama-French 三因子定价模型涵盖的三大因子分别是 Beta 系数、市值规模和市净率倒数。这恰恰和私募股权投资实践相反。市盈率和市现率显然比市净率更受专业投资者青睐。

与其他相对估值指标一样,不同行业的市净率也存在巨大差别。一方面,不同行业的资产盈利能力差异巨大;另一方面,一些企业拥有的无形"资产"并未进入其资产负债表,如垄断或寡头垄断、品牌、专利和特定资源等。图 13-5 为 2008 年年底中国不同行业上市公司市净率的比较。

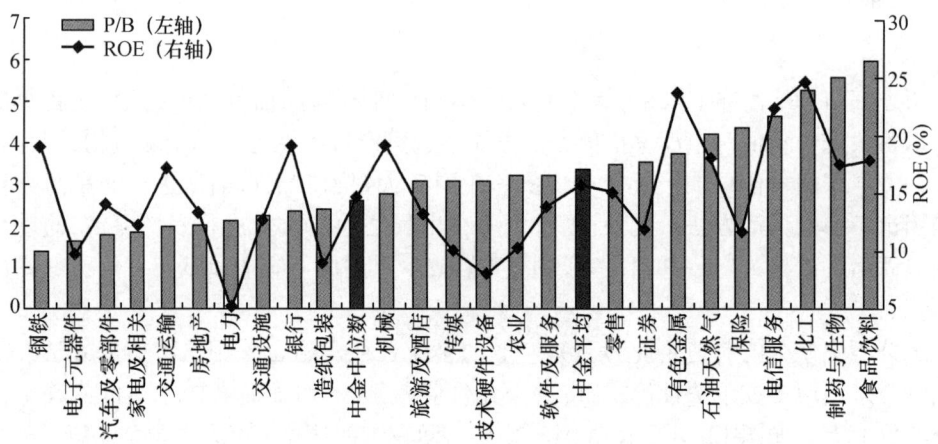

图 13-5　2008 年年底中国不同行业市净率(P/B)及净资产收益率(ROE)比较
资料来源:中金公司。

除了行业因素之外,不同市场对企业的定价水平也有较大差异,我们挑选几家大型银行来说明这种差异。从表 13-3 可以看出,中国各大商业银行的市净率要显著高于美国同行。但是如果从市盈率角度来看,中国各银行的估值水平则要显著低于美国同行。两种估值指标出现相反结果的主要原因在于中国银行业资产盈利能力要比美国银行业更强一些。这说明,我们在应用市净率估值时仍然需要参考其他定价指标。

表 13-3　中国各大商业银行估值水平对比

公司名称	交易代码	市值规模(亿美元)	滚动市盈率	市净率
工商银行	SH.601398	2 440	6.61	1.42
建设银行	SH.601939	1 966	6.50	1.34
中国银行	SH.601988	1 384	6.43	1.08
农业银行	SH.601288	1 616	7.13	1.38
摩根大通	NYSE.JPM	1 859	9.40	0.93
花旗银行	NYSE.C	1 328	17.59	0.71
美国银行	NYSE.BAC	1 297	48.32	0.54
摩根士丹利*	NYSE.MS	471	—	0.76
高盛	NYSE.GS	798	10.95	1.08

* 高盛与摩根士丹利于 2008 年 9 月转为商业银行,摩根士丹利因亏损无市盈率数据。
资料来源:雪球财经,2013 年 2 月 15 日收盘价数据。

13.2.5　市售率

市售率(P/S 或 PSR)也称市销率,等于企业股权价值与年销售收入的比值,或者每股价格除以每股销售收入。创业企业的净利润可能为负数,账面价值比较低,而且经营净现金流可能为负。在这种情况下,市盈率、市现率及市净率都不太适用,用市售率估值反而有参考价值。市售率适用的行业包括公共交通、商业服务、互联网(尤其电子商务)、制药及通信设备制造公司。通常来说,市售率越低越好。投资者偏爱市售率低于 1 的企业。

电子商务企业是应用市售率的典型例子,如京东商城(360buy.com)。这家企业 2011 年 4 月 C 轮融资时的市售率约为 2 倍,与当时已经上市的竞争对手美国亚马逊公司(NASDAQ. AMZN)的指标接近。电子商务公司的销售规模巨大,但是净资产、净利润及现金流却差强人意。以亚马逊公司 2013 年 2 月 15 日数据为例,这家企业的市净率及市现率分别为 14.92 及 45.23 倍,市盈率则因为过去 12 个月亏损无法计算。但是其市售率一直保持在 2.00 倍左右的水平。

不少科技企业在上市之前或者亏损,或者净利润非常低。这时市售率便可以作为上市估值的参考依据。譬如,百度和奇虎上市前一年的净利润分别只有 145 万和 849 万美元,但两家公司对应的 IPO 估值分别为 8.72 亿美元[①]和 25.37 亿美元[②]。两家公司的 IPO 市盈率分别高达 601 倍和 299 倍。如果以市盈率为定价依据,不少投资者会望而却步。市售率显然更有说服力,两家公司的 IPO 市售率分别接近 100 倍和 50 倍。需要注意的是,在这些高成长企业进入稳定增长阶段之后,市场对它们的定价标准将开始向市盈率转移。譬如百度,这家企业 2013 年 2 月份的市盈率约为 13.8 倍,与多数蓝筹企业并无太大差别。

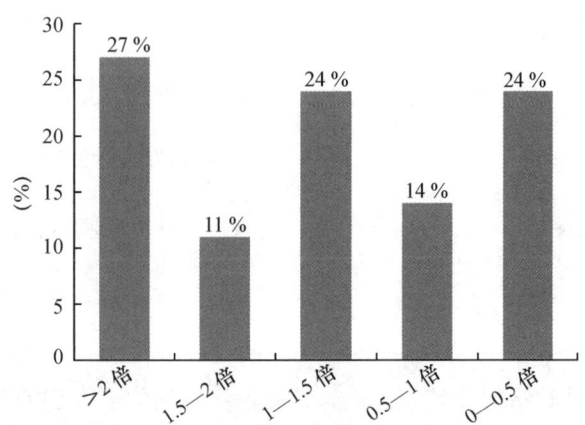

图 13-6 美国私募股权投资案例市售率分布(企业价值/最近 12 个月销售收入)
资料来源:Pitchbook。2012 年第三季度。

图 13-6 为美国市场的市售率统计数据,计算方法与我们之前介绍的略有不同,采用企业价值而非股权价值作为指标。我们可以看出,超过 2 倍市售率的案例只有四分之一左右。这说明传统企业在统计样本中占据较大的比例。超过 2 倍市售率的案例多数为

---

① 百度 2005 年上市首日股价涨幅高达 354%,其 IPO 估值显然过低。
② 奇虎 2011 年上市首日股价涨幅也超过 100%。

新兴产业投资,如 TMT 行业。

13.2.6 行业与估值指标

除了上述估值倍数之外,分析师们在为特定行业估值时还发明了新的相对估值指标,其中的一些经过实践检验已经成为行业估值的重要标准。表 13-4 中所示的是一些较为常见的指标。

表 13-4 其他常见的行业估值指标

估值指标	行业
EV/EBITDAR 企业价值/税息折旧摊销租金前收益	连锁酒店,连锁餐饮,连锁零售
EV/EBITDAX 企业价值/税息折旧摊销勘探费用前收益	矿产,石油天然气
Equity/CE(Cash Earnings) 股权价值/现金盈余(收入扣减现金费用)	汽车,造纸,化学,金属,公用事业
EV/Subscriber 每用户价值	媒体,电信,互联网
EV/Reserve 企业价值/资源储备	矿产,天然气
EV/Square Footage 企业价值/营业面积	商业地产,零售
EV/Land Reserve 企业价值/土地储备面积	房地产开发
EV/Number of Beds 每床位价值	医院,养老中心
Equity/AUM(Asset Under Management) 股权价值/管理资产规模	基金管理公司,资产管理公司
Equity/Production 股权价值/产量	快销品(如软饮料),油气,造纸

这些指标都有明显的行业特点,如连锁服务业常用的 EV/EBITDAR 指标。连锁酒店、餐馆及零售业所使用的店面通常不是自有物业。这类企业通过签订长期租约来保证业务连续性的同时也锁定了长期的租金债务,虽然这些债务并没有体现在资产负债表上。在计算这类企业的估值指标时,我们应当在分子(企业价值)中加入租金债务的折现总值,同时也在分母(现金流)中加入租赁费用。类似地,勘探费用是资源类企业的长期稳定开支,因此在估值时也应将这类开支纳入考虑。

基金管理公司的股权价值可以用其管理总资产(AUM)的比例来衡量。视盈利能力、投资风格及投资策略不同,这一指标在 1%—16% 不等。国内证券投资基金管理公司投资风格及盈利能力相对接近,其股权价值的定价在管理总资产的 6%—7% 左右。譬如,2011 年中信证券将所持有的华夏基金管理公司 51% 出让给多家投资机构。其转让所得为 83.44 亿元，约为 2010 年华夏基金管理资产规模 2 247 亿元的 7.28%。私募股权基金管理公司的股权尚未形成市场，因此定价也较为主观。

互联网投资中常见的一个估值概念为每用户价值（Price per subscriber），也即企业股权价值与注册用户数的比值。这一指标参考自电信公司和有线电视公司。这类公司可以稳定从客户处获得月租费，因而适用该估值指标。但是互联网企业的商业模式与电信/有线电视明显不同。不少企业主要的收入并非来自用户收费，而是来自商家广告，如奇虎和 Hao123.com。虽然每用户价值指标是否适用于互联网企业值得商榷，实践中这一指标已经得到广泛的使用。譬如，1997 年 Hotmail.com 出售给微软时的估值为每用户价值 30 美元，而 2012 年 Facebook 上市时的估值为 1 040 亿美元，对应每用户价值约 120 美元。

每用户价值的逻辑可以从成本或收入两端进行考虑。以 Hotmail 为例，微软出价 30 美元的逻辑或者是过去 Hotmail 取得一个用户的成本为 30 美元，或者是未来 Hotmail 每个用户能为之带来 30 美元的收入折现值。1995—1997 年间 Hotmail 这家免费邮箱服务公司的投入成本仅为数百万美元，而注册用户数超过 1 000 万。所以我们只能从收入端理解。但在 1997—2012 年间，微软的 MSN（包括 Hotmail）业务累积亏损超过 14 亿美元。这一案例告诉我们，市场定价并不一定准确。

163 邮局（163.net）则是中国市场的典型案例。这个免费邮箱网站最早是网易的资产，于 1998 年 2 月转让给广州电信局数据分局旗下的飞华公司。[①] 1999 年广东电信公司旗下的 21CN 与广州电信协议收购 163 邮局。尽职调查结束后，广东电信的出价为 500 万元，而广州电信的要价为 800 万元。300 万元的价差导致交易流产。据当时参与尽调的人士披露，当时的出价主要是基于 163 邮局的实物资产（服务器及其他设备）。这并不奇怪，2000 年深圳电信为腾讯给出的 100 万元收购价格[②]也是基于实物资产定价逻辑。

1999 年 12 月，王炁控制的新飞网络以 5 000 万元的价格收购了 163 邮局，对应每用户价值约为 30 元。更令人咋舌的是，2000 年 9 月，王炁将 163 邮局以股权互换方式卖给了 Tom.com，定价为 3.7 亿港元。这一事件导致广州电信数据分局局长张静君因国有资产流失而去职。十多年回头来看这一案例，163 邮局（163.net）已经边缘化，现在的 163 邮箱（163.com）是网易旗下的品牌。Tom.com 显然未能从 163 邮局获得其预期的收益。

通过对上述估值指标的探讨，我们可以看出相对估值指标的缺点和优点一样明显。经验及前瞻性判断是准确定价的重要因素。

13.2.7 工作程序

用相对估值指标来评估目标企业的价值的工作流程大致可以分为以下几步：

[①] 一说为丁磊为感谢广州电信局对网易的发展，将 163 邮局免费赠送给飞华公司；另一说则是网易以 200 万—300 万元的价格将之出售给飞华公司。

[②] 这一价格有不少说法。一说为深圳电信出价 50 万元收购腾讯 51% 股份，另一说则是总体定价 300 万元。

- 选定相当数量的可比案例或参照企业;
- 分析目标企业及参照企业的财务和业务特征,选择最接近目标企业的几家参照企业;
- 在参照企业的相对估值基础上,根据目标企业的特征调整指标,计算其定价区间。

相对估值指标(Comps)隐含的意义就是比较(Comparables)。如果我们到一个小区买房子,那么同一小区内朝向、面积及位置相近的房子每平方米价格是非常重要的参考标准。由于并不存在完全相同的两套房子,我们在出价时需要在参考价格的基础上,根据购买目标的细节好坏及市场情况上下调整。企业估值也是一个道理。我们首先要找到业务和财务特征相近的企业作为参考。世界上也不存在完全相同的两家企业。我们的出价也需要根据细节的差异进行调整。

我们首先应该分析目标企业的业务和财务特征,然后在此基础上选择参照企业。业务方面的特征包括所属行业、产品/服务、商业模式及目标市场等;财务方面我们则重点考察企业规模(销售收入或资产)、盈利能力及增长速度等。

如果可能,我们应尽量选择属于同一细分行业的参照企业。举个例子,中国玻璃(HK.03300)和福耀玻璃(SH.600660)虽然都属于玻璃制造企业,但前者的产品主要是建筑玻璃,而后者则主要供应汽车玻璃。两家企业的业绩驱动因素及风险千差万别,不适合互为参照。中国证监会的《上市公司行业分类指引》(2012年修订)将上市公司分为19个行业大类,90个小类。但是这一分类体系仍然不够细化,我们在具体应用时还是应该深入研究企业的具体情况,再选择参照企业。如果企业的业务高度多元化(如联想控股和北京控股),我们应将企业分为几个主要业务部门,分别对这些业务估值后加总得到企业总价值。

我们在估值时经常会发现找不到业务相近的企业。这时我们可以用业绩驱动因素及风险相近的企业作为替代。譬如,我们可以用其他建材制造企业作为建筑玻璃制造商的参照企业,因为它们的业务都主要受房地产市场的影响。我们也可以用其他汽车配件制造商作为汽车玻璃制造商的参照企业。

商业模式在选择参照企业时也非常重要。阿里巴巴和京东商城都属于电子商务企业,但两者的商业模式迥然不同。前者以为商家提供服务为主(类似百货商场),销售收入主要来自商家缴纳的场租和技术服务费等,而后者的销售收入主要来自向消费者出售产品。如果将阿里巴巴按照京东的市售率进行定价,则阿里巴巴的估值将达到恐怖的2万亿元,这显然不太合理。2013年2月,摩根士丹利的分析师分别以电子港湾(eBay)、腾讯和Facebook等公司的市盈率为参照将阿里巴巴集团定价在660亿—1280亿美元之间。这一估值有一定道理但仍值得商榷,因为阿里巴巴是独一无二的商业模式。

此外,挑选参照企业时还要考虑企业的财务指标。我们应尽量挑选规模和盈利能力相近的同行企业作为参照标准。AMD公司和英特尔公司都是CPU制造商,但两者的销售收入分别为54亿美元和533亿美元。如果我们以AMD公司10.75倍市现率为参照,会发现英特尔公司4.56倍的市现率被显著低估。但这只是错觉,英特尔公司几乎就是CPU制造业的全部,其恰当的参照企业应该是微软。两者都和个人电脑行业的兴衰紧密相连,前瞻市盈率都在8—10倍之间。

挑选参照企业的同时,我们还需要收集相关的财务和业务信息。上市公司的信息披露相对较为完善,我们可以通过数据库、监管机构网站以及上市公司网站来获得其财务报告和相关报告。招股书(Prospectus, F-1)、年报(10-K)、季报(10-Q)、临时公告(8-K)以及企业发布的业绩新闻稿都是信息的重要来源。招股书的"行业概览"(Industry Overview)与"业务"(Business)部分会提供有关行业及竞争对手的重要信息,而年报及季报中的"业务回顾与展望"(Management's Discussion and Analysis, MD&A)部分也会提供企业各项业务的信息。上市公司的财务数据摘要及股价数据则可以从彭博(Bloomberg)和万得(Wind)等商业数据库获得。细节性的财务数据仍然需要通过细读年报的财务报表及脚注(Footnotes)获得。

比较麻烦的问题是非上市企业信息的收集。我们在尽职调查部分讨论过,多数中国企业的工商注册文件与实际情况相去甚远。如果非上市企业与上市公司发生收购或被收购事项,非上市企业作为股东或收购标的需要披露相应的业务及财务信息。这类信息披露的可信程度要显著超过媒体消息。举个例子,媒体报道2011年法国科蒂集团(COTY)收购化妆品公司丁家宜的价格为4亿美元。但2012年6月科蒂集团向美国证交会递交IPO申请时,其招股书披露收购丁家宜的真实价格为24亿元(3.5亿美元),且分三期支付。非上市企业的信息也可能在一些商业数据库中查询到,但需要与企业自身的宣传材料、网站、媒体报道甚至竞争对手上市披露信息相互印证。

在收集相关信息之后,我们接下来需要计算这些参照企业的主要财务指标。在计算财务指标时,我们需要根据实际情况对财务报表提供的数据进行调整。首先是股份的摊薄调整。企业可能存在多种可能转换成为普通股的证券,包括可转换优先股、可转换债券、可交换债券、员工期权及认股权证("窝轮")等。当企业发生溢价收购时,这些证券根据条款有可能都转换成为普通股。在计算每股数据时,我们需要调整企业的发行总股份数。譬如价内期权,我们会假定全部行权,并且企业以行权所得回购新发行的部分股份。通过这样的处理,企业调整后的发行总股份数要比调整前略高。

其次是时间的调整。我们建议尽量使用过去12个月(LTM或TTM)的财务数据作为估值依据。这项工作并不复杂,通常季度报告的数据可以满足我们的计算需求。较为麻烦的是非日历财年。多数上市公司的财年截止日为每年12月31日,即与日历年同步。但是少数公司并非如此,如新东方的财年截止日为每年5月30日。在比较海外上市的教育企业估值时,我们不能简单地以年度净利润计算的市盈率作为对比,而应将净利润调整至同一口径(同一时期)。

最后是特殊事件或特殊交易的调整。企业的利润可能会因为政府补贴、税收政策、资产出售出现非正常的变动。但是这些因素可能不会持续影响企业业绩。我们在计算财务指标时应将这些非持续因素从财务数据中剔除。举个例子,2012年阿里巴巴集团以76亿美元回购雅虎持有的20%股份。这一交易使得雅虎2012年净利润暴增至39.5亿美元,也使得雅虎的滚动市盈率降至6倍左右。如果将这一因素剔除,雅虎的前瞻市盈率应该在17倍左右。当我们将雅虎作为其他企业的参照时,17倍的市盈率是一个更为合理的数据。

我们根据参照企业的财务数据计算出来的市盈率或市现率范围往往较宽泛,如5—8倍的市现率或10—16倍的市盈率。估值工作的目的是将这一估值范围进一步缩窄。我们倾向于将2—3家业务规模和盈利能力最接近目标企业的参照企业相关指标作为定价依据,而参照企业整体数据则作为印证。在没有特别相似的参照企业的情况下,所有参照企业估值指标的中位数或均值也可以作为定价参考。将目标企业对应的财务数据(如净利润或EBITDA)与估值范围相乘,我们就可以估算出目标企业的股权或企业价值范围。

13.3 折现现金流法

经济周期和股市周期的存在已经成为投资界的共识。作为一种基于"市况"的方法,相对估值法无法避免市场非理性定价的负面影响。2000年网络泡沫期间创投基金投资的案例多数以巨亏告终。而中国Pre-IPO基金在2009—2011年投资的高估值案例也成为之后几年内行业发展沉重的负担。此外,在缺乏相似企业时,相对估值法也难以发挥作用。

折现现金流法(Discounted Cash Flows,DCF)则是专业人士广泛使用的另外一种估值方法。这种方法将企业价值定义为企业未来可自由支配现金流折现值的总和。典型的折现现金流估值法会预测企业未来十年的现金流,之后的全部现金流则用终值代替。未来十年现金流及终值的折现值之和即为估算的企业价值。现金流预测期间的长度视行业的不同而不同。一般来说现金流越稳定的行业预测期越长。

与相对估值一样,这种方法有着明显的优点和缺点。优点在于,这种方法不太容易受股票市场波动的影响,并且不需要同行企业作为估值参照。缺点在于,这种方法需要做出很多假设,包括折现率、现金流预测及企业终值等。而这些假设的微调可能导致估值范围的巨大变动。在实践中,我们一般会通过场景分析(Scenario Analysis)和敏感度分析(Sensitivity Analysis)来减少假设过强的负面影响。

13.3.1 资本成本

在介绍折现现金流之前,我们首先要介绍资本成本的概念。所谓资本成本,指的是股权或债权资本的机会成本或经济成本(见图13-7)。债权资本的成本很容易理解,就等于贷款或债券的利率。从经济学上也可以理解为,利息是企业为了弥补银行或投资者放弃使用资金而将之用于贷款所支付的费用,它必须与银行和投资者将资金用于其他投资所得的收益相当。这个概念也称为机会成本。

理解了这一点,我们再来看看股权的成本。虽然企业支付给股东的红利与股权净值的比值一般低于债务利率,但这并不意味着股权资本的成本要低于债权资本。股权资本的机会成本相当于股东投资于同等风险程度的股票所期望的收益率,也称股东要求收益率(Required Rate of Return)。事实上,股权收益不仅体现在股东红利上,还有相当部分来自股票价格的上升。

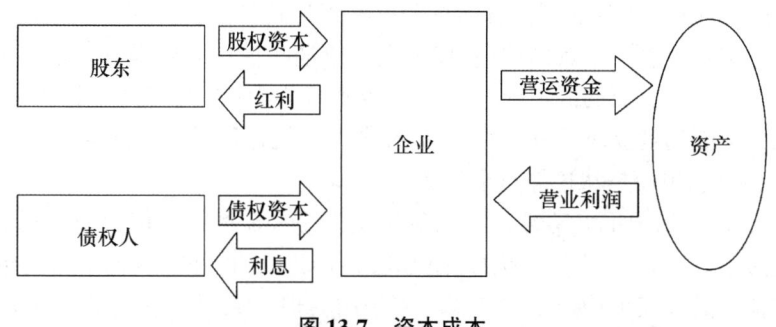

图 13-7 资本成本

我们通常将股权和债权资本的加权平均值称为加权平均资本成本（WACC）。其计算公式如下：

$$WACC = W_d \times r_d \times (1 - T) + W_e \times r_e$$

其中：

W_d 为债权资本与总资产的比值，W_e 为股权资本与总资产的比值，$W_d + W_e = 1$；

r_d 为债权资本成本，等于平均利息率；

r_e 为股权资本成本，即股东要求的收益率；

T 为公司所得税税率。

之所以在公式中债权资本成本要乘以$(1-T)$是因为债务利息是在税前扣除的，因而对企业来说，真正的成本只有税后部分。我们在计算债权资本规模时需要注意，并非所有债务都是付息债务（如应付账款和应付工资）。在持续运营的前提下，我们应计算的是付息债务对应的债务成本。此外，我们应该优先考虑债务的市场成本。如果企业的债务包括债券，则对应的成本应是债券的到期收益率，而非票面利率。前者反映的是债务的市场成本，对应债务的市场价值。在缺乏债务工具的公允市场价格时，我们可以退一步考虑使用票面利率。

我们在计算股权资本成本时，通常会考察企业股票的风险程度，一般称为 Beta 系数，相当于股票历史收益率与市场指数收益率之间的相关系数。[①] 根据公司财务理论中的资本资产定价模型（Capital Asset Pricing Model, CAPM），企业股票的期望收益率（要求收益率）等于：

$$R_i = R_f + (R_m - R_f) \times Beta$$

其中：

R_f 为无风险利率，一般采用期限为三个月的国债收益率；

R_m 为市场指数收益率，一般采用全市场综合指数，即上证和深证所有股票按市值加权平均所得的指数收益率。

CAPM 模型已经被多数实证研究证实有缺陷。但由于其逻辑简单，市场上的多数投资者仍然沿用这个模型，而不采用那些更为复杂的多因子模型。虽然如此，我们并不赞同采用 CAPM 模型来估算股权成本。对于私募股权基金而言，采用基金预期收益水平

---

① 在实际计算中，Beta 系数为股票历史收益率与市场指数收益率之间的协方差除以市场指数收益率的方差。

(如年化30%或20%)作为股权投资的机会成本较为简单,也符合投资逻辑。

企业在决定是否投资于具体的项目时,应考虑这些项目的内部收益率是否能超过企业的资本成本。如果投资的内部收益率低于资本成本,那么在支付完利息之后,股东所得到的收益率不能达到要求的水平。企业的股权价值也因此被损害了。经济增加值模型(EVA)的估值思想便是从这一点出发的。

对于折现现金流法而言,企业的价值等于未来现金流的折现值。如果我们采用的现金流指标是属于股东和债权人共有的,如EBITDA或EBIT,那么我们所采用的折现因子应是股权和债权的加权平均成本。如果我们采用的现金流指标只归属于股东,那么所采用的折现因子就应是股东的要求收益率。

13.3.2 自由现金流模型

虽然EBITDA也是常用的现金流指标,但EBITDA并非企业控制人所能直接动用的现金,而且它没有考虑到企业在运营期间必要的投融资行为所导致的现金流变化。譬如,企业业务扩张需要更多的存货及运营资本投资,而这部分现金占用并没有在EBITDA的考虑之内。因此在折现现金流模型中更常用到的现金流指标为企业自由现金流(Free Cash Flow to Firm, FCFF)和股权自由现金流(Free Cash Flow to Equity, FCFE)(见图13-8)。自由现金流不但在华尔街广为接受,也是特许金融分析师协会(CFA Institute)支持的主流模型。

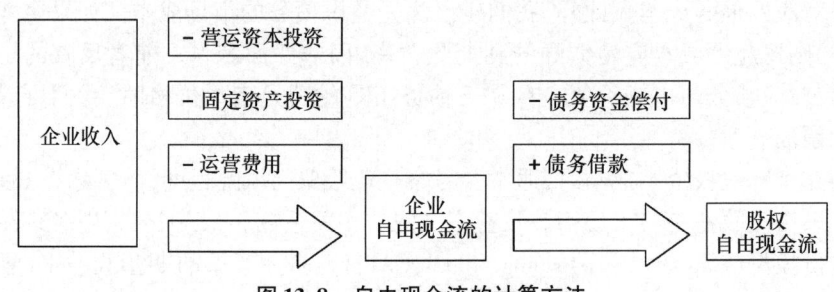

图13-8 自由现金流的计算方法

企业的收入在扣除营运资本投资、固定资产投资和增加运营费用之后所剩下的现金流便可以供企业自由使用,这一现金流指标就是企业自由现金流。而企业现金流在扣除债务本金和利息偿付并加上新的债务借款之后便得到股权自由现金流。

在具体计算方法上,企业自由现金流的计算公式主要有以下几个,其结果都是相等的:

- 计算方法一

$$FCFF = NI + NCC + Int \times (1 - T) - FCInv - WCInv$$

企业自由现金流 = 净利润 + 非现金费用 + 利息费用 × (1 − 所得税税率)
− 固定资产投资 − 营运资本投资

- 计算方法二

$$FCFF = EBIT \times (1 - T) + Dep - FCInv - WCInv$$

$$\text{企业自由现金流} = \text{经营利润} \times (1 - \text{所得税税率}) + \text{折旧}$$
$$- \text{固定资产投资} - \text{营运资本投资}$$

- 计算方法三

$$FCFF = CFO + Int \times (1 - T) - FCInv$$

企业自由现金流 = 经营净现金流 + 利息费用 × (1 - 所得税税率) - 固定资产投资

而股权自由现金流则可以通过如下计算公式得出,结果也是相同的:

- 计算方法一

$$FCFE = FCFF - Int \times (1 - T) + \text{Net Borrowing}$$

股权自由现金流 = 企业自由现金流 - 利息费用 × (1 - 所得税税率) + 债权融资净收入

- 计算方法二

$$FCFE = CFO - FCInv + \text{Net Borrowing}$$

股权现金流 = 经营净现金流 - 固定资产投资 + 债权融资净收入

在应用折现现金流模型时,我们通常会具体估算未来十年内企业自由现金流,并将十年以后所有现金流的总值(称为"终值",Terminal Value)估算为第十年现金流的一个倍数,然后将十年内的企业现金流及终值按加权平均资本成本进行折现,由此得到企业的总体价值。企业的总体价值再扣除当前的债务账面价值即得到企业的股权价值。以公式形式体现,企业价值等于:

$$V_F = \sum_{t=1}^{10} \frac{FCFF_t}{(1+WACC)^t} + \frac{TV_F}{(1+WACC)^{10}}, \quad TV_F = \frac{FCFF_{10}}{TY_F}$$

股权价值等于:

$$V_E = \sum_{t=1}^{10} \frac{FCFE_t}{(1+r_e)^t} + \frac{TV_E}{(1+r_e)^{10}}, \quad TV_E = \frac{FCFF_{10}}{TY_E}$$

其中:

V_F 和 V_E 为企业总体价值和股权价值;

WACC 为企业加权平均资本成本,而 r_e 为股东要求收益率;

$FCFF_t$ 和 $FCFE_t$ 分别为第 t 年的企业自由现金流和股权自由现金流;

TV_F 和 TV_E 分别为企业价值的终值和股权价值的终值;

TY_F 和 TY_E 分别为企业终值收益率和股权终值收益率。

上述估值思路可以用图 13-9 来表示:

折现现金流模型的准确程度取决于现金流指标的准确程度,这对尽职调查提出了很高的要求。相当多的杠杆收购最终以亏损告终,其根本的原因就是对现金流的估计过度乐观。实践操作中,场景分析和敏感度分析可以缓解预测错误带来的影响。

我们将不同的参数组合(销售收入增长、成本费用比例以及永续增长率等)定义为不同场景,如最佳、基本及最差场景。不同参数组合得出的估值即为不同场景下的估值水平。此外,我们也可以在基本场景下调整特定因素(如资源价格或销售收入增幅)的假设,从而得出一系列估值结果。估值结果与特定因素之间的相关关系可以通过图表直观地反映出来。

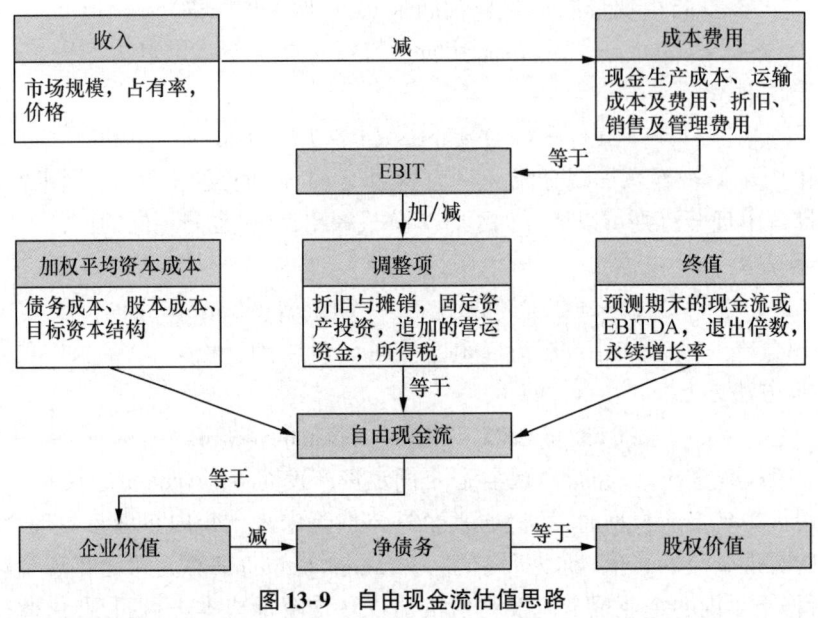

图 13-9 自由现金流估值思路

资料来源：中金公司。

13.3.3 工作程序

自由现金流模型的工作程序大致如下：
- 通过尽职调查了解企业的业务及财务信息，并构建企业的财务模型；
- 预测企业未来的现金流和终值，估算加权平均资本成本；
- 运用模型计算企业价值及股权价值。

上述工作程序看似简单，其实非常复杂。企业的主要业绩驱动因素为销售收入增长和成本费用比例。前者高度依赖企业的产品开发和营销计划，而后者则取决于管理团队控制开支的能力。在杠杆收购的场合，基金通常会给管理团队较高比例的干股，以此来激励其增收减支。杠杆收购案例失败排名第一和第二的原因分别是管理团队未能达到销售目标和管理团队未能达到成本控制目标。

此外，影响收入和成本的因素除了管理团队的内在因素之外，外部环境（如宏观经济、监管环境和消费趋势变化）也非常重要。我们需要对市场趋势有前瞻性的判断，才能得出接近实际的估计。不同行业的财务模型也不同。除了新兴行业之外，多数传统行业的财务模型都已经为分析师们掌握。现金流模型的难点不在于模型本身，而在于参数预测的准确性。

我们可以在财务模型的基础上预测企业未来的自由现金流。在投资者可以施加影响的场合（如产业并购和杠杆收购），参数的预测一般基于与管理团队的沟通。而在被动投资的场合（如股票分析），参数预测一般是基于历史数据的趋势性分析。多数卖方分析师提供的估值报告属于后者。从实证研究的角度来看，卖方分析师的主流预测与实际现金流有明显的差距。

图 13-10 的深色线为 15 家周期型企业（钢铁和交通运输设备制造商）实际现金流的变化趋势。而浅色的趋势线则是不同时期卖方分析师对这些企业现金流变化的主流预测。我们可以看出，主流预测的未来现金流通常就是当前现金流加上一定增幅。基于历史数据的主流预测在衰退阶段过高地估计了未来现金流，而在复苏阶段则显著低估了现金流。

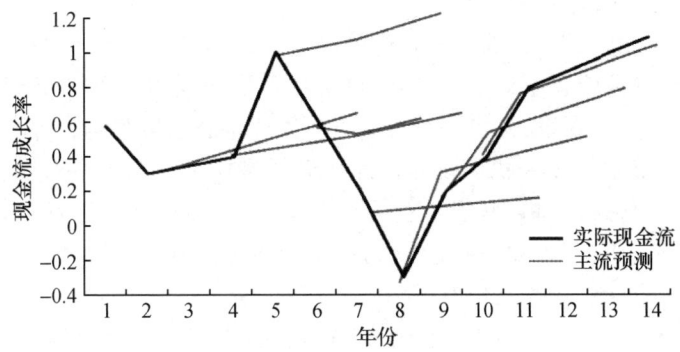

图 13-10　主流预测与实际现金流变化的区别
资料来源：国信证券研究报告《周期性公司财务预测和估值方法研究》。

杠杆收购投资中的现金流估计准确程度显然要高于卖方分析师。一方面，杠杆收购尽职调查获得信息的可信程度要远超过卖方分析师在公开电话会议上从财务总监处得到的简短信息。另一方面，在现金流未达预期时，基金管理人可以干预管理团队的决策以此推动现金流朝预想方向前进。

加权平均资本成本的估算我们之前已经探讨过。终值的估算则依赖于投资者的主观判断，一般取决于投资者对于未来市场的成长性估计。一种方法是预测退出时（即十年后）的相对估值指标范围，并以预测的现金流（如 EBITDA）与相对估值指标来计算终值。另外一种方法直接将增长率估计纳入模型中。这一模型假设在十年以后企业的现金流将维持固定的永续增长率。在此情况下，终值可以用现金流折现值的等比数列计算。下面是固定永续增长率假设下的估值模型：

$$V_F = \sum_{t=1}^{10} \frac{\text{FCFF}_t}{(1+\text{WACC})^t} + \frac{1}{(1+\text{WACC})^{10}} \times \frac{\text{FCFF}_{10} \times (1+g)}{\text{WACC} - g}$$

在上面的模型中，g 为预期的企业未来稳定增长率。

在得到现金流、资本成本和终值的估算值之后，我们便可以将这些数据代入自由现金流分段折现模型计算企业价值。在可能的情况下，我们应将折现现金流法估算的企业价值或股权价值与其他估值方法的结论相互印证。此外，场景分析和对特定因素的敏感度分析也有助于我们加深对企业价值的理解。我们通过一个例子来说明企业估值的工作流程。

案例简介　山东华能估值[①]

背景

1994年6月,华能集团以其拥有的几家主要发电厂与多家地方政府投资公司共同发起设立了华能国际电力股份有限公司(华能国际)和山东华能发电股份有限公司(山东华能)。华能国际和山东华能均于1994年在纽约证券交易所发行上市。1998年华能国际以介绍方式在香港交易所挂牌上市。

山东华能拥有德州、济宁、威海及日照等四家火力发电厂。自上市之后,山东华能的净利润不断下降,其股价也不断下跌。至2000年7月,山东华能的股价仅为其每股净资产的一半左右。在此背景下,华能国际向山东华能董事会发出整体收购要约。

2000年7月15日山东华能和华能国际的管理层以及两家公司的财务顾问,就收购对价达成一致。华能国际将以每国内普通股1.34元人民币以及每N股[②]0.1618美元,(相当于每美国存托股(ADS)8.09美元)的现金价格购买山东华能,相当于10.23倍的静态市盈率,较当时市场价格约溢价100%。

法国里昂证券新兴市场部("里昂证券")作为山东华能董事会聘请的财务顾问,对此收购要约价格的公平性进行了评估。接下来我们介绍里昂证券向山东华能董事会提交的《对价公平性分析》报告的主要内容。

尽职调查

里昂证券通过下列渠道收集山东华能的相关业务及财务信息:

- **公司现场调查**。里昂证券于5月31日向公司提交了尽职调查问题清单,6月6日赴济南对公司进行尽职调查。通过公司对问题清单提供的书面回答及与公司及各部门管理层的多次会议,里昂证券掌握了制作财务模型及进行企业估值所需的相关资料,其中包括公司管理层对未来公司业务、营运及发展前景的预测及假设。

- **走访中介机构**。里昂证券多次与公司审计师安达信公司会谈,讨论有关公司会计处理、会计科目等相关问题。

- **走访行业专家**。里昂证券与多名中国电力行业专家人士和里昂证券电力研究部会谈,并阅读了大量行业期刊及出版物,以获得关于中国电力市场未来供需情况、发展前景及改革规划的信息。

- **收集公开资料**。这些资料包括:山东华能向监管机构备案的公开文件,包括:1994年公司于纽约上市时的招股书及1999年公司财务报表和1995—1998年财务数据等;有关公司自上市以来股票交易价格和交易量的资料;有关和公司业务类似并可比的其他公开上市公司的资料,包括其营运状况、财务状况及市场交易状况;有关市场最近宣布或完成的电力行业并购交易的资料,包括交易对价、溢价、交易背景及目标公司财务状况等。

在此基础上,里昂证券用三种方法分别对山东华能进行估值:

[①] 资料来源:2000年7月法国里昂证券新兴市场向山东华能发电股份有限公司董事会提交的《对价公平性分析》演示材料。

[②] N股即在NYSE(纽交所)上市股票的普通说法。通常会以美国存托凭证(ADR)或美国存托股份(ADS)进行交易。每ADR/ADS可对应一定数量的N股。

- 股权自由现金流折现法；
- 相对估值法(基于市盈率及市净率)；
- 同类并购交易比较。

股权自由现金流折现法

里昂证券采用的现金流折现模型预测了山东华能未来15年(2000—2014年)的现金流量,并对15年后的现金流使用了永续增长的假设计算公司终值。按股本成本对未来扣除偿债成本后可获得的净现金流进行折现,所得结果加上山东华能2000年1月1日现金持有量,得出公司资产净值。其估值思路如图13-11所示。

图13-11 山东华能公司估值思路

里昂证券在报告中解释,之所以未采用企业自由现金流作为估值依据,是因为他们认为山东华能未来的资本结构会发生改变,因此采用股本成本折现法有助于得到更精确的估值结果。从事后来看,华能国际以举债方式完成了该笔收购交易,一年之后又通过在上交所发行A股募集资金偿还贷款。其资本结构确实发生了较大改变。

根据14%—16%的股权资本成本及0%的永续增长率,里昂证券估算山东华能的每股资产价值在1.33—1.51元之间(见表13-5)。如果以15%折现率及0%永续增长率为基本场景,则华能国际1.34元/股的出价相比里昂证券的估值有5%的折让,虽然相比市价已经溢价近100%。

表13-5 里昂证券估计的山东华能每股资产净值

折现率(r)	相应终值乘数($1/r$)*	每普通股资产净值(人民币)	每ADS资产净值(美元)
14%	7.14	1.51	9.12
15%	6.67	1.41	8.52
16%	6.25	1.33	8.02

*如永续增长率为0%,则根据我们之前介绍的方法计算,终值乘数恰好等于折现率倒数。

里昂证券所依据的财务模型如图13-12所示。

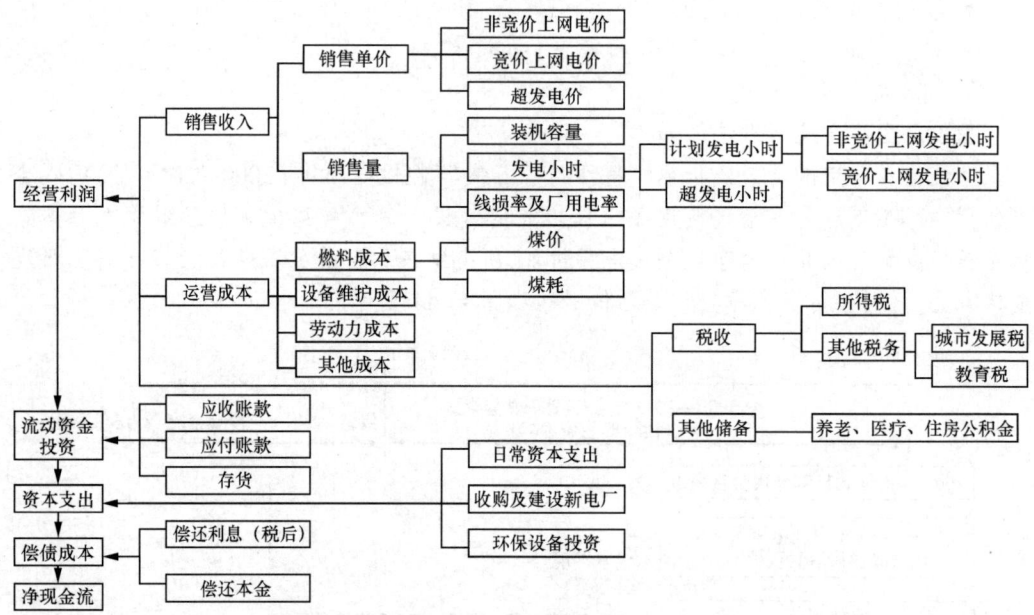

图 13-12　财务模型图示

对于上述模型中的几个重要参数，里昂证券做了以下几个假设：
- 非竞价上网电价在未来 15 年保持不变，竞价上网电价相比非竞价上网电价有 10%—30% 的折扣；
- 电厂年发电小时数基本维持不变；
- 假定标准煤价在未来十五年每年递增 1%；
- 发电标准煤耗将维持不变。

我们之前提到，卖方分析师对未来现金流的预测多数基于历史数据分析，对发电这类周期型行业估算的误差较大。本案例也不例外。从图 13-13 中我们可以看出，对山东华能估值非常关键的发电小时数假设与实际相去甚远。事实上，中国从 2003 年起便经历了严重的电力短缺。由此也带动了中国煤价的大幅上扬。2000 年 7 月，德州、济宁和威海的标准煤价分别为人民币 233.81 元/吨、236.83 元/吨和 313.70 元/吨（其中包括运输成本，但不包括增值税）。2013 年 2 月中国市场各种热量的动力煤平均价格均在 500 元/吨以上。因此煤价每年递增 1% 的假设基本错误。

相对估值法

里昂证券挑选了几家中国境外上市的发电企业市盈率及市净率作为山东华能估值的参照标准（见表 13-6）。如果按照参照企业的相对估值水平来看，华能国际的要约收购价格接近甚至超越山东华能股票的公允市场价值。

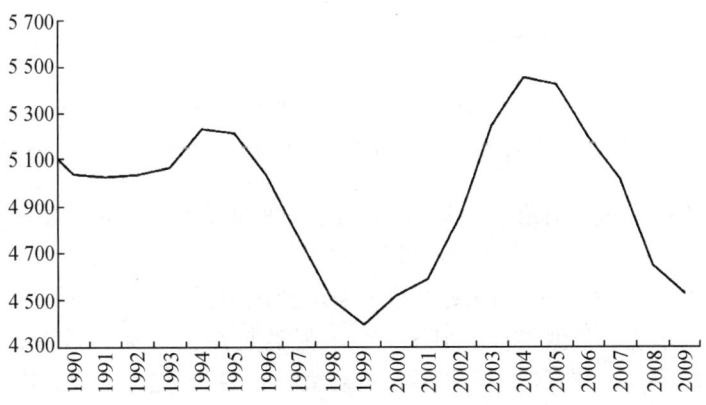

图 13-13 中国发电设备平均利用小时数

资料来源：CEIC，安信证券。

表 13-6 中国境外上市发电企业市盈率/市净率参照

公司	市盈率	市净率
北京大唐电力	7.20	0.77
华能国际	8.57	0.75
山东国电	4.83	0.89
浙江东南电力	6.54	1.08
山东华能（市场价格）	**5.08**	**0.35**
山东华能（并购出价）	**10.23**	**0.70**
平均值—中国电力公司	6.44	0.77
中间值—中国电力公司	6.54	0.77

注：根据 2000 年 6 月 20 日收盘价格计算。

可比交易法

此外，里昂证券还采用了可比交易法（Precedent Transaction Analysis）。里昂证券分析了当时已经完成的几宗电力并购交易的出价情况，包括：

- Nisource Inc a 和 Columbia Energy Group（2000 年 2 月）—美国
- RWE AG 和 VEW（1999 年 10 月）—德国
- Consolidated Edison Inc 和 Northeast Utilities（1999 年 10 月）—美国
- Northern state Power 和 New Centry Energies, Inc.（1999 年 3 月）—美国
- National Grid USA 和 Eastern Utilities Associate（1999 年 1 月）—美国
- National Power Plc 和 Malakoff Bhd（1998 年 4 月）—马来西亚
- Sithe Energies Group 和 The Cogeneration Public Company Limited（1998 年 3 月）—泰国

上述交易的并购价格与公告日 4 周前价格相比的平均溢价为 28.04%。华能国际对山东华能的出价与估值日 4 周前的市价相比溢价达 108.83%，相比估值日（2000 年 7 月 14 日）市价仍有 79.83% 的溢价。

结论

里昂证券认为:

> 经过我司对于公开可得的、公司管理层提供的或其他各项资料的评估、审核及分析,我们认为上述对价对山东华能的股东,从财务角度而言,是公平的。

上述案例体现了相对估值法和折现现金流法两种方法的差异。相对估值的结果受市场情况影响较为明显,因此在市场底部给出的价格非常之低。而折现现金流法不太受当前市场情况影响,但其结果却高度依赖长期现金流假设。如果从收购后的发展来看,里昂证券对山东华能的估值过低。但这一估值显然是在当时所掌握的信息下做出的相对合理的评估结果,流通股股东获得了近一倍的溢价回报。里昂证券并没有为15%的折现率和0%的永续增长率提供合理的解释。尽管荒谬,但不少估值操作是先有了目标估值再逆推出对应参数,这一案例也不能摆脱这种嫌疑。

13.4　估值指引

在过去,私募股权基金向投资者报告的企业估值并无一定的规则。估值标准基本取决于基金管理人的意愿。一位欧洲母基金经理甚至遭遇过这样的情况。他投资了三家不同的私募股权基金,而这三家基金恰好又同时投资了同一家非上市企业。该企业在三家基金账上的估值分别为9.6亿欧元、4.8亿欧元和0欧元。实际的情况可能是第三种估值是对的。

机构投资者对私募股权基金财务报告估值标准不一的情况十分不满。于是在英国创投协会(BVCA)、欧洲创投协会(EVCA)及机构有限合伙人协会(ILPA)的推动下,私募股权基金统一的估值指引开始出现。国际股权投资和创业投资估值理事会("IPEV理事会")所发布的《国际股权投资和创业投资估值指引》(International Private Equity and Venture Capital Valuation Guidelines,"估值指引")已经获得包括中国股权投资基金协会在内的约40个国家或地区的创业/股权投资基金协会的认可和接受。

接下来我们将简要介绍该估值指引(2012年12月版)中提及的估值原则及估值要求(第2及3部分)。读者可以在IPEV的网站[①]下载该估值指引的英文全文。读者需要注意的是,该估值指引针对的是GP向LP提供的财务报告中对受资企业的估值,而非我们之前所讨论的在投资决策过程中的估值操作。

---

① www.privateequityvaluation.com。

13.4.1　估值原则

2.1　基金管理人应评估每项投资在评估日(注:财政季度末或财年末)的公允价值。

2.2　在评估一项投资的公允价值时,评估者从整个投资组合的角度(注:如协同效应)考虑该项投资的性质、事实及背景,为之选择恰当的估值方法,在估值时应结合市场参与者的假设采用合理的市场数据和参数。

2.3　不管采用何种估值方法,估值都应根据评估日的市场情况从市场参与者的角度出发。

2.4　一般来说,在私募股权投资的场合,市场参与者会根据假定受资企业整体出售时的企业价值来确定该项股权投资的合理价格,操作程序如下:

i. 运用估值方法确定受资企业的企业价值;

ii. 根据相关事项(如多余资产、额外债务及其他可能产生影响的重要因素)对上述企业价值进行调整,从而得到受资企业的调整后企业价值;

iii. 考虑任何可能摊薄基金投资的工具(注:如可转债、员工期权或认股权证)造成的影响后,从调整后企业价值中扣除优先于基金持有的最高优先等级工具的数额,以得到可分配企业价值;

iv. 根据优先等级将可分配企业价值分配给对应的金融工具(注:股东贷款、可转换优先股和普通股等);

v. 将基金持有的金融工具分配所得金额加总得到公允价值。

2.5　由于私募股权投资的公允价值评估存在固有的不确定性,评估者在评判及进行必要估值时应采取谨慎态度,但过度谨慎也是不可取的。

2.6　如果在一家受资企业的初始投资或工具为公允定价(如果初始交易为正常①则通常如此),那么未来在考虑其他估值方法时应将初始投资日的市场参数代入,从而评估该估值方法的合理性。这一过程也称"校准"。校准的逻辑是如果一种估值方法用初始投资日的市场参数能得出公允价值,那么采用后续评估日的市场参数也能得出对应的公允价值。

13.4.2　估值方法

3.1　总则

i. 在确定一项投资的公允价值时,评估者应考虑该项投资可能影响公允价值的特定条款并做出判断。在考虑这方面问题时,投资的经济实质应优先于其严格的法律形式。(注:譬如,可转债的法律形式为债务,但在评估时有很大可能其价值与股权投资相同。)

---

① 强制出售或破产威胁下的出售则被视为非正常交易。

ii. 如果基金的报告货币与投资使用的货币不同,则在评估该项投资的价值时应采用评估日的即期卖出汇率报价换算。

3.2 评估者应审慎判断,为具体投资项目选择最合适的估值方法。

3.3 近期投资价格。在应用近期投资价格估值法时,评估者可以扣除交易成本后的初始投资价格作为企业价值的公允价值。或者,评估者可以受资企业后续融资时的估值作为公允价值,但这种做法仅当该笔融资具备相当规模且该融资被认为是公允定价时,并且这一做法仅适用于后续融资完成后的一段时期。

3.4 估值倍数。在应用盈利倍数估值方法评估企业公允价值时,评估者应:

i. 考虑受资企业的规模,风险状况及盈利成长前景,为之选择合适且合理的估值乘数,与企业可持续盈利相乘得出企业价值;

ii. 根据相关事项(如多余资产、非营运资产、额外债务及其他可能产生影响的重要因素)对上述企业价值进行调整,从而得到受资企业的调整后企业价值;

iii. 考虑任何可能摊薄基金投资的工具造成的影响后,从调整后企业价值中扣除优先于基金持有的最高优先等级工具的数额,以得到可分配企业价值;

iv. 从市场参与者的角度出发,根据优先等级将可分配企业价值分配给对应的金融工具。评估者在评估市场参与者角度时应审慎判断。

3.5 净资产。在应用净资产法评估企业公允价值时,评估者应:

i. 从市场参与者的角度出发评估受资企业的资产和债务之后得出企业净资产(如有必要,应根据如多余资产、非营运资产、额外债务及其他可能产生影响的重要因素进行调整);

ii. 考虑任何可能摊薄基金投资的工具造成的影响后,从调整后企业价值中扣除优先于基金持有的最高优先等级工具的数额,以得到可分配企业价值;

iii. 从市场参与者的角度出发,根据优先等级将可分配企业价值分配给对应的金融工具。评估者在评估市场参与者角度时应审慎判断。

3.6 受资企业折现现金流或折现盈利。在应用折现现金流法或折现盈利法评估企业公允价值时,评估者应:

i. 在合理假设下估算企业未来现金流(或盈利)及终值,运用反映企业风险的风险调整折现率折现得出企业价值;

ii. 根据多余资产,非营运资产,额外债务及其他可能产生影响的重要因素对上述企业价值进行调整,从而得到受资企业的调整后企业价值;

iii. 考虑任何可能摊薄基金投资的工具造成的影响后,从调整后企业价值中扣除优先于基金持有的最高优先等级工具的数额,以得到可分配企业价值;

iv. 从市场参与者的角度出发,根据优先等级将可分配企业价值分配给对应的金融工具。评估者在评估市场参与者角度时应审慎判断。

3.7 投资折现现金流。在应用投资折现现金流法评估投资的公允价值时,评估者应在合理假设下估算该项投资的未来现金流,终值,到期偿还金额或日期,运用反映企业风险的风险调整折现率折现得出企业价值。这一估值方法通常适用于债权类投资。

3.8 行业估值基准。行业估值基准指标只有在少数情况下可能成为估算公允价值的可靠且合适的主要依据。这一方法主要用于与其他估值方法产生的结果相互印证。

3.9 有效市场价格。

i. 存在活跃市场报价的投资工具的公允价值应采用评估日的买卖报价范围内最具代表性的价格。评估者应持续采用买卖报价范围内最具代表性的价格位置(注:如纳斯达克市场的买卖报价平均值)。

ii. 估值时不应考虑大宗交易折价。(在投资者持有证券数量较大,日常交易规模无法吸纳该笔投资减持时,通常投资者会以大宗交易方式折价出售给机构投资者。折价部分即为大宗交易折价。中国市场的大宗交易折价在10%以内,2012年普遍在5%—8%之间。)

iii. 如存在限制证券(而非持有人)流动性的合同,政府或其他法律强制因素,进而可能影响市场参与者在评估日愿意为该证券支付的价格,则公允价值可在活跃市场报价基础上适度折让。

14 投后管理

从股权收购完成到最后退出之间,私募股权基金仍然要关注所投资企业(受资企业,Portfolio Companies)的表现。在此期间,私募股权基金将为企业提供战略、融资和人力资源等多方面的支持。这也是私募股权基金创造价值的基础之一。而一旦企业遭遇困难,基金将会介入干预。譬如说,如果被投资企业失去关键客户,基金往往利用其资源帮助企业挽回局面。基金在收购完成到退出之间的工作称为投后管理,也翻译成组合管理(Portfolio Management)。

投后管理的职能在基金管理公司内部的工作划分中属于后台业务(Back Office)。在过去,投后管理并没有受到基金管理人的重视。不少投资经理在股权收购完成之后便希望坐享其成。但现在越来越多的管理公司发现,投资失败的原因有相当部分是在投资后出现的。因此一些大型基金管理公司开始组建专门的部门来负责投后管理。在过去,发达国家市场上超过90%的交易案例由发起交易的投资经理负责投后管理,现在这一比例已经降低到一半左右。

KKR于2000年设立的Capstone部门是并购基金投后管理的著名例子。Capstone拥有超过60个运营经理,专门为KKR投资的企业提供管理服务。该部门会从尽职调查阶段便介入投资项目,向投委会报告项目可能存在的价值增长点,为项目设计为期100天的革新计划并具体参与实施。作为杠杆收购模式的首创者,KKR过去引以为傲的是融资结构设计,现在Capstone已经成为KKR的招牌业务。

在中国市场上,绝大多数基金管理公司都是由发起项目的投资经理负责投后管理。只有少数基金管理公司设立了专门的投后管理部门。譬如,鼎晖创投有专设的运营合伙人,负责受资企业的投后运营管理。此外,一些基金管理人本身就拥有丰富的创业经验,可以为受资企业提供战略建议。红杉资本的沈南鹏(携程创始人)、鼎晖创投的王功权(万通地产创始人)和经纬创投的邵亦波(易趣创始人)都是这方面的典型例子。

总体而言,投后管理还没有得到中国基金管理公司的重视。这个现象的背后可能有多个原因。一方面,主流的Pre-IPO投资策略并不需要基金管理人的深度介入。另一方面,中国企业的创始人通常对企业拥有很强的控制力,外部投资者很难对企业管理施加影响。更重要的原因可能是中国私募股权基金的投资项目过多。国际市场上基金管理公司每年平均投资不到4个项目,中国一些大型基金管理公司每年投资数十个项目。譬如,深创投2012年投资将近50家企业,而2011年这个数字为81。过多的投资项目分散了基金管理人的精力和资源。

故事的另一面是,不少中国企业家在接受私募股权投资后表示并没有得到期望的增值服务。一些企业家甚至将其与基金管理人的矛盾公开化,如俏江南的张兰、相宜本草的封帅和当当网的李国庆等。另外一些企业家则担心基金管理人无法专注为其提供服务,而拒绝了不少知名基金管理公司的投资建议。

本章将简要介绍投后管理的主要事项。

14.1 信息收集渠道

基金管理人首先要通过各种渠道去收集被投资企业的信息。这些渠道通常包括出席董事会、企业的信息披露资料、基金经理的现场考察等。路透社2006年对亚洲私募股权基金经理的问卷调查表明,基金经理认为监控亚洲企业的各项措施中,与企业高层面对面的沟通是其中最重要的(见图14-1)。而企业提供的定期报告所提供的信息中,经理层对业务的分析和讨论是信息中最重要的。

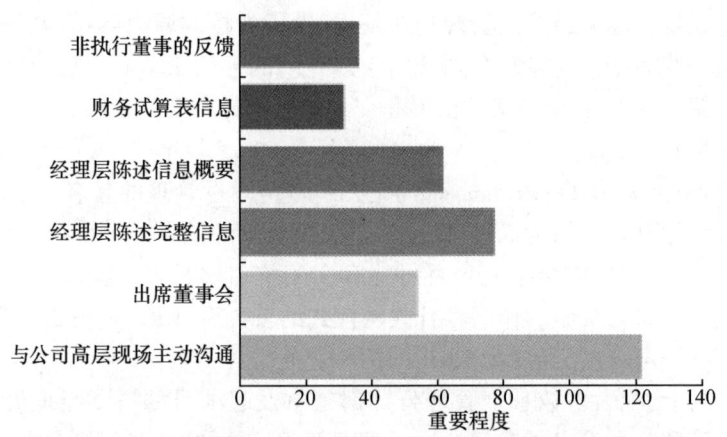

图14-1 私募股权信息监控措施的重要性评估

资料来源:路透社2006年问卷调查。

通常来说,主投基金会获得董事会席位,而跟投的其他基金不一定拥有董事会席位。因此受资企业提供的年报和定期报告成为跟投基金的重要信息渠道。但是从国内基金管理人的经验来看,企业提供的信息披露文件不能全面反映其实际情况。对受资企业的定期现场访问,尤其是生产和销售场所的访问,往往能够帮助基金管理人获得深入的认识。

下面是深创投内部管理制度中关于投后管理的规定:

在投资协议生效后,项目投资经理具体负责项目的跟踪管理,除了监控企业经营进展外,还应为企业提供战略性或策略性咨询等增值服务,使企业在尽可能短的时间内快速增值。跟踪管理的具体内容有:

- 定期(每月或每季,视项目企业具体情况而定)取得企业财务报表、生产经营进度表、重要销售合同等,并分析整理为《企业情况月度分析表》;
- 参加企业重要会议,包括股东会、董事会、上市工作项目协调会以及《投资协议》中规定公司拥有知情权的相关会议并形成《会议记录》;
- 每季度对企业进行至少一次访谈,了解企业经营状况、存在的问题、提出相关咨询意见并形成《企业情况季度报告》。

基金管理公司会定期召开合伙人/高管会议,对受资企业的经营和财务表现进行讨论。如果需要采取干预措施,也将会在这个会议上提出。但从国内的实践来看,占用定期合伙人会议更多的时间是新项目的投资决策事项,投后管理不太被重视。此外,一般每季度或每半年基金管理公司都会对所投资的企业进行彻底的分析,考察企业未来发展的前景以及是否需要介入干预。

14.2 监控指标

在企业发展的不同阶段,基金所监控的指标也不同。对于那些仍处于研发阶段的企业,基金在财务指标方面一般关注运营成本的规模以及亏损占持有现金的比例("烧钱速度",Burning Rate)。创业企业账上现金与每月现金流出的比例是基金管理人在早期需要重点关注的指标。一般来说,当企业账上现金只够6—12个月开支时,基金管理人便会要求创始人开始融资活动。许多"流血上市"案例背后的原因都是企业现金支撑不了近期发展。这方面的典型例子包括2000年的搜狐和网易,2012年的唯品会和欢聚时代。在必要的时候,基金管理人甚至会强迫创始人将企业出售给第三方收购者以避免投资的彻底失败。

当产品研发结束,企业开始产生销售收入时,财务指标监控的重点开始转移到销售收入成长率。在业务指标方面,基金开始关注企业的客户增长率,销售渠道的建立与拓展,以及市场和销售团队的建设。但是此时基金不会过度强调利润和现金流,因为企业在这个阶段仍然需要投入大量的营销费用去拓展市场。

在企业接近盈利或盈利阶段,基金的财务监控指标除了销售收入增长率之外,开始关注销售利润率和现金流。相当多的基金经理对现金有很强的偏好。基金经理强调利润和现金流指标的原因在于,此时已经可以考虑退出策略,而较好的利润和现金流指标显然对退出收益有很大帮助。在业务指标方面,基金开始关注企业整体团队的构建以及营销计划的实施(见表14-1)。根据美国的统计数据,能从创业之初坚持到企业上市的高管比例只有25%。创业企业成长过程会不断吸收新鲜血液壮大管理团队。基金管理人的主要贡献之一便是为受资企业招揽人才。

表14-1 不同阶段企业的监控指标

	早期阶段(有销售收入前)	早期阶段(有销售收入)	接近盈利/盈利阶段
财务指标	• 运营成本 • 烧钱速度	• 运营成本 • 烧钱速度 • 销售收入	• 销售收入 • 销售利润 • 运营成本 • 现金流
业务指标	• 产品开发 • 公司团队成员增加	• 产品开发 • 消费者因素 • 公司团队 • 销售渠道	• 销售渠道 • 订货 • 团队 • 营销计划

拓展阅读 销售策略的重要性

在中国市场上,成功的创业企业往往有非常成功的销售策略。相应地,这些企业也为投资者提供了丰厚的回报。因此在投后管理阶段,关注企业的营销计划和销售渠道建设是非常重要的。以下为几个有特色的成功案例。

盛大的网吧营销战略

盛大在创立时依靠游戏软件分销商育碧公司为其销售点卡,并将销售收入的三分之一分给育碧作为佣金。随着《传奇》游戏玩家数量的暴涨,育碧依靠传统软件店的销售渠道渐渐跟不上盛大销售收入的增长。有一阶段,当《传奇》的玩家买不到点卡时,育碧渠道的反馈却是点卡积压销售不出去。在此情况下,盛大将游戏点卡以电子方式分销给网吧业主,授权其销售点卡并负责推广游戏。在网吧上网时间和《传奇》游戏点卡捆绑销售的有力推动下,盛大的销售收入迅速增长。由于网吧营销战略的成功,盛大最终取消了与育碧这种传统分销渠道的合作。

巨人网络的免费游戏策略

在巨人网络的《征途》游戏上线时,一线二线城市的网吧市场已经被盛大等公司占据。巨人网络的创始人史玉柱制定了另类的销售策略。首先,《征途》游戏改变了以往的按时间收费的方式,而是采用"免费"策略。玩家玩游戏不收费,但是一些高级装备却售价高昂。为了吸引人气,巨人网络甚至为在线时间超过一定长度的玩家提供一定价值的回馈。免费的《征途》游戏销售游戏装备所得的收入超过了很多收费的游戏。在《征途》成功之后,不少游戏公司开始借鉴"免费"策略,其中包括盛大。

3721的小区域独家代理策略

3721是一家销售中文域名的公司,后来被雅虎收购。与传统的分级代理销售体系不同,3721将全国市场划分成多个小区域市场,且在一个小区域内只与一家代理商签约。为了激励代理商,3721甚至将代理商的分成比例提高到70%,并强制要求其中的10%必须归代理商的销售代表。由于中文域名的边际成本几乎为零,3721通过这种高分成比例的代理策略获得了相当高的利润。2003年被雅虎以1.2亿美元的价格收购之前,3721已经拥有45万企业客户,年销售收入超过2亿元,利润约6000万元。

分众传媒的先加盟后收购战略

在开始起步的时候,由于资本规模的限制,分众传媒无法在所有大中型城市全线铺开业务。为占领市场,分众传媒允许加盟商在50个城市以加盟方式拓展业务。在分众传媒融资成功之后,则逐步收购这些加盟商。分众传媒的先加盟后收购战略是传统企业迅速占领市场的有效策略。小肥羊火锅也曾经采用过类似的策略,并取得了一定的成功。但糟糕的是,小肥羊的CFO在被3i基金问及有多少家门店时,根本答不上来。直营店、加盟店和冒牌店的数量之多和相互混淆令人惊奇。

14.3 增值服务

在投后管理阶段,基金管理公司对被投资企业的帮助主要体现在融资、战略建议、团队建设、行业联系和危机公关等方面。

在企业成长的过程中往往需要进行多轮的融资,借助基金管理公司的关系网络,企业可以吸引到其他基金的投资。譬如,参与百度 B 轮融资的德丰杰(DFJ)和 IDG 基金便是因百度 A 轮股东 Integrity Partners 推荐而加入的。此外,作为金融中介机构,基金管理公司往往与投资银行和银行有一定的业务联系。借助这种关系,创业企业在银行贷款、发行债券和股票等融资活动中会有一定的便利。尤其是在 IPO 过程中,基金管理公司往往能为企业提供有用的建议。

作为投资专家,基金管理公司可以根据其历史投资经验为企业提供战略决策建议。但是从实际情况来看,我们不能过分夸大基金对企业战略发展的影响。在中国互联网创业投资历史中,基金对受资企业的正面和负面影响均有经典案例。软银对阿里巴巴集团的支持是其中的成功案例。阿里巴巴集团原本的业务为 B2B 服务。2003 年在软银的建议和资金支持下,马云启动了淘宝网项目,以应对电子港湾(eBay)进军中国的挑战。① 这一决定改变了阿里巴巴的发展轨迹,也对中国电子商务的发展起到了巨大的推动作用。2002 年阿里巴巴的估值不过数千万美元,而阿里巴巴 2012 年的估值已经在数百亿美元的级别。

百度的转型则是相反的例子。百度早期的商业模式类似 OEM,即为门户网站提供外包搜索服务。2001 年网络泡沫破裂之后,新浪等网站不愿意继续为搜索服务付费。李彦宏决定模仿美国搜索引擎 Overture 的竞价排名业务,将客户由少数门户网站转变为中小企业客户。这一决定遭到了董事会多数基金代表的反对②,但是李彦宏力排众议逐一说服了这些投资者。竞价排名后来获得了巨大的商业成功,百度也因此成为中国的商业传奇。与阿里巴巴类似,2001 年百度的估值不过数千万美元级别,2012 年也达到了近 400 亿美元。

从事后角度来看,当基金管理人与创始人意见相左时,多半创始人坚持己见的案例更容易获得商业成功。创新工场的创始人李开复在其专栏写道:

> 投资人跟创业者一样,也必须在执着和放弃之间寻找平衡点。往往懂得很多的 VC 会强势地告诉创业者该如何去做,我认为好的投资者是那些既能提供增值服务又懂得放权的,双方彼此尊重,这是很重要的一件事情。

创新工场开始试图做孵化器,为创业者提供创业辅导。但后来李开复公开承认,真

---

① eBay 收购了易趣(Eachnet,中国最早的 C2C 网站之一),从而进入中国市场。但在淘宝网激烈竞争下,eBay 在中国的业务已经边缘化。

② 读者可以参见林军所著的《沸腾十五年》中的精彩叙述。

正的创业者是不用教的。创新工场遂转型成为创投基金。中国多数投资案例中投资人与企业家还是以和为贵。市场上也有少数投资人与企业家爆发激烈冲突的案例,如娃哈哈和雷士照明。在这类案例中,基金从最终结果来看都是输家。因此,如李开复所言,"在执着和放弃之间寻找平衡点"对于投后管理而言非常重要。

基金管理公司对企业的团队建设和高级管理人的招募能起到重要的作用。基金管理人由于长期扎根于特定行业(如IT投资),因而具备良好的人脉关系,同时也掌握不少人力资源信息。因此在基金管理人的增值服务中,团队招募往往是基金完成得最好的部分。必要的时候,一些基金管理公司的投资经理甚至作为全职员工加盟受资企业。譬如,华登国际集团的副总裁茅道临便曾加盟该基金所投资的新浪,并曾一度担任该公司的CEO。

对于Pre-IPO策略而言,在企业上市之前往往会招募一些已被资本市场认可的人士,以方便与机构投资者的沟通。盛大在上市之前便聘请前微软中国总裁唐骏作为CEO。基金管理公司的人际网络能够帮助企业招募到这类优秀人士。英国3i基金在投资小肥羊和分众传媒之后都曾为这两家受资企业引进国外同行高管。

基金管理人还可能通过其行业联系为企业介绍客户或合作伙伴。百度的第一个企业客户硅谷动力便是它的股东半岛基金引荐的,因为半岛基金同时也是硅谷动力的股东。凯雷集团投资了一家扬州无缝钢管厂之后,便建议其进军国际市场,并为其建立了国际推销员的团队。这个战略决策使得被投资企业的销售收入和利润均有大幅度的增长。

根据路透社对被投资企业的调查,企业家认为基金的正面影响主要体现在:公司治理、董事会指导、改进业务流程、行业信息、优化财务结构以及与基金投资的其他公司的协同效应等方面(见图14-2)。

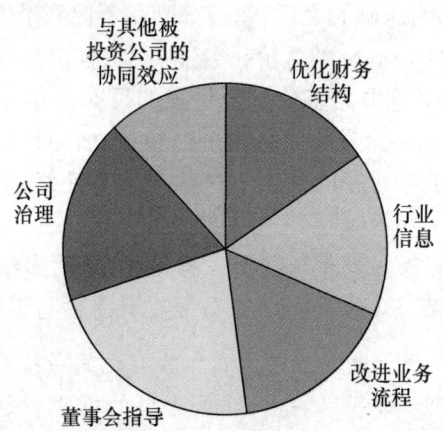

图14-2 基金管理公司对被投资企业的正面影响调查
资料来源:路透社(2006)。

14.4 基金投资失败的原因分析

基金在进行投资时未能得到预期收益属于投资中的正常现象。一般来说,投资失败的原因可以分为交易前因素和交易后因素。过去基金管理人一般认为,项目投资失败的主要原因发生在交易之前,譬如受企业历史业绩误导,市场预测数据过度乐观,对市场份额增长过度乐观或商业计划缺乏可行性等。但现在,越来越多的基金管理人发现,项目投资失败有相当部分原因来自交易后因素,譬如技术、市场或监管环境变化,以及管理团队未能达到预定的业绩目标等(见图14-3)。

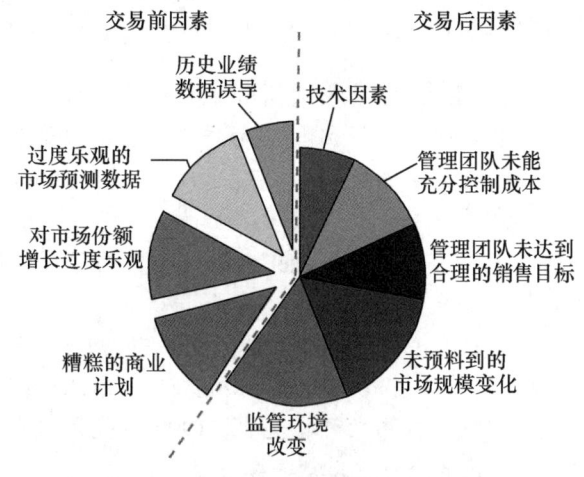

图14-3 私募股权投资失败的原因调查

资料来源:路透社(2006)。

过度乐观的市场预测

相当多的投资失败源于过度乐观的市场预测。其中典型的例子是互联网投资。在1990年代末,投资者和创业者预见到互联网将颠覆传统的商业模式,但没有预见到这一过程所要花费的时间。虽然互联网投资在2000年前后达到顶峰,但互联网企业真正找到盈利模式是在2003年以后。而在此之前,绝大部分互联网企业都已经倒闭了。

糟糕的商业计划

很少有创业者能够在企业发展的过程中完全执行商业计划,但商业计划还是为企业未来的发展提供了总体的规划。成功的商业计划会注意到中国商业环境与社会文化的独特性,并有选择地借鉴发达国家成功的商业模式。但中国有相当的创业者照搬美国的商业模式,但其中大部分都失败了。糟糕的商业计划会将创业者引入歧途,也会毁掉私募股权投资。

管理团队未能达到预定业绩指标

私募股权基金一般会给予管理团队足够的股权激励,但并非所有管理团队都能按照约定完成业绩目标。如果基金管理人放任企业往错误的方向发展,投资失败将很难避免。因此基金管理人需要与管理团队保持沟通,并且在需要介入干预时及时出现。当撤换管理团队不可避免时,基金管理人需要做出抉择。

市场环境/监管环境的改变

在中国,市场环境和监管环境的改变是经常出现的情况。而往往环境的改变会使得原本发展前景良好的企业遭遇困境。基金管理人需要对未来市场发展和政策环境有充分的预见性。

技术因素

技术的演进可能会使得被投资企业处于竞争劣势。基金管理人需要在尽职调查中对未来技术的发展有前瞻性的认识。对过度超前或落后的技术企业所进行的投资往往以失败告终。

拓展阅读 曾李青的九不投

非常遗憾,学术界对成功企业特质的研究并不能为投资实践提供太大的指导。而一些畅销的成功学和管理学书籍也颇令人质疑,因为作者自己的投资表现也很糟糕。2012年10月,著名的畅销书《富爸爸,穷爸爸》的作者罗伯特·清崎(Robert Kiyosaki)拥有的"富裕全球公司"宣布申请破产保护。2012年11月,著名的"波特五力理论"发明人,哈佛大学商学院终身教授迈克尔·波特(Michael Porter)创立的管理顾问公司摩利特集团(Monitor Group)也申请破产保护。

想要按图索骥寻找成功企业的读者很难获得投资成功。1994年出版的管理学书籍《基业长青——企业永续经营的准则》(Build to Last: Successful Habits of Visionary Companies)曾经畅销一时,甚至被《哈佛商业评论》列为1990年代两本最重要的管理学书籍之一。但其所列举的十几家优秀企业后来却多数成了反面教材。

我们很难归纳出成功企业的基因,讨论失败企业的特征反而更容易一些。接下来我们引用著名天使投资人曾李青的"九不投"经验。曾李青是腾讯公司的共同创始人之一,后来离开腾讯从事天使投资。曾李青投资了约50家公司,总金额在2亿—3亿元之间。其投资的淘米网和第七大道都成功套现,回收现金约1亿元。

曾先生在3W咖啡馆①股东年会上分享了其2007—2012年间的投资经验。他将之总结为"九种公司不能投",即:

第一,不投跨行业创业。
第二,不投综合素质不高或者核心能力不强的公司。
第三,不投创始人不和睦、容易分裂的公司。
第四,大学生创业不靠谱。他们没有被人管过,也就很难去管人。
第五,必须专注做好一件事。(即不投不专注的企业)
第六,不投股份安排不合理的公司。

---

① 3W咖啡馆在创投界有一定知名度,其北京店位于中关村,是互联网创业者和基金经理聚集的场所。传说其股东数量将近100名,包括企业家、投资人、知名创业者及媒体人等。

第七，创业者盲目乐观或者很封闭，不太愿意和投资人交流的容易失败。

第八，速度太慢导致失败。

第九，学会隐藏自己。（即不投资过分高调的创业者）

每一条"不投"经验背后都有失败的案例支撑，因此上述总结有值得借鉴之处。譬如，虽然不少美国著名企业家都是辍学创业，如比尔·盖茨（微软）、史蒂夫·乔布斯（苹果）和马克·扎克伯格（Facebook）。但在中国市场上，大学生创业成功概率非常之低，甚至不到1%。"速度太慢导致失败"更是许多中国互联网投资者的共识。甚至有些投资者（如雷军）喊出"天下武功，唯快不破"的口号。

读者需要注意的是，虽然成功经验不可照抄，失败经验也是一样。事实上，每一条成功或失败法则都可以找到对应的反例，如"不投跨行业创业"一则。阿里巴巴创始人马云大学学的是英语，第一份工作是中学英语教师。至于跨专业创业的情况在中国更是比比皆是，如刘强东（京东商城创始人，社会学专业）和龚海燕（世纪佳缘创始人，中文专业）。又比如，"学会隐藏自己"一则的原意是过度高调容易招致抄袭（腾讯的"山寨文化"），也是投资界的共识，但这则也有反例。搜狐的创始人张朝阳（物理学博士）回国后频频出现于各种媒体，成为知名人物，虽然回国之前他除了学历之外并没有值得一提的成绩。但是其知名度后来成为搜狐拓展业务的重要武器，不少合同谈判因为他的出场而水到渠成。

读巴菲特投资心得的人很多，但很少人能够达到巴菲特的成绩。读者应总结出适合自己的投资理念，而非按图索骥。

15 退出策略

15.1　概述

　　私募股权商业模式中最后的一环是退出投资。基金管理人在做出投资决策的同时就必须有退出策略的规划,包括退出的时间、渠道以及预期的收益。从目前的情况来看,退出的渠道主要有整体出售(Trade Sale,Industry Sale,Corporate Acquisition)、二手交易(Secondary Buyout)、赎回(Management Buyback)、首次公开发行(IPO)和清算(Liquidation)等。以深创投为例,该公司的管理制度对退出策略描述如下:

　　　　在项目立项之初,项目投资经理即要为项目设计退出手段,然后随着项目进展及时修订。具体的退出方式包括三种:IPO(首次公开发行)、出售、清算或破产。首次公开发行包括国内二板上市、主板上市,国外主板上市、创业板上市等;出售分为向管理层出售和向其他公司出售;当风险公司经营状况不好且难以扭转时,解散或破产并进行清算是可选择的退出方式。IPO及出售将是本公司主要的退出渠道。

　　整体出售指的是受资企业控制权出售给战略收购者。这种方式一直都是退出策略的主流。收购方可能是被投资企业的竞争对手,也可能是即将进入这一行业的战略买家。前一类退出的典型案例如聚众传媒被出售给分众传媒、深圳发展银行被出售给平安集团、易趣网出售给 eBay,卓越出售给亚马逊,小肥羊出售给百胜等。后一类退出近年来的典型案例有红孩儿出售给苏宁,拉卡拉出售给联想,库巴网出售给国美,1号店出售给沃尔玛等案例。

　　二手交易的买家则通常是私募股权基金。在美国市场上,一家基金将收购的企业整体卖给其他基金的退出操作越来越常见。截至2012年年底,美国并购基金控制的企业数量已经超过6 500家,有一半以上是2008年以前买入的。部分基金已经接近清盘的期限,而新基金还有4 500亿美元等待投资。在此情况下,由新基金来接手老基金持仓的企业逐渐成为一种潮流。2012年美国基金退出渠道中,二手并购的比例已经占到近一半,和整体出售持平。

　　二手交易还存在杠杆收购以外的另外一种方式,即企业整体控制权未实现变更情况下,基金将持有股份转手给其他投资者。这种出售方式并不意味着投资失败。有些基金的投资策略就只是参与企业特定阶段的投资,如种子期。当企业发展到新的阶段,股权价值已经有一定的增殖,基金就会寻求退出,由其他基金接手。2001年腾讯的A轮股东IDG和电讯盈科将所持有的股份出售给南非米拉德集团就是一个典型的例子。此外,类似的例子还有高盛将持有的部分双汇股份转手给鼎晖及其他投资者。

　　中国Pre-IPO的回购条款通常约定,如果企业未能在约定年限(通常2—3年)实现退出,投资者有权要求企业或控股股东按照溢价赎回初始出资。由于IPO市场的转冷,回购条款的触发在近几年的中国私募股权市场越来越多。赎回也适用于对上市公司的PIPE投资。如果在约定期限内,企业的股价或估值未达到约定要求,则基金可以要求上市公司赎回债券或股份。2011年飞鹤乳业赎回红杉中国持有的股份便是一个例子。

此外，外部投资者与管理团队就企业发展计划发生重大分歧的情况下也可能出现MBO形式的回购。2001年盛大网络试图转型在线游戏运营。在与主要股东中华网发生冲突后，陈天桥赎回了中华网持有的股份。2004年盛大网络上市之后，陈天桥一度成为中国首富，而中华网则在经历多年亏损之后于2011年从美国市场退市。

首次公开发行套现有两种模式。一种是在IPO时就出售股份，另一种是在IPO锁定期后再出售。绝大多数的IPO套现属于第二种。前一种出售方式称为献售（俗称"卖老股"），即IPO时原股东也向公众投资者出售旧有股份。中国A股市场一般不允许IPO时的套现行为，而赴美上市的中国中小企业90%以上存在献售现象。IPO完成之后的一定时期内，原始股东不能再出售股份，因此需要等到锁定期结束之后再行出售。这种套现一般是以大宗交易的方式实现的。

清算是企业解散或破产时的资产清偿程序。投资失败也是私募股权投资中不可避免的一部分。创业投资基金由于所投资企业的风险程度更高，因而遭遇清算的概率更高。一般来说，私募股权基金都不愿意公开披露失败的投资案例，所以这方面的数据被显著低估了。

15.1.1　需要考虑的问题

在执行退出策略时，基金需要考虑诸多问题，主要有以下几点：
- 退出策略与企业的原有商业计划孰重孰轻？

基金的退出策略有时会与被投资企业的长期发展计划相冲突。譬如，竞争企业提出了很高的收购报价，而企业的创始人坚持独立发展。在这种情况下，投资者和创始人之间的利益如何协调是一个大难题。2003年雅虎曾经向百度报出了1.5亿美元的整体收购价格，而当时创始人李彦宏坚持走独立上市的道路，最终收购没有成功。2004年百度第三轮融资时企业的整体估值只有1.1亿美元左右，但到了2005年上市前估值便达到了5.36亿美元，2011年最高峰时曾超过500亿美元。从事后角度来看，百度创始人在2003年时的决策无疑更加符合投资者的长远利益。

- 企业此时的市场位置处于强势还是弱势状态？

在考虑退出策略时也要分析当前被投资企业当前的发展阶段。如果企业尚未在市场上占据有利地位，在执行出售或退出时的估值水平会较低，也就无法实现股东利益的最大化。因此选择企业处于强势地位作为退出时机是明智的选择。从国际实证研究来看，创业投资基金支持的企业在上市后维持了显著高于其他企业的业绩增长，而在上市前则没有明显的区别。这可能是创业投资基金退出策略执行过早的原因。

- 公司是否具备足够资源完成退出操作？

这个问题主要针对IPO退出策略。IPO和上市过程需要耗费企业相当多的资金、人力和时间，这有可能会影响到企业的正常经营。同时，企业需要在IPO之前便建立与上市公司类似的公司治理体制，人员配备也必须符合资本市场的要求。因此，在考虑IPO

退出策略时需要分析公司的准备是否充分。

- 股票市场此时状态如何?

IPO 退出策略的收益高度依赖于退出时的股票市场状态。这也是 IPO 退出策略与股票市场同周期的原因。尽管也有一些企业选择逆势上市,但从实际结果来看投资者所得的回报并不理想。出售退出策略虽然不直接与股票市场相关,但其估值水平却是参考了股票市场的状况,因此在执行这一退出策略时也一样要考虑市场所处的周期。

- 退出与继续持有之间的风险收益利弊各有哪些?

创业投资企业往往在上市之后仍维持较强的增长势头。因此投资者往往面临一个两难问题,是上市锁定期结束之后立刻退出还是等到企业价值完全实现之后再退出呢?有些基金急于兑现投资收益,往往是采取前一种策略,而错过了企业股价后续增长的收益,而这种代价有时非常大。

15.1.2 国际私募股权退出渠道

由于市场结构和经济发展阶段不同,成熟市场的私募股权退出渠道与中国市场有很大的不同。前者主要以出售为退出渠道,而后者主要以 IPO 为退出渠道。

以 2007 年数据为例,欧洲私募股权退出案例中出售方式占到 57.9%,其中 24.9% 的案例为出售给同行企业,29.7% 为出售给其他私募股权基金。此外,企业赎回股份或偿付股东贷款的退出案例占 19%。而中国市场比较倚重的 IPO 出售策略在欧洲市场上所占到的比例不到 10%,其中上市后出售占 4.8%,而 IPO 时出售占 4.5%(见图 15-1)。

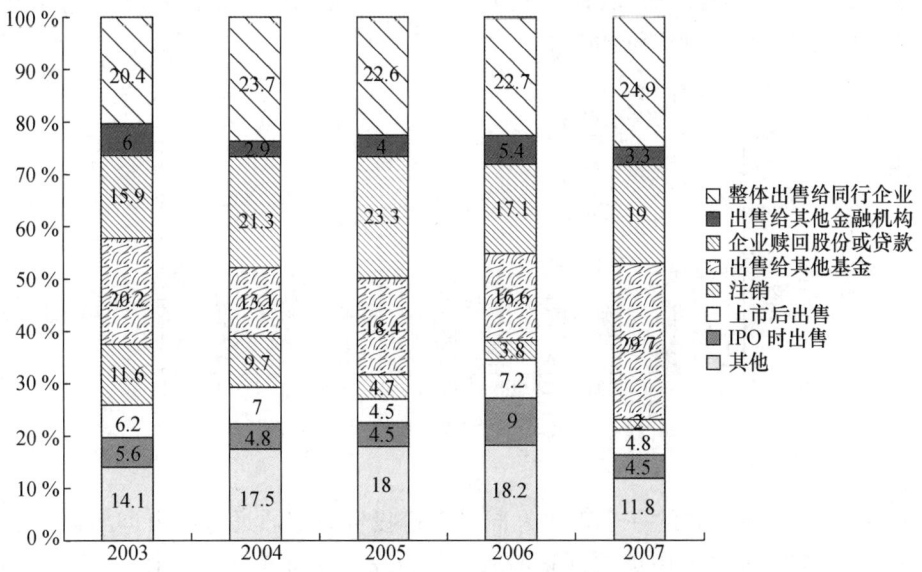

图 15-1 欧洲私募股权基金退出渠道统计

资料来源:欧洲创业投资与私募股权协会(EVCA)。

次贷危机对私募股权的筹资和退出都造成了显著的影响。次贷危机爆发前的2006年,整个欧洲市场有近4 500宗退出案例,以投资成本计总值为331亿欧元。而危机最严重的2008年中,退出案例数骤降到2 000宗左右,总值也降低到139亿欧元。虽然市场在2009年有所反弹,但2010年又再次遭遇由希腊、西班牙和葡萄牙等国主权信用危机而引发的欧元危机,因此欧洲私募股权的退出市场总体呈现较低迷的状态(见图15-2)。

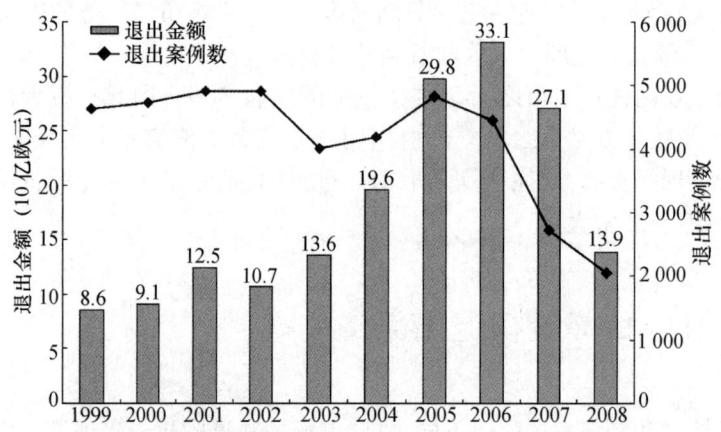

图15-2 欧洲私募股权退出案例与金额(以投资成本计)

资料来源:欧洲创业投资与私募股权协会(EVCA)。

随着美国股市的复苏,美国私募股权业的退出在经历了次贷危机的低谷之后已经恢复至危机爆发前的水平。整体出售仍然占据退出策略的主流地位,而IPO退出和欧洲一样市场一样占比不到10%。与欧洲市场显著不同的是,二手并购在美国私募股权市场的地位稳步提升,已经占据半壁江山(见图15-3)。从收购方的角度来看,二手交易也是重要的项目渠道来源,占新投资案例数的17%左右。

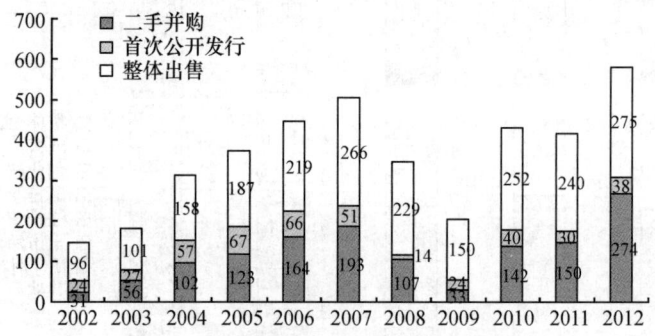

图15-3 美国私募股权业退出案例数统计

资料来源:Pitchbook。

私募股权界长期存在的一个现象是同一年份投资案例数远远超出退出案例数。这个现象背后有多个原因。中美两国私募股权持有受资企业的平均年限均在5年左右。因此投资案例数和退出案例数的比值某种程度上是当年和五年前的投资规模的比较。国际私募股权业投资金额在次贷危机之前快速增长,之后出现显著下降。以新募基金为例,2000年之前市场上很少有10亿美元以上的巨型基金,而2012年新筹集的这类巨型基金将近30只,这个数字在2007年超过了50。因此,次贷危机之前投资/退出案例比值接近5是正常的事情,而2009年之后的显著下降则是因为投资规模的快速下降(见图15-4)。

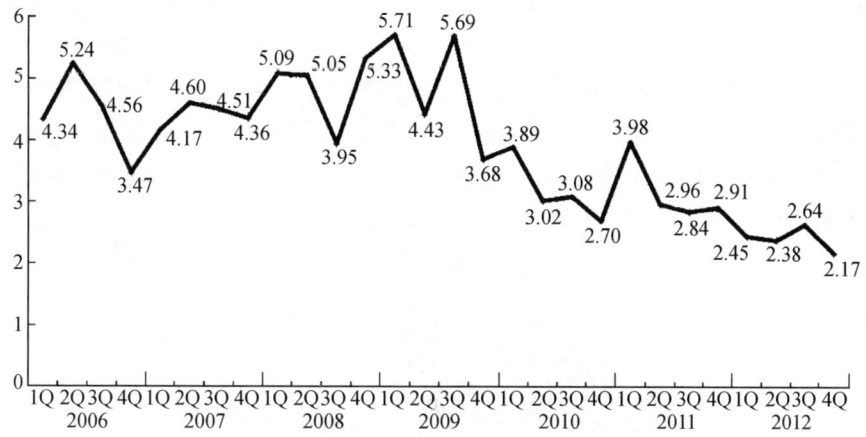

图15-4 美国私募股权基金投资案例数与退出案例数比值

资料来源:Pitchbook。

另一方面的原因是,平台式投资(Add-on)在私募股权投资的占比已经达到近50%。在这种策略下,私募股权基金将买入的几家同行业企业合并,寻求获得竞争优势和规模效应。这也导致投资案例数和退出案例数的差异。最后,基金经理通常不太愿意报告失败案例。这也是私募股权投资存在大量失踪案例的原因。

从图15-5可以看出,中国市场上投资案例数与退出案例数的差距比美国还要大一些。这主要归因于近年投资规模的爆发式增长,和IPO渠道的逐渐收窄。

图15-5 中国私募股权业投资案例数与私募股权支持的IPO企业数对比

资料来源:清科创投。

15.1.3 中国私募股权退出方式现状

我们之前已经反复提到,中国私募股权业的退出策略以IPO为主,出售仅占次要地位。这背后的原因是中国市场上的基金类型以创业投资和成长资本为主,它们所投资的多数是成长型企业。在创业板推出之前，IPO在私募股权退出案例中占比仅有50%左右。2009年10月创业板推出之后，IPO成为私募退出策略的主流，占比超过80%。

2008年，中国创业投资基金退出方式中，IPO退出策略以案例数计占到总数的52%。其中IPO时出售占到33%，上市锁定期结束后出售占到19%；出售策略仅占24%的比例，其中以股权出售为主，占20%；回购或企业管理团队的MBO占到案例总数的12%；而清算只占到全部案例的2%（见图15-6）。这一数据有很大的可能被低估了。根据一家在中国运营十多年的外资基金管理人提供的数据，在其总数超过200家的被投资企业中，有20家左右最终是以清算方式结束投资的，也即近10%。

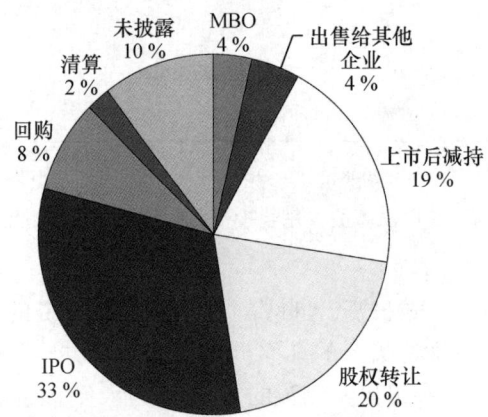

图15-6　2008年中国创业投资基金退出策略分布（以案例数计）
资料来源：清科创投。

2008年第四季度至2009年第三季度，中国境内A股发行处于停滞阶段。而当2009年10月创业板推出之后，中国的IPO企业数量立刻飙升至世界领先地位。2009—2012年间来自中国大陆的新上市企业占到全球的50%左右，而这50%中有一半得到了私募股权基金的投资。以2011年为例，狭义私募股权（创投除外）和创投基金的退出策略分布如图15-7所示。

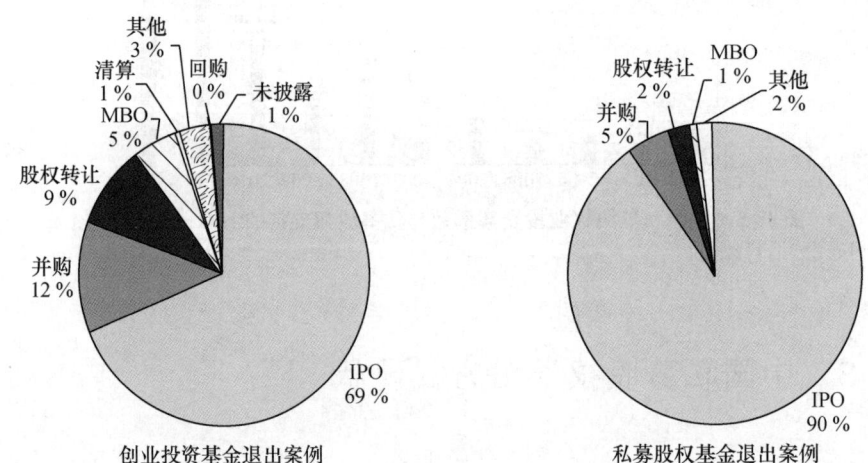

图15-7　2011年中国私募股权业退出案例分布
资料来源：清科创投。

对IPO退出策略的过度依赖也对私募股权业产生了不利影响。从2012年10月开始,中国境内A股IPO再次暂停,而全年在美国发行上市的中国企业也只有2家。在此背景下,私募股权业的投资和退出案例都出现了大规模的下降。行业格局的大调整已经在进行中。

15.1.4 退出策略的周期性

私募股权的退出策略明显受到经济周期的影响。在经济繁荣时期,出售和退出案例总数会显著高于平时,而经济衰退期的退出案例总数则较少(见表15-1)。

表15-1 美国私募股权退出案例总数与经济周期的关系

	衰退期 1991年	高峰期 1993年	高峰期 1999年	衰退期 2002年
IPO				
科技产品	55	228	531	60
医疗卫生	133	146	69	68
消费产品	76	138	65	23
IPO退出总计	**264**	**512**	**665**	**151**
出售				
科技产品	42	75	684	218
医疗卫生	49	77	239	135
消费产品	27	45	65	35
出售退出总计	**118**	**197**	**988**	**388**

资料来源:SDC/Thomson Financial and America's Growth Capital。

除了经济周期外,产业本身的生命周期也影响到私募股权退出的周期。在产业发展的成长阶段,IPO和出售退出策略会达到高峰。而当产业进入成熟甚至衰退阶段,退出案例数量随着行业中企业数量的降低而降低,但单案例的成交规模要显著高于成长阶段。以创业投资基金和成长资本基金重点投资的科技企业为例,这类企业的IPO案例数在1980年代和1990年代末达到高峰。这是因为1980年代是个人电脑产业的高速成长期,而1990年代末是互联网产业的高速成长期。

中国私募股权总体处于高速增长阶段,但是退出策略也呈现明显的周期性。这种周期性并非主要来自中国经济的周期性,而是来自境外股票市场的周期和中国监管机构的政策选择。中国企业的IPO案例就很明显地体现了退出策略的周期性。2007年中国股市创下历史新高的同时,企业上市融资金额也达到历史高峰。创业板的影响在2010年完全展现,虽然发行企业规模平均较小,但总融资金额略微超过了2007年的历史最高峰。2012年中国的IPO发行再次陷入低谷,但发行企业数量仍然占全球市场一半左右,融资金额占全球25%左右(见图15-8)。与此同时,在A股市场排队申请上市的企业数量超过了800家,超过一半的申请企业接受过私募股权投资。

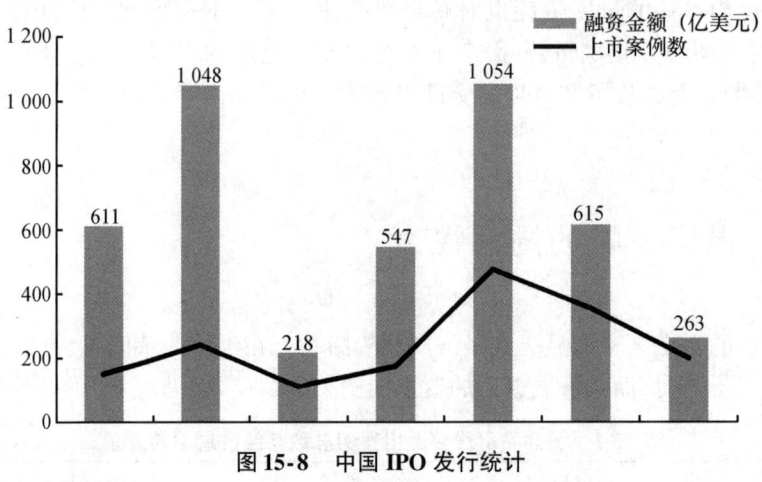

图 15-8 中国 IPO 发行统计

资料来源:清科创投。

15.1.5 私募股权投资期限

项目的内部收益率是私募股权追求的业绩指标之一。基于这个原因,不少私募股权基金都尽可能地早实现退出。虽然我们笼统地说,私募股权的投资目标期限一般在 3—5 年,但实际投资期限的范围要远远超过这一数据。而且在经济周期的不同阶段,私募股权基金的实际投资期限会有很大的不同。

以美国市场的数据为例,我们可以看出在 2006—2009 年间退出的案例平均持仓年限低于 4 年。而 2012 年退出案例的平均持仓年限却高达 5.36 年。如果将年份减去持仓年限我们会发现持仓年限与投资年份有很大关系(见图 15-9)。2002—2005 年间市场估值相对较低时进入的案例套现时间较短。而 2007 年和 2008 年市场崩盘之前进入的高估值案例则需要较长时间去消化。

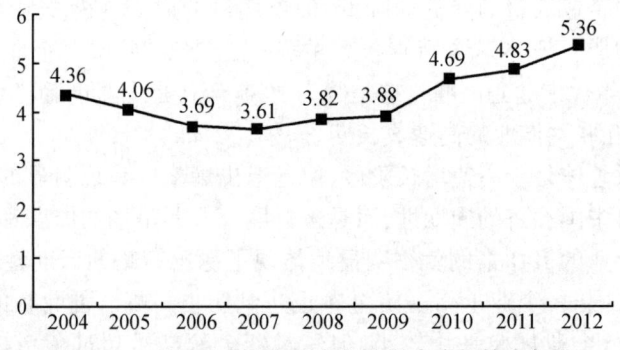

图 15-9 美国私募股权业各年度退出案例持仓年限

资料来源:Pitchbook。

这些数据的背后是美国私募股权受资企业数量逐年增长。2004—2008 年间,未退出的受资企业数量增长了3 000家。而2008年之后的投资放缓也导致持仓企业数量增速放缓。至2012年年末,美国私募股权业持仓企业数量高达6 538家,其中有47%是在市场估值较高的2005—2008年间进入的案例(见图15-10)。这些案例也将成为美国私募股权业发展的障碍。

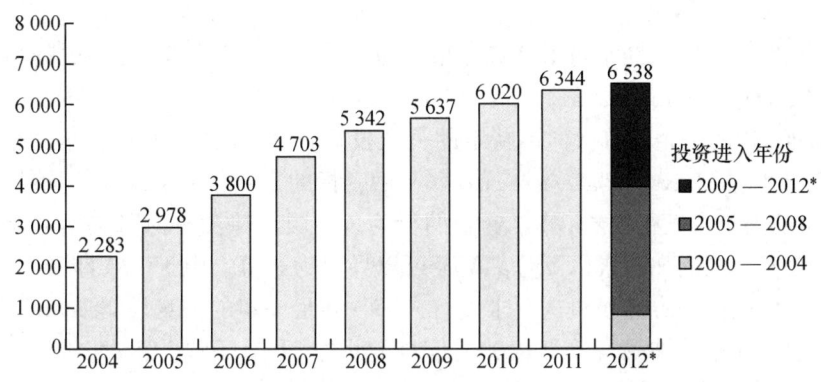

图15-10 美国私募股权业未退出的受资企业数量统计

* 2012年数据仅统计至2012年11月30日。
资料来源:Pitchbook。

在过去,中国私募股权基金的退出期限要显著地比国际同行短。这主要是中国市场的发展阶段所决定的。中国私募股权基金的主要类别为成长资本和创业投资,因而所投资企业都是创业企业和临近上市的企业。以2009年的数据为例,158只基金退出事件的平均持有期限为2.04,而平均收益率却高达64.3%(见表15-2)。

表15-2 2009年中国私募股权基金退出事件统计

基金类别	退出事件数	平均持有期限	平均投资回报倍数	年均投资收益率
内资	83	2.14	4.08	93.00%
合资	4	1.40	2.55	95.10%
外资	71	1.94	2.45	58.70%
总体	158	2.04	2.76	64.30%

注:如多个基金对同一企业的投资同时退出则计为多起退出事件,而非一起。
资料来源:清科创投(2010)。

但从2007年开始,中国的市场格局出现了巨大的改变。私募股权投资机构数量从数百家膨胀至超过5 000家。而同期退出渠道并未增加多少,由此导致退出期限也相对延长。根据清科创投的统计,2010—2012年间中国A股Pre-IPO策略已套现案例的平均投资周期为4.93年。这一数据与不少基金募资时宣传的"短平快"策略相去甚远。我们预计未来中国私募股权业的平均持仓年限还会继续增大。根据《中国证券报》的报道[1],2013年年初中国私募股权业的持仓企业数量超过7 500个。和美国一样,这些案例的退出将成为中国私募股权业未来的长期负担。

---

[1] 《PE遭遇"十面埋伏":六千亿资金退出无门LP断供》,《中国证券报》,2013年2月21日。

15.2　IPO 退出策略

在投资者的认知中,经常将 IPO 和上市混为一谈。实际上首次公开发行(Initial Public Offerings,IPO)与上市(Listing)是两个不同的过程。

所谓 IPO,指的是企业首次向不特定的公众投资者公开发行股票,募集资金的过程。IPO 是相对于私募(Private Placement)而言的,后者指的是企业或金融机构向特定的不超过一定数量的投资者发行证券,募集资金的行为。中国法律没有对私募明确定义,一般来说,以非公开方式向 200 人以下募集资金可以界定为私募。由于 IPO 涉及大量不特定的公众投资者,因此证券监管机构要求发行人必须满足一定的信息披露要求。发行人必须真实、准确及完整地披露与发行相关的信息。此外,中国证监会还对企业在 IPO 前的经营业绩有一定要求。美国证券监管机构则没有经营业绩的要求。

所谓上市,指的是企业的股票或债券在交易所挂牌交易的行为。一般来说,交易所要求证券在上市前必须具有足够的持有人数量。因此,企业一般通过 IPO 扩大股东数量之后再申请上市。交易所对申请股票上市的企业的经营业绩也有一定要求。但是,某些特殊情况下(如分拆上市),企业已经满足上市的股东人数和业绩要求,可以不经过 IPO 而直接上市交易。在境外市场,不经 IPO 而直接上市的方式称为"介绍上市"(Introduction)。中国未来新三板上市企业可以介绍上市方式转入主板、中小板及创业板挂牌交易。

在中国 IPO 和上市两个步骤的审批都集中在证监会。虽然企业形式上仍然要向交易所提出上市申请,但一般通过证监会发行审核委员会批准的申请都会得到批准。因而可以认为,在 A 股的场合 IPO 和上市是一体的。

私募股权基金的 IPO 退出策略主要有两种模式,即在 IPO 时出售股票(献售),以及在上市之后以公开交易或配售方式出售股票。一般来说,在中国境内 A 股上市时只能选择上市后出售的方式[①],而在境外上市时则两种模式都是可行的。

15.2.1　上市的优缺点分析

对于创业企业来说,上市是企业发展的一个里程碑。首次公开发行带来的融资和与上市地位关联的资信等级提升都能提升企业价值。对于中国私募股权投资来说,未上市企业与上市企业的估值存在巨大差异。企业上市套现能够为基金带来巨额收益。总的来看,企业上市能够带来的好处主要有以下几点:

---

① A 股献售并非法理上不可行,只是监管机构施加了过多限制,譬如出售所得资金锁定三年。这些限制导致 A 股献售在实际上不可行。

- **融资渠道**。通过上市,企业本身的资信等级将会得到提升,有利于其债务融资。譬如,百度和腾讯等公司在境外发行的美元债券利率均远低于国内银行贷款利率。此外,企业还可以通过发行股票进行后续融资,也可以以股票作为支付对价来收购其他企业。
- **形象提升**。企业上市前后会得到当地政府的各种关照。上市之后企业的知名度借由媒体和公开市场的传播会有所提升,有利于企业的产品推广和营销。但是随着中国上市公司数量的增长,形象提升的作用正在减弱。
- **投资收益**。非上市企业和上市企业的估值水平存在较大的差距。通过上市,创始人和早期投资者在锁定期结束后出售股票一般能获得较高收益。中国A股市场的平均估值水平要显著高于成熟市场的估值水平。
- **流动性**。由于上市股票可以公开交易,早期投资者可以在上市结束后自由选择退出时机。中国市场的流动性(交易活跃程度)比成熟市场更高。
- **吸引员工**。上市公司的股权激励机制有利于留住核心员工和招揽高素质人才。从实际效果来看,中国企业境外上市之后往往出现高管大量离职再创业的现象。而A股企业上市之后高管大量离职的原因则主要是快速套现持有股份。

如果从运营的角度来看,上市可能弊多于利。与非上市企业相比,上市公司的内控制度、信息披露和成本费用都要处于劣势。一些著名企业的创始人甚至公开表示后悔上市,如新东方的俞敏洪。上市的负面影响主要包括:

- **金钱和时间成本**。IPO操作需要管理团队投入大量时间。即便是过程可预测程度较高的境外上市,从IPO工作小组开始工作到真正上市,一般也要经历9个月以上的时间。其中需要企业高级管理人员的深入参与,可能影响其对企业经营投入的精力。此外,IPO过程需要支付中介机构和交易所的各种费用。境外中等规模的上市费用可能要达到筹资金额的10%以上。上市之后交易所收取的维持费用和审计师费用对企业也是一笔可观的成本。
- **投资限制增多**。上市之后需要受到诸多公开监管的约束,投资决策效率可能降低。美国的《萨班斯-奥克斯利法案》对公司的内控机制提出了很高的要求,而中国证监会对上市公司治理机制的监管力度也在不断加强。这一方面使得企业决策更加符合监管要求的合理标准,但同时也降低了企业投资决策的灵活程度。
- **商业机密的披露**。上市需要披露大量信息,不利于公司保护商业机密。这方面的著名案例如乔丹股份、归真堂和奇虎等。乔丹股份在招股书中被迫公开承认其与NBA球星迈克尔·乔丹(Michael Jordan)并无任何关系。归真堂上市过程中披露的"活熊取胆"业务受到公众和媒体的一致谴责。而奇虎上市后在回应做空机构质疑时则被迫公布了其广告价位和游戏利润等具体数据。
- **控制权的减弱**。上市的股份摊薄和独立董事的引入会降低创始人对公司的控制力。企业创始人甚至可能因为与董事会的分歧而被解雇,譬如新浪的创始人王志东。这一点在A股市场较为少见。而在境外市场,越来越多的创始人倾向于通过普通股投票权分类机制来维持自己的控制权,如百度和Facebook。
- **对股票市场状态的依赖**。上市成败不仅取决于公司状况还取决于市场状况。即便公司运营良好,股票市场的弱势仍可能使得上市计划流产。2011—2012 年间有多家中国企业获得美国证交会许可进行 IPO,但都因为市况不佳未能成行。而在中国市场上,股市低迷导致证监会关闭 IPO 窗口的现象时有发生。

从融资费用角度来看,首次公开发行的成本极高。即便是成本最低的中国主板市场,企业融资的成本仍然占到融资金额的 4%—8%。美国市场的承销费率一般在 6%—8% 之间,加上其他费用之后的总费率往往在 10% 以上(见表 15-3)。而如果进行私募融资的话,通常费用率在 3% 以下。如果 IPO 发行价格与私募价格没有太大的差别,那么从时间和财务成本角度来考虑,私募是更加明智的选择。基于这点考虑,阿里巴巴集团①和京东商城等大型企业都没有选择 IPO 作为融资渠道。Facebook 则是进行了六轮融资之后,以高达 1 040 亿美元的估值水平上市。

表 15-3 各市场上市费用一览

	中小板	香港主板	香港创业板	纽交所	纳斯达克	AIM
上市初费	3 万元	15 万—65 万港元	10 万—20 万港元	400 万元	10 万—40 万元	20 万元
承销费	1.5%—3%	2.5%—4%	4%—5%	8%	6%—8%	3%—5%
保荐人费	200 万	200 万—400 万港元	100 万—200 万港元	1 500 万	1 000 万	500 万
法律顾问费	100 万—150 万	100 万—250 万港元	100 万	300 万	300 万	300 万
会计师费	100 万	150 万—250 万港元	70 万—150 万港元	400 万	400 万	350 万—400 万
总成本(占筹资额)	4%—8%	15%—20%	10%—20%	15%—25%	15%—25%	15%—20%

注:以上费用为估计,仅供参考,实际费用以上市筹资规模及中介机构收费标准而定。除香港市场外单位为人民币元。

上述费用标准与发行规模有很大的相关关系。发行规模越大,与筹资额相比的费用率也会越低。以中国企业上市数量最高的 2010 年为例,境内创业板和中小板的平均每宗发行规模分别高达 1.22 亿和 1.55 亿美元。虽然发行费用平均高达 822 万和 851 万美元,但只相当于筹资金额的 6.72% 和 5.60%。纳斯达克由于发行数量(8 宗)和发行规模(平均 3 818 万美元)较小,融资费用的平均金额(899 万美元)虽然仅比国内市场略高,但却几乎占到融资金额的 1/4(见图 15-11)。

表 15-3 中的费用率也仅适用于中小企业,中介机构对大型 IPO 的让步往往很大。2012 年市值高达 1 040 亿美元的 Facebook 在纳斯达克上市时,摩根士丹利为争取这单生意将承销费率降低至 1.1%,而正常水平为 6%—8%。2010 年中国农业银行作为全球历史上第一大 IPO②同时发行 A 股和 H 股时,两个市场的承销费率分别低至 1.15% 和 1.35%。

除了首次公开发行涉及的费用之外,企业上市之后的维持费用也非常高。这主要包括向交易所缴纳的服务费用、向公司律师支付的顾问费、向独立审计师支付的审计费,以及向财经媒体支付的信息披露费(广告费)等(见表 15-4)。与国内市场不同,境外市场上交易所与上市公司之间属于商业服务关系。上市公司支付的费用构成了交易所的主要收入来源。事实上,主要交易所(如纽交所、香港交易所和纳斯达克)本身就是以营利为目的的上市公司。交易所之间的商业竞争非常激烈,兼并收购案例也时有发生。

---

① 阿里巴巴集团旗下的 B2B 业务曾经于香港交易所上市,但 2012 年实现退市。
② 全球历史上第二大 IPO 为 2006 年中国工商银行的 IPO。

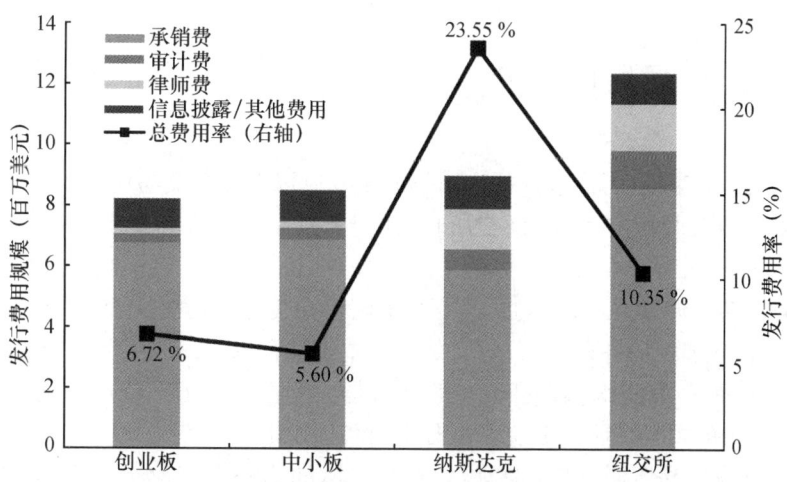

图 15-11 2010年中国上市企业各市场发行费用

资料来源:清科创投。

表 15-4 各市场维持费用一览

	中小板	香港主板	香港创业板	纽交所	纳斯达克	AIM
上市年费	0.6万—3万元	14万—119万港元	10万—20万港元	400万元	28万—400万元	5万—7万元
保荐人顾问费	双方商定	20万港元	4%万—5%	800万元	800万元	100万—150万元
法律顾问费	10万元	60万—100万港元	100万—200万港元	200万元	200万元	100万—150万元
会计师费	30万—40万元	100万港元	100万港元	150万元	150万元	150万元
信息披露费	12万元	30万—50万港元	70万—150万港元	50万—100万元	50万—100万元	50万—100万元
总成本	60万—100万元	224万—389万港元	130万—300万港元	1600万元	1200万—1600万元	400万—600万元

注:以上费用为估计,仅供参考,实际费用以上市筹资规模及中介机构收费标准而定。除香港市场外单位为人民币元。

如果从国际市场的趋势来看,维持上市地位所需要的高成本导致不少企业纷纷逃离交易所。退市成为发达国家市场的主流趋势(见表15-12)。这与中国市场轰轰烈烈的上市热潮截然相反。在融资渠道相对匮乏的背景下,上市仍然将是中国企业未来融资的重要选项。

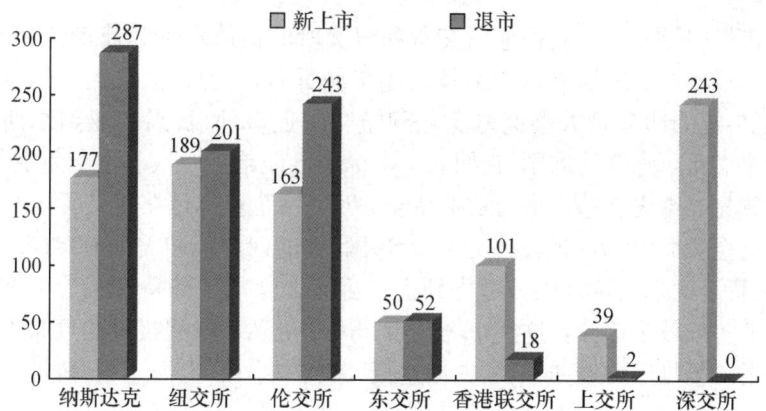

图 15-12 2011年世界主要股票交易所新上市和退市企业数量

资料来源:世界交易所联合会,纳斯达克和纽交所数据包括欧洲部分。

15.2.2 上市场所的选择

对于中国企业来说,可供选择的上市场所主要有以下几个交易所:
- **纽约证券交易所(NYSE,纽交所)**。纽交所以上市公司市值计算为全球第一大交易所,是蓝筹股和大型工业公司上市的主要场所,但上市及维持成本高昂。
- **纳斯达克(NASDAQ)**。纳斯达克由美国场外交易市场演变而来,上市制度灵活,涵盖主板、二板和三板的各种上市选择,是中国中小型企业上市的主要场所。
- **香港交易所(HKEX,联交所)**。联交所是亚洲主要的国际资本市场,也是中国大型国有企业上市的主要场所。联交所也分主板和创业板。
- **伦敦证券交易所创业板(AIM)**。AIM是欧洲第一个创业板市场,对企业经营年限和经营业绩没有实质的要求,但估值水平较低。
- **新加坡交易所(SGX)**。SGX的上市证券范围非常广,包括股票、债券和衍生品交易等,也有主板和副板(凯利板,SESDAQ)市场的区分。
- **上海A股主板**。为上海证券交易所的主板市场,监管严格,对企业资质有实质性的要求。深圳交易所虽然也有主板市场,但基本已经不再接受主板上市要求。
- **深圳中小企业板**。深圳证券交易所自2004年起启动中小企业板,对企业资质要求低于主板。
- **深圳创业板**。深圳证券交易所2009年启动创业板,对企业资质要求低于中小企业板。但由于上市申请竞争激烈,上市企业的实际资质不比主板和中小企业板低,估值水平显著超过主板和中小企业板。

在选择上市场所时,企业主要考虑几个因素:估值水平、上市标准、上市成本和交易所接纳企业的类型。单以估值水平来看,中国主板和中小企业板是企业上市的首选。但由于上市标准要求连续三年盈利且上市不可控因素较多,因而也有相当多的企业选择境外上市。

在境外市场中,纳斯达克、香港联交所和纽交所的估值水平和流动性都要显著高于其他交易所。虽然这三家的上市成本较其他交易所为高,但仍然受到中国企业的青睐。在过去,市场传统的印象是大型蓝筹企业到纽交所上市,而新兴产业到纳斯达克上市。但是随着两家交易所竞争的加剧,它们的上市标准已经趋于一致。纽交所在争夺中国客户方面暂时领先。奇虎、巨人、当当及唯品会等互联网企业都是在纽交所挂牌交易。

对于普通企业而言,新加坡、法兰克福、韩国、香港创业板和美国OTCBB等市场的流动性太差,融资金额也比较有限。考虑到上市后流动性对于减持套现十分重要,私募股权支持的企业一般较少选择在这些市场上市。因此从私募股权投资角度来看,对中国企业有吸引力的市场排序大致如下:深圳创业板,深圳中小板,上海主板,香港主板,纽约证券交易所及纳斯达克。

上述排序仅就一般企业而言,在具体选择时还要考虑企业的特殊情况。譬如,互联网等新兴行业的企业在美国市场更容易得到高估值,因此首选可能是美国市场。而传统制造业和服务业在中国内地估值要比境外市场高,因此首选可能是中小板。红筹结构企业撤销境外控股结构回归中国内地市场的情况是近年 IPO 市场的一个趋势(见表 15-5)。

表 15-5　2010—2012 年中国企业境内外交易所上市统计

上市地点	2012 年融资（亿美元）	2012 年上市数量	2011 年融资（亿美元）	2011 年上市数量	2010 年融资（亿美元）	2010 年上市数量
上海主板	49.6	25	157.4	38	267.7	26
深圳中小板	56.7	55	157.7	115	309.8	204
深圳创业板	58.5	74	122.1	128	143.1	117
香港联交所	98.1	39	153.7	52	288.3	71
纽交所	0.72	1	13.3	7	26.3	22
纳斯达克	0.82	1	6.3	8	12.6	23
新加坡	0	0	0	0	2.8	8
韩国	0	0	2.4	2	1.8	4
法兰克福	1.05	6	2.1	5	1.2	1

资料来源:清科创投。

15.2.3　上市标准

证券交易所对企业上市时的股东数量、市值规模、财务业绩和公司治理方面都会有实质性的要求,其中最为核心的是财务业绩。

以纽交所(Domestic Listing)标准为例,该市场为申请上市的企业提供了利润、现金流、销售收入及资产等四种财务测试标准,只要符合其中的一种即可。如果企业过去三年连续盈利或两年盈利,则可以选择利润测试标准;如果企业盈利不佳但现金流良好(如高折旧的传统企业),则可以选择现金流测试标准;如果企业现金流及盈利都不佳但具备相当的销售规模(如奇虎等互联网企业),则可以选择销售收入测试标准;如果连销售收入都无法达到标准,只要其市值、资产和股东权益达到一定规模也可以在纽交所挂牌(见表 15-6)。

除介绍上市和分拆上市等少数情况外,企业在上市之前一般先完成首次公开发行(IPO)。IPO 价格与企业注册总股份数相乘即得到企业股权市值。上市测试标准中的市值指的就是企业股权市值。

如果对比纳斯达克主板(Global Select Market),我们可以发现纽交所与纳斯达克主板的挂牌标准非常相近。[①] 两家交易所都是上市公司,后者甚至曾经向前者发起过收购要约。作为商业竞争对手,两家交易所对一些大型 IPO(如 Facebook)争夺非常激烈。但从市场表现来看,纳斯达克近年的运营并不如纽交所稳健,连续出过几次交易事故。中国企业选择纽交所的比例越来越高。

---

① 除财务业绩要求之外,纳斯达克还要求上市股票每股价格不得低于 4 美元。

表 15-6 美国上市标准(部分)

上市要求	纽约股票交易所 (Domestic Listing)	纳斯达克主板 (Global Select Market)
持股人数 总股数 总市值	400 以上 1 100 000 以上 1 亿美元以上	450 以上 1 250 000 以上 7 000 万美元以上
利润测试	过去 3 年税前利润加总 1 000 万美元以上,并且每年都不少于 200 万美元,且连续三年盈利;或者 过去 3 年税前利润加总 1 200 万美元以上,最近一年利润不少于 500 万美元,倒数第二年利润不少于 200 万美元	过去三个财政年度税前营业利润总和超过 1 100 万美元且每年盈利均为正; 最近 2 年税前营业利润均超过 220 万美元
现金流测试	全球总市值 5 亿美元以上,过去 3 年销售收入总额 1 亿美元以上,过去 3 年现金流总额不少于 2 500 万美元且每年均为正	过去 1 年总市值在 5.5 亿美元以上,过去 1 年销售收入 1.1 亿美元以上,过去三个财政年度现金流总和超过 2 750 万美元且每年盈利均为正
市值测试	全球总市值 7.5 亿美元以上,并且总销售收入超过 7 500 万美元	过去 1 年总市值在 8.5 亿美元以上,且上一财政年度的销售收入在 9 000 万美元以上
资产/股权测试	全球总市值 1.5 亿美元以上,总资产 7 500 万美元以上,股东权益 5 000 万美元以上	总市值 1.6 亿美元以上,总资产 8 000 万美元以上,股东权益 5 500 万美元以上

资料来源:纽交所和纳斯达克,以上要求为节选,上市要求可能会不断更新。

与普遍的印象不同,纳斯达克是一个多层次的资本市场,拥有主板(Global Select Market)、二板(Global Market 和 Capital Market)和三板(OTCBB)市场。Global Market 和 Capital Market 市场的挂牌标准要显著低于主板。譬如 Capital Market 板块利润测试标准中,对过去三年净利润总额的下限要求仅为 100 万美元。中国有不少企业被中介机构误导前往 OTCBB 三板市场上市。虽然理论上存在从三板市场升至主板的可能,但概率非常低。多数在 OTCBB 市场上的企业融资金额非常低且流动性很差。

此外,美国还存在退市企业交易的四板市场(粉单市场,Pink Sheet)。2010 年开始的中概股丑闻风潮导致大量中国企业被纳斯达克和纽交所摘牌。这些摘牌企业在粉单市场交易的频率很低,基本上没有流动性。

香港交易所的上市要求中一样为企业提供了多个业绩标准的选择,但以数额计算较美国交易所更低。此外,香港交易所和中国 A 股市场一样对流通股比例提出了要求。普通上市公司的流通股比例必须至少达到 25%,市值超过 100 亿港元的公司的流通股比例可以降低至 15%。有相当多的 H 股上市公司援引了这一条要求(见表 15-7)。

表15-7 香港交易所主板上市要求(部分)

上市要求	香港主板
营运记录	有3年以上营运记录； 经理层在过去3财年中未有重大改变； 控股股东在过去1财年未有重大改变
财务要求	过去1财年净利润不低于2 200万港元,过去2财年净利润之和不低于3 300万港元； 或者 上市时总市值不低于40亿港元,最近1财年销售收入不低于5亿港元； 或者 上市时总市值不低于20亿港元,最近1财年销售收入不低于5亿港元,最近3财年经营现金流为正且总和超过1亿港元
流通股比例	至少25%股份为流通股,市值超过100亿港元的公司可以降低至15%
公司治理	至少前3个会计年度的管理层维持不变,至少经审计的最近一个会计年度拥有权和控制权维持不变

资料来源:香港交易所,以上要求为节选,上市要求可能不断更新。

与境外交易所一样,中国创业板和中小企业板也为上市公司提供了多项业绩标准。上海主板市场适用和深圳中小板相同的上市标准。中小企业板则提供了利润、现金流和销售收入三项选择。而创业板只为上市公司提供了净利润和营业收入两项选择,而且对业绩增长率有较高的要求。表面上中国内地市场的要求要显著低于中国香港和美国市场,但在实践操作中要高过境外市场。

表15-8 创业板及中小企业板上市财务要求

上市要求	中国创业板	主板和中小企业板
持股人数	200人以上	200人以上
股本总额	发行后3 000万元以上	发行前3 000万元以上
公司资质要求	最近两年连续盈利,最近两年净利润累计不少于1 000万元,且持续增长；或者 最近一年盈利,且净利润不少于500万元,最近一年营业收入不少于5 000万元,最近两年营业收入增长率均不低于30%；并且 最近一期末净资产不少于2 000万元,且不存在未弥补亏损	最近3个会计年度净利润均为正数且累计超过人民币3 000万元；或者 最近3个会计年度经营活动产生的现金流量净额累计超过人民币5 000万元；或者 最近3个会计年度营业收入累计超过人民币3亿元

资料来源:中国证监会,以上要求为节选,上市要求可能不断更新。

我们在"成长资本"一章介绍过,中国主板、中小板和创业板上市前最后一年的净利润事实门槛分别为1亿元、4 000万元和2 500万元。如果从平均统计数字来看,成功过会并上市企业的利润水平比事实门槛还要高一些(见图15-13)。不夸张地说,中国内地无论哪个板块的上市企业都符合美国和中国香港主板市场的挂牌标准。

值得注意的是,企业上市标准中财务要求只占其中的一部分,公司治理等非财务要求也在上市审核中占到相当地位。对应地,中国证监会对每个IPO项目都安排了两个审核人员,分别负责财务和非财务审核。2011年创业板未过会企业申请前三年的平均净利润水平分别为0.57亿、0.45亿及0.33亿元。对比成功过会企业的0.51亿、0.31亿及0.19亿元净

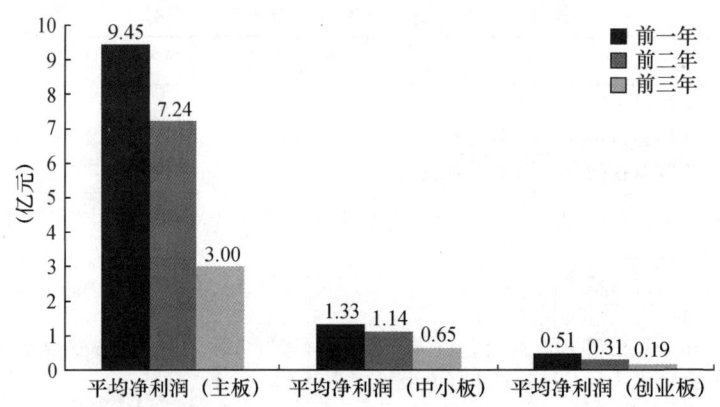

图 15-13　2011 年中国 A 股上市企业上市前三年平均净利润

资料来源:浦信投资行业研究部。

利润水平,我们可以推知未过会企业或者存在财务信息质量问题,或者存在合规问题。

主体资格(公司历史),独立性(关联交易),规范运行(公司治理),财务及会计(持续盈利能力)和募集资金使用为主板/中小板审核的几个重要方面。而创业板还加上了行业限制及成长性要求。从公布的申请被否决原因来看,每个被否项目基本上都存在多个问题,而持续盈利能力是其中占比最高的(见图 15-14)。

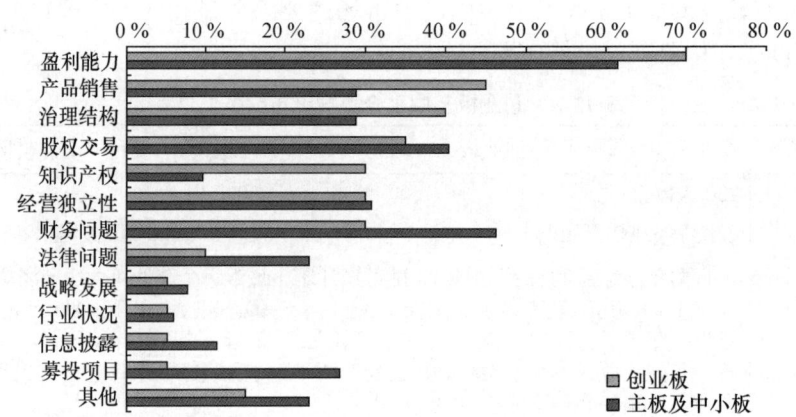

图 15-14　2011 年中国未过会企业被否决原因统计

资料来源:浦信投资行业研究部。

15.2.4　IPO 退出收益率

我们在衡量退出收益率时主要采用两种计量方式。一种是返还资金额与初始投资额相比的倍数。这种计量方法忽略了投资期限,但由于简单易懂,因而得到投资者的认可。另一种是计算项目投资的内部收益率。内部收益率方法将时间因素考虑在内,因而更加精确。但从数据收集角度来看,由于精确的投资时点较难获得,业内普遍采用的统计数据都是回报倍数。

自 2009 年下半年 IPO 市场重新开放后,中国私募股权界取得了令国际同行艳羡的回报倍数。表 15-9 为 IPO 案例的账面回报倍数,即 IPO 估值与基金投资后估值的比值。以 2009 年为例,深圳创业板 IPO 企业为私募股权基金带来的账面回报倍数为 7.19 倍,对应年化收益率高达 135%。中国市场的 IPO 回报倍数在 2010—2011 年间达到顶峰之后盛极而衰。2012 年的 IPO 案例数和回报倍数均出现大幅下降。IPO 价格低于成本价格的案例也时有出现。

表 15-9 2009—2012 年中国企业上市退出案例账面回报倍数

上市地点		2009 年	2010 年	2011 年	2012 年
境内	深圳创业板	7.19	11.22	7.94	6.09
	深圳中小板	5.44	11.59	9.37	5.56
	上海主板	—	8.06	6.07	2.54
	平均	**6.24**	**11.13**	**8.22**	**5.40**
境外	香港主板	2.30	2.78	2.23	1.13
	香港创业板	—	—	4.22	1.71
	新加坡主板	2.00	9.88	—	—
	纽约证券交易所	1.73	10.52	10.88	1.97
	法兰克福	1.63	1.81	0.69	—
	纳斯达克	1.43	2.90	5.63	7.78
	平均	**2.18**	**5.91**	**6.64**	**2.40**
平均		2.76	9.61	7.78	5.13

资料来源:清科创投。

需要注意的是,表 15-9 中回报倍数中投资市值的计算是基于企业上市时的发行价格,并非投资者退出时得到的实际金额。由于锁定期的存在,套现实际的回报倍数和收益率与账面回报会有一定差别。表 15-10 为清科创投统计的 2010 年至 2012 年第一季度中国市场套现最多的几家基金统计数据。从总体来说,这段时期基金实际套现回报倍数为 14.96 倍,比 IPO 时的平均 13.17 账面回报倍数略高。

表 15-10 中国 A 股市场部分私募股权基金套现案例回报倍数及收益率

VC/PE 名称	机构类别	减持次数	减持企业名称	账面投资回报倍数	实际退出回报倍数	内部收益率（IRR）
深圳创新投	VC	10	当升科技	26.82	15.65	104.7%
			东方日升	8.59	4.69	88.3%
			欧菲光	10.67	15.37	65.8%
			三维丝	10.54	10.73	107.6%
			网宿科技	5.54	5.40	56.2%
			兆驰股份	16.22	9.02	61.3%
			中青宝	8.65	4.72	59.8%

（续表）

VC/PE 名称	机构类别	减持次数	减持企业名称	账面投资回报倍数	实际退出回报倍数	内部收益率（IRR）
海富基金管理公司	PE	5	百川股份	3.90	3.82	35.4%
			长信科技	8.28	11.49	61.0%
			赣锋锂业	7.76	13.58	78.5%
			金凤科技	32.40	36.26	84.1%
			双箭股份	8.89	6.25	55.8%
达晨创投	VC	5	圣农发展	1.27	8.19	93.4%
			太阳鸟	7.87	4.91	79.6%
			网宿科技	4.46	4.50	55.1%
上海永宣	VC	4	汉王科技	27.95	16.29	39.5%
			西部矿业	98.32	98.68	100.0%
			郑煤机	7.39	64.75	236.3%
同创伟业	VC	4	安妮股份	3.82	6.21	56.4%
			当升科技	26.81	16.96	124.2%
			格林美	4.92	4.58	64.1%
			康芝药业	12.93	5.89	51.8%
君联资本	VC	3	合康变频	9.76	8.57	94.2%
			科大讯飞	4.40	28.63	37.6%
			联信永益	39.46	25.42	46.0%

资料来源：清科创投。

15.2.5 境外上市

与境内上市相比，境外上市的进程可控程度更高，上市方式也更加灵活。在2007年以前，境外上市的退出收益与境内上市相比并不占劣势。以美国上市为例，上市操作大致要经过结构重组、文件准备、监管备案/批准、路演、发行和上市等几个阶段。虽然从顺序上来看，上市的各项工作是紧密衔接，但在实践操作中为提高效率，各项工作基本上是齐头并进，在进度上相互重叠（见图15-15）。根据安永会计师事务所的统计，通常从提交上市申请到最终发行成功需要花费的时间大概是6个月。近年来因市场情况推迟上市的案例较多，因此实际需要的时间可能超过一年。

与美国上市略有不同的是，中国企业在香港IPO过程中可能还要取得境内监管机构的批准（如H股）。此外负责具体审核事项的主要是香港交易所，而非香港证监会。香港交易所的上市聆讯委员会的聆讯结果决定了企业是否能够在联交所挂牌交易。除此之外，包括重组、路演、询价和发行等上市主要操作与美国上市较为相近（见图15-16）。本节将主要以美国IPO为例来介绍工作流程。

周	1	2	3	4	5	6	7	8	9	10	11	12	13	14
公司治理审查	■	■	■	■	■	■								
开展尽职调查	■	■	■	■	■	■	■	■						
起草公开招股书		■	■	■	■	■	■	■	■					
准备市场营销材料							■	■	■	■				
市场询价								■	■					
公开招股书批准									■					
市场营销										■	■			
银行收集的投资者意向										■	■			
定价和分配会议												■		
纽约泛欧交易所主板第一天													■	
交易股票的结算														■

图 15-15　纽约证券交易所(NYSE)首次公开发行工作流程

资料来源:美国纽约证券交易所。

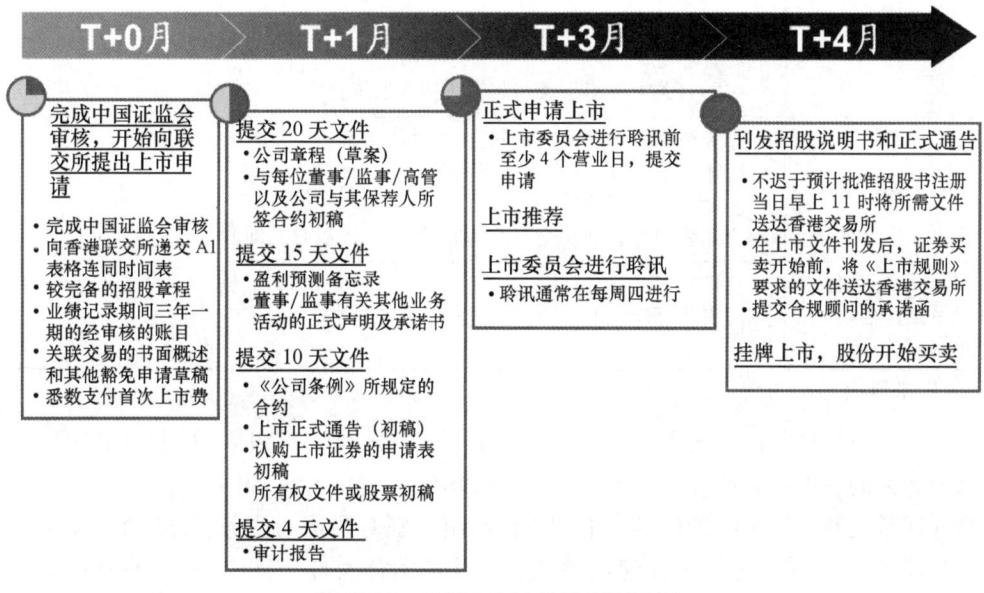

图 15-16　香港上市工作进度表示例

资料来源:中金公司。

中介机构

境外上市涉及的中介机构非常之多,但通常由主承销商主导工作。以香港上市为例,可能涉及的中介机构包括投资银行(可能的头衔包括全球协调人、账簿管理人、主承销商和保荐人等)、会计师事务所(审计师或核数师)、物业评估师(美国上市较少涉及)、公司香港律师和内地律师、承销商香港和内地律师、财经公关公司和印刷公司(见表15-11)。中国境外上市公司超过90%注册于开曼群岛,因此部分公司还可能再聘请开曼律师。

表15-11 香港上市过程可能涉及的中介机构

中介机构	主要职责	工作成果
全球协调人/ 主承销商/ 保荐人	• 与公司一起进行上市方案设计 • 协调向有关部门报批和文件准备工作 • 全面负责协调其他中介机构 • 全面负责承销发行的各项工作 • 负责与香港联交所沟通,并组织回答联交所问题	• 协助公司成功招股
审计师	• 参与财务尽职调查 • 审计历史财务报表 • 审核公司盈利预测 • 与联交所进行有关财务的沟通	• 审计报告 • 盈利预测报告
香港物业评估师	• 按照香港联交所要求进行物业评估,出具评估报告	• 物业评估报告
公司内地律师	• 作为公司的中国法律顾问,提供法律咨询 • 法律尽职调查,出具法律意见书 • 协助起草公司董事会等有关文件 • 协助公司审阅重大合同,协助获得第三方必要的同意或者豁免 • 协助有关上市申报及与监管机构沟通工作	• 法律意见书
公司香港律师	• 作为公司的香港法律顾问,提供法律咨询 • 法律尽职调查,出具法律意见书 • 协助公司撰写招股书 • 协助公司与香港联交所的沟通,答复联交所有关问题	• 法律意见书
公关公司/路演公司 印刷及翻译公司 股票登记公司	• 负责安排招股书印刷翻译、媒体及公共关系管理、路演安排、股票登记等有关工作	

资料来源:中金公司。

这些中介机构共同组成主承销商领导下上市工作小组。一般来说,上市工作小组还会再分为协调、业务、法律和财务四个组别。公司的首席执行官、财务总监和董事会秘书等高管通常也是这些小组的成员。上市工作小组分别对公司的业务、法律和财务情况进行尽职调查,同时准备上市需要递交给监管机构的法律文件。其中,公司的境外律师负责起草上市中关键的招股说明书(Prospectus),会计师则负责对公司财务报表的审计,公司的境内律师负责提供有关境内法律合规的意见书。

文件制作

在上市过程中,上市工作小组需要准备多种文件,主要概括如下:

• 由发行人/承销商/发行人法律顾问准备的资料	
招股书(联席承销商以及发行人法律顾问共同协助)	• 涵盖证券条款和条件的推介材料和披露材料,证券推介材料和分销计划 • 涵盖发行人的详细信息、其管理层、财务报表以及与发行人业务和证券相关的各种风险
路演陈述	• 向投资方进行陈述,介绍公司情况以及发行方面的主要信息(由公司与联席承销商共同筹备)
• 由发行人/承销商法律顾问/会计师/投资者关系公司准备的资料	
股票发行的其他材料	• 售股股东计划/定向售股计划的相关材料
承销协议	• 管辖联席承销商与其他承销商就发行人股份承销交易的关系和条款,该交易在美国证交所注册发行,并于美国境外根据 S 条例以及标准市场惯例进行 —承销协议受纽约法律管辖 —声明和保证 —免责 —不可推卸的责任
法律意见	• 法律意见将包括: —发行人以及承销商法律顾问出具 —中国法律顾问和开曼群岛法律顾问对承销协议和其他材料的合法性和有效性出具法律意见
安慰函	• SAS 72 风格的安慰函中出具消极保证,即自上一次财务报告以来未发生重大变化
承销团成员之间的承销协议	• 规定该发行承销团成员之间的关系,包括承销团的角色、承销比例、销售委任以及费用
市场公告	• 路透社、彭博以及其他新闻机构公告交易。仅对定价条款进行事实陈述——与发起时公司通过新闻机构进行的有偿公告相一致

在所有文件中,最重要的是由公司律师准备的招股说明书,这也是递交监管机构审核的重要文件。招股说明书主要包括以下内容:

- **执行概要**。概述招股说明书各部分的主要内容,重点阐述有关本次发行的关键条款和发行人情况。
- **风险因素**。向投资者披露参与本次发行所可能遭遇的各种风险。
- **公司信息**。介绍发行人的注册信息,包括注册地点、注册资本和法定代表人等。
- **筹资用途**。介绍本次发行所得资金的用途。
- **红利政策**。介绍公司上市后的红利发放政策。
- **资本结构**。介绍公司当前的资本结构和主要股东等信息。
- **财务信息**。概要介绍公司当前的财务数据,详细的财务报表以附件形式呈现。
- **管理团队对业务的分析和讨论**。管理团队对公司当前业务的分析以及对未来的预期。
- **行业分析**。介绍公司所处的行业发展现状。
- **业务分析**。介绍公司当前各业务的发展现状。
- **监管介绍**。介绍公司当前所需要接受的各项业务监管。
- **关联交易**。介绍公司与关联企业之间发生的交易。

- **税务问题**。介绍公司当前的税收地位。
- **承销协议**。公司与主承销商签订的承销协议。
- **法律适用**。本次发行所适用的法律。

与监管机构沟通

在各项文件准备工作初步完成之后，由公司律师代表公司向美国证交会(SEC)非公开地递交上市文件(S-1 或 F-1 表格①)，主体为企业的招股说明书。美国证交会的企业融资部负责审核企业提交的备案文件。根据美国证券法，证交会被禁止评价证券的优劣及投资价值，因此其监管的重点为信息披露的形式合规。在其网站上，证交会企业融资部声明如下：

> 本部门既不评价任何交易的价值，或者某项投资是否适合投资者。本部门的审核过程并不保证信息披露的完整性或准确性。信息披露完整及准确的义务由发行人及与备案文件制作相关的人士承担。

美国证交会就递交文件形式上的合规问题会提出修改意见(Comment Letter)。上市工作小组根据修改意见进行修改后再行递交。主要负责与监管部门沟通的中介机构为公司的美国律师。从经验来看，与证交会的沟通通常会有三轮，但每个案例的具体情况都不同。第一轮可能会有超过 100 个问题，第二轮 50—60 个问题，最后一轮 10 多个问题。美国证交会对备案文件的修改满意之后，便可以宣布该备案生效。

主承销商在备案生效之后才可以正式开始路演和询价等操作。但在此之前，主承销商也可以向潜在投资者发出初步招股书(Preliminary Prospectus)，俗称红鲱鱼(Red Herring)。该招股书不包括具体的定价信息，同时会在扉页以加粗红字做与下面内容相近的声明：

> 该等证券的备案文件已经向美国证交会提交，但尚未生效。本招股书的内容尚未完成并可能有修正。该等证券在备案文件生效之前不得出售或接受购买要约。

在 2005 年以前，从发行人向证交会提交文件至备案生效之前的时期称为静默期(Quiet Period)。承销商、发行人及相关中介在静默期向公众投资者推销证券的行为受到严格的限制。但静默期的限制在 2005 年 9 月规则修改之后得到很大程度的放松。承销商在向潜在投资者发放初步招股书发放的同时，也会组织分析师发布针对发行人的卖方研究报告。我们通常也称这阶段的推销活动为预路演(Pre-Marketing)。

在备案生效之后，公司的承销商便会组织由公司高级管理人员和承销商经理进行正式路演(Road Show)。通过这一过程，承销商可以收集市场对公司股票认购意愿的相关信息，为最终定价作准备。这个过程也称为询价过程(Bookbuilding)。

---

① 注册于美国本土(通常是特拉华州)的企业递交的申请表格为 S-1，如黑石集团。而注册于开曼群岛等美国以外地区的企业递交的申请表格为 F-1，如百度和奇虎。从近年的监管实践来看，两者并无实质差别。

路演、询价及定价

路演是股票发行中由承销商组织,发行人向潜在投资者推介其股票的活动。中国企业境外上市普遍采用全球发行模式,因而需要在全球主要金融中心城市进行推介。譬如,2000年新浪上市时便在全球10个城市进行路演。路演是共同基金等机构投资者与发行人进行交流的重要机会。路演行程往往非常紧密,发行人高管需要在短暂的沟通中赢得投资者认可。机构投资者往往会对发行人提出非常细致甚至苛刻的问题,因而在路演团上路之前,承销商往往会组织路演排练,帮助发行人高管熟悉路演的过程。

以下是中金公司提供的香港IPO路演行程的一个示例:

第一天　香港
第二天　香港
第三天　新加坡
第四天　伦敦
第五天　伦敦
第六天　法兰克福
第七天　波士顿
第八天　纽约
第九天　旧金山

在这几天中,路演团队每天的会面安排也非常密集,下面是一个示例:

上午 8:00	承销商向公司领导层简要介绍当前的市场情况、最新的订单状况以及投资者的反馈意见
上午 9:00	一对一会议
上午 10:15	一对一会议
上午 11:30	一对一会议
下午 12:45	投资者午餐会
下午 2:30	一对一会议
下午 3:45	一对一会议
下午 5:00	一对一会议
下午 7:00	飞至路演下一站

路演也是询价的过程。承销商从机构投资者的认购意愿表可以了解到市场对发行人的认可程度。这可以帮助承销商制定合理的发行价格。发行价格的确定是一个渐进过程。在撰写招股书的过程中,承销商的分析师会根据发行人的情况发布研究报告,此时定价的上下限范围较大。发行人路演时会分发招股说明书给潜在投资者,此时承销商会提供一个大致的价格区间。通过询价,承销商将定价区间进一步缩小,并通过与发行人的商谈最终确定价格(见图15-17)。

此处的定价与我们在企业估值部分讨论的定价有一定区别。IPO定价高度依赖于投行项目负责人对市场的经验判断。理想的定价水平是股票在上市之后有轻度的涨幅。

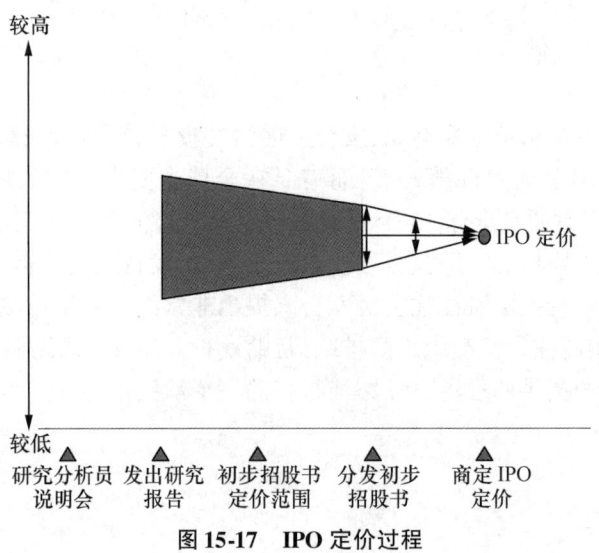

图 15-17 IPO 定价过程

后市暴涨或暴跌会使得发行人或投资者受损,而两种情况都是主承销商应极力避免的。询价结果很容易受到路演期间市场波动的影响。

在当当网(NYSE.DANG)启动 IPO 申请之初,其主承销商摩根士丹利给出的估值区间为 10 亿—60 亿美元。2010 年当当网进入路演时,摩根士丹利给出的估值只有 12 亿美元,而原因是当时发生的延坪岛炮击案①令美国投资者对亚洲投资存在疑虑。这一离谱的理由让当当网 CEO 李国庆非常恼火。正式路演结束后,当当网最终的估值提升至 16 亿美元。2010 年 12 月 8 日,当当网正式在纽交所挂牌交易,首日涨幅高达 87%。李国庆在 IPO 时套现了 3 200 万美元。如果按照首日收盘价,相当于少收入 2 780 万美元。在上市静默期结束之后,李国庆与摩根士丹利负责承销的经理便在媒体上相互指责。从历史来看,当当网的定价并不算离谱。1998 年贝尔斯登公司承销的"TheGlobe.com"定价为每股 9 美元,首日最高涨至每股 97 美元。

询价期间遭遇市场波动而导致定价上调或下调的情况是正常情况。人和商业控股在次贷危机全面爆发的 2008 年 10 月进行路演。虽然承销商的初始定价区间为 1.4—1.7 港元,但路演结束之后只能以 1.13 港元的低价发行。而 2011 年上市的奇虎则运气不错。虽然初始询价区间仅为 10.5—12.5 美元,路演过程中投资者的热烈反应使得承销商最终将发行价定为 14.5 美元。

发 行

在路演结束之后,承销商的项目负责人会与公司的主要高管就股票的最终定价和发行规模进行商谈。在达成一致意见后,公司会将包含最终发行的股份数量和发行价格的招股说明书以修正稿(Amendment)的方式向美国证交会公开备案。承销商便可以着手

---

① 2010 年 11 月 23 日朝鲜炮击韩国控制的延坪岛,随后韩国予以还击。在国际调解下双方并未真正开战。

通过由多家投资银行组成的承销团销售股票。

投行承销的方式主要有：包销（Firm Commitment）、代销（Best Efforts）及可撤回承销（All-or-None）。在包销模式下，承销团保证股票按照约定价格和数量出售。如果未能完成销售，则承销团将以自有资金买下这些股票。包销模式下承销商的风险最大，收费也最贵。代销模式下，承销团只作为销售代理，发行风险由发行人自行承担。而可撤回承销则约定如果认购数量未达到预定水平则取消承销。通常投资条款书中的自动转换条款约定的转换条件都会是包销。中国企业的多数发行采用了包销模式。

在股票发行中，承销商一般会通过超额认购权和做空机制来稳定股票上市后初期的价格。超额认购权（Overallotment Option）也称绿靴期权（Greenshoe Option），指的是承销商有权在发行后的一段时间内（一般是一个月）按照发行价格向发行人再买入相当于发行总股数15%的股票。借助这一机制，承销商可以"超卖"新股。

举个例子，假设本次发行股票总数为1亿股，承销商可能会出售1.15亿股给投资者，相当于承销商卖空了1 500万股。如果股票上市之后价格上升，则承销商通过执行超额认购权补回空头。在这种情况下，发行人实际发行的股份数将达到1.15亿股。如果上市之后股票价格跌破发行价，承销商将不会行权，而是从市场上买回1 500万股来回补空头。这样，发行人实际发行的股票总数仍是1亿股。承销商的1 500万买单将在一定程度上形成对股票价格的支持，起到维持股价的作用。中国境内IPO实践中也广泛使用超额配售权。

发行结束之后，发行人的股东数量和流通股比例一般会满足交易所的挂牌要求。发行人再向交易所提起上市申请。从IPO完成到股票挂牌需要的衔接时间通常较短。创始人及原始股东的股票除了在IPO阶段献售的部分之外，通常会有180天的锁定期。某些情况下，创始人及部分原始股股东会承诺锁定更长时间。譬如，优酷上市时其主要股东便承诺自愿锁定36个月。A股市场上的锁定期要显著长于境外市场，我们在下文再进行讨论。

交易所一般规定，当股东因为买卖股票导致持股比例超过5%或低于5%都应向交易所报告。这种信息披露义务的目的是防止大股东进行内幕交易，伤害普通投资者的利益。私募股权所持有的股份比例往往会超过5%，因而在减持股票时必须向交易所报告。此外，某些私募股权投资者由于持股比例非常高，如果在股票市场上出售可能会对交易价格形成很大的负面冲击。

锁定期结束之后，原始股股东通常会选择以大宗交易方式将所持有的股票整体或部分出售给机构投资者。大宗交易的价格虽然相比同期市场价格有所折让，但其交易速度弥补了不足。在中国投资实践中，也有一些投资者会选择以协议转让方式在场外将股份出售给战略或财务投资者套现。譬如，小肥羊（HK.00968）上市之后，其投资者3i基金及普凯基金便将所持的股份出售给百胜集团，后者后来整体收购了小肥羊。而建设银行（HK.00939）上市之后，其Pre-IPO投资者美国银行在2009年将135亿股H股以每股4.2港元的价格出售给以厚朴基金为首的财团，同期建行的H股价格约为每股4.7港元。

15.2.6 境内上市

A 股 IPO 及上市的工作流程表面上看与境外 IPO 十分相似,但在实践操作中有很大不同。境外 IPO 主要的难点在于路演及询价过程中招揽投资者,成败取决于市场。而境内 IPO 主要难点在于通过监管机构的审批(称为核准制)。A 股 IPO 的大致流程可以分为四部分:改制重组,上市辅导及材料制作,监管机构审核以及发行操作(见图 15-18)。

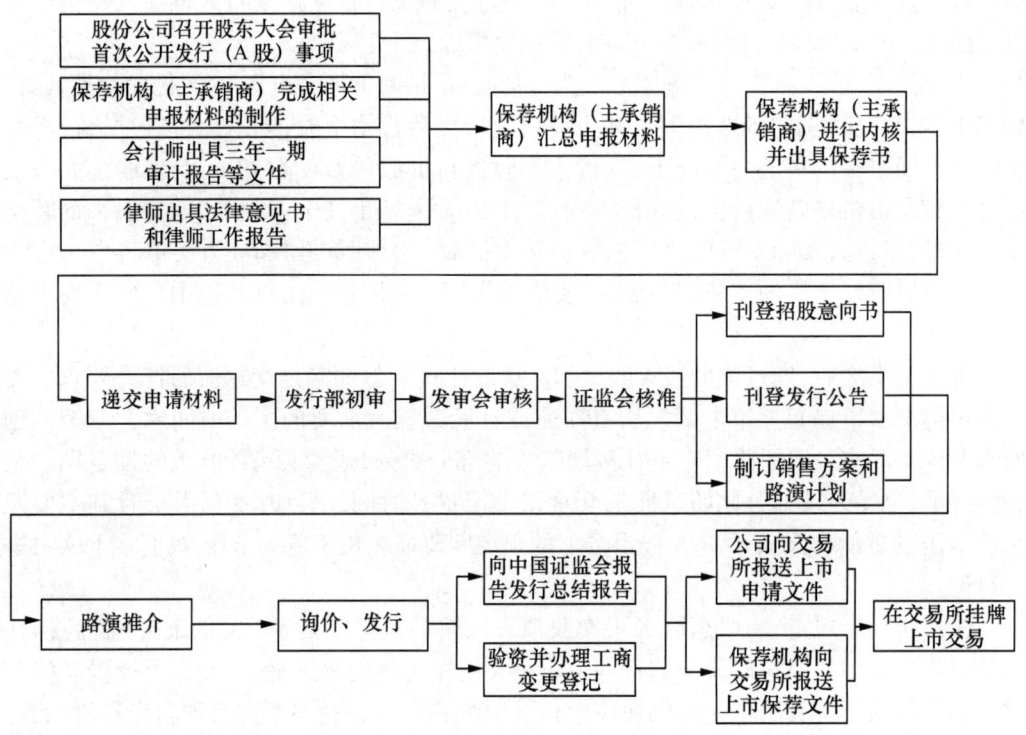

图 15-18 中国 A 股主板上市工作流程

资料来源:长江证券。

拓展阅读 境内 A 股 IPO 流程[①]

由于发行主体必须为股份有限公司,在目前核准制发行审核体制下,首次公开发行并上市的流程主要包括改制与股份公司设立、上市辅导、发行申报与审核、股票发行与上市等几个阶段。保荐机构和中介机构的尽职调查贯穿于整个过程,各阶段主要内容如下:

---

① 资料来源:上海证券交易所 2012 年发布的《企业改制上市实务》。

(1) 改制和股份公司设立:通过前期尽职调查,保荐机构和会计师事务所、资产评估机构、律师事务所等中介机构对公司资产、负债和业务状况进行全面了解,进而制订改制和公司设立方案,对拟改制主体的财务状况进行审计,资产评估机构对改制主体资产进行评估,律师事务所对公司设立出具法律意见书,同时签署发起人协议和起草公司章程等文件,设置公司内部组织机构,到工商行政管理部门对股份公司设立进行工商登记,召开创立大会并选举董事和聘任管理层等。

(2) 上市辅导:与保荐机构签订辅导协议,由保荐机构对公司董、监、高和持股5%以上的股东进行上市专业辅导,通过专业培训和业务指导,使其了解和掌握有关证券知识,熟悉证券相关法律法规;中介机构对公司生产经营状况、财务状况和管理、运作进行进一步尽职调查,对存在的问题进行整改、规范和完善;完善公司各种管理、决策和内控制度,完善组织和管理架构;拟定募集资金投资项目,完善业务发展目标;开始申报材料的制作,完成辅导验收等。

(3) 发行申报与审核:按照中国证监会的要求,中介机构完成申报材料制作后,保荐机构对发行人股票发行申请进行内核,并出具保荐意见,向中国证监会进行申报。中国证监会正式受理后,对申请文件进行初审,同时对发行人募投项目是否符合国家产业政策征求国家发改委意见,并向保荐机构反馈审核意见;保荐机构组织发行人和中介机构对反馈的审核意见进行回复和出具相关核查意见;初审会召开之前,按规定进行申请文件预披露,审核部门初审,并形成初审报告,最后提交股票发行审核委员会审核。

(4) 发行与上市:发行申请经发行审核委员会审核通过后,中国证监会进行核准,企业在指定报刊上刊登招股说明书摘要及发行公告等信息,同时开始路演,向投资者推介和询价,并根据询价结果协商确定发行价格。根据最终确定的发行价格,按照发行公告披露的发行方式向社会公众公开发行股票;募集资金到位后,完成验资和工商变更登记;向证券交易所提交上市申请,同时办理股份的托管与登记;证券交易所核准上市申请,公司股票挂牌上市交易。公司股票上市交易后,由保荐机构按规定要求,对公司实施两年又一期的持续督导。

根据上交所的估计,正常情况下企业自改制到发行上市总体时间为一年左右。其中改制重组阶段大约需要6个月左右的时间,而上市辅导及文件制作阶段则需要2—3个月,监管机构审核阶段需要4—5个月。但这只是理想状态下的结果。实践操作中,上市申请持续时间可能长达数年。

上市重组

在上市之前,公司需要进行业务和法律结构的重组,以满足上市地的法律要求。境内企业在IPO之前通常为有限责任公司,进行IPO之前需要改制成为股份有限公司。但更为重要的是业务重组,大致可以分为整体变更重组模式、母子公司模式及分立模式。

整体变更重组一般适用于有限责任公司的改制重组。在这一模式下,拟上市企业的全部资产都全部进入股份有限公司(上市申请主体)。中国证监会要求企业上市前有连续三年运营历史。在不存在业务和人员剥离的情况下,企业改制前的历史业绩可以连续计算。这方面的典型案例有工商银行和中国银行。中国证监会鼓励大型国有企业采用这种方式进行改制。

母子公司模式指的是企业将盈利能力较强的优质资产/负债发起设立股份有限公司,并作为上市申请主体,而其他资产则保留在母公司。这种模式在中国A股市场最为常见,典型的例子包括中国石油、中国人寿、中国中铁和中国神华等。以这种模式改制的上市公司往往会在改制初期实现良好业绩,之后则出现大幅下降。原因可能在于母公司与股份有限公司难以割断的关联交易。上市前通常母公司会向股份有限公司输送利润,上市之后则反之。

以中国石油天然气集团(中石油集团)为例,上市前的中石油集团的资产包括勘探、管道、生产、精炼化工、市场营销、采油、国际资产以及社会服务等。上市重组过程组建了中国石油天然气股份有限公司(中石油股份)作为中石油集团的子公司。中石油股份持有勘探与生产、精炼与市场营销、化工和天然气业务,而其余资产则保留在中石油集团名下(见图15-19)。

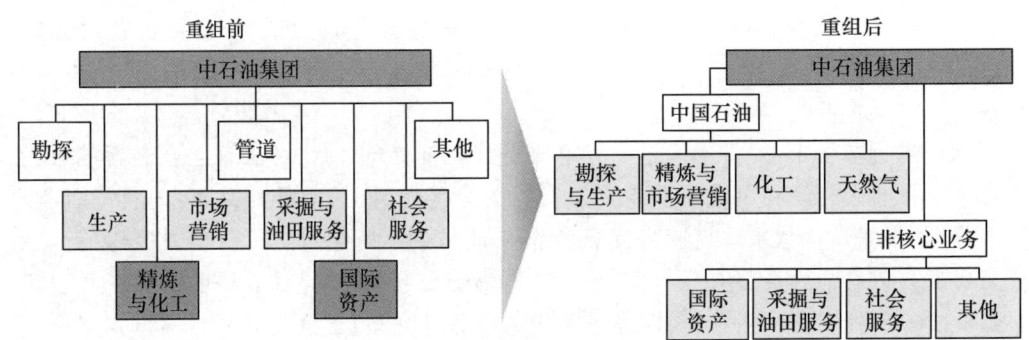

图 15-19 中石油集团的上市重组

分立模式的原理与母子公司模式相似,只不过优质资产(上市主体)以外的资产独立成为其他公司。这方面的案例较为少见,建设银行是其中的一个。2004年9月,建设银行、中国建银投资有限责任公司与汇金公司签署分立协议。根据该协议,原建行分立为建设银行和中国建银投资有限责任公司。根据分立协议,建设银行承继了原建行的商业银行业务及相关的资产和负债,并发起设立股份有限公司。而中国建银投资有限责任公司则承继原建行的非商业银行业务、资产及负债。

针对上市申请而进行的改制重组中需要关注的问题很多。业绩如果因为改制重组不能连续计算,则企业改制之后还需独立运营3个财政年度才能在国内申请IPO。此外,同业竞争和关联交易的问题也需要在改制阶段解决。譬如,企业实际控制人的直系亲属控制的企业如果从事与上市申请主体相同的业务,则可能在申请阶段被监管机构质疑。由于改制的复杂性,改制方案的设计一般由主承销商主导,由律师和会计师配合进行。

与改制重组同步进行的工作还有三年历史业绩的审计及资产评估工作。此外,改制重组往往需要获得多个部门的批准。首先,特定行业需要行业主管批准,如银行上市前需得到银监会批准。其次,国有企业需要国有资产管理部门的批准。再次,外商投资企业需要商务部门的批准。最后,如果在重组过程中引进外资则需要得到发改委的批准。名目繁多的审批也是中国 A 股 IPO 工作耗时较长的重要原因。

上市辅导及材料制作

所谓上市辅导,指的是上市之前由保荐人、律师及审计师等中介机构对上市公司董事、监事、高级管理人员及持股 5% 以上的股东进行的规范化培训、辅导及督导。证监会现行规定并未就辅导期长度做出规定,实践中辅导期一般在 3—6 个月之间。实施辅导的一般流程包括签订辅导协议、辅导备案、实施辅导、辅导总结和辅导验收等。辅导机构需要在签署辅导协议之后向当地证监局备案,并在辅导结束之后由后者验收。证监局在验收之后向证监会发行部出具验收报告。此报告是提交上市申请的前提条件。

辅导工作一般不会构成上市申请的难点。这一阶段最为重要的工作为上市材料的制作。A 股 IPO 所需要提交的文件种类繁多,足以装满一个 20 寸的拉杆箱。譬如,根据《首次公开发行股票并在创业板上市申请文件目录》的规定,申请创业板 IPO 所需要的文件分为九章数十大类。下面摘录了前三章的文件目录:

第一章　招股说明书与发行公告
1-1　招股说明书(申报稿)
1-2　发行人控股股东、实际控制人对招股说明书的确认意见
1-3　发行公告(发行前提供)
第二章　发行人关于本次发行的申请及授权文件
2-1　发行人关于本次发行的申请报告
2-2　发行人董事会有关本次发行的决议
2-3　发行人股东大会有关本次发行的决议
第三章　保荐人和证券服务机构文件
3-1　保荐人关于本次发行的文件
3-1-1　发行保荐书(附:发行人成长性专项意见)
3-1-2　发行保荐工作报告
3-2　会计师关于本次发行的文件
3-2-1　财务报表及审计报告
3-2-2　盈利预测报告及审核报告
3-2-3　内部控制鉴证报告
3-2-4　经注册会计师核验的非经常性损益明细表

3-3 发行人律师关于本次发行的文件
3-3-1 法律意见书
3-3-2 律师工作报告

中国证监会为国内 IPO 设计的信息披露文件格式主要针对制造业企业。实践操作中，一些招股书内容雷同，复制粘贴的痕迹明显。譬如，2011 年海通证券在道明光学的保荐文件中写道："海通证券愿意推荐上海姚记扑克股份有限公司的股票在深圳证券交易所上市交易，并承担相关保荐责任。"海通证券也是姚记扑克的承销商。

这一阶段的工作实际上非常重要，因为监管机构的工作主要以材料审核为主。在缺乏现场调查的情况下，系统性的财务造假往往更容易通过审核。2012 年年末中国证监会对 A 股上市申请企业开展了大规模财务报告核查活动。这一核查导致数十家申请企业主动撤回申请。但应承担更大责任的是承销商、审计师和律师等中介机构。监管机构更应该做的是用严厉的事后处罚机制震慑造假。国际监管机构的操作实践值得我们借鉴。

2009 年福建运动鞋布料公司洪良国际在香港成功 IPO 并融得 10 亿港元资金。香港证监会在上市操作完成之后才发现洪良国际涉嫌财务造假，遂向法院申请冻结了洪良国际的募资所得。在造假被证实之后，洪良国际被迫退还了全部筹资所得。而香港证监会也向洪良国际的承销商开出 1 亿港元的罚单。中概股造假丑闻中，为这些上市公司提供审计服务的四大会计师事务所也被监管机构告上法庭。虽然多数案例尚未了解，但可以预料审计师们将不得不支付相当数额的罚金或和解费。

发行申报与审核

整个 IPO 申请过程的核心为监管机构的内部审核工作。从企业递交材料到得到证监会的发行核准需要保荐机构、企业高管与监管人员的多次沟通。我们形象地将这个过程称为"四会三阶段"。四会即反馈会、见面会、初审会及发审会；三阶段即预审、初审和发审。

在过去，证监会内部的审核过程并不对外公开。自 2011 年开始，证监会信息公开程度大为提高。发行监管部（负责主板和中小板审核）和创业板发行监管部（负责创业板审核）都公布了其审核流程。除了一些流程顺序之外，两者的审核工作流程大致相同。以下以创业板为例介绍监管机构审核的工作流程。

拓展阅读 中国证监会创业板发行监管部首次公开发行股票审核工作流程[①]

按照依法行政、公开透明、集体决策、分工制衡的要求，首次公开发行股票并在创业板上市（以下简称创业板首发）的审核工作流程分为受理、反馈会、见面会、问核、预先披露、初审会、发审会、封卷、会后事项审核、核准发行等主要环节，分别由不同处室负责，相互配合、相互制约。对每一个发行申请人的审核决定均通过会议以集体讨论的方式提出意见，避免个人决断。

---

① 资料来源：中国证监会。

一、基本审核流程图

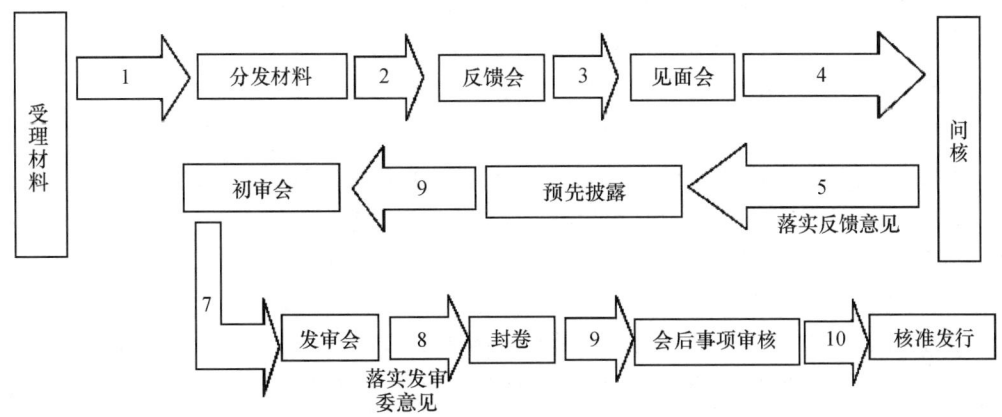

二、具体审核环节简介

1. 材料受理、分发环节

中国证监会办公厅受理处根据《中国证券监督管理委员会行政许可实施程序规定》(证监会令第66号)和《首次公开发行股票并在创业板上市管理暂行办法》(证监会令第61号)、《关于进一步做好创业板推荐工作的指引》(证监会公告[2010]8号)等规则的要求,依法受理创业板首发申请文件,并按程序转创业板发行监管部(以下简称创业板发行部)。创业板发行部收到申请文件后由综合处分发至审核一处、审核二处。审核一处、审核二处根据发行申请人所处的行业、公务回避的有关要求以及审核人员的工作量等各确定一名审核人员审核发行人的创业板首发申请文件。

2. 反馈会环节

审核一处、审核二处审核人员审阅发行申请人申请文件后,从非财务和财务两个角度撰写审核报告,提交创业板发行部反馈会讨论。反馈会主要讨论初步审核中关注的重点问题,确定需要发行申请人补充披露、解释说明以及中介机构进一步核查落实的问题。

反馈会按照申请文件受理时间顺序安排,由综合处组织并负责记录,参会人员有审核一处、审核二处负责人及该项目审核人员等。反馈会后形成书面意见,履行内部程序后反馈给保荐机构并抄送发行申请人注册地证监局。见面会前不安排发行申请人及其中介机构与审核人员沟通。

保荐机构收到反馈意见后,组织发行申请人及相关中介机构按照要求落实并进行回复。综合处收到反馈意见回复材料进行登记后转审核一处、审核二处。审核人员按要求对申请文件以及回复材料进行审核。

发行申请人及其中介机构收到反馈意见后,在准备回复材料过程中如有疑问可与审核人员进行沟通,有必要时可与处室负责人、部门负责人进行沟通。

审核过程中如发生或发现应予披露的事项,发行申请人及其中介机构应及时报告创业板发行部并补充、修改相关材料。

3. 见面会环节

见面会旨在建立发行申请人与创业板发行部的交流沟通机制。首先由创业板发行部部门负责人介绍发行审核的程序、标准、理念及纪律要求等,其后与发行申请人就企业情况及反馈意见中涉及的问题等进行一对一沟通。见面会按照申请文件受理时间顺序安排,由综合处通知相关发行申请人及其保荐机构。见面会参会人员包括发行申请人代表,保荐代表人,创业板发行部部门负责人、综合处、审核一处和审核二处负责人等。

4. 问核环节

问核机制旨在督促、提醒保荐机构及其保荐代表人做好尽职调查工作,安排在见面会后进行,参加人员包括问核项目的审核一处和审核二处的审核人员、两名签字保荐代表人和保荐机构的相关负责人。

5. 预先披露环节

反馈意见落实完毕、财务资料在有效期内的将安排预先披露。具备条件的项目由发审委工作处通知保荐机构报送发审会材料和预先披露的招股说明书(申报稿)。创业板发行部收到相关材料后安排预先披露,并按受理时间顺序安排初审会。

6. 初审会环节

初审会由审核人员汇报发行申请人的基本情况、初步审核中发现的主要问题及其落实情况。初审会由综合处组织并负责记录,创业板发行部部门相关负责人、审核一处和审核二处负责人、审核人员、综合处、发审委工作处以及相关发审委委员参加。

根据初审会讨论情况,审核人员修改、完善初审报告。初审报告是创业板发行部初审工作的总结,履行内部程序后与申请材料一并提交发审会。

初审会讨论决定提交发审会审核的,创业板发行部在初审会结束后出具初审报告,并书面告知保荐机构需要进一步说明的事项以及做好发审会召开前的准备工作。初审会讨论后认为发行申请人尚有需要进一步落实的重大问题、暂不提交发审会审核的,将再次发出书面反馈意见。

7. 发审会环节

发审委制度是发行审核中的专家决策机制。目前创业板发审委委员共35人,其中专职委员23人,发审委工作处按工作量和需回避事项安排相关发审委委员列席初审会和参加发审会,并建立了相应的回避制度、承诺制度。发审委通过召开发审会进行审核工作。发审会以投票方式对首发申请进行表决,提出审核意见。每次会议由7名委员参会,独立进行表决,同意票数达到5票为通过。发审委委员投票表决采用记名投票方式,会前须撰写工作底稿,会议全程录音。

发审会由发审委工作处组织,按发行人向创业板发行部报送上会材料的时间顺序安排,发审委委员、审核一处、二处审核人员、发审委工作处人员参加会议,发行申请人代表、项目签字保荐代表人各2名到会聆询。

发审会召开5天前中国证监会发布会议公告,公布发审会审核的发行申请人名单、会议时间、参会发审委委员名单等。发审会上各参会委员独立发表审核意见,发行申请人聆询时间为45分钟,聆询结束后由委员投票表决。发审会认为发行申请人有需要进一步落实的问题的,将形成书面审核意见,履行内部程序后发给保荐机构和发行申请人,同时抄送地方证监局。

保荐机构收到发审委审核意见后,组织发行申请人及相关中介机构按照要求落实并进行回复。综合处收到审核意见回复材料后转审核一处、审核二处。审核人员按要求对回复材料进行审核并履行内部程序。

8. 封卷环节

发行申请人的首发申请通过发审会审核后,需要进行封卷工作,即将申请文件原件重新归类后存档备查。封卷工作在落实发审委审核意见后进行。如没有发审委审核意见需要落实,则在通过发审会审核后即进行封卷。

9. 会后事项审核环节

会后事项是指发行申请人首发申请通过发审会审核后,招股说明书刊登前发生的可能影响本次发行及对投资者作出投资决策有重大影响的应予披露的事项。存在会后事项的,发行申请人及其中介机构应按规定向综合处提交相关说明。须履行会后事项程序的,综合处接收相关材料后转审核一处、审核二处。审核人员按要求及时提出处理意见。按照会后事项相关规定需要重新提交发审会审核的需要履行内部工作程序。会后事项审核程序结束后相关材料存档备查。

会后事项审核程序结束后,创业板发行部根据审核情况起草持续监管意见书,将创业板发行部和发审委审核中重点关注的问题及发行申请人承诺事项,书面告知中国证监会上市公司监管部、发行申请人注册地证监局和深圳证券交易所进行后续监管。

10. 核准发行环节

封卷完成后,履行申请批复程序,发行申请人领取批文后安排后续发行工作。

从 2006—2011 年间的数据来看,申报上市的企业最终通过发审会的比例达到三分之二。在申请失败的 523 家企业中,有 292 企业在预审和初审阶段即主动撤回申请或被终止审核,有 231 家企业在发审会上未能得到三分之二发审委的认可,因而被否决(见表 15-12)。

表 15-12　2006—2011 年 A 股申报上市企业审核情况统计

年度	通过	否决	撤回	小计	审核通过率
2006	62	11	38	111	55.86%
2007	117	38	22	177	66.10%
2008	96	20	37	153	62.75%
2009	169	28	64	261	64.75%
2010	343	62	47	452	75.88%
2011	264	72	84	420	62.86%
合计	1 051	231	292	1 574	66.77%

资料来源:中国证监会。

市场对证监会审核不满之处在于,成功通过审核的企业有相当比例在上市后业绩迅速下滑。而且,几乎每一家被否决的企业都能找到和其情况相似但成功上市的对照企业。2009 年之后这种情况尤为严重。证监会也因此开展了审核人员轮岗及信息公开化等改进措施。从长远发展来看,中国证监会越来越倾向于由市场而非监管人员来评判企业的好坏,但要做到这一点还需要很长的时间。

不少基金管理人在投资企业时宣称能对上市申请过程施以援手。但是从实证数据来看,私募股权基金作为总体对企业通过审核并没有明显的帮助。以2011年为例,私募股权支持的上市申请企业与其他上市申请企业通过发审会的比例分别是77%和78%。但这可能是因为基金的作用主要在帮助企业通过预审和初审阶段,而我们比较的数字是发审阶段。如果就具体基金管理人来看,一些基金参股的企业过会的概率确实显著超过平均水平(见表15-13)。这些基金管理人或者在人脉或者在投资企业的质量控制上有一定的优势。

表15-13 2011年部分私募股权支持企业过会情况统计

	过会数量	未过会数量	过会率
九鼎投资	9	2	82%
达晨创投	7	0	100%
平安财智	7	1	88%
江苏高投	6	1	86%
深创投	6	3	67%
国信弘盛	5	2	71%
金石投资	5	1	83%
复星集团	5	1	83%
汇智创业	4	1	80%
浙江华睿	4	0	100%
广发信德	3	1	75%
硅谷天堂	3	2	60%

资料来源:投中集团。

在通过发审会之后,企业在发行股票之前仍然需要等待证监会的放行通知。我们之前介绍过,中国证监会在2008—2009年和2012—2013年间都曾暂停过新股发行。2012年年末,进入IPO审核流程的企业将近900家,其中有近100家为已过会未发行的企业。这便形成了所谓的"IPO堰塞湖"。

遵义钛业是一个极端的例子。这家公司在2008年4月29日过会之后却始终没有得到监管机构的发行核准。2013年1月,在中国证监会开展IPO申请企业财务报告专项核查工作的背景下,遵义钛业主动撤回了IPO申请。一般来说,这种长期得不到放行通知的企业通常存在严重的财务问题,而监管机构又恰巧在过会之后才发现问题。

发行及上市挂牌

正常程序下,企业进入发行程序的工作流程与境外上市相近,主要工作包括路演/询价、发行及挂牌。但在具体操作上,中国的路演和询价与国际市场还是有一定区别。

从2006年起,中国证监会规定询价是股票发行过程中的必备过程。承销商要向证监会认可的机构投资者进行询价,再根据询价结果确定最终发行价格区间。根据中国证

监会《证券发行及承销管理办法》的规定,预披露阶段后承销商可以进行初步询价(即预路演):

> 招股说明书(申报稿)预先披露后,发行人和主承销商可向特定询价对象以非公开方式进行初步沟通,征询价格意向,预估发行价格区间,也可通过其他合理方式预估发行价格区间。

承销商可以根据初步询价结果直接确定发行价格,也可以以初步询价结果确定发行价格区间,在发行价格区间内通过累计投标询价确定发行价格。境外发行失败通常会发生在询价阶段,而 A 股 IPO 则极少发生在这一阶段。通常来说,承销机构与询价机构的关系保证了发行的成功。但也有例外,根据《证券发行及承销管理办法》的规定,下列情况可导致发行失败:

> 初步询价结束后,公开发行股票数量在 4 亿股以下,提供有效报价的询价对象不足 20 家的,或者公开发行股票数量在 4 亿股以上,提供有效报价的询价对象不足 50 家的,发行人及其主承销商不得确定发行价格,并应当中止发行。

2011 年 6 月,八菱科技(SZ.002592)因在正式询价阶段参与询价机构恰好为 19 家,比规定的 20 家少了 1 家,因而被迫宣布发行失败。八菱科技成为 A 股历史上第一家在询价阶段止步的企业。后来这家企业二度申请过会,最终还是成功发行上市了。不管如何,这一案例意味着市场需求开始对企业发行有所影响。

在股票发行的过程中,承销商会将股票分为网下配售及网上发行两部分。机构投资者参与网下配售,而散户投资者则参与网上发行,两者的最终定价一致。一般来说,网上发行的超额认购倍数要显著超过网下配售。在中国 A 股的发行过程中,发行价格的最终确定是在承销商收到网下配售的买单之后完成的。散户投资者则是根据网下配售结果最终确定的发行价格进行网上申购。

中国证监会有对发行价格进行干预的传统。在 2006 年市场询价机制建立之后,证监会一度不再干预新股发行定价。但是市场定价的结果出人意料地高,2010 年年末创业板甚至出现了平均估值 90 倍市盈率的奇观。在此背景下,证监会不得不重新对新股发行价格进行干预。根据证监会的规定,如果新股发行市盈率超过行业平均水平的 125%,则需要额外的审核。毫不奇怪,2012 年相当一部分新股的定价为行业平均市盈率的 124.9%。

2012 年 11 月,原本在香港上市的浙江世宝(SZ.002703/HK.01057)获得批准在 A 股 IPO,承销商将询价区间定为 5.50—6.20 元。而同期其 H 股价格则在 2—3 港元范围内浮动。中国证监会对浙江世宝的询价进行了干预,最终该公司 A 股发行价格仅为 2.58 元。此价格仍然比上市日的 H 股价格 2.68 港元超过近 20%。但市场的反应令证监会始料未及,浙江世宝 A 股上市首日收盘价为 18.75 元,较发行价暴涨超过 600%。从这一案例可以看出,A 股价格泡沫化的根源不在定价机制,而在市场炒作和非理性。①

---

① 浙江世宝原计划发行 6 500 万股,但被证监会压缩至 1 680 万股。流通股份数过少也是该股票被爆炒的重要原因。

上市锁定期及减持

和国际市场一样,A股企业上市后原始股也有一定的锁定期。中国证监会针对不同对象设定了不同的锁定期规定,其中控股股东、实际控制人①及关联人的锁定期长达36个月。锁定期的计算一般从上市之日起计算。具体规定如表15-14所示。

表15-14 A股锁定期规定一览(2012年)

限制对象	所属市场	入股时间	锁定期
非实际控制人	主板/中小板	刊登招股书前12个月内入股	36个月
		刊登招股书前12个月以前入股	12个月
	创业板	申报材料前6个月内入股	36个月
		申报材料前6个月以前入股	12个月
控股股东、实际控制人、关联人及一致行动人	主板、中小板及创业板		36个月
董事、监事、高级管理人员	主板/中小板	每年减持公司股份数量不能超过自身持有数量的25%;自股票上市之日起1年内不得减持;在申报离任6个月内不得减持;在申报离任6个月后的12个月内,减持公司股份数量不得超过自身持有该股份总量的50%;在申报离任6个月后的12个月后,将全部解除锁定。	
	创业板	每年减持公司股份数量不能超过自身持有数量的25%;在申报离任6个月内不得减持;在申报离任6个月后的12个月内,减持公司股份数量不得超过自身持有该股份总量的50%;在首次公开发行股票上市之日起6个月内(含第6个月)申报离职的,自申报离职之日起18个月内不得转让其直接持有的本公司股份;在首次公开发行股票上市之日起第7—12个月之间申报离职的,自申报离职之日起12个月内不得转让其直接持有的本公司股份。	

对于持股比例较低的私募股权基金而言,锁定期一般是12个月。持股比例较高的基金可能会被认定为实际控制人而被锁定36个月。受此规定影响,以A股IPO为目标套现渠道的私募股权投资一般不会寻求大额投资。2009—2010年间私募股权支持的创业板上市企业平均每家接受的投资额不过3 700万元,平均每家参股基金对一家企业的投资则只有1 700万元。

上市前12个月或6个月内突击入股投资者的36个月锁定期一定程度上减少了上市前的利益输送。对董事、监事和高管繁琐的减持规定则是应对上市后大量高管以套现股份为目的的减持。而这背后的根源还在于A股定价的泡沫化。

---

① 有关实际控制人的定义请参见尽职调查一章。

在具体减持操作时,基金管理人一般会选择通过大宗交易系统来实现。从 2012 年年末的成交数据来看,大宗交易的成交价格一般要比二级市场价格低 5%—8%。由于中国市场的剧烈波动,减持时机对于投资收益也有明显影响。个别基金甚至设立了专门的"退出委员会"来负责减持决策。

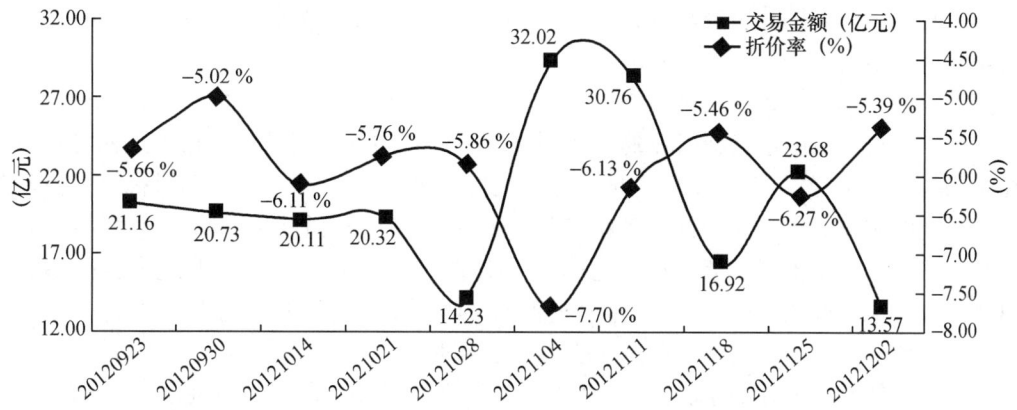

图 15-20　中国 A 股大宗交易折价率与交易金额统计(2012 年第四季度)
资料来源:和君咨询。

15.3　出售退出

出售退出策略在中国市场并不是主要的退出策略,但在成熟市场占据重要地位。随着中国资本市场和宏观经济逐步走向成熟,出售在私募股权基金退出策略中所占的比例将会逐步提高。这可以从美国创业投资基金退出策略的演变看出。在 2000 年之前,IPO 在退出策略中占据主流地位。但在 2000 年以后,出售退出案例总数维持稳定,而创业投资退出案例则大幅降低(见图 15-21)。此外,出售退出策略是并购基金的主要退出策略。而并购基金在中国市场目前并不活跃。随着大型并购基金逐渐进入中国市场,出售退出的地位也将会逐步提高。

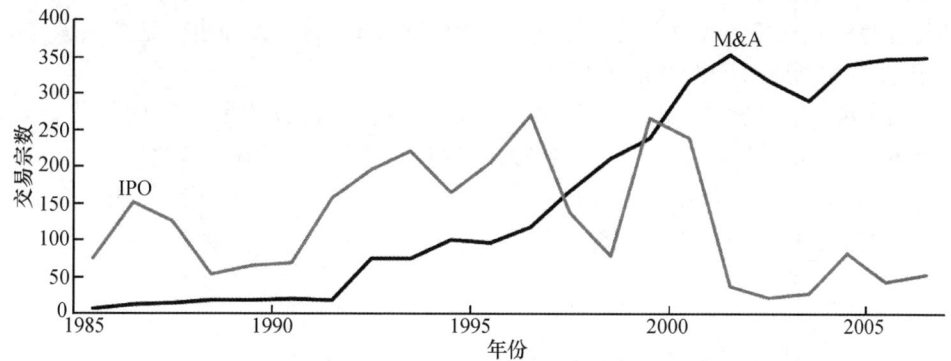

图 15-21　美国创业投资基金 IPO 和出售退出策略历史统计
资料来源:Cendrowski et al., *Private Equity: History, Governance and Operations*, Wiley Finance, 2008。

15.3.1 方式的选择

从收购主体来区分,出售退出主要可以分为出售给实体企业(Industry Sales)以及出售给其他基金。

出售给实体企业是比较常见的退出策略。同行业企业会通过并购提高市场份额,维持其市场地位。试图进入新行业的企业则寻求通过并购进入新的业务市场或区域市场。在中国,不少上市公司出于业绩增长的原因而寻找非上市企业作为并购目标,这也成了出售退出的主要对象。譬如,盛大、新华财经、分众传媒和搜狐等企业都通过收购同行业或相近行业企业来推动业绩增长。此外,一些试图进入中国市场的境外企业也是出售退出的候选对象。譬如雅虎、eBay和亚马逊都通过收购境内的类似网站来推进业务。摩根士丹利将南孚电池出售给吉列的案例也属于这种类型。

出售给其他基金的策略在中国市场比较少见,但在欧洲市场上则较为常见。这种退出策略背后的逻辑在于被投资企业发展进入新阶段,出售方的投资价值已经兑现。随着中国私募股权基金业的发展壮大,新基金之间的竞争也可能会导致这种退出交易的出现。

从出售的方式来区分,可以分为小范围接触、大范围接触和拍卖。小范围接触指的是与3—5个潜在的买家进行一对一的协商谈判。这种出售方式对于保密有利,对于客户基础不太稳固的企业来说较为合适。由于买方之间的竞争并不明显,因而不利于出售价格的提高。在2004年以前,中国国有企业的出让基本上是采用小范围接触后协议出售的。

大范围接触指的是出售方同时与大量买家接触,从中筛选符合出售方标准的买家进行协商谈判。这种出售方式基本上无法保密,因而对于那些经营历史较长且客户基础稳固的企业较为合适。由于买方之间的竞争比较充分,因而容易提高售价。我国现在有相当多的股权交易是在产权交易所挂牌转让,关注度较高的产权转让可以归入这一类型。

拍卖(Auction)方式并非指传统意义上的拍卖。在这种方式下,出售方会选择少数有潜在意向的买家,向其提供出售方的信息并允许对方进行尽职调查,在尽职调查结束后要求买家在一定时间之前按一定条件提出报价。这种报价不是纯粹的价格,而是完整的股权买卖协议,包含交易的所有条件。出售方在综合评估各方的报价方案之后,从中选定最合适的买家成交。这种方式一方面保密程度比较高,另一方面也保证了买家之间的竞争,因而在大型股权出售中较常采用。

总的来说,拍卖方式所得出的价格显著高于协议转让方式所得到的价格。譬如,2007年6月,天津市北水业49%股权的转让以招标方式在三家竞标者之间产生,最终成交价格为21.8亿元。而在之前的协商转让模式下,同一买家就该项目的谈判成交价格仅为最终成交价格的四分之一左右。

15.3.2 买方收购目的分析

在出售中了解买家的收购目的对于策略的执行和价格的提高有很大帮助。根据普华永道的调查,买方收购的目的主要有:进入新市场,增加市场份额,增加新产品,获得管理技术人才,降低运营成本,增加新销售渠道等(见图15-22)。因此,如果私募股权方最初的退出策略是以出售为主,则所投资的企业应该占有相当的市场份额或具有差别化的产品。

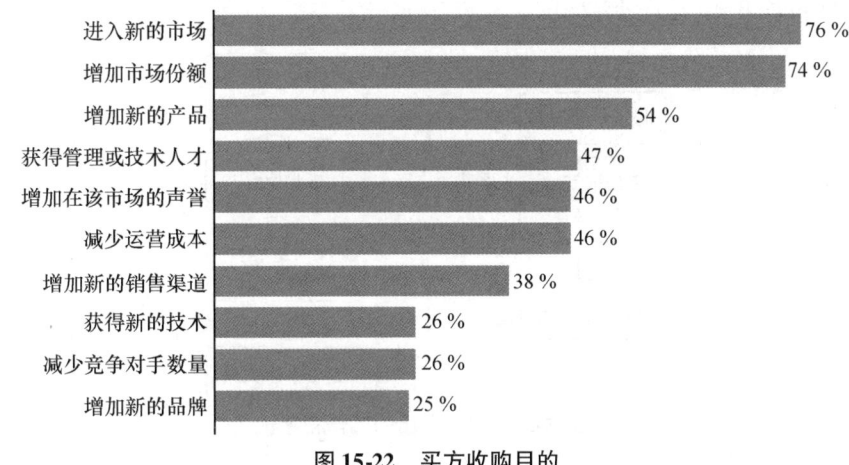

图 15-22 买方收购目的

资料来源:普华永道问卷调查。

15.3.3 出售的操作程序

对于私募股权基金来说,出售退出的操作首先从分析被投资企业的当前状况开始。通过收集企业的信息,形成对企业的估值以及对市场的判断,来决定退出的方式以及预估的出售价格范围。和IPO需要准备招股说明书类似,出售时基金管理人也需要准备关于出售企业的私募备忘录(Private Placement Memorandum)。私募备忘录的框架与招股说明书类似,但稍微简单。

一般来说,大型的股权出售往往会雇用投资银行作为财务顾问帮助寻找买家以及评估报价。在财务顾问协助找到一定数量的潜在买家之后,基金管理人或企业或与潜在买家签订保密协议。之后基金管理人会向潜在买家提交私募备忘录,介绍本次出售的基本情况以及出售的基本条件。有兴趣的买家在审阅私募备忘录之后会与基金管理人签署投资意向或谅解备忘录。

和私募股权基金收购企业股权一样,出售股权时买家也会聘请律师和会计师事务所等中介机构进行尽职调查。尽职调查中各买家可能会要求调阅企业的法律和财务文件,以及与企业的高级管理人员面谈了解情况等,因此出售退出需要得到企业的密切配合。在尽职调查结束之后,有实质购买意向的买家会着手起草股权买卖协议。如果是一对一的协商交易,买卖协议也可能是由出售方来准备。一般来说,在拍卖或招标出售模式下,各买方都会根据自己的交易条款起草各自的股权买卖协议。在股权买卖协议起草期间,买家有可能会要求补充尽职调查,如要求出售方提供最新的财务数据等。

出售方会评估买家提交的报价,并从中选择一家或多家成交。交易各方签署股权买卖协议之后,买方在约定的时间向卖方支付价款,而出售方协助买方完成股权转让登记。在股权买卖协议中可能会约定交易后的追索机制,如果出售方在交易中存在欺诈或隐瞒,有可能导致买方起诉并追索损失。为规避交易后的风险,买家也可以采用设定业绩条件的分期付款方式(见图15-23)。

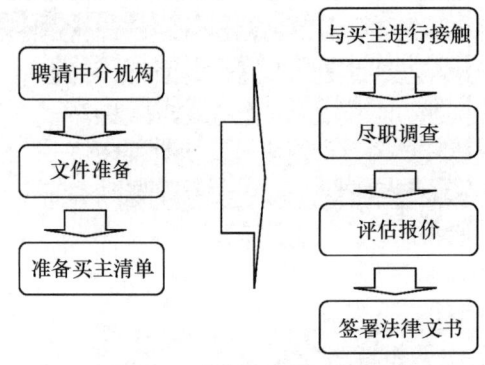

图15-23　出售退出的工作程序

15.3.4　典型进度表

不同复杂程度的出售退出交易花的时间可能会有相当大的差别。那些行业监管程度较低且业务复杂程度较低的退出交易花的时间会更少一些。而类似银行、证券和保险等监管严格的行业,以及规模庞大到足以影响行业竞争格局的交易,由于需要和行业监管部门或反垄断部门(商务部)反复沟通,因而所花费的时间很难预测。有些退出策略甚至从策划到实际完成要花3年左右的时间。这也是中国私募股权出售退出的难点。

图15-24为一个典型的出售策略执行进度示意图。在初始的3个月中,基金会同时做四项工作:
- 评估不同的退出策略,决定是否执行出售退出策略;
- 收集业务和数据文件,形成对企业的估值,并着手撰写交易文件;
- 研究是否有提升出售价格的商业策略;
- 评估可能的出售退出方式,以及可行的支付方式。

在上述工作执行完毕后,就进入正式的出售操作。经过尽职调查、评估报价、签署协议以及交割后,交易完成还需要大约6个月的时间。

- 准备阶段
  - 准备业务/数据文件
  - 建立模型并形成财务预测
  - 初始估值文件形成
- 退出策略考察
  - 考察可能的退出策略
  - 估算不同策略下的投资价值
  - 做还是不做？
- 商业策略——价值提升
  - 研究可能出现的未来经济场景
  - 执行价值提升策略
- 执行
  - 寻找和挑选可能的交易对手
  - 确定合适的出售方式
  - 协商保密协议
  - 初始会议
  - 价值预评估
  - 合并评估
  - 确定时间表和协商
  - 尽职调查与收工……

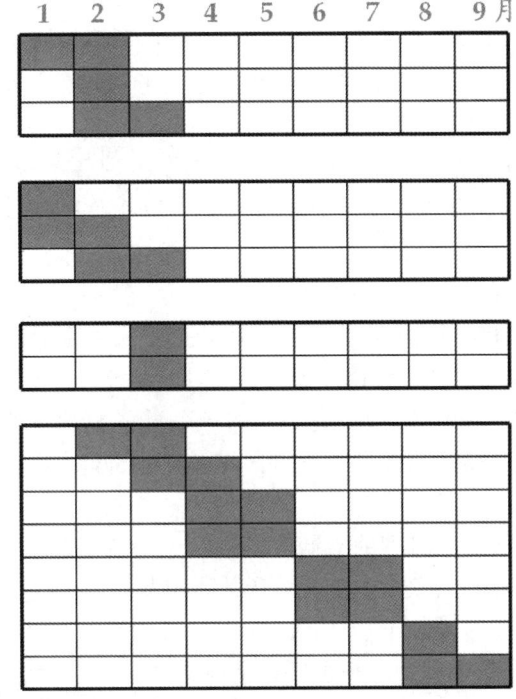

图 15-24　出售退出的典型进度表

15.3.5　中国退出案例

如我们在之前的内容所介绍过的，出售策略在中国市场应用并不多。实践中，不少出售退出案例都是 IPO 策略失败或遭遇障碍，才转向出售退出策略的。摩根士丹利投资团出售南孚电池、ChinaRen 被出售给搜狐、eLong 被出售给 Mail.com 等案例都属于这一类型。而也有一类出售属于主动策略，譬如易趣出售给 eBay、3721 出售给雅虎以及新桥出售深发展股份等。我们接下来重点介绍南孚电池案例及 3721 案例。

案例简介　南孚电池出售退出

1988 年，福建南平电池厂与香港华润集团百孚有限公司（以下简称"百孚公司"）、中国出口商品基地建设福建分公司（以下简称"基地福建公司"）、福建兴业银行联姻，成立了我国电池行业第一家合资企业——福建南平南孚电池有限公司。百孚公司其实是当时中国出口商品基地建设总公司设在香港的子公司，合资后拥有南孚电池 25% 的股份，基地福建公司持股 20%，兴业银行持股 15%，而南平电池厂则以全部资产投入，占 40% 股份。1998 年兴业银行因监管要求将所持股份转让给大丰电器。

1990 年夏，南孚引进的首条日本富士 LR6 碱性锌锰电池生产线正式投产。此后几年间，南孚的硬件设备逐步完善，管理走上专业化，规模不断扩大，开始领跑国内电池行业，并逐渐树立起了南孚的品牌地位。到1998年前后,南孚固定资产已经高达4亿元。

1999年经南平市政府的撮合,中国国际金融有限公司("中金公司")联合摩根士丹利、荷兰国家投资银行、新加坡政府投资公司,加上南平电池厂、基地福建公司等几个中方股东,在香港组建中国电池有限公司,总股本1万股。其中,新加坡政府投资公司投入1 000万美元,摩根投入400万美元,荷兰国家投资银行与中金公司总共投入100多万美元,四家股东占中国电池合计49%股份,中方股东以持有的南孚电池部分股权作为出资,占中国电池51%股份。通过对南孚注资及受让大丰电器所持5.75%股份,中国电池共获得了南孚电池69%的股份。

2000年,百孚公司在香港炒金亏损了几千万美元,为了偿还债务,将其持有的中国电池20%的股份转让给基地总公司的另外一个子公司,并将其余的8.25%股份卖给摩根士丹利。2001年,基地总公司的子公司将其持有的20%中国电池股份,以7 800万元的价格转让给了富邦控股集团,之后摩根士丹利以1 500万美元的价格从富邦控股手中买到了这些股份。

摩根士丹利的初始退出策略为IPO退出。这也是当初在香港注册中国电池有限公司的原因。根据香港交易所的上市规则,企业上市前的三个会计年度内管理层应维持不变且上市前一个会计年度内持股结构须维持不变。由于控股股东由中方变为摩根士丹利,中国电池的管理层可能也因此发生了变动,如果想要在香港上市则需要等待较长时间。上市计划搁浅后,南平地方政府也将原南平电池厂持有的中国电池股权以1 000万美元的价格转让给外资股东。

2003年8月,摩根士丹利、鼎晖投资(前中金公司直接投资部)、新加坡政府投资等投资者将其所持有的中国电池100%股权整体出售给美国吉列公司,做价1亿美元。中国电池公司大约拥有南孚72%的股份。另外28%的股份分别由南平国投、中国出口商品基地总公司、大丰电器公司持有。吉列公司也是美国电池生产商金霸王的控股股东。

如果以历史成本计算,各投资者总计出资4 200万美元,项目收益为2.38倍,内部收益率在30%以上。而出售时南孚电池的年利润据媒体披露为8 000万美元,如果此数据属实,考虑到中国电池可分享的利润为每年5 760万美元以及中国市场的成长性,出售定价显然偏低。

在南孚电池案例中,摩根士丹利投资团受到中国媒体的强烈谴责。因为南孚电池作为一个民族品牌,被出售给外资竞争对手吉列。但如果从案例发展的脉络来看,南孚电池最早的策略是以红筹结构在香港上市,并非出售。如果百孚公司没有出售股份导致企业股权结构和管理层变更,以南孚电池的盈利能力在香港上市应该不成问题。摩根士丹利投资团通过IPO所能获得的收益也要显著地超过出售策略得到的2.38倍。从商业角度来看,摩根士丹利等投资者并没有犯下错误。

案例简介　3721出售退出

1998年10月,周鸿祎从方正辞职以30万元创立国风因特软件有限公司(3721.com)。3721的核心业务为中文域名服务。3721通过在用户网络浏览器上安装插件,使得用户输入中文地址就可以直接链接到对应网站。3721的盈利模式是,不对安装插件的用户收费,而将中文域名出售给中小企业客户。由于3721插件的安装有时没有经过个人用户同意,因此3721插件也是当年著名的流氓软件。

1999年6月,在创业资金告罄之前,3721得到了IDG资本25万美元的注资。IDG资本为3721聘请了一位职业经理人担任CEO,周鸿祎担任CTO。由于换人之后的业绩乏善可陈,2000年年底,周鸿祎重新担任CEO,并提出了行之有效的小区域独家代理销售策略。3721将全国市场划分为多个小区,每个小区中只与一家独家代理签约。在每个域名500元的销售价格中,3721将70%分给代理商作为佣金。

2002年下半年,中国互联网络信息中心(CNNIC)和百度加入中文域名的业务竞争。三方的软件在不经用户许可的情况下,自行安装并相互卸载,严重影响了用户电脑系统的稳定。流氓软件的恶名也在这一时期形成。但从商业角度来看,3721是成功的,2003年销售收入超过2亿元,利润约6 000万元,拥有45万个中小企业客户。

2004年3月,3721的投资者与雅虎达成出售协议。根据协议,雅虎首先向3721的股东支付6 000万美元;3721并入雅虎中国,且由周鸿祎担任雅虎中国总裁。协议还规定,如雅虎中国在2004年的净利润超过1 000万美元,雅虎将向3721原股东再支付3 000万美元;如雅虎中国在2005年的净利润超过2 500万美元,雅虎将向3721原股东再支付最后的3 000万美元。这也是一个常见的单向对赌协议。从投资收益率来看,3721投资者的收益超过初始投资的100倍。

2004年雅虎中国扭亏为盈,销售收入达到4 000万美元,净利润达1 000万美元。雅虎也兑现了对3721原股东的第一期3 000万美元。但由于与雅虎美国总部的分歧,周鸿祎2005年8月从雅虎中国离职。雅虎与3721股东的收购协议提前结束,雅虎实际上只支付了9 000万美元。也在2005年8月,雅虎宣布用总计6.4亿美元现金、雅虎中国业务以及所持的淘宝股份作为对价,以收购阿里巴巴40%的股份。

3721案例中的出售方案设计帮助雅虎规避了投资风险,但对3721的原始投资者并不十分有利。因为在3721与雅虎中国合并之后,企业的预算开支都受到美国总部的控制。周鸿祎虽然在收购完成后的第一年实现了业绩目标,但在缺乏美国总部资本支持的情况下,没有实现第二年的业绩目标,也因此使投资者失去了3 000万美元的收益。

雅虎也并非3721案例的得利者。周鸿祎在离开3721之后创立了奇虎,其业务为免费安全软件,针对的流氓软件之一就是原3721的插件。而周鸿祎离职之后也使得雅虎中国出现大量人员流失,业务受到严重影响。阿里巴巴在得到雅虎中国业务之后也未能实现良好的整合。2008年6月,在雅虎中国重返互联网第一梯队无望的情况下,阿里巴巴最后将之出售给了口碑网。

15.3.6 银行业出售退出

杠杆收购由于规模巨大,因而更经常采用出售退出的策略。在亚洲,由于银行监管

的问题,并购基金对银行的收购往往不采用整体收购的方式,而是以收购控股权为主。亚洲银行业典型收购及退出案例主要有:

- **韩国第一银行**。1999年新桥以5 000亿韩元买入51%股权;2005年以16 500亿韩元价格转售渣打银行。
- **韩美银行**。2000年凯雷以4.3亿美元价格买入36.6%股权;2003年以约10亿美元价格出售给花旗银行。
- **韩国外换银行**。2003年龙星基金以1.32万亿韩元买入51.02%股权;2005年试图以近6万亿韩元价格出售给韩国国民银行。龙星基金在此交易上所得到的暴利引起了韩国政府的干预,至2010年龙星基金仍未能实现退出。
- **深圳发展银行**。2004年10月,新桥以每股3.545元、总价12.35亿元收购深发展17.89%的非流通股;2004—2009年间,新桥通过认股权证行权和送配股等方式增持,持股总成本约22.3亿元;2009年6月,平安宣布计划以现金114.49亿元或2.99亿平安H股的对价收购新桥所持有的深发展股份。新桥基金最终以换股方式完成交易,并套现约162亿元。

接下来,我们介绍新桥收购韩国第一银行的案例。

案例简介　韩国第一银行

陷入危机的第一银行

1992—1994年间,在韩国的全国性商业银行中,韩国第一银行("第一银行")连续3年净利润额排名第一。但是,韩国银行与企业捆绑的传统模式使得银行过于依赖大企业集团业务。当大型企业出现问题时,银行业也会随之出现问题,第一银行是这方面的典型。

1995年3月,第一银行的主要客户韩国有元建设因无法偿还贷款而被破产处理。第一银行当年的市值蒸发近7 000亿韩元。1997的亚洲金融危机使得韩国经济遭受重创,第一银行的主要客户韩宝钢铁、三美特钢和起亚汽车相继进入破产程序。受此影响,第一银行的坏账率大幅攀升,股票价格暴跌。

1998年1月,韩国金融监管机构认定第一银行为不实金融机构,即实际资本充足率过低,将其注册资本由8 200亿韩元减记至1 000亿韩元。之后,韩国政府向第一银行注资15 000亿韩元,持有第一银行93.8%的股份。韩国政府同时聘请摩根士丹利作为财务顾问,为第一银行寻找投资者。

新桥的收购

1998年10月,汇丰银行、花旗银行和新桥基金向韩国政府分别提交了收购方案。汇丰银行的方案为100%收购第一银行的股权,使之成为汇丰的当地分支机构。花旗的方案是以资产收购的方式买下第一银行的50家营业网点。而新桥基金的方案则提出最低收购51%,韩国政府保留49%股权。

1999年8月,韩国大宇集团濒临破产,使得第一银行的不良贷款又增加了23 000亿韩元。这也直接促成了韩国政府在1999年9月份与新桥基金签署投资条款书,主要条款如下:

- 新桥基金以5 000亿韩元价格收购韩国政府所持有的第一银行51%的股权,且在未来两年内可追加2 000亿韩元的股权投资;
- 韩国政府出让第一银行经营权,但获得3年后第一银行5%新股发行的优先购买权;
- 第一银行保留当前全部贷款(包括不良贷款),但如未来两年内第一银行现有非不良贷款变为不良贷款,第一银行有权将这些贷款出售给韩国储蓄保险公司;
- 股权转让后,第一银行的业务范围不变。

新桥基金在收购之后,改组了公司的董事会和管理团队,授予管理团队和董事的股权激励将近第一银行注册资本的5%。2000年第一银行的董事会中只有1名董事为内部董事,其余全部为外部董事。

事实上,新桥基金收购之后,第一银行的业绩并没有明显的改善。第一银行的自有资本比率从2000年的13.40%降低到了2004年的11.91%,而行业平均水平由10.53%提高到了11.29%;第一银行的权益资本回报率从2000年的26.80%降低到了2004年的6.87%,而行业平均水平由-11.9%提高到了17.96%。

新桥基金的贡献在于,将第一银行的业务模式由依赖大企业客户转向零售业务,从而实现了银行价值的增殖。2001—2004年间,第一银行的零售贷款业务增长率高达39.38%,而同期行业平均值为27.53%。大企业贷款占第一银行贷款总额的比例也由1999年的49.49%下降至2004年年末的10.29%;对应地零售贷款的比例由1999年的22%上升至69.55%。

退出

2005年1月,新桥基金、韩国政府与渣打银行签订股权买卖协议,将第一银行100%的股权以近34 000亿韩元的价格出售给渣打银行。新桥基金此时持有第一银行48.56%的股权,出售价格约为16 500亿韩元。从收益角度来看,新桥基金的回报倍数约为3.3倍,内部收益率超过30%。

第一银行案例的成功之处在于新桥基金与韩国政府之间的谅解和合作。在收购银行这类监管严格的企业时,政府的密切配合至关重要。对比之下,龙星基金以溢价15%收购韩国外换银行,如果2005年成功出售给韩国国民银行,收益倍数将达3.8倍。但龙星基金的政府公关显然没有成功,韩国政府屡次阻挠了龙星基金的出售。2007年汇丰曾出价近75 000亿韩元(约5.7倍收益),但这一要约由于韩国监管部门拒绝放行而被撤销。2010年4月,龙星基金再次试图通过招标方式出售韩国外换银行的股权。随着退出期限的拉长,龙星基金原本丰厚的收益率已经被严重摊低。

参考书目

著作

Boucher, M., 1999. *The Hedge Fund Edge*. John Wiley & Sons, Inc.

Cendrowski, H., et al., 2008. *Private Equity: History, Governance, and Operations*. John Wiley & Sons, Inc.

Feld, B., and Mendelson, J., 2011. *Venture Deals: Be Smarter than Your Lawyer and Venture Capitalist*. John Wiley & Sons, Inc.

Fraser-Sampson, G., 2007. *Private Equity as An Asset Class*. John Wiley & Sons, Ltd.

Laffer, A., Hass, W., and Pryor, S., 2009. *The Private Equity Edge*. McGraw-Hill.

Livingston, J., 2008. *Founders at Work: Stories of Startups' Early Days*. Apress.

Rosebaum, J., and Pearl, J., 2009. *Investment Banking: Valuation, Leverage Buyouts and Mergers & Acquisitions*. John Wiley & Sons, Ltd.

Schell, J., 1999. *Private Equity Funds: Business Structure and Operations*. Law Journal Press.

Stewart, J., 1992. *Den of Thieves*. Touchstone Books.

布赖恩·伯勒,约翰·希利亚尔,2010.《门口的野蛮人》,机械工业出版社。

查立,2012.《给你一个亿你能干什么?》,中国华侨出版社。

陈玮,2011.《我的 PE 观:资深创业投资人陈玮的十年投资心路》,中信出版社。

戴维·凯里,约翰·莫里斯,2011.《资本之王》,巴曙松等译,中国人民大学出版社。

德硕管理咨询,2011.《成功并购:商业尽职调查实务手册》,中国金融出版社。

桂曙光,2010.《创业之初你不可不知的融资知识:寻找风险投资全揭秘》,机械工业出版社。

李寿双,苏龙飞,朱锐,2012.《红筹博弈:10 号文时代的民企境外上市》,中国政法大学出版社。

林军,2009.《沸腾十五年》,中信出版社。

阚治东,2010.《荣辱二十年:我的股市人生》,中信出版社。

祁斌,2010.《资本市场:中国经济的锋刃》,中信出版社。

斯科特·A.沙恩,2009.《傻瓜的金子:美国天使投资背后的真相》,中国出版集团东方出版中心。

苏龙飞,2012.《股权战争》,北京大学出版社。

周炜,2008.《解读私募股权基金》,机械工业出版社。

吴军,2011.《浪潮之巅》,电子工业出版社。

统计报告

Bain & Company, 2012. Bain & Company's Global Private Equity Report 2012.

BVCA, 2010. A Guide to Private Equity.

IPEV, 2013. IPEV Valuation Guidelines (Edition December 2012).

NASDAQ, 2013. Nasdaq Initial Listing Guide.

NVCA, 2011. Model Legal Documents: Term Sheet.

NVCA, 2011. Model Legal Documents: Stock Purchase Agreement.

NVCA, 2011. Model Legal Documents: Certificate of Incorporation.
NVCA, 2011. Model Legal Documents: Investor Rights.
NVCA, 2011. Model Legal Documents: Voting Agreement.
NVCA, 2011. Model Legal Documents: Right of First Refusal and Co-Sale Agreement.
NVCA, 2011. Model Legal Documents: Management Rights Letter.
Preqin, 2011. The 2011 Preqin Fund Terms Advisor.
Preqin, 2011. Preqin Special Report: LP Appetite for Private Equity Co-Investments.
Preqin, 2012. Private Equity Funds of Funds' Evolving Investment Strategies Alternative.
Preqin, 2012. Preqin Special Report: Venture Capital.
Preqin, 2012. Preqin Special Report: Exits in Private Equity.
Pitchbook, 2012. The Pitchbook Decade Report Volume 1: Fundraising 2001—2010.
Pitchbook, 2012. The Pitchbook Decade Report Volume 2: Investments 2001—2010.
Pitchbook, 2013. 2013 Annual Private Equity Breakdown.
Pitchbook, 2013. 2013 Annual Venture Capital Rundown.
Pitchbook, 2013. 4Q 2012 Deal Terms Multiples Survey.
Pitchbook, 2013. 4Q 2012 Private Equity Inventory Company Report.
PriceWaterhouseCoopers(普华永道),2011. Greater China IPO Watch 2011.
PriceWaterhouseCoopers(普华永道),2012.《私募股权基金在中国:2012年回顾及展望》。
纽约股票交易所北京代表处,2011.《2011年中国公司美国IPO研究报告》。
纽约股票交易所北京代表处,2011.《2011年全球资本市场IPO研究报告》。
纽约股票交易所北京代表处,2012.《纽约泛欧交易所主板市场国际上市指南》。
清科研究中心,2011.《2011年中国私募股权投资市场LP年度研究报告》。
清科研究中心,2012.《2012年度中国并购市场研究报告》。
清科研究中心,2012.《2012年度中国创业投资市场研究报告》。
清科研究中心,2012.《2012年度中国企业上市研究报告》。
清科研究中心,2012.《2012年中国政府引导基金运作机制专题研究报告简版》。
上海证券交易所,2012.《企业改制上市实务》(2012年版)。
深圳证券交易所,2008.《2004年以来我国创新型企业赴美上市情况研究》。
投中集团,2011.《2011年中国私募股权基金募资顾问机构调查研究报告》。
投中集团,2011.《2011年GP调查研究报告》。
投中集团,2011.《2011年LP调查研究报告》。
招商银行及贝恩公司,2011.《中国私人财富报告》。

后记

我大学没毕业就开始接触风投了,当然那时用"疯投"来形容更加合适。我在一家投资顾问公司打工,主要工作就是帮企业融资,写商业计划书的时候神神叨叨地念着愿景、使命和战略这些美国人发明而中国企业家完全一头雾水的新词。有那么一个瞬间,当我西装革履满头大汗地走在2000年夏天的建外大街时,我也觉得自己有点儿华尔街精英的范儿了。结果扭头一看,满大街都是这样的精英。这就是泡沫。

网络泡沫的破裂比我们预料的要快。之前被视为"冤大头"兼金主的美资基金比我们想象的要精明得多。一单已经签了Termsheet的3 000万美元融资案也最终流产。这本来是我在以后的岁月里可以大吹特吹的资本,虽然当时的角色只是个马仔。在投资顾问公司混了一年半以后,我老老实实地回北大念书了,后来又去香港混了个博士,转一圈继续回北大,只不过角色变成了老师。

也许是缘分未尽,我很快又摊上私募股权的事儿了。2006年我受邀担任国家发改委产业投资基金(现称股权投资基金)课题组副组长,参与《产业投资基金管理暂行办法》的起草。名义上我是副组长,实际上就是个书记员。课题组的组员比我资历要强很多,包括全国社保基金理事会和国开行等金主,高盛高华、中信证券和中银国际等券商,鼎晖和弘毅等GP,以及毕马威和德普等专业中介。我的工作是汇总每次开会讨论(热烈得如同吵架)的意见,并落实成管理办法的草稿。在两年写了五稿之后,我还是退出了这项工作。管理办法难产的原因并非课题组的问题,而是发改委和证监会谈判不成功,结果一拍两散,谁也没得好。

我从2007年开始在北大课堂上给EDP和EMBA的同学讲授私募股权的投资管理。讲第一堂课时很难受,因为当时国内可供参考借鉴的案例非常稀少。谈到基金结构和投资条款的时候,同学们往往听得云里雾里的。在接下来的几年里,随着中国Pre-IPO基金的迅速崛起,中国的案例开始变得多如牛毛。两天12个小时的课往往都无法覆盖募投管退的全部内容,讲课的任务也开始变得轻松起来。

在我讲授私募股权课程的几年里,中国私募股权业经历了"一拥而上,一哄而散"的一个半周期。尽管如此,北大和清华课堂上的学生数量还是在不断地增加。应该说,现在私募股权业和2008年一样再次处于低谷阶段,但从长远发展来看,这次或大或小的调整只是大潮流里的一朵浪花而已。我觉得有必要将"有中国特色"的私募股权实践总结讨论一下,于是便有了这本书。

这本书其实也是私募股权课程的讲义。从2010年开始我断断续续写了三年,总是有些事情打断我的思路。当2013年春节我一鼓作气把最后一章写完时,终于长出了一口气。在这三年里,我经历了人生最快乐的时光,收获了一个儿子并且体重减了 50 斤(当然不是因为写书)。这本书算是对过去几年美好生活的一个纪念,同时也对听过课的 7 000 多名同学有所交代。感谢在过去几年中给了我大力支持的家人、挚友和同仁。除了北京糟糕的空气之外,我对生活充满感激。

欧阳良宜

2013 年 7 月于北京